מלחמה ומוסר

שלמה ברודי

מלחמה ומוסר

מבט יהודי על אתיקה צבאית

מגיד

Shlomo M. Brody
Ethics of Our Fighters
A Jewish View on War and Morality

שלמה ברודי
מלחמה ומוסר: מבט יהודי על אתיקה צבאית

עורך אחראי: ראובן ציגלר
עורכת ראשית: אוריה מבורך
עורכת משנה: אפרת גרוס
מתרגם: שאול לילוב
עריכה לשונית: דוד צרי
הגהה: אביחי גמדני
עימוד: רינה בן גל
תמונת עטיפה: תני בייער, עטרה סונא

ספרי מגיד, הוצאת קורן
ת״ד 4044 ירושלים 9104001
טל׳: 02-6330530 פקס: 02-6330534

office@korenpub.com
www.korenpub.co.il

מסת״ב ISBN 978-965-526-375-6

נדפס בישראל Printed in Israel 2025

מוקדש לזכר אבי מורי

פרופ' **ברוך ברודי** ז"ל
ברוך אלתר בן הרב אליעזר זאב ומרים גיטל

שמחשבתו הייתה השראה לספר זה
וזכרו ליווה אותי בכתיבת כל עמוד ועמוד.

יהי זכרו ברוך

Dedicated to the memory of

Prof. **Baruch Brody** z"l

Distinguished Ethicist
Communal Leader
Cherished Friend

Wesley & Carole Ashendorf
Sheldon & Debbie Bootin
Howard & Beverly Feldman
Danny & Barbara Gold
Rick & Dorit Guttman
Nancy Beren & Larry Jefferson
Basil & Doreen Joffe
Roger & Evelyn Medvin
Gideon & Nava Miller
Ira Mitzner & Riva Collins
Irving Rotter
Wayne & Laura Yaffee

Houston, Texas

לעילוי נשמות אבותינו ומורינו

יצחק צבי בן יעקב ולאה ז"ל

שאול גרשון בן חיים

שמואל ואיטה חיה ז"ל

תוכן העניינים

חלק ב: מוסר היציאה למלחמה – ממלחמת העולם השנייה ועד קום מדינת ישראל

חלק ג: מלחמות מונעות ומקדימות – הלוחמה הישראלית, 1982–1956

חלק ד: מוסר הלחימה במלחמה

הקדמה

סיפור בהתהוות מזה מאה שנה

ספר זה נכתב על הדילמות המוסריות של מלחמת חרבות ברזל, אף שנכתב לפני 7.10.2023, השבת השחורה של שמחת תורה תשפ״ד. אסביר:

לפני שנים אחדות הזמנתי אחד הפילוסופים הבכירים בישראל לדבר בפני קבוצת סטודנטים שלי בירושלים על הקוד האתי של צבא ההגנה לישראל. בתום ההרצאה שאלה אחת מהתלמידות כיצד משפיעה מחשבת ישראל על ההתנהלות הצבאית. הפילוסוף, שאומנם אינו איש דתי אך בקיא במקורות יהודיים, הגיב בחריפות: ״מה היהדות יכולה ללמד אותנו על אתיקה צבאית?! אולי הלכות אשת יפת תואר, העוסקות בתנאים שבהם מותר להתחתן עם אישה זרה שנלקחה בשבי?! זו אתיקה צבאית שעדיף בלעדיה״.

ספר זה הוא תגובתי לאותה שאלה, שנותרה ללא מענה.

ההגינות מחייבת לומר שהיה משהו בדבריו של הפילוסוף. המקורות היהודיים הקלסיים אינם עוסקים באריכות באתיקה של לחימה. לנוכח הנסיבות ההיסטוריות, יהודים לא היו מעורבים במיוחד בענייני צבא במשך מאות שנים בשל מצבם המדיני המשפיל. זאת אף שמקורותינו עשירים בספרות ענפה הקשורה בתיקון המידות והתנהגות מוסרית נאותה. יש לנו **מסכת אבות** על מידות טובות, אך אין לנו **מסכת צבאות** שתלמד על ענייני קרבות ומוסר לחימה. התבוננות בעיון במקרא ובתולדות עמנו מחייבת לומר

ביושר כי ההתנהלות המוסרית הצבאית של אבותינו הייתה לעיתים אכזרית למדי. במובנים רבים היא דמתה להתנהגותם המוסרית של עמים אחרים בשדה הקרב באותה תקופה.

ואף על פי כן, במשך מאה השנים האחרונות פיתחו רבנים והוגי דעות יהודים תפיסות ותובנות עמוקות בנושאי מלחמה ואתיקה. הקורפוס המשפטי והתאולוגי שהצטבר עסק בשלל סוגיות: החל בגיוס לצבא, ביציאה לקרב ובטקטיקות צבאיות, וכלה בפשרות טריטוריאליות למען השלום (ועוד).

אולם כתבים אלה ברובם אינם מוכרים ביותר. על פי רוב, קהל הקוראים שלהם מורכב מתלמידי חכמים, ורק לעיתים רחוקות הם עוסקים בדיונים אתיים רחבים המצויים לרוב בספרות הפילוסופית הכללית. אפשר לומר כי לספרות הרבנית אין עניין רב לתרום לשיח העולמי בתחום זה. יש להצטער על כך, שכן רבים מהרבנים עוסקים, ולוּ במשתמע, בשיחה או בוויכוח עם מלומדים אחרים הכותבים על התפתחויות דומות בגיאופוליטיקה, בדין הבין־לאומי ובאתיקה.

מתברר שליהדות יש הרבה מה לומר בנושאים אלה. היא פשוט מעולם לא הצטרפה לשיח. הספר שבידיכם נועד לשנות מצב זה.

עניינו של ספר זה אינו רק באתיקה, אלא גם בנרטיב היסטורי. הוא מספר כיצד יהודים נאלצו להתמודד מחדש עם אתגריהן המוסריים של מלחמות. לאחר מאות שנים של אי לחימה, שוב חזרו היהודים לשדה הקרב. העימות הזה אילץ אותם לנסח השקפת עולם אשר מגוננת על אינטרסים קהילתיים, אך עם זאת משקפת אמונות יהודיות. חלק מערכים אלו נשאב ממקורות יהודיים קלסיים, וחלקם האחר הוא הפקת לקחים מהניסיון שהצטבר בהיסטוריה היהודית. בעקבות מאות רבות של חוסר אונים, יהודים היו צריכים לשאול את עצמם: בעצם, מה פירוש הדבר להילחם כיהודים?

התשובות שניתנו לשאלה זו סייעו לעצב את הרגעים ההיסטוריים המרכזיים לאורך למעלה ממאה השנים האחרונות, וגם התעצבו מכוחם: מלחמת העולם הראשונה; יצירת חבר הלאומים והאו"ם; הפצצת הירושימה, נגסאקי ודרזדן; השואה; הקמת המדינה; מלחמות בלתי פוסקות עם העולם הערבי; טרור כמעט יום־יומי ושתי אינתיפאדות; אירועי ה־11 בספטמבר, ועוד. חלק מהאירועים הנידונים בספר מוכרים היטב, אחרים פחות, אך כולם מילאו תפקיד מכריע בסיוע ליהודים וליהדות לגבש תפיסת עולם אתית על דילמות צבאיות.

ספר זה שואב מן הספרות הפילוסופית, ההיסטורית והרבנית, ומנסח

השקפה הוליסטית על הדילמות האתיות הכרוכות בלחימה. זהו הניסיון הראשון בעברית ובאנגלית להציג נקודת מבט יהודית שיטתית על מוסר צבאי. הוא מושרש במקורות מסורתיים של אתיקה יהודית אך נשאר מובן גם לקורא הכללי. מסיבה זו, הפרקים מאורגנים לפי נושאים, המוכר לכל מי שמורגל בקריאת היצירות הרבות המתפרסמות בימינו בנושאי אתיקה צבאית, כגון ספריהם המוכרים של מייקל וולצר או בריאן אורנד. מי שמכיר את הספרות הזאת יראה בתוכן העניינים רשימה מוכרת ומסודרת של הנושאים החשובים ביותר באתיקה צבאית וסעיפיה.

האירועים מתוארים ברובם בסדר כרונולוגי לנוחות הקורא, אך עיתים נקפוץ קדימה ואחורה בזמן כדי לחדד את הטיעון. התובנות רלוונטיות לא רק ליהודים ולהגות היהודית, אלא גם לנושאים מרכזיים שאסטרטגים צבאיים עוסקים בהם בימינו. תפיסת העולם העולה ממקורות יהודיים יכולה בהחלט להנחות כל מי שמתעניין באתיקה צבאית כיום.

כמובן, לפני הסקת מסקנות רחבות יותר, יש ללמוד את המקורות היהודיים בהקשר שבו הם מובאים. לאורך כל הדרך השתדלתי להימנע מניסיון 'לכופף' את מחשבת ישראל כך שתצעד בתלם שחרשו המודלים הרגילים של האתיקה הצבאית. במקום זאת, העמדתי את הכתבים היהודיים בדיאלוג עם שיח פילוסופי חילוני, במטרה להציג תפיסת עולם שיטתית שהיא יהודית ובעלת תובנות כלליות כאחד.

העמדות הננקטות בפרקים הבאים שואבות ממעייני תובנותיהם של גדולי ישראל והוגי דעות יהודים, אך הספר אינו מתיימר לסכם את עמדותיהם ואת תפיסת עולמם. הוא מספר את סיפור התמודדותם עם דילמות מוסריות חדשות, ופורס את ניסיונותיי לבנות על בסיס התובנות שלהם השקפת עולם הוליסטית באשר לאתיקה צבאית. קוראים שונים שמקורות וסיפורים אלה יהיו לנגד עיניהם יגיעו ללא ספק למסקנות אחרות מאלה שהגעתי אליהן בנושאים מסוימים. עם זאת, תקוותי היא שהמודל המוסרי הכללי שאני מציע כאן להתמודדות עם דילמות צבאיות מוסריות יהיה משכנע. אם הוא רק יעורר שיח שבו יתברר כיצד היהדות מציעה מענה לדילמות המוסריות הדוחקות שיהודים ואנשי המערב עומדים בפניהן היום – והיה זה שׂכרי.

את ההקדמה הזאת כתבתי באלול תשפ"ג (ספטמבר 2023), עם תוכנית

להוציא את הספר באנגלית 'אחרי החגים', כשחוזרים לשגרה. ואז פרצה המלחמה הארורה הזאת. איכשהו, למרות כל הקשיים בארץ, הצליחה הוצאת מגיד להוציא את הספר לקראת תחילת שנת 2024.

בהמשך השנה כתבתי מאמרי דעה רבים בעיתונות היהודית והכללית, בארץ ובעולם, ובהם דנתי באופן שבו עקרונות אתיים יהודים רלוונטיים למלחמה הזאת. דיברתי פעמים רבות מעל במות שונות, ובכלל זה לפחות שתים־עשרה נסיעות לחוץ לארץ, כדי להסביר מדוע המלחמה הזאת צודקת, למרות כל המתים בצד הפלסטיני והביקורת הבין־לאומית.

בכל זאת, עם הוצאת הספר בעברית, החלטתי להסתפק בתיקונים קלים עבור הקורא הישראלי, ולא להוסיף פרקים על המלחמה הנוכחית, משתי סיבות:

1. בעת מלחמה, דיון מעמיק בדבר החלטות שונות הוא כמעט בלתי אפשרי. חסר מידע קריטי רב כדי לדעת את כל השיקולים שעלו לפני הפעולות החשובות ובמהלכן. רק אחרי תום מלחמה חוקרים את כל האירועים לעומק, ואז אפשר לדון ברצינות. כפי שהקורא יראה בהערות השוליים, הדיונים בספר על מלחמות קודמות מבוססים על מחקרים מעמיקים שניתחו את כל הגורמים הרלוונטיים.
2. קוראי הספר העידו שהם הבינו היטב את הרלוונטיות שלו למלחמה הנוכחית, אף שלא התייחסתי אליה. רוב הספר קשור מאוד לשיח הציבורי העכשווי על יהדות, אתיקה ומלחמת "חרבות ברזל". למשל:

- אחריות הצבא למנוע נזק לבלתי מעורבים ומחויבות המדינה להגן על חייליה (פרקים 20–24)
- האחריות לטפל בדימוי המוטעה העולה מסרטונים וממידע חלקי המופצים ברשתות החברתיות ובטלוויזיה (פרק 25)
- תפקידו הראוי של בית הדין הבין־לאומי לצדק וגופים בין־לאומיים נוספים וסיכוייהם לפתור סכסוכים בין מדינות (פרק 3)
- מהם גבולות המוסר בלחימה נגד אויב כמו ארגון חמאס שאינו מקבל על עצמו שום מגבלות? האם יהודים מחויבים לסטנדרטים מוסריים גבוהים יותר מאויביהם? (פרקים 4–7)
- האם בשלב כלשהו של המלחמה בעזה, כאשר לכאורה נחלש האיום של חמאס לטווח קצר במידה ניכרת ביותר, המלחמה הפכה למלחמה

מבחירה? ואם כן, האם יש משמעות בכלל למוסריות של מלחמה? (פרקים 17, 19)

- האם ישראל חייבת לתקוף את הכור הגרעיני באיראן, אם אומנם היא יכולה להשמידו? (פרק 18)
- קבינט המלחמה היה מצומצם מאוד במלחמת "חרבות ברזל". האם הדבר מוצדק? כיצד מונעים ממניעים אישיים להשפיע על החלטות גורליות? (פרק 13)
- הציבור החרדי טוען שיש פטור ללומדי תורה מגיוס, והציבור הדתי־לאומי (וכלל הציבור הציוני) טוען, ובצדק, שאין דבר כזה. מה ההלכה באמת חושבת על הצורך להגן על עצמנו? כיצד זה קשור למחלוקת הקלסית בין הימין לשמאל על נסיגה משטחים בתמורה להסכם שלום? (פרקים 10, 14)
- קולות רבים במרחב הציבורי מצטטים מהמסורת היהודית ומגיעים למסקנות מעשיות הפוכות. האם יש באמת משהו 'יהודי' לתרום לשיח של אתיקה צבאית? (פרקים 2, 8–9)
- בציבור הישראלי מודגש שהציונות אמורה למנוע טבח כמו זה שאירע ב־7/10. האם המסורת תומכת בדמות של יהודים כלוחמים? (פרק 1)

וכן הלאה.

בעת כתיבת השורות הללו, לצערנו קברנו את התושב השלושים ז"ל מן העיר מודיעין שנפל מאז שמחת תורה שעבר, בתוך יותר מ־1,700 קורבנות ונופלים בקרב. האחיין שלי, מילואימניק מסור, מעבר לגבול לבנון, אחיו הגדול מחכה לפקודה חדשה ביהודה ושומרון כלוחם בדובדבן, ובתי ממשיכה בקורס שלה במחנה גלילות. הדילמות הנדונות בספר הן אמיתיות מדי. אני מקווה שהוא ייתן לציבור מסגרת יהודית־ישראלית לשיח ציבורי פורה ועשיר.

שלמה ברודי
ערב שמחת תורה, תשפ"ה
מודיעין

ראשי פרקים

חלקו הראשון של הספר יבחן כיצד הגיבו רבנים שונים על מושגים אתיים מרכזיים שעלו בתקופה שבין שתי מלחמות העולם ומייד לאחריהן. בכלל זה: פציפיזם, מלחמה כוללת, ממשל משפטי בין־לאומי, חסינות אזרחית והתאוריה הדוגלת ברעיון האמנה החברתית. כתבים מוקדמים אלה התמודדו עם המורשת המוסרית המורכבת של המקרא, והתחבטו בשאלה האם נורמות צבאיות רגילות יעמדו באמות המידה הקפדניות של כללי המוסר העכשוויים. ננסה להראות כי היהדות מציעה מודל מוסרי מתוחכם, המביא בחשבון כמה ערכים מרכזיים כאשר יש הכרח להכריע בדילמות אתיות.

המשך הספר, הדן באירועים בין השנים 1940 ו־2014, מתאר ומנתח השקפות יהודיות על ההבחנות הקלסיות בתורת המלחמה הצודקת השולטות בשיח העכשווי על אתיקה צבאית, בפרט: התנאים המצדיקים יציאה למלחמה (הידועים בספרות הפילוסופית בשם jus ad bellum) וכללי ההתנהלות במלחמה (המכונים jus in bello).

בחלק השני של הספר נתמקד בתקריות בולטות בהיסטוריה הצבאית המוקדמת של הציונות, שהעלו דיון בקריטריונים הקלסיים הדרושים ליציאה למלחמה: סיבה צודקת, הסתברות להצלחה, שאלת הסמכות ועוד. בוויכוחים הללו חזרו פתאום לחיים סיפורים מההיסטוריה היהודית העתיקה, דוגמת מצדה ומרד בר כוכבא.

בחלק השלישי תידון השאלה האם מלחמות מצווה (לצורך הגנה עצמית) מחייבות להמתין לכך שהאויב יירה את הירייה הראשונה, או שמא ראוי לפתוח במכה מקדימה או במתקפת מנע. כאן יובאו הדוגמאות

מהחלטות מרכזיות שקיבלו מנהיגי ישראל לצאת למלחמה בין השנים 1956 ו־1982. נבחן גם את דרכי תגובתן של ארצות הברית ומדינות אחרות למצבי מלחמה, תוך התמקדות מיוחדת בפלישות לעיראק ולאפגניסטן במסגרת 'המלחמה בטרור' הרחבה יותר.

החלק הרביעי בספר דן בשאלה כיצד יש להתנהל בלחימה משעה שהמלחמה פרצה. נושאים אלה עלו על סדר היום בשנים האחרונות, שעה שמראות עקובים מדם מעזה ומלבנון, מעיראק, מאפגניסטן וממקומות אחרים מציפים סוגיות של 'מידתיות' ו'חסינות אזרחית'. נראה כיצד מונחים אלה משמשים לרעה, ונטען כי איזון בין ערכי מוסר שונים הוא הדרך היחידה להילחם היטב ולהישאר בני אדם.

רוב הספרות בעולם העוסקת כיום באתיקה צבאית מסתמכת על דוגמאות משיטות הלוחמה שמדינת ישראל משתמשת בהן. לפני מאה שנה הייתה אפשרות זו חלום באספמיה בעבור הדמויות הראשיות בספרנו. למעשה, בעבור הדמות הראשונה היא הייתה חלום ביעותים.

נצא לדרך.

חלק א

היהדות מתמודדת עם מלחמה

פרק 1

מלחמת העולם הראשונה והבטחת השווא של הפציפיזם

מלחמה כעבודת אלילים: הרב תָּמָרֶת וזוועות מלחמת העולם הראשונה

השנה היא 1920, ורבה של העיירה הקטנה מילצ'יץ' (כיום חלק מפולין) עורך לעצמו דין וחשבון על הקִדמה לכאורה שנרשמה באירופה מאז תקופת ההשכלה. התבונה והשכל הישר הצליחו להעביר מן העולם רבות מן הרעות החולות – אמונות תפלות, בּוּרוּת, איוולת וסגידה חסרת פשר. אולם רעיון הרסני אחד שרד והרס הכול: המלחמה. אירופה הותירה על כנו את "האליל דמתקרי [הקרוי] 'ארץ המולדת' ואת פולחנו דמתקרי 'מלחמה'".[1] רעיון הרסני זה החריב את היבשת המתקדמת בעולם והותיר את תושביה מרוסקים.

ללא ספק, הרב אהרן שמואל תמרת (נהגה תָּמָרֶ'ס: 1869-1931) לא היה האדם היחיד שבעקבות מבט לאחור על מלחמת העולם הראשונה דחה מכול וכול את מוסר המלחמה. עשרות מיליוני בני אדם נהרגו או נפצעו בסכסוך גדול, שסיבותיו לא היו ברורות לחלוטין, ואשר נחל כישלון חרוץ במימוש ההבטחה להפוך ל"מלחמה שתשים קץ לכל המלחמות", כלשון הביטוי הפופולרי שטבע הנשיא האמריקני וודרו וילסון. מעבר לכאוס הגיאופוליטי, המלחמה הותירה מאחוריה גם טלטלה מוסרית, שכן רבים נאלצו להתמודד עם מה שעוללו להם – או עם מה שעוללו הם לאחרים.

וינסטון צ׳רצ׳יל, שבעת המלחמה שירת את בריטניה הן כקצין בצבא הן כשר בממשלה, תיאר ללא כחל וסרק את ההרס החומרי והתרבותי שהותירה אחריה:

> הפצועים מצאו את מותם לכודים בין קווי אויב; גופות המתים נרקבו בשדה הקרב... גשם של פצצות הוטל מן האוויר ללא הבחנה.
> גזים רעילים מסוגים שונים חנקו את הלוחמים או חרכו את בשרם. לשונות של אש איכלו את גופותיהם. גברים נפלו מן האוויר אחוזי להבות, או טבעו לאיטם במצולות ים אפלות...
> אחרי שהכול נגמר, המדינות הנוצריות שוחרות התרבות והמפותחות מדעית גמרו אומר שלא להשתמש עוד לעולם בעינויים ובקניבליזם כאמצעי מלחמה לגיטימיים, אך אפילו התועלת בהימנעות משני אלה הייתה מוטלת בספק.[2]

לא האמונה ולא השכל הישר הצליחו להגביל את יצר ההרס העצמי של אירופה. כיצד הצליחה ציוויליזציה, הבנויה על רעיונות נאצלים של אמונה והיגיון, לשקוע לתהומות כאלה של שחיתות?

נזקי המלחמה היו נחלתם של האירופים כולם, אך גורלם של היהודים הפך אותם גם יעד לפעולות אנטישמיות ייחודיות, ותכופות הופנתה כלפיהם אצבע מאשימה על תמיכה בצד ׳האחר׳, יהיה אשר יהיה. כבר בתחילת 1915, עם התקדמות הצבא הרוסי בחזית המזרחית, נעקרו יהודים מבתיהם בפולין, באוקראינה ובאזורים מוגדרים אחרים בתוך ׳תחום המושב׳ הרוסי. בתוך שנתיים גורשו מיליון יהודים, והופקרו לחסדיהם של חיילים ואזרחים צמאי דם ותאבי ביזה.[3]

בשנת 1915 ועדת הסיוע של יהדות רוסיה שלחה מפטרוגרד את ש׳ אנ־סקי (כינויו הספרותי של הסופר והמחזאי היידי הנודע שלמה זיינביל רפופורט, מחבר ׳הדיבוק׳), לחלק סיוע לפליטים יהודים. אנ־סקי דיווח על מאות אלפי יהודים באזור גליציה (כיום במערב אוקראינה) שהיו "מוקפים בטבעת אש, דם ופלדה. הם היו מנותקים ונתונים לחסדי חיילים אלימים ואחוזי תזזית וקוזקים שתקפו אותם כלהקות של חיות פרא".[4] בעיירה סדיגורה חיו כשבעת אלפים וחמש מאות יהודים; כל נשות העיירה, פרט לקבוצה שהסתיר רוקח נוכרי, נאנסו במשך שלושה ימים בספטמבר 1914.

בבית כנסת חבוט, ששימש באותה שעה מרפאה לעת מצוא לחיילים

רוסים, מצא אנ־סקי בארון הקודש איקונין נוצרי במקום המיועד לספרי תורה. "לא יכולתי להסיר את עיניי ממראה חילול הקודש הנורא הזה, המבזה את קודשיהן של שתי הדתות", כתב. "חייל מופרע ביצע מעשי תוקפנות כלפי אלוהים באותו להט אכזרי שדחף אותו לתקוף בני אדם".[5]

חיילים יהודים משרתים בצבאות יריבים

יהודים רבים היו רחוקים מלהיות משקיפים פסיביים במלחמה זו, ושירתו כחיילים פעילים משני צידי המתרס במלחמת העולם הראשונה. המספרים היו חסרי תקדים: יותר ממיליון יהודים שירתו בצבאות 'בעלות הברית' ועוד ארבע מאות וחמישים אלף ב'מעצמות המרכז'.[6] חלקם, למשל אזרחים מטורקיה (ממעצמות המרכז) ורוסיה (מבעלות הברית), גויסו לשירות בידי שליטים שמהם סלדו. במדינות אחרות (כגון אוסטרו־הונגריה) נרתמו יהודים למאמץ המלחמתי מתוך הכרת תודה פטריוטית על מעמדם הבטוח יחסית בממלכה. גורמים פנימיים מילאו גם הם תפקיד נכבד ברצונם של חיילים יהודים לשאת בעול הצבא, שכן רבים מהם ביקשו לנקום ברוסים על הפוגרומים שביצעו בתחילת המאה בקישינב ובאודסה.

במקומות מסוימים נחשב השירות הצבאי מעשה של חובה דתית. הרב משה שמואל גלסנר מטרנסילבניה גינה מועמדים לגיוס, שהשתמטו ממנו בטענה ששירות צבאי ימנע מהם לקיים אורח חיים דתי. לדעתו, החיוב ההלכתי של 'דינא דמלכותא דינא' – החובה לקיים את חוקי המדינה – עולה בדמים, תרתי משמע: יהודים נדרשים לא רק לשלם מיסים (דמים בלשון התלמוד) אלא אף לסכן את נפשם. אם שירות לאומי כזה כרוך בחילול שבת ומצוות אחרות, יהי כן.[7]

רבנים שהיו אזרחי בעלות הברית סמכו אף הם את ידיהם על כך. הרב יוסף צבי הרץ, רבה הראשי של בריטניה, שיבח את החיילים היהודים וגינה את המשתמטים מחובותיהם הקרביות, בפרט את אלה שעשו זאת בשם הדת.[8] אחד מרבני צרפת הכריז באפריל 1915:

> אחיי ורעיי! מפארים אנו את חללי האמונה, שנמלאה סאת ייסוריהם, והקריבו את חייהם למען שלמות אמונתם הדתית. אהבת המולדת: כלום אין גם זו דת? אדם מקריב את חייו בעד ארצו – האין זאת כאילו מסר את נפשו למען אלוהיו?[9]

אין ספק כי הצהרות כאלה מפי רבנים וחכמי דת שימשו גם כדי להדוף טענה שהעלו אנטישמים רבים, כי היהודים נאמנים למולדתם רק כאשר הדבר נוח להם ומשרת את האינטרסים שלהם.

הגיוס ההמוני של יהודים לשורות הצבא במלחמת העולם הראשונה סימן נקודת מפנה בוויכוח פנים־רבני שנמשך מאתיים שנה באשר למעמדה המוסרי של מלחמה בין עמים בכלל, ובפרט בשאלת שירות חיילים יהודים בצבא ארצם. סוגיה זו הפכה אקטואלית לאחר המהפכה הצרפתית, בעת שהותר לראשונה גיוסם של חיילים יהודים לצבא. רבים מפוסקי ההלכה התנגדו עד אז לשירות של יהודים בצבא, בין היתר מחמת הקושי לקיים אורח חיים דתי בעת שירותם. עם זאת, מתוך הכרה בכך שלעיתים קרובות הדבר כלל לא היה נתון לבחירה (כמו ברוסיה הצארית, שהנהיגה גיוס חובה), לעיתים קרובות הסתפקו הרבנים במתן עצות לחיילים המגויסים כיצד לשמור ככל האפשר על הלכות השבת והכשרות. בהמשך ראה אור ספר מאת ה'חפץ חיים' (רבי ישראל מאיר כגן, 1839–1933), ששימש מדריך פופולרי לחיילים יהודים. בין השאר, כלל הספר חיזוק מוסרי בדבר הצורך להימנע ממלכודות היצר בענייני עריות בעת מלחמה ולהתרחק מפיתויים מיניים.

זמן רב לפני מלחמת העולם הראשונה, פרסמו רבנים רבים גילויי דעת עקרוניים, שהביעו התנגדות לשפיכות דמים חסרת הבחנה בעיתות מלחמה, בפרט בנסיבות שאינן מחייבות זאת לצורך הגנה עצמית. להשקפתם, לוחמה יזומה – ובמיוחד כשהיא מכוונת נגד אוכלוסייה אזרחית (אך לא רק אז) – היא עבירה ברורה על מצוות 'לא תרצח'.[10] על כך נוסף החשש שחיילים יהודים בצידו האחד של המתרס עלולים לגרום למותם של חיילים יהודים בצידו האחר (ירי דו צדדי בגרסה מוקדמת). הדיון בסוגיה זו הייתה נפוץ ביותר בספרות השו"ת ההלכתית לאורך המאה התשע־עשרה ותחילת המאה העשרים.[11]

במלחמת העולם הראשונה החריפה מצוקה זו עוד יותר, והדילמה בין חובות העומדות בסתירה זו לזו התנסחה במלוא תוקפה: יהודים שאלו את עצמם למי נתונה נאמנותם: מיהם אחיהם האמיתיים שלמענם הם מוכנים למסור את נפשם ומיהם אלה שאינם 'משלנו', ואשר אותם מותר לקטול בשדות המערכה.

בפני אחד הרבנים, הרב זאב וולף לייטער, הועלתה שאלה האם מותר לכוהן להתגייס לצבא, "כיוון שיש בו איסור טומאה למתים, וגם כהן שהורג את הנפש ייפסל לעבודה [של הקרבת קורבנות בבית המקדש]". בתשובתו פסק

הרב מה שפסק, ואגב מאמץ למצוא תקדים הלכתי המתיר הרג בשדה הקרב קבע כי באופן כללי מוטל "חיוב על כל חרדי לעבד בעד השלום העולמי לבל ישפך דם נקי בקרב הארץ ותשבת המלחמה"[12] – עצה נאה ללא ספק, אך אינה שימושית במיוחד לצעירים יהודים המתלבטים בין גיוס לבין השתמטות.

כאמור, פוסקים אחרים לא הגבילו את עצמם לסעדים מעין אלה, שאומנם מלאים כוונות טובות אך תועלתם מועטה. נוסף על הרב גלסנר בגרמניה והרב הרץ באנגליה, רבים – בפרט בתנועה הרפורמית (אם כי לא רק בה) – אימצו את השירות הצבאי כדרך להשתלבות בחברה הלא־יהודית. הרב שמשון רפאל הירש מפרנקפורט (נפטר בשנת 1888), שנמנה עם החוגים האורתודוקסיים המסורתיים, שיבח את המתמסרים במלוא אונם ומרצם למען ארצות מולדתם. מעבר לעיקרון דינא דמלכותא דינא, כתב הרש"ר הירש כי מדובר במצווה דתית בפני עצמה:

> להיות נאמן בלב ונפש אל המלך, אל הארץ והמדינה, להיות נמשך אחריהם באהבה רבה להתכבד בכבוד הארץ, גם להתאמץ בכל אשר תוכל להיטיב ולהועיל, כי התקנות והסדרים במדינה יפרחו וינובו, למען תשיג המדינה על ידם את תכליתה ומטרתה לתכלית ההתאחדות.[13]

חובה זו, טען הרש"ר הירש, עומדת בתוקפה גם בשעה שהמדינה מציבה דרישות חמורות מן היהודים, לרבות הקרבת חייהם בהגנה עליה. במאה התשע־עשרה יהודים רבים הוציאו גישה זו מן הכוח אל הפועל בעת שירותם הצבאי. בעקבותיהם הלכו רבים נוספים במאה העשרים, בעת שחירפו נפשם למען המולדת בשדות הקרב של מלחמת העולם הראשונה.

להרוג בשם אלוהים? כתב הגנה לפציפיזם

בתום מלחמת העולם הראשונה, תפסו רבים את השיח הפטריוטי על 'מולדת', המלובש ברטוריקה דתית, כסילוף חמור. אחד מהם היה הפילוסוף הלל צייטלין (1871–1942), ידידו של הרב תמרת. צייטלין גדל בקהילה חסידית ברוסיה, אך בהמשך חייו נטש את חיי הדת לטובת עולם הפילוסופיה, ובסופו של דבר היה לסופר נחשב ומוערך בחוגי הספרות העברית.

לאחר מלחמת העולם הראשונה, חל מהפך: צייטלין אימץ מחדש את הדת, והפך למיסטיקן ולתאולוג חדשני. במאמר שנדפס בכותרת 'דבר

לעמים', הוא התגולל על כל החיילים אשר, לדבריו, נשאו את שם ה' לשווא: "עמים נלחמים בעמים, דמי אחים נשפכים כמים, ובעת ההרג ושפך הדם מזכירים הם את שם ד'! חפצים הם כי ד' יעזור להם לתקוע חנית בלב האח והרע, לנבל אותו ולבוז את יגיעו!"[14] לדעת צייטלין, אין לך דבר העומד בניגוד לרצון האלוהי יותר מן ההרס שמביאות עימן המלחמות.

האמת היא שכבר בעת המלחמה הכירו רבים מתושבי אירופה בכך שהיא נוראית ומיותרת לחלוטין. מדוע, אם כן, היא לא פסקה עוד קודם?[15] לרב תמרת הייתה תשובה משלו לשאלה זו: אירופה הגיעה לסף תשישות רוחנית. הרעיונות הפוליטיים הגדולים של סוף המאה התשע־עשרה ותחילת המאה העשרים, ובהם הלאומיות והסוציאליזם, הולידו מהפכות עקובות מדם ומשטרים דכאניים חדשים. תמרת לא האמין שמוסדות חדשים, כגון חבר הלאומים ובתי הדין בהאג, יוכלו למנוע מאלילי הזמן הכוזבים – הלאום והמלחמה – לתבוע קורבנות אדם על מזבח הגשמת יעדיהם.

מסקנתו של הרב תמרת הייתה שהעולם, ובכללו העם היהודי, זקוק למהפכה רוחנית נגדית, כזו שתממש את הייעוד "מָלְאָה הָאָרֶץ דֵּעָה אֶת ה'" (ישעיהו יא, ט) ותנחיל לאומות העולם את המסר המרכזי שכל בני האדם נבראו בצלם אלוהים.[16] רק בדרך זו אפשר להביא את האנושות לכלל הבנה שמעולם לא הייתה תוחלת למלחמות וש'אין מלחמות צודקות', ובכך לממש את נבואת ישעיהו "לֹא יִשָּׂא גוֹי אֶל גּוֹי חֶרֶב וְלֹא יִלְמְדוּ עוֹד מִלְחָמָה" (שם, ב, ד).

באמתחתו של הרב תמרת הייתה אפוא תשובה אחת בלבד: פציפיזם. באופן כללי, הפציפיזם גורס כי מלחמה היא לעולם שגויה וכי תמיד קיימת חלופה טובה יותר; אין בסיס מוסרי מוצק המצדיק מלחמה, ולעולם אין להשלים עם הרג המוני מסיבות מדיניות. כתמיכה בשיטתם מציגים בדרך כלל תומכי הפציפיזם שלושה טיעונים מרכזיים:[17]

- תוצאותיה השליליות של המלחמה עולות תמיד על יתרונותיה (הטיעון ה'תועלתני').
- המלחמה עומדת בניגוד לחובתו היסודית של הצדק, שהיא הימנעות מנטילת חיי בני אדם (הטיעון ה'מהותי' או ה'דאונטולוגי').
- התנהגות לוחמנית היא מידה רעה, העומדת בסתירה לנורמות הידועות של מצוינות אנושית (הטיעון של תורת המידות).

פציפיסטים רבים משלבים בהשקפתם אחד או יותר מן הטיעונים האלה. הרב תמרת מגייס לשיטתו את כולם. ראשית, לתפיסתו, אלימות – אפילו בשירות מטרה צודקת – תוביל בסופו של דבר לאלימות גדולה יותר (הטיעון ה'תועלתני'). בהתייחס להיסטוריה של המהפכות הפוליטיות האירופיות הוא קובע:

> תכסיס המהפכות ההנה, לענות ברע על הרע של הרשעים, ספק מצליח ספק מריע עוד יותר. וכן אופן, איננו רק תרופה ארעית לשעה קצרה, כמו שראינו בחוש בכל הארצות שלקח בהן חופש על ידי רבולוציה אלמותית [=אלימה], שב ויפרח בזמן קצר אחר זה נגע הדספוטיזם בבשר החברה כקדם.[18]

האלימות מנרמלת את עצמה. גם כאשר נוקטים דרך אלימה למען מטרה מוצדקת לכאורה, היא יוצרת עולם שבו הסדר הפוליטי מעניק לגיטימציה לשימוש בכוח. בסופו של דבר יופעל הכוח בשירותן של מטרות בלתי ראויות או יוצא אל הפועל באופן שאינו הגון. כל מהפכה אלימה בשם החירות מביאה רק עוד סוג של דספוטיזם.

יתר על כן, כותב הרב תמרת: המקרא דוחה על הסף את עצם הרעיון של רצח (הטיעון הדאונטולוגי). שפיכות דמים, שהיא נטילת חייו של אדם, פסולה מן היסוד. גם את נפשנו שלנו היא משחיתה, שהרי כאשר אנו משתמשים באגרוף או בנשק, ולו רק לצורך הגנה עצמית, בסופו של דבר אנו גורמים לשינוי מהותי באופיינו, וכך ניטלת מאיתנו היכולת להבחין בין טוב לרע (הטיעון של תורת המידות).[19]

לפיכך המלחמה, שהיא פסולה כשלעצמה, משחיתה עוד יותר הן את החברה הן את אזרחיה. ואכן, זמן קצר לאחר השתתפותו בקונגרס הציוני העולמי הרביעי בשנת 1900, פרש הרב תמרת מן התנועה, בטענה שהציונות תהפוך בסופו של דבר לסוג נוסף של לאומיות שתעוות את בשורתה המרכזית של היהדות. לשיטתו, הטריטוריה האמיתית היחידה של העם היהודי היא עולם הרוח.

לנימוקיו הפילוסופיים והתאולוגיים של הרב תמרת בזכות הפציפיזם התווספה חוויה שהותירה בו רושם עמוק: בילדותו היה עד לאסונה של שכנה לא־יהודייה שהתבשרה על אובדן בנה במלחמת רוסיה־טורקיה. "אמו של החייל מיררה בבכי, והילד היהודי הקטן בכה עמה. מכאן ואילך הייתה דעתו

של הילד נתונה כולה לאימה שבמלחמות".[20] ראוי לציין כי חוויות כאלה תרמו יותר מכל טיעון אינטלקטואלי לעורר השראה בפציפיסטים במשך מאות שנים. היו רבנים רפורמים אמריקנים שהשתעשעו ברעיון לאמץ, יחד עם קהילותיהם, עמדה פציפיסטית עקרונית לאחר זוועות מלחמת העולם הראשונה. תופעה זו הייתה רווחת מאוד גם בקרב חוגים אחרים.[21] חרדים אנטי־ציונים אחדים תיעבו את המיליטריזם היהודי לא פחות מאשר הרב תמרת,[22] אך לא הייתה דמות חרדית שדגלה בפציפיזם בשיטתיות יותר ממנו.

הטיעון המקראי נגד פציפיזם: הרג הוא לעיתים חובה מוסרית

השקפת עולמו של הרב תמרת מפתה אך אינה משכנעת; למעשה, אף טמונה בה סכנה. אין מחלוקת שהיהדות שואפת להתגשמות החזון "לֹא יִשָּׂא גוֹי אֶל גּוֹי חֶרֶב וְלֹא יִלְמְדוּ עוֹד מִלְחָמָה" (ישעיהו ב, ד); כזה הוא החזון האסכטולוגי בנבואות ישעיהו, מיכה ואחרים. נבואות אלה, יחד עם טקסטים מקראיים נוספים, העניקו השראה ליוזמות שלום רבות במהלך ההיסטוריה. ואף על פי כן קשה מאוד לטעון כי המקרא יוצא חוצץ נגד כל המלחמות באשר הן.

גיבורי המקרא המרכזיים – מאברהם עד משה, יהושע ודוד – עמדו בראש צבא או נלחמו בקרבות שעליהם ציווה האל או נתן את ברכתו לפתוח בהם. כאשר חיילים היו יוצאים למלחמה, הכהן היה מתייצב לפניהם ומכריז: "שְׁמַע יִשְׂרָאֵל אַתֶּם קְרֵבִים הַיּוֹם לַמִּלְחָמָה עַל אֹיְבֵיכֶם אַל יֵרַךְ לְבַבְכֶם אַל תִּירְאוּ וְאַל תַּחְפְּזוּ וְאַל תַּעַרְצוּ מִפְּנֵיהֶם; כִּי ה' אֱלֹהֵיכֶם הַהֹלֵךְ עִמָּכֶם לְהִלָּחֵם לָכֶם עִם אֹיְבֵיכֶם לְהוֹשִׁיעַ אֶתְכֶם" (דברים כ, ג-ד). נביאי ישראל ראו בעיני רוחם את המלחמות הגדולות העתידות להתחולל בעולם לפני ביאת המשיח והתגשמות חזון אחרית הימים של שלום וצדק.

ואכן הנביא מיכה, אף שהתנבא על עידן השלום העולמי שבו יתקיים הייעוד "וְכִתְּתוּ חַרְבֹתֵיהֶם לְאִתִּים וַחֲנִיתֹתֵיהֶם לְמַזְמֵרוֹת לֹא יִשְׂאוּ גּוֹי אֶל גּוֹי חֶרֶב וְלֹא יִלְמְדוּן עוֹד מִלְחָמָה" (מיכה ד, ג), צפה גם את שקיעתם של אויבי היהודים שתושג בכוח הזרוע: "כִּי קַרְנֵךְ אָשִׂים בַּרְזֶל וּפַרְסֹתַיִךְ אָשִׂים נְחוּשָׁה וַהֲדִקּוֹת עַמִּים רַבִּים" (שם, יג). אכן, לעתיד לבוא תתבטלנה המלחמות, אך אין פירוש הדבר שהאדם פטור מפעולה להגשמת ייעוד זה.[23]

פציפיסטים טוענים כי איסור שפיכות דמים הוא חובה מהותית – "לא תרצח" [כלומר אל תהרוג, ללא יוצא מן הכלל]. הפילוסופית אליזבת אנסקום מציינת כי פציפיסטים מתעלמים מההבדל המכריע בין שפיכת דם נקי

לשפיכת דם בכלל.[24] אכן, אין הצדקה מוסרית להרוג מתוך קלות דעת וזדון את מי שלא עשו דבר המצדיק את הפקעת זכותם לחיים. אך תוקפנים מזידים נמצאים בקטגוריה אחרת לגמרי, שכן מעשיהם מתועבים עד כדי כך שהם מצדיקים – ואף תובעים – ענישה. בתלמוד נלמד רעיון זה מן הפסוק העוסק בגנב הבא במחתרת. בנסיבות מסוימות, מתירה התורה להרוג את הגנב כמעשה של הגנה עצמית:[25] "אם ברור לך כשמש שיש לו שלום עמך – אל תהרגהו, ואם לאו [=שאינך בטוח בכוונותיו] – הרגהו" (סנהדרין עב ע"א).[26]

פילוסופים מציעים ניסוחים משלהם לעיקרון זה, אך ההיגיון הבסיסי שלהם דומה וברור: בלתי הגיוני ובלתי ראוי לשלול מקורבנות תוקפנות את היכולת להגן על חירותם באמצעות שימוש בכוח נגדי. ההפך הוא הנכון: התוקפנים הם המאבדים את זכויותיהם כאשר הצד הניזוק משיב להם כגמולם מנה אחת אפיים.[27]

רעיון זה חל גם בסכסוכים לאומיים, כפי שנאמר בספר שופטים. יפתח הלוחם מזכיר את תולדות היחסים בין ישראל לעמון. הוא מצהיר כי אף שבעבר יצאו בני ישראל למלחמה בבני עמון מתוך מאבק לגיטימי על שטחים, מלך עמון הנוכחי חצה קו אדום כשפתח במלחמה תוקפנית חסרת הצדקה נגד ישראל. "וְאָנֹכִי לֹא חָטָאתִי לָךְ", טוען יפתח, "וְאַתָּה עֹשֶׂה אִתִּי רָעָה לְהִלָּחֶם בִּי. יִשְׁפֹּט ה' הַשֹּׁפֵט הַיּוֹם בֵּין בְּנֵי יִשְׂרָאֵל וּבֵין בְּנֵי עַמּוֹן" (שופטים יא, כז).

הוגי דעות בולטים בתחום מוסר המלחמה בני המאה השבע־עשרה (כדוגמת הוגו גרוטיוס וג'ון לוק) ציטטו פסוק זה כדי לבסס את זכותן – ואפילו חובתן – של מדינות לאום להגן על עצמן בכוח הזרוע.[28] מובן שלא תמיד ישנה תמימות דעים בשאלה מיהו הקורבן ומיהו התוקפן שאין הצדקה לפעולותיו; המובאה המקראית שצוטטה לעיל מותירה את האל כפוסק הסופי. עם זאת, העיקרון המוסרי ברור: לקורבנות של תוקפנות חסרת הצדקה יש לא רק זכות אלא אף חובה מוסרית להגן על עצמם, אפילו במחיר הריגת תוקפיהם.

לֹא בְחַיִל וְלֹא בְכֹחַ? העוצמה ומעלותיה

ההגינות מחייבת לומר כי אף שהטיעון שהציג הרב תמרת, שאלימות היא

פשע, הוא אכן קיצוני, יש לו אסמכתה בהגות הרבנית הבתר־מקראית. לאחר אובדן הריבונות היהודית, ביקשו חלק מהחכמים לקדם רעיונות חלופיים של אומץ לב וגבורה והתרחקו מאוד מהתפיסה הלוחמנית. כבר בתקופת המקרא הזהיר משה רבנו את העם היוצא למלחמה מפני היבריס ("כֹּחִי וְעֹצֶם יָדִי עָשָׂה לִי אֶת הַחַיִל הַזֶּה", דברים ח, יז). במקום לייחס את ההצלחה הצבאית להשגחתו המיוחדת של האל על עמו. כך מכריז גם המשורר בספר תהילים: "בְּךָ צָרֵינוּ נְנַגֵּחַ בְּשִׁמְךָ נָבוּס קָמֵינוּ; כִּי לֹא בְקַשְׁתִּי אֶבְטָח וְחַרְבִּי לֹא תוֹשִׁיעֵנִי; כִּי הוֹשַׁעְתָּנוּ מִצָּרֵינוּ וּמְשַׂנְאֵינוּ הֱבִישׁוֹתָ" (תהילים מד, ו-ז).

כך גם בדברי הנביא: להצלה וגאולה זוכים "לֹא בְחַיִל וְלֹא בְכֹחַ כִּי אִם בְּרוּחִי אָמַר ה' צְבָאוֹת" (זכריה ד, ו). ועל כן בטרם מטביע דוד במצח גוליית אבן קלע בלבד, ללא סיועם של אמצעי לוחמה רגילים, הוא מכריז כי לא הוא אלא ה' הוא 'איש המלחמה' והמושיע[29] (על אף שהמקרא מספר על קבלת הפנים מלאת ההערצה שזכה לה מאת ההמון בשבתו הביתה).[30]

אולם בספרות הרבנית המאוחרת, המודל לגבורה אינו כישורי לחימה אלא בעיקר שליטה עצמית, דחיית סיפוקים והיחלצות להצלת הזולת. המדרש מייחס לדוד המלך הגדרה של גבורה במונחים של הצלת אדם הטובע בנהר או נופל לבור תחתית.[31] במקום אחר שואלים חז"ל: "איזהו גיבור שבגיבורים?" ומשיבים: "זהו שכובש את יצרו... וכל הכובש את יצרו מעלה עליו הכתוב כאילו כבש עיר מלאה גיבורים... ואין גיבורים אלא גיבורי תורה... ויש אומרים: מי שעושה שונא – אוהבו".[32] במסכת אבות, לא זו בלבד שמתעלמים ממוסר הלוחמים העבריים, אלא נראה כי ממעיטים לחלוטין בערך הלחימה בכלל.

במקום להתייחס לכלי נשק על דרך הפשט, חז"ל מציעים להם פרשנות מחודשת על דרך הרמז: המלחמה וכלי המלחמה רומזים לכוחם של תלמידי חכמים המתנצחים בהלכה ו'נלחמים מלחמתה של תורה'. את הדימוי הזה מחילים חז"ל על דוד עצמו, המכונה בנ"ך 'איש חיל' ו'איש מלחמה'. בעיניהם הוא מצטייר כמי שמצטיין בשקלא וטריא האינטלקטואלי הדתי. לעומת זאת, מלחמה ממשית אינה דרכם של צדיקים אלא דרך רשעים, המגולמת בעיני חז"ל בדמותו של עשו, האויב הרשע והמובהק במקרא.[33] ובלשונו של הרב תמרת: "שאיפת הגויים לפסגת האלימות, ושלנו לפסגת הגבורה. כלי השרת להשיג את חפצי שאיפותיהם הם החרב, וכלי השרת שלנו – הספר, לימוד תורה".[34]

ציונים חילונים דחו בשאט נפש רעיון זה של פסיביות צדקנית,

שבעינייהם הפכה את היהודים טרף קל לצורריהם. הסופר יליד אוקראינה מיכה יוסף ברדיצ'בסקי (1921-1865) לעג לחרפתה של אומה שאינה מסוגלת כלל להתגונן מפני שוחרי רעתה מתוך שהיא מתהדרת באמות מידה מוסריות נעלות.[35] בעקבות פרעות מטלטלות בשנת 1903 בקישינב, בירת בסרביה, כתב המשורר הלאומי חיים נחמן ביאליק (1934-1873) את הפואמה 'בְּעִיר הַהֲרֵגָה'. יש בה ביקורת נוקבת על החולשה וחוסר האונים של הקהילה היהודית בעיר, בעיקר הגברים. "בְּנֵי בְנֵיהֶם שֶׁל הַמַּכַּבִּים, נִינֵי הָאֲרָיוֹת שֶׁבְּ'אַב הָרַחֲמִים' וְזֶרַע הַ'קְּדוֹשִׁים'", שהתחבאו ב"בָּתֵּי מָחֲרָאוֹת, מִכְלְאוֹת חֲזִירִים וּשְׁאָר מְקוֹמוֹת צוֹאִים" במקום להגן על משפחותיהם מפני אונס וביזה: "שָׁכְבוּ בְּבָשְׁתָּן וַיִּרְאוּ – וְלֹא נָעוּ וְלֹא זָעוּ, / וְאֶת עֵינֵיהֶם לֹא נִקֵּרוּ וּמִדַּעְתָּם לֹא יָצָאוּ – / וְאוּלַי גַּם אִישׁ לְנַפְשׁוֹ אָז הִתְפַּלֵּל בִּלְבָבוֹ: / רִבּוֹנוֹ שֶׁל עוֹלָם, עֲשֵׂה נֵס – וְאֵלַי הָרָעָה לֹא־תָבֹא".[36]

לאמיתו של דבר, ביאליק עצמו תיעד באופן פרטי מקרים אחדים שבהם הפגינו גברים יהודים התנגדות והגנו על עצמם במהלך הפוגרום בקישינב, מה שעומד בסתירה לתיאורו אותם ביצירתו כפחדנים.[37] יתרה מזאת: המציאות ההיסטורית מורכבת יותר מנרטיב הכניעה וההשפלה היהודית בגלות שציירו ביאליק וציונים אחרים.[38] כך למשל, הצלבנים באירופה בימי הביניים נתקלו מדי פעם בהתנגדות ובפעולות של הגנה עצמית מצד היהודים. באיבריה, המשורר והמלומד הנודע רבי שמואל הנגיד, המוכר גם בשמו הערבי איסמעיל אבן נגרלה (1055-993), שימש כווזיר מטעם הח'ליפים חבוס ובדיס מגרנדה, ואפילו צבר ניסיון קרבי בפקדו על צבא מוסלמי. בשיר קצר כתב: "אִם אֵין בְּךָ כֹּחַ לְהָשִׁיב גְּמוּל רָעִים / שָׂא אֵת אֲשֶׁר עָשׂוּ לְנַפְשְׁךָ בְּעָנְוֹתֶךָ / אוֹ אִישׁ גְּבוּרָה אַתְּ וְתוּכַל לְהִנָּקֵם / כַּפֵּר חֲטָאֵיהֶם לְמַעַן גְּבוּרָתֶךָ".[39]

ובכל זאת, יהודים בגולה סבלו תכופות מחוסר אונים יחסי ומתלותם בחסדי אחרים וברצונם הטוב. גם אם ערכים כגון למדנות ורדיפת שלום שחז"ל טיפחו לא תמיד הובילו לפסיביות, הפולקלור היהודי גדוש בסיפורים על מתים על קידוש השם יותר מאשר בסיפורי גבורה. המסורתיים ראו בהם מופת של הקרבה עצמית הראויה לחיקוי, ואילו הציונים ראו בהם דוגמאות לחוסר ישע. כתוצאה מכך, הציונים – שנשאו את עיניהם אל סיפורי הגבורה המתועדים בהיסטוריה היהודית כדי לאשרר את האקטיביזם שלהם – חיפשו בעת העתיקה מודלים אחרים לחיקוי מאלה שהוצגו בתלמוד.

לדוגמה, חכמי התלמוד אינם מזכירים את מרד המכבים נגד האימפריה

הסלווקית בתיאור חג החנוכה במאה השנייה לפני הספירה. לשיטתם, החג נקבע כדי לזכור את חנוכת המקדש המחודשת ואת נס פך השמן שהספיק לשמונה ימים. הציונים, לעומת זאת, ראו ביהודה המכבי ואחיו לוחמים עזי נפש הראויים להערצה. להאדרה דומה זכו גם הלוחמים שהשליכו עצמם אל התהום במצור על מצדה (בשנת 73 לספירה) במקום להיכנע וליפול בשבי הרומאים, וכן מי שהשתתפו במרד בר כוכבא הכושל נגד רומי (132–135 לספירה).

מאחר שאף לא אחד מסיפורי הגבורה והלחימה הללו זכה לאזכור מורחב בספרות הרבנית הקלסית, חובבי ציון הראשונים נשאו במקום זאת את עיניהם לכתביו של ההיסטוריון היהודי רומי יוספוס פלביוס (יוסף בן מתתיהו) שנכתבו ביוונית. במיוחד לכדה את תשומת ליבם הגרסה העברית של 'יוסיפון', ספר שראה אור בימי הביניים ומאז זכה לגרסאות ונוסחאות רבות והפך למקור השראה עבור אישים כדוגמת הרב יהודה אלקלעי, אבא ברדיצ'בסקי ואחרים. אלה מצאו בו דגם לאופן שבו יהודים חיו פעם, חזקים ועצמאים, וביקשו לכונן כך מחדש את המולדת היהודית בצלם דמות תבניתם. אחד מאותם חובבי ציון היה דוד גרין יליד פולין (1886–1973), ששינה לימים את שם משפחתו לבן גוריון, על שם אחד הגיבורים המרכזיים בספר 'יוסיפון'.[40]

הטענה המרכזית שקידמו ציונים כגון בן גוריון ורבים אחרים הייתה ונותרה מוצקה כסלע: כאשר יהודים חשופים להתקפות מצד אויביהם, חולשה וחוסר אונים אינם מעלות אלא חסרונות – והם עלולים להעמיד בסכנה ממשית את המשך הקיום היהודי. אך האם משמעות הדבר היא שעוצמה צבאית חייבת בהכרח להפוך לערך עליון או מושא לעבודת אלילים כמו במיתולוגיה היוונית? הסכנה בהאדרת האתוס המיליטנטי על חשבון ערכים אחרים עמדה ביסוד תפיסת הרב תמרת, שגיבורי המקרא האמיתיים היו הנביאים ולא המלכים.[41] אולם התברר כי המציאות מורכבת יותר: מלכים שפתחו במלחמות צודקות זוכים לשבחים במקרא כעושי דברו הנאמנים של האל, ומי שהגנו במשך הדורות על בני עמם מפני הגולייתים למיניהם נחקקו באתוס היהודי כצדיקים ויחידי סגולה.

אכן, הרב תמרת ופציפיסטים בתקופות מאוחרות יותר העלו על נס את הציווי המוסרי של הימנעות מאלימות, אך השקפת עולם זו לא הצליחה להסביר כיצד, באילו נסיבות ובאילו אמצעי הגנה יש לנקוט כדי שהפעלת

הכוח תהיה מוצדקת ותיחשב הרואית, לאור העובדה שהיא מקדמת מטרות ראויות.[42]

תוצאותיו המרושעות של הפציפיזם: גנדי, בובר והנאצים

הרדיפה הנאצית אחר יהודים העמידה במבחן את המחויבויות לטיעון ה'תועלתני' לפציפיזם, שאלימות רק מולידה עוד אלימות. האם אלה הם אכן פני הדברים? האם אלימות היא תמיד רק סעד זמני, שרק יגרור בעקבותיו בריונות נוספת? אין ספק כי אם העולם כולו יפרוש מדרך המלחמה נצא כולנו נשכרים. אולם, כפי שקרה שוב ושוב במאה העשרים, חוסר מעש לנוכח פני הרוע אינו רק כשל מוסרי חמור בהגנה על חפים מפשע. הוא גם מתגמל תוקפנות ומזמין בריונות נוספת. אין ברירה: לפעמים מוכרחים להשתמש בכוח כדי לגדוע אלימות.

בשנות השלושים של המאה העשרים, עיקרון מוסרי חיוני זה נקבר או הודחק: אזרחים ומנהיגים רבים של דמוקרטיות מערביות, שעדיין היו תחת הטראומה של הקטל הנורא במלחמת העולם הראשונה, העדיפו לפייס את היטלר ולהתעלם מאובססיית הכיבוש וההתפשטות שלו.[43]

יהודי אחד שאכן עמד – גם אם באיחור – על ערכה המוסרי של התנגדות היה הפילוסוף הגרמני הנודע מרטין בובר (1878–1965). בימים הראשונים של מלחמת העולם הראשונה, הוא חגג את פרוץ פעולות האיבה כהזדמנות לגרמניה להפגין את 'שליחותה ההיסטורית' באמצעות ייצוא ערכיה הנעלים לעולם חשוך ונבער. הוא גם ראה בכך הזדמנות עבור היהודים לצקת חיות מחודשת ביהדותם בדרך של גילוי הקרבה עצמית למען מטרה נעלית זו ובכך להשתלב באופן מלא בעם הגרמני (die Volk). בובר סבר כי התייצבותם של יהודים בודדים משני צדי המתרס של שדה הקרב היא תופעה מצערת. אף על פי כן, מוטב לו לאדם שייאבק למען ערכיו ולא יישב מן הצד בהתבוננות פסיבית באירועים. הוא כתב: "[אנו היהודים] לא נזדקק עוד למוטו שלנו, 'לֹא בְחַיִל וְלֹא בְכֹחַ כִּי אִם בְּרוּחִי אָמַר ה' צְבָאוֹת' (זכריה ד, ו), שכן החיל והרוח יהיו לאחד עִמנו! חיים חדשים בפתח!"[44]

בובר ספג ביקורת חריפה מאחדים מחבריו על שהדגיש יתר על המידה ערכים כגון גבריות, אומץ לב והקרבה לנוכח המלחמה האלימה שהתחוללה.

בובר לא רק נאה דרש אלא גם נאה קיים, ואף ניסה להתנדב לצבא הגרמני, אך הדבר לא עלה בידו.

עד שנת 1916 התפכח כבר בובר ממשיכתו למיליטריזם. לאחר מכן, אף שנותר ציוני כשהיה, הביא לידי ביטוי את חששותיו החדשים מפני נטיותיה האלימות של הלאומיות בכך שסייע לייסד את 'ברית שלום', תנועה שדגלה בהקמת מדינה דו־לאומית עצמאית בארץ ישראל. בעקבות הרחבת פעולות האיבה הנאציות הוא נאלץ בסופו של דבר להגר לפלשתינה בשנת 1938, שם המשיך לתמוך בדו־קיום יהודי ערבי.

אולם חרף נטיותיו הפציפיסטיות, אפילו בובר זיהה שלפעמים אין מנוס מהפעלת כוח לצורך הגנה עצמית. בשנים 1938–1939, כאשר שרשראות הטנקים של היטלר כבר הרעידו את אירופה, שלחו פעילים ציונים מכתב בהול למהטמה גנדי והפצירו בו לתמוך בשאיפתם למדינה יהודית כמקלט מפני הנאצים. גנדי איכזב אותם מאוד. אומנם הוא הכיר באנטישמיות ה'שרירותית' של היטלר, אך עמד על הצורך להגיב לה אך ורק בדרכי שלום:

> אם יכולה להיות הצדקה למלחמה בשם האנושיות ולמען האנושיות, הרי תצדק לחלוטין מלחמה בגרמניה כדי למנוע רדיפות גזעניות של גזע שלם. אבל איני מאמין בשום מלחמה. ויכוח על הטעמים בעד מלחמה כזו או נגדה הוא אפוא מעבר לאופק ראייתי.[45]

מה אם כן היו אמורים היהודים לעשות? גנדי הציע לפעילים הציונים שפנו אליו לעמוד איתן, לגלות אומץ לב ולנקוט מרי אזרחי שיציב את הנאצים בפני הברירה אם לירות בהם או להשליכם לצינוק. ומה באשר לעם היושב בציון? עליו מוטלת המשימה החינוכית לנסות לשנות את דעת הקהל הערבית באמצעות התנגדות פסיבית בלתי אלימה ('סאטיאגרהה' בלשונו) ו"להציע לערבים שיירו בהם או שישליכו אותם לים המלח בלי שינקפו אצבע נגדם"...

אפשר רק לתאר עד כמה מהר היו הנאצים והרבה מן הערבים מקבלים הצעה נדיבה זו כיצד להיפטר בקלות מן היהודים.

בובר נטל על עצמו את המשימה להפריך ישירות את טענותיו של גנדי. כשתיאר את פעילותו למען השלום, הוא הדגיש כי פציפיזם מוחלט יאפשר בהכרח את נצחונו של הרוע:

> איני יכול שלא להתייצב בפני הרוע בראותי שהוא עומד להשמיד את

הטוב. אנוס אני להתייצב בפני הרוע שבעולם כשם שכך מוטל עלי לפעול מול הרוע שבתוכי. ביכולתי רק לשאוף שלא אצטרך לעשות זאת בכפייה. אינני חפץ בכוח, ואולם אם אין דרך אחרת למנוע מהרע להאביד את הטוב, הנני סמוך ובטוח שבכל זאת אשתמש בכוח ואמסור את עצמי לידי אלוהים.[46]

למעשה, פציפיזם מאפשר לבעלי הזרוע להביס את הטובים. האמונה הפציפיסטית ברוע המוחלט של המלחמה, עד כדי כך שיש להימנע מהפעלת כוח נגדי מכל סוג שהוא, תהיינה הנסיבות אשר תהיינה, היא המאפשרת את נצחונו של הרוע. הרב תמרת חשש כי "לאומיות בלי תורה, לאומיות לשם לאומיות" הפכה לסוג של עבודת אלילים, המקריבה את כל הערכים האחרים כולם בשירות האומה. אך גם פציפיזם מוחלט עלול להפוך לסוג של פולחן, המעלה על מזבח האידאלים שלו את הטוב והצדק כקורבן.

העובדה שבשלביה הראשונים של המלחמה לא ננקטו צעדים מספיקים כדי להתנגד להיטלר ולהגן על אירופה מן הטרור שהטיל מוכיחה באופן נוקב את מסקנתו של בובר. בין קורבנות השואה היה הפילוסוף הלל צייטלין, ידידו של הרב תמרת. הוא נהרג בגטו ורשה בעודו עטוף בטלית ומעוטר בתפילין. הרב תמרת עצמו נפטר בשנת 1931. אשתו ושתיים מבנותיהם נרצחו בטרבלינקה, אך ארבעת ילדיו האחרים הצליחו להימלט לארץ ישראל לפני המלחמה וניצלו, הודות לציונות שאביהם בז לה. אחת הבנות לבית תמרת, רבקה פרליס שמה, הפכה לחוקרת בולטת של תנועות ההתנגדות היהודיות בגטו ורשה ובמקומות אחרים.

היהודים למדו את המחיר היקר של היותם חסרי מגן וטרף קל.[47]

פרק 2

מלחמה כוללת, פונדמנטליזם דתי ורוחות הרפאים של כנען

חזיונותיו המשיחיים של הרב קוק במלחמת העולם הראשונה

הרב אברהם יצחק הכהן קוק (1935-1865) שהה בכפר שווייצרי קטן בחודשיה הראשונים של מלחמת העולם הראשונה ומשם עקב אחר האירועים. פרשנותו למשמעות המלחמה הייתה שונה בתכלית מזו של הרב תמרת. הוא ראה באופק עקבתא דמשיחא, פעמי הגאולה, מיגור הרוע:

> כשיש מלחמה גדולה בעולם מתעורר כח משיח. עת הזמיר הגיע, זמיר עריצים, הרשעים נכחדים מן העולם והעולם מתבסם, וקול התור נשמע בארצנו.[1]

הרב קוק והרב תמרת למדו שניהם בישיבת וולוז'ין המעטירה – הרב קוק לצד ברדיצ'בסקי והרב תמרת עם ביאליק. בתחילת המאה העשרים אימצו שניהם את הציונות, אך לאחר מכן פנו לכיוונים שונים לחלוטין. הרב תמרת שהה בעיירתו הקטנה וכתב חיבורים אנטי לאומיים ובהם דברי תוכחה כלפי הרואים במלחמות גדולות פעמי משיח.[2] הרב קוק עלה ארצה בשנת 1904 כדי לכהן כרבה של יפו ובסופו של דבר נבחר לכהונת הרב הראשי האשכנזי הראשון של ארץ ישראל תחת שלטון המנדט.

בימים האחרונים של יולי 1914 נסע הרב קוק להשתתף בוועידת רבנים בפרנקפורט בתקווה לעורר תמיכה בציונות. המלחמה פרצה ב־1 באוגוסט. הרב הצליח להגיע לסנט־גאלן שבשוויץ, שם מצא מחסה במשך שנה וחצי. בסופו של דבר הגיע ללונדון, ובה כיהן כרב קהילה עד שובו לירושלים בשנת 1919. בתקופת שהותו הכפויה באירופה בעת המלחמה, צפה מקרוב בסערה העולמית.

הבטחותיה של הלאומיות וסכנותיה

הרבנים קוק ותמרת היו עדים לאותן זוועות במלחמה, אך דעותיהם באשר למה שעשוי לצמוח בעקבותיה היו מנוגדות, שכן היו להם השקפות שונות על הפוטנציאל שבלאומיות ועל סכנותיה. כמו תמרת ורבים אחרים בתחילת המאה העשרים, הרב קוק התעמק מאוד בחשיבה על מטרתן של מדינות שונות בכלל ומדינת העם היהודי בפרט.[3]

בשנת 1901 פרסם מאמר בשם 'תעודת ישראל ולאומיותו', ובו הציג את עמדתו על הקשר בין הדת היהודית לבין הלאומיות היהודית. על פי ניתוחו, האינדיבידואליזם שהביא בכנפיו עידן ההשכלה גרם לכך שאנשים הפכו בודדים ומאוכזבים. ציונים חילונים, כמו בני קבוצות לאומיות אחרות, תרו אחר זהות קולקטיבית בריאה.[4] הרב קוק סבר שעל יהודים דתיים לאמץ את התנועה היהודית הלאומית המתגבשת, משום שהתורה והטבע האנושי גם יחד הועידו תפקיד מרכזי לרוח הלאומית ביהדות, שנותרה רדומה במשך מאות שנים. הוא מתח ביקורת חריפה על דתיים אנטי ציונים, כדוגמת הרב תמרת, שראו בציונות נטע זר ביהדות. לדעתו, אי אפשר להפריד בין החיים הדתיים והרוח האנושית לבין הלאומיות.

עם זאת, הרב קוק הכיר בכך שלאומיות הנתפסת כמטרה בפני עצמה, ללא תכלית גדולה יותר, עלולה להידרדר בקלות לשוביניזם דוחה.[5] כאשר היא מנותקת מהרוח האלוהית, הלאומיות מובילה לאכזריות:

> הרגש הלאומי הוא לעולם גם כן מצד עצמו רגש נעלה ומלא צדק ויושר. אלא שכשאין לו מטרה יותר נעלה, יפרוץ לסוף גדרי הצדק לכשיעבור גבולו, בהרימו יד לרשת משכנות לא לו בלא שום תכלית ומטרה קדושה ובלא שום משפט צדק.[6]

התפשטות כזו "לרשת משכנות לא לו" נגרמת בידי אומה שאינה מכבדת את התרומה הייחודית של עמים אחרים.[7] לאומנים מתחילים לראות באחרים ברברים בלתי מתורבתים, שמותר לתקוף באגרסיביות. זוועות מלחמת העולם הראשונה סיפקו לרב קוק אישור לכך שלאומיות חסרת מעצורים מובילה למלחמות אכזריות. הוא האמין כי הכתם של "עוון שופכי דמים" יכופר אך ורק באמצעות "ביטול כללי לכל מכונות התרבות של עכשיו, עם כל שקרן ותרמיתן, עם כל זוהמתן הרעה וארסן הצפעוני. כל התרבות, המתהללת בצלצלי שקרים, מוכרחת להכחד מן העולם, ותחתיה תקום מלכות עליונין קדישין".[8]

הרב קוק טען כי ייתכן שנמנעה מיהודים ריבונות מדינית במשך אלפיים שנה מסיבה זו עצמה – כדי להימנע מהצורך לנהל מדינה בעידן שבו שורר סדר עולמי כה מושחת:

> עזבנו את הפוליטיקה העולמית מאונס שיש בו רצון פנימי, עד אשר תבא עת מאושרה, שיהיה אפשר לנהל ממלכה בלא רשעה וברבריות; זהו הזמן שאנו מקווים... אין הדבר כדאי ליעקב לעסוק בממלכה, בעת שהיא צריכה להיות דמים מלאה, בעת שתובעת כשרון של רשעה. אנו קבלנו רק את היסוד כפי ההכרח ליסד אומה, וכיון שנגמל הגזע הודחנו ממלוך, בגוים נתפזרנו, נזרענו במעמקי האדמה, עד אשר עת הזמיר הגיע וקול התור ישמע בארצנו.[9]

אולם טירוף המערכות בתקופת מלחמת העולם הראשונה הביא לצמיחתו של סדר עולמי חדש. תרופת הנגד ללאומיות מושחתת היא התפיסה המקראית שהאדם נברא בידי אלוהים ובצלמו. אדם אינו ממהר להרוג את זולתו או לכבוש את ארצו כאשר הוא מפנים כי האחר נושא בקרבו כבוד מהותי.

חרף השקפה זו, הזהיר הרב קוק לבל יחקו היהודים באופן עיוור את התוקפנות המזוהמת תנועות לאומיות רבות.[10] בניגוד לרב תמרת, שסבר כי סופה של הציונות ללקות באותן מהמורות שלקו בהן שאר התנועות הלאומיות, קיווה הרב קוק כי היהדות תצמיח תנועה לאומית מעודנת שתבשר עידן חדש ביחסים בין האומות.

מלחמה כוללת ועידן המלחמה הבלתי מרוסנת

הרב קוק היה איש חזון, אך לא נביא. תקוותו הנאצלת לעולם מעודן נותרה מרוממת, גם כאשר התבררה בדיעבד כבלתי ריאלית להפליא. במובנים רבים, הייתה מלחמת העולם הראשונה נקודת המפנה בהיסטוריה הצבאית, שבה רעיונות של 'מלחמה כוללת' (Total War) נתנו את הטון בתכנון האסטרטגי.[11]

היסטוריונים מאפיינים מלחמות כוללות כסכסוכים בעלי שתי תכונות: 1. גיוס כוחות מזוינים ואוכלוסיות אזרחיות וכל משאביה הכלכליים והטכנולוגיים של מדינה במגמה להשמיד את הצד השני; 2. התעלמות ממגבלות המוטלות על פי חוק, מנהג או מוסר, כדי לאפשר פגיעה מכוונת (ולא רק בלתי נמנעת) בבלתי מעורבים.[12]

כאשר ניהול המדינה פועל ללא אילוצים מוסריים או חומריים, הברבריות מושלת בכיפה. גיוס מדינה למלחמה כוללת אינו דבר של מה בכך. ההיסטוריון ג'יימס טרנר ג'ונסון מזהה מרכיבים אחדים הכרחיים לתהליך:[13]

- **יעד על:** ראשית, הניצחון במלחמה קשור לשימור ערכי היסוד של החברה או להגנה על עצם קיום האומה. במלחמת האזרחים האמריקנית צידד אברהם לינקולן בשימור האיחוד בכל מחיר, ובכך הצדיק את שיטות המלחמה שננקטו כדי להוביל את הקונפדרציה לכניעה ללא תנאי. בשנת 1917 טען וודרו וילסון כי ארצות הברית חייבת להיכנס למלחמת העולם הראשונה, מכיוון ש"יש להפוך את העולם למקום בטוח עבור הדמוקרטיה". בהתאם לכך, "לאמריקה יש הזכות להקיז את דמה ולהפעיל את עוצמתה" כדי להבטיח עקרונות נעלים אלה.
- **תעמולה:** שנית, תעמולה נלהבת מסייעת לדרבן אנשים לפעולה. בנאומו הידוע לשמצה שנשא בפברואר 1943, עמד שר התעמולה הגרמני יוזף גבלס תחת כרזה שהכריזה כי "מלחמה כוללת היא המלחמה הקצרה ביותר" וזעק:

> האם מאמינים אתם יחד עם הפיהרר ואיתנו בניצחונו הסופי של העם הגרמני? האם אתם והאומה הגרמנית מוכנים לעבוד – אם הפיהרר יורה

> על כך, עשר, שתים עשרה, ואם צריך ארבע עשרה שעות ביממה – ולהקדיש את כל כולכם לניצחון? הרוצים אתם במלחמה כוללת? ובמידת הצורך, האם תחפצו במלחמה כוללת וקיצונית יותר מכל מה שיכולים אנו אף לדמיין היום?

מובן שרטוריקה כזו עשויה לשמש גם למטרות ראויות יותר. ואכן וינסטון צ׳רצ׳יל, בנאום ההשבעה המפורסם שלו ״דם, יזע ודמעות״ בשנת 1940, שנועד לעורר השראה באומה הבריטית המצויה במלחמה, חתם את דבריו בהצהרה הבאה:

> אתם שואלים, מהי מדיניותנו? אשיב לכם: היא להילחם בים, ביבשה ובאוויר, בכל כוחנו ובכל העוצמה שהאל יכול להעניק לנו; לצאת לקרב נגד עריצות מפלצתית, שלא הייתה איומה ממנה ברשימות האפלות והאיומות של פשעי האנושות. זוהי מדיניותנו.
> אתם שואלים, מהי מטרתנו? אני יכול לענות במילה אחת: ניצחון; ניצחון בכל מחיר; ניצחון חרף כל האימה; ניצחון, לא משנה עד כמה ארוכה וקשה תהיה הדרך. שכן ללא ניצחון, אין הישרדות!

כמובן, צ׳רצ׳יל ייצג מטרה נעלה. אך הנקודה החשובה כאן היא שהמכנה המשותף לשני הנאומים היה הקריאה הנלהבת לכלל האזרחים לתרום ולהירתם למען היעד הסופי.

- **משאבים מקיפים:** שלישית, המדינה חייבת להחזיק במשאבים כלכליים, צבאיים ואנושיים כדי לתקוף את חיילי האויב ואזרחיו. ההתקדמות הטכנולוגית בעידן המודרני מאפשרת הרס בקנה מידה נרחב יותר מבעבר. לדוגמה, רבים מציינים את פיתוחה של עוצמה אווירית כגורם שהרחיב את היקף הלוחמה במאה העשרים. בהיעדר מטוסי קרב לא היו מתרחשות המתקפה הגרמנית על גרניקה במלחמת האזרחים בספרד או ההפצצות על לונדון, קובנטרי, דרזדן, הירושימה ונגסאקי במלחמת העולם השנייה.[14]

היסטוריונים צבאיים חלוקים בשאלה מתי החל עידן המלחמות הכוללות – האם במלחמות נפוליאון או במלחמת האזרחים האמריקנית. עם זאת, ישנה

הסכמה שהמלחמה הכוללת לא הסתיימה במלחמת העולם הראשונה, אלא נמשכה גם בתקופה שבין שתי מלחמות העולם. היא הגיעה לשיאה במלחמת העולם השנייה, ששימשו בה הטלת מצור ימי במטרה להרעיב אוכלוסייה אזרחית, הפצצות אוויריות חסרות הבחנה ורצח עם בכוונה תחילה. איום הנשק הגרעיני מאז ימי המלחמה הקרה משמר במלוא עוצמתה את האפשרות של מלחמה כוללת. לאור זאת יש להודות כי תחזיותיו מלאות התקווה של הרב קוק לסדר עולמי חדש לא התגשמו.

ריצ'רד דוקינס ומחיית עמלק ושבעת עממי כנען

מה שמאתגר במיוחד את חזונו הדתי של הרב קוק הוא שככל הנראה המקרא מצווה לא רק על מלחמות כיבוש שעליהן קונן הרב, אלא אף על מלחמה כוללת והשמדת עם. דוד המלך, שללא ספק היה גדול המנהיגים הצבאיים והמדיניים בתולדות ישראל, הרחיב את גבולות ממלכתו למקומות כגון ארם דמשק, שהיא כיום חלק מסוריה. מלחמות מסוג "לרשת משכנות לא לו" היו דבר שבשגרה במהלך ההיסטוריה, ונראה שהמקרא מתייחס אליהן בשוויון נפש.

יש להודות: הספרות הרבנית מסתייגת במידה מסוימת מהתנהלותו של דוד. המלחמות שפתח בהן היו עקובות מדם וגבו את חיי רבים, ובכללם לוחמיו, ואף הסיחו את דעתו ממשימות חיוניות כגון גירוש אויבים קרובים יותר. במקומות אחדים במקרא מוזכרת שפיכות הדמים שהיה אחראי לה כהסבר לכך שהוא לא היה ראוי לבנות את בית המקדש, שכן את אבני המקדש נאסר לחצוב בברזל – חומר הגלם של תעשיית המלחמה – על אחת כמה וכמה שלא ייבנה בידי אדם שהשתמש בחרבו יתר על המידה.[15]

ואף על פי כן, ההלכה מתירה למלך ישראל לצאת למלחמות כיבוש ומגדירה אותן "מלחמות רשות", גם כאשר מטרתן היא סיפוח שטחים לממלכה או האדרת יוקרתו וכבודו של המלך. אם אתה מתיר לצאת למלחמה כדי "להרחיב את גבולות ישראל או להאדיר את גדולתו ויוקרתו של המלך", מציין פרופ' מיכאל וולצר, קשה לדמיין מה נותר עוד לאסור.[16]

אתגר גדול עוד יותר לחזונו של הרב קוק עולה משתי מצוות נוספות – מחיית זכר עמלק ומחיית שבעת העממים שישבו בארץ ישראל. במקרה של מחיית עמלק, המצווה היא ליטול חלק במשימה שתושלם בסופו

של דבר בידי שמיים, שכן "מִלְחָמָה לַה׳ בַּעֲמָלֵק מִדֹּר דֹּר" (שמות יז, טז). אין לך מצווה גדולה יותר מהילחם את מלחמת ה׳.

במקומות אחרים ניתן נימוק למלחמה נצחית זו. העמלקים תקפו את בני ישראל המותשים היוצאים ממצרים בלא כל התגרות מצידם:

> זָכוֹר אֵת אֲשֶׁר עָשָׂה לְךָ עֲמָלֵק בַּדֶּרֶךְ בְּצֵאתְכֶם מִמִּצְרָיִם: אֲשֶׁר קָרְךָ בַּדֶּרֶךְ וַיְזַנֵּב בְּךָ כָּל הַנֶּחֱשָׁלִים אַחֲרֶיךָ וְאַתָּה עָיֵף וְיָגֵעַ וְלֹא יָרֵא אֱלֹהִים... תִּמְחֶה אֶת זֵכֶר עֲמָלֵק מִתַּחַת הַשָּׁמָיִם לֹא תִּשְׁכָּח (דברים כה, יז-יט).

במילים אחרות: אבותיהם עברו על חוקי המלחמה – עכשיו הרגו את כולם!

מצוות מחיית זכר עמלק מתחת השמיים נכללה בהלכה כדי לבטא את היבטיהן השונים של מלחמות טוטליות. היא מטילה חובה נצחית על כל היהודים להשתמש בכל המשאבים העומדים לרשותם כדי להשמיד באופן מוחלט את אנשי עמלק – גברים, נשים, טף ואפילו רכוש ובעלי חיים. למצוות עשה זו ("תמחה") נוספת גם מצוות לא תעשה ("לא תשכח!"). זהו מעין מסע תעמולה לאומי, המנציח את העובדה שעמלק מייצג את האנטיתזה לערכי האל. שמירה על רעננות הזיכרון הלאומי הזה מבטיחה כי הקנאה להגשמת מצווה זו לא תפוג במהלך הדורות. חומרת החיוב מודגשת בסיפור מקראי מאוחר יותר: שאול המלך משמיד כמעט את כל העם העמלקי, ואף על פי כן שמואל הנביא מפקיע ממנו את המלוכה משום שחס על אגג מלך עמלק ועל מקצת הצאן (שמואל א׳ טו, יד).

הציווי המקראי לחסל את שבעת עממי כנען מתייחס לכיבוש הטריטוריאלי של ארץ ישראל. משה משביע את העם שלא להשאירם בארץ ושלא לכרות עימם ברית או להתחתן בהם: "וּנְתָנָם ה׳ אֱלֹהֶיךָ לְפָנֶיךָ וְהִכִּיתָם. הַחֲרֵם תַּחֲרִים אֹתָם לֹא תִכְרֹת לָהֶם בְּרִית וְלֹא תְחָנֵּם (דברים ז, ב).

התורה מצווה לנתץ את מזבחותיהם, לגדע את אשריהם ואת פסיליהם לשרוף, כלומר להכרית מתוך גבולות ישראל ולהאביד לגמרי מן העולם כל סממן של עבודה זרה הקשור בהם.[17] יהושע, ממשיכו של משה, רשם הצלחה יחסית בקיום מצווה זו של השמדת שבעת העממים הכנעניים בתחילה, אך אנשיו לא השלימו את המשימה. הכנענים שנותרו התעו את בני ישראל לעבוד עבודה זרה, ובסופו של דבר הביאו לנפילתה של ממלכת ישראל.[18]

לאמיתו של דבר, התורה אף מצווה להשמיד גם יהודים ב'עיר הנידחת' שרוב תושביה חדלו לעבוד אלוהים והודחו לעבודה זרה. מצווה זו היא המשך של רעיון כללי במקרא, שרק לעמים יראי אלוהים המתנהלים מוסרית, ובהם בני ישראל, יש זכות לחיות בארץ הקודש. התנהגות מוסרית של ציבור ירא שמיים היא תנאי הכרחי לחיים בארץ ישראל. לכן, כאשר אלוהים מבטיח לאברהם שייתן את הארץ לזרעו, הוא קובע שיהיה עליהם להמתין ארבעה דורות עד שתוגדש סאת רשעתם של תושבי הארץ הנוכחיים ויהיו ראויים להשמדה. ככזאת, המלחמה על ארץ הקודש איננה אתנית אלא תרבותית, ומימוש השאיפות הטריטוריאליות של בני ישראל מותנה בהתנהלות מסוימת. מי שאינו עומד באמות המידה המצופות מהתנהלות זו, יהודי ושאינו יהודי כאחד, מתחייב מיתה.[19]

מצוות ונרטיבים אלה, שהובנו פשטנית, משמשים במאות השנים האחרונות חומר בידי מבקרים אנטי דתיים של המקרא. הנה למשל האשמה שמשמיע אחד הבולטים שב'אתאיסטים החדשים', ריצ'רד דוקינס:

> סיפור המקרא על... הפלישה לארץ המובטחת... מבחינה מוסרית אי אפשר להבחין בינו לבין פלישת היטלר לפולין או מעשי הטבח של סדאם חוסיין בכורדים ובערביי מסופוטמיה. המקרא הוא אומנם יצירה מרתקת ופואטית... אך הוא איננו מסוג הספרים שהייתם רוצים לתת לילדיכם כדי לעצב את המוסר שלהם.[20]

תופעה של מאמינים דתיים כדוגמת הרב קוק מצריכה הסבר כיצד אפשר ליישב בין החתירה לשלום עולמי לבין קבלת מוסר המקרא.

'מלחמות קודש'? מגבלות במלחמה וגבולות האפולוגטיקה

מקצת החוקרים רואים בכיבוש כנען ובמחיית עמלק 'מלחמות קודש' (holy wars),[21] אך תווית זו אינה מועילה במיוחד. מונח זה אינו מופיע במקרא או בספרות היהודית המאוחרת. בספרות חז"ל מכונות מלחמות אלה שנצטוו בהן ישראל במקרא 'מלחמת מצווה' או 'מלחמת חובה', בניגוד למלחמות ה'רשות' שנדונו קודם לכן שמטרתן כיבוש וסיפוח שטחים חדשים לממלכה. אף על פי כן, גם המלחמות שתכליתן הגנה עצמית מוגדרות 'מלחמת מצווה'. אומנם

יש מחויבות דתית להילחם למען האומה – וזו מטרה קדושה כשלעצמה – אך אין הדבר מחייב טקטיקות חסרות מעצורים בשדה הקרב או מסעות צלב אימפריאליים.

נוסף על כך, כמו לגבי כל הנורמות הכתובות בתורה, התפתחו כללים שונים בנוגע ל'מלחמות מצווה' הללו. החשוב שבהם היה הדרישה, שייחסו חז"ל ליהושע, להציע מראש לעמים הכנעניים לכרות שלום עם ישראל או לעזוב את הארץ.[22] כאשר ליריב יש זכות להיכנע או לברוח, והמלחמה נתפסת כמוצא אחרון, הציווי המקראי להכרית את עממי כנען ועמלק מאבד חלק ניכר מעוצמת הזיהוי של 'מלחמות קודש' עם רצח עם.

על פי מסורות מסוימות, החובה להציע לאויב שלום לפני היציאה למלחמה נגדו היא יוזמה נועזת של משה עצמו. הוא ביקש להימנע ממלחמה שבה נספים חפים מפשע לצד אשמים. למרבה הפלא, אלוהים נעתר לרגישויות המוסריות של משה. הנה גרסה אחת של קו מחשבה זה:

> כל מה שכתוב בתורה, לשום שלום הוא נכתב. ואף על פי שכתוב בתורה מלחמות, אף המלחמות לשום שלום נכתבו. אתה מוצא, שבטל הקדוש ברוך הוא גזרתו מפני השלום. אימתי, בשעה שאמר הקדוש ברוך הוא למשה: "כִּי תָצוּר אֶל עִיר יָמִים רַבִּים" (דברים כ, יט) וכל אותו הענין, אמר לו הקדוש ברוך הוא שיחרים אותם, שנאמר: "כִּי הַחֲרֵם תַּחֲרִימֵם" (דברים כ, יז). ומשה לא עשה כן, אלא אמר, עכשו אני הולך ומכה מי חטא ומי שלא חטא. אלא בשלום אני בא עליהם [...] אמר הקדוש ברוך הוא, אני אמרתי, כי החרם תחרימם, ואתה לא עשית כן. חייך, כשם שאמרת, כך אני עושה, שנאמר: "כִּי תִקְרַב אֶל עִיר לְהִלָּחֵם עָלֶיהָ, וְקָרָאתָ אֵלֶיהָ לְשָׁלוֹם" (דברים כ, י). לכך נאמר: "דְּרָכֶיהָ דַרְכֵי נֹעַם וְכָל נְתִיבוֹתֶיהָ שָׁלוֹם" (משלי ג, יז).[23]

מן המדרש עולה, שמשה השהה במצח נחושה את מילוי הצו האלוהי, מתוך רצון להימנע מהרג מי שאינם חייבי מיתה. אלוהים הודה לדבריו "מפני דרכי שלום". משמע שברירת המחדל היא חתירה לשלום.[24]

לשיטת הוגי דעות אחדים, מדרש זה מוכיח שעל אף תיאורי המלחמות שהמקרא מלא בהם, היהדות רואה במלחמה מוצא אחרון. מוטל עלינו, כפי שהוטל על משה ועל יהושע, לנקוט יוזמה כדי למנוע שפיכות דמים מיותרת.[25] עם זאת, עולה מהדברים שאם תידחה הצעת השלום, הציווי

המקראי יכול לכלול השמדתה של אומה שלמה ("לֹא תְחַיֶּה כָּל נְשָׁמָה", דברים כ, טז), מה שמעלה שוב את החששות המוסריים באשר ל'מלחמות כוללות'.

במשך מאות שנים נעשו ניסיונות שונים להסביר מצוות אלה או להצדיקן.[26] גישה אחת, שאותה נכנה להלן 'לגיטימציה', מבקשת להצדיק את מוסריות המעשה. פרשנים אחדים הצביעו על המחייה המוחלטת של העמלקים והכנענים, והפכו אותם ואת צאצאיהם למי שראויים להימחות מעל פני האדמה. אופיו האתני של הסבר זה מעורר קושי, שכן משתמע ממנו אופן כלשהו של שחיתות בין דורית או אשמה העוברת בתורשה.

התורה אכן מדברת על ענישת בנים בעוון חטאי אבות – בעשרת הדיברות: "אָנֹכִי ה' אֱלֹהֶיךָ אֵל קַנָּא פֹּקֵד עֲוֹן אָבֹת עַל בָּנִים עַל שִׁלֵּשִׁים וְעַל רִבֵּעִים לְשֹׂנְאָי" (שמות כ, ה). אך בעקבות פסוק אחר בספר דברים, הנביא יחזקאל דחה מאוחר יותר עיקרון זה באומרו: "הַנֶּפֶשׁ הַחֹטֵאת הִיא תָמוּת בֵּן לֹא יִשָּׂא בַּעֲוֹן הָאָב וְאָב לֹא יִשָּׂא בַּעֲוֹן הַבֵּן צִדְקַת הַצַּדִּיק עָלָיו תִּהְיֶה וְרִשְׁעַת הָרָשָׁע עָלָיו תִּהְיֶה" (יחזקאל יח, כ).[27] הלך מחשבה זה מערער על האפשרות שגם בימינו יש למחות את זכר העמלקים על סמך מורשתם הלאומית בלבד.

פרשנים אחרים אימצו גישה המעניקה למצוות התורה פרשנות מחודשת, המגבילה ומצמצמת אותן עד כדי שהן מאבדות את משמעותן המעשית. לדוגמה, הם מצביעים על מסורת תלמודית המאפשרת ליחידים מתוך הקולקטיבים הלאומיים הללו – עמלק ושבעת עממי כנען – לחזור בתשובה, לקבל על עצמם שבע מצוות בני נח או אפילו להתגייר, וכך להינצל. אם אכן אלה הם פני הדברים, המצווה למחות את העמים הללו תתמקד בזכויותיו של האדם ולא במוצאו האתני.

לפי קו מחשבה אחר, זהותם של הכנענים והעמלקים אבדה זה מכבר, ובכך הפכו מצוות אלו לבלתי ישימות.[28] פרשנות נוספת טוענת כי מצוות אלה הן 'הלכתא למשיחא', דברים שאינם נוהגים אלא לימות המשיח, מה שמותיר אותן 'רדומות' לתקופה בלתי ידועה. על כל פנים, יש בפרשנויות השונות כדי להפחית את הסיכון שבימינו יטען מישהו כי המקרא ציווה עליו לבצע בעת מלחמה רצח עם או מעשים ברבריים אחרים השכיחים במקרא, ובכלל זה ביזה, לקיחת שלל ואונס.

הרב לורד יונתן זקס, תאולוג בן זמננו, ציין שיטה זו של פרשנות מגבילה כמענה המכריע לפונדמנטליזם. לשיטתו: "הפונדמנטליזם מסוכן עד מאוד ומנוגד למסורת. הוא מתבטא בדברים רבים בהקשרים שונים, אבל אחד

מהם הוא הנטייה לקרוא כתובים כפשוטם וליישם אותם ללא תיווך: לקפוץ מהתגלות ליישום בלי לעצור בדרך בתחנת הפרשנות. בדתות רבות, והיהדות ביניהן, הדבר נחשב לכפירה". יהודים לעולם אינם קוראים טקסט כפשוטו. נביאים וחכמים מפרשים את הטקסט ומיישמים אותו בהתאם לתקופה שבה הם חיים ובהתבסס על ערכים כוללים כמו השאיפה לשלום ולכיבוד הבריות כולן. באשר למחיית עמלק, משמעות הדבר היא צמצום חמור של הציווי עד הפיכתו לבלתי ישים לחלוטין. מבחינה זו, טוען הרב זקס, קנאים דתיים ואתאיסטים נלהבים כמו דוקינס לוקים באותו חטא: קריאת טקסטים קאנוניים ללא מסנן הפרשנות. "באבחת פרשנות הופג תוקפם של הכתובים המקראיים הנוגעים לאויבי ישראל. הם מדברים על 'אז', לא על עכשיו; על עמים עתיקים, לא על עמים הקיימים בזמננו".[29] בהינף קולמוס, המצוות המקראיות מעוקרות ממשמעותן המוכרת.[30]

שיטת הרב זקס אכן מעוררת השראה, אך אינה פותרת את הבעיה לחלוטין. האתגר אינו רק הציווי המשפטי הטכני אלא האתוס הרחב יותר. ייתכן שהכנענים והעמלקים בתשובה חזרו ואולי כלל אינם קיימים עוד, ובכל זאת צצים אויבים חדשים שאפשר להתייחס אליהם באותה קנאות. במרוצת הדורות השתמשו הנוצרים בכינוי 'עמלק' כדי לתאר את העמים העוינים אותם.[31] לדוגמה, בשנת 1095 הורה האפיפיור אורבן השני לצלבנים להילחם במוסלמים "כלוחמים חסרי מורא נגד עמלק". מאות שנים מאוחר יותר, תייג המטיף והכומר הפוריטני קוטון מת'ר את האינדיאנים 'כופרים עמלקים', משום שסירבו לקבל עליהם את הנצרות. דמויות דתיות בעלות עוצמה יכולות להשתמש במודל מקראי זה כדי להצדיק הרג המוני חסר הבחנה נגד מי שמסרבים לקבל את דתם. כאשר הבסת 'עמלק החדש' הופכת ליעד העל, קל לשחרר מעצורים.

יהודים יישמו את המונח גם על מסיתים שונים לאורך מאות שנות גלותם – צלבנים, אינקוויזיטורים, קוזקים ואחרים. לרוב הייתה זו תווית מטפורית, שהודבקה על אלה שמסכנים את העם היהודי. לעיתים, היא נועדה לשמש כרטוריקה דרושה להזכיר ליהודים את חובתם החשובה לעקור את הרוע מן העולם.[32] אולם, היו שקיבלו זאת מילולית. קומץ רדיקלים אחרונים אף יישמו זאת על הסכסוך הערבי ישראלי, עם תוצאות מסוכנות.[33] למרות החדשנות שבגישתו, נראה כי פרשנויות מגבילות אינן מספיקות כדי להתמודד עם האתוס המקראי שיאפשר לוחמה חסרת מעצורים.

נקיפות המצפון של משה זיידל והמוסר המתפתח של הרב קוק

שאלת מוסריותן של מצוות אלה ואחרות הטרידה מאוד את משה זיידל (1970–1886). זיידל היה ילד פלא שהסתופף בצילם של אחדים מגדולי החכמים בליטא, ביניהם הרב קוק. הרב קוק לא רק הפקיד אותו ללמד בבית מדרשו בעיירה בויסק (באוסקה) שבלטביה, אלא אף מינהו למורה פרטי לבנו, צבי יהודה. הרב קוק עודד את זיידל ללמוד באוניברסיטה תחומי דעת שונים, ובכלל זה לימודי המקרא, שהעולם הרבני ראה בהם איום. הרב קוק האמין כי מלומדים יראי שמיים כזיידל יוכלו לתת מענה לסוגיות אינטלקטואליות מודרניות שיהודים מאמינים מתחבטים בהן.[34] בסופו של דבר קיבל זיידל את הדוקטורט שלו בחקר המקרא מאוניברסיטת ברן בשוויץ, אך נותר אכול ספקות רבים באשר לאמונתו. בצר לו פנה התלמיד זיידל אל מורו הרב קוק, שהתגורר כבר ביפו, בסדרת שאלות בענייני דיומא המרכזיים.[35]

אחת השאלות הייתה קשורה למוסר של מצוות המקרא.[36] זיידל שאל כיצד ייתכן שהמקרא תומך בעבדות ומורה על מחיית עמלק וכנען, שהרי נראה כי זוהי קריאה לגילוי אכזריות ללא הגבלת זמן. האם העולם התקדם מבחינה מוסרית בעוד היהדות תקועה מאחור?

הרב קוק הגיב בקביעה נחרצת שלא תמיד יש לראות במצוות התורה את האידאל היהודי. לדבריו, המצוות הן ביטוי של ניסיון אלוהי להוביל מהלך שיקרב את העולם לשלמות מוסרית גדולה יותר. קיים פער בין האידאלי לממשי, או בלשונו של הרב קוק – "איך הם נמצאים ואיך הם צריכים להיות".[37] ערכי המוסר המופיעים בתורה אינם תמיד אידאליים. הם משקפים את מצבו המוסרי הממשי של העולם, ומשמשים 'כלי חמדה' שנועד לכוון את החברה לשיפור מוסרי גדול יותר.

לדוגמה, מצוות התורה בעניין העבדות הפחיתו את ניצול החלשים בידי החזקים, שכן מכוחן האדון היה צריך לדאוג לרווחת העבד. העבדות לא הייתה אידאלית, אך תקנות התורה סייעו לשפר את היחס לעבדים באותה תקופה היסטורית. שאיפת התורה הייתה שאנשים יפעלו לפנים משורת הדין ויתייחסו לחבריהם כשווים.

השקפה זו של הרב קוק עמדה גם ביסוד תשובתו לשאלה בדבר אכזריותם לכאורה של אחדים מדיני המלחמה שבתורה:

> ענייני המלחמות, אי אפשר היה כלל, בשעה שהשכנים כולם היו זאבי ערב ממש, שרק ישראל לא יילחם, שאז היו מתקבצים כולם ומכלים ח"ו את שאריתם; ואדרבא, היה מוכרח מאוד גם להפיל פחד על הפראים גם על ידי הנהגות אכזריות, רק עם צפיה להביא את האנושיות למה שהיא צריכה להיות, אבל לא לדחוק את השעה.[38]

לדברי הרב קוק, בהינתן אופיים האכזרי של אויבי ישראל באותה עת, טקטיקות אלו היו אמצעים הכרחיים כדי להביס את שכנינו הברוטליים. נדרשו עוז ותוקף רוח מיוחדים כדי לבסס את נוכחות ישראל בארץ המובטחת ולהביס את אויביו המושחתים. אך כבר אז לא היה זה מודל ההתנהגות היחיד, אלא רק אפשרות לגיטימית בהקשר של תהליך גדול יותר המתאים לאותה תקופה. לכן, מצאנו שכבר מלכים יהודים רבים במקרא לא נקטו אמצעים כאלה נגד עמים מושחתים עובדי אלילים משום שלא היו הכרחיים.

גם לאחר ששב ונשאל על עמדתו זו, הרב קוק עמד עליה וסירב להתנצל על המצוות המקראיות ה'אכזריות' לכאורה – השמדת האויב וה'תמיכה' בעבדות – ולא ראה בהן כניעה לנורמות מפוקפקות אלה שהיו שכיחות באותה תקופה. לדעתו העולם היה מקום גרוע יותר לולא הכרסום הניכר בכוחן של אומות אלה.[39] הרב קוק אף יצא נגד הנצרות הקדומה על שאימצה השקפה פציפיסטית שלא תאפשר לעשות כל שנדרש כדי להתמודד עם רוע שכזה.[40] עם זאת, הוא הוסיף כי לא כל מעשי אבותינו היו ללא רבב, וקבע כי איננו צריכים לחקות הנהגות אלה בימינו. התורה התפשרה כדי להתאים את עצמה למוסכמות החברתיות הפגומות שהיו רווחות בתקופות עברו, אך לא אימצה אותן.

אפשר לתייג גישה זו 'אבולוציונית', שכן היא מכירה בכך שהחוק מתאים את עצמו למוסר המתפתח וצועד בעקבותיו. כאן טמון הבדל עדין אך רב ערך בין שתי השיטות הפרשניות של הרבנים קוק וזקס. לדידו של הרב זקס, אף שככל הנראה פרשנות מחודשת מצמצמת של מצוות אלה מונעת מנקיפות מצפון מוסריות שיש לנו ביחס אליהן, מעשית, הנורמה עצמה נותרת, לפחות תאורטית, בתוקפה. נסיבות ההווה הופכות את ציווי המקרא על מחיית עמלק ושבעת עממי כנען לבלתי ישימים, מכיוון שהם מצריכים תנאים הכרחיים מסוימים שאינם מתקיימים בימינו. הואיל ואין דרך מהימנה לזהות מעל לכל ספק מיהו עמלק, מחיית עמלק היא מצווה שאינה ישימה בזמננו.

הרב קוק סבר כי מצוות אלו נועדו רק לתקופות קדומות, ומשעה שהאנושות התקדמה בכיוון מסוים, שוב אין לקיימן בפועל משום שהאתוס שמאחריהן התייתר – הן במלחמה בעמלק והן בכל עם אחר. לשיטת הרב זקס, מצוות אלו אינן נוהגות בימינו; לשיטת הרב קוק, הן מעולם לא נועדו להתקיים בנסיבות זמננו.[41]

מעניין לציין שהרב קוק השתמש הן בפרשנות המצמצמת והן בגישה האבולוציונית כאשר דן בהיתר לצאת למלחמות רשות שתכליתן כיבוש שטחים. בתקופה שבה השיב לשאלות ממקום מושבו בשווייץ, הוא הדגיש כלל תלמודי (שאנו נדון בו בהרחבה בפרק 13) שמלך מחויב לקבל את אישורה של הסנהדרין הגדולה שבירושלים לפני צאתו למלחמת רשות. דרישה זו יצרה מנגנון חשוב של איזונים ובלמים, מוסריים ומדיניים, שפיקח על צעדיו של בית המלוכה. עוד טען הרב קוק שהסנהדרין הגדולה הייתה מאפשרת לצאת למלחמת רשות רק אם זו הייתה נחוצה באמת ובתמים לרווחתה הפיזית והרוחנית של האומה. חשוב מזה: הוא הגיע למסקנה שמלחמות רשות באשר הן נאסרו משעה שהסנהדרין הגדולה חדלה להתקיים לפני מאות שנים.[42] לפי פרשנות זו, בדורו דין זה אינו חל.

זוהי מסקנה מפתיעה, שכן באותה חליפת מכתבים טען הרב קוק כי מנהיגיו הנבחרים של העם יכולים למלא את התפקיד הרשמי של המלוכה שאינה קיימת עוד, לייצג את הממשל הקיים ולצאת למלחמות מצווה מותרות. מדוע אפוא לא יוכלו אף למלא את מקום בית הדין הגדול שחלף אף הוא מן העולם? לא לגמרי ברור. התשובה, כך נראה, היא שהרב קוק לא היה מעוניין להחליף את המוסד הדרוש להכשיר מלחמה שהיא "לרשת משכנות לא לו".[43]

אולם במקום אחר החיל הרב קוק את גישתו ה'אבולוציונית' גם על סוגיה זו של מלחמות רשות. בקטעי יומנו שנכתבו בערך בתקופה שבה חיבר את 'תעודת ישראל ולאומיותו', הביע הרב תקווה שהעולם יימנע מיציאה למלחמות רשות שכאלה:

> ראוי וכשר הדבר שתבא האנושיות לידי מדה זו שתכיר שלא נכון הדבר לשפוך דמים גם בשביל דברים מדיניים. ע"כ באה התורה להורות שמצב המוסרי שאינו גמור עדיין, גורם שאי אפשר להיות באופן אחר, כי אי אפשר שגוי אחד יתרומם בפועל למצב מוסרי של מניעת מלחמה בפועל בשעה שכל העמים עדיין אוחזים את החרב בכל תוקף. אמנם

> שיהיה הרושם ניכר שכל התורה הזאת של מלחמת רשות לא נאמרה כי אם לאנושיות שלא נגמרה בחינוך.[44]

הביטוי שבו השתמש מהדהד ביטוי מפורסם, המיוחס בדרך כלל לתאורטיקן קרל פון קלאוזביץ: "מלחמה היא המשך הדיפלומטיה באמצעים אחרים". ביטוי זה מצוטט לעיתים קרובות בשירות הטענה שאלימות היא אמצעי לגיטימי להשגת מטרות מדיניות או אסטרטגיות. אין לדעת אם הרב קוק הכיר את מטבע הלשון הזה (קלאוזביץ הלך לעולמו בשנת 1831), אך ברור כי לא חיבב רעיון זה.

באותה אסטרטגיה השתמש הרב קוק באופן דומה, כשטען כי בימינו אינו נוהג גם דין 'אשת יפת תואר' (היתר התורה לחייל לקחת שבויית מלחמה לאישה). חכמינו כתבו "שלא דיברה תורה בעניין זה אלא כנגד יצר הרע". כלומר, מוטב שייעשה דבר זה במסגרת כלשהי ולא ייעשה באופן פרוע.[45] מן האמירה הזו של חז"ל הסיק הרב קוק: "מזה נלמד שכשם שעלינו להתרומם מדין יפת תואר, כן נזכה להתרומם מעיקר החינוך של מלחמת רשות, ונכיר שכל כלי זיין אינו אלא גנאי".

כיצד יכול היה הרב קוק להצדיק חידוש הלכתי כה נועז? סוגיית ענישה בין דורית סיפקה תקדים לאופן שבו המוסר המקראי עשוי להתפתח. כפי שצוין קודם לכן, יחזקאל הנביא דחה את התפיסה שעל עוונותיו של דור אחד ישלם הדור הבא. באיזו סמכות יכול הנביא לדחות על הסף את האמונה המקראית הזו? הרב קוק, במכתב אחר לזיידל, הציע לכך את ההסבר הבא:

> יחזקאל בעת התמוטטות האומה ראה, שהפרוד הרוחני יפה לה, הרושם שהחשבון העבר יהיה נפסק מפעולתו... כך דורש המצב. וכשצדיק גוזר גזירה, מקיימים אותה מן השמיים, והמסילה החדשה נסללת היא אז בכל מרוץ חיי האומה לעמוד כל יחיד על השלמת נפשו.[46]

נראה כי תקופות שונות מצריכות עקרונות מוסריים משתנים, שאליהם יוכפפו ענייני אחריות וענישה קבוצתית. הרב קוק הציע גם שקיבוץ הגלויות לארץ ישראל יאפשר לכונן מחדש את הסנהדרין, שתיתן מענה לבעיות מסוג זה בפירושים יצירתיים של הטקסט המקראי.[47]

אולם, בין אם פיתח הרב קוק את הפילוסופיה המשפטית שלו באופן זה או באופן אחר, התוצאה נראית ברורה: בדיוק כשם שאיננו אמורים כיום

להחזיק עבדים או להעניש ילדים על חטאי אבותיהם, כך גם איננו אמורים להילחם כפי שעשה זאת יהושע.[48] אויבינו אינם עמלקים או כנענים, והמוסר היהודי אינו זהה לזה של בני ישראל בתקופת המקרא.[49]

אכן הרב קוק אינו מזכיר זאת, אך נראה שהביקורת הראשונה נגד מלחמות כוללות באשר הן מופיעה כבר במקרא. מלבד המלחמות שניהלו בני ישראל, המקרא מתעד גם קרבות דמים שבהם היו מעורבות אומות רבות אחרות. האל אינו רואה מלחמות כאלה בעין יפה. הנביא עמוס מגנה ומבטיח להשמיד ממלכות אחדות בשל החורבן שהמיטה בגידתם הצבאית על שכנותיהן:

> כֹּה אָמַר ה׳ עַל שְׁלֹשָׁה פִּשְׁעֵי עַזָּה וְעַל אַרְבָּעָה לֹא אֲשִׁיבֶנּוּ עַל הַגְלוֹתָם גָּלוּת שְׁלֵמָה לְהַסְגִּיר לֶאֱדוֹם; עַל שְׁלֹשָׁה פִּשְׁעֵי אֱדוֹם וְעַל אַרְבָּעָה לֹא אֲשִׁיבֶנּוּ עַל רָדְפוֹ בַחֶרֶב אָחִיו וְשִׁחֵת רַחֲמָיו וַיִּטְרֹף לָעַד אַפּוֹ וְעֶבְרָתוֹ שְׁמָרָה נֶּצַח; עַל שְׁלֹשָׁה פִּשְׁעֵי בְנֵי עַמּוֹן וְעַל אַרְבָּעָה לֹא אֲשִׁיבֶנּוּ עַל בִּקְעָם הָרוֹת הַגִּלְעָד לְמַעַן הַרְחִיב אֶת גְּבוּלָם (עמוס א, ו–טו).[50]

בהמשך לכך, יש אומרים שגם ממלכת יהודה עצמה יצאה לגלות בשל אכזריות יתרה שהפגינה בשדה הקרב. הכתובים מספרים על חייליו של המלך אמציהו שהרגו רבים מאוד מבני אדום שנלקחו בשבי והושלכו מראש הצוק: "וַעֲשֶׂרֶת אֲלָפִים חַיִּים שָׁבוּ בְּנֵי יְהוּדָה וַיְבִיאוּם לְרֹאשׁ הַסָּלַע וַיַּשְׁלִיכוּם מֵרֹאשׁ הַסֶּלַע וְכֻלָּם נִבְקָעוּ" (דברי הימים ב׳ כה, יב). לדברי המדרש, אלוהים מעולם לא הורה על אכזריות מופרזת מעין זאת, ובעטיו של חטא זה הוגלתה ממלכת יהודה (איכה רבה פתיחה יד).

אפשר לשאוב מן המקרא הדרכה מעשית בעידן של לוחמה חסרת מעצורים, אך אין פירוש הדבר שדעתו של האל נוחה מכך. משנתו המהפכנית של הרב קוק הייתה שאם מתעוררת מגמה להגביל את טוטליות הלחימה, על היהודים מוטלת אחריות לתמוך בהתפתחות זו ולקדמה, גם אם משמעות הדבר היא קבלת נורמות השונות מאלו של אבותיהם בני ישראל. קביעה זו היא התשובה הניצחת לפונדמנטליסטים דתיים ולמבקרים אנטי דתיים כאחד.

לא לגמרי ברור האם תשובותיו של הרב קוק נתנו מענה מספק לקושיותיו של זיידל. מכתב שחיבר הרב קוק בתקופה מאוחרת יותר מצביע על כך שזיידל המשיך להיאבק עם נקיפות המצפון שלו בנושאים אלה, גם כאשר מורו הנערץ שב והדגיש את תועלתה וחשיבותה של האסטרטגיה

ה'אבולוציונית'.[51] האם הסבריו של הרב קוק נשמעו באוזני זיידל מצטדקים יתר על המידה? אולי קיצוניים מדי? איננו יודעים לבטח. אך זיידל נותר נאמן לאמונתו ולרבו; לאחר קבלת הדוקטורט הוא לימד בישיבה יוניברסיטי בניו יורק, שם עמד בראש המחלקה ללימודי המקרא. בין השאר סייע גם בגיוס תמיכה לארגון ציוני שפעל זמן קצר בשם 'דגל ירושלים', שאותו ייסד הרב קוק בשנת 1918 בתקווה שישמש מודל טוב יותר ללאומיות יהודית מעודנת. לבסוף עלה זיידל לארץ ישראל וחבר שוב אל רבו. מבין כתביו הלמדניים הרבים, תרומתו הנודעת היא פירושו לספר מיכה, שפורסם בסדרה שהופקה בידי חוקרים אקדמיים המחויבים ליהדות האורתודוקסית.[52] הספר כולל השוואה מורחבת של נבואות השלום במיכה, בישעיהו ובספרים אחרים.

מה עושים כשנדרשות טקטיקות אכזריות?

ההלכה אינה מצווה אפוא על מלחמות משולחות רסן. אולם ישנם תמריצים אחרים, מלבד דת, לסוג כזה של מלחמות. עידן 'המלחמה הטוטלית' הופיע דווקא בתקופה שבה מילאה הדת תפקיד קטן יותר בפוליטיקה הבין־לאומית. אין להפנות אל המקרא אצבע מאשימה על מלחמות אכזריות שכאלה. לא הדת נתנה השראה להיטלר, לסטלין, למאו דזה־דונג, לפול פוט ולעריצים מתועבים רבים אחרים במאה העשרים. אומנם יש בדת כדי להעניק השראה למלחמה כוללת, אך כפי שראינו ונמשיך לציין, היא עשויה לשמש גם השראה להצבת גבולות במלחמות. ומנגד, אידאולוגיות חילוניות עשויות באותה מידה להוביל לאכזריות או להומניות. לדתות אין מונופול על פונדמנטליסטים.

כמובן, לא כל מלחמה מוחלטת וכוללת מתנהלת בידי אישים כדוגמת בני עמון, נפוליאון או היטלר. למזלנו התברכנו בדמויות כמו אברהם לינקולן ווינסטון צ'רצ'יל, שהיו להם ייעודים גדולים וצודקים ללא ספק. הם הבינו כי יש צורך להשתמש בצורה מושכלת באמצעים של מלחמה כוללת כדי להגיב ללוחמה שלוחת הרסן שמולה ניצבו, או כדי להביס את הרוע המוחלט שעמו התמודדו. יש מי שיתחכמו לטעון שהכול סבורים תמיד שהמקרה שלהם יוצא דופן והיעד הגדול שלהם מוצדק. ועדיין, ייתכן שמלחמת האזרחים באמריקה ומלחמת העולם השנייה אכן היו יוצאות מן הכלל. כפי שנראה בפרק 4, אולי אפשר לפעמים לטעון שהמטרה מקדשת את האמצעים. המקרא מראה שהרבה פעמים לוחמה היא מעשה ברברי ובלתי מוסרי, אך לעיתים גם היא נצרכת ומוצדקת, בהתחשב בתקופה, באיום ובטקטיקות של האויב.

מסקנה זו מביאה אותנו לעיקרון נוסף העולה מהקרבות שנלחם בהם ישראל נגד כנען ועמלק: מדי פעם קורה שאי אפשר להעלות על הדעת אפשרות של תבוסה, ויש לנקוט את כל האמצעים כדי להבטיח ניצחון. יש לזהות ולעקור את הרוע, מלמד אותנו המקרא. מסוכן מבחינה מוסרית לראות בעם אויב 'עמלק מודרני', ויש להיזהר מאוד משימוש בתוויות כאלה. עם זאת, מסוכן אף יותר לטמון את הראש בחול ולהימנע לחלוטין מלקרוא לרשעות בשמה, ועל אחת כמה וכמה איומה הסכנה במתן אפשרות של ניצחון לעושי עוולה.

עם זאת, יש לראות במקרים אלו סטיות מוסריות בנסיבות קיצוניות, ולא מעשים נורמטיביים. דחיית שיטות הלחימה האכזריות שמטרתן למחות את כנען ועמלק מלמדת: אפשר – ולכן גם מתחייב – להגביל טקטיקות מלחמה סטנדרטיות למסגרת מוסרית משכנעת. אכן, הרב קוק העיר כי עם ישראל יזדקק ללוחמים בעלי עוצמה פיזית ורוחנית כאחד לפני הגאולה השלמה.[53] נותרה השאלה האם לוחמים אלה מסוגלים להילחם בדרך שונה מכפי שנהגו אבותיהם בפרט ואומות העולם בכלל?

כזכור, זמן קצר לאחר מלחמת העולם הראשונה הכריזו עמי תבל כי מעתה ואילך הכרחי שישתנו אופני הלחימה. האם עמדו בדבריהם?

פרק 3

חבר הלאומים והתקווה הנכזבת מהמשפט הבין־לאומי

יהודים בין־לאומיים וחלומות על סדר עולמי חדש

ב־12 בנובמבר 1917, בעיצומה של מלחמת העולם הראשונה, שלח הרב קוק מכתב לבנו צבי יהודה, ובו כתב כי אור ה׳ החל ״לחדור בתוך מאפלת העולם״.[1] הגאולה בדרך!

מה עמד ברקע הצהרה זו? עשרה ימים קודם לכן שלח שר החוץ הבריטי, ארתור ג׳יימס בלפור, את מכתבו המפורסם אל נשיא ההסתדרות הציונית בבריטניה, הלורד ליונל רוטשילד, ובו הצהרה היסטורית בלתי נשכחת: ״ממשלת הוד מלכותו רואה בעין יפה הקמת בית לאומי לעם היהודי בארץ ישראל״. כעבור זמן קצר כבשו הבריטים את פלשתינה מידי הטורקים, ובכך בא הקץ על ארבע מאות שנות שלטון עות׳מאני בארץ הקודש. התרגשות רבה אחזה בתומכי התנועה הציונית ברחבי העולם לנוכח האפשרות שהתגשמות חלום המדינה היהודית קרובה מתמיד.

לרגע זה המתין הרב קוק. באותה עת התגורר בלונדון, ושם נשא דרשות נלהבות עמוסות ציטוטים מן המקרא בשבח הפטריוטיות הבריטית ומאבקה של בריטניה בגרמניה.[2] לאחר הצהרת בלפור, שפרסמה המעצמה הגדולה בעולם, כתב לזיידל: אכן, זאת אתחלתא דגאולה (״ודאי קול דודי דופק״)![3] האל, שהוא ״בעל מלחמות, מצמיח ישועות״, החל להושיע את עמו. נכון הדבר, כך הודה, שהמלחמה העקובה מדם חשפה את רשעות

המודרנה ושליחיה האירופיים, אולם אלוהים אִפשר עתה לאנשים בעלי רוח להביא עידן חדש לעולם.

כעבור שנים אחדות שילב חבר העמים שזה עתה נוסד את הצהרת בלפור במערך הרחב של חלוקת המנדטים מטעמו. מערך זה נועד למלא את הריק השלטוני שנוצר בשטחי האימפריות שקרסו. בלגיה שלטה ברואנדה ובבורונדי, צרפת פיקחה על סוריה ועל לבנון והבריטים שלטו בפלשתינה ובעבר הירדן – אם למנות דוגמאות בולטות אחדות. מטרת המנדטים, לפחות כפי שהצהירו מייסדי המנגנון שעמד מאחוריהם, הייתה לשים קץ לעידן הניצול הקולוניאליסטי. המנדטים היו אמורים להגן לכל הפחות על זכויות התושבים המקומיים באמצעות מערכת של חוק בין־לאומי. היעד השאפתני יותר שלהם היה לאפשר הקמת מדינות חדשות. במקביל לכך, נחתמו אמנות שונות להבטחת זכויות מיעוטים בכל מדינות הלאום, חדשות כוותיקות. כל אלה נועדו ליצור סדר עולמי חדש, במטרה לשמר את השלום בין המדינות ולמנוע רדיפת מיעוטים בתוכן.

יהודים רבים, ובהם ציונים מוצהרים אחדים, היו מעורבים עד צוואר בתנועות אלו.[4] אחת הדמויות הללו הייתה זו של כוכב אקדמי עולה ואקטיביסט משפטי, צבי הירש לאוטרפכט, יליד פולין (1960-1897). בימים שלאחר מלחמת העולם הראשונה היה לאוטרפכט עד לפוגרום הנורא שאירע בנובמבר 1918 בלמברג, עיר שנויה במחלוקת בפולין העצמאית החדשה. המלחמה הסתיימה – אך יהודים המשיכו להישחט כרגיל.[5]

בעוד גבולות לאומיים משורטטים מחדש ברחבי תבל, הקדיש לאוטרפכט את חייו לספק הגנה למיעוטים במדינות החדשות הללו. הוא האמין כי בריטניה תוכל להשתמש בעוצמתה כאימפריה כדי להביא שלום בר קיימא, ובכלל זה לתמוך בלאומיות יהודית בפלשתינה ולהעניק זכויות ליהודים ומיעוטים אחרים ברחבי אירופה.[6] לימים התמנה לאוטרפכט לפרופסור בולט למשפטים באוניברסיטת קיימברידג׳, ולאחר מכן לשופט בבית הדין הבין־לאומי לצדק. מיוחסת לו ההלכה הפסוקה שהחוק הבין־לאומי אוסר כיבוש שטח באמצעות מלחמה. אם להשתמש במונחים תלמודיים, אלה בדיוק ׳מלחמות הרשות׳ שהרב קוק ביקש להביא לסיומן. לאוטרפכט סייע גם לקבל החלטה המאפשרת להעמיד לדין מי שניהלו מלחמה בשיטות אגרסיביות. פעילותו בנושא זה הובילה במישרין לעריכת משפטי נירנברג נגד בכירים נאצים בתום מלחמת העולם השנייה. היה זה עניין אישי במיוחד עבור לאוטרפכט: הוריו, אחיו ומשפחתו המורחבת נרצחו כולם בשואה.[7]

משפטן בין־לאומי בולט נוסף שנמלט מאירופה לפני המלחמה ועבד עם לאוטרפכט במשפטי נירנברג היה יעקב רובינסון (1889–1977). רובינסון נולד בכפר קטן באימפריה הרוסית למשפחה יהודית אורתודוקסית משושלת רבנית מכובדת. כרבים אחרים, חיפש גם הוא פתרונות ל'בעיה היהודית' בעקבות האלימות האנטישמית בקישינב ובמקומות אחרים. לאחר שסיים לימודי משפטים הוא גויס לצבא הרוסי בשנת 1914. רובינסון נשבה בידי הגרמנים ובילה את שלוש השנים הבאות בשמונה מחנות שבויים. בדרך כלשהי שרד, חזר הביתה לליטא העצמאית החדשה, ושם לא זו בלבד שניהל בית ספר בשפה העברית אלא אף נבחר לפרלמנט הליטאי. הוא נעשה שתדלן בעל שם לזכויות מיעוטים לאומיים, ומילא תפקידי הסברה מכריעים בקונגרס המיעוטים הלאומיים האירופיים ובחבר הלאומים. לאורך שנות העשרים של המאה העשרים קידם קהילה על לאומית כלל אירופית, שמטרתה המוצהרת הייתה לאפשר למיעוטים לחיות בשלום בתוך הגבולות הלאומיים שבהם ימצאו את עצמם, יהיו אשר יהיו.[8] במקביל לכך, הוא שימש גם מנהיג בפועל של הציונות הליטאית. בן גוריון ראה בו "האיש החשוב ביותר בליטא".[9]

בעבור יהודים רבים, ממשל בין־לאומי של חבר הלאומים הציע חלופה מפתה לפציפיזם בדרך להגשמת החזונות הנבואיים על סדר עולמי חדש. לאמור: איננו צריכים להכריז בתמימות כי לעולם אלימות אינה מוצדקת; במקום זאת, נוכל לפעול ליצירת מערכת ממסדית, שתמצא דרכים חלופיות ליישוב סכסוכים. אם מאמצי השלום ייכשלו, גופים אלה יפעלו כדי להבטיח כי כל תוקפן יועמד לדין. העולם יוכל להגיע להסכמה משותפת בדבר הפעולות הצבאיות המקובלות. גופים אלה יציעו הנחיה בדילמות מוסריות ויקבעו אמות מידה מוסריות להכרעה מי מהצדדים צודק ומי טועה. בשביל רבים, זה היה ונותר חזון מפתה בקנה מידה נבואי.[10]

עם זאת, האם ממשל בין־לאומי יוכל לעמוד בציפיות הגדולות הללו שנתלו בו? האם ביכולתן של המעצמות לעשות צדק עם העם היהודי ועם קבוצות נרדפות אחרות?

שני רבנים מנודים ודימויו העצמי המשתנה של היהודי

באוגוסט 1920 פרסמו מנהיגי העדה החרדית בירושלים כרוז הקורא להחרים ספר חדש. המחבר היה לא אחר מאשר הרב קוק, שחזר לא מכבר מלונדון

כדי לכהן בתפקיד הרב הראשי לירושלים. לאחר שהמשפחה התמקמה במקומה החדש, פרסם בנו, הרב צבי יהודה (להלן: הרצי״ה) את חיבורו החשוב של אביו, **אורות**. הספר כולל את הגיגיו ורעיונותיו שהעלה על הכתב בשוויץ בעת מלחמת העולם הראשונה, ואת תקוותיו לעידן חדש ביחסים בין העמים.

מה עורר את זעמם של מתנגדי הרב עד כדי איסור הקריאה בספרו? הרב קוק ערך השוואה בלתי נסלחת מבחינתם: ״התעמלות של צעירי ישראל שמתעמלים להיות בנים אמיצי כח לאומה... בשביל גבורת האומה בכללה, עבודת הקודש הזאת מעלה את השכינה מעלה מעלה, כעלייתה על ידי שירות ותשבחות, שאמר דוד מלך ישראל בספר תהלים״. במילים פשוטות, הרב קוק השווה את תועלתה הרוחנית של התעמלות לאמירת תהילים.

לא הייתה זו הפעם הראשונה שהרב קוק עורר מחלוקת בכך ששיבח את אתוס ההגנה העצמית ביהדות. בשנים הראשונות של המאה העשרים ייסדו יהודים – בדרך כלל מהגרים שנמלטו מהפוגרומים ברוסיה – קבוצות שונות לבניית אישיות המבוססת על עמל פיזי ופעילות גופנית. ׳יהדות השרירים׳ יכלה לעבד את האדמה ולהגן על עצמה. הרב קוק כתב בהתלהבות על חשיבות ההגנה העצמית של יהודים, וכי דבר זה ״משמח את לבבי״.[11] למרות שהכיר בכך שקבוצות אלה הונהגו בידי יהודים המורדים בתורה, הוא קיבל באהדה את פועלן. בשנת 1911 התאבל הרב על מות שני צעירים יהודים ״בעלי נשמה שלהבית [...] אשר נפלו חלל בעמדם לעבוד את עבודתם בארץ ישראל בתור חלוצי התחיה הלאומית, לפי הלך רוחם״. בהספדו כינה אותם ״חללים חביבים״, אף ששניהם פרקו מעליהם עול מצוות שספגו בילדותם.[12] בעיני הרב קוק, גילויים של כוח פיזי שימשו סימן לעוז היהודי המתחדש בשירות גאולת המולדת ולהטלת מורא הכרחית על האויב.

אלא שהביטויים האחרונים שבהם הפליג בשבח העבודה החילונית וכוח הגוף, בפרט בהשוואה לאקט דתי קלסי של תפילה לקבלת סייעתא דשמיא, היו צעד אחד יותר מדי בעבור מי שבעיניהם הדמות היהודית האידאלית הייתה יראת אלוהים, שקועה בשרעפים ופסיבית. מתנגדי הרב קוק רצו להביא לכך שיעזוב את ארץ ישראל, ויפה שעה אחת קודם. המחלוקת הציתה סערה גדולה ברחבי העולם היהודי, ובשני צידי המתרס צוירו דמויות מנוגדות בתכלית של היהודי האידאלי.[13]

בניגוד לאחדים מאוהדיו של הרב קוק שנזעקו להגנתו, אחד מתומכיו הנלהבים – הרב חיים הירשנזון (1857–1935) – סבר כי לא הלך רחוק

די הצורך. מה התועלת, הוא שאל, להסתפק באמירת תהילים כמנטרה או כסגולה להגנה?

> אין כלל שאלה שלחזק בחורי ישראל שיהיו יכולים לעמוד על נפשם נגד רודפיהם וה׳ יהיה בעזרם, שהיא מצווה יותר גדולה מן אמירה בעלמא, אפילו אמירת תהילים אם היא בלי לימוד והתעניינות בתוכנו. ואינני מבין איך כתב שזה מבחינת אמירת תהילים? הלא זה למעלה למעלה מן אמירה זו [...] אמירת תהילים היא עבודת העצלים וההתעמלות היא עבודת חרוצים.[14]

לתפילה עשוי להיות תפקיד חשוב, הוסיף הרב הירשנזון, אך רק לצד אימונים להגנה עצמית ולא במקומם. בהמשך הדברים האשים את מבקריו של הרב קוק בפחדנות, והציע להם לחזור במקום זאת לאירופה. לדבריו, פחדנותם רק עוררה חשש יהודי מפני ערבים אנטישמים, הרואים בשכניהם הנרדפים ׳בני מוות׳.

הרב הירשנזון, שנחלץ לסנגר על הרב קוק מפני מלעיזיו, ידע דבר או שניים באשר לחרמות מצד הממסד הרבני. הוא עצמו נאלץ לעזוב את ירושלים עשרים שנה קודם לכן בעקבות מחלוקות על פרסומיו שלו. בניגוד לרוב הציונים הבולטים בני תקופתו, הרב הירשנזון נולד בארץ ישראל. הוריו שהיו חובבי ציון, עלו מפינסק בשנת 1847. הם סייעו לפתח התיישבות יהודית בצפת ובירושלים עוד בטרם לידת הרצל. בני הדור הצעיר של משפחת הירשנזון הלכו בדרכי אבות, ועמדו מאחורי רכישת נכסים והשבחתם ברחבי הארץ. לימים הפך הרב הירשנזון לחבר מייסד בתנועה הציונית הדתית ׳המזרחי׳.

הרב הירשנזון עורר את זעמם של רבני היישוב הישן בירושלים, בין היתר בשל תמיכתו הקולנית בהחייאת העברית כשפה מדוברת, ובכלל זה הקמת ארגון למען מטרה זו יחד עם אליעזר בן יהודה. אגב, משפחות הירשנזון ובן־יהודה היו הראשונות שאכפו את העברית כשפת הדיבור בבתיהן. הרב הירשנזון גם גילה פתיחות לניתוח טקסטים רבניים קלסיים מבעד עדשה היסטורית ביקורתית. גורמים אלה ואחרים הובילו להחרמתו הרשמית בידי רבני היישוב הישן בירושלים. מכיוון שסוף כל סוף יהודי צריך גם להתפרנס, נאלץ הרב הירשנזון לעזוב את מקום הולדתו.

וכך בשנת 1904 (תרס״ד), באותה שנה שבה עלה הרב קוק ליפו, הגיע

הרב הירשנזון לעיר הובוקן שבניו ג׳רזי. שם כיהן כרב עד אחרית ימיו. לפי עדותו, בעת מלחמת העולם הראשונה וגם לאחריה הוא היה שקוע בעבודתו כקצין דת עם חיילים משוחררים ובני משפחותיהם, ועל כך קיבל מכתב הוקרה מהממשל האמריקני. הרב הירשנזון נותר פעיל בארגונים ציוניים שונים וניהל חליפת מכתבים עם גדולי הרבנים בארץ ישראל. עם זאת, הוא נפטר באלמוניות יחסית, וכתביו זכו לפרסום רק בעשורים האחרונים. ליצירתו התורנית נודעת עד היום חשיבות רבה, שכן בעקבות זוועות מלחמת העולם הראשונה וההתרגשות שעוררה הצהרת בלפור הוא חיבר ספרים אחדים שביססו את היסוד המשפטי לקיומה של מדינה דמוקרטית בתוך מחשבת היהדות. בין היתר, הוא דן בדילמות של מלחמה וכיבוש.[15]

הגדודים העבריים ורוח ההגדרה העצמית החשמונאית

הפולמוס סביב החרמת הספר בשנת 1920 לא היה הפעם הראשונה שהרבנים קוק והירשנזון תמכו בכך שיהודים יישאו נשק. בעת מלחמת העולם הראשונה עודדו שניהם התגייסות ל׳גדוד העברי׳ – יחידות בצבא הבריטי שהורכבו ממתנדבים יהודים מאנגליה, מצפון אמריקה וממדינות אחרות במטרה להילחם בפלשתינה. הגדודים העבריים היו פרי יוזמתם של יוסף טרומפלדור וולדימיר (זאב) ז׳בוטינסקי. טרומפלדור היה יוצא צבא שלחם במלחמת רוסיה יפן, ובה איבד את זרועו השמאלית. על שירותו הצבאי זכה בארבע מדליות גבורה, והיה לחייל היהודי המעוטר ביותר בצבא הרוסי. ז׳בוטינסקי היה סופר יהודי רוסי שתרגומו לרוסית את ׳בעיר ההרגה׳ של ביאליק על פוגרום קישינב הקנה לפואמה את תהילתה ופרסומה. חשוב לא פחות: הוא ניהל ארגונים יהודיים של התגוננות עצמית ופעל למען זכויות מיעוטים באירופה, במטרה לספק לעם היהודי מעטפת חוקית והגנתית כאחד.[16]

בעת מלחמת העולם הראשונה ביקשו טרומפלדור וז׳בוטינסקי מבריטניה לאפשר ליהודים להילחם בעות׳מאנים בארץ ישראל. בתום משא ומתן ממושך, שכלל את השתדלותו של חיים ויצמן, נוסדו לבסוף הגדודים העבריים, שמילאו תפקיד מינורי בהשלמת הכיבוש הבריטי של ארץ ישראל בשנת 1918. בין לוחמי הגדודים העבריים נמנו דוד בן גוריון, לימים ראש הממשלה הראשון של ישראל, אליהו גולומב, מייסד ׳ההגנה׳ לפני קום המדינה, ומנהיג הפועלים לעתיד ברל כצנלסון.

רשימת הישגי הגדודים העבריים נותרה צנועה למדי, ותוך זמן קצר

חדלו מלהתקיים. בכל זאת הייתה בהם תועלת רבה: הם יצקו את תבנית דמותו של היהודי כאדם המסוגל להגן על עצמו ועל מולדתו ונכון לכך. קצין הדת של הגדודים העבריים היה הרב לייב פאלק (1889–1957), שגדל בבויסק ולמד בבית מדרשם של הרב קוק וזיידל. בדרשת חג החנוכה שיתף פאלק את הרהוריו באשר למשמעות התופעה של גייסות יהודיים היוצאים להילחם בשדות הקרב, לראשונה מזה כאלף ושמונה מאות שנה:

> העולם כולו נשא עיניו אלינו, וכעת צופה הוא ברוח המכבית מתעוררת לחיים, ונוכח לדעת כי ישראל אין כוחו רק בפיו אלא גם בזרועו הנטויה... החייל היהודי שומר כעת על כבוד אומתנו. הלוחם היהודי הציל את כבודנו הלאומי שהיה מונח על כף המאזניים.[17]

הרב קוק הגיע לביקור אצל פאלק ואנשיו, חיילי הגדודים העבריים, כאשר שהו עדיין בבריטניה. בעבר התנגד הרב לכך שתלמידי ישיבות (לעיתים קרובות – עולים חדשים ממזרח אירופה) יתגייסו לצבא הבריטי, משום שלא התאפשר להם לקיים שם אורח חיים דתי.[18] אך במעמד זה הוא נתן את ברכתו ללוחמים היהודיים, חיזק את ידיהם ורומם את רוחם, בקביעתו שהם נושאים את "דגל ראשית צמיחת ישועתנו".[19] שנים מספר לאחר מכן, כאשר הובא דגל הגדודים העבריים לארץ ישראל בטקס רב רושם, השווה אותו הרב קוק לדגלי מטות בני ישראל ששימשו אותם במסעותיהם במדבר סיני בדרכם לכיבוש הארץ.[20]

אולם מי שחיבר את מאמר התמיכה הנרחב והמנומק ביותר בגדודים העבריים היה דווקא הרב הירשנזון. אף שהיהודים לבשו את מדיו של צבא זר, הוא ראה בלחימה בארץ ישראל 'מלחמת מצווה' לשחרור המולדת. רבנים ציוניים בתקופות מוקדמות יותר חששו שפעילות צבאית של יהודים מפירה את שלוש השְׁבוּעוֹת המופיעות בתלמוד, האוסרות על עם ישראל בעודו בגלות למרוד באומות או "לעלות בחומה".[21] לפיכך הם פעלו למען התיישבות בדרכי שלום באמצעות רכישת קרקעות.

הרב הירשנזון לא נרתע מאיסור שלוש השבועות. לשיטתו, איסור זה חל רק על מרד נגד שלטון זר בארץ זרה ולא על כיבוש ארץ הקודש. הדבר היה נכון במיוחד, מפני שבריטניה הכירה בזכותם של היהודים להקים מדינה בארץ ישראל. לא הייתה זו בגידה, אלא מאבק מעורר כבוד של חיילים למען מולדתם שנלקחה מהם מאות שנים קודם לכן. העובדה הבולטת ורבת

הערך ביותר בהכרזתו הייתה שלילת המגמות התלמודיות נגד מיליטריזם, שנדונו בפרק 1, והקביעה שאינן מחייבות את העם היהודי בעידן הנוכחי. לא רק יישוב הארץ היה מצווה בעיני הרב הירשנזון אלא גם עצם המלחמה עליה.[22]

מקדש שלום ללא קורבנות?

מובן שחידוש הלוחמה היהודית חייב את היהודים להרהר במורשת הלוחמה המקראית. כמו הרב קוק, הרב הירשנזון ביקש לנטרל את האתוס שמאחורי המלחמות הכוללות במקרא, אם כי באופן קיצוני יותר. ראשית, הוא טען, כל שריד של העמים הללו אבד זה מכבר, ובכך הפכו מצוות אלה לבלתי רלוונטיות. שנית, אף שמצוות כיבוש הארץ נוהגת לדורות, הציווי "לֹא תְחַיֶּה כָּל נְשָׁמָה" (דברים כ, טז) מקרב תושבי הארץ חל רק על דורו של יהושע, כאשר היה צורך בתכסיסי מלחמה כאלה כדי לכבוש את הארץ ולהפיג את חששות בני ישראל. אולם משעה שנכבשה הארץ – בטל הציווי; וכיוון שבטל, לא מצאנו שדוד המלך או שלמה בנו פתחו במלחמות כוללות נגד תושבי המקום.[23]

הרב הירשנזון הוסיף וטען כי גם אם יתאפשר זיהוים הוודאי של שבעת עממי כנען, לא נוכל להשמידם, שכן התנהלות כזאת אינה קבילה מבחינה מוסרית בתקופתנו: "אסור לעבור על חוקי האינטערנאציאנאליטעט [החוק הבין־לאומי] אשר נעשה לברית עמים, וחס ושלום להיות ישראל נחשבים בעיני העמים כפראים רוצחי נפש נגד חוקי האינטערנאציאליטעט ונגד חוקי הצוויליזאטציאן [נורמות הציוויליזציה]".[24] ההיסטוריה המתמשכת של מלחמות מקראיות – יחד עם האינטואיציות המוסריות הבריאות שלנו – מוכיחות כי פסוק זה היה הוראת זמנית ולא ציווי לדורות.

הואיל וצידד בנורמות המוסר של התרבות המודרנית הדוחות מלחמה טוטלית במתכונת מקראית, אפשר היה לצפות מהרב הירשנזון להתלהבות דומה מהאמנות למניעת סכסוכים מזוינים שנחתמו לאחר המלחמה. אך הוא היה ספקן ביחס לאפשרות שהצעות אלה ליישוב סכסוכים בין־לאומיים תהיינה מוצלחות יותר מהאמנות הקודמות.[25] הדיו שבה נכתבו חוקי המלחמה הקודמים טרם הספיקה להתייבש לפני שמלחמת העולם הראשונה מחקה אותם בנהרות של דם. הרב הירשנזון גילה ספקנות גם ביחס לאפשרות שמאמצי הנשיא האמריקני וילסון וחבר הלאומים למנוע את פרוץ המלחמה

יהיו יעילים יותר. בסופו של דבר, גופים אלה היו כפופים לאינטרסים הפוליטיים של מדינות חזקות אשר יסכלו כל ניסיון אמיתי לפתרון צודק.

חששותיו של הרב הירשנזון לא התמקדו רק באמנות שנחתמו לאחר מלחמת העולם הראשונה. מלחמה זו, שבה נדרסו ברגל גסה כל כללי ההתנהגות המקובלים, סדקה עמוקות את אמונו בכלל בשיתוף פעולה בין־לאומי למניעת סכסוכים. הוא התייחס בספקנות רבה למוסדות כמו חבר הלאומים, וחשד כי מטרתם האמיתית היא לשרת את האינטרסים של המדינות החזקות ולא את הצדק.

התגובה האמריקנית על הפוגרום שהתרחש בלמברג (לבוב) אחרי המלחמה חיזקה את עמדתו של הרב הירשנזון. הנשיא וילסון פעל תחילה בתוקף להבטיח בקפדנות זכויות מיעוטים כתנאי להענקת ריבונות לפולין. הוא נסוג כאשר הועלתה הצעה לגנות במקביל את ההפרדה הגזעית שנהגה אז בארצות הברית.[26] אומנם הגנה על זכויות המיעוט הייתה חשובה, אך רק בתנאי שאינה מסכנת את האינטרסים האמריקניים.

במקום בית דין שמאחוריו מסתתרים מניעים פוליטיים, שאף הרב הירשנזון לבנות בהר הבית בית תפילה חדש לכל העמים ברוח הנביאים. בחזונו יכלול מקדש זה שירה ותפילה, אך לא יקריבו בו קורבנות כפי שהיה בימי המקרא. המקדש אמור היה לשמש 'בית שלום' שממנו תהדהד קריאה לכל העמים לשגשג בגבולותיהם מתוך כבוד הדדי ובלי להתפתות ללאומנות רעילה. הוא כתב מאמר רחב יריעה ובו דן בדרכים לפתור את הבעיות ההלכתיות החמורות הקשורות בכניסת יהודים להר הבית לאור קדושתו הגדולה. הרב הירשנזון ביקש להבטיח כי לציונות יהיה מרכז להתפתחות דתית ומוסרית שינחה את הלאומיות היהודית, וכך ישמש גם מודל לחיקוי עבור תנועות לאומיות אחרות ברחבי העולם.[27]

ואולם היה לרב הירשנזון בכך גם יעד פוליטי: אם היהודים לא יִפַתחו את הר הבית, הוא לא יישאר סגור לכול והשליטה בו תימסר לזרים ובכללם לערבים מוסלמים. כפי שעשו במשך מאות שנות גלות, היהודים יישארו לעמוד ליד שער האשפות, עם כל המטען הסמלי הנלווה לכך.

הרב קוק דחה הצעה זו. אומנם הוא הסכים שלאומיות יהודית חייבת להיות מושרשת ברוח דתית, אך אסר על כניסה להר הבית, קל וחומר על בנייה בו. נוסף על כך, הוא מתח ביקורת על הרב הירשנזון שהציע לבטל את מעשה הקורבנות. הרב הירשנזון הניח כי חידוש הקורבנות יהפוך אותנו למושא ללעג בפני כל אומות העולם, "ובמקום להיות לאור גוים

יחשבו אותנו להולכי חשכים ואין נוגה להם".[28] בעיני הרב קוק, זו הייתה רפורמה דתית נגועה באידאלים של הפילוסופיה האירופית. עלינו להניח להר הבית, ובמקום זאת לבנות ליד הכותל בית כנסת שיוכל לשמש בית תפילה ושלום.[29]

בתגובה האשים הרב הירשנזון את הרב קוק באחריות לטעות דתית ופוליטית שוות ערך לזו של 'תוכנית אוגנדה' משנת 1903, שהציעה להעניק ליהודים מקלט מדיני במזרח אפריקה. כשם שבלתי אפשרי להחליף – ולו זמנית – את ארץ הקודש בשטח אחר, כך אי אפשר להחליף את לב הר הבית בכותל המערבי החיצוני שלו! או שיהודים יתיישבו בשטחם – או שמישהו אחר יעשה זאת.

באשר לדברי הקינטור של הרב קוק, שהוא הושפע יתר על המידה מנורמות מערביות, השיב הרב הירשנזון כי אין ספק שמלחמת העולם הראשונה חשפה את כשלי התרבות האירופית, ואף על פי כן הנביאים טענו שוב ושוב כי לאל אין חפץ אמיתי בקורבנות בעלי חיים.[30] עם כל הכשלים של התרבות המערבית, הדעת והתבונה לא תסוגנה לאחור: "לא נתפעל ביותר מן הרעיונות של התרבות האירופית, אבל הדעת וההכרה לא תשוב לחזרה [!] ולא תלך לאחור לחשוב את אי תרבות לתרבות!".[31] על כל פנים, צו השעה בעיניו היה לרכוש את כל האתרים הקדושים כדי להבטיח את עתידו הפוליטי והרוחני של העם היהודי.[32]

ערכן של אמנוֹת

חזונותיו האידיליים של הרב הירשנזון ל'מקדש שלום' מרגשים אך דמיוניים ומופרכים. הוא גם אינו מציע תשובה מספקת לשאלה כיצד ימנע מקדש זה את הפוליטיזציה שגופים בין־לאומיים אחרים נגועים בה. ייתכן שהיה זה תרגיל מחשבתי תאורטי יותר מאשר תוכנית ממשית.[33]

אף על פי כן, רעיונותיו של הרב הירשנזון משקפים אמביוולנטיות עמוקה באשר לסיכוי שגופים בין־לאומיים יצליחו להשליט צדק, בעולם שבו טענות לאומיות מתחרות מתנגשות זו בזו. מצד אחד, קיים רצון אמיתי לקדם ערכים הומניסטיים שימנעו חזרה על שפיכות הדמים המיותרת במלחמת העולם הראשונה. מצד שני, הרב הירשנזון הכיר בכך שאינטרסים פוליטיים ישלטו בגופים בין־לאומיים. לכן, כדי להשיג שוויון זכויות, על היהודים להיאחז במה ששייך להם, כמו הר הבית, בהתבסס על הערכים והאינטרסים

שלהם. שאם לא כך, מישהו אחר יקבל החלטה לעשות זאת בהתבסס על האינטרסים שלו, ולא בהתאם לצדק חסר פניות.

תחושת הלְאוּת ביחס לגופים מדיניים בין־לאומיים באה לידי ביטוי גם במאמר המורחב שחיבר הרב הירשנזון בשנת 1926 על מעמדן של אמנות בין־לאומיות. הוא האמין שעל מדינות לגלות זהירות בטרם תחתומנה על אמנות כאלה, שכן משעה שהן עושות זאת הן צפויות להיענש אם לא תעמודנה בהתחייבויותיהן. הוא טען שמסיבה זו נענשו בני ישראל על הפרת הברית עם האל בהר סיני ועל אי הליכה בדרכיו. לדעתו, משום כך קיבלה גם גרמניה את המגיע לה במלחמת העולם הראשונה, על כך שהקיסר וילהלם ראה באמנת לונדון משנת 1839, שהעניקה ריבונות וניטרליות לבלגיה, 'פיסת נייר'.[34] בעלות הברית צדקו בהתנגדותן לגרמניה, שכן לאמנות יש תוקף רק אם הן מתקיימות הדדית.[35]

עם זאת, עם ישראל כפוף לא רק להתחייבויות שמטילות עליו אמנות בין־לאומיות אלא גם לפרקטיקות המוסריות של ה'ציוויליזציות' בכלל.[36] אכן, הרב הירשנזון אינו מתרגם את המונח הזה במלואו. נראה שהוא מתחשב ברגשות המוסר הנפוצים של אומות מודרניות בנות תרבות.[37] בעיניו, הפרה של אמות מידה אלה היא חילול השם ופגיעה בשמו הטוב של עם ישראל. לאור אמונות אלה מובן מדוע הירשנזון דוחה את רעיון המלחמה הכוללת בעמלק ובעממי כנען: לשיטתו יהודים חייבים לעמוד בסטנדרטים המוסריים הגבוהים ביותר, והתנהגותם צריכה להיות ללא רבב – בין שקיימות בעולם אמנות נגד מלחמה כוללת ובין שלא.[38]

כיצד מצופה אפוא ממדינה יהודית לנהוג בעידן זה של אמנות בין־לאומיות? הרב הירשנזון טען כי עליה לחתום על הסכמים דיפלומטיים עם מדינות רבות ככל האפשר – באירופה, באמריקה ובאפריקה. כמו הרב קוק, גם הירשנזון סבר כי לפי דין תורה בן זמננו אין למדינה יהודית כל הצדקה לצאת לכיבושים אימפריאליסטיים מחוץ לגבולותיה, וכי כל המלחמות דורשות הצדקה מוסרית.[39] אומות חייבות לשמר את המתכונת הנוכחית של גבולותיהן ולא לשאוף להרחיבם. כך מתכנסים יחדיו הערך הדתי של שלום עולמי והאינטרסים הלאומיים של עם ישראל.

ומה באשר לערבים החיים בפלשתינה? לדעת הרב הירשנזון ויתור לצמיתות על שטחים בארץ הקודש הוא ביטול מצוות עשה שנצטווה בה עם ישראל לרשת את ארצו. עוד האמין כי יהודים אינם צריכים להזדרז וליזום משא ומתן שיציב אותם בעמדת חולשה לאומית.[40] עם זאת, הוא הכיר בכך

שלמרות התביעה ההיסטורית היהודית על הארץ ועל אף הצהרת בלפור, בשטח קיימת אוכלוסייה ערבית שיש לה תביעות סותרות אך לגיטימיות, בעיקר מתוקף העובדה שהיא יושבת בארץ. בסופו של דבר, התביעה החזקה ביותר על טריטוריה כלשהי מבוססת על ישיבה בה. בהתחשב בטענות הלגיטימיות המתחרות הללו, הציע הירשנזון ליהודים לכונן הסכמי שלום ארוכי טווח עם שכניהם. יום אחד, כך קיווה, יוכלו היהודים להשיג שליטה מלאה בשטח בדרכי שלום. עד אז, האינטרס של כל הצדדים המעורבים הוא קיומה של שכנות טובה.[41]

תהא דעתכם אשר תהיה על תוכניתו זו של הרב הירשנזון – יש להודות כי מבנה הניתוח שלו מרשים במיוחד. מצד אחד, אין הוא דוחה את ההתפתחויות החיוביות הנצפות בנוהג הבין־לאומי. היהדות היא דת שוחרת שלום, המחויבת לתמוך בכל יוזמה שתכליתה צמצום האיבה ושפיכות הדמים, גם מול מי שמתחרים בה על אחיזה בארץ הקודש. הכרח זה מצריך לאמץ ערכים חדשים – ובכלל זה דמוקרטיה, זכויות מיעוטים ואמנות להגבלת זוועות המלחמה – באמצעות מציאת קולות בתוך טקסטים יהודיים מסורתיים התומכים בכך.

מצד שני, הבין הירשנזון כי התקווה שלמוסדות בין־לאומיים תהיה יכולת לקדם את הערכים הללו ולאכוף אותם רחוקה מן המציאות. יותר מדי אינטרסים לאומיים מונחים על כף המאזניים מכדי שהדבר יהיה אפשרי.[42] לפיכך, על היהודים להתחכם, ולפתח אסטרטגיה שתקדם ערכים מעודנים ובד בבד תתמוך באופן פעיל באינטרסים המדיניים שלהם. בתקופתו של הירשנזון משמעות הדבר הייתה השתלטות יהודית על המולדת באמצעות רכישת מקומות קדושים והתיישבות ברחבי הארץ.

המהומות הערביות בפלשתינה וניצחון האינטרסים המדיניים של בריטניה

אולם השאלה הדחופה ביותר הייתה האם יתעורר צורך גם בכוח כדי לשוב ולכונן ריבונות יהודית בארץ ישראל. הרבנים קוק והירשנזון קיוו שניהם כי שילוב בין יוזמות מדיניות של יהודים לבין דיפלומטיה בין־לאומית יספיק, אך התקווה נותרה בגדר משאלה. במרץ 1920 נשלח טרומפלדור לסייע בהגנה על היישוב תל חי שבגליל העליון, שעבר לשלטון צרפתי בתקופה ההפכפכה שלאחר מלחמת העולם הראשונה. תושביו היהודים מצאו את

עצמם לפתע מחוץ לחסותה של בריטניה. בעימות כאוטי עם ערבים בדואים מסוריה נהרג טרומפלדור, ועימו חמישה יהודים נוספים – שניים מהם יוצאי הגדודים העבריים. המשפט שאמר טרומפלדור בנשימותיו האחרונות הפך לנכס צאן ברזל המהדהד את רוח הלחימה של היהודי החדש: "אין דבר! טוב למות בעד ארצנו!".[43]

בחלוף זמן, הפך טרומפלדור לדמות נערצת על סופרים ציוניים כמו יוסף חיים ברנר, שהספיד את 'סמל הגבורה הטהורה' – "אשרי מי שמת בהכרה זו" למען המטרה הלאומית. הרב תמרת הפציפיסט התנגד לגדודים העבריים וראה במורשתו של טרומפלדור את התגלמות הכוח והלאומנות, אך דעותיו כמעט לא זכו לתשומת לב.[44] הדימוי העצמי של היהודים עבר שינוי. שנים מספר מאוחר יותר התנתק ז'בוטינסקי מן ההסתדרות הציונית והקים את הארגון הציוני הרוויזיוניסטי בית"ר (ראשי תיבות: ברית יוסף תרומפלדור. שם המשפחה נכתב בתעתיק זה שהיה מקובל בשעתו). השם שנבחר הזכיר את זירת הלחימה האחרונה של העם היהודי במאה השנייה לספירה בעיר ביתר, אך היה גם מחווה לחלל גיבור תל חי.

המתיחות בין ערבים ליהודים גברה גם בירושלים. ז'בוטינסקי הזהיר את המושל הצבאי הבריטי בעיר מפני טבח הממשמש ובא, הפעם בידי ערבים נגד שכניהם היהודים. ז'בוטינסקי ומייסדי הגדודים העבריים היו עסוקים באימון והכשרה של לוחמים יהודים בתרגילי כושר והגנה עצמית; הייתה זו אחת הקבוצות שהרב קוק שיבח בספרו **אורות**, מעשה שבעטיו תקפו אותו מנהיגי היישוב הישן החרדיים כעבור חודשים אחדים. אולם בעת שהחלו המהומות בעיר העתיקה בירושלים, אנשיו של ז'בוטינסקי לא היו בסביבה. התוצאה: יהודים אחדים נהרגו, יותר ממאתיים נפצעו, ושתי אחיות נאנסו.

המושל הבריטי, שהיה מודע זה זמן רב לקיומן של קבוצות יהודיות להגנה עצמית, הורה על מעצרם של ז'בוטינסקי ואנשיו בעוון נשיאת נשק בלתי חוקי. ז'בוטינסקי נשפט ודינו נגזר לחמש עשרה שנות מאסר. הרב הירשנזון השתמש במקרה זה כדוגמה לאופנים שבהם מערכת משפט מתורבתת יכולה להיות מושחתת.[45]

הרב קוק הצטרף לדרישתם של רבים לשחרר את ז'בוטינסקי, שאיים לפתוח עם חבריו בשביתת רעב. הרב קוק הצדיע לאומץ הלב ולמסירות הנפש שגילו, אך הזהיר כי ההלכה אוסרת באופן מוחלט נקיטת צעדי מחאה כה דרסטיים.[46] ז'בוטינסקי הפסיק את שביתת הרעב. זמן קצר לאחר מכן הומתק עונשו. אך בה בעת הומתק גם עונשם של רבים מהפורעים הערבים.

הרב קוק מחה בפני הנציב העליון הבריטי ודרש להעניש את הערבים ענישה מדינית על האלימות שנקטו ולא להעניק להם פרס, אך ללא הועיל.[47]

הקהילה הבין־לאומית נצמדה בינתיים לתוכניות הבריטיות באשר לפלשתינה, ואישרה את הצהרת בלפור בוועידת סן רמו חודש לאחר מכן. אולם המתיחות הערבית יהודית נותרה בשיאה, ובמאי 1921 שוב פרצו פרעות, הפעם ביפו. ארבעים ושבעה יהודים נהרגו ויותר ממאה וארבעים נפצעו. בין ההרוגים היה הסופר ברנר, שעסק באותה עת בעריכת מכתביו של טרומפלדור.

נקודת המפנה הגדולה ביותר הגיעה בשנת 1929. המתיחות רבת השנים בין ערבים ליהודים על השליטה בכותל הסלימה לאחר צעדה בעיר העתיקה בירושלים בתשעה באב. הרב קוק, שהשמיע קול מחאה על הגבלת גישתם של יהודים לכותל המערבי במשך תקופה ארוכה, תמך בצעדה. הוא אמר לעיתון 'דואר היום' כי בני הנוער הפגינו "הגאון הלאומי והקנאות המכבית" בהגנה על זכויות היהודים במקום הקדוש.[48] הוא הביע את תודתו לנוער הלאומי "על עמדתו הגאה והראויה למופת. ביחוד על הנימוס היפה ואי הפגיעה בשום איש ובשום מעשה שהתבלט בתהלוכת הנוער, המורה על המצב המוסרי היפה שלו".

עד מהרה החלו הערבים להתפרע בירושלים, בחברון, בצפון ובמקומות נוספים.

מאורעות תרפ"ט (1929) הותירו את היישוב היהודי פגיע במיוחד, שכן רוב חברי ההנהגה שהו באותה עת בציריך לרגל הקונגרס הציוני השישה־עשר. הרב קוק פעל עם גורמים אחרים שנותרו בשטח כדי להבטיח שיישובים יהודיים לא יישארו ללא הגנת הבריטים. הוא אף שיגר מכתב קצר באמצעות סוכנות הטלגרמות העברית בזו הלשון: "לעולם היהודי כולו: היישוב היהודי בארץ ישראל נמצא כולו בסכנה. יש לפעול להצלתנו בכל דרך אפשרית ובמהירות רבה ככל האפשר".[49] אי אפשר היה להתעלם מתחושת הבהילות במברק.

רובינסון ופעילים אחרים ארגנו עצרות המוניות, שלחו מברקים דחופים וכתבו מאמרי מערכת כדי להניע את חבר הלאומים לפעול. הם קראו לוועדת המנדט להגן על העם היהודי, וציינו את הקשר שלו בן מאות השנים לארץ הקודש. הם אף דרשו להדיח מתפקידם פקידים בריטיים שלא נחלצו לעזרת היהודים. אף לא אחת מהפניות זכתה לתגובה. בסופו של דבר נרצחו למעלה ממאה ושלושים יהודים במהלך אותם שבועיים מהבילים באוגוסט.

לאוטרפכט, הכוכב המשפטי העולה שלימד באותה תקופה בלונדון, קונן על התגובה הבריטית הפושרת ועל כישלונה של בריטניה לייחס את מלוא האשמה לצד הערבי. מדוע נכשלו הבריטים בהגנה על היהודים? תשובתו של לאוטרפכט הייתה מאירת עיניים: אפילו האימפריה הבריטית האדירה נאלצה להירתע נוכח הסיכון להיגרר למלחמת דת עם האסלאם כולו. בריטניה דאגה לזכויות המיעוט, אך היה עליה להביא בחשבון גם את האינטרסים המדיניים שלה בהרגעת מיליוני המוסלמים שחיו ברחבי האימפריה הבריטית.[50]

למסקנה זו הגיע לאוטרפכט לאחר פרסום ממצאי ועדת שו שחקרה את ההתפרעויות. המופתי המוסלמי, חאג' אמין אל-חוסייני, האשים את היהודים בהתגרות בפורעים. הרב קוק דחה בתוקף טענות אלה והאשים את חוסייני בהסתה. הוא הביע תקווה ואמונה שרוב הערבים מעוניינים להמשיך לחיות בשלום לצד שכניהם היהודים, אך בה בעת עמד על זכויות היהודים באתרים הקדושים ועודד את התיישבותם שם.[51] הרב הירשנזון התבטא באופן דומה, ועודד יהודים ללמוד ערבית כדי שיוכלו ליצור יחסים אישיים עם שכניהם הערבים, ובכך לעקוף את ההסתה של מנהיגיהם.

בתום החקירה הגיעו חברי ועדת שו למסקנה כי הערבים הם האשמים בהסתה – ואף על פי כן טענו שהסיבה הרחבה יותר לאלימות היא עצם ההגירה היהודית לפלשתינה. כיצד יכלו הבריטים להכיר בכך שהערבים אשמים באלימות ובה בעת להגיש את החשבון ליהודים ולגבות מהם מחיר פוליטי? התשובה לכך היא שרבים בבריטניה הגיעו למסקנה כי יסודה של הצהרת בלפור בטעות באשר היא מנוגדת לאינטרסים הלאומיים של הממלכה. המענה לכך בא לידי ביטוי ב'ספר הלבן' שפרסם שר המושבות הלורד פאספילד בשנת 1930. במסמך זה נסוגה בריטניה ממדיניותה הקודמת, וקבעה כי יש להגביל את העלייה היהודית ורכישת קרקעות בידי יהודים, כדי להבטיח שיישארו מיעוט ולא ישפיעו לרעה על הכלכלה הערבית – או על הסיכוי לקבל תמיכה ערבית רחבה יותר בבריטניה.

הרב קוק גינה את בריטניה על בוגדנותה. הוא תהה בקול האם ממשלת הוד מלכותו נטשה את התפקיד הנכבד שנועד לה בתיקון העולם. הוא הצהיר כי הגאולה תבוא בדרכים אחרות.[52]

הגאולה בהחלט לא הגיעה מבריטניה. בסופו של דבר, לאחר תקופה ממושכת נוספת של אלימות בהמשך העשור (שתידון בהרחבה בפרקים הבאים), קבעו הבריטים – ערב פרוץ השואה – מדיניות הגירה מגבילה

עוד יותר (׳הספר הלבן׳ משנת 1939), שלמעשה רוקנה מתוכן את הצהרת בלפור ואת המנדט שניתן להם. ויצמן פנה לחבר הלאומים, אך ללא הועיל.

תחושת הבגידה לנוכח ההפכפכנות הבריטית לימדה את הנהגת היישוב שיעור חשוב שהרב הירשנזון כבר למד שנים אחדות קודם לכן: בפוליטיקה בין־לאומית, האינטרסים גוברים על הצדק.

׳לא אכשר דרא׳ – הדור אינו מוכן: גישתו של יעקב רובינסון

בפלשתינה כשלה ההגנה על יהודים באמצעות המנדט, ואילו באירופה היא לא הצליחה יותר. הרעיון שעמד מאחורי אמנות להבטחת זכויות מיעוטים היה סוג של הדדיות בין המדינות: ״אני מגינה על המיעוט הלאומי שלך, ואת מגינה על שלי״. אולם בחלוף התקופה שבין שתי מלחמות עולם התברר כי הניסיונות להגן על זכויות מיעוטים באירופה אינם כוללים בהכרח את היהודים, מיעוט דתי ללא מדינת לאום או אזרחות. המדינות האתניות החדשות תמיד הטילו ספק בנאמנות תושביהן היהודים, ורבים מהם סבלו מאפליה ורדיפה בהונגריה, בפולין, ברומניה ובמדינות נוספות.

רובינסון העיר בעוקצנות כי משמעותה של ההדדיות האירופית באשר למיעוטים היא ״אתה מכה את היהודים שלי, ואני אכה את היהודים שלך״.[53] בהכירו בכישלון האמנות להגן על יהודים או על מיעוטים אחרים אחרי מלחמת העולם הראשונה, הגיע רובינסון למסקנה כי הפתרון האמיתי היחיד עבור יהדות אירופה הוא לעלות לארץ ישראל, או במקרה שלו – לנוס לאמריקה.

בעוד לאוטרפכט המשיך לקדם הגנה משפטית בין־לאומית בשבתו כשופט בבית הדין הבין־לאומי לצדק, עמיתו רובינסון נעשה ספקן יותר ויותר באשר ליעילותה האפשרית. לאחר קום המדינה שימש רובינסון יועץ בכיר לדיפלומטיה ולמשפט בין־לאומי למשלחת הישראלית לאו״ם. הוא פקפק בכך שהאו״ם יספק פתרונות אמיתיים לבעיות זכויות אדם. אמנת האו״ם נגד ׳השמדת עם׳, שפותחה בעקבות השואה, הייתה מעורפלת למדי, וחסרה מנגנוני אכיפה שיעניקו לה תוקף ויעשו אותה יעילה. יתר על כן: אמנה זו ויוזמות אחרות של האו״ם היו כחומר ביד היוצר מבחינת שכנותיה הערביות של ישראל, שהשתמשו בה כדי לתקוף את המדינה היהודית, בעוד הן עצמן אינן נוקפות אצבע בכיבוד זכויות האדם של מיעוטים בשטחן.

רובינסון, שנותר משפטן בין־לאומי בולט, הבין כי אינטרסים לאומיים ושיקולים פוליטיים לעולם ישחקו תפקיד בעייתי במשפט הבין־לאומי. בערוב ימיו טען כי למרות החשיבות שבהגנה על מיעוטים ברמת המדינה, המערכת הבין־לאומית כשלה במשימה זו ולא הצליחה לעגן את ההגנות על זכויותיהם כחלק מקוד ההתנהגות החברתי. "לא אכשר דרא" – הדור עדיין אינו מוכן לכך – אמר, תוך שימוש במונח התלמודי שלמד בגרסא דינקותא שלו, כדי לבסס את טענתו. העולם עדיין אינו בשל דיו לשלב זכויות מיעוטים במרקם החברתי שלו.[54]

כללית, בעשרות השנים הבאות זו הייתה גם השקפתם של גדולי הרבנים ביחס לגופים בין־לאומיים אלה: כבדהו וחשדהו.[55] רבים מהם הכירו תודה לאו"ם על התפקיד החיוני שמילא בהקמת המדינה לאחר מלחמת העולם השנייה, אף שעשה זאת מאוחר מדי מבחינת שש המיליונים שנספו בשואה. האו"ם גם לא הצליח למנוע המשך הקזת דם יהודי במלחמת העצמאות, כאשר אנשי היישוב ופליטי השואה נאלצו לעמוד על נפשם מול צבאות ערב שהכריזו מלחמה על המדינה החדשה – אותה מדינה שהקהילה הבין־לאומית הבטיחה להם כבר למעלה משלושים שנה.[56] עם זאת, ניסיונות ארגונים בין־לאומיים לצמצם את הלחימה ולהגביל את זוועותיה זכו להערכת הרבנים, שציינו גם כי למרות יחסי הכוחות הבלתי מאוזנים בין מדינות חזקות לחלשות, האו"ם וגופים אחרים קידמו את הרעיון החשוב של הענקת זכויות בסיסיות שאין לרומסן גם למדינות הקטנות ביותר.[57]

אחד הרבנים, הרב שאול ישראלי (שהתאוריות שלו זוכות להתייחסות נרחבת בפרק 7), אף הרחיק לכת, וטען כי ההלכה תחייב את מדינת ישראל לקיים את כל האמנות הבין־לאומיות המגבילות לוחמה – לרבות איסור מוחלט על פתיחה בה – ובלבד שכל הצדדים מכבדים התחייבויות אלה באותה מידה. ואולם גם הוא קבע כי לפי שעה "לא אכשר דרא" – הדור עדיין אינו בשל ליישם צעדים כאלה באופן הדדי.[58]

שאיפות אינן מדד להצלחה בכל הקשור לאמנות בין־לאומיות. הקריטריונים חייבים לוודא כי מי שחתום עליהן ממלא את סעיפיהן בנאמנות וכי גופים בין־לאומיים מצליחים למנוע תוהו ובוהו מוסרי. בשנים שלאחר פרסום ספרו של הרב הירשנזון נכשלו מוסדות אלה באופן מוחלט בעצירת הפוגרומים המתמשכים באירופה לאחר מלחמת העולם הראשונה, במניעת זוועות השואה ובמניעת עקירתם של שמונה מאות וחמישים אלף יהודים ממדינות ערב בשנות החמישים והשישים, וזה רק חלק מן המחדלים.

במאי 1967, בהכנותיו לתקוף את ישראל, דרש הצבא המצרי מכוחות שמירת השלום של האו"ם לעזוב מייד את מרחבי סיני. כוחות האו"ם עשו זאת בחיפזון, בלי שמזכ"ל האו"ם טרח אפילו לפנות לנשיא מצרים.[59] בשנת 1975 קיבלה העצרת הכללית של האו"ם, בתמיכת ברית המועצות, מדינות ערביות ומוסלמיות ומדינות אפריקאיות רבות, את החלטה מס' 3379 ש"הציונות היא צורה של גזענות ואפליה גזעית", ובכך דחתה בעצם את תוקפה המוסרי והצודק של הצהרת בלפור (רק בשנת 1991 קיבלה העצרת החלטה מנוגדת, שבה הודיעה כי היא חוזרת בה מן ההחלטה).

משקיפים רבים מאשימים את הגופים הללו ביחס של איפה ואיפה כלפי ישראל במאבקה המורכב והממושך עם הפלסטינים, תוך התעלמות מהתקפות הטרור הפלסטיניות ברחבי העולם.[60] הטיה זו של האו"ם וארגוניו הובילה לכך שרבנים וציונים בכלל מטילים ספק ביכולתם של גופים בין־לאומיים אלה להשליט צדק במזרח התיכון בפרט וברחבי תבל בכלל.[61]

רואנדה, סוריה וספרה של סמנתה פאוור

הביקורת נגד גופים בין־לאומיים על כישלונם להגן על מיעוטים התרחבה הרבה מעבר ליהודים ולישראל. ביקורת דומה נשמעה גם לאחר מעשי הזוועה של פול פוט בקמבודיה, השמדת הכורדים בידי סדאם חוסיין בצפון עיראק, חיסול מי שאינם סרבים בידי הסרבים הבוסנים, ההשמדה השיטתית של המיעוט הטוטסי בידי ההוטו ברואנדה וההרג השיטתי של אנשי דארפור במערב סודאן.

ישנן סיבות רבות לכשלים הללו במנגנוני הבקרה הבין־לאומיים שנועדו למנוע תופעות כאלה בדיוק. יש הטוענים כי חלוקת האחריות למניעת פשעי מלחמה פוטרת גורמים בין־לאומיים ספציפיים רבים מדי מפעולה.[62] עם זאת, ברור גם שהפוליטיקה הפנימית בגופים הללו מונעת מהם דרך קבע לפעול. הדוגמה הברורה ביותר לכך היא שמועצת הביטחון של האו"ם, עם זכות הווטו השמורה לחמש החברות הקבועות בה (ארצות הברית, רוסיה, בריטניה, צרפת וסין), חסרת אונים בטיפול בהפרות הנשנות של זכויות האדם מצד סין או בפלישה הרוסית לחצי האי קרים בשנת 2014 והפלישה בשנת 2022 לאוקראינה כולה.

כפי שתיעד ההיסטוריון פול קנדי, מתן זכויות יתר למעצמות הגדולות הוא חלק מובנה של מנגנון האו"ם, ובעצם של כל גוף בין־לאומי התלוי

במדינות החברות בו למימון פעולותיו וכוחותיו המזוינים.[63] למרות שהוא דגם משופר של חבר הלאומים, האו"ם – ככל ארגון בין־לאומי – אינו יכול להתנתק מפוליטיקה.

לזוועות אלה שהתבצעו במאה העשרים לא עמד מבקר גדול מסמנתה פאוור, שגרירת ארצות הברית באו"ם לשעבר. ספרה עטור הפרסים ורב המכר בשם **בעיה מהגיהנום: אמריקה ועידן רצח העם** תיעד בהרחבה את המקרים הללו, ובהם הטיהור האתני ברואנדה בשנת 1994. פאוור הראתה כיצד שיקולים פוליטיים הובילו את ממשל קלינטון להתעלם ממצוקתם של מאות אלפי בני הטוטסי שנרצחו ונאנסו במשך ארבעה חודשים.

לדוגמה, גורמים רשמיים בארצות הברית נמנעו בכוונה משימוש במילה 'genocide' לתיאור הזוועות, שכן הדבר עלול היה לחייב אותם – מוסרית, אם לא חוקית – להתערב בהן מתוקף האמנה נגד 'השמדת עם' משנת 1948. אמנה זו, שרובינסון הטיל כזכור ספק ביעילותה, הייתה גולת הכותרת בעבודה רבת שנים שעסקו בה לאוטרפכט ובמיוחד רפאל למקין, יהודי נוסף שנמלט מאירופה והפך למשפטן בין־לאומי בכיר. שניהם האמינו כי האמנה, שנכנסה לתוקף בינואר 1951, תצליח לאכוף על מדינות למנוע 'פשעים נגד האנושות' – מונח שטבע לאוטרפכט – ולהעניש עליהם.[64] נכון לשנת 2024, מאה חמישים ושתיים מדינות חתומות על האמנה, ובהן מעצמות מובילות. אף לא אחת מהחתימות הללו עצרה את בני ההוטו מהטבח בבני הטוטסי ברואנדה.

פאוור הפנתה אצבע מאשימה כלפי פקידים בכירים בממשל האמריקני כדוגמת היועץ לביטחון לאומי אנתוני לייק. דברי הביקורת שלו על שיקולי ריאל פוליטיק בלתי מוסריים בתקופות קודמות של מדיניות החוץ האמריקנית היו ידועים, וכעת נפל בעצמו באותה מלכודת. ספרה של פאוור היה מהגורמים ששימשו השראה להצהרת 'האחריות להגן' משנת 2005 של כל המדינות החברות באו"ם למניעת רצח עם, פשעי מלחמה, טיהור אתני ופשעים נגד האנושות.

שני עשורים לאחר מכן הפכה פאוור לשגרירת ארצות הברית באו"ם בתקופת כהונתו של הנשיא ברק אובמה. בסוריה השתוללה אז מלחמת אזרחים, ומועצת הביטחון של האו"ם לא הייתה מסוגלת לפעול בשל הווטו שהטילו הרוסים על נקיטת אמצעים כלשהם נגד ממשלת סוריה. ואז השתמשה סוריה בנשק כימי נגד אזרחיה שלה. נשק כזה נאסר זה מכבר על פי החוק הבין־לאומי בתמיכה כמעט אוניברסלית וחסרת תקדים של

מדינות ברחבי העולם. זה היה 'הקו האדום' המוצהר של אובמה, אף על פי שנזהר משליחת חיילים אמריקנים להילחם בסכסוך נוסף עקוב מדם במזרח התיכון – צעד שדעת הקהל בארצות הברית התנגדה לו. לדברי אחד מעוזריו, אובמה אף ציין כי "אנשים תמיד אומרים 'לעולם לא עוד', אך לעולם אין הם רוצים לעשות דבר בקשר לכך".[65]

פאוור, לעומתו, רצתה לפעול. היא הצהירה באו"ם כי המערכת הבין־לאומית קרסה בסוריה, כאשר צד אחד מומת בגז והצד הממית חש שהוא יכול להימלט מאחריותו, וקראה לתקיפות צבאיות מוגבלות בנימוק שכל החלופות מוצו. "אם הפרה של הסכם אוניברסלי לאיסור נשק כימי לא תיענה בתגובה שתשפיע ממשית, משטרים אחרים יבקשו לרכוש או להשתמש בנשק כזה כדי להגן על כוחם או להגדילו".[66] במילים אחרות: על כף המאזניים עמדה השאלה אם לאמנות יש בכלל שיניים או שהן רק 'פיסת נייר' ואינן שוות את הנייר שעליו נכתבו.

בסופו של דבר ביטל אובמה את התקיפות האוויריות, ובמקום זאת העדיף לשתף פעולה עם הרוסים כדי לגרום לסורים לוותר על הנשק הכימי שלהם. בהמשך העידו עוזריו על ריבוי השיקולים הפוליטיים והאסטרטגיים שהובילו את הבית הלבן לנטוש את דרך הפעולה הצבאית הזו, אף שהייתה מוגבלת מלכתחילה. חלקם אף טענו כי אובמה לא רצה להסתכן בכך שהמשא ומתן עם האיראנים על שאיפותיהם הגרעיניות ירד לטמיון.[67] תהיה הסיבה אשר תהיה, ארצות הברית נסוגה, ובעקבותיה הלכו גם מדינות נוספות. סוריה, שנהנתה מגיבוי רוסי הן באו"ם והן בשדה הקרב, המשיכה לבצע זוועות במקומות כמו חלב, ובכלל זה שימוש חוזר בנשק כימי שהוסתר מעיני פקחים בין־לאומיים.

פאוור, מצידה, השתמשה בטוויטר כדי לשתף את דעת הקהל בזעמה, תוך כדי נשיאת נאומים חריפים במועצת הביטחון נגד רוסיה: "חלב תצטרף לשורות האירועים בהיסטוריה העולמית המגדירים את הרוע המודרני, ואשר מכתימים את מצפוננו לאורך עשרות שנים. חלבג'ה, רואנדה, סרברניצה, ועכשיו – חלב... האם באמת אין לכם בושה?". אלה היו מילים חזקות, אך אמנות בין־לאומיות נועדו להיות מגובות ביותר מאשר נאומים וציוצים במגבלה של 140 תווים. השגריר הרוסי הגיב בכך שכינה את פאוול 'אמא תרזה', ובכך הסתיים העניין. מאז ואילך טענו מבקרי המדיניות האמריקנית שפאוור צבועה ושאלו אם לא היה עליה להתפטר מתפקידה.[68]

בממואר שלה, שזכה לשם ההולם The Education of an Idealist,

מפליאה פאוור לתאר את רגשותיה הסותרים. שמא התערבות צבאית אמריקנית אכן הייתה נכשלת ומסכנת ללא הועיל חיילים אמריקנים? ואולי הממשל, והמערכת כולה, פשוט נכשלו?

על כל פנים, התוצאה הסופית הייתה גרועה למדי: המשטר הסורי, בתמיכה רוסית ואיראנית, טבח במאות אלפי אזרחים נוספים, תוך יצירת מבול של פליטים חסרי בית שתרמו בתורם לערעור היציבות הפוליטית באירופה. חוסר המעש המערבי הותיר גם כשלושים מיליון כורדים לחסדי המנהיגים הרודניים של ארבע המדינות שבהן התגוררו. כל זאת בחלוף רק מאה שנים מהסכם סֶוְור (Sèvres). הסכם שלום זה נחתם בשנת 1920 בין מדינות ההסכמה לעות׳מאנים, וקרא לקיים משאל עם לעצמאות בשטחיה של האימפריה העות׳מאנית המובסת. אך למרות כל האמנות וההבטחות שניתנו לכורדים במהלך המאה, אין להם מדינה וגם לא זכויות מיעוט.

דוגמאות אלו רק מחזקות את טענתו הבסיסית של הרב הירשנזון: חוקים ואמנות בין־לאומיות אינם מספקים ערובה מספקת לכך שהצדק ייצא אל הפועל או שחפים מפשע יזכו להגנה. לעיתים הם יסייעו בכך, אך על פי רוב הם יהיו חסרי תועלת. גם אנשים בעלי כוונות טובות כמו לייק ופאוור נופלים במלכודת הזו: הכוח והפוליטיקה מאפשרים לצבוע – אם לא לעצב לגמרי – גופים משפטיים בין־לאומיים כרצון המדינות החזקות.

ברם, אין פירושה של אמת עצובה אך מפוכחת זו, שצריך לדחות על הסף את כללי המוסר שהחוק הבין־לאומי שואף להשליט. הרב הירשנזון אישרר רבים מערכיה של 'החברה המתורבתת', אף שגילה ספקנות רבה באשר ליעילות השיטה. הוא ביקש להוכיח כיצד היהדות משלבת מושגים כדמוקרטיה וזכויות מיעוטים כדי להפוך אותם לבעלי ערך בפני עצמם מבחינת היהודים, בלא תלות במידה שבה הקהילה הבין־לאומית אוכפת אותם. כך לדוגמה, אם הבחירה באסטרטגיות לחימה הומניות יותר ונטישה של רעיון המלחמה הכוללת היא החלטה מוסרית נכונה, אזי על היהודים לאמץ ערכים אלה וליישמם בזכות ערכם הסגולי, ולא רק כדי לשמר את המוניטין שלהם כעם מוסרי.[69]

יחד עם זאת, מוטב ליהודים שלא להיות תמימים בציפייה שגופים בין־לאומיים יספקו להם תמיכה או הגנה. מעשית, עמים צריכים להסתמך על עצמם, והיהודים אינם יכולים להמתין לכך שאחרים יעשו צדק בעבורם. בסדר בין־לאומי המושפע עמוקות – ואולי יש לומר: מוּנע

לגמרי – מאינטרסים, על היהודים לנקוט יוזמה ולעשות את כל הדרוש כדי לזכות במה שמגיע להם בדין.

האם הטרור משתלם?

מהתגובה הבריטית למרד הערבי הגדול בשנת 1929 יכלו היהודים ללמוד לקח נוסף: האלימות משתלמת. אכן, גם הערבים ספגו אבידות רבות במהלך המאורעות, כמעט כולן מידי המשטרה הבריטית. אך לבסוף רבים מעונשי המאסר שהושתו על אנשיהם הומתקו. יתר על כן: הבריטים אף תגמלו אותם במישור הפוליטי. בהיעדר הגנה בריטית מספקת, נותר ליהודים להתלבט האם לנקוט טקטיקות דומות לאלה של אויביהם הערבים. בתוך ארגון 'ההגנה' הובילו חילוקי הדעות על כישלונו בהגנת היישוב לייסודו של ארגון צבאי מתחרה, האצ"ל, שהיה מזוהה יותר עם האוריינטציה האקטיביסטית והאידאולוגיה של ז'בוטינסקי, שבעצמו הוגלה לצמיתות מארץ ישראל בידי הבריטים.

מה היו אומרים על כך הרבנים קוק והירשנזון? זאת אין לדעת, שכן שניהם הלכו לעולמם בשנת 1935, שנה לפני הסבב הבא של מהומות ערביות ותחילתו של ויכוח מוסרי נוקב בשאלה האם יהודים צריכים להילחם בטרור באמצעות טרור נגדי.

פרק 4

פעולות התגמול, טוהר הנשק והמרד הערבי הגדול, 1939-1936

יום ראשון השחור והוויכוח על 'הבלגה' או 'תגובה'

ב־31 באוקטובר 1937 ירו מחבלים ערבים למוות באלן אלקזיץ, בן 32, שטייל בעיר העתיקה בירושלים לאחר שהתפלל בכותל המערבי. שני יהודים נוספים נפצעו בפיגוע. רצח זה התרחש לאחר שנרצח הרב אליעזר גרשטיין ב־3 בספטמבר בקרבת מקום. ואז, ב־10 בנובמבר, נורו למוות חמישה חקלאים יהודים, עולים חדשים מפולין, בדרכם לעבד את האדמה בקריית ענבים הסמוכה לירושלים.[1] אפשר היה לראות בכך עוד חוליה בשרשרת ההתקפות נגד יהודים מאז תחילת המהומות הערביות בשנת 1936, שבוצעו כתגובה להתגברות העלייה היהודית לפלשתינה. לחלופין, אפשר היה לראות בכך חוליה נוספת בשרשרת של אלימות אנטישמית הנמשכת כבר מאות שנים. על כל פנים, דם יהודי הוקז כרגיל.

ברם, הפעם אירע משהו שונה. למחרת, ב־11 בנובמבר, בעת שוותיקי הגדודים העבריים במלחמת העולם הראשונה ציינו לצד בריטים בהר הצופים את יום שביתת הנשק, הושלכה פצצה לעבר אוטובוס ליד סניף הדואר המרכזי בעיר. ערבי אחד נהרג וחמישה נפצעו.[2] שלושה ימים לאחר מכן, ביום שזכה בהמשך לכינוי 'יום ראשון השחור', הרגה קבוצת פעילי אצ"ל שבעה ערבים, בהם שלוש נשים, ופצעה שמונה, בסדרת פיגועים מתואמים בירושלים ובחיפה. במשך מאות שנים הגיבו יהודים למעשי רצח על רקע

אנטישמי באופן בלתי אלים; כעת התארגנה קבוצה של יהודים לנקום באותה מטבע – באמצעות הרג חסר הבחנה של בני העם שנתפס כאויב.

בשנים שלאחר מכן אירעו מעשי רצח דומים רבים כפעולות תגמול בבתי קפה ערביים, באוטובוסים ובשווקים. התקפות אלה הובילו את היישוב לוויכוח הרציני הראשון על חידוש הכוח היהודי ועל השלכותיו הקטלניות. כפי שנראה, הוסיף ויכוח זה להדהד בעשורים הבאים ועודנו מהדהד כיום.

כיצד עולה על הדעת שיהודי יהרוג בכוונה אזרחים חפים מפשע? זו הייתה השאלה שיהודים רבים בארץ ישראל שאלו את עצמם בעקבות אירועי 'יום ראשון השחור'. מבקרי הפעולות הללו ראו בהן מעשי נקם בלתי מוסריים שיביאו לתוצאה הפוכה מזו המבוקשת. לטענתם, האצ"ל לחם באופן בלתי מוסרי בהפעלת טרור נגדי מול המחבלים הערבים, ואף סיכן את המשך ההתיישבות היהודית בארץ ישראל, שכן הדבר עלול היה ליצור בעיני הבריטים סימטריה בין מחבלים יהודים לערבים.

אישים בסוכנות היהודית וב'הגנה', בהם ברל כצנלסון ודוד בן גוריון, העדיפו לנקוט מדיניות 'הבלגה' נגד האלימות הערבית. חלק מן האתגר המוסרי הזה הם ניסחו חזון גדול יותר אשר כונה 'טוהר הנשק', ובשמו התנגדו לשימוש בכוח מעבר לצורך בהגנה עצמית.[3]

בהלווייתם ההמונית של חמשת החקלאים הנרצחים, שבה השתתפו חמישים אלף איש, הדגיש משה שרתוק (שרת), ראש המחלקה המדינית של הסוכנות היהודית (ולימים ראש ממשלתה השני של ישראל), אותה נקודה: "אל תתעורר בקרב איש מאיתנו המחשבה שאפשר לנקום את נקמת הדם הזה על ידי פגיעה באנשים חפים מפשע, מבני העם שמקרבו קמו המרצחים. נקמה כזאת לא תשיג את המרצחים ולא תפסיק את הטרור".[4] שרת חזר על התביעה הכפולה מממשלת המנדט: להילחם בטרור ולחלק ליהודים כלי נשק לצורך הגנה עצמית. בקשה זו התמלאה חלקית בלבד.

אין ספק כי פגיעה מכוונת באזרחים חפים מפשע במסגרת פעולת תגמול היא מעשה מעורר פלצות. ברם, שמא דווקא פגיעה כזו היא שתרתיע את האויב ותגרום לו לחשוב פעמיים לפני שייצא שוב למסעות הרג ביהודים? עבור חלק מהיהודים שאבותיהם היו חסרי אונים במשך מאות בשנים מול מסעי צלב, פוגרומים ואינקוויזיציות, היכולת לנקום את רצח אחיהם תוך יצירת הרתעה מפני פוגרומים נוספים בעתיד הייתה (ועודנה)[5] רעיון מפתה. ואכן, באותן שנים העלו חברי בית"ר בפולין טיעונים דומים

באשר לאופן שבו יש להגן על יהודי אירופה מפני מספרן הגדל והולך של התקפות אנטישמיות.[6]

מפקד האצ"ל דוד רזיאל, שהיה תלמידו של הרצי"ה קוק בטרם ייסד את תנועת המחתרת,[7] ניסח בבירור את ההיגיון שמאחורי פעולות התגמול של הארגון: "מי שראה את פרצופי הערבים ב'יום ראשון השחור' ובימים שלאחריו יכול לתאר לעצמו איזה פחד נפל עליהם. כל הגבורה המחוצפת שלהם, אשר במשך שנה וחצי דקרה את העיניים – נעלמה פתאום בבת אחת".[8] וזה הוביל אותו למסקנה הבאה:

> מי שאינו רוצה להיות מנוצח אין לו אלא לתקוף. גם אותו צד לוחם, שאינו בא לדכא אחרים אלא להציל את חירותו ואת כבודו, גם לפניו פתוחה רק דרך אחת – דרך ההתקפה. הוא צריך להסתער על אויבו ולשבור את כוחו ואת רצונו.[9]

תגובה – כל תגובה – הייתה עדיפה בעיניו על פני הבלגה. בהתחשב בכך שאנטישמים השתמשו בטרור חסר הבחנה נגד יהודים הן באירופה והן בפלשתינה, ייתכן שהיה צורך – שלא לומר הצדקה – להגיב באותו אופן להתנהגות של בני עוולה.

פעולות תגמול בעידן המלחמה הטוטלית

לאמיתו של דבר, דיון זה הוא וריאציה על שאלה ישנה בקרב תאורטיקנים של מלחמה צודקת, המתחבטים במורכבויות של הרג כפעולת תגמול. הניסיון המודרני הראשון לנסח נורמות מוסר צבאיות היה 'קוד ליבר' משנת 1863, שכתב חוקר המשפט הגרמני אמריקני פרנץ ליבר לבקשת נשיא ארצות הברית אברהם לינקולן. מסמך זה, שנכתב כהנחיות לניהול כוחות האיחוד במלחמת האזרחים האמריקנית כיצד עליהם להתנהג בעת מלחמה, היטיב לבטא את הדילמה הקשורה ביציאה לפעולות תגמול. מצד אחד יש בו הצהרה כי "לעיתים קרובות אויב חסר מעצורים אינו מותיר ליריבו שום אמצעי אחר להגן על עצמו מלבד תגובה מידתית שתמנע ממנו לחזור שוב על אותו מעשה זוועה ברברי". מצד אחר, הוא מדגיש שפעולות תגמול לא תצלחנה להרתיע מפני מעשים דומים בעתיד. למעשה, כנראה הן תבוצענה כפעולות

נקם על ההתקפות הקודמות ובכך תתרומנה להנצחת מעגל האלימות. לפיכך מוסיף הקוד וקובע:

> לעולם אין לנקוט פעולות תגמול בתור נקמה אלא רק כאמצעי לענישה הגנתית, ויש לעשות זאת בזהירות ובידיעה שהדבר בלתי נמנע... פעולת תגמול בלתי מוצדקת או חסרת התחשבות מרחיקה את הצדדים הלוחמים יותר ויותר מכללי המלחמה הרגילה, ומקרבת אותם בצעדים מהירים למלחמות ברבריות ועקובות מדם.[10]

לרעיון הזה של פעולות תגמול מוגבלות היה שותף גם הגנרל הנרי הָאַלֶק, מפקד צבא האיחוד במסגרת מלחמת האזרחים האמריקנית. הוא טען כי אף שבדרך כלל אנו מענישים רק את החוטא הבודד, לעיתים יש יוצאים מן הכלל שבהם עיר, צבא או קהילה שלמה נענשים בעוון מעשים פליליים של הנהגתם או חבריהם. עם זאת, הוא הזהיר לבל תחרוגנה פעולות אלה מהכלל ש"העונש בממשלים בני התרבות ובקרב העמים הנוצריים כולם – אסור לו שיידרדר אף פעם לכדי אכזריות פראית או ברברית".[11]

הגבול הזה שבין 'פעולת תגמול הגנתית' לאכזריות פראית שאינה עולה בקנה אחד עם כללי הדת עלול להיות מטושטש למדי. על כל פנים, בעשורים שחלפו מאז נכתב לא מנע 'קוד ליבר' את ביצוען של פעולות תגמול רבות הנתפסות כיום כברבריות. רבים מזהירים כי לעיתים קרובות הדחף האמיתי מאחורי פעולות תגמול הוא נקמה, תגובה רגשית טבעית המפיקה מהחיילים הנוקמים את הצדדים האפלים שבהם.[12]

ניסוחו של 'קוד ליבר' ציין את תחילתו של תהליך, שצבר תאוצה אחרי מלחמת העולם הראשונה, של התמקדות בהפעלת קודים משפטיים כדרך יעילה להרתיע מפני יציאה לפעולות תגמול 'פראיות'. בשנת 1929 נחתמה אמנה האוסרת פעולות נקמה בשבויי מלחמה. רק לאחר מלחמת העולם השנייה – באמנת ז'נווה משנת 1949 – נאסרו התקפות תגמול נגד אזרחים, אם כי שם חל האיסור רק על אלה שנכלאו או נמצאו בשטחים כבושים.[13]

למרות המודעות הגוברת לסכנותיהן המוסריות, פעולות תגמול לוחמניות המשיכו להיות דרכו של עולם גם בתקופה שבין המלחמות. מעשי רצח של אזרחים בלתי מעורבים, כדרך של ענישה קולקטיבית, אפיינו את מלחמת האזרחים בספרד, את המהפכה המקסיקנית (בשנים 1910-1920),

את הסכסוכים בניקרגואה (בשנים 1927-1933), ובאל סלבדור (בשנים 1944 ו־1932), את המהפכה הרוסית, והיו נפוצים באזורים שהיו בשליטת האימפריה הבריטית – בהודו, באירלנד, ולענייננו בפלשתינה.[14]

אורד וינגייט ופְּלֻגּוֹת הלילה המיוחדות

פעולות התגמול הבריטיות בפלשתינה החלו ביולי 1937, לאחר הצעתה של ועדת פיל לחלוקת המנדט בפלשתינה לשתי מדינות, אחת לערבים ואחרת ליהודים. התגובה הערבית הייתה חריפה, וההתקפות הערביות התחדשו לא רק נגד יהודים (כמו חמשת החקלאים בקריית ענבים), אלא גם נגד מטרות בריטיות. הן כללו התנקשות שגבתה את חייו של נציב מחוז הגליל.

בתגובה הקימו הבריטים יחידה צבאית ללוחמה בהתקוממות בשם פל"מ – פְּלֻגּוֹת הלילה המיוחדות. כוחות אלה הורכבו מחיילים בריטים ומאנשי ה'הגנה' ובהם משה דיין ויגאל אלון, שעתידים היו להפוך לאלופים בצה"ל עם קום המדינה. בראש היחידה עמד אורד וינגייט, נוצרי אדוק שהפך לציוני נלהב ולידידם האישי של מנהיגים ציונים כחיים ויצמן ומשה שרת. בסיס היחידה היה בבית מזכירות הקיבוץ המאוחד בעין חרוד. למיקום זה הייתה משמעות סמלית, שכן היה זה בסיס של גדעון בן יואש, המנהיג המקראי מתקופת השופטים שהשתמש – כמו וינגייט – בטקטיקות לוחמת גרילה ובשיטות בלתי שגרתיות אחרות כדי להציל את ישראל מיד אויביו.[15]

וינגייט היה תומך נלהב באימון לוחמים יהודים ובחימושם, אך לא חיבב במיוחד את התקפות האצ"ל – שמלבד אופיין הנקמני גם כוונו נגד אזרחים אקראיים. במקום זאת העדיף וינגייט גישה אסטרטגית דו מסלולית, שמטרתה הייתה לא רק להתגונן מפני התקפות אלא גם לעקור את טרור הכנופיות מהכפרים הערביים.[16]

מתוך גישתו ההתקפית, השתמש וינגייט ללא ספק בעונש קבוצתי נגד כפרים ערביים שמהם יצאו מחבלים. שיטות הפעולה של הפל"מ, עם שלא היו זהות לאלה של האצ"ל שכוונו נגד עוברי אורח אקראיים, הטילו אחריות קולקטיבית והענישו קבוצתית כפרים ערביים שלמים שתושביהם תמכו – בוודאות או בהסתברות גבוהה, במישרין או בעקיפין – ברוצחים שיצאו מהם.[17] הגבול בין כפריים אשמים לערבים שנבחרו אקראית עלול היה להיחצות בנקל.

באחת התקריות הדרמטיות נרצח חיים שטורמן, ממקימי עין חרוד

וידידו הקרוב של וינגייט, בעת שמכוניתו עלתה על מוקש נעל. שטורמן עצמו היה מתנגד חריף לענישה קבוצתית. וינגייט כתב עליו שהיה "יהודי גדול, חברם של ערבים, אשר נרצח על ידם". למשמע הבשורה על רצח שטורמן נכנס וינגייט לשכונות הערביות של בית שאן וגרם להרס בחנויות אחדות. לפי חלק מהדיווחים, נהרגו בפעולה זו שניים או שלושה תושבים ערבים.

למרות איבוד השליטה וחציית הגבולות המוסריים במקרים כאלה, נראה כי וינגייט הבין את הדילמה המוסרית הכרוכה בעונש קבוצתי. עוזרו, צבי ברנר, תיאר את מצוקתו של הקצין הבריטי בעניין זה: "מחד גיסא, הוא תבע שהחפים מפשע לא ייפגעו. מאידך גיסא, זה הציב אותו בפני דילמה: האם אפשר לשמור על כלל זה במלחמה נגד כנופיות המקבלות סיוע מתושבי הכפרים?". כפי שניסחו זאת שניים מהביוגרפים שלו: וינגייט, שנשא עמו תנ"ך לכל מקום, הבין כי אינו יכול לנהוג כלוחם מקראי שטוף נקמה.[18]

אולם שבועיים לאחר האירוע בבית שאן תקפו ערבים את הרובע היהודי בטבריה ורצחו תשעה עשר יהודים, עשרה מהם ילדים. האם הייתה זו פעולת תגמול מצד הערבים על מסע הנקמה הפרטי של וינגייט? סביר להניח שלא. על כל פנים, זו ראיה לכך שבשיטות פעולה דרסטיות אין ערובה כלשהי לעצירת התקפות טרור, לפחות לא בטווח הקצר.

למען האמת, אפילו בקרב הרוויזיוניסטים התלקחו מחלוקות חריפות סביב התקפות התגמול של האצ"ל. אברהם תהומי, ממפקדי ההגנה בירושלים שלימים פרש ממנה והיה ממקימי האצ"ל, התנגד לאלימות חסרת הבחנה מסוג זה. לפחות בתחילה, גם ז'בוטינסקי, ששימש אב אידאולוגי עבור רבים מחברי האצ"ל, התנגד לאלימות כזאת. ז'בוטינסקי אמר לקבוצת מנהיגים רוויזיוניסטים בשנת 1937: "אינני רואה שום דבר הירואי בירי לעבר גבו של איכר ערבי רק משום שהוביל על חמורו ירקות לתל אביב".[19] אפילו ביוני 1939 כתב ז'בוטינסקי מכתבים פרטיים למנהיגי האצ"ל במחאה על התקפות שכוונו נגד נשים, ילדים או קשישים.[20]

לעומת זאת, בפרהסיה תמך ז'בוטינסקי בגישה מיליטנטית יותר של אישים דוגמת דוד רזיאל. תמיכתו נעשתה קולנית יותר בעיקר לאחר שהבריטים הוציאו להורג את שלמה בן יוסף בקיץ 1938 כעונש על התקפת התגמול הכושלת שלו נגד אוטובוס ערבי. האיפוק, טען האצ"ל, הוכח כטעות מדינית של ה'הגנה'. יהודים נהרגו ללא הרף בלי שרוצחיהם יבואו על עונשם, בעוד ויתורים בריטיים חוזרים ונשנים לערבים, שהתבטאו בהגבלת

העלייה היהודית כמו לאחר פרעות תרפ"ט, לימדו את הערבים המקומיים כי הטרור משתלם. ואכן, מאוחר יותר בשנת 1938 נשלחה ועדת וודהד לבחון את יישום תוכנית החלוקה של ועדת פיל לנוכח המחאות הערביות. הלורד ויליאם פיל הציע לתת ליהודים מדינה, אם כי על רצועת אדמה קטנה מאוד בין תל אביב לחיפה. אלא שלנוכח האלימות הערבית, תוך זמן קצר הגיעה ממשלת בריטניה למסקנה כי חלוקת ארץ ישראל המערבית לשתי מדינות אינה אפשרית עוד בנסיבות אלה.

עבור אנשי האצ"ל, בשנת 1938 החובה המוסרית הייתה להגן על העם היהודי ולשחרר את המולדת בכל מחיר. בנסיבות העניין פירוש הדבר היה, כלשונם, ש"אגרוף מכה חייב להיענות בשני אגרופים מכים. על כל פצצה יש להשיב בשתיים".[21] שלא במפתיע, ז'בוטינסקי – ממקימי הגדודים העבריים שלחמו לצד הבריטים במלחמת העולם הראשונה – הזכיר את הפצצות התגמול הבריטיות על ערי גרמניה לקראת סוף מלחמת העולם כתקדים מוסרי לגישה זו. בסופו של דבר הוא טען בנאום שנשא ביולי 1938 בוורשה: "גדול אויביו של השוויון ליהודים הוא זה הטוען כי אל לנו להשתמש באותם אמצעים שהשתמשו בהם הערבים במלחמתם בנו".[22] לשיטתו, בפעולת תגמול נגד הערבים מותר להשתמש בכל טקטיקה אכזרית שבה השתמשו הם נגד היהודים.

הוויכוח המוסרי על פעולות תגמול

כאז כן עתה, אתיקאים רבים חולקים על עמדתו זו של ז'בוטינסקי: לדידם טקטיקות של הרג ללא הבחנה פסולות תמיד, גם כאשר הצד השני מפר בעצמו את כללי המוסר הבסיסיים. תפיסה זו עמדה בבסיסם של שני הפרוטוקולים הנוספים לאמנות ז'נווה שנחתמו בשנת 1977, האוסרים פעולות תגמול נגד אוכלוסייה אזרחית של האויב גם בהיעדר כיבוש.[23]

בעצם, מה פסול בפעולות תגמול? הפילוסוף היהודי אמריקני מייקל וולצר ואחרים טענו כי מעשי רצח המשמשים פעולות תגמול מעוררים שאלות אתיות עמוקות בגלל התועלתנות הקיצונית שלהן: להרוג חפים מפשע בשם ההרתעה.[24] פעולות תגמול אינן מכוונות כלפי מי שחטאו במעשים מבישים, כלשון הציווי המקראי "עַיִן תַּחַת עַיִן" (שמות כא, כד). במקום זאת הן מענישות אזרחים אקראיים במדינת האויב בעונש קבוצתי. בלשונו של הסופר הבריטי הפורה ג'יי אם ספייט, מראשוני התומכים

בפעולות תגמול בראשית המאה העשרים: "על כל עבירה הענש מישהו; רצוי – אם אפשר – שיהיה זה העבריין". אלא שרעיון כזה עומד בסתירה מוחלטת לתפיסת האחריות האישית.

יתר על כן: מלבד הבעיות האתיות של ענישה קבוצתית, עלולה גישה כזו להוביל למעגל בלתי נגמר של פעולות תגמול אלימות, בבחינת 'אלימות גוררת אלימות', או כפי המימרה המיוחסת למהטמה גנדי: "עין תחת עין מותירה את שני הצדדים עיוורים". וולצר עצמו מצדד בפעולות תגמול בתנאים מוגבלים מאוד נגד מטרות צבאיות ורכוש אזרחי – למגינת ליבם של תאורטיקנים פרוגרסיביים אחדים – אך אוסר לחלוטין לעשות זאת כלפי אזרחים או לפגוע בזכויות בסיסיות אחרות של חפים מפשע. בעיניו הרג חסר הבחנה הוא 'רע כשלעצמו' ואין להתירו בשום מקרה, שכן הוא מתעלם כליל מזכויות האדם של הפרט.[25]

פרט לטענה המוסרית, רבים מהתומכים במשפט בין־לאומי הומניטרי טוענים כי ועדות צבאיות ובתי משפט בין־לאומיים יכולים כעת להבטיח צדק גמולי במקרה של פשעי מלחמה, ובכך להפוך פעולות תגמול קבוצתיות לאקט שאבד עליו כלח ואין ללמד עליו זכות. פרופ' פריץ קלשובן, היסטוריון נודע שהתמחה בין השאר בפעולות תגמול, טען כי "השפעתן השלילית וחסרונותיהן של פעולות תגמול לוחמניות כה בולטות, עד שאי אפשר עוד לראות בהן – ולו במידה מתונה – סנקציות אפקטיביות במסגרת חוקי המלחמה".[26] בעיני קלשובן ואחרים, העולם החדש של סדר משפטי בין־לאומי הופך את פעולות התגמול לאנכרוניסטיות. זה היה גם הטיעון שהעלה השופט רוברט ג'קסון בפתיחת משפטי נירנברג: "העובדה שארבעה עמים גדולים, שמאחוריהם ניצחונות ומכאובים, בוחרים להימנע מנקמה ומכפיפים מרצונם החופשי את אויביהם שנשבו לגזר דינו של המשפט היא מהמחוות רבות הערך ביותר שהסמכות עשתה אי פעם כלפי השכל הישר".[27] צדק, כך נטען, הוא הטוב שבפעולות התגמול.

עם זאת, הטיעון נגד ענישה קבוצתית ובעד הטלת אחריות פלילית אישית פחות משכנע כשמדובר בטרוריסטים ובגורמים שאינם מדינות הממשיכים לשגשג בלי שבתי משפט או גופים בין־לאומיים יגרמו להם לשאת בתוצאות מעשיהם. האם המשפטים של פושעי מלחמה נאצים בנירנברג וההליכים הפליליים שהתנהלו בהאג נגד מבצעי רצח העם בבוסניה הרצגובינה מנעו טיהור אתני ברחבי העולם? האם העמדה לדין של טרוריסט כלשהו בארצות הברית הרתיעה את פעילי אל־קאעידה מלבצע פיגועים

כלשהם? האם הרשעות אלפי מחבלי חמאס והג'יהאד האסלאמי בישראל מנעו פיגועי טרור מדממים ברחובות ירושלים או תל אביב? אלה הן שאלות כמעט רטוריות. למשפטים שבהם עומדים לדין פושעי מלחמה יש יתרונות רבים, אך נראה כי אין בהם די כגורם מרתיע, בין בעיצומה של מערכה צבאית מלאה בשדה הקרב ובין בעקבות פעולות מלחמתיות 'בעתות שלום'.

כבר בשנת 1977, עמדו מדינות רבות, ובהן ארצות הברית וישראל, על הצורך המתמשך בפעולות תגמול. בשל כך ובשל סיבות נוספות, שתי המדינות האלה אינן חתומות על הפרוטוקולים הנוספים לאמנות ז'נווה. הן חששו שהתחייבויות אלה ימנעו מהן לבצע פעולות תגמול שיתעורר בהן מדי פעם צורך לנוכח אויבים המפרים את חוקי המלחמה, למשל בשימוש בנשק לא קונוונציונלי.[28] אכן, במהלך המלחמה הקרה, הנחת היסוד של הדוקטרינה הידועה 'השמדה הדדית מובטחת' הייתה שכל צד יגיב במתקפה גרעינית על מתקפה גרעינית נגדו. זהו תרחיש קיצוני במידה מסוימת, אך מדינות אלו הבינו שאין להסיר אפשרויות מהשולחן גם ביחס לאירועים אחרים. אם רוצים לגרום לצד השני לציית לכללים, ייתכן שצריך יהיה לגרום לו לשלם מחיר באמצעות פגיעה בו בחזרה באופן שירתיע אותו משימוש בשיטות בלתי מוסריות.

כך יצאה ארצות הברית בשנת 1986 למבצע שבו תקפה שדות תעופה ובסיסים צבאיים בלוב. היא מסגרה זאת כהגנה עצמית, לאחר שסוכנים לובים הטמינו במועדון לילה בברלין פצצה שהביאה למותם של שלושה אנשים (שניים מהם חיילים אמריקנים) ולפציעתם של מאות, רבים מהם אמריקנים אף הם. המבצע האמריקני זכה לגינויים רבים כנקמה בלתי מוסרית.[29] פעולת תגמול כזו פוגעת בהכרח במעגל רחב יותר מזה של מבצעי הפיגוע המקורי, ומציבה לפנינו שוב את הדילמות המוסריות הקשות של פעולות תגמול שעלו בעקבות מאורעות המרד הערבי הגדול בשנים 1939-1936 ואת הוויכוח בעניינן.

סיפור שכם וההיסטוריה היהודית: הטיעון בזכות פעולות תגמול חסרות הבחנה

ההנהגה הרבנית של היישוב לא משכה אף היא את ידיה מהוויכוח. למעשה, בן גוריון תבע לשמוע את תגובתה: "איפה חכמי הדת היהודים?". כמובן, הרבנים ביקשו להסתמך על תקדימים מהמסורת ההלכתית שיגבו את

עמדותיהם המוסריות. לא הייתה זו משימה פשוטה, שכן יהודים לא נזקקו לנסח תפיסה של מוסר לחימה במשך מאות שנים. בתקופה מתוחה זו פרסמו רבנים בולטים סדרה של הצהרות פומביות, נאומים מדיניים ומאמרים בעיתונים שהיו גדושים באזכורים מהמקרא והתלמוד בניסיון לפענח את המשנה הבסיסית של מוסר המלחמה היהודי.

פרשנותו של כל אחד מהרבנים הללו והמקורות שהביא לתמיכה בדעתו הושפעו גם מהאופן שבו תפס את משמעותו ההיסטורית של חוסר האונים היהודי. מבחינה זו, דרך הניסוח הראשוני של השקפות יהודיות על מוסר מלחמה לא הייתה שונה מזו של תפיסות מוסר אחרות. כפי שכתב זאת פרופ' ג'יימס טרנר ג'ונסון: "אדם פוגש את הערכים המעצבים החלטות מוסריות מתוך הדרך שבה הוא מתבונן בהיסטוריה, ואירועים היסטוריים מעצבים את ההבנה האנושית של מה הוא בעל ערך מוסרי".[30] במילים אחרות: ההיסטוריה משפיעה על המוסר. בהקשר היהודי, השקפות סותרות על משמעות ההיסטוריה היהודית השפיעו רבות על הדרך שבה התייחסו רבנים שונים לדילמות המוסריות החדשות.

הרב יהודה לייב (פישמן) מימון (1962-1875) היה ממייסדי התנועה הדתית ציונית 'המזרחי' ונציגה בהנהלת הסוכנות היהודית. מאוחר יותר היה מהחותמים על מגילת העצמאות וכיהן כשר בכנסת הראשונה והשנייה. הוא הוסמך לרבנות ברוסיה בידי בעל 'ערוך השולחן' ובעל 'שדי חמד', והפך לפעיל ציוני, עוון שבעטיו נעצר בהזדמנויות אחדות. הרב מימון עלה ארצה בשנת 1913, אך גורש ממנה לצד אזרחים רוסים רבים אחרים בידי הטורקים בעת מלחמת העולם הראשונה. הוא המשיך בפעילותו הציונית באמריקה, ועם שובו לפלשתינה בשנת 1919 סייע בהקמת רבים ממוסדות החינוך של 'המזרחי', ובהמשך סייע לראי"ה קוק בהקמת הרבנות הראשית בארץ ישראל.

עם זאת, הרב מימון סירב להצטרף למפלגה הדתית ציונית קצרת הימים של הרב קוק, משום שלדעתו היא הייתה גורמת לפילוג מיותר. לדעתו, מצבם המדיני של היהודים באותה תקופה דרש אחדות רחבה. הרב מימון האמין כי אפשר להשפיע על התנועה הציונית רק מתוך המוסדות המרכזיים שלה.[31]

מסיבה זו, במהלך הוויכוחים המוקדמים על פעולות התגמול, קרא הרב מימון בפומבי לאנשי היישוב להימנע מהרג חסר הבחנה, מחשש למחלוקת פנימית שיגרום האצ"ל. עם זאת, בפגישות פנימיות של קברניטי הסוכנות היהודית הוא תהה שמא יש בכל זאת הצדקה לפעולות תגמול מבחינה עקרונית. לאחר רצח חמשת החקלאים בשנת 1937, הוא ייחס חלקית את

אשמת מותם להנהגה היהודית, בטענה שההבלגה מלמדת את הנוער היהודי להיות פחדן: "לא ייתכן להפקיר את דם הצעירים שלנו שבאו לבנות את הארץ".[32] למעשה, הרב מימון התוודה בפני עמיתיו כי לו היה צעיר יותר, היה יוצא בעצמו לבצע פעולות תגמול!

התקדים המקראי שעליו הסתמך הרב מימון הוא נקמת שמעון ולוי בשכם בן חמור, לאחר שזה שבה את דינה אחותם ואנס אותה. השניים נקמו באמצעות מחיקת העיר כולה: "וַיִּקְחוּ שְׁנֵי בְנֵי יַעֲקֹב שִׁמְעוֹן וְלֵוִי אֲחֵי דִינָה אִישׁ חַרְבּוֹ וַיָּבֹאוּ עַל הָעִיר בֶּטַח וַיַּהַרְגוּ כָּל זָכָר: וְאֶת חֲמוֹר וְאֶת שְׁכֶם בְּנוֹ הָרְגוּ לְפִי חָרֶב וַיִּקְחוּ אֶת דִּינָה מִבֵּית שְׁכֶם וַיֵּצֵאוּ" (בראשית לד, כה-כו).

על מחאת אביהם, שחשש ממעשי נקמה נגד משפחתו הקטנה, הגיבו האחים באומרם: "הַכְזוֹנָה יַעֲשֶׂה אֶת אֲחוֹתֵנוּ?" (שם, לא). אומנם חששותיו של יעקב לא התממשו בפועל, שכן אחרי שיצאו מהמקום: "וַיְהִי חִתַּת אֱלֹהִים עַל הֶעָרִים אֲשֶׁר סְבִיבֹתֵיהֶם וְלֹא רָדְפוּ אַחֲרֵי בְּנֵי יַעֲקֹב" (שם, לה, ה). אך כיצד יכלו שמעון ולוי לתת תוקף מוסרי למעשיהם? לשאלה זו נדרש הרמב"ם, שקבע כי תושבי שכם היו אשמים אף הם באונס ועליהם לשאת בתוצאות מכיוון שלא הקימו בתי דין שימנעו פשעים מסוג זה.

ברוח זו הסיק הרב מימון כי אף תושבים ערבים 'תמימים' נושאים באחריות על רצח החקלאים בקריית ענבים, שכן הם לא היו מוטרדים מן ההתפוררות המוסרית של החברה שבה חיו. זאת באשר הם 'משקיפים אחראים' (responsible bystanders) כלשונם של פילוסופים אחדים.[33]

הרב מימון לא היה היחיד שהשתמש בסיפור שכם ודינה כדי למחות נגד ההבלגה כבחירה אסטרטגית. המשורר החילוני שאול טשרניחובסקי חיבר פואמה ('פרשת דינה') שבה הנערה – אשר קולה לא נשמע כלל בנרטיב המקראי – משבחת את שני אחיה האמיצים תוך הוקעת אחיה האחרים כפחדנים. רוח הפואמה של טשרניחובסקי עומדת בסתירה לסיום הפרשה בספר בראשית, שם יעקב אומר את המילה האחרונה, ומגנה בחריפות את בניו על אלימותם (בראשית מט, ו).[34]

בן גוריון וחברים נוספים בהנהגת הסוכנות היהודית דחו בזעם את עמדתו של הרב מימון. בן גוריון שאל בהקנטה האם אפשר להסתמך על הצהרות רבנים מימי הביניים כבסיס להערכות מוסריות בימינו:

> הרב פישמן הסתמך על הרמב"ם בהגנתו על הבריונים. אבל הרמב"ם לא אמר אף פעם מה שאמר בשמו הרב פישמן. הרמב"ם לא היה

יכול להגיד זאת, כי הוא לא חי בתקופתנו. הוא לא ראה את הצהרת בלפור והמנדט ולא את מצב היהודים בגולה, ואת נסיבות ההגשמה הציונית בימינו, ואיש אינו יודע מה היה הרמב"ם אומר בנסיבות אלו. אם כל יהודי יחשוב שרשאי הוא לרצוח כל ערבי הרי תמלא הארץ דמים.[35]

בן גוריון דחה את התפיסה שאפשר להחיל אמירות של רבנים בנות מאות שנים גם על תקופות מאוחרות יותר. הסמכות לשאת הצהרות מוסריות חייבת להישען על הערכת המצב הנוכחית ולא על סמכותם של קדמונים.

על כל פנים, הרב מימון חזר על קו מחשבה זה ביוני 1939, אך הפעם באמצעות טיעון היסטורי. מנהיגים ציוניים התווכחו בלהט כיצד להגיב ל'ספר הלבן' הבריטי שפורסם במאי 1939 והטיל מגבלות קשות על העלייה וההתיישבות. ברם, מגבלות פרו ערביות אלה לא פייסו כלל את ההנהגה הערבית, והיא פתחה בסבב חדש של אלימות. הסוכנות היהודית תמכה בנקיטת צעדים מרחיקי לכת של הגנה עצמית כלפי הערבים לצד מרי אזרחי כלפי הבריטים. אך לאצ"ל היו רעיונות אחרים: בחמשת השבועות שלאחר מכן ביצע הארגון – שלאחר מעצרו של דוד רזיאל מונה לעמוד בראשו חנוך קלעי – למעלה מעשרים ואחד פיגועים, ובכלל זה ארבעה פיצוצים חסרי הבחנה במקומות ציבוריים הומים, שהביאו למותם של ארבעים ערבים ולפציעתם של עשרות נוספים.[36]

בישיבת הוועד הכללי הציוני גינה נשיאו, מנחם אוסישקין, את פעולות האצ"ל כפיגועי טרור העומדים בסתירה ל'הרגש המוסרי וההיסטורי' של העם היהודי. הרב מימון השיב לדברים, באומרו שהחששות המוסריים אכן אמיתיים, אך ההיסטוריה היהודית מספרת נרטיב אחר: אופי המלחמה אינו מאפשר להבחין בין טוב לרע בקרב אויבינו. חז"ל הבינו היטב את הלקח הזה, הוסיף הרב מימון, בקובעם: "כיון שניתן רשות למשחית, אינו מבחין בין צדיקים לרשעים".[37] אותו מקרא שמזהיר "לא תרצח" – הזכיר הרב מימון לאוסישקין – מצווה גם למחות כליל את שבעת עממי כנען (שבזה עסקנו לעיל בפרק 2). אף שהדגיש כי מחיית האויבים עד חורמה אינה מצווה מחייבת בזמן הזה, השתמש בה הרב מימון לטעון כי עשיית כל הנחוץ כדי להגיב כראוי על רצח יהודים – גם אם הדבר כרוך בהרג – אינה שווה ערך מוסרית לרצח.

ברגע מפתיע, התייחס הרב לפסוקים ידועים מן הברית החדשה: "שמעתם

כי נאמר עין תחת עין שן תחת שן. אבל אני אומר לכם אל תתקוממו לרע, אך המכה אותך על הלחי הימנית, הטה לו גם את האחרת" (מתי ה, לח-לט). היהדות דוחה תפיסה פציפיסטית זו, טען הרב מימון, ולכן "אם יהרגו אותנו, נהרוג אחרים" – בעודו מותיר את סוגיית זהותם של אותם 'אחרים' כשאלה פתוחה.[38] נראה שחשב כי אין משמעות לשאלה מיהם ה'אחרים' שבכוונתנו להרוג, ומכאן שבעיניו המצווה "עַיִן תַּחַת עַיִן" מחייבת תגובה אלימה על הרג יהודים. בעיניו לא היה זה טרור אלא תגובה הולמת. אם פעולת התגמול תתבצע באופן מבוקר ואחראי בידי ארגוני הביטחון היהודיים הרשמיים, נימק הרב מימון, היא לא רק תיחשב הרג מוצדק, אלא תהיה בה תועלת נוספת בכך שתמנע פעולות תגמול פרטיות מצד יהודים. הוא טען כי אין מנוס מכך שיהודים ייטלו יוזמה בעניין זה. כפי שלמדנו באופן טרגי מרגעים כואבים רבים בהיסטוריה היהודית, הבלגה איננה אפשרות.

מלחמות אינן מבחינות בין צדיק לרשע

ביסוד דבריו של הרב מימון עמדו הנחות אחדות. על בסיס דברי התלמוד על לוחמה, הוא הניח כי מה ששרר אז בארץ ישראל היה מצב מלחמה. בהתחשב בכך שאלימות זו נשאה אופי ספורדי, הגדרה זו בוודאי לא הייתה ברורה לכול בסוף שנות השלושים של המאה העשרים, גם כאשר מניין ההרוגים היהודים טיפס ליותר מחמש מאות. היו מחברי האצ"ל שחזרו על טענה זו שוב ושוב: אם מאות יהודים נהרגו או נפצעו, משמע שאנו מצויים במלחמה, ובמלחמה אין דרך לפגוע רק באנשים ספציפיים שמאיימים עליך, בין שהם אזרחים ובין שהם חיילים.[39] כך ניסח זאת ז'בוטינסקי:

> 'אל תעזו להעניש חפים מפשע'... פטפוט שטחי וצבוע. במלחמה, כל מלחמה ומלחמה, הלוא כל צד וצד הוא חף מפשע. מה פשע נגדי חייל האויב היוצא כנגדי – אביון כמוני, עיוור כמוני, עבד כמוני, שגייסוהו באונס?... אין מלחמה אלא בחפים מפשע כמו שאין מלחמה אלא מלחמת אחים באחים. לכן ארורה היא כל מלחמה וכל צרותיה, תגר ומגן גם יחד, ואם אינך רוצה לנגוע בחף מפשע – גווע. ואם אינך רוצה לגווע – ירה ואל תפטפט.[40]

במילים אחרות: מלחמה היא מאמץ קבוצתי. גם בודדים שאין להם כוונה

ישירה לפגוע בך, בין שהם אזרחים מבוגרים בין שהם חיילים מגויסים בכפייה, הופכים למטרות לגיטימיות.

אולם במבט מעמיק יותר, הקטע שציטט הרב מימון מן התלמוד על אופיו חסר ההבחנה של קרב עקוב מדם הוא בעצם קינה על המציאות הקיימת, ומובן שאין בו עידוד לפגיעה ישירה בחפים מפשע. ובלשון הגמרא (בבא קמא ס, א):

> ...כיון שניתן רשות למשחית, אינו מבחין בין צדיקים לרשעים. ולא עוד, אלא שמתחיל מן הצדיקים תחלה, שנאמר: "וְהִכְרַתִּי מִמֵּךְ צַדִּיק וְרָשָׁע" (יחזקאל כא, ח). בכי רב יוסף: כולי האי נמי לאין דומין. אמר ליה אביי: טיבותא הוא לגבייהו, דכתיב [=בכה רב יוסף: כל אלה, הצדיקים, גם הם דומים לאין?! אמר לו אביי: טובה היא להם, שנאמר]: "כִּי מִפְּנֵי הָרָעָה נֶאֱסַף הַצַּדִּיק" (ישעיהו, לז, א) [כלומר, כדי שלא יסבול בסבל שבראיית רעת עמו].

ודאי שחז"ל אינם מצדיקים כאן הרג חפים מפשע, שהרי הם מקוננים על כך עוד בתחילת הדיון בסוגיה זו!

יתר על כן: מבחינה מוסרית יש הבדל בין פגיעה מכוונת בחייל במדים (גם אם גויס בכפייה) המייצג את האויב המאיים על ביטחונך, לבין תקיפת אזרח אויב אקראי, בלתי מעורב ושאינו לוחם. אזרח שאינו נמנה עם הכוחות הלוחמים אינו מהווה איום מיידי ואינו משמש נציג רשמי של הקולקטיב הנלחם. אומנם בפועל קשה למדי להבחין בין חפים מפשע לאשמים במלחמה, אך חיסולים כאלה בתור מעשי תגמול אינם יכולים להיחשב נזק אגבי אם הם מכוונים ישירות לאזרחים המצויים באזור לחימה ואינם נוטלים חלק בפעולות הלחימה.[41] כפי שנראה בפרקים הבאים, לעיתים אזרחים הופכים למעורבים במאמצי המלחמה וכך מאבדים את מעמדם כבלתי לוחמים. ואף על פי כן, דוכן פירות אקראי בשוק הומה אדם לעולם אינו יכול להיחשב מטרה צבאית.

על כל פנים, נראה אפוא כי הרב מימון נותר עם טיעון שאפשר לסכמו כך: יהודים אינם יכולים עוד להישאר פסיביים ועליהם להגיב. אם אינם יכולים להעניש את התוקף, עליהם לכוון את תגובתם למקום אחר. אנו מצויים במלחמה, והמקרא עצמו מלמד שאם זהו קרב – זהו מאבק בעל אופי קולקטיבי.

רעיון דומה העלה ז'בוטינסקי, אף הוא ביולי 1939. בהתחשב בכך שברוב המקרים אי אפשר היה להעניש את מבצעי הפיגועים בפועל,

> כל אחד מאיתנו היה רוצה, שבמקרה שהכרח הוא להגיב, שתהיה זו הגבה ישירה נגד המרצחים. אולם אם תעז יחידה עברית לרדוף אחר כנופיה ערבית, יאסרו את חבריה, יפרקו מהם את הנשק ויעמידו אותם למשפט – ורבים מהם אף יועלו לגרדום.
> הבחירה אינה בין תגובה נגד המרצחים או נגד הציבור העוין בכלל. הבחירה היא אך ורק בין שתי אפשריות המעשיות: או תגובה נגד הציבור העוין בכללו, או אי הגבה כוללת.
> אין זו בעיה חדשה. כל העמים עמדו לפניה, ואם תפרוץ מלחמה חדשה, הם יעמדו לפני בעיה זו כל יום... כאשר מדובר במלחמה, אין מציגים שאלות מה 'עדיף' כן לירות או – לא לירות. השאלה היחידה, שמותר להציגה במקרים כאלה היא הפוכה; מה 'גרוע' יותר, להישחט ולהשתעבד ללא התנגדות, או להתנגד בכל האמצעים, אף האכזריים ביותר, מכיוון ש'עדיף' אינו קיים במקרה זה. כל הקשור במלחמה הוא 'רע', ו'טוב' אינו קיים בכלל. עת יורה אתה לעבר חיילים זרים אל תשקר לעצמך ואל תדמה בנפשך, שהנך יורה – ב'אשמים'...
> אילו היינו מתחילים לחשב מה עדיף, הרי החשבון הוא פשוט מאוד; ברצונך להיות 'טוב', אנא, תרשה שיהרגו אותך ותוותר על הכול, אשר את ההגנה עליו שמת לך למטרה: בית, ארץ, חירות, תקווה...
> עת הנך עומד בפני מצב, בו שולט – כלל לא באשמתנו – כוח הזרוע, רק שאלה אחת אפשר להציג: מה גרוע יותר? להמשיך בהבלגה, להמשיך ולהשקיף בשקט על הרג יהודים ועל התגברותה של ההכרה בין הערבים שהננו הפקר, ולהשלים עם כך שאצל האנגלים ובעולם הולך ומתחזק הרושם שהננו בוץ, סמרטוט, שלא כדאי להביאו בחשבון כבעל ברית בימי סכנה?
> לדידי אין זו בעיה קלה ואיני מייעץ לאיש להתייחס ב'קלות' לעניין, שבו הכול, מכל הצדדים, הוא סיוט. אולם הגרוע מבין כל צורות הסיוט, שהעולם שמע עליהן אי פעם, הוא הסיוט ששמו גלות; והגרועה, השחורה מכל תכונות הגלות, היא המסורת של הפקרת הדם היהודי, הדם המותר, שביחס לשפיכתו אין איסור ועליו אין משלמים כל מס. לתופעה זו הושם עכשיו קץ בארץ ישראל.[42]

כאן, בשורה האחרונה, מנסח ז'בוטינסקי את ההצדקה המוסרית המוחלטת להרג במסגרת פעולת תגמול: לאחר אלף ושמונה מאות שנים של חוסר אונים לאומי, דם יהודי אינו יכול עוד להיות הפקר. השיקול המוסרי העיקרי חייב להיות כעת הישרדות יהודית לאומית, גם אם הדבר כרוך בהכרעות מוסריות טרגיות.[43]

"לא תרצח!" הנימוק ההלכתי נגד פעולות תגמול חסרות הבחנה

באותה ישיבה שהתקיימה בשנת 1939 לא עבר משה שרתוק לסדר היום על טיעוניו של הרב מימון. הוא טען כי לא בנקל אפשר ליישב בין איסור 'לא תרצח' לבין המצווה למחוק את עממי כנען, וייתכן ששני אלה מייצגים פרספקטיבות שונות. שרתוק רמז לתפיסות התלמודיות המאפשרות ליישב הבדלים כאלה וציין ברוח פלורליסטית כי כל אחת מההשקפות עשויה להיות לגיטימית ("אלו ואלו דברי אלוהים חיים").

יטען הטוען כי קיומן של השקפות כה סותרות בטקסטים היהודיים אינו מאפשר להשתמש בהן כמקור לבירור מוסרי בהיר. שרתוק, לעומת זאת, טען: "יבוא הכתוב השלישי ויכריע ביניהם" – קיים כלל תלמודי שלישי ליישוב המחלוקת,[44] והוא עקרון ההגנה העצמית: "אם בא להורגך השכם להורגו", נאמר במסכת סנהדרין (עב ע"א). שרתוק הטעים כי הגנה עצמית היא אכן לגיטימית לחלוטין, אך תהה אם ההרג חסר ההבחנה של האצ"ל אכן הציל חיים יהודים. הוא קבע כי בשלב זה, בשנת 1939, יש די ראיות כדי לבחון אם פעולות הטרור של האצ"ל בשלוש השנים האחרונות אכן הביאו תוצאות. לדעתו התמונה הייתה חד משמעית: הן הובילו רק לשפיכות דמים גדולה יותר ולא עצרו את ההתקפות נגד יהודים.

כמובן, שרתוק ידע כי חלק גדול מהממסד הרבני תמך בהחלט בעמדתו בוויכוח. הרב מימון הודה במו פיו כי עמדתו היא עמדת המיעוט המובהק בקרב כלל הפוסקים, כמעט דעת יחיד.[45] כפי שהראה אליעזר דון־יחיא, רוב הפוסקים בני התקופה ראו בהרג חסר הבחנה עבירה על מצוות 'לא תרצח'. זו הייתה גם עמדתם של פוסקים אנטי ציוניים כדוגמת הרב משה בלאו, שעמד בראשות מפלגת אגודת ישראל. לאחר פיגועי התגמול שהתבצעו בתגובה לטבח בקריית ענבים בשנת 1937, קונן בלאו על הדם הנקי שנשפך משני הצדדים, והוקיע את האצ"ל על הפרת עיקרון בן מאות שנים של הימנעות מרצח מתוך נקמה, אפילו נגד מי שאינם יהודים.[46]

הגינויים לאצ"ל הגיעו גם מכיוונם של אישים מן הציונות הדתית, שאהדו את הרעיון של נטילת נשק להגנה עצמית יותר מאשר החרדים. "השכם להורגו" הוא אכן עקרון הגנה עצמית המעוגן בהלכה, אך רק בתנאי שמדובר באדם שאכן קם עליך להורגך ממש. בהיעדר צורך מיידי בהגנה עצמית, טען הרב הראשי הספרדי בן ציון עוזיאל, רצח הוא איסור מוחלט; תהא אשר תהא כוונת האצ"ל וארגונים אחרים, לפי ערכי היהדות האמצעים אינם מקדשים את המטרה. הדבר נכון במיוחד כאשר מדובר ביישוב הארץ, כפי שמתריע משה: "וְלֹא יִשָּׁפֵךְ דָּם נָקִי בְּקֶרֶב אַרְצְךָ אֲשֶׁר ה' אֱלֹהֶיךָ נֹתֵן לְךָ נַחֲלָה וְהָיָה עָלֶיךָ דָּמִים" (דברים יט, י).[47] אזהרה זו מצביעה על קיומה של אחריות קבוצתית למניעת שפך דם נקיים כאמצעי לזכייה בריבונות על ארץ ישראל. הטענה – חלקה מטפיזית וחלקה מוסרית – מבליטה את הקשר המיוחד בין העם היהודי לארצו. בניגוד לסוגים דומים של טענות לאומיות, המצדיקות הרג למען המולדת, טוען הרב עוזיאל כי אדרבה, פסוק זה תובע הגבהת הרף האתי במטרה למנוע שפיכות דמם של חפים מפשע. העם הנבחר חייב להיות ראוי לגאולה לאומית, וזו לא תושג באמצעים שאינם כשרים.[48]

לתמיכה נוספת בעמדתו, גייס הרב עוזיאל מקורות המתארים שהאבות, אברהם ויעקב, נכנסו למלחמה מתוך חשש להיהרג בעצמם או להרוג בשוגג בלתי מעורבים מצד האויב.[49] מטרתם הייתה לשרוד בלי לקטול אחרים ללא הצדקה מוסרית. האל הצהיר כי ייתן להם את הארץ המובטחת, ואף על פי כן לא חשו עצמם רשאים להרוג חפים מפשע כדי לממש ייעוד זה. הרב עוזיאל הוסיף כי לאורך הדורות נמנעו יהודים שוב ושוב מהרג חפים מפשע כנקמה על אף זוועות לאין מספר שבוצעו נגד עם ישראל. בעיניו, זו הייתה ההגדרה היהודית של אומץ לב וזוהי מורשתה המוסרית של ההיסטוריה היהודית.[50]

האם הרג חפים מפשע אינו חלק בלתי נפרד מכל מקרי המרד וההתקוממות, שלא לדבר על מלחמות, שתועדו במרוצת הדורות? כזכור, זו הייתה אחת מטענותיו של הרב מימון, אך עבור הרב הראשי האשכנזי, יצחק הרצוג (1888–1959), היא הנותנת: חובתם המוסרית של יהודים להימנע מהליכה בדרכן של מלחמות העמים. הרב הרצוג נולד בפולין ועבר בילדותו לעיר לידס שבאנגליה. הוא היה יוצא דופן בנוף של פוסקי ההלכה בתקופתו: את השכלתו הכללית קיבל בסורבון ובהמשך זכה לתואר דוקטור מאוניברסיטת לונדון.

הרב הרצוג כיהן כרב קהילה באירלנד בתקופה שבה פעלו מהפכנים מקומיים נגד הבריטים, ולאחר מכן התמנה לרב הראשי לאירלנד, מה

שהעניק לו קשרים רבים שבהם השתמש בסופו של דבר כדי לקדם את היעד הציוני.[51] אומנם הרב תמך בעצמאותה של אירלנד, אך גם היה עד לאכזריות המלחמה. הרצוג הפציר ביהודי ארץ ישראל לבל יתפתו לשיטות לחימה בלתי מוסריות. הוא טען כי מדיניות 'הריסון העצמי' היא קידוש השם של ממש מתוקף היותה דוגמה ומופת לגדולתו של המוסר היהודי:

> בארץ ישראל הראה היישוב במשך שנתיים רוח טהרה, נתן ביטוי למוסר היהדות שיתקיים בידו. וזהו הישג גדול... אין זאת אומרת שעלינו לשתוק... להילחם בעד מולדתנו וערי אלוקינו, הגנה כשרה, זהו מעשה ידי יעקב. כך עשו אבותינו. אבל התקפות והתנקשויות מהסוג המדובר זוהי דרך תועבה, דרך טמאה. חלילה וחלילה לנו ללכת בה...

הנה כי כן, לאחר שנים כה רבות שבהן נעדרו כל יכולת להגן על עצמם, היהודים היו חייבים ללמוד כיצד להתגונן בלי לחצות גבולות מוסריים.

הרב הרצוג אף סיפר באותו כינוס של הוועד הלאומי בירושלים בשנת תרצ"ח: "אם חס וחלילה היו יורים בי והייתי נוטה למות, הייתי מצווה לכל ישראל ולישוב להיזהר, להימנע מכל מעשה נקם. חלילה וחלילה. חלילה לנו רבותי, ללמוד על דרך רשעי הגויים".

ובכרוז מטעם הרבנות הראשית שפורסם באותה שנה כתבו יחד הרב הרצוג והרב יעקב מאיר:

> חלילה, חלילה לשום אדם מישראל ללמוד אל דרך רשעי הגויים. חלילה למי שהוא אפילו להעלות על רוחו מחשבת פיגול, מחשבת נקם בלי משפט, מחשבת רצח, מחשבת שפיכת דמי נקיים, יהיו מאיזו אומה ומאיזו דת שיהיו. זוהי גדולתנו, זוהי תפארתנו, לשמור את ידינו מתועבות אכזריות כאלה, אפילו בשעות היותר קשות ומרות!

כפי שתיעדו אניטה שפירא ואהוד לוז, הדימוי העצמי של יהודים המתעבים אלימות, בניגוד לשכניהם צמאי הדם,[52] חיזק את האתוס ההגנתי ששלט בחלק ניכר של התנועה הציונית בכללותה. ואכן, בהספד הפומבי שנשא בהלווייתם של חמשת החקלאים שנרצחו בשנת 1937 קרא הרב הרצוג לבריטים לספק ליישוב אמצעים נוספים להגנה עצמית, ובמקביל פנה ליהודים להימנע

מהתקפות תגמול. כמו כן הוא תהה: "הנשמע קול כזה גם מן הצד השני, מראשי דת האסלאם, נגד שפיכת דם נקי? ישפוט העולם!".[53]

על כל פנים, מתנגדיו של הרב הרצוג לא רק שכינו אותו בלשון גנאי 'הכומר של בלפסט', אלא גם לעגו, בסגנון ז'בוטינסקאי, לעצם הרעיון שיהודים מייחסים לעצמם סטנדרטים מוסריים גבוהים יותר משאר העמים. אנשי מחתרת מסוימים הצביעו על המקרה של אירלנד כראיה לכך ששחרור המולדת מצריך, לצד אמצעים אחרים, הקרבה עצמית ומאבק מזוין. לטענת הרב הרצוג שאלימות חסרת הבחנה היא בבחינת חילול השם, היו שהשיבו כי אין לך חילול השם גדול מסבלו המתמשך של עם ישראל בהיותו בארצו. כדברי הנביא יחזקאל, רק גאולתו המדינית של ישראל יכולה לקדש את שם האל:

> לָכֵן אֱמֹר לְבֵית־יִשְׂרָאֵל כֹּה אָמַר אֲדֹנָי ה' לֹא לְמַעַנְכֶם אֲנִי עֹשֶׂה בֵּית יִשְׂרָאֵל כִּי אִם־לְשֵׁם־קָדְשִׁי אֲשֶׁר חִלַּלְתֶּם בַּגּוֹיִם אֲשֶׁר־בָּאתֶם שָׁם: וְקִדַּשְׁתִּי אֶת־שְׁמִי הַגָּדוֹל הַמְחֻלָּל בַּגּוֹיִם אֲשֶׁר חִלַּלְתֶּם בְּתוֹכָם וְיָדְעוּ הַגּוֹיִם כִּי־אֲנִי ה' נְאֻם אֲדֹנָי ה' בְּהִקָּדְשִׁי בָכֶם לְעֵינֵיהֶם: וְלָקַחְתִּי אֶתְכֶם מִן־הַגּוֹיִם וְקִבַּצְתִּי אֶתְכֶם מִכָּל־הָאֲרָצוֹת וְהֵבֵאתִי אֶתְכֶם אֶל־אַדְמַתְכֶם (יחזקאל לו, כב–לו).[54]

טרגדיית הגלות היהודית היא חילול שם ה' והיא חייבת להגיע אל קיצה.

זו הייתה אמונתם של מייסדי ברית החשמונאים, קבוצת תלמידי ישיבה שהצטרפו לאצ"ל באותה תקופה.[55] עבור רבים מתומכי האצ"ל, המכבים היו ייצוג מופתי של האדם היהודי. לא רק בשל אומץ ליבם בלחימה מול אויב שכוחו רב לאין שיעור, אלא משום שאימצו טקטיקות גרילה נחושות להבטחת הניצחון.[56] ליהודים חייבת להיות מדינה בטוחה, ובכל מחיר. בפרפרזה על דברי משה: "לָמָּה יֹאמְרוּ מִצְרַיִם לֵאמֹר בְּרָעָה הוֹצִיאָם לַהֲרֹג אֹתָם בֶּהָרִים וּלְכַלֹּתָם מֵעַל פְּנֵי הָאֲדָמָה?" (שמות לב, יב), אפשר לנסח זאת כך: "מה יאמרו הגויים בהביאך את היהודים לארץ ישראל והם נטבחים בידי הערבים?"[57] בראייה זו אפשר לטעון כי הדבר החשוב ביותר לכבודו של אלוהים – ולכבוד עמו ישראל – הוא הניצחון, יהיה מחירו אשר יהיה.[58]

לטיעון התועלתני הזה – שמטרת העל שהיא ריבונות יהודית מצדיקה שימוש בכל האמצעים – היה בר פלוגתא רציני: רבה הראשי של תל אביב, הרב משה אביגדור עמיאל, גדול המתנגדים למעשי רצח כפעולות תגמול. אף שהיה ציוני נלהב, הרב עמיאל היה מוטרד מאוד מכך שתנועות לאומיות

עלולות להקריב את היחיד למען טובת הכלל ללא כל נקיפות מצפון. לדעתו נטייה זו הייתה אחד מסימני ההיכר של ביסמרק והיטלר: שניהם נהגו לפתוח במלחמות מתוך קלות דעת, ואגב כך לשלוח אזרחים ואויבים כאחד אל מותם, הכול בשם טובת הלאום. הרב עמיאל טען כי גרסה בלתי מוסרית זו של לאומיות עומדת בניגוד להיסטוריה היהודית. היהדות, שעקרונות המוסר העמוקים ביותר הם נר לרגליה, מייחסת חשיבות לכל אדם, יהודי ולא יהודי כאחד, מתוקף היבראו בצלם אלוהים. עיקרון מוסרי זה הוא הבסיס לדחיית ענישה קבוצתית, בהתאם לדברי הנביא יחזקאל.

הרב עמיאל דחה אף את המונח 'הבלגה' לתיאור מדיניות היישוב, בשל הגוון התועלתני שלו. המונח המתאים למדיניות היישוב צריך להיות 'לא תרצח', הדיבר השישי, האוסר על רצח באופן מוחלט וללא התניות. לפיכך, הרג חסר הבחנה הוא אפוא טרור רצחני ותו לא.

כך נקבע העיקרון הראשון בתאוריה היהודית על מלחמה צודקת: איננו תוקפים את מי שאינם נלחמים בנו. כל בני האדם נבראו בצלם אלוהים, ולכן חלה עלינו חובה להימנע מהרג חסר הבחנה.

ובכל זאת, האם זהו עיקרון מוחלט, או שמא תיתכנה נסיבות קיצוניות שבהן מותר לעקוף איסור חמור זה כדי לעשות כל מה שנדרש להצלת עם ישראל, כשיטת הרב מימון?

פרק 5

מצבי חירום עליונים והחובה המוסרית לשרוד, 1938

נימוקים אחרים בזכות פעולות התגמול של האצ"ל

הרבנים עוזיאל, עמיאל ואחרים גינו את פיגועי האצ"ל בנימוק שהמטרה אינה מקדשת את האמצעים. עד כמה מרחיקת לכת היא גישה זו של אנטי תועלתנות? במהלך הפולמוס הסוער לאחר עלייתו לגרדום של שלמה בן יוסף בשנת 1938, טען הרב עמיאל כי אפילו אם נצליח לתפוס ערבים רוצחים אחדים, אך יהיה לנו אפילו ספק אחד מאלף שבתוך אלה אולי נמצא אחד נקי, עלינו להימנע מפגיעה בהם, שמא מתוך כך יסבול גם הנקי. לאחר מכן הרחיק לכת עוד יותר:

> אם אפילו נדע בבירור שעל ידי זה [הרג חסר הבחנה] נזכה לגאולה שלמה, חובה עלינו לדחות את ה'גאולה' הזו בשתי ידיים ולא להיגאל בדם [נקי].[1]

עמדתו האבסולוטיסטית של הרב עמיאל, שהתנגד נחרצות לתועלתנות, מזכירה את המימרה הלטינית: "Fiat justitia ruat caelum" – "ייעשה הצדק גם אם ייפלו השמיים". כלומר, יהיו ההשלכות אשר יהיו, יש להיצמד באופן מוחלט למחויבויות המוסריות ללא פשרות וללא גמישות.

אך האם, נוסף על כך, אין להנהגה מדינית מחויבות מוסרית להביא

בחשבון את ההשלכות המעשיות של עמדותיה המוסריות? הרטוריקה של הרב עמיאל אכן סוחפת ועוצמתית – אבל האם האבסולוטיזם המוסרי שלו משכנע? בן גוריון, למשל, חשב שאין די בנימוק המוסרי.

בישיבת הנהלת הסוכנות היהודית בשנת 1938, שבה הרבנים עמיאל והרצוג ניסחו 'דעת תורה' בוויכוח על ההבלגה, טען בן גוריון כי אף שהוא מצדד בעמדות המוסריות של הרבנים, חברי היישוב יצטרכו לראות שמדיניות מוצעת זו תהיה גם נבונה מבחינה מעשית.[2] הסיבה לכך הייתה, בין השאר, שפוסקים אחרים יכולים לגייס סלקטיבית פסוקים אחרים מהמקרא המצדדים בפעולות תגמול לוחמניות. בן גוריון, שאהב ללמוד מקרא והכיר היטב את הנרטיבים שלו, היה מודע לקיומם של סיפורים אחרים שעשויים לתאר מוסר צבאי אחר. הוא הלך צעד אחד נוסף, וטען כי בסופו של דבר אנשים פועלים על סמך אינטרסים, ולא על פי כללי מוסר. החלופה המדינית המועדפת בעיניו הייתה שיתוף פעולה עם הבריטים הן בהגנה והן בדיפלומטיה. במילים אחרות, לנימוק המוסרי חייב להתלוות גם נימוק מעשי שידגים את האפקטיביות האסטרטגית של הבלגה. מה הטעם בניצחון מוסרי מתייפף כאשר אנשיך ממשיכים להישחט והפורעים אינם באים על עונשם?

דילמת 'הידיים המלוכלכות' וגישת ה'מוסר מתוך אחריות'

לאמיתו של דבר, הדילמה אינה בין מוסר לאינטרסים, כפי שטען בן גוריון, אלא בין תביעות (או חובות) מוסריות המתחרות ביניהן. לדוגמה, דילמה כזו יכולה להתקיים במצב שבו מילוי חובה מוסרית 'מוחלטת' (כמו הימנעות מהרג חפים מפשע, שהיא סוג של מצוות 'לא תעשה') מביא להשלכות או לתוצאות בלתי נסבלות בנוגע לטובתה הכללית של החברה.

להנהגת היישוב, כישות פוליטית, הייתה חובה מוסרית שלא לפעול נגד חפים מפשע שאינם מעורבים בלחימה. מאידך גיסא, שום ממשלה או הנהגה אינן רשאיות לסכן את עצם קיום עמן אם יש לאל ידן לנקוט פעולות שימנעו סיכון כזה, גם אם אלה תהיינה פעולות שאינן מוסריות. בניסוחו של הסוציולוג והפילוסוף מקס ובר: הסמכות והריבונות מטילות 'מוסר מתוך אחריות' (ethics of responsibility) לחירותה של אומה. גישה זו אינה התעלמות מאילוצים מוסריים ('אתיקה של שכנוע מוסרי', ethics of moral conviction בלשונו של ובר) אלא טענה כי הם אינם מוחלטים. בנסיבות מסוימות עשוי לצוץ שיקול מוסרי מתחרה – החובה להגן על בני

עמה של ההנהגה או להציל אותם מכליה – והוא יקרא תיגר על שיקולים מוסריים אחרים ואף יגבר עליהם.

הרעיון שמאחורי 'מוסר מתוך אחריות' אינו שהמציאות הקשה של מלחמות, ושל יחסים בין־לאומיים בכלל, אמורה לכפות על מדינות להעדיף אך ורק את האינטרס העצמי שלהן. גישה 'ריאליסטית' זו, המיוחסת בדרך כלל לאישים כגון תוקידידס או מקיאוולי, מכירה בכך שמלחמה היא אירוע ברוטלי, ומסיקה מכך כי כל האמצעים כשרים כדי לנצח בה. בהתחשב בהתנגדות המוסרית לשפיכות דמים מיותרת שביטאו כל הרבנים, יהיה אווילי לייחס טענה כזאת למסורת היהודית.

הגישה המתונה המוצגת כאן מכירה בכך שהכרחי להתחשב בשיקולי מוסר בעניינים בין־לאומיים, אך מציבה סדרי עדיפויות כדלהלן:

א. לאינטרס הלאומי של מדינה יש משקל מוסרי להתייצב מול אילוצים מוסריים מסוימים.

ו/או

ב. יש לדחות אילוצים מוסריים כאלה (כמו במקרה של פעולות תגמול) כדי להגן על המדינה בשעה שאויביה רואים עצמם פטורים מאילוצים כאלה.[3]

יש צורך לאזן בין ערכים סותרים, וזה עשוי לכלול בחירה בין שתי אפשרויות גרועות.

אחד הפילוסופים הבולטים כינה זאת 'מבוי מוסרי סתום', אך זוהי מטאפורה מטעה.[4] מבחן המנהיגות טמון בקבלת החלטות קשות בדיוק בנסיבות כאלה. הפעולה הטובה ביותר לנקוט – ולפיכך גם המוסרית שבהן – יכולה להיות כזאת שבדרך כלל נתפסת כפסולה במיוחד. התלבטות זו, המכונה 'דילמת הידיים המלוכלכות' (dirty hands), ניצבת מול מנהיגים בעת שהם נדרשים לנקוט פעולה בלתי מוסרית (כלומר, 'ללכלך את ידיהם') מכיוון שיש להם התחייבות מוסרית חשובה לא פחות – מניעת פגיעה חמורה יותר בבני עמם.

שיקולים מעין אלה כבר היו נושא לדיון בקרב הפוסקים. בוויכוח (תאורטי במקצת, בהתחשב בכך שהתנהל בעיצומה של מלחמת העולם הראשונה) טען הרב קוק כי בעת הצורך יש לעבור על אחדים מאיסורי התורה החמורים – כגון רצח ואיבוד עצמי לדעת – כדי להציל את הקולקטיב

הגדול יותר.[5] בנסיבות מסוימות, עבירה אינה נחשבת עבירה. אחר כך ייתכן להרגיש אי נוחות בשל המעשה – שכן במהותו הוא מעשה אסור – אך מעשית האדם אינו מתחייב עונש כלשהו בעטיו, ועצם קבלת ההחלטה אינה נחשבת פסולה לאור הנסיבות.[6] אפשר אף לטעון, כפי שעשה זאת הפילוסוף מייקל סטוקר, כי בנסיבות אלה ראוי לחוש חרטה – שכן רגש זה מעיד על כך שהאדם הבין את חומרת המעשה כשלעצמו[7] – אך המסלול שצעד בו נותר מוצדק לחלוטין בנסיבות האמורות.

כהוכחה לטענתו זו ציטט הרב קוק מקור תלמודי מפורסם (בבלי, הוריות י ע"ב) בדבר 'עבירה לשמה', המתיר לעבור עבירה אם המטרה היא 'לשם שמיים'. הרב ציין גם כי חכמי התלמוד תהו שמא האל אוהב את תורתו (כלומר, את ההלכה) יותר משהוא אוהב את עמו, אך מסקנתם הייתה שונה: בנסיבות קיצוניות, ישנה עדיפות לעם ישראל על פני תורת ישראל.[8] אחד מתלמידיו המובהקים של הרב קוק, הרב יעקב משה חרל"פ, אף הרחיק לכת, וטען כי הוראה זו נלמדת ממצוות העשה למחות את זכר עמלק. לדבריו, מצווה זו של השמדת עם היא איסור שהותר בתור 'הוראת שעה' – אמצעי חירום זמני.[9] הנה כי כן, פעולה ב'ידיים מלוכלכות' לא רק שהיא מותרת בנסיבות מסוימות – לעיתים היא יכולה להיות צו אלוהי ממש.

'ידיים מלוכלכות' וגבולות זכויות האדם

'דילמת הידיים המלוכלכות' מאתגרת מאוד פילוסופים מודרניים רבים, משום שחלק ניכר מן השיח הנוכחי על מוסר מלחמה מדגיש עקרונות המבוססים על זכויות. ליחידים יש זכות לחיים ולחירות, ואילו למדינות יש זכות להגדרה עצמית ולשלמות טריטוריאלית. לפיכך, שימוש בכוח נגד יחידים או מדינות הוא פסול, שכן הוא פוגע בזכויותיהם – אלא אם כן הם איבדו זכויות אלה מתוקף פעולות בלתי חוקיות (למשל, כאשר פתחו באקט של תוקפנות שאין לה הצדקה מוסרית). הרחבה של אותו רעיון היא שאין לפגוע באזרחים, שכן הם לא עשו דבר שהפקיע מהם את זכויות היסוד שלהם לחיים ושבעטיו הם ראויים ליחס כזה.

תהליך חשיבה זה נקרא לעיתים 'קָזוּאִיסְטִיקָה מבוססת זכויות' (rights-based casuistry. קָזוּאִיסְטִיקָה היא החלה של עקרונות כלליים על מקרים פרטיים). אתיקאים בוחנים כל מקרה לגופו, וקובעים מהן תביעות הזכויות הרלוונטיות או המשכנעות ביותר בתרחיש הנתון. גישה זו שולטת כעת

בשיח הפילוסופי וב'משפט ההומניטרי הבין־לאומי', ומציבה את זכויות האדם בראש סדרי השיקולים שלה.[10] משמעות הדבר היא בעיקר הטענה שחוקים אינם נחקקים אך ורק במטרה לצמצם או להפחית את הסבל 'ככל האפשר' למינימום שעה שכל אחד מהצדדים במלחמה מנסה לנצח בה ולהגן על האינטרסים הלאומיים שלו. המודל המשפטי החדש מכתיב כי הגנה על זכויות אזרח צריכה לגבור תמיד על שיקולים אחרים, לרבות אינטרסים צבאיים.

ואכן, כפי שיתברר בהמשך ספרנו, רבים מהתאורטיקנים הללו טוענים כי עלינו לסכן את חיילינו במגמה להגן על חיי בלתי מעורבים הנמנים עם שורות האויב. תאוריית 'המלחמה הצודקת' תובעת מחיילים ליטול על עצמם סיכונים נוספים כדי להגביל את היקף המלחמה.[11] ערעור מוחלטות הדרישות המוסריות שלנו או סטייה מהן מתוך אינטרסים לאומיים וחישובי תועלת הוא צעד במדרון חלקלק של סלחנות כלפי הרג המוני, או כפי שניסח זאת תאורטיקן ידוע, לכך ש"יהיו תינוקות שרופים אחדים".[12]

התזוזה הטקטונית שחוללה 'תאוריית המלחמה הצודקת' לכיוון העדפת זכויות הפרט התגלמה במלוא עוצמתה בשני הפרוטוקולים שנוספו לאמנות ז'נווה ונחתמו בשנת 1977. כך תיאר אחד המשפטנים הבולטים את מהות השינוי:

> הפרוטוקול שם דגש עיקרי על דרישות הומניטריות, ואכן מבחינות רבות הוא מכפיף להן גם דרישות צבאיות. בנקודה זו הפרוטוקול חורג במידה ניכרת מהמשפט המקובל, אשר בדרך כלל נוטה להציב את הצורך הצבאי בשורה אחת עם הדרישות ההומניטריות.[13]

רבים הביאו ראיות לכך שבאמנות הראשונות של המאה העשרים היו השיקולים ההומניטריים משניים לצרכים הצבאיים הדחופים. חוקי המלחמה הכירו בכך שמחויבותו העיקרית של צבא היא לנצח באמצעות הגנה על אזרחיו וחייליו והכרעת היריב. כפי שנראה בפרק הבא, זהו סדר העדיפויות הקלסי גם במחשבת היהדות.

עם זאת, אפילו תאורטיקנים פרוגרסיביים, האמונים על שיח זכויות, אינם דוגלים בהתאבדות לאומית בשם האידאל הנעלה של הגנה על זכויות אדם: בנסיבות מעטות במיוחד – כאשר "השמיים עומדים ליפול", אם להשתמש בפתגם הלטיני – הם נכונים לאשר יוצאים מן הכלל, והכלל

הוא שלאזרחים מגיעה חסינות. בשנים האחרונות עולה טיעון זה של החרגת החסינות האזרחית במקרים שבהם נדרש עינוי אסירים המתכננים לבצע פיגוע טרור כדי לחלץ מהם מידע שיוביל לסיכולו. השאלה שצריכה להישאל: עד כמה אפשר להרחיק לכת כדי להשיג מידע העשוי למנוע פיגוע טרור המוני?[14]

דילמת 'הפצצה המתקתקת' היא רק תרחיש אחד מני רבים הידועים בשם 'מצבי חירום עליונים' (supreme emergencies). פרופ' מייקל וולצר, במאמר ידוע, הצדיק את הפצצות התגמול הבריטיות מהאוויר על ערי גרמניה לפני 1942, אף שהיה רק סיכוי קלוש שהפצצות יפגעו במטרות צבאיות, שכן האיום על עצם קיומה של בריטניה היה גדול מכדי לשלול דרך זו על הסף. לעיתים, מנהיגות מדינית מחייבת לבחור את הרע במיעוטו כדי להגן על עתיד הקולקטיב. למנהיגי מדינות יש לא רק זכות אלא גם חובה מוסרית 'ללכלך את הידיים', כביכול, ולבחור בין טענות מוסריות מתחרות. אולם לא כל איום נחשב 'מצב חירום עליון'. תרחיש של מצב חירום מיוחד מצריך התקיימות תנאים אחדים (במצטבר): (א) קבוצה עומדת בפני איום חמור כגון טבח או שעבוד; (ב) אי אפשר להתמודד עם האיום באמצעים קונוונציונליים, דיפלומטיים או צבאיים; (ג) אמצעים בלתי קונוונציונליים שבדרך כלל אסורים לחלוטין יכולים למנוע את האסון הבלתי נמנע.[15]

האם בשנת 1938 נוצר מצב חירום עליון?

הבה נשתמש במודל זה כדי לחשוב על הדילמה של היהודים בשנת 1938, בעודם מותקפים דרך קבע בפלשתינה ובאירופה. ברור כי איום השואה מקיים את תנאי א; וכי לאחר פרוץ מלחמת העולם השנייה לא עמדו לרשותם אמצעים קונוונציונליים זמינים כדי לסכל את האיום הנאצי, ובכך התמלא תנאי ב. האם היו ליהודים אמצעים בלתי קונוונציונליים (תנאי ג) כדי למנוע את אסונם? וולצר, במאמר על האתיקה של הטרור שפורסם מאוחר יותר, העיר כך באשר ליהודי גרמניה:

> במקרים נדירים ומוגבלים ביותר ייתכן שיהיה אפשרי למצוא תירוצים (אם כי לא הצדקה) לטרור. אני יכול לדמיין את עצמי עושה זאת במקרה ההיפותטי של יהודים חמושים היוצאים לפעולת טרור נגד אזרחים גרמנים בשנות הארבעים – אם היה (ובאמת לא היה) בדל

> של סיכוי לכך שהתקפות נגד אזרחים יעצרו את הרצח ההמוני של בני עמם.[16]

כך מודה וולצר, כי לפחות מבחינה תאורטית התקפות טרור יהודיות נגד אזרחים גרמנים באותן נסיבות היו בנות כפרה. עם זאת, הוא ממהר לציין כי קיימת סבירות גבוהה לכך שהתקפות כאלה היו נכשלות, ובאופן כללי הוא מעולם לא מצא בפועל ולו מקרה אחד המצדיק שימוש בטרור.

נשוב אל מצבם של היהודים בפלשתינה בין השנים 1936–1939: לפחות לפי הניתוח המדיני של האצ"ל, הדילמה בוויכוח על ההבלגה הייתה בין הרג ערבים חפים מפשע לבין סיכון היישוב היהודי בשל היעדר תגובה כלשהי. בנסיבות כאלה ברור שהצבא חייב בראש ובראשונה לתכנן צעדים להצלת חיי אזרחיו בלי להרוג חפים מפשע. עם זאת, לנוכח החלופות הגרועות, הבחירה באפשרות הרעה פחות, תהיה אשר תהיה, היא הבחירה הנכונה – אך זאת רק אם ביכולתה למנוע ביעילות את הרע הגדול יותר (תנאי ג).

אומנם ז'בוטינסקי לא צפה את השואה, אך במשך שנים הזהיר מפני אסון ממשמש ובא לנוכח האנטישמיות המשתוללת באירופה. הוא אף הגה תוכנית פינוי נרחבת לעלייה המונית של יהודי פולין לארץ ישראל.[17] ז'בוטינסקי הצליח להשיג הסכמה ראשונית של ממשלת פולין לשליחת מאות אלפי יהודים לארץ ישראל. התוכנית סוכלה בידי הבריטים שסירבו להגדיל את מספר הסרטיפיקטים, ויש להודות: גם על רקע ספקנותם של מנהיגי הזרם הציוני המרכזי באשר להיתכנותה.[18]

ביולי 1938, בתשעה באב, תשע שנים מן היום שבו תמך בצעדת הכותל שקדמה לפרעות תרפ"ט בירושלים, נשא ז'בוטינסקי את 'נאום אש ההשמדה' הנודע בפני קהל יהודי גדול בוורשה ופתח באזהרה הבאה:

> מזה שלוש שנים פונה אני אליכם, יהודי פולין, עטרת היהדות העולמית, בקריאה. אני מזהיר אתכם בלא הפוגה, שהקטסטרופה מתקרבת. שערותי הלבינו וזקנתי בשנים אלו, כי לבי שותת דם על שאתם, אחים ואחיות יקרים, אינכם רואים את הר הגעש שיתחיל תיכף לפלוט את אש ההשמדה. אני רואה מראה איום. הזמן קצר בו אפשר עוד להינצל. יודע אני: אינכם רואים, כי טרודים ובהולים אתם בדאגות יום יום... הקשיבו לדברי בשעה זו, בשעה השתים עשרה. למען השם: שכל אחד יציל את עצמו, כל עוד יש זמן לעשות זאת, כי הזמן אוזל.[19]

שלושה חודשים לאחר מכן, ב־9 בנובמבר 1938, 'ליל הבדולח', החלה רדיפת היהודים בידי הנאצים. היה זה בדיוק ביום פרסום ממצאי ועדת וודהד, אשר למעשה דחו לתקופה בלתי מוגבלת את כל התוכניות להעניק מדינה ליהודים. בשנת 1939 ז'בוטינסקי אף רקם בשיתוף ראשי האצ"ל תוכנית לניסיון לכבוש בכוח הזרוע את ארץ ישראל מידי הבריטים ולפתוח את שעריה בפני המוני הפליטים הנמלטים מאירופה.[20]

באותו נאום, ביולי 1938, הוסיף ז'בוטינסקי טענה מעניינת לא פחות בדבר מוסריותו של הרג במסגרת פעולות תגמול: בספר החוקים גנבה מוגדרת ללא סייגים כעברה. לדוגמה, אסור לגנוב לחם, גם אם הגנב עני והנגנב עשיר. אך בתקופה שבה שורר רעב (כלומר, במצב חירום עליון), כאשר אדם גונב לחם כדי לשרוד, אומנם בעיני החוק היבש הוא עבר עברה, אך כל שופט הגון יפטור אותו מעונשה בנסיבות אלה. כך גם – טען ז'בוטינסקי – ישנם מקרים שהמצפון המוסרי הגבוה שלנו (כלומר רוח החוק) מחייב לצאת נגד החוק ככתבו. מי שיבחרו להפר את מדיניות ההבלגה המוחלטת המתבטאת ב'לא תרצח' ייחשבו חפים מפשע, לפחות על פי ההיסטוריה היהודית. לכל הפחות, זו תהיה דעתו של השופט האלוהי העליון. לטענת ז'בוטינסקי, בנסיבות אלה מוכרחים לבחור בין מספר אפשרויות שכל אחת גרועה מקודמתה, ובחירתו הייתה לירות – לא משנה במי – ולא להיות מטרה לירי.

בהקשר זה מובן מדוע בן גוריון ושרתוק האמינו שקריטי כל כך להוכיח כי רציחות התגמול לא היו יעילות: ראשית, הן פגעו ביחסים עם הבריטים, שנותרו המקור הטוב ביותר להגנה והסיכוי המדיני היחיד להשגת ריבונות. שנית, לא היו ראיות לכך שפיגועים כפעולות תגמול יעצרו את המתקפה הערבית. לדעת השניים, בהתחשב בגורמים הללו אי אפשר היה לטעון שהם בוצעו בתור טקטיקה הכרחית כמוצא אחרון, או שהיה להם סיכוי סביר להצליח. לכן אי אפשר היה להצדיק את פעולות החירום הללו.

במבט לאחור: מי צדק? הדיון על הבלגה מול תגובה

מי צדק בוויכוח על מדיניות ההבלגה? ברמה הטקטית קשה להכריע. אך בכל הנוגע לאסטרטגיה המדינית, בסופו של דבר הפך הוויכוח לחסר משמעות מעשית עם פרוץ מלחמת העולם השנייה. היהודים הבינו כי מוטב להנמיך את רמת העימות ולמעט בפעולות נגד הערבים ונגד שלטון המנדט בפלשתינה,

והצטרפו למאמץ המלחמתי של הבריטים נגד הגרמנים. רזיאל נהרג בעיראק בעת ביצוע משימה עבור הצבא הבריטי, וז׳בוטינסקי נסע לאמריקה כדי לקדם הקמת כוח יהודי שיילחם בנאצים (הוא נפטר במפתיע מהתקף לב בשנת 1940 במחנה אימוני הגנה עצמית של בית״ר בניו יורק). כאשר חידש מנחם בגין את פעולות האצ״ל בשנת 1944, יעדי התקיפה שלהן היו סמלי שלטון בריטיים. בגין קבע במפורש שהמטרה היא למנוע פגיעות בנפש, במיוחד באזרחים.

מסיבות אלה קשה לדעת אם הרג ערבים בפעולות תגמול בין השנים 1936 ל־1939 סייע במשהו בהגנה על היהודים בפלשתינה באותה עת או בהקדמת הקמת המדינה. תמיד אפשר יהיה לטעון שפעולות אלה היו מצליחות יותר אילו הצטרפה אליהן גם ה׳הגנה׳. במחקר מקיף שנערך לאחרונה על קבוצות מורדים (או לוחמי חירות), טען החוקר כי התקפות גרילה על מטרות צבאיות יעילות הרבה יותר מפגיעה באזרחים.[21] אחת הראיות שגייס כתמיכה בהשערה זו היא מידת יעילותן של תקיפות האצ״ל על מטרות צבאיות בריטיות לאחר מלחמת העולם השנייה, לעומת השפעתן השלילית של התקפות כלפי אזרחים על המערכה הציונית. לדבריו, עבור מורדים התמקדות במטרות צבאיות או מדיניות היא קריטית, שכן הריגת אזרחים אינה יעילה. אין ספק שהממצאים הרחבים יותר של מחקר זה יהיו שנויים במחלוקת. עם זאת, עצם הטענה משמשת תזכורת נוקבת לכך שתגובה על טרור באמצעות טקטיקות מפוקפקות מבחינה מוסרית גם לא תמיד תהיה אסטרטגיה טובה או הכרחית.

אלה הן אזהרות קריטיות, משום שהישענות על טענה של ׳מצבי חירום עליונים׳ עלולה להביא לכך שתירוץ זה ישמש לרעה במידה נרחבת גם כאשר אפשר לפעול בדרכים אחרות. ואכן, מי שנוטים להצדיק ארגוני טרור משתמשים בטיעון זה כדי להצדיק פעולות אכזריות רבות. התומכים בטקטיקה שנקט האצ״ל צריכים אף הם לזכור כי בה במידה אפשר להשתמש בקו מחשבה זה כדי להצדיק התקפות טרור של ערבים נגד יהודים ובריטים באותה תקופה, או לצורך העניין – התקפות טילים של החמאס מרצועת עזה בתקופתנו.[22] גם טרור פלסטיני נגד אזרחים לא הוכח כיעיל במיוחד, שכן ישראלים מגיבים לכך בעקביות בעוצמה רבה יותר ובנכונות להשיב מלחמה שערה. כפי שטען מייקל גרוס: ״הטרור לא עזר הרבה כדי לקדם את עניינם של הפלסטינים, לפרסם את מצוקותיהם או לערער את הלגיטימיות של הצד הישראלי. האזרחים הישראלים מתגברים על התקפות הטרור נגדם כשם שרוחם של האזרחים במלחמת העולם השנייה לא נשברה עקב

הפצצות הצבא הגרמני נגדם. למעשה, אלה תרמו עוד יותר לרוח הלחימה שלהם".[23]

אף על פי כן, הקטגוריה 'מצב חירום עליון' מבליטה את הטיעון שהצלת הקולקטיב הגדול יותר עשויה לגבור על חלק מעקרונותינו המוסריים ביותר במקרים נדירים. אבל זה יקרה רק כאשר זהו מוצא אחרון ואלה פעולות שסיכויי הצלחתן סבירים. חישובים כאלה דורשים הערכה אסטרטגית נבונה לצד מידה רבה של ענווה.

לקח מההיסטוריה היהודית: אסור שדם יהודי יהיה הפקר!

תהיה אשר תהיה העמדה כלפי אסטרטגיית ההבלגה, מוסכם כי יהודים חייבים להגיב בדרך זו או אחרת להתקפות עליהם. מדינות אינן רשאיות להיות פסיביות בתגובתן על התקפות נגד אזרחיהן. הניסיון ההיסטורי של חוסר האונים היהודי יצר חובה מוסרית נוספת במחשבה היהודית: דם יהודי אינו הפקר! למסר זה יש מקור גם בטקסטים קלסיים, אך בסופו של דבר הוא הופנם "דרך הרגליים" בפרקי ההיסטוריה היהודית. אם יש משהו שחוויית הגלות יכולה ללמד, הרי הוא זה: יהודים חייבים להיות מוכנים לעשות כל שיידרש כדי להגן על עצמם – בעצמם.

ניסח לקח זה בדרמטיות הרב יוסף דב סולובייצ'יק, תאולוג ציוני אמריקני, שנים אחדות לאחר קום המדינה:

> לא לחינם מספרת התורה על שני גבוריה הגדולים, אברהם ומשה, שלקחו חרב בידם להגן על אחיהם... התנהגות זו אינה סותרת את עקרון החסד והרחמים. כלפי לייא – יחס סביל, ללא הגנה עצמית, עלול לגרום לפעמים לאכזריות הנוראה ביותר... בהכותו את מצרים רצה הקב"ה להפגין כי דם ישראל הוא דבר שיש לו תובעים תמיד. מן הצורך לשכנע העריץ של מצרים [נאצר], אלא גם את נהרו [ראש ממשלת הודו] המתחסד, את משרד החוץ בלונדון ובעלי ה'מוסר' באו"ם כי יש בעלים לדם ישראל... ברוך שהחיינו לזמן הזה, שיהודים יש בכוחם – בעזרת השם – להגן על עצמם![24]

השאלה היא אפוא: באילו אמצעים ישתמשו יהודים כדי להוכיח כי דם יהודי אינו הפקר? הריבונות מביאה עמה אחריות כפולה של המנהיג: הן כלפי בני

עמו והן כלפי האויב. דילמת ׳הידיים המלוכלכות׳ אינה נעלמת מאליה. באיזו מידה מוכנים היהודים שידיהם יתלכלכו? כפי שראינו, הדילמה חריפה במיוחד כאשר נראה כי האויבים אינם פועלים לפי כללים כלשהם, ובכך דוחפים במו ידיהם לביצוע פעולות תגמול עקובות מדם.

הדילמה מסתבכת עוד יותר כאשר מדובר במקרים שאינם ׳מצבי חירום עליונים׳. שאלת ההרג בפעולות התגמול שבה ועלתה בשנות החמישים של המאה העשרים, ובהקשר זה השמיע הרב סולובייצ׳יק את קביעתו שדם יהודי אינו הפקר.[25] אולם הפעם לא היה זה בנוגע ללוחמי מחתרת יהודים, אלא בקשר לכוחות המזוינים של מדינת ישראל המגינים על ריבונותה. בעוד הסוגיות המוסריות היו דומות במקצת לאלה שבשנות השלושים, על כפות המאזניים הוטלו כעת שיקולים כבדי משקל בהרבה: הלוחמים היהודים לא היו עוד לוחמי גרילה מורדים הפועלים נגד שלטון זר. הם היו חיילים במלוא מובן המילה, נציגים רשמיים של מדינת ישראל המגינים על ריבונותה.

כפי שנראה בפרק הבא, צה״ל פעל מעמדה של עוצמה רבה יותר וללא כפיפות לאילוצים שכפו שליטי המנדט. כעת היה על ההנהגה המדינית והצבאית לקבל החלטה מוסרית אם לפעול שלא על פי אמות המידה שקבעו המדינות בקהילה הבין־לאומית – אף שהן עצמן פעלו לפיהן רק לעיתים רחוקות.

פרק 6

האם יהודים מחויבים לסטנדרטים מוסריים גבוהים יותר של לחימה?

הוויכוח על פעולת קיביה

בבוקר ה־13 באוקטובר 1953 הושלך רימון לתוך בית משפחת קניאס ביישוב יהוד. בפיצוץ נהרגו אם המשפחה סולטנה (סוזן) בת 39, בתה שושנה בת השלוש ותינוקה בני בן השנה. הייתה זו מתקפת טרור נוספת בהיסטוריה הצעירה של מדינת ישראל. מחבלי הפדאיון פשטו ללא הרף על ישראל מגבולותיה המחוררים של עזה (אז בשליטת מצרים) ומיהודה ושומרון (שהיו אז בשליטת ירדן).[1] רק בששת החודשים שקדמו לכך, רצחו פדאיון שהסתננו משטח ירדן עשרים ותשעה אזרחים ושני חיילים. לציבור הישראלי נמאס. דיפלומטיה ואמצעי הגנה נגד פשיטות אלה לא עזרו. למרות ריבונותה החדשה של מדינת ישראל, דם יהודי עדיין נותר הפקר.

צה"ל הגיב בהקמת יחידה 101, כוח קומנדו מובחר שהחל בפשיטות תגמול נגד המסתננים. מפקד היחידה היה אריאל (אריק) שרון, קצין נועז שגויס למשימה זמן קצר לאחר שחרורו מצה"ל. לאחר הפיגוע ביהוד הצעיד שרון את חייליו לתוך הכפר קיביה בנפת רמאללה (אז בריבונות ירדן), שצה"ל ראה בו בסיס קבוע של מסתננים. התוצאה הייתה עקובה מדם: כשבעים ערבים נהרגו, מתוכם כשני שלישים נשים וילדים.

אין עוררין על כך שהפקודה שקיבלו חיילי יחידה 101 הייתה לחסל את החמושים וכל תגבורת צבאית שתגיע למקום, וכן לפוצץ מבנים ובתים

מרכזיים בכפר.[2] ההיסטוריון הרוויזיוניסטי בני מוריס טוען כי למעשה הפקודות היו לבצע הרג מירבי, כדי לגרש את התושבים מן הכפר.[3] היסטוריונים אחרים טוענים כי אזרחים נפגעו כתוצאה מכך שלא בוצע כראוי חיפוש בבתים לפני פיצוצם, וכי מעולם לא הייתה כוונה לפגוע באזרחים.[4] אם אלה היו אכן פני הדברים, אזי הכשל המוסרי לכאורה של אי נקיטת אמצעי זהירות מתאימים הוא שערורייתי פחות. כלומר, הכשל של אי נקיטת אמצעי זהירות מתאימים הוא יותר אופרטיבי מאשר מוסרי. כפי שניסח זאת המלומד המשפטי ויליאם אובריאן: "האמצעים שהופעלו בפשיטה היו חסרי הבחנה, לא משום שהייתה כוונה להרוג בלתי מעורבים אלא בשל כשל בנקיטת אמצעים סבירים כדי להבטיח שלא ייהרגו".[5] זו בהחלט הייתה הטענה שהועלתה אז בשיח הציבורי הישראלי.

הוויכוח על פעולת קיביה וחזרתן של פעולות התגמול

מדיניות פעולות התגמול נועדה להרתיע מפני הסתננות מחבלים, ולדחוף את מדינות ערב להפעיל את מרותן בצידו השני של הגבול. משה דיין, שהתמנה לרמטכ"ל בדצמבר 1953, הודה בקיומה של גישה זו במאמר שכתב כעבור שנתיים לקהלים זרים. שם השווה בין תגובת היישוב למרד הערבי בשנות העשרים והשלושים ובין פעולות התגמול של מדינת ישראל בשנות החמישים:

> באותם סכסוכים הייתה זו מדיניות היישוב, שקוימה על ידי רוב הציבור בארץ, להימנע מנקמה. מדיניות ההבלגה הוסיפה להתקיים גם כאשר התחדשו התקפות הגרילה הישנות ומסעות השוד והביזה לאחר קום המדינה. עם זאת, המתח באזורי הגבול החריף בתקופה האחרונה עד כדי כך שהוא הביא לעיתים להתמוטטות גישת ההבלגה המסורתית.[6]

אף שדבריו של דיין נוסחו במתכוון באופן חמקמק, אין כמעט ספק שהוא היה אחד מאנשי הצבא הבולטים שתמכו ב'התמוטטות הגישה המסורתית' הזו, כלומר ההבלגה, הן לפני מינויו לרמטכ"ל הן לאחריו. דיין ביטא את האסטרטגיה שלו כך:

> לא היה בידינו להבטיח כל צינור מים מפיצוץ וכל עץ מעקירה. לא היה

האם יהודים מחויבים לסטנדרטים מוסריים גבוהים יותר של לחימה?

בידינו למנוע רצח עובדים בפרדס ומשפחות בשנתן. אך היה בכוחנו לקבוע מחיר גבוה לדמינו, מחיר יקר מכדי שכדאי יהיה לישוב הערבי, לצבא הערבי, לממשלות הערביות לשלמו. משמעות פעולת התגמול היא כי ישראל רואה בהסתננות פעולת איבה בלתי נסבלת והיא מורה את כוחותיה לעבור את הגבול ולפגוע בארץ הערבים. הפגיעה אינה פעולת נקם. זו פעולת עונש והתראה, שאם אותה ממשלה לא תשתלט על תושביה ולא תמנע את פגיעותיהם בישראל יעשו הכוחות הישראלים שמות בארצה.[7]

כזכור, דיין שירת בשנות השלושים תחת פיקודו של אורד וינגייט בפלגות הלילה המיוחדות והושפע מאוד משיטות הלחימה שלו ומהחסות שפרש עליו. כך עולה מתוך ציטוט זה ומרבים אחרים. הוא האמין בכל מאודו ביעילותן של שיטות כאלה של עונש קבוצתי ממוקד. אומנם היו מי שהטילו ספק ביעילותן, אך יש היסטוריונים הטוענים כי הן נחלו הצלחה מסוימת שכן גרמו להידוק הפיקוח הירדני על הגבול, לפחות בטווח הקצר. זאת בניגוד לגבול עזה, שם הועילו פחות.[8]

לדברי אחד מעוזריו של בן גוריון, המדיניות הייתה תמציתית ופשוטה: "עַיִן תַּחַת עַיִן".[9] מעבר להרתעה, אסטרטגיה זו נועדה גם לספק תחושת ביטחון ולהבטיח לאזרחי ישראל המודאגים כי יהודים לא ייהרגו עוד בלי שיהיה מי שייתן על כך דין וחשבון. הרב סולובייצ'יק, בהמשך נאומו על 'דם יהודי אינו הפקר' משנת 1956 שהוזכר בסוף הפרק הקודם, חידד נקודה זו:

בפעם הראשונה בתולדות גלותנו הפתיעה ההשגחה את שונאינו בתגלית המרעישה, שדם יהודי אינו הפקר! אם האנטישמים יכנו תופעה זאת "עַיִן תַּחַת עַיִן" – מהיכא־תיתי; נסכים להם. אם אנו רוצים להגן בגבורה על קיומנו הלאומי היסטורי, מוכרחים אנו לפרקים לפרש את הכתוב "עַיִן תַּחַת עַיִן" כצורתו. הרבה עיניים איבדנו במשך גלותנו המרה מפני שלא שלמנו מכה תחת מכה. הגיע הזמן שנקיים את החוק של "עַיִן תַּחַת עַיִן" כפשוטו. בטוחני שהכל מכירים בי שאני מהמאמינים בתורה שבעל־פה, ולגבי אין ספק שהפסוק מכוון כלפי תשלומי ממון, כפי פירושה של ההלכה. אבל ביחס למופתי ולנאצר הייתי דורש כי נפרש את הכתוב "עַיִן תַּחַת עַיִן" במשמעותו המילולית – לקיחת העין הממשית!

> אל תשימו לב למליצותיהם הממותקות של מתבוללים ידועים ושל כמה סוציאליסטים יהודים העומדים במרדם, החושבים שהם חיים עוד בביאליסטוק, בריסק ומינסק של שנת 1905, והדורשים בריש גלי כי נקמה נאסרה לישראל בכל מקום, בכל זמן ובכל הנסיבות. ״הֲבֵל הֲבָלִים!״ (קהלת א, ב). אסורה היא הנקמה כשאין לה מטרה, אבל אם מתרוממים על ידה להגנה עצמית, הרי היא זכותו האלמנטרית של האדם באשר הוא אדם לנקום את נקמתו.[10]

ושוב תלויה ועומדת השאלה האם אכן בכוחה של מדיניות זו של נקמה (או פעולות תגמול) לספק ביטחון. התשובה לכך קשורה, בין השאר, בשאלה נגד מי יכוון כעת צה״ל את פעולותיו ההתקפיות, במיוחד באשר זהותם של המחבלים מבצעי הטבח ביהוד לא הייתה ידועה.

למרבה הצער, מעבר לחוסר הוודאות האופף את השתלשלות האירועים המדויקת בקיביה, התגובה הישראלית הרשמית לא תרמה להבהרת המצב לאשורו. בן גוריון הנבוך לא הודה כי מדובר בפעולה רשמית של צה״ל, וייחס את הפעולה ליהודים תושבי עיירות ספר שעשו דין לעצמם ופעלו עצמאית. כך חבר הכנסת הרב יצחק מאיר לוין, עלה על דוכן הכנסת כדי לגנות אותם תושבים על כך שלא עמדו באמות המידה של המוסר היהודי, בעודו מותח ביקורת על העולם המגנה בצביעותו את מדינת ישראל תוך התעלמות מהרקע שהביא לפעולת קיביה.[11]

אברהם לעומת יהושע? ערכים סותרים בסיפורי המקרא

מנהיג מפלגת ׳המזרחי׳, חיים משה שפירא, סירב לקבל תירוצים מעין אלה. אומנם פומבית הוא יישר קו עם עמדת הממשלה, אך באופן פרטי שפך קיתונות של זעם על הפעולה בקיביה. בישיבת הממשלה מתח ביקורת חריפה על הפעולה הצבאית, והבליט את הניגוד בין הרציונל שמאחוריה לבין תפיסת ההבלגה של היישוב בשנות השלושים ולסירובה של ה׳הגנה׳ להילחם בטרור באמצעות פעולות טרור נגדיות.

> איני רוצה לדון בעניין מבחינה פוליטית [...] מבחינה מוסרית אין אנו יכולים לקבל תגובה מעין זו בשום פנים ואופן. במשך כל השנים התנגדנו לזאת [...] גם כאשר היו רציחות יהודים בארץ ישראל. זה היה

> מקובל עוד לפני היות מדינת ישראל [...] אנו יודעים כמה נפלו שבוע, שבוע, חודש, חודש – ואף פעם לא אמרנו: ׳׳ייספה צדיק עם רשע׳, גם אלה שידיהם חפים מפשע – זאת לא! תמיד הקפדנו על כך.[12]

שפירא ביסס את טענתו על הוויכוח בין אברהם לאלוהים לפני חורבן סדום. תמצית טענתו של אברהם הייתה: אין להרוג חפים מפשע בפעולה של עונש קבוצתי (״הַאַף תִּסְפֶּה צַדִּיק עִם רָשָׁע?״, בראשית יח, כג).

למרבה הפלא, אזכור מקראי זה הוביל לחילופי דברים נמרצים בקרב השרים החילונים בממשלה על ערכם המתמשך של סיפורי המקרא. בתגובה לטענתו של שפירא שיהודים אינם יכולים לנהוג כך, העיר שר הבריאות יוסף סֶרְלִין: ״בימי יהושע לא עשינו זאת?״ (בהתייחסו להשמדת הערים הכנעניות שבה דנו לעיל בפרק 2). שרת, אז שר החוץ, השיב: ״האם אנו חיים בימי יהושע?״ בן גוריון ניסה להתערב: ״אל תתחרה בפסוקים – יש כל מיני פסוקים״. על אף המוניטין שלו כשוחר מקרא ובפרט ספר יהושע שממנו שאב השראה, בן גוריון לא סבר כי אפשר להשתמש בספר הספרים כדי לפתור מחלוקות מוסריות כאלה, כפי שצוין בפרק 4 באשר למחלוקתו עם הרב מימון.

על כל פנים, שפירא השיב כי בתקופתנו לא נעשה דברים שעשינו בימי יהושע. ״בתקופת יהושע היה לנו סיפור עכן – האם היינו עושים כך גם היום?״[13] עם זאת, הודה: ״מוטב שלא נביא הוכחות מההיסטוריה היהודית – כל אחד יכול להביא ראיות מראיות שונות״. נראה כי שפירא הכיר בכך שאפשר לגייס מקורות יהודיים המצדדים בגישות שונות. הוא העדיף שצה״ל ילך בדרכו של אברהם בסדום ולא ינהג כפי שנהג יהושע בכנען.

הדיון בממשלה שתואר מצביע על דילמה עמוקה בניסוחו של מוסר צבאי יהודי: אם כל אחד מן הצדדים יכול לגייס פסוק או פסיקה הלכתית כאסמכתה לטענותיו, מה מוסיפה בעצם היהדות לוויכוח זה? כפי שראינו בפרק הקודם, זה היה האתגר הגדול שהעלה בן גוריון בתשובתו לרבנים עמיאל והרצוג בשנת 1938, וכעת חזר על כך בשנת 1953. שפירא הציג מודל מעורפל למדי ליישוב המתחים בין מגמות מוסריות מתחרות הקיימות במקורות היהודיים. גורם המפתח הוא הקביעה מהם העקרונות המוסריים המנחים, ואילו עקרונות יכולים להישאר ׳רדומים׳ או לכל הפחות בעלי חשיבות משנית. ככלל, יש ליצור סדרי עדיפויות בין רעיונות שונים. שפירא

טען כי לערכים מסוימים יש עוצמה גדולה יותר מלאחרים, והעם היהודי צריך לבחור מהם הערכים היהודיים שלאורם הוא מעוניין לחיות.

ישעיהו ליבוביץ' וצביעותו של הגינוי העולמי

בעוד חברי הממשלה מתפלמסים על פסוקי המקרא, התחבטו אינטלקטואלים ישראלים דתיים בשאלה מהותית יותר: האם עם ישראל מחויב בקוד התנהגות אחר משאר עמי העולם? לדברי הפילוסוף ישעיהו ליבוביץ', פעולת התגמול בקיביה התנהלה בהתאם לנוהג בין־לאומי מקובל. מנהיגי מדינות מתחו ביקורת על המדינה היהודית בלי להניד עפעף, שכן הם לא נשאו באחריות להגן עליה, ובה בעת התעלמו בצביעות ממעשיהם שלהם בבואם להגן על מדינותיהם. הרי בהירושימה ובנגסאקי נקמו האמריקנים על זוועות פרל הרבור כדי לדכא אויב חסר רחמים ולהביא אל קיצה מלחמה שנראתה אינסופית. בלשונו של ליבוביץ':

> יש ויש בידינו להצדיק את פעולתנו בפני 'העולם'... כשראתה אמריקה את עצמה בשנה הרביעית של המלחמה, שלא היא פתחה בה ולא היא גרמה לה, ואחרי אובדן רבע מיליון מטובי בניה בפני הפרספקטיבה של המשך מלחמה זו בסגנון איבו ג'ימה ואוקינאוה למשך זמן שאין לראותו מראש...
>
> אף אנו נמצאים היום בשנה הששית של מלחמה שנכפתה עלינו ושנהפכה סיוט מתמיד של אימת שוד ורצח, עד שנטרפה דעתם של תושבי הגבול ושל האחראים לבטחונם וחייהם והם החזירו מכת הרג ואבדן אכזרית. יש ויש למצוא הצדקה למעשה זה. אך אל נשתדל למצאה, ונכיר במועקה שהיא מטילה עלינו.[14]

גם אילו הרגו חיילי צה"ל את כולם בכוונה תחילה, מסכם ליבוביץ', עדיין אפשר היה למצוא הצדקה לפעולה זו בקיביה, ובכל זאת מוטב שלא לעשות זאת.

אם אכן אפשר היה להצדיק את הפעולה בקיביה בהתאם לאמות מידה בין־לאומיות, מדוע אפוא לא להגן עליה בגלוי? נראה כי תשובתו של ליבוביץ' היא שגם אם אפשר לנמק או לתרץ פעולה אלימה מסוימת, היא עדיין עלולה להשחית את הנפש ולהוביל להתנהגות איומה מבחינה

מוסרית. לדעת ליבוביץ', אלימות יהודית מופרזת היא פועל יוצא של העובדה שיהודים התרגלו לקדש את המדינה, מה שמאפשר להם להצדיק כל פעולה בנימוק של 'טובת הכלל'. מיליטריזם לאומני, גם כשהוא מוצדק, משחית את נפשנו ואת חרבנו.[15]

בעיני ליבוביץ' ואחרים היה זה רגע מכריע: האם יצליחו יהודים להשתמש כראוי בכוחם השלטוני בלי ליפול למלכודות המוסריות שהובילו את הנצרות והאסלאם למאות רבות של מלחמות עקובות מדם? כפי שציין אז הפילוסוף ארנסט סימון, בא אתגר זה לידי ביטוי כבר בספר 'הכוזרי' שחיבר רבי יהודה הלוי במאה השתים־עשרה. בשיחה שבין מלך כוזר לחכם היהודי, מתח החכם ביקורת על הדתות שהטיפו "להפנות את הלחי השנייה", אך בסופו של דבר ניהלו את מלחמותיהן בשיטות מחרידות. המלך דחה את הביקורת והשיב לחכם – "וכאשר תמצא ידכם – תהרגו".[16] ואכן, כפי שהתברר בפרק 4, הרב מימון טען כי ליהודים מעולם לא היו יומרות "להפנות את הלחי השנייה" – לו היה בכוחם להתנגד.

לדעת ליבוביץ', האתגר של מדינת ישראל היה למצוא את האיזון הראוי בין הגנה הכרחית למיליטריזם. היה צורך בעקרונות מוסריים כדי לסייע לישראל להשתמש בכוחה החדש בתבונה ואף באופן מוסרי. לדעתו, מקורם של עקרונות מוסריים אלה אינו בהכרח ביהדות, שכן המוסר הוא אוניברסלי. רק תחושה עמוקה של מחויבויות מוסריות תמנע מאיתנו לשאת לשווא את שם האל ולהשתמש במקרא כדי להצדיק שפיכות דמים כזאת.

אולם, הוגים דתיים אחרים דחו קריאה זו לעם ישראל להציב לעצמו סטנדרטים מוסריים מחמירים יותר.[17] לדוגמה, הרב שלמה זלמן שרגאי קבע כי למדינת ישראל לא נותרה כל ברירה אלא להגיב לתוקפנות הערבית. לדבריו:

> אין אדם בישראל שלא יצטער באמונה על הדם שנשפך בקיביה. יותר נכון: על הדם שהוכרחו לשפוך בקיביה. ואם קרה מה שקרה, הרי הדם שנשפך נופל על ראשיהם של אלה ממדינות ערב והעומדים על גבם, שלא בלבד שלא מנעו הסתננויות אלא ראו אותה שיטה מדינית למוטט את מדינת ישראל.[18]

באופן מהותי יותר, טענתו הייתה שדמם של הקורבנות הערבים לא היה 'אדום

יותר' מזה של מאות הישראלים שנרצחו במשך תקופה ארוכה בדם קר בידי מסתנני הפדאיון. שרגאי הזכיר קטע תלמודי ידוע המתייחס לדילמה הבאה: אם אומרים לך באיומי אקדח ליטול את חייו של אדם חף מפשע או להיהרג, עליך למסור את נפשך ולא לעבור על איסור הרצח, שכן כדברי התלמוד: "מי יימר דדמא דידך סומק טפי דילמא דמא דההוא גברא סומק טפי?" [מי יאמר שדמך אדום יותר? שמא דמו של אותו אדם אדום יותר? (ואין דוחים נפש מפני נפש, ואין אדם רשאי להציל עצמו בהריגת חברו)].[19]

מה גדולה האירוניה ששרגאי ציטט דווקא עיקרון זה, לאור העובדה שהנחת היסוד של רציחות תגמול הייתה כי ברמה המדינית אדם רשאי להרוג חפים מפשע כנקמה על הרג בני עמו וכדי למנוע את הישנות הדבר. נראה כי בסכסוכים לאומיים דמם של בני עמך אכן אדום יותר מדם אויביך.

בעיניו, פעולת קיביה לא הייתה נקמה, אלא פעולת הגנה והרתעה שבאה בעקבות נוהג בין־לאומי. המעצמות המערביות גינו את ישראל, אך היה להן נוח להתעלם מהעובדה שלא הציעו חלופה אמיתית. כפי שראינו בפרק 3, חסידי המשפט הבין־לאומי ההומניטרי טוענים כי יצירת גופים בין־לאומיים של צדק הופכת את הצורך בפעולות תגמול לארכאי. עם זאת, בפועל, האו"ם ומוסדות אחרים היו במקרה הטוב חסרי אונים או לא מוכנים לפעול. אכן, כפי שציין המשפטן או'בריאן, המודל הטהור של פתרון סכסוכים בין־לאומיים היה מנותק לחלוטין מהמציאות, בוודאי בשנות החמישים.[20] בעיני הרב שרגאי, פעולות התגמול היו המוצא היחיד. לשיטתו, יהודים צריכים להגן על עצמם בדיוק כפי שכל האחרים עושים זאת.

ועדיין עולה השאלה: האם, בניגוד לעמדות ליבוביץ' ושרגאי כאחד, מצדדים המקורות היהודיים בסוג אחר של התנהלות המתבקשת מן העובדה שיהודים אמורים להיות אור לגויים? במילים אחרות: האם ליהדות יש בכלל תורה מוסרית ייחודית בדבר מלחמות? בשאלה זו נעסוק בפרק הבא.

פרק 7

קודים מוסריים: אתיקה או מוסכמות?

הרב שאול ישראלי: מדינת ישראל מחויבת רק לאמנות בין־לאומיות

בעקבות פעולת קיביה הכריז אחד מגדולי הרבנים כי רק אמות המידה שמציבות האמנות הבין־לאומיות להתנהגות בעת לחימה מחייבות את הדרישות ההלכתיות מחיילים יהודים בתחום זה – לא פחות ולא יותר. לתזה פרובוקטיבית זו אחראי הרב שאול ישראלי (1909–1995), שכתב את המאמר ההלכתי המשפיע ביותר על אודות אתיקה צבאית יהודית.[1] מסקנתו הייתה מפתיעה: ליהדות אין הוראה מוסרית ייחודית לגבי ההתנהגות המצופה בעת מלחמה.

ילדותו של הרב ישראלי ונערותו הושפעו עמוקות מן הסערות המדיניות בבלארוס בתקופה שבין המלחמות. את אביו, שהיה רב מכובד, הגלו הקומוניסטים לסיביר מפני שלימד תורה, ומאז אבדו עקבותיו. הבן הצעיר הלך בדרכי אביו ולמד בסתר בישיבות 'מחתרתיות', תוך שהוא עובר מאחת לאחרת בעוד השלטונות הקומוניסטיים ממשיכים לדכא את לימוד התורה. בשנת 1933 ניסה הרב ישראלי להימלט מציפורני המשטר הקומוניסטי אך נתפס בידי משמר הגבול הפולני, ורק בהתערבותו של הראי"ה קוק הושגה בעבורו אשרת עלייה לארץ ישראל. לימים הפך ישראלי לאחד מתלמידיו האחרונים של הרב קוק. כעבור עשורים אחדים

מונה לראש הישיבה שייסד מורו והיה לחבר מן המניין בבית הדין הגדול בירושלים.

הרב ישראלי נמנע בכוונה מהתייחסות לפעולות הספציפיות שנעשו בקיביה, אולי משום שפרטי המבצע היו לוטים בערפל.[2] תחת זאת הוא עסק בסוגיות אתיות רחבות יותר הכרוכות בפעולות תגמול בכלל. בניגוד לליבוביץ', הרב ישראלי סבר כי פעולות תגמול, גם אם המניע שמאחוריהן הוא הרצון לנקמה, הן מעשים לגיטימיים של הגנה עצמית. הוא הזכיר קטע מקראי מרתק (במדבר פרק ל"א) שבו פונה ה' אל משה ומצווה עליו בפירוש: "נְקֹם נִקְמַת בְּנֵי יִשְׂרָאֵל מֵאֵת הַמִּדְיָנִים אַחַר תֵּאָסֵף אֶל עַמֶּיךָ" (שם, לא, ב). המדיינים הואשמו בכך שהחטיאו את עם ישראל: הם שלחו את בנותיהם לפתותם ובני ישראל נכשלו בגילוי עריות וגרמו עקב כך להתפרצותה של מגפה קטלנית במיוחד. לוחמי ישראל, במעשה נקמה (או 'פעולת תגמול'), הרגו את כל הזכרים ואת רוב נשים והחריבו את עריהם. לדברי המדרש, מלחמת מדיין היא מודל לצורך הכללי בהגנה עצמית קולקטיבית – "אם בא [אדם] להורגך השכם להורגו".[3] בדרך כלל נקמה נתפסת כמידה רעה שיש להתרחק ממנה, אך כאן היא הופכת למצווה בשירות הגנת העם כולו.[4]

במלחמה מקובלות נורמות המתירות התנהגויות שבזמנים רגילים נחשבות בלתי ראויות. במלחמה אנו מקבלים הרג בלתי נמנע של אזרחי אויב גם אם אין הם איום ישיר, מה שהוא בלתי קביל במקרה רגיל של הגנה עצמית שנוקט אדם פרטי. הרב ישראלי סבור כי יש להתייחס לחלק מתושבי קיביה כאל לוחמים, בשל תמיכתם במסתננים הפדאיונים ומתן סיוע להם. אולם, רציונל משפטי זה בוודאי אינו מצדיק התמקדות בילדים (שהם ללא ספק בלתי מעורבים) או הענשה לאחר תום פעולות האיבה. הרב ישראלי מדגיש גם את המורכבות והבעייתיות שבהתייחסות לכלל תושבי כפר מסוים כאל צד במלחמה או כלוחמים. תמיד קיימת האפשרות שהם סייעו למחבלים בלית ברירה כתוצאה מלחץ חברתי כפוי. מדוע אם כן מתירה היהדות שפיכות דמים בלתי נמנעת כזאת?

תשובתו של הרב ישראלי מפתיעה למדיי: היהדות מתירה זאת משום שהקהילה הבין־לאומית בעצמה מאפשרת זאת! עוד מקדמת דנא, בימי המקרא, הסכימו כל עמי העולם שמלחמות – אף שהן אלימות מטבען – הן דרך מקובלת ליישוב סכסוכים. להלכה היהודית אין משנה סדורה או אמירה ייחודית משל עצמה באשר להתנהגות בעת מלחמה (מה שהפילוסופים מכנים משפט המלחמה – jus in bello). במקום זאת, היא מסתמכת על

הנורמות הבין־לאומיות הנוהגות בתקופה מסוימת. הסכמתם של עמי העולם היא המאפשרת מלכתחילה שפיכות דמים קולקטיבית כזו, ולפיכך, יהודים רשאים לפעול בעת מלחמה בדיוק באותן דרכים שנוקטים כולם. השאלה אם אפשר היה להצדיק את פעולת קיביה תלויה בשאלה האם עמים אחרים היו נוהגים אף הם באופן דומה באותן נסיבות. וכך הוא כותב:

> ...ולפי זה יוצא שגם בזה הזמן תתכן פעולה מלחמתית על ידי ישראל בתור מלחמת רשות. ובמלחמה אין צריך לדקדק ולהבחין בין צדיק לרשע, כי זהו טיבה של מלחמה שאינה נותנת אפשרות דקדוק, וגם בדרך זו הותרה המלחמה, כל עוד שנוהג זה מקובל על העמים. ועל כן יש לבדוק גם בנידון [של קיביה וכיוצא בזה] אם תגובה מסוג זה היא נקוטה ומקובלת בין העמים, כי אז יש לראות זאת כהסכמה מטעם כל הנוגעים בדבר, ואין בזה משום שפיכות דמים...[5]

לפיכך, הוא מסכם, אם כל העמים יקבלו על עצמם לאסור את פתיחתן של מלחמות ולקבל על עצמם תקנה זו, אף ההלכה תאמץ זאת. אולם המצב הגיאופוליטי הנוכחי והמשפט הבין־לאומי הקיים מעידים על כך ש"לא אכשר דרא" להכרזה כזו (בכך עסקנו בהרחבה בפרק 3). בהיעדר הצהרה כזו – ההלכה מתירה לצאת למלחמות, ואלה מטבען יובילו לאובדן חיי חפים מפשע.

מדוע איננו מכוונים אש לעבר ילדי האויב? חולשתן של האמנות הבין־לאומיות

הנחת היסוד של הרב ישראלי מושכת את הלב, שכן היא מאלצת את מדינת ישראל לדבוק בסטנדרטים בין־לאומיים כחובה דתית, ומסלקת את הקושי הכרוך בניסיון לבסס את מקורם של ערכים אלה. כך הוויכוח סביב פסוקי מקרא הסותרים זה את זה מאבד הרבה מתוקפו. יהודים חייבים לציית לסטנדרטים בין־לאומיים בדיוק כפי שהם מצייתים לחוקי המדינה ("דינא דמלכותא") בחייהם האזרחיים. משה ויהושע פעלו על פי אמות המידה שהיו מקובלות בתקופתם, וכך צריך לפעול גם צה"ל.

ובכל זאת, עצם המחשבה שמסורת הפסיקה ההלכתית נעדרת משנה עצמאית המסדירה את כללי ההתנהגות בזמן מלחמה עודנה מטרידה מאוד.

היהדות רואה את עצמה כמנהיגה, לא כנגררת, בכל הקשור לניסוח אמות מידה אתיות. זאת ועוד: ואקום כזה מרמז על כך שההלכה עשויה להתיר פגיעה בבלתי מעורבים – לרבות ילדים – אם הנורמות הבין־לאומיות יאפשרו מדיניות זו, או שלכל הפחות היא תשלים עימה.

הרב ישראלי חזר בו ממסקנה זו כאשר דחה את מלחמת מדיין כתקדים חד משמעי. באותה מלחמה משה עמד על כך שבני ישראל יהרגו את כל הילדים והנשים הבוגרות. האם זהו מודל למוסר צבאי יהודי? אם עמי העולם יאמצו כעת את שיטות הפעולה שהשתמשו בהן נגד המדיינים כאמות המידה המוסריות שלהם – האם ההלכה תתיר אותן אף היא?

בעיני הרב ישראלי זהו דבר שלא יעלה על הדעת. אומנם המקרא מצווה במקום אחר להרוג לפי חרב את כל תושביה היהודים של 'עיר הנידחת' שפנו לעבודת אלילים (שהזכרנו לעיל בפרק 2) – אך אין זו הוראה לדורות כיצד יש להתנהל בעת מלחמה. מלחמת מדיין הייתה לגיטימית, אבל אין צורך לחקות את כל תכסיסיה. ובלשונו של הרב ישראלי:

> היוצא מכל זה, שיש מקום לפעולות תגמול ונקם נגד צוררי ישראל ופעולה כזאת היא בגדר מלחמת מצווה. וכל אסון ופגע שקורה לפורעים ולבעלי בריתם ולילדיהם, הם הם שערבים לזה, והם עוונם ישאו. ואין שום חובה להימנע מפעולות תגמול מחמת חשש שייפגעו בזה חפים מפשע כי לא אנו הגורמים, כי אם הם עצמם ואנחנו נקיים. אכן לפגוע לכתחלה בכוונה בילדים, כזה לא מצינו אלא בחטא עבודה זרה. על כן מן הראוי לשמור עצמם מלנגוע בהם.[6]

מסכם הרב ישראלי: בשום מצב אין לפגוע בכוונה תחילה בילדים, גם אם מכירים בכך שלעיתים הם נהרגים באופן טרגי במהלך המלחמה. עיקרון זה אוסר גם על פגיעה במבוגרים שלא היו שותפים לפעולות איבה כלשהן, גם אם לעיתים קשה להגדיר את הגבול שבין לוחמים לבלתי מעורבים, כפי שהעיר הרב ישראלי באשר לפעולת קיביה.[7] על כל פנים, הוא סבור כי ההלכה מגדירה פגיעה בילדים כאקט בלתי לגיטימי מהותית. עם זאת, לא ברור כיצד הוא הסיק כי לילדים יש 'חסינות מפגיעה' מעבר להנחה שאין תקדים להרג ילדים, בפרט משום שהמקרא מספק דוגמאות רבות לכך.

הבעיה עם "מוסכמות מוסריות"

הרב ישראלי לא היה ההוגה היחיד שהתחבט באשר לקביעה שמוסר מלחמה נובע מנורמות מקובלות. באמצע שנות השבעים של המאה העשרים טען הפילוסוף ג'ורג' מאוורודס (Mavrodes) באופן דומה, כי המחויבות המשפטית להימנע מפגיעה בבלתי מעורבים תלויה בנורמות של התנהגות מקובלת ולא בציוויים אתיים.[8] הוא ציין כי תאורטיקנים רבים התייחסו לחסינותם של בלתי מעורבים כעובדה מוסרית המבוססת על אתוס יהודי נוצרי שמגנה את מי ש"רַגְלֵיהֶם לָרַע יָרֻצוּ וִימַהֲרוּ לִשְׁפֹּךְ דָּם נָקִי" (ישעיהו נט, ז).[9]

אולם האם לוחמים תמיד 'אשמים' ואילו בלתי לוחמים תמיד 'חפים מפשע'? טלו לדוגמה את המקרה הבא: ג'ון וברוס הם שני שכנים. ג'ון הוא פטריוט נלהב התומך במלחמה. הוא עובד בתעשייה הצבאית המגויסת למאמץ המלחמתי (וגם מתפרנס ממנה היטב). לעומתו, ברוס הוא אדם שהפרוטה אינה מצויה בכיסו, אינו מתעניין בשיקולים הפוליטיים שמאחורי המלחמה וגם אין לו עניין אמיתי להרוג או להיהרג למען מטרתה. עם זאת, ג'ון הוא בן חמישים ויש לו פטור על רקע בריאותי המונע ממנו להילחם בשדה הקרב. ברוס, לעומתו, רק בן שמונה־עשרה ובעל פרופיל קרבי, והצבא מגייס אותו ליחידה קרבית. מדוע מבחינה מוסרית ברוס 'אשם' יותר מג'ון? יש מי שיגיעו למסקנה ההגיונית כי ברוס לובש מדים המזהים אותו בעל כורחו כנציג רשמי של קולקטיב לוחם. הוא גם נושא נשק, ולמרות שהוא נרתע מלהשתמש בו – הימצאותו בידיו הופכת אותו לאיום קרוב יותר מהאיום שנשקף מכל אזרח אחר. אבל האמת היא שגם ג'ון, בלי ללבוש מדים או לשאת נשק, נוטל חלק במאמץ המלחמתי ותורם לאיום על הצד שכנגד.

אפשר להעלות טיעון זה גם ביחס לאזרחים העובדים בתעשיות מלחמה קריטיות, כמו ייצור תחמושת או אספקת מזון לקווי החזית (מעמדם של עובדים כאלה יידון בהרחבה בפרק 22). הגבול בין אזרח לחייל הוא אפוא מטושטש, ומעלה ספקות באשר לתוקפה של ההבחנה המוסרית בין לוחמים לבלתי מעורבים בשורות האויב.

מאוורודס טוען כי אף שעקרון אי הפגיעה באזרחים איננו מעוגן לחלוטין במוסר, הוא הפך להיות כלל מחייב בגלל הקונצנזוס הרחב שבנו סביבו

המדינות המתורבתות. כלל זה מסייע לצמצם את זוועות המלחמה בכך שהוא מטיל הגבלה במי מותר לפגוע בכוונה. אומנם יש מי שמטילים ספק בבסיסו המוסרי, אך היתרון המעשי שבו – הקטנת הסבל בעת מלחמה – מקנה לו את חשיבותו, ועל כן חשוב לקיימו. אולם אם עמים יסכימו ביניהם לאמץ נורמות לחימה אחרות, ההסכם החדש יהפוך מחייב ויתפוס את מקומו של הכלל הקודם, שכן בסיסו המוסרי היה תמיד רעוע.

אתגר ההדדיות: מה קורה כשאחד הצדדים מפר את הכללים?

אולם לגישה זו של "מוסכמות מוסריות" (moral conventions) יש חיסרון ניכר: כידוע, הסכמים נועדו להפרה בידי אחד הצדדים. מה קורה כאשר צד אחד מפר תנאי יסודי בהסכם ובכך גורם לצד השני להסיר מעליו את כל המגבלות המשפטיות והמוסריות? הרי אם נודה בכך שהטענות האתיות 'צולעות' וההסכם המשפטי כולו תלוי ועומד על כרעי תרנגולת של הדדיות, לא נותר כמעט דבר כדי למנוע שפיכות דמים מתמשכת.

מאוורודס מציע כי במקרה כזה על הצד הנפגע לקבל על עצמו להתאפק חד צדדית במשך תקופה מסוימת כדי לנסות לשכנע את אויבו להשיב באותו מטבע ולכונן (או לשוב ולאשר) איפוק שיהיה מוסכם על שני הצדדים. אם גם מחווה זו תיכשל, אזי הצד הנפגע רשאי "להעריך מחדש" את מדיניותו. כפי שטענו המבקרים, נראה שמאוורודס קובע למעשה כי מכאן ואילך פטור הצד הנפגע ממחויבותו להימנע מפגיעה בבלתי מעורבים, ובכך יורד לטמיון מרכיב מכריע במגבלות שמטילה תורת המלחמה הצודקת על התנהגות בעת מלחמה.[10]

עבור תאורטיקנים הדוגלים ברעיון האמנה החברתית, אתגר זה מחריף והולך עוד יותר במאה העשרים ואחת, שכן העלייה במספרן של המלחמות הא־סימטריות מדגישה שתי תופעות מטרידות: ראשית, טרוריסטים מטשטשים בכוונת מכוון את הגבול שבין אזרחים לבלתי מעורבים, במיוחד כאשר הם פועלים כחלק ממה שהם מגדירים 'תנועות שחרור לאומיות'. שנית, סירובם המוצהר של ארגוני טרור לציית לכללי התנהגות בזמן מלחמה, ובכלל זה הימנעות מפגיעה בבלתי לוחמים מן העבר השני, גורם לאובדן תקווה כלשהי ששני הצדדים יאמצו הדדית ריסון ואיפוק עצמי. בהיעדר הדדיות, לא ברור מה המוטיבציה של הצד הנפגע להמשיך ולפעול

מצידו לפי הכללים הישנים שהופרו.[11] כפי שניסח זאת אחד התאורטיקנים הבולטים: "הגיוני שכל צד בסכסוך ידבק בכללים רק באותה המידה שגם הצד השני יעשה זאת. על כן אם צד אחד יפר את ההבנה שהמוסכמות מוסיפות להתקיים, אין זה הגיוני לצפות לכך שהצד השני ימשיך לדבוק בהן, וגם לא מוסרי לדרוש זאת ממנו".[12] כמובן, כבר בשנות החמישים של המאה העשרים הבינו מנהיגי ישראל את הדילמות הללו, שנוצרו כתוצאה מאובדן ההדדיות.

חלק מהתומכים במשפט הבין־לאומי יטענו כי אלה בדיוק הדילמות שהפרוטוקולים הנוספים לאמנות ז'נווה נועדו לפתור. גם כאשר אחד הצדדים פועל באופן בלתי לגיטימי, פעולות תגמול המכוונות נגד כלל אזרחיו אינן חוקיות. עם זאת, כפי שציין אחד התומכים הבולטים במשפט הבין־לאומי, ציפיות כאלה אינן מציאותיות. הוא ניסח זאת כך: "מה בדיוק מצפים אדריכלי הפרוטוקולים מהמדינה הנפגעת לעשות – להפנות את הלחי השנייה? זוהי דוֹגמה דתית, ולא הצעה רצינית מבחינה צבאית או מדינית".[13] הוא חשש שמערכת המשפט הבין־לאומי כולה תקרוס אם מדינות יגלו כי אמות המידה שאימצו לעצמן אינן הוגנות או אינן מציאותיות.

מסיבה זו הציעו פילוסופים אחדים שיש להצדיק מדינות המגיבות מידה כנגד מידה על הפרות חמורות של הקוד המוסרי במלחמה. אם תשיב לצד הפוגעני באותה מטבע אתה עשוי להשיב אותו לתלם. הפילוסופים הישראלים פרופ' דני סטטמן ופרופ' יצחק בנבג'י, שניים מתומכיו הבולטים של מודל האמנה החברתית, אף מציעים שכאשר צד אחד פוגע בבלתי מעורבים, הצד השני רשאי לחרוג מהכללים המקובלים של חסינות אזרחית באמצעות פגיעה ב'אזרחים מעורבים' כגון פוליטיקאים,[14] ואם מדובר בארגון טרור – בראשי הזרוע המדינית שלו. עם זאת, ילדים וקשישים נשארים מחוץ לתחום. וכל כך למה? כי בסופו של דבר צריך לחזור באופן כלשהו למוסר בסיסי.

לפיכך נראה שנורמות לבדן אינן מספיקות כדי לבסס עליהן מוסר צבאי. ההיגיון הבסיסי שלהן לא תמיד משכנע, והן מאבדות הרבה מכוחן כאשר הצדדים התוקפניים מסרבים לפעול לפי הכללים. מכיוון שכך, עלינו לחזור לערכי מוסר בסיסיים, לא לחוק חיובי פוזיטיבי או לפרקטיקות נורמטיביות, כדי לנמק מדוע חובה להימנע מפגיעה בבלתי מעורבים אף על פי שאויבינו אינם נוהגים כך בעצמם.

הסיבות המוסריות להימנע תמיד מפגיעה באזרחים

ישנם שלושה נימוקים בסיסיים מדוע חיילים חייבים להימנע תמיד מפגיעה בבלתי מעורבים שאינם לוחמים, למעט במצבי חירום עליונים (הנדונים בפרק 5): יושרה אישית וכבודו העצמי של הלוחם; מצוינות לאומית; כבוד אנושי טבעי.

1. יושרה אישית וכבודו העצמי של הלוחם

חיילים נמנעים מביצוע מעשי זוועה לא בגלל אמנות או זכויות אדם אלא בשל חובות שיש להם כלפי עצמם. מתוך מצפונם האישי או הכבוד שהם רוחשים לדגל, חיילים רבים אינם הורגים באופן חסר הבחנה בלתי מעורבים ללא סיבה. יושרה אישית תמיד מילאה תפקיד חשוב בתרבות הצבאית. ההיסטוריון הצבאי הבולט ג'ון קיגן אף מרחיק לכת וקובע כי זהו הגורם האמיתי היחיד המכתיב ריסון עצמי של לוחמים בשדה הקרב: "אין תחליף לכבוד עצמי כאמצעי לאכיפת הגינות בשדה הקרב – מעולם לא היה ולעולם לא יהיה".[15]

מקורו של רעיון זה באזהרה המופיעה בספר דברים ומופנית לחיילים בצאתם לקרב: "כִּי־תֵצֵא מַחֲנֶה עַל־אֹיְבֶיךָ וְנִשְׁמַרְתָּ מִכֹּל דָּבָר רָע" (דברים כג, י). חז"ל פירשו פסוק זה כאזהרה לחיילים להימנע ממעשי רצח ושחיתות, הפקרות מינית, לשון הרע ועוד עבירות חמורות. הרמב"ן, מגדולי המפרשים בימי הביניים, מעיר כי החטא מצוי בימי מלחמה וידוע שחיילים היוצאים לשדה הקרב נוטים לפרוק מעליהם כל עול, לאכול כל תועבה, לגזול ולחמוס ולאנוס. אפילו באנשים ישרים ובעלי מידות טובות בטבעם מתלבשת רוח אכזריות וזעם בצאתם להילחם באויביהם. בדיוק ברגע זה נדרש אדם לחזק את כוח העמידה המוסרי שבו ולהישמר מעודף הרוע המצוי במלחמות.[16]

ואכן, הכישלון בשמירה על טוהר מוסרי גם בסערת הקרב הוביל בסופו של דבר לנפילתו של גדול המפקדים הצבאיים בתולדות ישראל, יואב בן צרויה. יואב היה לוחם נועז ואמיץ, שר צבאו של דוד המלך, שהציל את שלטונו בהזדמנויות אחדות בעודו מנהיג את צבא ישראל לניצחונות מפוארים רבים בשדה הקרב. עם זאת, הוא ואחיו חסרו משמעת עצמית, ולא הצליחו להתגבר על מידותיהם והם המשיכו במסעות הרג גם כשכבר לא היה בהם צורך. הם נקמו נקמה עקובה מדם במפקדים אחרים בצבא, אבנר בן נר ועמשא בן יתר, כחלק מחיסול חשבונות אישי עמם. באחרית ימיו

גינה דוד המלך בעצמו את יואב באומרו "וַיָּשֶׂם דְּמֵי מִלְחָמָה בְּשָׁלֹם וַיִּתֵּן דְּמֵי מִלְחָמָה בַּחֲגֹרָתוֹ אֲשֶׁר בְּמָתְנָיו וּבְנַעֲלוֹ אֲשֶׁר בְּרַגְלָיו" [שפך דם מלחמה בעת שלום והכתים את חגורתו ואת מנעליו בדם מלחמה] (מלכים א׳ ב, ה).[17]

מי שהיה בעברו מצביא צבאי מפואר נהרג כעבור זמן אף שנמלט אל אוהל ה׳ ונאחז בקרנות המזבח, בתקווה שיחוסו על חייו בשל קדושת המקום. זאת משום שבית האלוהים אינו משמש מקלט לשופכי דם שלא לצורך.

2. מצוינות לאומית

ישנה טענה דומה, שאין להילחם ברוע באופן המביא לאיבוד זהותנו ועקרונותינו הנעלים. אם ננהג כך נפסיק להיות מי שאנחנו, כביכול. על רקע זה זכורים דברים שאמר הסנאטור האמריקני ג׳ון מקיין, שהיה שבוי מלחמה במלחמת וייטנאם: "כאשר עקרון ההדדיות אינו חל, עלינו לזכור במקומו את העקרונות שלאורם אומתנו מנהלת את ענייניה [...] אילו נטשנו את קוד מוסר הלחימה שהתחייבנו לו מרצוננו החופשי היינו מאבדים את המעמד המוסרי שהפך את אמריקה לייחודית בעולם".[18] גם אם אויבינו פוטרים את עצמם מעכבות כאלה, כבודו של הקוד המוסרי שלנו מחייב אמות מידה גבוהות יותר, ובכללן הימנעות מתקיפת בלתי לוחמים.

בפרקים הקודמים ראינו כיצד שמירה על כבוד שמיים הייתה רעיון מרכזי בתפיסות היהודיות באשר לשמירה על הכבוד הלאומי. אישים כדוגמת הרב שרגאי, הרב הרצוג, הרב מימון, הרב עוזיאל ופרופ׳ ליבוביץ׳ היו חלוקים בשאלה עד כמה הסטנדרטים המוסריים שלנו צריכים להיות נעלים יותר ביחס לאלה של אויבינו. אך למרות המחלוקת ישנה תמימות דעים באשר לצורך לשאוף לסטנדרטים הגבוהים ביותר האפשריים, אפילו בתקופות מסובכות שבהן הנסיבות עלולות לאלץ אותנו ׳ללכלך את הידיים׳ ולבצע פעולות מורכבות מבחינה מוסרית. לאור זאת אפשר לטעון כי אין להעלות על הדעת הרג ילדים ואזרחים אחרים בלתי מעורבים, אף לא במסגרת פעולת תגמול. הרמב"ן לוקח טיעון כזה צעד אחד קדימה: עם ישראל ראוי לשמירה אלוהית בכפוף להתנהגותו המוסרית, גם בשדה הקרב. אם יתדרדר לרמתם המוסרית של אויביו יאבד את הזכות לחיות בארץ הקודש.

3. כבוד אנושי טבעי

הגורם המרתיע ביותר מפני הרג אזרחים בלתי מעורבים הוא הכרה בכך שכל בני האדם נבראו בצלם אלוהים. כפי שראינו בפרק 4 זהו עיקרון תאולוגי

שיש לו השלכות אתיות ישירות. איש הצבא שהדגיש זאת במיוחד היה הרב הראשי הראשון לצה"ל, האלוף הרב שלמה גורן.

הרב גורן והתפתחות המוסר הצבאי היהודי

הרב שלמה גורן נולד בפולין לקראת סוף מלחמת העולם הראשונה. הוריו, שנמלטו מרעב ומפוגרומים, עלו לארץ ישראל בהיותו ילד צעיר. הרב גורן לחם ב'הגנה' ולאחר מכן בצה"ל בעת מלחמת העצמאות, ופיתח קשרים הדוקים עם רבים ממנהיגיה המדיניים והצבאיים של ישראל. הוא שירת עשרים שנה בצה"ל לפני שהתמנה לכהן כרב הראשי האשכנזי לישראל. בספרו בן שלושת הכרכים – **משיב מלחמה: שאלות ותשובות בענייני צבא, מלחמה וביטחון** – טען גורן, בניגוד לדעת הרב ישראלי, כי אפשר להשתמש במקורות יהודיים כדי לגזור מהם הלכות במגוון רחב של נושאים, כגון: גיוס חובה כללי, החלת עונש מוות על מחבלים, הטלת מצור על ערים ומתן חסינות לאזרחים.[19]

בהתייחסו לסוגיית הפגיעה בבלתי מעורבים טען הרב גורן כי תורת ישראל מצווה עלינו לרחם על הכול, ובפרט אוסרת פגיעה במי שאינם לוחמים וכמובן באזרחים תמימים כמו נשים וילדים. בניגוד לרב מימון, שהשתמש בסיפור המקראי על הרג הזכרים בשכם בידי שמעון ולוי כדי להצדיק את מעשי האצ"ל בשנות השלושים של המאה הקודמת, טען הרב גורן כי מסיפור זה מתבקש לגזור מסקנה הפוכה:[20] המקרא נתן את המילה האחרונה ליעקב, ששנים רבות לאחר מכן עדיין גינה את נקמת בניו, אשר לא זו בלבד שהעמידה אותו ואת ביתו בסכנה אלא העידה גם על ניוולם המוסרי של מבצעיה.

> שִׁמְעוֹן וְלֵוִי אַחִים כְּלֵי חָמָס מְכֵרֹתֵיהֶם: בְּסֹדָם אַל תָּבֹא נַפְשִׁי בִּקְהָלָם אַל תֵּחַד כְּבֹדִי כִּי בְאַפָּם הָרְגוּ אִישׁ וּבִרְצֹנָם עִקְּרוּ שׁוֹר: אָרוּר אַפָּם כִּי עָז וְעֶבְרָתָם כִּי קָשָׁתָה אֲחַלְּקֵם בְּיַעֲקֹב וַאֲפִיצֵם בְּיִשְׂרָאֵל (בראשית מט, ה-ז).[21]

יעקב קבע כי חרון אף והיעדר שליטה עצמית הפכו את שמעון ולוי בלתי ראויים לשמש כמנהיגים אנשי מעלה, שכן אי אפשר לסלוח על אלימות חסרת הבחנה, גם לא בתור נקמה על מעשה מתועב כאונס דינה. באשר למצווה

להרוג את שבעת עממי כנען על טפם ונשיהם, טוען הרב גורן כי מצווה זו רלוונטית רק לעמים הללו.[22]

הצהרות אלו היו חלק מגישה מתודולוגית רחבה יותר, שמצד אחד הדגישה נטיות הומניסטיות מסוימות, ומצד אחר המעיטה בערכם של טקסטים מקראיים אחרים שייתכן להבינם כמבטאים אדישות כלפי מקרי מוות אצל האויב. עקרון העל נקבע על סמך פסוקים כגון "וְרַחֲמָיו [של האל] עַל כָּל מַעֲשָׂיו" (תהילים קמה, ט): אלוהים חפץ בניצחונו של עם ישראל, אך גם חס על בריותיו ואינו שמח במיתתם. ההלכה מייקרת את החיים באשר הם ומייחסת להם חשיבות, גם אם למרבה הצער מתעורר לעיתים צורך להרוג מן האויבים כדי לנצח בשדה הקרב. הרב גורן אף הרחיק לכת וטען כי מצוות מן התורה, כגון "לֹא תַעֲמֹד עַל דַּם רֵעֶךָ" (ויקרא יט, טז), מטילות דרישה מוסרית על מפקדי צבא להימנע מגרימת הרג מיותר בשטח האויב. כך הוא מבין בצורה שיטתית פסוקים או סיפורים מסוימים הקובעים עקרונות כלליים, להבדיל מפסוקים וסיפורים אחרים שלדעתו אינם רלוונטיים עוד או שהם חלים רק בנסיבות ספציפיות.[23]

גישה זו מסייעת להבהיר את תחושותיו של הרב גורן בנוגע לניסיונו האישי במהלך שירותו הצבאי למחצה. בתקופה שלאחר מלחמת העולם השנייה הוא עזב את ה'הגנה' כדי להצטרף לתנועת לח"י בירושלים, ודירתו הקטנה שימשה כסליק להסתרת אמצעי לחימה. אחיו – על פי הודאתו – הוציא לפועל פיגועים שבהם נהרגו תושבים ערבים. אף שתמך בהתקפות הלח"י על הבריטים (שעמדו במוקד פעילות הארגון בתקופה זו), הרב גורן הסתייג נחרצות מהתקפות על ערבים אקראיים על לא עוול בכפם. כך כתב באוטוביוגרפיה שלו:

> האמת ניתנת להיאמר, שלא הסכמתי עם כל הפעילויות של הלח"י. לא הייתי תמים דעים עם כל הפעולות הגדולות שהם עשו. הייתי נגד רצח של ערבים רק משום שהם ערבים. דעתי לא הייתה נוחה מכך. התנגדתי לרצח של אנשים שלא חטאו ולא פשעו. היו לנו הרבה מאוד ויכוחים על רקע אידאולוגי. בכל זאת אני רב, ויש לנו אמות מוסר שלנו, אמות מוסר של התורה, לפיהן כל אדם נברא בצלם האלוקים. לכן אנחנו צריכים לחוס ולכבד חיים של כל אדם, בתנאי שהוא לא מהווה סכנה בעבורנו ולא נלחם בנו. אני ראיתי את עיקר המאבק בממשלה הבריטית, שסגרה את השערים בארץ בפני העולים שרצו לברוח מהשואה של אירופה.[24]

הרב גורן מיטיב לתאר כאן את המגבלות אשר לשיטתו מטילה התורה על פעולות תגמול לוחמניות בפרט ועל תנועות לאומניות בכלל: גם בעת מלחמה אין לשכוח כי כל בני האדם נבראו בצלם אלוהים. הרב גורן מעלה רעיון זה כדי לבסס כלל חשוב במוסר הצבאי היהודי: גם בסערת הקרב יש להימנע מפגיעה בבלתי מעורבים שאינם משתתפים בלחימה, שכן גם הם נבראו בצלם אלוהים.[25]

עמדה מוסרית יסודית זו, הבנויה על הומניזם דתי, מדגישה היבט מכריע ביחסים בין דת ללאומיות. רבים שותפים לחששו של ליבוביץ' שהשילוב של שני הכוחות החזקים הללו עלול להביא לאלימות חסרת מעצורים. אולם המקרה שבו עסקינן דווקא מראה כיצד הדת יכולה לספק מגן רב עוצמה מפני לאומיות יתרה. ההלכה מחזקת ומרחיבה את איסור "לא תרצח" כך שיחול אף על אזרחי האויב, ובכך היא מעניקה תזכורת מהדהדת לכך שגם לצעדים שאנו נוקטים למען מטרות לאומיות ישנם גבולות. זו תזכורת לא רק לכך שלפעמים המטרה אינה מקדשת את האמצעים, אלא גם לעובדה שבכוח התורה לרסן כוחות הפועלים לשחרור לאומי ולהשגת ריבונות לשם השגת מטרותיה שלה, שהן נעלות ומוסריות לא פחות.

פרק 8

מודל רב־ערכי יהודי למוסר צבאי

האם יש ליהדות מה ללמד על מוסר מלחמה?

קיומן של השקפות מגוונות בציונות באשר לפעולות תגמול המבוצעות בשם ערכים יהודיים מעלה את השאלה באיזו מידה מצליחה חוכמת ישראל להתמודד עם מתן תשובות חד משמעיות לדילמות מורכבות. כפי שראינו, בן גוריון הטיל ספק ביכולתה של המסורת היהודית להציע תשובות החלטיות לגבי סוגיות המתעוררות בעת לחימה. ספקנותו לא נבעה רק מן העובדה שהמקורות היהודיים הקלסיים משקפים מגוון תקופות והקשרים שונים בתכלית, אלא גם משום שהם עמוסים ברעיונות סותרים. האם הדיבר השישי, 'לא תרצח', מנחה את שיקולינו? האם אנו מוחים את זכר עמלק בפועל? עד כה הוזכרו ערכים רבים: צלם אלוהים הנמצא בכל אדם, הגנה עצמית, סטנדרטים מוסריים שקיומם מקנה לנו זכות ישיבה בארץ ישראל, קידוש השם וכבוד ישראל, אמנות בין־לאומיות ואופיין הקולקטיבי של מלחמות. אף על פי שכל הערכים האלה מושרשים במקורות יהודיים קלסיים ומייצגים אידאלים לגיטימיים, הם עשויים להוביל למסקנות שונות מאוד, ומכאן אפשר להניח כי במקורות היהודיים ישנו היצע דל בלבד של עצות והדרכות החלטיות שאפשר להשתמש בהן בתקופתנו.

יש מי שאף יטענו כי עצם הפנייה לטקסטים דתיים נעשית כדי לקדש אמונות אידאולוגיות שהן נחלתו של הפונה זה מכבר: 'בחרו את התשובה שאתם מעוניינים בה ותוכלו למצוא לה הצדקה באחד המקורות היהודיים שיצדיק אותה'. לפי גישה זו, ערכים יהודיים אינם מניעים את התנהגותם

של אנשים, אלא אנשים משתמשים בטקסטים יהודיים כדי לתמוך בהחלטות פוליטיות. היחסים בין דת לפוליטיקה מורכבים, אם לנקוט לשון המעטה: האחת תומכת ברעותה, וכך צצות להן השקפות שונות בתכלית שהמשותף לכולן הוא שהן מדברות בשם הדת.[1]

בניגוד לעמדה הספקנית הזאת, ריבוי הקולות והערכים הוא הוא סוד כוחו של השיח המוסרי היהודי. כפי שעמדו על כך הרבנים והפוליטיקאים שהתווכחו על פעולות התגמול, חוכמת ישראל יכולה לתת עצות באשר לדילמות צבאיות עכשוויות, אך היהדות אינה מדברת בקול אחד ולא מתוך עיקרון אחד. הקאנון המקראי, השיח התלמודי וספרות השו"ת והמוסר משקפים קולות וערכים מרובים. המוסר הצבאי היהודי שואב גם הוא מערכים מגוונים הקיימים בספרות היהודית הקדומה. כפי שאפשר לראות בפרקים הקודמים, ערכים אלה כוללים את הרעיונות הבאים:

1. **כבוד האדם.** כל בני האדם, ידידים ואויבים כאחד, נבראו בצלם אלוהים.[2] נורמה זו מחייבת אותנו באופן כללי להתייחס לכל אדם באשר הוא מתוך כבוד בסיסי, ולא להתייחס לאנשים בזלזול כאל אמצעים להשגת מטרה כלשהי.
2. **שפיכות דמים אסורה היא עוול מהותי.** הציווי 'לא תרצח' משקף עיקרון תאולוגי עמוק זה ותובע מאיתנו שלא להקל ראש בחיי אדם. למעשה, היכולת למנוע שפיכות דמים מיותרת היא אחד הגורמים ההופכים את היהודים ראויים מבחינה מוסרית לנחול את ארץ ישראל.[3]
3. **אחריות אישית.** יחידים נושאים באחריות ראשית למעשיהם, ובאופן אידאלי אמורה להיות להם אחריות בלעדית עליהם.[4]
4. **חזון השלום העולמי.** החזון המקראי הגדול חותר להפסקת כל המלחמות באשר הן, ומציב זאת כמטרה שהאנושות חייבת לשאוף אליה.[5] מלחמה בשירות הצדק. עד שיגיעו ימות המשיח, המקרא קורא למאמיניו לאחוז בנשק כדי להבטיח את הצדק. שימוש בנשק יכול להיות לצורך:
   - הגנה עצמית[6]
   - יישוב המולדת[7]
   - ביעור הרוע, ובמיוחד הרוע המאיים על גבולנו או בתוכו.[8]
5. **לוחמה, מטבעה, היא עניין קולקטיבי.** הדבר כרוך בכך שאזרחים וחיילים מסכנים את חייהם למען בני עמם לצד נכונות להרוג פרטים מבני עמו של האויב. בהתאם לכך, לוחמה יוצרת צורה של זהות ואחריות קהילתית.[9]

6. **העדפה לאומית.** האחריות הראשונה במעלה של מנהיגים ואזרחים היא הגנה על בני עמם. עם ישראל יוצא למלחמה כדי לפדות ולו רק יהודי אחד המצוי בשבי.[10] זהו חלק מהאתוס הכללי, שלאנשים יש מחויבויות פרטניות למשפחתם, לחבריהם, לקהילתם או לבני עמם (עניי עירך קודמים). מחויבויות אלה ל'אנשי שלומנו', לאנשים הנמצאים במעגל הקרוב ביותר אלינו, יוצרות חובה מוסרית על הפרט לבל יתנער מאחריותו להילחם בשם הקולקטיב.[11]
7. **גבורה ואומץ לב – פיזי ומוסרי.** במלחמה, אומץ הוא מעלה טובה ופחד הוא חיסרון.[12] מעלה טובה היא לדאוג שמא תהרוג מישהו שלא כדין, כפי שחששו האבות אברהם ויעקב. ואף על פי כן יש להילחם באומץ לב.
8. **כבוד לאומי.** כמו בכל מעשינו, יש להביא בחשבון את שני הגורמים: כבוד שמיים וכבוד ישראל. הדבר מחייב:
   - שלא לפעול באופן בלתי מוסרי שיפגע במוניטין הלאומי שלנו.
   - שלא להפוך לעם מאוס ונבזה שהוא מושא ללעג בין העמים.

כדאי לעיין שוב ברשימה זו. כל הערכים הללו מובנים בנקל, וללא ספק יימשכו רבים בהקשרים שונים. אך האם פירוש הדבר שאחד מהם אמור לקבל בכל עת עדיפות על פני משנהו? או שמא הדבר תלוי בהקשר שבו נבחנים הדברים?

זוהי שאלה מכרעת, שכן קל לדמיין כיצד ערכים אלה יכולים להתנגש זה בזה: כולנו מעדיפים עולם שבו יחידים בלבד אחראים לחטאיהם – "אִישׁ בְּחֶטְאוֹ יוּמָתוּ" (דברים כד, טז) – אך מכירים בכך שבמציאות מלחמה היא עניין קולקטיבי; כבוד לאומי הוא חרב פיפיות כאשר אנו מבקשים להיות אומה גאה וחופשית בלי להשתמש באמצעים שיבזו אותנו; שלום הוא שאיפתנו המוחלטת, אך לעיתים לוחמה היא בלתי נמנעת; וכן על הדרך הזו. ישנם מצבים שבהם ערכים מסוימים אכן אינם יכולים לעלות בקנה אחד עם ערכים אחרים.

האתגר שבפניו ניצבים אתיקאים ומנהיגים הוא כיצד לקבוע אילו מהערכים המוסריים הללו הם הרלוונטיים ביותר במקרה נתון. קל מאוד לקיצונים – אנשי דת ופילוסופים – לאמץ ערך אחד באופן מוחלט ולהתעלם משאר הערכים. פשוט מאוד לצעוק: "עמלק הוא כאן" או "הפסקת מלחמות עכשיו". מאוד שטחי – לדתיים ואנטי דתיים כאחד – לקחת מקור מסוים או טקסט אחד ולקבוע, לטוב או לרע: "זאת עמדת היהדות". ביהדות, צריך

להתמודד עם כל הערכים שבמסורת, ולהסביר מדוע במקרה הזה אחד רלוונטי יותר מן האחר. תהליך זה נקרא 'קָזואיסטיקה' או מוסר קָזואיסטי (באנגלית: casuistry). זו תורת אתיקה מעשית, המבוססת על יישום עקרונות מוסריים למקרים (cases) מסוימים. השיטה טוענת כי יש לדון בכל מקרה לגופו, בהתאם לכל מגוון הפרטים והמקרים היוצרים את הסיטואציה, ורק בהתאם לכך לקבוע האם המעשה מוסרי.[13]

המודל הרב־ערכי היהודי הוא 'קזואיסטיקה פלורליסטית' (pluralistic casuistry), כלומר ניסיון לקבוע איזה מבין הערכים הרבים המרובים צריך, בנסיבות נתונות, לקבל עדיפות על פני האחרים. חלק מן הפילוסופים מנצלים את המודל הרב־ערכי היהודי הזה כדי 'לאזן', כביכול, ערכים שונים ולקבוע איזו טענה מוסרית צריכה לגבור על אידאלים אחרים בנסיבות מסוימות. אתיקאים אחרים מטילים ספק בשאלה האם בכלל אפשר ליצור היררכיה בין ערכים מתחרים, שהרי הם קשים למדידה. במקום זאת, יש לקיים שקלא וטריא מאומץ ובסופו לקבל החלטה המכריעה מהו הערך שיקבע כיצד נגיב במקרה נתון.

ההיבט המכריע בקזואיסטיקה פלורליסטית הוא שכאשר מקיימים הערכה אתית של מקרה נתון, יש להביא בחשבון את כל השיקולים המוסריים. זאת בניגוד לתיעדוף של גורם יחיד, כמו ניצחון לאומי, או ערך על כלשהו כגון זכויות אדם.

כאן טמונה ההבחנה המכרעת בין מודל פלורליסטי לבין מודלים המתעדפים גורם יחיד, מה שהפילוסופים מכנים 'מערכת מוניסטית' (monist). המצדדים במוניזם מכירים בקיומם של ערכים מרובים, אך טוענים כי אחד מהם גובר על כל השאר. לדוגמה, גישה הדוגלת בהצדקת המלחמה בכפוף לשיקולי זכויות אדם סבורה כי עיקרון מרכזי אחד – זכויות האדם במקרה זה – גובר על ערכים אחרים כמו תועלת צבאית או פוליטית. לעומת זאת, פלורליסטים מאמינים שאין היררכיה מוחלטת של עקרונות, כפי שטען הפילוסוף ג'ון קקס (Kekes).[14] כל הערכים החיוניים הללו הם על תנאי. כלומר, תהיה אשר תהיה חשיבותו של ערך מסוים – אפשר לבטלו כאשר הוא סותר ערך אחר בעל משקל כבד יותר בסיטואציה מסוימת.

החולשה לכאורה של קזואיסטיקה פלורליסטית טמונה בכך שהיא אינה מספקת 'כלל ברזל' או עקרון על לטיפול במקרים של ערכים מוסריים הסותרים זה את זה. עובדה זו מקשה על קבלת הכרעה החלטית הנחוצה

במקרים מורכבים. בסופו של דבר, אנשים עשויים לחלוק על האופן שבו יש להביא בחשבון או לשקלל את הערכים השונים בנסיבות כאלה ואחרות.

אולם האמת היא שאפילו תומכי תאוריות מונוליטיות יותר, כמו המודל מבוסס הזכויות, מודים כי ערכים אחרים חייבים לקבל עדיפות מדי פעם (אם כי לעיתים רחוקות). כאמור לעיל בפרק 5, במקרים של 'ידיים מלוכלכות' או במצבי חירום עליונים אין מחלוקת שלעיתים ישנה עדיפות לשיקול הצבאי. המודל הקזואיסטי מכיר בכך שעקרונות מוסריים מתחרים ואחריות פרטיקולרית עשויים לעיתים לגבור על ערכי על כמו זכויות אדם.

קזואיסטיקה פלורליסטית טוענת כי כל מקרה, לא רק נסיבות קיצוניות, מצריך התחשבות בכמה וכמה ערכים. החיים המוסריים מורכבים מכדי שעיקרון מכריע אחד ייתן להם מענה. מורכבותן של הדילמות מאלצת אותנו לשקול מגוון גורמים מוסריים לגיטימיים שאנו מזהים אינטואיטיבית. עלינו להכיר במציאות, והמציאות היא שתמיד יהיו גורמים מרובים שיש להביא בחשבון, ושלפעמים ערכים אלה לא יתיישבו זה עם זה.

בספר זה נשתמש במונח 'מודל רב־ערכי יהודי' כדי לתאר מערכת המביאה בחשבון ערכים מרובים המצויים בשפע במקורות היהודיים הקלסיים.

המודל הרב־ערכי היהודי' מצליח להבהיר כיצד ייתכן שאנשים הגונים, רציניים ועמוקים יכולים להיות חלוקים כל כך בסוגיות אלה, גם כאשר הם שותפים לאותה מסורת מוסרית או לאותה דת. מודל זה מאפשר לאנשים המחזיקים בהשקפות שונות להתווכח זה עם זה באופן סביר, תוך התלבטות משותפת בשאלה אילו ערכים צריכים לקבל עדיפות. החלטות תיחשבנה לגיטימיות או סבירות, גם אם אינן משכנעות, כל עוד הובאו בחשבון כלל הערכים.[15] לדוגמה, הרב עמיאל והרב מימון יכולים להמשיך לעבוד יחד, שכן הם נותרים מחויבים לשימור מערכת הערכים המשותפת.

כדי להדגיש את הערך של קזואיסטקה פלורליסטית ושל המודל הרב־ערכי היהודי בפרט, כדאי לבחון פעולת תגמול שנויה במחלוקת שהתרחשה בין שתיים מהמחלוקות הציוניות הגדולות ביותר סביב סוגיה זו: כוונתי להפצצות בעלות הברית על דרזדן בשנת 1945, לקראת סוף מלחמת העולם השנייה. כפי שנראה בפרק הבא, זהו מקרה מבחן מצוין. זאת משום שלחסידי המודל המונוליטי קל לשבח או לגנות את הפשיטה, בעוד רבים אחרים מכירים בכך שהעניינים אינם כה פשוטים.

פרק 9

ההפצצות על דרזדן

מודל רב־ערכי יהודי הלכה למעשה

בליל ה־13 בפברואר 1945 מילא פיקוד המפציצים של חיל האוויר המלכותי הבריטי אחר הפקודות "להרוס אזורים צפופים ומתקני רכבת ותעשייה בקרבת מקום" בעיר ההיסטורית דרזדן שבגרמניה. מטעני מגנזיום מאיר שוגרו לפני ההפצצה כדי לסמן מטרות והצליחו להאיר היטב את אצטדיון הכדורגל במרכז העיר. זו הייתה תאורה מושלמת עבור הגל הראשון של מאתיים וארבעים וארבעה מפציצים, שהורידו מבול של פצצות תבערה ברחבי העיר. בסיוע רוחות מערביות חזקות, התעצמה מערבולת האש עד כדי כך, שבשעה שהסבב השני של 550 מפציצים כבדים חדרו למרחב האווירי של דרזדן, האש והעשן המיתמרים השמיימה הסתירו לחלוטין את שדה הראייה של הטייסים, והם נאלצו להטיל את הפצצות באופן עיוור ('הפצצות שטח'). בעוד המטוסים עושים את דרכם חזרה לבסיסיהם, נראו הלהבות ממרחק של למעלה ממאה מיל.

למחרת הפיל צי של 311 מטוסי B-17 אמריקניים מטען נוסף של פצצות במשקל 771 טונות – חלקן על מגרשי הרכבת של דרזדן, אך רובן פגעו בנקודות שונות ברחבי העיר בשל מסך העשן שהסתיר את הראייה. (אגב, ארבעים מטוסי B-17 תקפו בטעות גם את פראג, מרחק שבעים מייל משם, והרגו שבע מאות אזרחים). ב־15 בפברואר הפציצו 210 מטוסי B-17 נוספים את דרזדן כמימוש חלופה, לאחר שלא הצליחו להגיע ליעדם

העיקרי. לאחר שסיימו את משימתם שוב אפשר היה לצפות בלהבות ממרחק מאתיים מיל!

בתוך דרזדן עצמה להטה האש עד כדי כך שמי ששרדו את הכוויות נחנקו למוות מחוסר חמצן, מי שמצאו מחסה במקלטים העירוניים הבודדים נחנקו משאיפת פחמן חד חמצני, ומי שנותרו מעל הקרקע נספו בבניינים הקורסים. אזרחים גרמנים שהצליחו להימלט מבתיהם לרחובות נפגעו מרעפים מעופפים ומיריעות מתכת שהתקלפו מהגגות הלוהטים ונפחו את נשמתם בגשם של גחלים בוערות הניתכות מן השמיים.[1]

קורט וונגוט היה שבוי מלחמה אמריקני שנשלח לעבוד בבית מטבחיים בדרזדן. הוא שרד לאחר שמצא מקלט בחדר קר ששימש לאחסון בשר, שלוש קומות מתחת לפני האדמה. המקום הבטוח ביותר למצוא בו מחסה באותו לילה היה לצידן של בהמות שחוטות שנועדו לאכילה.

לאחר מכן אולצו וונגוט ואסירים נוספים לפנות גופות מן הבניינים ההרוסים. חוויה זו שימשה השראה לרומן המדע הבדיוני האנטי מלחמתי שלו: **בית מטבחיים חמש, או מסע הצלב של הילדים** שפורסם בעת מלחמת וייטנאם.

ניצול מפורסם נוסף היה ההומניסט ויקטור קלמפרר, בנו של רב רפורמי בברלין. קלמפרר המיר את דתו לנצרות פרוטסטנטית בשנת 1912, שנים ספורות לאחר שנשא אישה נוצרייה. הוא נלחם כפטריוט למען המולדת גרמניה במלחמת העולם הראשונה והפך לפרופסור בעל שם, אך שורשיו היהודיים דנו אותו לסבל תחת המשטר הנאצי. בזכות היותו נשוי ל'ארית' הצליח להימנע מגירוש. הוא ואשתו הועברו לדירה באזור שהוקצה למגורי יהודים בתחילת המלחמה.

בשעות אחר הצהריים של ה־13 בפברואר צפה קלמפרר בחלק ממאתיים יהודי דרזדן הנותרים מקבלים הודעות גירוש. הם היו אמורים להישלח למחנה הריכוז טרזינשטט כעבור שלושה ימים. כשצופרי האזעקות הפתיעו את דיירי הבניין, הפטיר אחד הדיירים היהודים במרירות: "לו רק היו מפוצצים את הכול...". ניבא, ולא ידע מה ניבא.

קלמפרר ואשתו איב הצליחו לשרוד באותו לילה, אך דרכיהם נפרדו זמנית בשל הכאוס. תוך כדי חיפושיה אחר בעלה ניסתה איב להצית סיגריה על גחלים רוחשות שמצאה על הקרקע. בזוועה גילתה שמדובר בשאריות שרופות של גוויית אדם. ויקטור ניצל את המהומה שהשתררה

בעקבות ההפצצה, קרע מעל דש מעילו את הטלאי הצהוב, והשניים הצליחו להישאר בחיים עד כניעתה הסופית של גרמניה הנאצית, שמונים וארבעה ימים לאחר מכן.

מלקולם גלדוול ופסלו של ארתור 'המפציץ' האריס

כמעט שמונים שנה מאוחר יותר, עדיין חלוקות הדעות בשאלה האם ההפצצות של כוחות בעלות הברית בדרזדן ובמקומות אחרים באירופה היו תקינות מבחינה מוסרית. בזמנו, רבים הצדיקו הפצצות אלה, והתייחסו אליהן כגמול לגיטימי להפצצות של ה'לופטוואפה' (חיל האוויר הגרמני) על ורשה, רוטרדם, אמסטרדם, לונדון וקובנטרי. ביום שלאחר ההפצצות בדרזדן קבע מאמר מערכת של ה'ניו יורק טיימס': "ניצחונן של בעלות הברית מושג באמצעות אותו נשק שבו היה היטלר אמור לכבוש את העולם". העיתון האשים את הפיהרר בדם הגרמני שנשפך בשל התנגדותו העיקשת.

עם זאת, לפחות בשל שתי סיבות, ההצדקה להפצצות התגמול אינה פשוטה: ראשית, היסטוריונים רבים מצטטים מסמכים והצהרות המצביעים על כך שהבריטים האמינו כי יש לפגוע בערים הגרמניות עוד בטרם החל הבליצקריג על בריטניה. עם פרוץ המלחמה באירופה, ביקש נשיא ארצות הברית תיאודור רוזוולט מהבריטים ומן הגרמנים הבטחה כי לא ישתמשו ב'ברבריות הבלתי אנושית' שנצפתה במלחמת העולם הראשונה בעת שהותקפו מרכזים אזרחיים. בקשה זו הייתה ברוח הצהרה שפרסם בשנת 1938 חבר הלאומים בגנות 'הפצצה מכוונת של מרכזים אזרחיים'. עבור רבים ממבקרי בעלות הברית, ההפרה היסודית של התחייבות זו ביטאה את אובדן המצפן המוסרי שלהם במערבולת המלחמה הכוללת. שנית, כפי שראינו בעבר, אתיקאים המייחסים חשיבות ראשונה במעלה לזכויות אדם מאמינים כי פעולות תגמול עלולות לפגוע באזרחים באופן בלתי לגיטימי. לדעתם אסור היה להילחם בטרור הגרמני בשיטותיו שלו.

על כל פנים, המוטיבציה של בעלות הברית טשטשה את הקו האפור ממילא המבדיל בין התקפות תגמול להרג כנקמה. כפי שאמר 'האריס המפציץ', סר ארתור האריס, שהיה ראש פיקוד המפציצים של חיל האוויר המלכותי, בפרפרזה על דברי הנביא הושע (ח, ז):

> הנאצים נכנסו למלחמה הזו באשליה ילדותית למדי שהם עומדים

להפציץ את כולם ושאיש אינו מתכוון להפציץ אותם בחזרה. הם הוציאו אל הפועל תאוריה נאיבית זו שלהם ברוטרדם, בלונדון, בוורשה ובעוד חמישים מקומות אחרים. הם זרעו רוח וכעת עומדים הם לקצור סופה.[2]

אולם ההקבלה להושע אינה מתאימה במאת האחוזים, שכן שם את הנקמה פעל אלוהים, ואין היא נקמתם של בני תמותה שאינם אנשי מעלה. יתר על כן: אומנם המקרא מצווה על נקמה, אך כפי שכבר ראינו – הדבר אינו הופך אותה בהכרח להחלטה הנבונה ביותר מבחינה אסטרטגית או לבחירה המוסרית ביותר מבין שלל האפשרויות שעל הפרק.

לאחרונה ניסו אקטיביסטים בריטים להסיר פסל ציבורי של האריס. הם תופסים את שפיכות דמם של אותם גרמנים בלתי מעורבים ככתם מוסרי בל יימחה על ארצם. שותף לדעתם הוא מלקולם גלדוול, מחבר רב המכר 'מאפיית המפציצים: חלום, פיתוי והלילה הארוך ביותר של מלחמת העולם השנייה'. גלדוול תייג את האריס כפסיכופת, שאת מסע ההפצצות שלו הניעה נקמה. אומנם גלדוול עצמו מתנגד להסרת פסלו של האריס, אך הוא נימק זאת בכך שמוטב לה לחברה שטעויותיה מן העבר יעמדו תמיד לנגד עיניה. לעומת זאת, המצדדים בהאריס גינו את גלדוול ומבקרים אחרים בטענה שהם 'מפקדים על חיל האוויר מהכורסה', אינם מייחסים חשיבות לערכן האסטרטגי של אותן הפצצות ואינם מודעים להחלטות המוסריות המורכבות שהיו נחוצות אז כדי להביס את גרמניה.[3]

על הוויכוח סביב הפצצת דרזדן מאפילות רק הפצצת חיל האוויר האמריקני על טוקיו והפצצות הגרעין שהוטלו על הירושימה ונגסאקי. באשר לשאלה האם אותן הפצצות גרעין היו מוצדקות מבחינה מוסרית, דעת הקהל עדיין חלוקה. בארצות הברית, למשל, 56% מהאמריקנים עדיין מאמינים כי ההפצצות הגרעיניות היו מוצדקות, בעיקר משום שלתחושתם היה הכרח לשים קץ למלחמה. נתון זה נמוך יותר מהתמיכה שהייתה להפצצות אלה בדעת הקהל בסיום המלחמה בשנת 1945, אז עמדה על 85%.[4]

הוויכוח הציבורי סביב פעולות אלה טרם הוכרע, אך הרוב המכריע של התאורטיקנים המצדדים בזכויות אזרח כשיקול הראשון במעלה סבורים כי הפצצת אזורים אלה הייתה בלתי מוצדקת לחלוטין, אפילו בכפוף לטענה של מצבי חירום עליונים. הפילוסוף איגור פרימוראץ הכריז כי "ההפצצה הייתה אסון מוסרי בלתי נתפס", במיוחד משום שלבריטים לא הייתה שום סיבה לשער שפשיטות כאלה יצליחו לפגוע במורל הגרמני.[5] גם ההוגה הבריטי

הבולט א"ס גריילינג (Grayling) גינה את הפצצת דרזדן כבלתי מוסרית, ואף קבע כי לא הייתה יעילה.[6] דאגלס לאקי (Lackey) הקצין את הטענה עוד הרבה יותר: כותרת המאמר המקוממת שלו – "ארבעה סוגי רוצחי המונים: סטלין, היטלר, צ'רצ'יל וטרומן" – אומרת הכול.

רבים מגיבים לתאורטיקנים מעדיפי זכויות הללו בטענה שהפצצות השטח קירבו את סופה של המלחמה ובסופו של דבר הצילו חיים משני הצדדים. זו הייתה אחת הטענות הרבות שהועלו במהלך המלחמה ומיד לאחריה כדי להצדיק את הצורך בהפצצות. הארכיבישוף של יורק, ד"ר סיריל גארבט, שכבר בשנת 1942 דחק בבריטניה לעשות יותר כדי למנוע את ההשמדה 'המכוונת ובדם קר' של העם היהודי, אמר את הדברים הבאים לאחר פשיטה בריטית דומה שאירעה קודם לכן:

> ההצדקה האמיתית להמשך ההפצצה הזו היא שהיא תקצר את המלחמה ועשויה להציל את חייהם של אלפים. מי שדורשים לעצור את כל ההפצצות דוגלים במדיניות **שתהיה גזר דין מוות עבור עוד רבים מחיילינו, ותדחה את שעת השחרור, שהיא לבדה תציל מטבח ומעינויים את מי שנמצאים כעת תחת שליטתם של הנאצים.**[7]

גארבט המשיך לתאר במיומנות את דילמת הידיים המלוכלכות:

> לעיתים קרובות, בחיים אין בחירה ברורה בין טוב מוחלט לרע מוחלט; תכופות יש לבחור את הרע הקטן מבין השניים, והפצצת גרמניה שוחרת המלחמה היא רע קטן יותר מאשר הקרבת חייהם של אלפי בני ארצנו המשוועים לשלום ודחיית הצלתם של מיליונים המוחזקים כעת בעבדות.[8]

לדעת גארבט יש לתת עדיפות להצלת מספר גדול ככל האפשר של חיי אדם, ובמיוחד חיי עמיתיו הבריטים וקורבנות התוקפנות הגרמנית.

פרופ' מייקל וולצר, הדוגל בעליונות שיח הזכויות, דוחה חישובים תועלתניים כאלה:

> להרוג 278,966 אזרחים (המספר היפותטי לצורך הטיעון) כדי למנוע את

> מותם של אזרחים וחיילים במספר לא ידוע, אך כנראה גדול יותר, הוא מעשה פנטסטי, שמיימי, מפחיד ומזעזע... מעשה המכיר בכך שגרימת נזק לחפים מפשע, תהיה מטרתה אשר תהיה, **הרי היא מעין חילול הקודש** נגד מחויבויותינו המוסריות העמוקות ביותר.[9]

עמדתו של וולצר היא שחובתנו העיקרית היא לשמר את הציוויליזציה המוסרית שלנו באמצעות הגנה חסרת פשרות על זכויות אדם, והתנערות מחישובים תועלתניים המשווים בין מספרי המתים בכל תרחיש.

אותם טיעונים חלים גם על הפצצתה של יפן. היסטוריונים רבים טוענים כי אילו הייתה מלחמת העולם מתארכת, "הרבה יותר אנשים מכל העמים – ובמיוחד ביפן – היו מאבדים את חייהם מאשר מספר הנספים בהירושימה ובנגסקי".[10] ואכן, בקרב על אוקינאווה שהסתיים פחות מחודשיים לפני ההפצצות הגרעיניות, נהרגו כמאתיים וארבעים אלף בני אדם משני הצדדים. כוחות אמריקנים ספגו אבדות גדולות גם בקרב איוו ג'ימה. כל חדירה קרקעית לאדמת יפן, לו הייתה מתבצעת, הייתה יקרה יותר במונחים של אבדות וסבל כללי.

חישובים תועלתניים כאלה אינם לגיטימיים בעיני הוגים כוולצר, הטוענים כי אזרחי הערים הללו לא עשו דבר שיהיה בו כדי להפקיע את זכויותיהם ולהפוך אותם למטרה להתקפות אוויריות. לא היה זה מקרה של מצב חירום עליון, שכן היפנים חדלו כבר להיות איום מיידי על הישרדות ארצות הברית. וולצר טען עוד, כי הדרישה האמריקנית לכניעה ללא תנאי, שעיכבה את הפסקת האש, הייתה כנראה "מוצדקת מבחינה מוסרית בגלל אופיו של המיליטריזם היפני"; אך אף על פי כן הוא הגיע למסקנה שהפצצות הירושימה ונגסקי לא הצדיקו את העלויות האנושיות שהיו כרוכות בהן.[11] לדבריו, צריך להיות ברור כי הבעיה לא הייתה עצם השימוש בפצצות גרעיניות במקום בפצצות קונוונציונליות, אלא אופיו חסר ההבחנה של ההרג. לפיכך לדעתו הפשיטה על טוקיו במרץ 1945 ייצגה את אימוץ "מדיניות הטרור הבריטית" הבלתי מוסרית ששימשה בהתקפותיה על מקומות כדוגמת דרזדן (שם, על פי ההערכות, נהרגו עשרים וחמישה אלף איש) או שנתיים קודם לכן בהמבורג, בעת שבסדרת פשיטות שנמשכו במשך שבוע ימים נהרגו, על פי ההערכות, שלושים וחמישה אלף איש. מבצע זה זכה לכינוי ההולם 'מבצע עמורה', על שם העיר המקראית שנחרבה.

להציג את העובדות לאשורן

כדי לספק הערכה מפורטת יותר של ההפצצות האוויריות הללו, יש לברר תחילה את העובדות ההיסטוריות לאשורן, ואז לנסות להבין את הטיעונים המוסריים שהועלו בעדן ונגדן. רבים מתחו ביקורת על כך שהפילוסופים האמורים מסתמכים על טענות היסטוריות בלתי מדויקות, כאילו באותה עת היה ניצחונן של בעלות הברית בלתי נמנע.

וולצר, למשל, מצטט דברים שאמר צ'רצ'יל כדי לקבוע שעד קיץ 1942 כבר ידעו בעלות הברית כי הגרמנים לא יוכלו לנצח במלחמה. פרט לכך, טעה וולצר בהערכתו שמאה אלף בני אדם נהרגו בדרזדן. הערכה זו התבססה בעיקר על ספרו רב המכר של דיוויד אירווינג, שלימים נחשף כסלפן ומכחיש שואה בידי פרופ' דבורה ליפשטדט.[12] מצער שוולצר לא תיקן טעות זו במהדורות החדשות יותר של יצירתו שהפכה לקלסית. פרימורץ מצטט את החוקרים הסבורים שלמעשה קרס מאמץ המלחמה הגרמני בפברואר 1943 בסטלינגרד, לאחר שהמערכה הבריטית האווירית החלה, אך זמן רב לפני תחילתן של רוב ההפצצות האוויריות הידועות לשמצה. גרייلינג סבור שבעלות הברית הכריעו את המלחמה בבירור עד קיץ 1944.

הערכות כאלה משקפות את הביטחון שמעניקה ראייה שבדיעבד, ומתעלמות מכך שבמלחמות דווקא הבלתי צפוי הוא הצפוי. כלי נשק חדשים של מדינות הציר (כגון רקטות V-2), שגיאות אסטרטגיות של בעלות הברית (במיוחד במזג האוויר החורפי הגרוע) או התמוטטות הברית האנגלו אמריקנית הרופפת עם הרוסים – כל אלה עלולים היו להוביל למהפך קטסטרופלי. הערכות אלה גם מתעלמות ממתקפות הנגד שפתח בהן היטלר לאחר תאריכים אלה, ובהן 'מבצע התעוררות אביב' (מרץ 1945) בחזית המזרחית, ובעיקר 'הקרב על הבליטה' (דצמבר 1944 – ינואר 1945) בחזית המערבית.

האבדות האדירות שספגו האמריקנים מלמדות על מחירה הכבד של מלחמה מתמשכת בחיי לוחמים, ובוודאי בהמשך סבלם של האזרחים. המגזין טיים דיווח כי פברואר 1945 היה אחד החודשים הקטלניים ביותר מבחינת החיילים האמריקנים בשתי החזיתות: 49,689 הרוגים, 153,076 פצועים, 31,101 נעדרים ו־3,403 שבויים.[13] 'הקרב על הבליטה' היה חשוב במיוחד גם משום שהיה זה ניסיון של היטלר לכבוש את עיר הנמל אנטוורפן, ובכך להתייצב בעמדה אסטרטגית טובה יותר כדי להימנע מכניעה ללא

תנאי בחזית המערבית. האומנם עמדה אפשרות אחרת מלבד ניצחון מוחלט במלחמה נגד הנאציזם?

בל נשכח גם את היהודים שהמשיכו להירצח במחנות הריכוז וההשמדה, אף שלמרבה הצער הם לא עמדו בראש מעייני בעלות הברית. כדי לקבל פרספקטיבה: על פי ההערכות בכל ההתקפות האוויריות של בעלות הברית נהרגו 350,000 אזרחים גרמנים. מספרם של היהודים החפים מפשע שהרגו הנאצים היה גדול פי שבעה עשר.[14]

ניתוח היסטורי היורד יותר לעומקם של הפרטים, ובכלל זה עבודתם החשובה של פרדריק טיילור ואחרים, חושף שורת מטרות מורכבות של ההתקפות האוויריות על דרזדן ומלמד רבות על יעילותן. בכלל מטרות אלה:

1. ניסיון לשבור את המורל הגרמני ולמנוע התנגדות נוספת, הן בחזית המזרחית והן בחזית המערבית.
2. השמדת תעשיית המלחמה הנרחבת הקשורה למלחמה בדרזדן ועקירת אותם אזרחים שמעמדם כבלתי מעורבים נעשה ברור פחות בשל תפקידיהם המכריעים באותה תעשייה.
3. שיבוש תנועת הכוחות הגרמנית. דרזדן שכנה על צומת נתיבי תנועה חשובים ממזרח למערב ומצפון לדרום.

בעלות הברית לא כיוונו לאזרחים, אך מגבלות הטכנולוגיה מנעו מהן תקיפה מדויקת של מטרות צבאיות ללא סיכון גבוה לכוחותיהן. הן ביצעו 'הפצצה אסטרטגית חסרת הבחנה': התקווה הייתה לפגוע ביעדים צבאיים תוך השלמה עם הנזק הגדול שייגרם לבלתי מעורבים,[15] אך זה לא היה רק נזק אגבי לאזרחים, אלא הערכה שפגיעה באזרחים תסייע בהשגת המטרה הצבאית.

זאת ועוד: ההפצצות האוויריות בוצעו באופן חסר הבחנה לא רק בשל מגבלות טכנולוגיות על האפשרות לדייק, אלא גם כתוצאה בלתי נמנעת של אסטרטגיית 'המלחמה הכוללת' שפתחו בה הגרמנים. כפי שהוזכר לעיל בפרק 2, בדיוק שנתיים קודם לכן קרא יוזף גבלס לאזרחים להתגייס בהמוניהם כדי להדוף את התקדמות בעלות הברית. החל מאותה נקודת זמן הועברו כמעט כל 127 המפעלים התעשייתיים בדרזדן למתכונת של ייצור מלחמתי. שינוי ייעוד זה הדליק נורה אדומה אצל המודיעין הבריטי, שניסה 'לתקוע מקלות בגלגלי מכונת המלחמה הנאצית'.[16] הדבר גם סיבך את מעמדם האזרחי כביכול של חלק מתושבי העיר שעבדו בייצור צבאי,

אף שתושבים רבים, ילדים ופליטים אכן סווגו כבלתי מעורבים שאינם לוחמים.

הפשיטה על דרזדן במסגרת המודל הרב־ערכי היהודי

מצוידים בהבנה היסטורית מעמיקה זו, נוכל כעת להעריך את הטיעונים שהועלו במטרה להצדיק את הפצצות בעלות הברית, מעבר לרצונן המובן לסיים במהירות את המלחמה. בשנים 1942 ו־1943 פיזרו הבריטים מן האוויר עלונים בחתימת האריס שפנו אל העם הגרמני וכותרתם הבוטה הייתה: "מדוע אנו מפציצים אתכם". בעלונים הסבירו הבריטים כי הפצצות אלה אינן מתבצעות בהשראת התקפות הטרור של גרינג ובתגובה להן, אלא:

> אנו מפציצים אתכם ואת עריכם, בזו אחר זו, ונמשיך להחריף את ההפצצות עוד ועוד כדי שלא תוכלו להמשיך במלחמה [...] אנו מעדיפים כמובן לפגוע במפעלים, במספנות ובמסילות הברזל שלכם, שכן כך תיגרם הפגיעה הגדולה ביותר למכונת המלחמה של ממשלתכם. ואולם כמעט כל המטרות הללו ממוקמות בתוך בתי אלה מכם המועסקים בהם [...] מסיבה זו אנו פוגעים בבתיכם ובכם כאשר אנו מפציצים אותם. צר לנו על הצורך בכך, אך צער זה לעולם לא יעצור אותנו; אתם הראיתם לעולם כיצד עושים זאת.[17]

העלון מסכם היטב שורה של הצדקות להפצצת ערים: השמדתה של מכונת מלחמה, מיקומן של מטרות צבאיות בתוך מרכזים אזרחיים, הקרסת המורל וצדק פואטי: 'צר לנו על מה שעלינו לעשות, אבל אנו פועלים באופן מוצדק'.

אפילו אז היו בכירים אחדים מאנשי בעלות הברית שהוטרדו מסוגיית מוסריותן של הפצצות אלה. צ'רצ'יל הזהיר את האריס לאחר מכן כי הוא חושש שההפצצות בדרזדן נעשו 'רק כדי להגדיל את האימה'. הגנרל ג'ורג' פאטון, שפיקד על כוחות אמריקנים בגרמניה, הביע ביומנו בימי המלחמה דאגה על כך ש"להפצצה חסרת הבחנה אין ערך צבאי והיא אכזרית ובזבזנית".[18] היסטוריונים מלאי כובד ראש ימשיכו לדון במוטיבציה האמיתית שעמדה מאחורי הפצצות אלה וביעילותן. זו איננה משימה פשוטה. כפי שהודה היסטוריון אחד שפקפק בתועלתן של ההפצצות ובמוסריותן: "תמיד

קל יותר לנהל מלחמה בדיעבד".[19] האתגר הקריטי הוא אפוא ליצור מודל אתי שישקול את ההחלטות האסטרטגיות המורכבות הללו בזמן אמת. כפי שטענתי, הן המודל האוניברסליסטי מבוסס הזכויות והן המודל הלאומי ש'במלחמה כל האמצעים כשרים' – שניהם נוקשים וחד ממדיים מכדי לשקף במידה מספקת את התובנות המוסריות שאנשים מביאים בחשבון באופן סביר בוויכוח סביב אירועי דרזדן.

הבה נבחן את הטענות שעלו בוויכוח זה במסגרת המודל הרב־ערכי היהודי שהצעתי.

- **כבוד האדם:** מצד אחד, ערך כבוד האדם מחייב שלא להתייחס בקלות ראש לאובדן חיי חפים מפשע, גם לא בהקשר של לוחמה קולקטיבית. הפצצות חסרות הבחנה בעייתיות ביותר בשל המחיר שהן גובות בחיי אנשים בלתי מעורבים, גם כאשר עשויים להיות להן יתרונות צבאיים. מצד אחר, דווקא מחמת העובדה שאנו מייקרים את כבודם של בני האדם באשר הם, חובה להביא בחשבון במסגרת מכלול השיקולים גם את הקטנת מספר האבדות בחיי אדם. אמת: עריכת חישובים כאלה היא התערבות ב'חשבונות שמיים', כפי שטוען וולצר; אך לעיתים אין מנוס מכך, כאשר המטרה היא להגדיל ככל האפשר את מספרם של בני האדם שיזכו להישאר בחיים בתום המלחמות הקולקטיביות הללו, שהרי כולם נבראו בצלם אלוהים. הקרבות הקרקעיים באוקינאווה ובאיוו ג'ימה היו התקפות קונוונציונליות יותר במטרה לעמוד ביעדים צבאיים. אולם אם אפשר היה להימנע מההתנגשויות העקובות מדם הללו באמצעות הפצצת טוקיו ונגסאקי, זו הייתה החלטה שבהחלט אפשר להצדיק.
- **'התחייבות לאנשי שלומנו':** העדפה לאומית, כלומר אחריות ראשונה במעלה להגן על בני עמנו – מעבר לחישוב מספר הנפגעים בשני הצדדים. אי אפשר להתעלם מהחובה המוסרית להעדיף את 'עניי עירנו'. אנו נותנים עדיפות למי שיש לנו מחויבויות מיוחדות כלפיהם, כגון בני משפחה, המעגל החברתי, אנשי הקהילה והעם. ישנם פילוסופים המכנים התחייבויות על רקע זה 'התחייבויות אסוציאטיביות' (associative obligations). השיוך המשותף עם אנשים אלה מוליד אחריות ייחודית כלפיהם. העובדה שחיילים הם לוחמים אינה מסירה את האחריות שיש לנו כלפיהם כבני עמנו או כמי שראויים לכבוד מעצם היותם בני אנוש. להפך: כנציגי הקולקטיב המְסַכנים את עצמם למען האומה, הם ראויים למידה רבה יותר של הגנה מצידנו. לוחמה ננקטת מטעם

קולקטיב המחפש ניצחון וביטחון לחבריו. המדינה חייבת אפוא למצוא סיבה משכנעת לסיכון חיי חייליה. לכן היא עשויה לבחור להשתמש באסטרטגיה חלופית, כמו כוח אווירי על פני תקיפה קרקעית, שתצמצם את הסיכונים לחייליה שלה, אף על פי שאסטרטגיה זו תגדיל את מספר ההרוגים בצד השני ותגבה גם חיי אזרחים.

עם זאת, העדפה זו כלפי 'אנשי שלומנו' אין פירושה שיש לנו יד חופשית לעשות ככל העולה על רוחנו. הואיל ואנו מכירים בניצוץ האלוהי שבכל אדם, איננו יוצאים להפצצת שטח בכל אחת ואחת מערי האויב כדי להשמיד את יושביהן, חיילים ואזרחים כאחד, במטרה למנוע סיכונים כלשהם מחיילינו. יש לערוך איזון עדין בין מחויבותנו לבני עמנו לבין המחויבות שיש לנו כלפי אחרים, כפי שיידון בהמשך בפרק 24. עם זאת, לעיתים קיימים צורך והצדקה לפעול בדרך המציבה את חיי חיילינו בסדר עדיפויות גבוה יותר מזה של אזרחי האויב.

ניקח לדוגמה מקרה של ביצוע הליך רפואי בשם טריאז' בשדה הקרב. פעמים נאלצים חובשים לבחור בין טיפול רפואי מיידי בחייל פצוע לבין טיפול באזרח פצוע של האויב. אכן מוטלת עלינו חובה לנסות לעזור לשניהם, אך אנו מעניקים עדיפות ראשונה לטיפול בחייל שלנו. הסיבה הפשוטה לכך היא שחובתם העיקרית של מנהיגים ומפקדים היא להגן על בני עמם, ובכלל זה על החיילים שלהם. אולי לחלקנו הדבר נראה ברור אינטואיטיבית, אך הוא רחוק מלהיות ברור לפילוסופים אחדים בני זמננו, שבעקבות דקדוקי עניות בניסוח אמנות ז'נווה משנת 1949, עומדים על כך שהטיפול הרפואי בזמן מלחמה צריך להיות בלתי תלוי בזהותו של החולה ולהתבסס על שיקולים רפואיים בלבד. אתיקאים אלה אינם מכירים ב'חובות האסוציאטיביים' שיש לאדם כלפי בני ארצו.[20]

- **מיגור הרוע:** לבסוף אנו מגיעים לערך המקראי של מיגור הרוע, יעד שאמור היה להתממש כתוצאה מהשגת ניצחון מוחלט של בעלות הברית על מדינות הציר. אתיקאים אחדים חוששים כי הקריאות לכניעה ללא תנאי לובשות אופי של נקמה בסגנון צלבני, הדורשת השמדה מוחלטת של האויב (או שאינה מתייסרת במיוחד לנוכח התרחשותה). בעיניהם זהו טבח שנעשה בשם הצדק: הישרדותה של חברה, הגנה על החירות, עתיד הדמוקרטיה או אידאל עליון אחר. החשש שמא יוביל אידאליזם כזה להרג קנאי של חפים מפשע אינו מופרך, כפי שצוין בעניין מלחמות

מוחלטות בפרק 2. חשוב להציב גבולות מוסריים למעשינו ולקבוע למלחמותינו מטרות מוגבלות.

עם זאת, החשש מהפרת זכויות בלתי מעורבים עלול גם למנוע מאיתנו להנחיל תבוסה מוחצת לאויבים חסרי רחמים ולעריצות בלתי נלאית. רשע מתועב קיים בעולם, ואין טעם לטמון את הראש בחול ולהתעלם מכך. יש להתנער מרעיונות ממאירים, ופרקטיקות ברוטליות חייבות לעבור מן העולם.

בהתמודדות מול אויב מסוג זה, צריך הניצחון לכלול, במידת האפשר, את התוצאות האלה: (1) החלפת משטרי הרשע, בין בדרך של חיסול מנהיגיו, לכידתם או העמדתם לדין; (2) ביטול הישגים מדיניים שהושגו באמצעות תוקפנות אנשי הרשע והחזרת המצב לקדמותו; (3) יצירת הגנות או ערבויות המבטיחות שפעולות איבה דומות לא יישנו, לרבות – בעת הצורך – שיקומה של החברה התוקפנית ובנייתה מחדש.

תהליך זה עשוי לכלול פירוז, הודאה באשמה ותשלום פיצויים לקורבנות. זה צריך להיות תהליך צופה פני עתיד, ולחתור להשכין שלום רב יותר בעולם. אין פירוש הדבר שהמנצחים חייבים לגרום לבלתי מעורבים סבל לשמו, אלא שהמלחמה צריכה להסתיים בתנאים המיטביים שיקלו על יישום התנאים הללו. השגת מטרה זו עשויה לגרור החלטות צבאיות מורכבות מבחינה מוסרית כלפי האויב הקולקטיבי. כמו האבות המקראיים אברהם ויעקב, יש להפנים את הכלל: "אַשְׁרֵי אָדָם מְפַחֵד תָּמִיד" (משלי כח, יד), ובפרט יש לחשוש מפני עשיית טעויות מוסריות בעת מלחמה. חשש כזה חייב להוביל לזהירות ולשיקול דעת, אך אין הוא אמור למנוע מאדם 'ללכלך את ידיו' למען השגת מטרה נאצלת.[21]

הגנרל ג'ורג' סמית' פטון ביטא זאת היטב בנוגע להשגת ניצחון על הצבא הגרמני. במכתב לאנשי הארמיה השלישית הוא קבע:

> אנו נכנסים כעת לשלב האחרון של מלחמה גדולה, של ניצחון גדול! את הניצחון אפשר להשיג רק באמצעות שימוש מרבי בכל כלי הנשק, הפיזיים והרוחניים כאחד. חובתם של כל המפקדים היא לדאוג לכך שאנשיהם יהיו מודעים לחלוטין למעשים השפלים הרבים שעשו הגרמנים נגד הציוויליזציה, ושהם יתקפו אותם בנחישות, בחירוף נפש ובמשטמה.[22]

רטוריקה כזו עשויה להפחיד אנשים, ובצדק. אך החשש החמור יותר הוא שהנאציזם לא יוכחד סופית בקרב וכי לא תהיה דחייה מוחלטת של מהותו המוסרית הנתעבת.

אתיקאים אחדים מוכנים להצטרף לתפיסה הזו נגד הנאציזם, אך מתקשים יותר לגייס הצהרה ברוח דומה נגד יפן הקיסרית. וולצר, למשל, טען כי מלכתחילה לא היה צריך לדרוש מיפן כניעה ללא תנאי:

> שליטי יפן עסקו בהתרחבות צבאית שגרתית בטבעה, וכל **שנדרש מבחינה מוסרית הוא להביסם, לאו דווקא לכובשם ולהפיל לחלוטין את המשטר**. ריסון מסוים בכוחם הלוחם עשוי להיות מוצדק, אך סמכותם השלטונית הייתה עניינו של העם היפני בלבד.[23]

לעניות דעתי תפיסה כזו תמוהה לחלוטין, ונגועה בהטיה מערבית חזקה. הטרור היפני החל זמן רב לפני המתקפה על פרל הרבור בשנת 1941, בתקופה שאותה מכנים חוקרים אסייתים 'מלחמת חמש עשרה השנים'.[24] אף שהאימפריאליזם היפני התפשט כבר בתחילת המאה העשרים, שאיפותיו הקולוניאליסטיות נעשו אלימות במיוחד החל משנת 1931 עם הפשיטה היפנית על מנצ'וריה. בתקופה זו אירעו מלחמות מרובות עם סין, ובכללן 'אונס נאנקינג' הידוע לשמצה בשנים 1938-1937, ואחריו 'מלחמת האוקיינוס השקט', שאליה מתייחסים אנשי המערב כחלק ממלחמת העולם השנייה. הוצאות להורג המוניות, מחנות עבודה, אונס ויחס בלתי אנושי לשבויי מלחמה היו כולם מחזה נפוץ.[25] אומנם קשה להעריך את מספר האבדות כתוצאה מן התוקפנות היפנית, אך ברור שמדובר במיליונים. אין צורך לטעון, כפי שעושה זאת הסופרת איריס צ'אנג, שעסקינן "בשואה הנשכחת של מלחמת העולם השנייה", כדי להכיר בכך שהיה זה רשע שצריך לבער מן העולם ללא פשרות כלשהן על תנאי כניעתו.

יתר על כן: אפילו לקראת סוף המלחמה, כאשר תבוסתם לארצות הברית נראתה בלתי נמנעת, נאחזו מנהיגי יפן בתקווה לשמר את שליטתם בשטחם היבשתי וכן בקוריאה ובמנצ'וריה. הם האמינו כי החשש האמריקני מפלישה קרקעית שתגבה קורבנות רבים יציב אותם בעמדה חזקה יותר במשא ומתן. בינתיים הובילה תרבות הכבוד של הבושידו היפני להמשך פיגועי ההתאבדות של חיילי הקמיקזה עד לסוף המלחמה. קרוב לארבעת אלפים טייסים יפנים ניסו לזרוע הרג המוני באמצעות מתקפות התאבדות

כאלה, ואחת מכל שבע התקפות הצליחה לפגוע בספינות אויב ולגרום לנפגעים בנפש ולנזק רב.[26] אגב, מתקפת הקמיקזה האחרונה, שבה נהרגו עשרים ואחד חיילים במשחתת האמריקנית USS La Grange בוצעה ארבעה ימים **לאחר** שהפצצה הגרעינית השנייה פגעה בנגסאקי.

היה צורך להביס את תרבות הקמיקזה הזו. כניעה מותנית לא הייתה אפשרות לגיטימית, ובצדק. הסדר כזה עלול היה למנוע את שיקומן של יפן וגרמניה והפיכתן למדינות המשגשגות שהן כיום. הוא גם היה נראה – ומסיבה טובה – כמעשה של חוסר כבוד כלפי החיילים שמסרו את נפשם כדי לפטור את העולם מעונשה של תרבות זו. שיקול זה זכה להבנה רבה יותר כאשר העפר על קבריהם היה עדיין לח. זה עשוי להסביר מדוע התמיכה האמריקנית בהפצצות גרעיניות הייתה גדולה יותר בשנת 1946 מאשר שבעים שנה לאחר מכן.[27]

אולם דבר מהניתוח הזה אינו נועד להוכיח שהמודל הרב־ערכי היהודי מגן באופן חד משמעי על הפצצות השטח של גרמניה או יפן בשנת 1945.[28] נעשו טעויות אתיות והתקבלו החלטות לאחר שיקול דעת מוטעה. חלקן קל יותר לזהות בדיעבד, ואילו אחרות מן הסתם נראו שגויות גם בעת קבלתן. מכונת המלחמה של בעלות הברית הייתה אורגניזם מורכב, שהנהיגו אותו דמויות רבות בעלות מניעים שונים ומנוגדים – רבים מהם נאצלים, חלקם פחות. לדוגמה, כאשר לאחר מלחמת העולם השנייה נשאל קרטיס למאי (LeMay), הקצין האמריקני שהיה אחראי על האסטרטגיה האווירית נגד יפן, האם יש לו נקיפות מצפון:

> להרוג יפנים לא הפריע לי במיוחד באותה תקופה. מה שהטריד אותי הוא שהמלחמה תסתיים כבר. לכן לא דאגתי במיוחד לגבי מספר האנשים שהרגנו בביצוע המשימה. אני מניח שאילו הפסדנו במלחמה, הייתי נשפט כפושע מלחמה. למרבה המזל היינו בצד המנצח.[29]

למאי הוסיף בציניות כיצד אנשים מתמקדים בהפצצות הגרעיניות של הירושימה ונגסאקי בלי לציין כי פצצות תבערה הוטלו על כל אחת מעריה התעשייתית של יפן. ואז הוסיף ואמר: "כל חייל חושב משהו על ההיבטים המוסריים של הדברים שהוא עושה. אבל כל מלחמה היא בלתי מוסרית, ואם אתה מניח לזה להפריע לך – אינך חייל טוב".

מנקודת המבט של המודל הרב־ערכי היהודי מדובר בתפיסה ראויה

לגנאי. זאת משום שלמאי הציב ערך אחד – ניצחון לאומי – בראש סדר העדיפויות וטען כי הוא גובר על כל שיקול אחר. אסטרטג שהיה מביא בחשבון ערכים נוספים עשוי היה לקבוע שישנן דרכים קטלניות פחות להשגת אותה מטרה. תודה לאל, היו אישים אחרים בצבאות בעלות הברית שהביאו בחשבון גם אילוצים אתיים באסטרטגיה שלהם.[30]

על כל פנים, המוסר של פעולות שנקטו בעלות הברית (או צבאות אחרים) אינו נשפט רק לאור הכוונות שעמדו מאחוריהן, לטוב ולרע. מנהיגים הפועלים מתוך מניעים נבזיים עשויים, עם זאת, לבצע פעולות שאפשר למצוא להן הצדקה לפי רציונל מוסרי. מאידך גיסא, אפילו מנהיגים בעלי הכוונות הנאצלות ביותר עלולים להיכשל בשגיאות מוסריות קשות.

לסיום, ניסינו להראות כיצד המודל הרב־ערכי היהודי מציע הבנה מעמיקה ויורדת לפרטים של דילמות אתיות מורכבות העולות בתרחישים כמו זה של מלחמת העולם השנייה. המודל מאפשר ניתוח מקיף, הלוכד את הניואנסים של הדיון ההיסטורי, מסייע להעריך טוב יותר את אתגרי ההווה, ומבהיר את סוגי הטיעונים בעד הפצצות שטח ונגדן. המודל הרב־ערכי היהודי מסייע להבין טוב יותר את הרקע לחילוקי הדעות הלגיטימיים שעדיין מתקיימים בנוגע למורשת מלחמת העולם השנייה. זאת לעומת המודל מבוסס הזכויות, שאינו מספק רוחב יריעה כזה.

כדי להסתמך על מודל אתי שינחה בהצלחה את ההחלטות שאנשים מקבלים, שומה עליו לאפשר לנו לא רק לנתח פעולות שנעשו בעבר, אלא גם להעריך דילמות אתיות המתקיימות בהווה. טענתי היא שמנהיגים בני זמננו יכולים להשתמש במידה נרחבת במודל הרב־ערכי היהודי. בחלקו השני של הספר תנוסח הצהרה פרוגרמטית רחבה על אודות מלחמות מוצדקות והתנהלות מוסרית הוגנת בשדה הקרב, דרך הפריזמה של מלחמות ישראל בתקופה המודרנית. אתיקאים העוסקים במוסר צבאי משתמשים זה מכבר במלחמות אלה כמקרי בוחן מובהקים ורבי עוצמה.

כפי שנראה, מתברר שמנהיגים ציונים ורבנים הוגי דעות החזיקו בדעות שונות באשר להחלטות רבות שקיבלה מדינת ישראל במהלך השנים. השימוש במודל הרב־ערכי היהודי יסייע להבין כיצד הצליחו להציג טיעונים כה עקביים ומובנים. השקפותיהם, השואבות לעיתים קרובות ערכים ממקורות דתיים, יכולות להיחשב השקפות 'יהודיות'.

אם כן, האתגר שלפנינו הוא כיצד לזהות את ההשקפות היהודיות המשכנעות ביותר שלאורן נוכל לקבל החלטות מוסריות בתקופתנו.

חלק ב

מוסר היציאה למלחמה – ממלחמת העולם השנייה ועד קום מדינת ישראל

פרק 10

מלחמת העולם השנייה והמאבק להגנה עצמית ולכבוד לאומי

מבתי סוהר בריטיים ועד מדי היוניון ג'ק

ב־17 במאי 1941 התענגו שושנה ודוד רזיאל יחד על יום השבת בדירתם הקטנה בירושלים. הם באו בברית הנישואין שלוש שנים קודם לכן בחתונה חשאית שהתקיימה בערב פסח, בעוד דוד מפקד במקביל על התקפות התגמול של האצ"ל. במשך שנה עברו בני הזוג מדירה לדירה במאמץ לחמוק מהבולשת הבריטית. במאי 1939, בעקבות התקפות חוזרות ונשנות של האצ"ל על תושבים ערבים, הצליחו לבסוף הבריטים להניח את ידם על רזיאל. אולם חמישה חודשים לאחר מכן הוא כבר שוחרר מכלאו. האינטרס הבריטי השתנה: בנסיבות שנוצרו הם העדיפו להשתמש בו כדי לגייס את תמיכת היישוב היהודי בפלשתינה במאמצי מלחמתה של האימפריה הבריטית במגף הנאצי.

רזיאל הבטיח להעניק לבריטים יותר מתמיכה מוראלית. במוצאי אותה שבת הוא סיפר לשושנה כי הוא יוצא לתל אביב למשך עשרה ימים כדי לסייע לפעיל אצ"ל במשימה כלשהי. האמת הייתה אחרת: הוא אכן יצא למשימה, אך לא בתל אביב אלא בעיראק – ובשירות המודיעין הבריטי. משימתם הרשמית של רזיאל וחברי אצ"ל אחדים שנלוו אליו הייתה לחבל באספקת הדלק של מפציצים גרמנים בניסיון הפיכה נגד המלוכה הפרו מערבית. רזיאל הודיע למפקדיו כי יש לו תוכניות נוספות: לחטוף את אויבו המושבע של האצ"ל, המופתי הירושלמי חאג' אמין אל־חוסייני, שחי

בבגדד כבר שנתיים לאחר שהוביל התקפות נגד יהודים בארץ ישראל במשך שנים ארוכות.

אף לא אחת מן התוכניות הגדולות הללו יצאה אל הפועל. ב־20 במאי, עם תום משימת איסוף מודיעינית, פגע במכונית שבה נסע רזיאל מפציץ קרב גרמני. מנהיג האצ"ל השיב את נשמתו לבוראו בעודו לובש מדים בריטיים.

הבריטים תקפו את בגדד יומיים לאחר מכן במטרה להפיל את השלטון שתמך במדינות הציר. אל־חוסייני הצליח להימלט ובסופו של דבר הגיע לברלין, שם הפך למשתף פעולה פעיל עם הנאצים. בטרם השתלטו הבריטים על העיר לחלוטין, המון משולהב של ערבים מקומיים שעברו אינדוקטרינציה לאומנית והיטו אוזן קשבת לתעמולה הנאצית תקפו את שכניהם היהודים. כמאה ושמונים יהודים נרצחו במשך יומיים בתקופה הידועה בשם 'פרהוד' (=שוד אלים).

רק שבועיים לאחר מכן גילתה שושנה מה עלה בגורל בעלה. זמן קצר לאחר מכן התברר לה שהיא נושאת ברחמה את בנם. התינוק נקרא דוד על שם אביו, אך נפטר באופן טרגי יומיים לאחר הלידה.[1] שני עשורים לאחר מכן הובאו לקבורה גם שרידיו של רזיאל האב בטקס צבאי רשמי בירושלים בהשתתפות ראשי המדינה, הרבנים הראשיים ומנחם בגין. הרצי"ה קוק, מורו של רזיאל, הגדיר אותו בהספדו כהתגלמות של מסירות לסייפא ולספרא גם יחד.[2]

התפנית הבלתי רגילה שעבר רזיאל בתוך שנתיים – מ'גדול אויבי הציבור בפלשתינה' לחייל בריטי מן המניין בעיראק – מדגישה את גודל החשיבות שייחס היישוב היהודי להצטרפות למלחמה נגד היטלר. היהודים זעמו על המגבלות הנוקשות שהטיל הספר הלבן משנת 1939 על עלייה יהודית לפלשתינה, אך כמעט כאיש אחד סברו כי כעת עליהם לאחד כוחות עם הבריטים כדי להגן על אחיהם היהודים באירופה ובמקומות אחרים. כפי שאמר בן גוריון: "נילחם בספר הלבן כאילו אין מלחמה בהיטלר, ונילחם בהיטלר כאילו אין ספר לבן".[3]

אסיר בריטי נוסף שהפך לחייל היה משה דיין. חרף שירותו הקודם בפלגות הלילה המיוחדות של וינגייט, הוא נכלא למשך שנתיים כאשר חבריו ליחידת ההגנה נעצרו בסוף 1939 בגין החזקת נשק בלתי חוקית. הבריטים הפעילו יד קשה נגד תנועות המחתרת. בקיץ 1941 דיין מצא את עצמו נלחם שוב – הפעם בשורות הצבא הבריטי, כחלק מהפלמ"ח, פלוגות המחץ שנוסדו בתמיכה בריטית כדי להילחם באיומים על פלשתינה. ב־8

ביוני 1941, בעת משימת סיור בלבנון, פגע צלף צרפתי במשקפת שאחז דיין, ורסיסי הזכוכית והמתכת שניתזו ממנה פגעו בעינו השמאלית, והוא איבד את ראייתו בה. הרטייה שכיסתה את העין זוהתה עם דמותו עד יומו האחרון.[4]

שירות יהודי במלחמת העולם השנייה: פטריוטיות, נקמה והגנה עצמית

במלחמת העולם השנייה שירתו בצבא הבריטי קרוב לשלושים אלף יהודים מפלשתינה. מלכתחילה ראו היהודים במלחמה נגד היטלר קרב על עצם ההישרדות היהודית. הייתה זו מלחמה שהסתמכה על הטענות הבסיסיות ביותר של הגנה עצמית: אנו מותקפים – וחייבים להגן על עצמנו. הרבנים הראשיים דאז עוזיאל והרצוג, שלחו מכתבי עידוד משלהבים לכל המגויסים. לרב עמיאל, שעמדותיו הנחרצות נגד התקפות התגמול של האצ"ל נדונו בפרק 4, לא היו כל עכבות להאיץ בחיילים היהודים לחקות את אבות אבותיהם החשמונאים ולנקום בנאצים.[5]

בשאיפה לחזור על מודל הגדודים העבריים ממלחמת העולם הראשונה, פעלו ז'בוטינסקי, ויצמן ובן גוריון למען הקמת יחידה צבאית של מתנדבים יהודים שתצטרף למאמצי המלחמה הבריטיים.[6] היעד המוצהר היה להביס את הנאצים ולסייע ליהודי אירופה. אך הייתה להם גם אג'נדה פוליטית: לזכות במדינה כשלל מדיני על תרומתם לניצחון, שגם אם יתמהמה – בוא יבוא. זאת ועוד: הם הבינו כי הניסיון המבצעי שיצברו בשדות הקרב ישמש את היהודים גם כאשר בזמן מן הזמנים יצטרכו להילחם על מדינה יהודית. מסיבות אלה עצמן התנגדו פקידים בריטים רבים להקמת יחידה יהודית לוחמת: הם חששו כי הלוחמים הציונים ישתמשו מאוחר יותר בניסיון שיירכש במלחמה נגד האינטרסים הבריטיים בפלשתינה.

לאחר מותו הפתאומי של ז'בוטינסקי בשנת 1940, המשיך אחיינו של הרב אברהם קוק, הלל קוק, שפעל בכינוי המבצעי פיטר ברגסון, את מאמצי השתדלנות של ז'בוטינסקי באמריקה. רק בשנת 1944 הרכיבו הבריטים 'בריגדה יהודית' שכללה חמשת אלפים יהודים מפלשתינה. חברי הבריגדה (ובהם בנו של בן גוריון, עמוס) לחמו בשלבים האחרונים של המערכה באיטליה תחת הדגל הציוני.

האמת ניתנת להיאמר כי מחוץ לפלשתינה, רוב היהודים העדיפו להילחם בשורות צבאות מולדתם. כפי שניסח זאת אחד החיילים היהודים

ששירתו בצבא ארצות הברית: "לא היו אמורים להיות גדודים עבריים בצבא ארצות הברית. איש לא רצה בכך".[7] מובן שיהודים ביקשו לנקום בנאצים, והם גם חשו חובה פטריוטית לשרת את ארצם. בניגוד למלחמת העולם הראשונה, לא היה חשש מהרג יהודים שנלחמו בצידו השני של המתרס בשדה הקרב. בסך הכול, שירתו למעלה ממיליון וחצי יהודים בצבאות בעלות הברית ברחבי העולם: חמש מאות וחמישים אלף בצבא האמריקני, חצי מיליון בצבא האדום, מאה אלף בצבא הפולני ושישים אלף בצבא הבריטי. הרב הראשי של בריטניה, יוסף צבי הרץ, פרסם גינויים חריפים לכל מי שניסו להשתמט מחובת הגיוס לצבא, בדיוק כפי שעשה במלחמת העולם הראשונה. לאחר שארצות הברית הצטרפה למלחמה, נשמעו קריאות דומות מפני רבנים אמריקנים מכל הזרמים. את התפיסה הרווחת היטיב לתאר הרב יוסף דב סולובייצ'יק:

> [המסורת היהודית] ביקשה תמיד לראות את היהודי מחויב לכל המוסדות החברתיים והלאומיים של מולדתו או של המדינה שבחר לחיות בה, ומחויבות זו היא המקנה לו את כל הפריבילגיות וזכויות האזרח. במיוחד מדגישה ההלכה את חובתו של היהודי להשתתף בהגנה על מולדתו באופן ההולם ביותר את כישוריו ויכולתו.[8]

במפגן נדיר של אחדות, רבנים מכל הזרמים אף פעלו יחד כדי לגייס אנשי דת שיוכלו לספק תמיכה בצורכיהם הרוחניים של חיילים יהודים.[9]

עבור רבים מהיהודים הייתה מלחמת העולם השנייה ההזדמנות הראשונה שבה התאפשר להם להיות מעורבים באופן מלא במלחמה ולהאמין בכך שהם מגינים ללא צל של ספק הן על העם היהודי והן על מולדתם, תהיה אשר שתהיה. רבים גם ראו במלחמה זו קרש קפיצה להתקבלות חברתית רחבה יותר, והזדמנות להתגבר על דעות קדומות אנטישמיות שקבעו שהיהודים חלשים או אינם פטריוטים.

את הגישה הכללית ניסח היטב הרב ישראל ברודי, אז הרב הצבאי הראשי של בריטניה, שלימים היה לרב הראשי של חבר העמים הבריטי. הוא טען כי חיילים יהודים "הוכיחו לכל באי עולם שבהינתן ההזדמנות המתאימה יהודי יכול לתפקד כחייל באופן שאינו נופל מכל אדם אחר. ...[הם] הרימו את קרנה של היהדות ואת המוניטין של גבורה והתמסרות למילוי חובתם.

הם היו ראויים לשבחים הרבים שחלקו להם מדינאים, מצביאי הצבא וחברים לנשק".[10] השירות הצבאי שיקם את הכבוד היהודי.

"כצאן לטבח יובל" ושיקום הכבוד היהודי

אין לזלזל במשמעות התאולוגית והמוסרית של שיקום הכבוד הלאומי בקרב מנהיגים יהודים. במשך מאות שנים יהודים קוננו בתפילתם על מעמדם הלאומי הנחות בין אומות העולם ועל לעגם של הגויים המכריזים "אַיֵּה נָא אֱלֹהֵיהֶם" (תהילים קטו, ב) וקובעים "אבדה תקוותם". כך נאמר, למשל, בתפילת התחנון (בנוסח האשכנזי). אותו פיוט פותח: "הבט משמיים וראה, כי היינו לעג וקלס בגויים, נחשבנו כצאן לטבח יובל, להרוג ולאבד ולמכה ולחרפה".[11] תפילה זו קיבלה משמעות מיוחדת בתקופות שבהן נרדפו יהודים, כמו בפוגרומים הרוסיים הגדולים בסוף המאה התשע-עשרה. כפי שציין הרב חיים ברלין ממוסקבה (1912-1832), הבעיה לא הייתה בכך שיהודים 'נחשבו כצאן' המוכן לשחיטה – הם גם 'הובלו' לטבח בהיעדר שליטה כלשהי על גורלם. הניצולים היו חסרי בית והועברו ממקום מפלט אחד למשנהו בלי שאיש שאל לדעתם.[12] זמן קצר לאחר מכן עזבו יהודים את רוסיה בהמוניהם: רבים פנו למדינות מערביות כבריטניה וארצות הברית, וחלקם עלו לפלשתינה.

במלחמת העולם השנייה, כשישים שנה מאוחר יותר, אף שמדינות רבות האירו פנים ליהודים, הם נותרו תחת מתקפה. למצבם המדיני של היהודים לא היה צפוי גורל שונה – אלא אם כן יתגייסו לצבא ויילחמו בהיטלר במו ידיהם. כך לפחות הכריז אחיו למחצה הצעיר של ברלין, הרב מאיר (ברלין) בר אילן (1949-1880), מנהיג תנועת 'המזרחי' בפלשתינה. הרב בר אילן היה גם מייסדו ועורכו של עיתון 'הצופה'. הוא השתמש בפלטפורמה שעמדה לרשותו שוב ושוב כדי לקרוא ליהודים להתגייס לצבא ולהצטרף אל הלוחמים כתף אל כתף במלחמה בהיטלר, ובכך להעניק תקווה של תקומה לעם ישראל ולחזק את דימויו החיובי בעיני העמים. לדבריו:

> אין לך חילול השם גדול מעלייתו של רשע שטן זה בעולם, ונצחונו, חס וחלילה, עקירת היהדות משורשה. ואין לך קידוש השם גדול ממפלתו של אותו רשע וביעור הטומאה ההיטלרית מן העולם. זה עניינה ותוכנה של המלחמה הזאת בשבילנו. לפיכך מלחמת מצווה, מלחמת קודש היא

> לנו. וכל יהודי נאמן לה׳ ולתורתו, לישראל ולארצו, צריך לידע ולהכיר מהי חובתו בעולמו בשעה זו. במסירות ובהתלהבות ובכל חום הנפש, עלינו לחזק ולעודד את תנועת ההתגייסות – לעזרת ה׳ בגיבורים![13]

גישתו האקטיביסטית של הרב בר אילן הביאה אותו מאוחר יותר לוושינגטון, שם ערך בשנת 1943 מסע שתדלנות אצל ׳קבוצת ברגסון׳ במטרה לדחוף לכך שארצות הברית תתערב לעצור את השמדת היהודים בשואה.[14]

הרב בר אילן ואחרים טענו כי המאבק בנאצים הוא בבחינת מלחמת מצווה.[15] והלוא כך מצווה תורה: ״וְכִי תָבֹאוּ מִלְחָמָה בְּאַרְצְכֶם עַל הַצַּר הַצֹּרֵר אֶתְכֶם וַהֲרֵעֹתֶם בַּחֲצֹצְרֹת וְנִזְכַּרְתֶּם לִפְנֵי ה׳ אֱלֹהֵיכֶם וְנוֹשַׁעְתֶּם מֵאֹיְבֵיכֶם״ (במדבר י, ט).[16] תקיעת השופר של היציאה למערכה – ׳וַהֲרֵעֹתֶם בַּחֲצֹצְרֹת׳ – כבר נשמעה, הם אמרו, וכעת הגיעה השעה להילחם. חז״ל קבעו גם כי איש אינו פטור משירות צבאי במלחמת מצווה. חובה משפטית זו נובעת מרגש מוסרי בסיסי שטבע משה בספר במדבר כאשר פנה בשאלה לבני גד ולבני ראובן: ״הַאַחֵיכֶם יָבֹאוּ לַמִּלְחָמָה וְאַתֶּם תֵּשְׁבוּ פֹה?״ (במדבר לב, ו). אין אדם היכול להתנער מחובתו הבסיסית להגן על בני עמו.

לעיתים מלחמה קשה עדיפה על פני פיוס

הניסיון הדיפלומטי הכושל לפייס את היטלר הדגיש עוד הוראה מוסרית רבת ערך באשר לפתיחה במלחמה: רשאי עם לבחור להגן על עצמו במקום להסכים להצעת פיוס משפילה המעניקה פרס לתוקפנות. כפי שראינו בפרק 2, ההלכה מחייבת להציע לאויב שלום בטרם מכריזים עליו מלחמה. אמת, מלחמה חייבת להיות המוצא האחרון ליישוב סכסוכים, אך היושר מחייב להודות שיש חלופות משפילות הגרועות ממנה.

רעיון זה – שלעיתים עדיפה מלחמה על פני פיוס מביש – בא לידי ביטוי בסיפור נוקב, המתאר את מלחמתו הראשונה של שאול המלך באויבי ישראל. נחש, מלך בני עמון, הטיל מצור על העיר יבש גלעד (עיר בנחלת חצי שבט המנשה שבעבר הירדן המזרחי) במטרה להילחם בה. תושבי העיר המבועתים ביקשו להימנע ממלחמה והפצירו בנחש: ״כְּרָת לָנוּ בְרִית וְנַעַבְדֶךָּ״ (שמואל א׳ יא, א).

נחש התרצה לחתום ברית, אך הייתה לו דרישה משפילה: לא זו בלבד שאנשי העיר ישתעבדו לו ויוותרו על עצמאותם, אלא ״בְּזֹאת אֶכְרֹת לָכֶם:

בִּנְקוֹר לָכֶם כָּל עֵין יָמִין וְשַׂמְתִּיהָ חֶרְפָּה עַל כָּל יִשְׂרָאֵל" (שם, ב). כלומר, הסכם כניעה בתנאים מבזים מאין כמותם. אך למרות ההשפלה, בני יבש גלעד היו מוכנים להיכנע כדי להינצל מהמלחמה. אבל שאול, בתמיכת שמואל הנביא, דחה כניעה זו לשלטון הרשע ולבריונות. אף שהיחסים בין יבש גלעד ושאר שבטי ישראל לא היו טובים,[17] הוא גייס את כל ישראל והתייצב נגד הצבא התוקפן, ניצח במלחמה בעזרת תכסיס צבאי מזהיר והביא לעמו ישועה וכבוד לאומי. בזכות עמדה עקרונית זו קיבל עליו עם ישראל את מלכותו של שאול.

התקפלותו הפייסנית של צ'מברליין מול הנאצים באירופה, בשילוב חוסר נכונותם של הבריטים להתייצב מול האלימות הערבית וליישם את תוכנית החלוקה משנת 1937, הותירו את העם היהודי פגיע וחסר בית.[18] הפשרנות הבריטית מול שלטון האלימות פעלה נגדם כבומרנג גם באירופה וגם בפלשתינה, וכתוצאה מכך הם הפקירו את היהודים לאלימות ולאפליה. יתר על כן: חוסר האונים היהודי לדורותיו, והכישלון לספק לעצמם הגנה מספקת, העמידו אותם בפני קטסטרופה באירופה. מלחמת העולם השנייה הייתה נקודת מפנה רבת ערך בהיסטוריה היהודית, שבה חדלו יהודים להפנות עורף לאחריותם – שהיא בגדר מצווה של ממש – להגן על עצמם ועל כבודם הלאומי.

פרק 11

הגנה על החיים או כבוד? מצדה, מרד גטו ורשה וההסתברות להצלחה

כבוד לאומי והגנה ב'מאתיים ימי החרדה'

ההגנה על חיי העם היהודי והשמירה על כבודו הלאומי הלכו יד ביד במערכה על אירופה בעת מלחמת העולם השנייה. אך מה קורה כאשר ערכים אלה מתנגשים? החיוב להגן על עצמך הוא אינסטינקט בסיסי, אך אין פירושו שלעולם, יהיו הנסיבות אשר יהיו, אין לנוס או להיכנע חרף ההשפלה. אדם שלנגדו מתייצבים שודדים יכול לנהוג בגבורה ולהתנגד, אך לא תהיה זו החלטה נבונה אם בוודאות ייכשל בכך ויקפח את חייו. הכרחי שאותה דילמה תעלה לדיון גם ברמה הלאומית: האם יש גבול לחובתו של הכלל להשיב מלחמה שערה, או שמא עליו להילחם תמיד, נגד כל הסיכויים, כדי להגן על כבודו?

במהלך שנת 1942 ניהלו היהודים בפלשתינה ויכוח עז בסוגיה זו. הצבא הנאצי בראשות הגנרל ארווין רומל התקדם באפריקה, ואיים על השליטה הבריטית במצרים. בתקופה שלימים נודעה בכינוי 'מאתיים ימי החרדה', אשר במהלכה נראה היה כי גדלים הסיכויים לניצחון גרמני בצפון אפריקה, קראו מנהיגים מדיניים ורוחניים להתגייסות המונית, והתפלמסו

בשאלת הצעדים שיש לנקוט אם יתגשם תסריט הבלהות והוורמאכט הנאצי יפלוש לארץ ישראל.

היהודים חששו גם מתגובתם האפשרית של הערבים, בעיקר אם בתסריט כזה ייסוגו שלטונות המנדט הבריטי מפלשתינה. היו גברים שהחלו לתכנן פינוי של בני ביתם – נשים וילדים. אחרים הרחיקו לכת והצטיידו בטבליות ציאניד.

בן גוריון טען כי אם הנאצים ינצחו באפריקה, הלוחמים היהודים יהיו חייבים לברוח מארץ ישראל. הרציונל היה שאם הבריטים על צבאם הגדול לא הצליחו לעצור את רומל בלוב או במצרים, קל וחומר שהיהודים ייכשלו בכך.

לדעתו, במצב כזה על כל הלוחמים היהודים להתפנות יחד עם החיילים הבריטים כדי להמשיך ולהילחם בנאצים בחזית אחרת, ובסופו של דבר לשוב ארצה ולכבוש מידם את המולדת.

כנגדו טען יצחק טבנקין, מנהיג הקיבוץ המאוחד, כי כל תוכניות הפינוי אינן מתקבלות על הדעת מבחינת היתכנותן הלוגיסטית ("לאן יברחו?"; "אין מספיק פליטים יהודים?"). יתרה מזאת: לתוכניתו של בן גוריון היה גם פגם אסטרטגי בעיני טבנקין, שהדגיש את חשיבות העמידה מול הנאצים. ההיגיון היה שברגע שהארץ תינטש, היהודים לעולם לא יקבלו אותה בחזרה: "אם אנחנו ניפול פה – יבואו אחרים במקומנו, אך אם נברח מכאן – לא יבואו אחרים במקומנו", הסביר טבנקין. עמים המוותרים על מולדתם בקלות לא במהרה יקבלו אותה שוב. ייתכן שפינוי יציל נשים וילדים אחדים, אך בסופו של דבר הנוכחות בארץ ישראל עומדת בראש סדר העדיפויות. לשיטתו של טבנקין "לנו, ליהודים, אין ברירה של נסיגה [...] אין תקווה לאווקואציה [...] יש לנו ברירה של עמידה, אנו יכולים לארגן את היישוב העברי למאות אלפי אנשים מאומנים ומזוינים".[1]

יצחק גרינבוים, שזמן מה אחר כך היה לראש ועד ההצלה של הסוכנות היהודית, התנגד נחרצות לרעיון הפינוי. הוא טען כי כל מנוסה של יהודים מארץ ישראל תביא לפגיעה בלתי הפיכה בכבודם הלאומי, תפיל את רוחם ותכרסם בכושר העמידה של היישוב. הוא הדגיש כי גם כך סובל היישוב מהעובדה כי "צרת היהודים בגולה היא שהעדיפו חיי 'כלב מוכה' על מוות בכבוד". לדעתו, זו הייתה הסיבה לכך שיהדות פולין לא השיבה מלחמה שערה נגד הפולשים הנאצים. גרינבוים סבר כי מנוסה של יהודים

מפלשתינה – גם אם היא מוצדקת טקטית לנוכח הנסיבות – תביא בהכרח לקץ הציונות. לפיכך, הוא קבע: "אם חלילה נגיע לשעה של פלישה, עלינו לכל הפחות לדאוג לכך שתישאר אגדה של 'מצדה' אחרינו".[2]

האצ"ל תכנן לקיים את הקרב האחרון מול הנאצים בירושלים ובהרי יהודה שסביבה. אחרים תכננו לרכז את כל האוכלוסייה היהודית במובלעת באזור חיפה והגליל עם נסיגת הבריטים מהארץ ולהיערך שם למלחמת גרילה עד מוות. התוכנית זכתה לכינוי 'מצדה על הכרמל'.

הצהרתו של גרינבוים על אודות הכבוד הלאומי היהודי הרתיחה את מנהיג 'המזרחי', משה שפירא. וכך השיב:

> מר גרינבוים – מתוך רצון של הגנה על הכבוד היהודי – הגיע למסקנות מוטעות. יש הרואה את הכבוד היהודי במוסר היהדות ובזה שאין אנו משתייכים לגזע המרצחים. אילו היו אומרים לנו כי פלישה לארץ ישראל פירושה השמדת כל היישוב, הרי אז עומדת השאלה של קידוש השם ו"תמות נפשי עם פלישתים". אבל אם יש אפשרות שניה של חיי גטו בארץ ישראל, הרי נשארת תקווה, אם כי התקווה קלושה, שנעבור את הזמן בקורבנות, בקורבנות גדולים, אבל תהיה שארית הפליטה, אשר תהווה את הבסיס לבניין מחודש לאחר שוב הבריטים לארץ.[3]

כמובן, באזכור "תָּמוֹת נַפְשִׁי עִם פְּלִשְׁתִּים" (שופטים טז, ל) הכוונה הייתה לשופט שמשון בן מנוח, שהביס את הפלשתים והבטיח את שלומם של בני ישראל למשך עשרים שנה. מאוחר יותר, כשנשבה ועיניו נוקרו והוא הושפל בפומבי מול קהל צמא דם, לפת שמשון את שני עמודי התווך של המקדש הפלישתי והפילו על כל יושביו. אומנם גם הוא מצא את מותו בנסיבות אלה, אך כפי שמעיד ספר שופטים – "וַיִּהְיוּ הַמֵּתִים אֲשֶׁר הֵמִית בְּמוֹתוֹ רַבִּים מֵאֲשֶׁר הֵמִית בְּחַיָּיו" (שופטים טז, ל). במילותיו האחרונות ניסח מה שידוע עד היום בכינוי 'ברירת שמשון' – "תָּמוֹת נַפְשִׁי עִם פְּלִשְׁתִּים!" (שם). משפט זה הפך למטבע לשון המייצג אומץ לב והקרבה, אך בניתוח קר – זו משימת התאבדות ודאית.

ובכל זאת, הוסיף שפירא, כל עוד קיימת תקווה להציל ולו גם יהודים ספורים עלינו לקבל כל תוכנית חלופית שתוצע. גטאות בארץ ישראל עדיפים על פני מוות. אומנם נאבד קדושים רבים, אך הניצולים בסופו

של דבר יבנו מחדש את היישוב. הכבוד הלאומי הוא למלא אחר הציוויים המוסריים שלנו, ובכלל זה אלה המעניקים עדיפות להצלת חיים.

הרב מימון תקף את שפירא בטענה שבלתי אפשרי לצמצם את הכבוד היהודי למונחים אתיים בלבד:

> הכבוד היהודי אינו רק שאלה של מוסר, יש שאלה של הגנה על כבוד ישראל. וגם בגטאות, בזמנים הקדומים, ידעו היהודים להגן על כבודם. כבוד היהודים מחייבם להילחם על כבודם ולא להתחבא במערות ולהתנהג כמוגי לב – זו היא גם [משמעות] הציונות, ואין להתכחש לה בזמן שהאויב מתקרב לגבולות הארץ [...] אסור יהיה לנו להשלים עם הגורל של עבדים נרצעים.[4]

כפי שראינו בפרק 4 בדיון על תמיכתו בהתקפות התגמול של האצ"ל, הרב מימון סבר כי היהודים חייבים לגאול את עצמם כעת ממעמדם ההיסטורי כעם רמוס, אפילו עד כדי כך שצורך זה גובר אף על החששות האתיים באשר לקדושת החיים.

ההסתברות להצלחה: אלעזר בן יאיר מול יוחנן בן זכאי

ברקע ויכוח זה עמד סיפור מצדה ואתוס ההתאבדות ההמונית. מצדה הייתה מבצר שמלכתחילה הקים הורדוס במדבר יהודה. לאחר חורבן ירושלים בשנת 70 לספירה, נמלטו לשם חלק מן המורדים היהודים הנותרים, וכעבור כשלוש שנים לאחר מכן הטילו עליהם הרומאים מצור. לדברי ההיסטוריון יוספוס פלביוס, תשע מאות שישים ושבעה יהודים הסכימו להרוג זה את זה במקום להילקח בשבי. מנהיגם, אלעזר בן יאיר, הכריז:

> והנה אני חושב, כי צדקה עשה אתנו אלוהים בתתו בידנו למות מות גיבורים בני חורין, כאשר לא היה לאל יד אחינו, אשר באה מפלתם כחתף. והנה גלוי וידוע לפנינו, כי מחר יבוא אידנו, אך הרשות נתונה לנו לבחור מות גיבורים, אנו ומחמדי עינינו יחד.

סיפור מצדה זכה להאדרה בקרב החוגים הציוניים בתחילת המאה העשרים. בעיניהם הוא היה סמל לסירוב היהודי להיכנע ולקבל תכתיבים של מעצמות

זרות. משוררים פיארו את אומץ לבם של גיבורי מצדה, קבוצות נוער שרו שירי הלל לגבורתם, וכל טירוני הפלמ״ח נלקחו לסיורים במורדות ההר שהיה לסמל.[5]

בשנים שלאחר מכן זכו מורדי מצדה לתמיכה דווקא מדמות רבנית בולטת. הרב שלמה גורן[6] כתב במאמר נרחב שפרסם כי אכן התאבדות אסורה על פי ההלכה, אך ישנם פוסקים שהתירו זאת בהזדמנויות מסוימות בהינתן תנאים מדיניים קיצוניים. הוא קבע כי במקרים מסוימים ישנם ערכים החשובים יותר מעצם החיים.[7] לדוגמה, בתקופת גזרות השמד בידי הרומאים, קפצו חנה ושבעת בניה מן הגג בזה אחר זה אל מותם כאשר נדרשו לאכול חזיר או לעבוד עבודה זרה. בסיפור אחר קפצו ארבע מאות נערים ונערות אל מותם במצולות הים במקום להימכר לשבי.[8]

מאות שנים מאוחר יותר, התירו מלומדים אחדים מימי הביניים (בדיעבד) מעשי יהודים נרדפים שאיבדו עצמם לדעת (לאחר שהרגו גם את ילדיהם) במקום להשתמד בעת מסעי הצלב. ההתייחסות הסלחנית ביותר למי שנוטל את נפשו בידיו היא דברי חז״ל ששאול המלך לא עבר עבירה בכך שנפל על חרבו לבל ייפול בשבי הפלישתים.[9]

בעיני הרב גורן, ההתאבדות של שאול שימשה תקדים להתיר התאבדות במקום להביא לחילול השם שייגרם בוודאות כאשר יתאפשר לאויב להרוג יהודים או לקחתם בשבי. נראה כי התרסה כלפי האויבים ושמירה על כבוד אישי או לאומי עשויות לעיתים לגבור על החובה המוסרית של שמירה על קדושת החיים.[10]

הרב גורן נהג להשתתף בטקסי ההשבעה של מתגייסי צה״ל במצדה, שבמהלכם הוקראה צוואתו האחרונה של אלעזר בן יאיר. בשנת 1969 פיקח גורן על טקס צבאי רשמי שבו הובאו לקבורה עצמות אדם שנמצאו במצדה והיו שייכות, לכאורה, למורדים. ארכיאולוגים רבים סברו כי אין מדובר בשרידים יהודיים, אך הצורך להנציח את האגדה גבר על כוחה של ההשערה המדעית.[11]

לאור פרסומה הנרחב של אגדה זו, מעוררת תמיהה העובדה שחכמי הגמרא לא מצאו לנכון לדון בה ולו פעם אחת בכל מרחבי ספרות התלמוד הענפה. אחד ההסברים לכך הוא ש'ההתאבדות ההמונית' במצדה מעולם לא התרחשה במציאות. היסטוריונים אחדים סבורים כי יוספוס פלביוס, שכתביו נגועים באי דיוקים המבוססים על אידאולוגיה או תועלת אישית,

הוא המקור היחיד למיתוס, וכי אין שום ראיה ארכיאולוגית או אחרת המאמתת את הסיפור.[12]

הסבר אפשרי נוסף לשתיקת חז"ל בעניין זה הוא התנגדותם העקרונית להחלטת המורדים לטרוף את נפשם בכפם ולאסטרטגיה שלהם באופן כללי. יוספוס טוען שמורדי מצדה היו מורכבים מחברי קבוצת ה'סיקריים', קבוצה קיצונית בדלנית של יהודים שלחמו גם באחיהם ובהנהגה היהודית הרשמית של ירושלים. למורדים אלה התנגד התנא רבי יוחנן בן זכאי, שהעדיף להיכנע לאספסינוס קיסר והעלה בקשה אחת בתמורה: "תן לי יבנה וחכמיה" (גיטין נו ע"ב). ואכן, הקיסר נענה לו והתיר לחכמי ישראל לעבור ליבנה ולהקים שם ישיבה. היכולת לבנות מחדש מרכז רוחני לאחר כישלון המרד וחורבן ירושלים היא שאפשרה את המשך הקיום היהודי.

בלשונו של היסטוריון בולט: "אם היהדות שרדה, אם העם היהודי שרד, אין זאת בזכות מצדה אלא בזכות יבנה; אין זאת בזכות אלעזר בן יאיר אלא בזכות יוחנן בן זכאי".[13] אין כבוד לאומי בהקרבת חיי יהודים באופן המאיים על עצם עתידו של עם ישראל ועל יהדותו.

הסבר אפשרי נוסף הוא שלחכמי התלמוד, שכתבו מבבל לאחר גלות היהודים מארץ ישראל, לא היה עניין מיוחד להנציח את מעשי מורדי מצדה הבלתי מתפשרים. הדבר היה נכון במיוחד לאחר 'מרד התפוצות' הכושל (המכונה גם 'פולמוס של קיטוס' בקפריסין ובמצרים, בסביבות השנים 117-115 לספירה), ומרד בר כוכבא הכושל אף הוא (135-132 לספירה), שחתם את גורל ההתיישבות היהודית בפרובינציית יהודה. התקוממות אמיצה היא מעשה הראוי לשבח, אך לא כאשר היא מובילה למוות ולהרס בקנה מידה גדול.

למעשה, את המסר הזה ניסח הנביא ירמיהו, שהזהיר את המלך צדקיהו לפני חורבן בית ראשון בשנת 586 לפנה"ס כי עליו להיכנע ולהציל את היישוב היהודי בארץ הקודש:[14] "כֹּה אָמַר ה' אֱלֹהֵי צְבָאוֹת אֱלֹהֵי יִשְׂרָאֵל אִם יָצֹא תֵצֵא אֶל שָׂרֵי מֶלֶךְ בָּבֶל וְחָיְתָה נַפְשֶׁךָ וְהָעִיר הַזֹּאת לֹא תִשָּׂרֵף בָּאֵשׁ וְחָיִתָה אַתָּה וּבֵיתֶךָ" (ירמיהו לח, יז). ואולם צדקיהו, שחשש שמא יראה ההמון בכניעה ביטוי של מורך לב, לא שעה לאזהרה ודברי הנביא התגשמו במלואם.

המבקר החריף ביותר של אגדת מצדה משורות הציונות הדתית היה הרב משה צבי נריה (1995-1913), המכונה 'אבי דור הכיפות הסרוגות'. הרב נריה נולד בלודז' שבפולין, ואת ילדותו העביר במאבק להישרדות בתוך

הכאוס המדיני ששרר בתום מלחמת העולם הראשונה. הוא למד בחשאי בישיבות מחתרתיות בברית המועצות עד שלבסוף נעצר (ושוחרר בזכות גילו הצעיר). הרב שלימדו תורה נשלח לסיביר ומאז אבדו כליל עקבותיו. בשנת 1930, בהשתדלותם של הרב קוק ובנו ר׳ צבי יהודה, קיבל נריה אשרת עלייה ארצה והחל ללמוד בישיבתם. בהמשך ייסד את תנועת הנוער בני עקיבא ועמד בראשה, הקים את רשת ישיבות ואולפנות בני עקיבא ואף כיהן תקופה קצרה בכנסת ישראל, שם נודע בדעותיו הימניות על יישוב ארץ ישראל.

למרות השקפת עולמו הניצית, הרב נריה ביקר בחריפות את הסנגוריה שלימד הרב גורן על מורדי מצדה וטען כי היא שגויה ומסוכנת. לשיטתו, שאול המלך היה מקרה ייחודי של סמל לאומי שאת מותו כבר צפה שמואל הנביא, אך באופן כללי האתוס ההלכתי מקופל בפרשנותם של חז״ל על הפסוק ״וּשְׁמַרְתֶּם אֶת חֻקֹּתַי וְאֶת מִשְׁפָּטַי אֲשֶׁר יַעֲשֶׂה אֹתָם הָאָדָם וָחַי בָּהֶם״ (ויקרא יח, ה): ״וחי בהם – ולא שימות בהם״ (יומא פה ע״ב).

כך נקבע העיקרון שעלינו לבחור בחיים כדי להבטיח את עתידו של העם היהודי והמשכיותו.[15] לדעת הרב נריה, לו לאורך הדורות היו יהודים הולכים בעקבות המודל של אלעזר בן יאיר – בחירה במוות על פני שעבוד מדיני – היה גורלו של עם ישראל נחרץ לכליה. אילו נכנעו לוחמי מצדה, חלקם היו נהרגים או הופכים לעבדים, אך ייתכן שאחרים היו מצליחים להימלט ולשרוד. למעשה, מורדים יהודים במבצר מכוור הסמוך (כיום בשטח ירדן) הצליחו לנהל משא ומתן על כניעה לרומאים ובסופו של דבר זכו בחירותם.[16] עבור יהודים, גבורה פירושה לדעת מתי להשיב מלחמה שערה ומתי לבחור בחיים. התאבדות איננה התקוממות אלא תבוסה.

ההסתברות להצלחה ו׳התקוממות או שנמות׳

חלק מהוויכוח על האסטרטגיה של ״תן לי יבנה וחכמיה״ לעומת אסטרטגיית מצדה נוגע לאחד הקריטריונים המרכזיים שתאורטיקנים של מלחמות מוצדקות נדרשים להם כדי להצדיק יציאה למלחמה: מדד ההסתברות להצלחה. משמעותו של מדד זה היא שעל המנהיגים להכיר בנזק הפוטנציאלי של המלחמה ולשאול: ׳האם יציאה למלחמה זו מצדיקה את הסכנות הכרוכות בה?׳. עליהם לשקול את הסיכויים להשיג את התוצאה הטובה הרצויה לעומת הנזק העלול להיגרם במידה רבה של סבירות. לשון אחר: השפעתה החיובית של המטרה חייבת להיות גדולה יותר מהשפעתם השלילית של האמצעים.

אם אין זה המצב, אין טעם לצאת למלחמה, גם אם כשלעצמה יש לה סיבה מוצדקת.

בחינה פרגמטית זו, של שיקול שכר המלחמה כנגד הפסד נזקיה, מיוחסת בדרך כלל לפילוסוף הספרדי ויטוריה (1546-1483), שכתב: "שום מלחמה אינה מוצדקת, אם לבסוף היא מזיקה למדינה הפותחת בה יותר משהיא מועילה לה ומיטיבה עימה". אולם לרעיון זה יש מקורות קדומים יותר, ובכלל זה במחשבת ישראל. הרלב"ג (רבי לוי בן גרשום, 1288-1344), מחשובי הפילוסופים היהודים, ניסח רעיון דומה: "ראוי למי שיתחיל במלחמה עם מי שתקיף ממנו, שיעשה דבריו בחוכמה. רוצה לומר שאם לא יתבאר לו שינצח – לא ימסור עצמו לסכנה".[17] ההקשר המקראי של פירוש זה חשוב: המדיינים הנודדים, לצד עמלקים ושבטים אחרים מהמזרח, הטילו אימה על בני ישראל בביזת יבוליהם, מקניהם ואמצעי מחייתם ואילצו אותם למצוא מחסה בהרים. עד כדי כך שהכתוב אומר: "וַיִּדַּל יִשְׂרָאֵל מְאֹד מִפְּנֵי מִדְיָן וַיִּזְעֲקוּ בְנֵי יִשְׂרָאֵל אֶל ה'" (שופטים ו, ו).[18] תוקפנות כזו במשך שבע שנים הייתה עילה מוצדקת למלחמה, במיוחד כאשר גם העמלקים הצטרפו למציקים. אף על פי כן חיפש גדעון, מנהיג ישראל, אותות משמיים שיבטיחו לו כי יצליח במלחמת המצווה נגד אויבי ישראל.

מכאן עולה שגם כאשר פועלים מתוך הגנה עצמית, יש לעשות זאת בזהירות רבה. בתקופת המקרא עמדה האפשרות לפנות אל הנביא או לשאול באורים ותומים כדי לקבוע את סיכויי הצלחתה של מלחמה כזאת. בימינו נותר רק להתפלל – ולאחר מכן לערוך חישובים רציונליים. זהו ערך מוסרי מכריע, אשר נקל להתעלם ממנו בסחף הלהט הלאומני: אל תצאו למלחמה אלא אם אתם מאמינים ביכולתכם לנצח בה.

עם זאת, ניתוחי עלות תועלת של הצלחה אפשרית אינם פשוטים, במיוחד אם מובאים בחשבון לא רק מספר הנפגעים האפשרי והשלכותיה הכלכליות של המלחמה, אלא גם אופיים הבסיסי של הצדדים הלוחמים.[19] לפעמים תוצאות תבוסה במלחמה חורגות הרבה מאובדן טריטוריה או משאבים; היא יכולה לעצב מחדש באופן קיצוני ושלילי את תרבותה של האומה המובסת. יתר על כן: כאשר מלחמות מתודלקות באידאולוגיה הן עלולות ליצור אפקט דומינו בעולם כולו.

הדילמה כיצד להגיב לאיום השמדה ממשמש ובא רבצה על מדינות המערב כענן כבד בעת המלחמה הקרה. היו שטענו כי על מנהיגי המערב להימנע מתגובה גם במקרה שהסובייטים יתקפו בנשק גרעיני. עדיף לחיות

בעולם תחת שלטון קומוניסטי מאשר בעולם שעבר שואה גרעינית. אחרים השיבו כי להשתלטות גלובלית של הקומוניזם תהיינה השפעות כה מחרידות על ערכי המוסר, עד שמעצמות המערב לעולם לא תוכלנה להיכנע בפני מתקפה סובייטית. לשיטתם, המערב חייב להגיב גם הוא במתקפה גרעינית על ברית המועצות, תהיינה ההשלכות אשר תהיינה.

אחד התאורטיקנים של מלחמות מוצדקות, קתולי באמונתו, ניסח זאת באמירה שמלחמות מביאות בכנפיהן אף רעות הגדולות ממוות והרס פיזיים. לשיטתו, ערכים מסוימים – ובכללם חירות – חשובים עד כדי כך שהם מצדיקים גם את הגדול שבקורבנות. מסכם זאת בחדות ביטוי שהיה רווח בימי המלחמה הקרה: "Better dead than red" [עדיף למות מלהיכנע לשלטון הקומוניסטי, שצבע דגלו אדום].[20]

את התפיסה הזו ביטא בשעתו אינטלקטואל יהודי בולט, שטען כי עצם המבנה הדתי של המערב עתיד לעמוד בסכנה: "אין זה נקרא 'לחיות' אם מצמצמים אותך לקיום פיזי בלבד ומונעים את הקיום המוסרי הבסיסי של עמך".[21] המאבק בעריצות תובע הקרבת חללים רבים על מזבח החירות, וכפי שראינו בפרק 2, אין לאפשר לעמלק להתגבר ולשלוט בעולם.

זה המקום להשתמש שוב במודל הרב־ערכי היהודי כדי להבין את הדילמה. על כף המאזניים מונחים שני ערכים שונים: האם עלינו לכבד את אמונות היסוד שלנו יותר משאנו מכבדים את ערך החיים עצמם?

ההלכה קובעת כי פיקוח נפש דוחה את כל המצוות שבתורה, למעט שלוש שעליהן "ייהרג ואל יעבור" (כלומר, חייב אדם למסור את נפשו למיתה ולא לעבור עליהן): שפיכות דמים, גילוי עריות ועבודה זרה. הלכה זו נתנה השראה לאין ספור מקרים של מסירות נפש יהודית בתקופת רדיפות האינקוויזיציה בימי הביניים.

אך השאלה שכאן על כף המאזניים אינה על פיקוח נפש של בודדים אלא פיקוח נפש של האומה כולה, שעתידה הלאומי מונח על כף המאזניים. איזה ערך גובר כאן: עצם חיי אנשים או הערכים שהם דבקים בהם?

היו מחכמי ישראל שהשיבו כי הרעיון של מיתה על קידוש השם מבוסס על כך שאנשים מסוימים מקריבים את חייהם בעוד אחרים, במקומות אחרים, שורדים; זהו תסריט שרחוק מלהיות ודאי במקרה של עימות גרעיני. גם הרומאים איימו על קיומה של היהדות, ואף על פי כן העדיף רבי יוחנן בן זכאי להיכנע, והמציאות הוכיחה כי בסופו של דבר בנתה היהדות את עצמה מחדש. יהודים מעדיפים חיים של בוז על פני מוות מפואר. למרות

העלבון הכרוך בכך, יהודים מעדיפים "Better red than dead" – מוטב להיכנע ולהישאר בחיים.

על כל פנים, כאשר מביאים בחשבון את השפעתה של ההחלטה על ערכי המוסר הבסיסיים, מתחדדת השאלה אם ראוי למות מות קדושים למען הכבוד הלאומי. אומה יוצאת למלחמה לא רק כדי להגן על הישרדותה הפיזית, אלא גם בשם כבודם של הרעיונות שהיא מייצגת ומעידה עליהם מבחינה מוסרית. כפי שטען הפילוסוף א"ג' קוטס (A. J. Coates): קהילות שאינן מוכנות להילחם למען הערכים העומדים ביסוד הישרדותן המוסרית – ובכלל זה עצם זכות הקיום שלהן – חדלו להיות קהילות מדיניות במלוא המובן:

> יש ניצחון מוסרי שיכול לעלות בחשיבותו על ההפסד הצבאי. מלחמה שיוצאים אליה כדי להגן על ערכים אנושיים בסיסיים עשויה להצליח גם אם צפויה תבוסה... בהקשר זה, המלחמה נתפסת כבעלת ערך משום שהיא משמשת לתת תוקף לערכים. תיקוף זה אינו מחייב בהכרח ניצחון במובן הצבאי. למעשה, הוא עשוי להיות עוצמתי יותר דווקא בשעה שמתמודדים עם תבוסה צבאית. בנסיבות כאלה התנגדות לאויב היא תיקוף של סולם ערכים שבו המוות אינו בהכרח התוצאה הגרועה ביותר, בעוד כניעה לאויב כמוה כסגידה למוות. במקרה כזה אנשים מוכנים לשלם כל מחיר מוסרי או לוותר על ערכיהם כדי להימנע מכך.[22]

מוות אינו האפשרות הגרועה ביותר בסולם הערכים שלנו. המחיר של ויתור על עקרונות היסוד של האדם גדול יותר מאובדן חייו.[23]

הוויכוח סביב מרד גטו ורשה: התאבדות או קידוש השם?

הצורך להילחם למען הכבוד הלאומי עמד לנגד עיני התומכים במרד גטו ורשה, שגורלו נחרץ בשנת 1943.[24] שנה קודם לכן, בעוד היהודים בארץ ישראל היו אחוזי בעתה נוכח האפשרות של פלישה נאצית קרובה, הועברו שלוש מאות אלף יהודים מוורשה למחנות ההשמדה. אלה שנותרו מאחור תהו אם לא הייתה זו איוולת – שלא לומר פחדנות – לעלות לטרנספורטים ההמוניים הללו בלא שמץ של התנגדות. אף על פי כן, מנהיגים ותושבים רבים בגטו, דתיים וחילונים כאחד, התנגדו להתקוממות כלשהי, שהייתה בעיניהם פעולה חסרת סיכוי שרק תחיש את מותם. היו מהם שטענו כי עדיף

ליהודים למסור את עצמם למיתה באופן פסיבי. בודדים התפללו עד לרגע האחרון להינצל בדרך נס.

בסופו של דבר גברה ידם של תומכי המרד והוא יצא אל הפועל. שניים מהניצולים הבודדים הסבירו מאוחר יותר את ההיגיון שהנחה אותם: "המוות היה ודאי. מה שלא היה ברור הוא איך לחיות בטרם יבוא".[25] בגטו חילקו הלוחמים עלון מתריס ובו נכתב בתעוזה:

> ימסור כל אחד את עצמו למות כגבר!
> דעו כי לא תוכלו למצוא מפלט אם תלכו אל מותכם **כצאן לטבח**.
> מפלטכם נמצא בדבר מה גדול בהרבה: במלחמה! לנחלצים להגן על עצמם סיכויים גדולים יותר להינצל, ומי שמוותר על האפשרות להגן על עצמו מלכתחילה – כבר הובס! [...]
> הבה נגרום לעריץ לשלם בדמו על כל נפש מישראל! [...]
> מלחמה על החיים או מוות לצורר עד נשימתנו האחרונה![26]

בקריאה מופלאה זו אלי קרב השתמשו ראשי המרד לא רק ברעיון של כבוד יהודי, אלא גם ברצון הבוער להיפרע מהנאצים ולגבות מהם מחיר יקר – בתקווה שרוח המרד תדביק גם יהודים במקומות אחרים ותפיח בהם אומץ לב לקום ולעשות מעשה. כל הגורמים הללו יחדיו צריכים לגבור על קדושת החיים, שהיא על פי רוב הערך העליון.[27]

הרב מנחם זֶמְבָּה, חסיד גור, היה הדמות הרבנית הבכירה ביותר בגטו. בדיון גורלי שהתקיים בארכיון הקהילה היהודית בגטו שבו נפלה ההחלטה לצאת למרד מזוין ולנקמה, הוא טען:

> לא היינו צריכים ללכת בעצמנו אל ה'אומשלגפלאץ', היינו צריכים להתנגד, אבל השלינו את עצמנו בדמיונות שווא. עם חכם ונבון – ניטל ממנו שכלו...ועכשיו אנו חייבים להתנגד, אסור לנו להסגיר את עצמנו בידי האויב [...] יש דרכים שונות לקידוש השם. אילו הכריחו כיום את היהודים לשמד, ואפשר היה להינצל על ידי השתמדות כמו בספרד או בשעת גזֵרת תתנ"ו, היתה מיתתנו כשלעצמה – בחינת קידוש השם. הרמב"ם אומר אפילו שבשעה שיהודי נהרג משום שהוא יהודי, הרי זה בלבד – קידוש השם, והלכה כמותו. אך כיום הזה הדרך היחידה לקדש את השם היא התנגדות מזוינת בפועל.[28]

מורדי גטו ורשה, ובכללם הרב זמבה ובני משפחתו, מצאו את מותם במרד העממי הראשון של יהודים בתולדות השואה – אך היה זה רק בתום שישה שבועות של הגנה יהודית עיקשת והרואית.

בחירתם להתקומם נגד הנאצים ולהילחם בהם גם אם יעלה להם הדבר בחייהם הייתה אופן הביטוי המובהק ביותר של מאבק ברודנות. זו הייתה הוכחה לכך שאנו שומרים על יכולתנו לקרוא תיגר על הצורות האכזריות ביותר של עריצות ואפילו למסור נפשנו על קידוש השם למען ערכינו. בדרך כלל, הגנה על כבודנו האנושי ועל כבוד עמנו מחייבת לשרוד. במקרה של גטו ורשה היא תבעה למרוד, גם במחיר החיים עצמם.[29] המרד נמחץ בסופו של דבר, אך היהודים לא הובלו כצאן לטבח ללא שליטה על גורלם.

איבוד עצמי לדעת – בין מצדה, ורשה והקמיקזות

לאחר שהנאצים העלו באש את הגטו וחיסלוהו, כתב העיתון ידיעות אחרונות בכותרתו הראשית: "מצדה של ורשה נפלה! ארבעה מראשיה הוצאו להורג! הנאצים הציתו את שרידי גטו וורשה".[30] גרינבוים קרא: "[המורדים] קידשו בדמם את שמו של עמם המעונה והמדוכא, וחידשו את מסורת קנאי ירושלים ומצדה, גיבורי בר כוכבא ושאר המאבקים היהודיים".

אולם לא הכול צידדו בגישת המרד. רבים ממנהיגי אגודת ישראל האנטי ציונית טענו כי ההחלטה להילחם החישה את מותם של יהודי ורשה, הייתה מנוגדת להלכה, ועמדה בניגוד לעמדה המסורתית היהודית ביחס לרדיפות: העדפת תגובה פסיבית. בהמשך היו מי שהכחישו כי הרב זמבה אכן השמיע אי פעם את האמירות המיוחסות לו בתמיכה במרד. תגובתו של הרב נריה הייתה מתונה יותר: לדבריו אפשר ללמד זכות על מפקדי המרד משום שבאותו שלב, כאשר אפסה התקווה להישאר בחיים לנוכח האקציות המתרבות, צריך היה ללכת בדרכו של שמשון המקראי ולצאת למשימת התאבדות שתגרום למספר רב ככל האפשר של אבדות בקרב האויב הנאצי, שכן רק בסיטואציה כזאת יש לקדש את השם ולהילחם עד מוות. עם זאת, הרב נריה חשש מהאדרה מופרזת ומסוכנת של המורדים. לשיטתו, שאיפת הקיום שלנו היא מקור כבודנו,[31] והגבורה הנעלית ביותר היא לשרוד חרף הרדיפות.[32]

הוא שיבח את שיטת ה'הבלגה' משנות השלושים והוסיף:

נימוק אחד יסודי מנע את קדושינו מבוא דמים: לא לגרות את יצרי

> הרוצחים ולא לגרום לקרבנות נוספים. הבלגתם הנפלאה של דורותינו על סף המוות עולה בהרבה על גבורת "תמות נפשי עם פלישתים". האחרונה היא גבורה, ואילו הראשונה, גבורה שבגבורה...[33]

יש להודות כי לפחות בטענה אחת הצדק עם הרב נריה. האדרה של 'מיתות מפוארות' על רקע פטריוטי מסוכנת ביותר, שכן היא עלולה להוביל לשפיכות דמים מיותרת. לשם מה להרוג אם תבוסתך מובטחת? ולשם מה למות אם אפשר להמשיך לחיות?

את חוסר התוחלת המוסרית של תחושת כבוד מופרזת הדגימו כעבור שנים אחדות חיילים יפנים רבים. ב־15 באוגוסט 1945, לאחר הפצצת הירושימה ונגסאקי, הכריז קיסר יפן הירוהיטו על הפסקת פעולות האיבה, ובכך הביא סוף סוף לסיומה של מלחמת העולם השנייה. לאחר ארבע־עשרה שנות לחימה עיקשת, הוא דחק בבני עמו לקבל הפסד משפיל זה ו"לעמוד במה שאי אפשר לעמוד בו ולסבול את מה שאי אפשר לסבול אותו".[34] למרות הודעת הכניעה של הקיסר הירוהיטו, כמה מאות חיילים יפנים – בעיקר קצינים שהוכשרו במשך שנים להילחם עד מוות ולא להיכנע לעולם – שלחו יד בנפשם.

החלטתו של הירוהיטו מנעה פלישה קרקעית של בעלות הברית לאדמת יפן. ללא ספק היא מנעה אובדן חיי רבבות בני אדם, אמריקנים ויפנים כאחד. עם זאת, מוטב היה לו קיבל הקיסר החלטה זו חודשים אחדים קודם לכן, כאשר התבוסה היפנית הייתה כבר בגדר עובדה מוגמרת. הוא יכול היה למנוע את התקפות הקמיקזה חסרות התוחלת, את הקרבות העקובים מדם באיוו ג'ימה ובאוקינווה ואת ההפצצות ההרסניות של ערים יפניות שגבו חיי רבים כל כך. כל אותם הרוגים מכל הצדדים הלוחמים יכולים היו לחזור לחייהם הנורמליים בתוך שנים אחדות אילו הקדים הקיסר את ההודעה על כניעת ארצו. לו עשה כך, נכדים שלא יבואו לעולם, משני הצדדים, היו גדלים לנהוג במכוניות הונדה תוך כדי האזנה לשיריו של ברוס ספרינגסטין...

כבוד לאומי עלול להניע אנשים למעשים נוראיים ולמנוע מהם קבלת החלטות נכונות כדי להציל חיים.[35] ככלל, אין טעם לצאת למלחמות אבודות – או להמשיך בהן משהחלו.

עם זאת, אכן יש מקרים שבהם אפילו הרב נריה היה מודה – גם אם בחוסר רצון – כי יש להילחם עד הסוף המר, וזאת במטרה לשמור על הכבוד הלאומי. למרבה המזל לא היה צורך בכך בשנת 1942 בפלשתינה,

שכן הבריטים הצליחו להדוף את רומל בקרב אל עַלַמיין. עם זאת, יש עדויות רציניות לכך שאילו הצליחו הנאצים בתוכניתם להגיע לארץ ישראל הם היו מסתייעים במשתפי פעולה ערבים[36] ומחסלים את יהודי היישוב במסגרת 'הפתרון הסופי' שהכינו. חזונו של שפירא ('חיי גטו בארץ ישראל') היה משאלת לב, ואילו תוכניתו של בן גוריון להיערך לפינוי חיילים לחוץ לארץ הייתה כנראה בלתי מציאותית. בהתחשב בחלופות הגרועות, הגישה שהעדיפה להילחם עד הסוף הייתה מוצדקת ואף נבונה.

בדיעבד מתברר כי אנשי מרד גטו ורשה צדקו: התקוממותם ולחימתם אכן עוררו השראה ביהודים ברחבי העולם ליטול נשק ולהגן על עצמם, במהלך השואה ולאחריה. כפי שקבעו מנהיגי 'המזרחי' במאי 1943:

> העמידה על הנפש של שרידי היהדות בגולת פולין, המלחמה הקדושה והעילאית מלחמת נואשים אחרונים, שכוחי עולם וחשוכי גאולה – מקדשת שם שמיים ושם ישראל בעולם מתנכר, עומד על הדם, מגלה את הכחות הכבירים שפעמו – ועדיין פועמים – ביהדות אדירה זו.[37]

בטווח הקצר, ייתכן שמספר הנספים היהודים בגטו היה גדול יותר ממה שהיה אילולא התרחש המרד. אפשר גם שכולם היו מומתים ממילא במחנות ההשמדה. זאת אין לדעת. אולם בטווח הארוך, ההחלטה ליטול נשק ולהילחם העניקה בשנים שלאחר מכן השראה ליהודים רבים נוספים לנקוט פעולות שהיו נדרשות כדי להגן על חיים יהודיים.

ברם, אין דין מרד ורשה כדין מצדה. אם אכן התרחשה התאבדות המונית על ההר, קשה להתייחס אליה בסלחנות או בחיוב. אכן פוסקים לא מעטים נחלצו ללמד זכות על יהודי מצדה שאיבדו את עצמם לדעת, כשלנגד עיניהם עמדו מאות שנים של רדיפות (שהתרחשו מאז). אולם פוסקים רבים אחרים הזהירו מפני מעשים כאלה של 'התאבדויות הירואיות' ואף גינו אותם בפה מלא, למרות אהדתם למצוקת היהודים הנרדפים. איבוד לדעת הוא מעשה קיצוני, שאינו מעורר השראה חיובית ואינו תורם ולא כלום להמשך הקיום היהודי.[38]

כדי להתמודד עם בעיה זו, הקפידו חלק מראשוני הציונים – לפני קום המדינה וגם לאחר מכן – למתן את תמיכתם ב'מיתוס מצדה'[39] והתמקדו דווקא בגבורתם של היהודים שהתבטאה בנכונותם לאחוז בנשק. על כל פנים, אף שרבים מוצאים השראה באקטיביזם וברוח הקרב של מורדי מצדה,

קשה להתעלם מהעובדה שבחרו לאבד את עצמם לדעת, בעוד דווקא גישתו הפרגמטית של רבן יוחנן בן זכאי הוכחה כנכונה, שהרי בזכותה הובטח המשך הקיום היהודי.[40]

אפילו הרב גורן הודה בהמשך כי מצדה לא הייתה מודל אידאלי. בריאיון שהעניק בתקופה מאוחרת יותר הוא טען בנוגע למורדי מצדה:

> בתנאים אלה הם עשו את הדבר הנכון. והיה זה אקט של גבורה... אך אני התנגדתי [להצהרה] שהוא יסמל את גבורת ישראל. זה היה טוב לגלות, לא לתקופה שאחרי הקמת המדינה. כאן עלינו לקחת כדוגמה את גבורת החשמונאים. את קידוש השם יש לעשות באמצעות החיים, לא המוות. **תם העידן של קידוש השם על ידי מסירת הנפש למיתה.**[41]

קביעה מרתקת זו של הרב גורן היא הכרה בכך שאמנם מוטב ליפול בקרב אבוד מראש מאשר להיות מובל כצאן לטבח. אולם איבוד עצמי לדעת כשלעצמו אינו ראוי לתהילה ולא לחיקוי. כבוד לאומי אמיתי מושג כאשר העם מצליח לשרוד ויש לו המשכיות. עניינו של רעיון המלחמה הצודקת הוא הגנה עצמית, לא השמדה עצמית.

מה שבולט בוויכוחים הללו על מצדה, על הפלישה הנאצית (שלא התרחשה) לארץ ישראל ועל מרד גטו ורשה הוא שכל הצדדים העלו טיעונים משכנעים המתבססים על ערכים לגיטימיים. קל לטעון כי צד זה או אחר טעה בהערכתו האסטרטגית או שחישוביו המוסריים היו שגויים, אך ביסודם היו אלה ויכוחים סבירים בשאלה אילו ערכים צריכים לקבל עדיפות על פני אחרים במקרה של אי ודאות. חילוקי דעות אלה רק מדגישים את חשיבות קיומו של המודל הרב־ערכי היהודי, את יעילותו ככלי להבנת צדדיהן השונים של דילמות סוערות והרות גורל, ואת האופן שאפשר להיעזר בו כדי להכריע בהן.

נחמד לנהל דיון תאורטי בשאלות כאלה על כוס קפה מהביל או בכיתה באוניברסיטה, כאשר עוסקים בדילמות מן העבר. אך מנהיגות בזמן אמת מחייבת מישהו שיקבל החלטה. במצב כזה השאלה היא מי מקבל את ההחלטה מתי להילחם. דילמה זו היא עניינו של הפרק הבא במוסר הצבאי היהודי: המרד בבריטים והמלחמה על ריבונות ישראל.

פרק 12

מרד האצ"ל והדילמה מתי למרוד

חירות או מוות: מנחם בגין נגד השלטון הבריטי ומול הרפיסות היהודית

ב־1 בפברואר 1944 ביצע האצ"ל פעולה שאף ארגון יהודי לפניו לא עשה מאז מרד בר כוכבא, אלף ושמונה מאות שנה קודם לכן: הוא יצא למרד בשלטון. פעילי האצ"ל הדביקו את כרזות המרד ברחבי פלשתינה שפנו 'אל העם העברי בציון!' בכרזות הובעה מחאה על כי למרות הידיעות הקשות על שואת יהודי אירופה מונעים שלטונות המנדט את העלאתם של הניצולים היהודים לארץ ישראל, והמסקנה מכך:

> השלטון הבריטי השלים את בגידתו המחפירה באומה העברית ואין כל יסוד מוסרי לקיומו בארץ ישראל. נסיק את המסקנות ללא חת. אין עוד שביתת נשק בין העם והנוער העברי לבין האדמיניסטרציה הבריטית בארץ ישראל, המסגירה את אחינו ביד היטלר. מלחמה לעם ישראל בשלטון הזה: מלחמה עד הסוף. מלחמה זו תדרוש קרבנות רבים וקשים, אך נלך לקראתה מתוך הכרה, כי נאמנים הננו לאחינו, אשר נשחטו ונשחטים, כי למענם הרינו נלחמים ולצוואתם במותם שמרנו אמונים. נלחם, כל יהודי במולדת יילחם. אלוהי ישראל, אל צבאות, יהיה בעזרנו. אין נסיגה. חירות או מוות.[1]

אחד־עשר ימים לאחר מכן פתח האצ״ל בסדרת התקפות על סמלי השלטון הבריטי. ב־12 בפברואר פוצצו פעילי האצ״ל מטעני חבלה במשרדי העלייה של הממשל הבריטי כאקט סמלי מול הזרוע שסימלה את גזרות העלייה. מנהיגו החדש של האצ״ל, מנחם בגין, קיווה כי התקפות אלה, שבוצעו במכוון תוך הימנעות מפגיעה בנפש (הן הוצאו אל הפועל במוצאי שבת, כאשר המבנים היו ריקים מאדם), תחדדנה את עליונותה המוסרית של תנועת המרי בהשוואה לשלטונות המנדט. הבריטים מנעו בכוח את כניסתם לארץ ישראל של רבבות יהודים הנמלטים מאימי הנאצים[2] והשיבו באכזריות את ספינות המעפילים כלעומת שבאו. המשפט ״אנו נלחמים – משמע אנו קיימים!״ – שנאמר כפרפרזה על הפתגם הנודע שטבע הפילוסוף רנה דקארט – הפך לסיסמתו של בגין.[3]

האם ההלכה תובעת לציית לשלטון בלתי לגיטימי?

בגין עודד גם פעולות סמליות בלתי אלימות, שנועדו לאותת כי היהודים לא יסכימו עוד לקבל שלטון זר במולדתם. ביום הכיפורים תש״ג (1943) עצרו שוטרים בריטים יהודים בכותל המערבי והיכו אותם מכות נמרצות. פשעם היה שתקעו בשופר בסיום הצום, כנהוג בחג. מאז פרעות תרפ״ט (1929) אסרו השלטונות הבריטיים על תקיעות השופר המסורתיות בכותל המערבי, כדי להימנע מ׳פגיעה ברגשות הערבים׳ שהעדיפו לפרש את קולות התקיעה כקריאות קרב. בגין זעם על הרפיסות היהודית אל מול הגזירה הבריטית, וראה בכך אות כי היהודים נותרו ב׳עבדות נפשית׳.[4] שנה לאחר מכן הדביקו פעילים של תנועת בית״ר בהנהגתו כרוזי אזהרה לשוטרים הבריטים ברחבי ירושלים, לבל יגיעו לרחבת הכותל המערבי ביום הכיפורים ויפגעו שוב בזכות הפולחן היהודית:

> כל שוטר בריטי שיעז, בניגוד לחוקי האנושות התרבותית, להתפרץ ביום הכיפורים אל הכותל המערבי, להפריע למתפללים ולחלל את קדושת התפילה – ייחשב ויירשם על ידי הנוער העברי כפושע פלילי.[5]

האזהרה עשתה את שלה, ולראשונה מאז תחילת שלטונם לא הגיעו שוטרים בריטים אל רחבת הכותל ולא מנעו כבעבר את התקיעה בשופר.[6] במקביל ניצל האצ״ל את החשש הבריטי מפני מימוש האיום כדי לתקוף בהצלחה

ארבע תחנות משטרה ביישובים ערביים. כפי שאמר בגין: "היהודים תקעו סוף סוף בשופר המרד".

מבחינתו של בגין, המרד לא היה רק נגד הבריטים; הוא ייצג דחייה של הלך רוח גלותי חסר ביטחון עצמי, שבא לידי ביטוי בציות מבוהל של יהודי היישוב לתקנות שליטים זרים בארצם. לאחר שהאצ"ל פרסם את כרזותיו המאיימות, הזדרזו מוסדות יהודיים אחרים לפרסם גילויי דעת נגדן. הרבנות הראשית, מתוך היענות לדרישה הבריטית, הודיעה כי חל איסור על תקיעת שופר. בגין לעג לאפולוגטיקנים מהממסד הרבני, שקבעו כי תקיעת שופר בתום יום הכיפורים "אינה אלא מנהג", וכי על כל פנים הכלל ההלכתי הקובע הוא ש'דינא דמלכותא דינא' – לחוקיו של השלטון הקיים יש תוקף מחייב.[7]

את העיקרון הזה קבע האמורא שמואל בבבל במאה השלישית, והוא נועד לנרמל את חיי היהודים שם ולסייע להם להסתגל למציאות חדשה, שבה היו נתונים תחת שלטון ריכוזי של האימפריה הסאסאנית. עבור בגין ואחרים, דוקטרינה זו הייתה חלק מתפיסת עולם גלותית רחבה יותר, שהפכה את היהודים למי שמתוך רפיסות מתחננים להגנתם של אחרים.[8]

לא ברור אם הרבנים הראשיים דאז, הרב הרצוג האשכנזי והרב עוזיאל הספרדי, אכן השתמשו בהלכת 'דינא דמלכותא דינא' כדי לקבוע את עמדתם בנושא זה. הפולמוס סביב תקיעת שופר בכותל לא היה חדש. הוא נמשך כבר למעלה מעשור, ונראה היה שהרבנים הראשיים ניסו למנוע שהטקס הדתי יהפוך לנקודת מחלוקת בסבך התככים הפוליטיים, או שהתפילה בכותל תשמש תירוץ לאלימות הערבית, כפי שקרה בפרעות תרפ"ט. נוסף על כך, לתחושתם של פוליטיקאים רבים הייתה זו טעות אסטרטגית לגרום לחיכוך מיותר עם הבריטים, במיוחד לנוכח העובדה שממשלת הוד מלכותו הכריזה סוף סוף על הקמת הבריגדה היהודית בצבא הבריטי.

אולם, בגין צדק שהרעיון של 'דינא דמלכותא דינא', ככלל המחייב ציות לחוק המדינה, עשוי היה לשמש אמצעי לדיכוי המרד המתהווה. במרץ 1944, בעת שהבריטים הטילו עוצר על היישוב בארץ כתגובה להתקפות האצ"ל, מאמר המערכת הראשי של העיתון הציוני דתי 'הצופה' קבל במרירות על העוצר שהטילו הבריטים כ"קנס ציבורי על היישוב העברי, בעוון יחידים שהוציאו את עצמם מכלל היישוב ומכל מידותיו". באותה נשימה הוסיף כי "כל זמן שהעוצר בתוקפו, חייב כל אדם מן היישוב לקבל עליו את הדין ולא לצאת מפתח ביתו בשעות העוצר אם אין לו רשות מן

הרשות. 'דינו של מלכות דין' נוהג אף בעוצר, אלא שהרשות אף היא חייבת להיזהר בזכותו של האזרח ובכבודו".[9]

אין ספק כי העיקרון 'דינא דמלכותא דינא' מילא תפקיד מכריע בעיצוב עמדתו של הציבור היהודי כלפי השליטים המקומיים שלמרותם היה נתון לאורך מאות שנות הגלות. באופן הישיר ביותר, קבע הכלל שעליהם לשלם מיסים כדין ולציית לתקנות אזרחיות שהטיל השלטון. במהלך מאות שנים ייצג עיקרון זה את האופן שבו, כמיעוט מובהק, כיבדו יהודים את תכתיבי החברות שבתוכן חיו. 'דינא דמלכותא דינא' אִפשר להם לחיות תחת שתי מערכות חוק נבדלות, האחת יהודית בהתאם לשולחן ערוך והשנייה אזרחית כקביעת השלטון המארח. במידה מסוימת הוא שימש כחישוק משפטי לגישה שביטא הנביא ירמיהו – "וְדִרְשׁוּ אֶת שְׁלוֹם הָעִיר אֲשֶׁר הִגְלֵיתִי אֶתְכֶם שָׁמָּה וְהִתְפַּלְלוּ בַעֲדָהּ אֶל ה' כִּי בִשְׁלוֹמָהּ יִהְיֶה לָכֶם שָׁלוֹם" (ירמיהו כט, ז).[10] אלה המתפללים באמת ובתמים לשלום המלכות אינם פותחים במרד נגדה.

האם דבקותם ההיסטורית של היהודים בעקרון 'דינא דמלכותא דינא' הובילה בהכרח להסכמה שבשתיקה עם שלטון זר מתוך רפיסות? בפרק הראשון בספרנו הצגנו את קביעתו של הרב שמשון רפאל הירש מפרנקפורט, שיהודי המדינה חייבים להתגייס לצבא הגרמני כדי להגן על 'המולדת'. גם הוא ביסס טענה זו על עקרון 'דינא דמלכותא דינא', שלטענתו יש להפנים כמצווה דתית בפני עצמה המחייבת את היהודי "להיות נאמן בלב ונפש אל המלך, אל הארץ והמדינה". עד לאן מגיעה חובת פטריוטיות זו? לדעתו:

> חובה זו היא מוחלטת, ואינה תלויה ביחס המדינה כלפיך, בין אם הוא נוח או קשה. גם אם יפלו אותך לרעה, וישללו ממך את זכויות האדם ואת הזכות לפתח חיי אדם צודקים על אדמת הולדתך – אתה אל תיטוש את מילוי חובתך; אורחותיך יהיו ישרים וצודקים. תיתן כבוד לשם הנקרא עליך ותקיים את המצווה שציווך ה': היה נאמן לשרי המדינה ולארץ שבה אתה יושב, ודרוש טובתה ככל שתוכל.[11]

קשה להעלות על הדעת הפנמה בעייתית יותר של יחס סובלני כלפי שלטון זר.

בעייתית לא פחות הייתה גישתם של רבנים חרדים אנטי ציוניים אחדים, שהביאו כאסמכתה לגישתם את דברי רבי יוסי ברבי חנינא בסוף מסכת כתובות, שאסור למרוד באומות העולם בתקופת הגלות. הדרשה שם

מספרת כי בצאת ישראל לגלות השביע הקדוש ברוך הוא אותם (ואף את אומות העולם) שלוש שבועות:

> אחת: שלא יעלו ישראל בחומה (כלומר, שלא יעלו לארץ ישראל בהמוניהם).
> שנייה: שלא ימרדו [ישראל] ב[שלטונן של] אומות העולם.
> שלישית: שהשביע הקדוש ברוך הוא את אומות העולם שלא ישתעבדו בהן בישראל יותר מדי.[12]

אם מבינים את השבועות הללו כהנחיה נורמטיבית מחייבת, לכאורה אפשר לטעון כי העלייה הבלתי לגאלית והלחימה בבריטים הפרו את שתי השבועות הראשונות של 'עלייה בחומה' ו'מרד בעמים'.

עם זאת, כפי שצוין בפרק 3, ההשקפה הציונית הרווחת גורסת כי סביר יותר שקטע תלמודי זה אינו אלא אמירה תאולוגית או דרשנית שהייתה יפה לשעתה. לא זו אף זו: אפילו נניח שזו הלכה, היה לשבועות אלה תוקף מחייב רק בחוץ לארץ, אך לא בארץ הקודש. יתר על כן, אומות העולם עצמן אישרו בוועידת סן רמו בשנת 1920 את זכויותיו של עם ישראל על ארצו. באשר הגוף הבין־לאומי המוסמך קבע כי ישראל זכאים לאכלס את השטח הזה, אין במימוש הקביעה מרידה נגד העמים. אך הנימוק המכריע, השולל את תקפותן של השבועות מעיקרן, טמון דווקא בשבועה השלישית שהושבעו בה אומות העולם – שלא לשעבד יותר מדי את עם ישראל. מכיוון שהן לא עמדו בחלקן ב'הסכם', הריהו בטל מעיקרו, ונמצא שגם היהודים משוחררים מהאיסור למרוד בהן.

מזווית אחרת: לא סביר שהלכת 'דינא דמלכותא דינא' אכן מנעה מהיישוב היהודי להתנגד לשלטון הבריטי. רבים מהפוסקים בימי הביניים הכירו בכך שהלכה זו אינה חלה על חוקים המפלים באופן בלתי לגיטימי אנשים מסוימים או על חוקים הפוגעים בשמירת תורה ומצוות. מנהיגי הציונות הדתית אומנם קיבלו באופן כללי את החוק האזרחי הבריטי, אך התנגדו לגזירות הספר הלבן שמנעו עלייה יהודית לארץ. הם תמכו באופן פעיל בניסיונות מחתרתיים להבריח אוניות מעפילים מאירופה.[13] אפילו אישים מתונים כחיים משה שפירא והרב משה אביגדור עמיאל יצאו בחריפות נגד המדיניות המגבילה והמפלה, ודחקו ביהודים להמשיך ולעלות לארץ

ישראל אפילו באופן בלתי חוקי, בפרט לאחר פרסום הספר הלבן בשנת 1939.

הרב הרצוג נשא דרשה חוצבת להבות שבה האשים את בריטניה ב"מעילה בתפקידה ההיסטורי ובגידה בבית ישראל" ובהפרת כל מראית עין של צדק במדיניותה. הוא ציטט את הפסוק: "עֻצוּ עֵצָה וְתֻפָר דַּבְּרוּ דָבָר וְלֹא יָקוּם כִּי עִמָּנוּ אֵל" (ישעיהו ח, י), ואז קרע דרמטית את עותק הספר הלבן שהיה בידיו.[14] שנים לאחר מכן, עם פרוץ מלחמת העצמאות, הכריז הרב הרצוג כי הן שלוש השבועות והן תקנת 'דינא דמלכותא דינא' מחייבות רק בגולה ואינן רלוונטיות ליהודים השוכנים בארצם המובטחת. בישראל לא יקבלו את סמכותם המדינית של מנהיגים זרים.[15]

למסקנה זו הגיע כבר ביוני 1939 הרב מאיר בר אילן, שהכריז בפומבי כי לבריטים אין עוד זכות לגיטימית לשלוט בארץ ישראל. בעיניו, הספר הלבן ערער את עצם הנחת היסוד של שיטת המנדטים, ולכן לא היו להם זכויות על השטח. הרב בר אילן דחה על הסף את הטענה שהכרזתו היא הפרה של שלוש השבועות, בנימוק שממשלת בריטניה היא זו שמרדה נגד התחייבויותיה.

על כל פנים, חיי היהודים באירופה ובארץ ישראל היו על כף המאזניים, והערך של הצלת חיי יהודים גבר על ערך הציות האזרחי. על היהודים היה לקום ולהתנגד – לא במרד גלוי וחסר סיכוי, אלא באמצעות מרי אזרחי שעניינו סירוב לשתף פעולה עם רשויות כלשהן של ממשלת בריטניה.[16]

כאמור לעיל, תוכניות אלה הפכו בלתי רלוונטיות חודשים אחדים לאחר מכן עם פרוץ מלחמת העולם השנייה. בן גוריון ואחרים, בתמיכת הרבנות הראשית והאצ"ל, הבינו שכרגע עליהם לשתף פעולה עם הבריטים. רק לוחמי חירות ישראל (הלח"י), קבוצת הפורשים הזעירה של אברהם שטרן, בחרו לתקוף מטרות בריטיות, עד אשר הצית בגין את אש המרד האמיתי נגד ממשלת המנדט.

מבחינה מוסרית, עַם הנתון תחת שעבוד ודיכוי יכול למצוא בסופו של דבר הצדקה לקום על משעבדיו, אך כל הנהגה אחראית חייבת לשים לנגד עיניה את העובדה שרוב ההתקוממויות הלאומיות בהיסטוריה נכשלו. אין זה רק שיקול אסטרטגי אלא גם שיקול מוסרי: כפי שראינו בפרק הקודם, ל'הסתברות להצלחה' יש משקל מוסרי בקבלת החלטה האם לצאת למלחמה או להימנע ממנה. אין גבורה בהובלת אנשים להתקוממות חסרת סיכוי, כאשר קיימות דרכים אחרות להשגת עצמאות.

כמובן, זו הייתה גם הלוגיקה מאחורי מדיניותה של הנהגת הסוכנות היהודית. החלטתה להמשיך לשתף פעולה עם הבריטים הייתה החלטה מדינית ריאל פוליטית ולא הצהרה מוסרית עקרונית נגד מרד. בעיניהם הבריטים לא היו אויבים אלא בעלי ברית גרועים. מדיניותם עמדה בניגוד לרצונם האמיתי ואפשר היה לשנותה, אך רק באמצעות דיפלומטיה ושימוש בשכל ישר.[17] בדיוק את האסטרטגיה הזאת אתגר בגין. זה גרם לתדהמה הגדולה ביותר בקרב המתנגדים לפעולות האצ"ל. המרד הפוליטי נגד הסמכות המדינית המרכזית של היישוב, ועימו המרד הפעיל נגד הבריטים, היו ההתקפה על 'מסורת אוזלת היד היהודית' כביכול.

למרוד או לא למרוד? רוחות הרפאים של בר כוכבא

ברקע הוויכוח הסוער סביב מרד האצ"ל נגד הבריטים עמדה מורשתו של מרד בר כוכבא הכושל, ההתקוממות היהודית האחרונה נגד השלטון הרומי בארץ ישראל בשנים 135-132 לספירה. בראש המורדים עמד שמעון בן כוסבה, הידוע בכינויו 'בר כוכבא' (בעברית – בן הכוכב). לפי המסופר, מי שנתן לו תואר זה היה התנא רבי עקיבא, אחד מתומכיו הרבים שהאמינו – לפי האגדה התלמודית – כי הוא משיח בן דוד. לעומת זאת, מתנגדיו של מנהיג המורדים הכתירוהו בשם 'בר כוזיבא', מלשון כזב, כשם גנאי. החוקרים עדיין חלוקים באשר לנסיבות שהובילו למרד. ההשערות נעות בין שקיעה כלכלית ועד לגזרה שאסרה על ברית מילה כחלק מתקופת השמד (או בנייתה של עיר פגאנית על חורבות ירושלים). תהיה הסיבה אשר תהיה, התוצאה הייתה עלייתה של תנועה לאומנית חזקה, שפעלה בהשראת הסיסמאות 'לגאולת ישראל' או 'לחרות ירושלים'.

למרות הצלחה ראשונית מסוימת של המורדים, המרד דוכא בסופו של דבר בידי האימפריה הרומית. לפי המדרש, היה סופו של המרד נורא במיוחד, ובתשעה באב נפלה העיר ביתר, שהייתה מעוזם האחרון של המורדים, "עד שיצא דמם מהפתחים ומן הסבכות ומן הצינורות, והיה הסוס שוקע בדם עד חוטמו, והיה הדם מגלגל אבנים של ארבעים סאה".[18]

באחת מגרסאות הסיפור, כשל בר כוכבא בקרב האחרון לאחר שהרג במצח נחושה את דודו שהזהירו מפני כישלונו הקרב.[19] 'גואל העם' קם על עמו שלו.

במאות הבאות נצבע השם בר כוכבא בגוון שלילי בספרות הרבנית,

והמרד שהוביל זוהה לעיתים קרובות (אם כי לא תמיד) עם חוצפה מסוכנת ועם משיחיות שקר.[20] הרב הירש, למשל, ראה במרד בר כוכבא "טעות הרת אסון. היה צורך להזהיר את היהודים בכל הדורות לא לחזור על ניסיון זה, שכן לא בכוחם ובעוצם ידם ינסו להחזיר את עטרת ישראל ליושנה, אלא עליהם להפקיד את עתידם הלאומי אך ורק ביד ההשגחה האלוהית".[21]

בתחילת המאה העשרים זכתה מורשת בר כוכבא לעדנה מחודשת בקרב ראשוני הציונות. השראה לכך שימשה השקפה שהייתה מוכרת עוד בימי הביניים שהציגה את האיש באור חיובי כמנהיג ללא חת שהתייצב נגד שחיתותו של השלטון הזר. משוררים כביאליק, טשרניחובסקי ורחל ינאית בן צבי שיבחו את גבורתו של בר כוכבא שעמדה בניגוד בולט לרפיסותם של יהודי הגולה. ז'בוטינסקי בחר לתנועתו את השם 'ביתר', שכן ראה במשימת ההגנה העצמית של התנועה המשך טבעי של מרד בר כוכבא. לתחושה זו היה שותף גם בן גוריון, שהכריז מאוחר יותר בעת מלחמת העצמאות כי חיילי צבא ההגנה לישראל ממשיכים את מורשתם של בר כוכבא ורבי עקיבא.[22]

כמובן, הציונים לא יכלו להתעלם מכך שמרד בר כוכבא הסתיים בכישלון צורב. זמן קצר לפני פטירתו בשנת 1935 התייחס הרב קוק לסוגיה זו במכתב ששלח לחניכי 'בני עקיבא', תנועת הנוער שנקראה אף היא על שם התומך הגדול של בר כוכבא. הרב קוק כתב בין השאר:

> דווקא מפני שהחזון בשעתו נכשל, ובר כוכבא נפל ועמו נפל ישראל בבחינת חירותו הלאומית, בטוחים אנו כי תורת אמת אשר בפה קדוש יבוא תור לה, והתור הזה הולך ובא, ולא תקום פעמיים צרה, ולא לחינם לחם ישראל מלחמת קיומו ונצחו עד דור אחרון ועד בכלל.[23]

הווה אומר: בר כוכבא הציב מודל של הקרבה עצמית לקראת הגאולה הלאומית. אומנם היישום המסוים נכשל, אך המסר הכללי לא השתנה, ויום גאולתנו ופדות נפשנו בוא יבוא במהרה.

עבור הרב קוק ושאר אבות הציונות, כישלונו של בר כוכבא לא הפחית כהוא זה מצדקת עניינו ולא פטר איש מהצורך ללכת בדרכו. בלשונו של המשורר אורי צבי גרינברג: "אמת תורת בר כוכבא, גם בנפול ביתר!"

עשרות שנים לאחר מכן, בשנת 1982, הרב גורן – שמתח קודם לכן ביקורת על האופן שבו נזכרת מורשת מצדה לדורות – יזם הלוויה

ממלכתית למה שלפי הסברה היו עצמותיהם של לוחמי מרד בר כוכבא. שלא במפתיע, היוזמה זכתה לתמיכה נלהבת של ראש הממשלה דאז בגין, בעוד אחרים – שראו בבר כוכבא דוגמה מסוכנת ללאומיות חסרת מעצורים – יצאו נגדה בחריפות רבה.[24]

מיהו 'בעל הבית'? אתגר הרשות המוסמכת ומודל המהפכה האמריקנית

מחלוקת החכמים בסוגיית מרד בר כוכבא מפנה את הזרקור אל השאלה מיהו הגורם המכריע באשר לעיתוי היציאה למלחמה צודקת. אומנם אפשר להתפעל מאומץ ליבו של בר כוכבא, אך בה בעת אין להתעלם מהמציאות לאשורה ולהכיר בכך שהוא הוביל לאסון לאומי. בשנות הארבעים של המאה העשרים, לא היה יכול עם ישראל להרשות לעצמו מרד שאחריתו כישלון.

מחלוקת זו בסוגיית בר כוכבא והמחלוקת הדומה לה בסוגיית ההתנגדות הראויה לשלטון המנדט משקפות יסוד עקרוני בתאוריה הקלסית של מלחמות צודקות: שאלת קיומה של רשות מוסמכת, של 'בעל הבית'. כדי שיציאה למלחמה תיחשב לגיטימית, נדרש ששלטון מדיני ריבוני יכריז על הרציונל המוסרי שלה. הציפייה היא שמנהיגים המייצגים את עמם יסבירו מהו העוול שנגרם לו וכיצד הוא יתוקן דווקא באמצעות מלחמה. מכיוון שלמדינות ריבוניות יש בדרך כלל 'כתובת' אחת של הנהגה, על פי רוב אין קושי לזהות בידי מי הסמכות להכריז מלחמה.

סוגיית הרשות המוסמכת הופכת מורכבת במקרה של מלחמות אזרחים והתקוממויות, שבהן לא ברור למי יש סמכות לצאת למאבק מזוין. לפי התאוריה הקלסית של מלחמות צודקות, למהפכות מעולם לא הייתה לגיטימיות במהותן, בשל היעדר גיבוי של סמכות ריבונית שעמדה מאחוריהן.[25] הכלל 'דינא דמלכותא דינא' לא היה ייחודי לדוקטרינה אחת בימי הביניים. למעשה, זו הייתה ההשקפה הרווחת, שהתנגדה באופן כללי להתקוממות נגד שליטים, אפילו כשהיו בלתי הוגנים.

תאורטיקנים אחדים בני זמננו – התקועים במודלים פילוסופיים נוקשים – עדיין טוענים, למרבה הפלא, שאפילו המהפכה האמריקנית לא הייתה מוצדקת, בין השאר משום שלא גובתה בגוף מדיני מוכר שהייתה לו סמכות להכריז על מרד אלים. לעומתם, אחרים טענו, ובצדק, כי המתיישבים הראשונים שהגיעו מאנגליה ל'עולם החדש' ועדיין חיו מבחינה פורמלית

תחת השלטון הבריטי, ניהלו את חייהם עצמאית במשך למעלה ממאה וחמישים שנה. מכיוון שהמשיכו לשלם מיסים בלי לקבל ייצוג בפרלמנט, הכתר חדל בעצם לייצגם, ועל כן היו רשאים למרוד בו.[26]

בסופו של דבר, המהפכות באמריקה ובצרפת קראו תיגר על תפיסה זו מימי הביניים, שהתנגדה להתקוממות נגד השלטון הקיים. הן עשו זאת בטענה שכל אדם, על בסיס זכויותיו הטבעיות, רשאי להצטרף להתקוממות קולקטיבית נגד כוח ריבוני בלתי לגיטימי. חוקרים רבים טוענים כיום כי הקביעה שרק רשות ריבונית מוסמכת רשאית להכריז מלחמה אינה חלה על מלחמות שחרור לאומיות, שכן היא הנותנת – במקרים אלה סוגיית הלגיטימיות הציבורית עצמה היא הנתונה במחלוקת.[27] במילים אחרות, אין להשתמש בחוקי המלחמה הצודקת כדי לגונן על שליטים בריטים בלתי לגיטימיים, בין במושבות האמריקניות בשנת 1776 ובין בפלשתינה בשנת 1946.

תומכי האצ"ל באמריקה מיהרו להשוות את המרד היהודי נגד המנדט הבריטי לתנועות מהפכניות אחרות. המחזאי בן הכט, חבר ב'קבוצת ברגסון', הכריז בלהט: "הניצולים המעטים [מהשואה]... עושים היסטוריה באותו אופן שעשו זאת לוחמי המאקי,[28] הפרטיזנים, המורדים האירים והמהפכה האמריקנית". בריגדת המתנדבים האמריקנים שהצטרפו לאצ"ל כונתה 'לגיון ג'ורג' וושינגטון'. אוהדים אחרים של האצ"ל נהגו לצטט את הביטוי שטבעו בנג'מין פרנקלין ותומס ג'פרסון – "התנגדות לעריצות היא ציות לאלוהים".[29]

חלוצים או בדלנים מגזריים?

עם זאת, קיים פער בין עצם הטענה התאורטית כי מרד הוא לגיטימי, ובין ההוכחה שיש לו תמיכה עממית אמיתית בהקשר מסוים. לעיתים קשה לקבוע האם קבוצה מסוימת של מורדים אכן מייצגת את הציבור שבשמו היא פועלת לכאורה. במהלך ההיסטוריה הואשמו מורדים רבים בכך שכפו על אחרים להשתתף שלא מרצונם במרד שפתחו בו. כפי שראינו, ביקורת זו הופנתה נגד מורדי גטו ורשה.[30]

כדי לנצח בכל קרב, מהפכני או אחר, יש צורך באחדות ובקונצנזוס. כפי שהגדיר זאת פרנקלין באשר למושבות האמריקניות בקריקטורה פוליטית מפורסמת משנת 1754: "הבחירה היא בין הצטרפות לבין מוות".

ובכל זאת, בניית קונצנזוס מצריכה זמן. רק תשע שנים מאוחר יותר החלו המושבות האמריקניות לרכז תלונות על השלטון הבריטי הדורסני, וחלף למעלה מעשור נוסף עד שהכריזו בפועל על עצמאותן. היריות הראשונות במרד בלקסינגטון ובקונקורד נורו באפריל 1775. אולם גם חודשיים לאחר מכן, כתב ג'ון אדמס לאשתו אביגיל על המחלוקות הפנימיות בקרב המושבות בנוגע להכרזת העצמאות. הוא קבע כי "אמריקה היא גוף גדול ומסורבל שמתקדם לאט", והמשיל אותה לכרכרה רתומה לסוסים מהירים ואיטיים שיש לשלוט בהם כדי לשמור על מהירות נסיעה אחידה.[31]

בגין ידע זאת. אולם לנוכח פעולתה המהירה של מכונת ההרג הנאצית באירופה, היו קצב ניהול המרד ועצימותו נמוכים מדי בעיניו ובעיני חבריו. לתנועה הרוויזיוניסטית הייתה תמיד מערכת יחסים סוערת עם הסוכנות היהודית ועם ארגונים אחרים מהזרם המרכזי, ולכן האשמתה בבדלנות כמעט שלא הייתה רלוונטית. האצ"ל פרש מן ההגנה משום שהנהגתו סברה כי שאר הארגונים הלוחמים אינם מבינים מה נדרש באותה עת כדי להציל חיי יהודים: לשיטת האצ"ל, צריך היה ללחום לא רק בערביי ארץ ישראל העוינים אלא גם בממשלת המנדט שהותירה את שערי העלייה נעולים.

מאוחר יותר טען בגין, כי מהפכות שונות ממלחמות בכך שהן חייבות לצמוח מלמטה, באופן אורגני וספונטני, ולא באמצעות החלטה מסודרת ומאורגנת: "מהפכה איננה עניין להצבעה... כיבוש הבסטיליה קדם להצהרת

זכויות האדם והאזרח; מסיבת התה בבוסטון קדמה למגילת הזכויות".[32] המהפכות האחרונות באירלנד ובאיטליה הוכתרו בהצלחה בשל העובדה שקבוצה קטנה של לוחמים הצליחה לדרבן את ההמונים.[33] בחיים הפוליטיים, קבוצת מיעוט המעוררת השראה יכולה להפוך במהירות לרוב, אך היא עלולה גם לגרום לפיצול ולמנוע חזית אחידה.

מסיבה זו מתחו רבנים רבים ביקורת על האצ"ל, שכן הם תפסו את הסוכנות היהודית כנציגתו הרשמית של היישוב העברי. הסוכנות נוסדה במטרה לאגד את כל הפלגים הציוניים ולהביא בחשבון את כל החישובים האסטרטגיים. ההיגיון היה שכל פעילות של קבוצה בדלנית רק תסב נזק לציבור הרחב. ראינו קודם לכן כיצד אדם כדוגמת הרב מימון מתח ביקורת על הכיתתיות של האצ"ל למרות אהדתו לטקטיקה של הארגון, ודחק בהנהגתה לפעול בשיתוף עם ההגנה שייצגה את רובו של היישוב העברי ככולו.[34] כך נהגו גם הרבנים הראשיים הרצוג ועוזיאל. כל אחד מהם כתב בנפרד חוות דעת מלומדת, הטוענת כי המשפט העברי עולה בקנה אחד עם הנורמות הדמוקרטיות, והם הקדישו הרבה מזמנם למאמץ לכלול פלגים דתיים במוסדות הדמוקרטיים השונים.[35] הרבנים מתחו ביקורת על הנהגת האצ"ל, לא רק בשל פעולותיה הבלתי מוסריות והשגיאות הפוליטיות שלה, לשיטתם, אלא גם על כך שלא הלכה בעקבות הכלל שקבע הלל הזקן: "אל תפרוש מן הציבור" (פרקי אבות פ"ב מ"ד). ואכן, תומכי ההגנה כינו את יריביהם באצ"ל ובלח"י בשם הגנאי 'הפורשים', כדי להדהד את הגינוי החריף שבו כינו חז"ל קבוצות כאלה בתקופתם.[36]

סֶזוֹן, אלטלנה והאיום במלחמת אחים

אולם הקריאות לאחדות הן חרב פיפיות. לדוגמה, אותם רבנים שהתנגדו לפעולות האצ"ל יצאו בביקורת חריפה נגד ההגנה על ששיתפה פעולה עם שלטונות המנדט והביאה למעצרם של פעילי האצ"ל. בנובמבר 1944, בעקבות רצח הלורד מוין במצרים בידי פעילי לח"י, דרשה ממשלת בריטניה מן הסוכנות היהודית לסייע לה במעצר המורדים. רבים מחברי ההגנה נעתרו לכך ברצון, לכדו רבים מאנשי אצ"ל ולח"י והסגירו אותם לידי המשטרה הבריטית שכלאה אותם למשך חודשים ארוכים. תקופה זו הייתה ידועה בשם 'סֶזוֹן' (מצרפתית – עונת הציד). ההגנה הצדיקה את שיתוף הפעולה שלה כפעולה הכרחית שמטרתה להביא לכך שהיישוב העברי יזכה ליחס הוגן מממשלת

המנדט. ראשי ההגנה השתמשו בסזון גם כתירוץ לעצור אישים רוויזיוניסטים שלא היה להם שום קשר לפעולות הטרור, כחיסול חשבונות, ואפילו הבריטים הבינו זאת בסופו של דבר.[37] אחדים מחברי האצ״ל עונו או הוגלו לאריתריאה.
הרבנים הראשיים התנגדו בתוקף לכל שיתוף פעולה כזה עם הבריטים:

> בשם תורתנו הקדושה, מוסרה ותוכחתה, ובשם כל הקדוש לעם ישראל, הננו מוחים בכל תוקף נגד מעשה חטיפת אנשים מישראל מחופשתם ומביתם, משפחתם ועבודתם. מעשה אכזרי זה אסור בהחלט מדין תורה, זר ומתועב לעם ישראל ולכל איש מישראל ומחלל שם ישראל וישובנו הארץ ישראלי.[38]

בתגובה לסזון התפטר הרב מימון מחברותו בוועד הפועל של הסוכנות היהודית כאות מחאה.

על רקע הביקורת הנוקבת של הממסד הציוני דתי והאכזבה ממנו, פנו ראשי היישוב ובהם בן גוריון לרבנים אנטי ציוניים במטרה לגייס תמיכה במדיניותם. גדול התומכים החרדים בסזון היה לא אחר מאשר נכדו של רש״ר הירש, העסקן הציבורי ד״ר יצחק ברויאר. הוא טען כי דין תורה מחייב למסור לשלטונות את המורדים, שכן הם מעמידים בסכנה את כלל הציבור בארץ.[39] לרבנים שהנהיגו את הציבור הציוני דתי הייתה פרשנות אחרת. למרות התנגדותם העקרונית לדרכי הפעולה של האצ״ל, הלקח מההתקוממויות היהודיות האחרונות בארץ – האחרונה שבהן נגד רומי, כמעט אלף ושמונה מאות שנה קודם לכן – היה חקוק בתודעתם: הסגרת אחים תוביל רק למלחמת אזרחים הרסנית.[40] בדלנות אלימה היא כישלון מוסרי ואסטרטגי כאחד.

לזכותו של בגין ייאמר כי גם הוא הפנים את הלקח הזה, והורה לאנשיו להימנע מפעולות נקמה בפעילי ההגנה. הייתה להם ״אמונה כבירה, כי לא רחוק היום וכל מחנות בישראל יעמדו וילחמו שכם אל שכם במשעבד. למען הסיכוי הזה, אמרנו, כדאי לסבול אפילו דברים שאין לסובלם״.[41]

בגין הוסיף כי למרות הרצון המובן להגיב נגד מלחמת האזרחים החד צדדית שנוהלה נגד האצ״ל, ההיסטוריה היהודית מצווה לעשות הכול כדי למנוע הידרדרות למלחמת אחים כוללת:

> ראינו את בני עמנו בתהלוכת המוות האין סופי... ומעבר לכל מה שקרה

> אותנו שמענו את הד המלחמות ההן, המלחמות הפנימיות הארורות בירושלים הנצורה, הגוססת. מרתף מחתרת הוא מצפה רם. לא השכל, אלא האינסטינקט אמר: לא, זאת לא, בכל מחיר לא.[42]

ההיסטוריה המורכבת של מרידות היהודים בתקופה הקדומה – מהמרד המוצלח של המכבים נגד היוונים ועד לכישלונות המרים מול הרומאים – ממחישה את הקושי לחזות מראש איזה מרד עתיד להצליח. עם זאת, לקחי עברו של עמנו מלמדים בבירור כי מריבות בין אחים מובילות תמיד לאסונות.

כעבור חודשים אחדים תם פרק הסזון בתולדות היישוב. במשך תקופה קצרה לאחר מכן חלה התקרבות בין ההגנה, הפלמ"ח, האצ"ל והלח"י – שהיו כולם ארגונים צבאיים למחצה – והם תיאמו ביניהם את המאבק המזוין במטרות בריטיות תחת הדגל המאוחד של 'תנועת המרי העברי'. מבצעי התקיפה כללו פיצוץ של פסי רכבת מרכזיים במאה מקומות ('ליל הרכבות'), והמבצע הגדול והידוע ביותר היה 'ליל הגשרים', פעולה מתואמת שבמהלכה נותקו זמנית מרבית נתיבי האספקה הצבאית של הצבא הבריטי.

שיתוף הפעולה בין המחתרות היה קצר מועד. בהמשך דחתה הנהגת ההגנה את רוב היוזמות למתקפות נגד הבריטים מתוך ראייה שכללה שיקולים מוסריים ופרגמטיים, והתמקדה יותר בפעולות הקשורות להעפלה ולהתיישבות.[43] אף על פי כן שיתוף הפעולה הקצר בין המחתרות הדגיש את המחלוקות ביניהן בשאלות אסטרטגיות וטקטיות לצד השאלה העקרונית החשובה מכול: איזו רשות מוסמכת לקבל החלטות עבור היישוב כולו.

למרבה הצער, בשנת 1948 חזרה הנהגת ההגנה על אותה טעות, ופעלה באלימות נגד המחתרות האחרות זמן קצר לאחר הכרזת העצמאות. קבוצת ברגסון רכשה בארצות הברית אונייה ששימשה במקור נחתת טנקים של הצי האמריקני, והעמיסה עליה ציוד צבאי רב וציוד רפואי שהיו נחוצים מאוד ללוחמים העבריים במלחמת העצמאות שזה עתה פרצה. האונייה, שקיבלה את השם 'אלטלנה', עשתה את דרכה אל חופי ישראל. לאחר משא ומתן ארוך שהתקיים טרם הגעתה, ומחלוקות קשות בסוגיית חלוקת הציוד הצבאי שהתנהלו על רקע שנים של חוסר אמון הדדי, הורה ראש הממשלה בן גוריון לפיקוד העליון של צה"ל, שזה עתה הוקם, להפציץ את הספינה. היא הופגזה ונשרפה מול חוף תל אביב ובהמשך הוטבעו שרידיה. בעוד ההיסטוריונים מוסיפים להתווכח מי אשם בהסלמה, התוצאה הסופית הייתה קטסטרופלית: בקרב נהרגו שישה־עשר לוחמי אצ"ל ושלושה חיילי צה"ל, ועשרות נפצעו.

גם לאחר שהונף דגל לבן על סיפונה, המשיכו החיילים לירות באלטלנה, ובין השאר גם באנשי אצ"ל שקפצו מהאונייה וניסו להגיע לחוף בשחייה.

בגין, ייאמר שוב לזכותו, הורה לא לירות בחזרה: "אין להשתמש בנשק עברי נגד חיילים עבריים". בן גוריון מצידו טען שהתותח שהטביע את אלטלנה היה קדוש עד כדי כך שהוא צריך "לעמוד קרוב לבית המקדש, אם ייבנה", שכן הוא עזר למחוץ מרד שתוצאותיו היו עלולות להיות הרות אסון לביטחון הלאומי של המדינה החדשה. רק כעבור עשרים שנה הודה בן גוריון שאולי טעה.[44]

מחקר ארכיוני עדכני העלה כי פוליטיקאים דתיים ובהם הרב מימון, הרב בר אילן ובעיקר שפירא הזהירו את בן גוריון בעוד מועד כי תגובתו למתרחש היא חסרת פרופורציות. לדבריהם אז לא הייתה סיבה אמיתית להתייחס לניסיונו של האצ"ל לפרוק את אלטלנה כאל מעשה מרד.[45] הם התריעו כי עתיד להתרחש אסון. ייאמר לזכותם של השרים הדתיים כי לאחר שזה אכן התרחש, הם התפטרו במחאה מהממשלה הזמנית. הרב נריה האשים את בן גוריון שהשתמש בתירוץ של דיכוי המרד כדי לחסל חשבונות פוליטיים, בעוד הרצי"ה קוק קרא לפיוס לאומי כדי למנוע אסון נוסף.[46] למרבה הצער, שגיאותיו של בן גוריון בפרשות הסזון ואלטלנה המשיכו להשפיע לרעה על הפוליטיקה בישראל במהלך העשורים הבאים.

לא יעלה על הדעת לקרוא לאחדות תחת המטרייה של גוף דמוקרטי משותף ואז לירות במי שמסרבים לציית. אכן יש סכנה בחוסר אחדות, אך גדולה ממנה סכנתה של מלחמת אחים. היו מי שלמדו את הלקח שההתקוממויות ההיסטוריות לימדו בדבר גילויי אלימות מבית, והיו מי שלא למדו דבר.

פרק 13

מי מחליט מתי לצאת למלחמה? מדוד המלך עד בן גוריון

הדילמה של כוחות מלחמה מאוזנים

על אף הטעות הקשה בהפצצת אלטלנה, בן גוריון צדק בדרך כלל בטענתו כי על המדינה הצעירה לקיים שרשרת פיקוד צבאית ברורה, באופן שדמות או גוף אחד מקבל החלטות סופיות וכל השאר מכבדים את סמכותו. נוסף על דרישתו מהמחתרות השונות להתפרק ולהתמזג לתוך צבא ההגנה לישראל, הוא ביקש ליצור מבנה וארגון ברורים בתוך צה״ל, לרבות פירוק הפלמ״ח.

למי אמורות להיות סמכויות היציאה למלחמה? שאלה זו נוגעת בבסיסה ליחסים התקינים בין העם לממשלתו. בתקופה העתיקה ובימי הביניים שאפו משטרים לכוח ולתהילה על חשבון אזרחיהם. דמוקרטיות מודרניות שואפות למנוע ניצול לרעה של כוח כזה.[1] האבות המייסדים של ארצות הברית היו מוטרדים עד מאוד מן האפשרות שהרשות המבצעת תסכן את אזרחיה וחייליה במלחמות מיותרות. יחד עם זאת, הם לא רצו להפריע לממשלה להגן על שטחה. בניסוחו של אלכסנדר המילטון: ״עלינו לנסות את הניסוי החדשני והאבסורדי בפוליטיקה של קשירת ידי הממשלה לבל תצא למלחמה התקפית המושתתת על שיקולים מדיניים. אך בהחלט אסור לנו למנוע ממנה להגן על האוכלוסייה מפני שאיפותיהן או איבתן של אומות אחרות״.[2]

ברוח זו יצרה החוקה האמריקנית מאזן כוחות באמצעות הפיכת הנשיא

למפקד העליון של הצבא והסמכת הקונגרס להכריז על מלחמה, להקים כוחות מזוינים, לציידם ולתקצבם. עם זאת, בעשורים האחרונים פחתה יעילותו של מודל זה. נשיאים אמריקנים פותחים דרך קבע במתקפות צבאיות, ואפילו במלחמות, בלי לקבל אישור אמיתי מן הקונגרס.

כפי שציין הרב הרצוג, חכמי התלמוד[3] כבר עמדו על הצורך ביצירת איזונים ובלמים כדי להגביל את הלוחמה ההתקפית בלי לפגוע ביכולתו של מנהיג לספק הגנה דחופה. כפי שהתברר בפרק 2, דעת הרוב בהלכה, ששותפים לה הרמב"ם ופוסקים אחרים, מבחינה בין שני סוגי מלחמות: מלחמות מצווה שהן חובה ובכלל זה כאלה שמטרתן הגנה עצמית והשמדת הכנעניים והעמלקים; ומלחמות רשות הנתונות לשיקול דעתו של המלך, כגון מלחמות כיבוש. במלחמות מצווה, הייתה סמכות למלך לפעול עצמאית, שכן המשימה נתפסה כחיונית ודחופה, במיוחד כדי להציל את ישראל מסכנת התקפה.[4] מסיבות דומות, נדרשו כל האנשים המסוגלים לכך להתגייס לצבא כדי להגן על הציבור הרחב.

עם זאת, במלחמות רשות לא חלה חובת גיוס כללית. היו פטורים מהן חתנים שנישאו לאחרונה, מי שבנו בית וטרם הספיקו לגור בו, או מי שנטעו כרם ועדיין לא קצרו את הענבים – שכן נסיבות אלה הפחיתו מרצונם להילחם. אפילו "הָאִישׁ הַיָּרֵא וְרַךְ הַלֵּבָב יֵלֵךְ וְיָשֹׁב לְבֵיתוֹ וְלֹא יִמַּס אֶת לְבַב אֶחָיו כִּלְבָבוֹ" (דברים כ, ח).[5] לדברי רבי עקיבא "אפילו גיבור שבגיבורים וחזק שבחזקים והיה [גם] רחמן – היה חוזר [מן החזית ואינו נוטל חלק במלחמה]" (תוספתא סוטה (ליברמן) פ"ז הכ"ה עמ' 200).[6] סעיף זה עשוי לאפשר גם לחיילים המתנגדים לשירות צבאי מטעמים מצפוניים מסוימים להימנע מיציאה למלחמות שאין עליהן הסכמה רחבה. למעשה, סעיף זה מטיל איזונים ובלמים על ניצול לרעה של המלך את חייליו, בכך שהוא מאפשר לרבים מהם להשתמט ממלחמה הנחשבת בלתי חיונית.

חשוב לא פחות הוא שמלך שהיה מבקש לצאת למלחמת רשות נדרש להיוועץ תחילה בסנהדרין הגדולה, שבה שבעים ואחד חכמים. המלך לא היה כול יכול: הוא נזקק לאישור כדי לפתוח במלחמה כזו.

פרשנים אחדים במאה העשרים טענו כי לסנהדרין תפקיד מרכזי בקביעת ההיתר המוסרי למלחמות רשות: האם היתרונות הפוטנציאליים שלהן מבחינה לאומית מצדיקים את העלויות והסיכונים בחיי אדם?[7] האם אכן מדובר בצעד הכרחי? נדרש חישוב מוסרי, שלא לומר מדיני, כדי לטעון כך. ההחלטה לצאת למלחמת רשות חייבת לעבור במסננת שיקול

הדעת של קבוצת חכמים רבת משתתפים, גם אם הדבר מחייב דיאלוג ממושך עימם – ואולי דווקא בשל כך. כפי שציינו תאורטיקנים פוליטיים רבים, סוג כזה של הטלת וטו מראש מעניק לגופים חיצוניים את האפשרות הגדולה ביותר להשפיע על פריסתם של כוחות צבא. מעורבותם של קולות שונים בתהליך קבלת ההחלטות מסייעת להימנע מהסכמת עדר ללא בחינה רצינית של חלופות, מהחלטות המתקבלות טרם זמנן ומרתימת הפוליטיקה לתועלת אישית.

ואכן, שטח שנכבש שלא כדין בידי מלך שלא קיבל את אישורה של הסנהדרין לצאת למלחמת רשות, אינו נחשב מבחינות הלכתיות רבות חלק מארץ ישראל. חז"ל מכנים פעולה זו 'כיבוש יחיד' – הגדרה מסויגת, המאפיינת את הכיבוש כמעשה פרטי שאינו מייצג בהכרח ניצחון לאומי. בהשקפה יהודית, לא כל ניצחון צבאי הוא סיבה לגאווה לאומית.

להגבלות אלה המוטלות על יציאה למלחמות רשות חשיבות רבה. הפילוסוף מייקל וולצר, במאמר מכונן משנת 1993, קבע כי היעדר קטגוריה מפורשת של 'מלחמות אסורות' מעיד על לקונה במוסר היהודי. כל מלחמה היא או מלחמת מצווה או מלחמת רשות, אך אין מלחמה אסורה כשלעצמה. בעיני וולצר, אם התורה התירה למלך לצאת ל"מלחמת הרשות, והיא המלחמה שנלחם עם שאר העמים כדי להרחיב גבול ישראל ולהרבות בגדלתו ושמעו" (רמב"ם **משנה תורה** הלכות מלכים פ"ה ה"א),[8] הרי יש בעיה בשיטה עצמה. תשובתו הניצחת של הפילוסוף הישראלי אביעזר רביצקי היא שאליבא דאמת רבים מתלמידי החכמים מסתפקים האם אין איסור על מלחמות בכלל, לאור ההנחה הבסיסית ש'לא תרצח' הוא איסור גורף וכל הרג אסור.[9] על כן יש למצוא הצדקה למלחמה כדי להתיר אותה, גם אם היא מלחמת רשות.[10] יש גם לזכור (כפי שהזכרנו בפרק 2) כי חז"ל נוטים לצאת חוצץ נגד מלחמות גם אם פתחו בהן דמויות מוערכות כדוד המלך.

"כִּי כָזֹה וְכָזֶה תֹּאכַל הֶחָרֶב": מגבלות על מלחמות לאור מעשה דוד ובת שבע

דווקא הדוגמה של דוד המלך מפנה את הזרקור לעבר ניצול לרעה של כוח כאשר אין איזונים ובלמים על כוחם של מנהיגי צבא. בעת מלחמת רשות כזאת נגד בני עמון, שבה הרבה דוד בגדולתו ושמעו וצבר שלל רב, הוא הסתבך ברומן עם אישה נשואה, בת שבע אשת אוריה החיתי. דוד ניצל לרעה

את מעמדו כאשר שלח את אוריה, שהיה חייל בצבאו, למשימה מסוכנת כדי שייפול בקרב.[11] הוא הורה ליואב בן צרויה שר צבאו: "הָבוּ אֶת אוּרִיָּה אֶל מוּל פְּנֵי הַמִּלְחָמָה הַחֲזָקָה וְשַׁבְתֶּם מֵאַחֲרָיו וְנִכָּה וָמֵת" (שמואל ב׳ יא, טו), ואכן אוריה נפל בקרב, לצד לוחמים נוספים. דוד זלזל באובדן באומרו ליואב – "אַל יֵרַע בְּעֵינֶיךָ אֶת הַדָּבָר הַזֶּה, כִּי כָזֹה וְכָזֶה תֹּאכַל הֶחָרֶב" (שם, כה). כלומר, הסר דאגה מליבך, שכן "דרך המלחמה היא שאף מן המנצחים נופלים הרבה" (פירוש מצודת דוד, שם).

אכן, "כזה וכזה תאכל החרב", בפרט כאשר מלכים פועלים ממניעים אפלים. מסיבה זו עצמה עשו התחושות המוסריות שלנו – ועימם ההלכה – כברת דרך ארוכה, בהטילם מגבלות על אימפריאליזם אלים. על מנהיגים רוחניים מוטלת החובה לרסן את הדחפים הטבעיים של מנהיגים ושל מדינות חזקות.[12] קריאה מדוקדקת במקרא מראה כיצד מנהיגים מדיניים נהגו להימלך בקביעות ביועצים רוחניים ואסטרטגיים לפני קבלת החלטות צבאיות.[13] לפי הרבה מפרשים, כך נעשה אפילו ב׳מלחמות מצווה׳ כמו כיבוש ארץ כנען או במלחמות להגנה עצמית. מבחינה זו, מתן סמכויות וטו לסנהדרין, כפי שמתארים חז"ל, היה מהפכני ביחס לתקופה ויש לו חשיבות רבה גם כיום.[14]

מהי השיטה הטובה ביותר לפיקוח על יציאה למלחמה?

דמוקרטיות בתקופתנו נבדלות מאוד זו מזו בהגדרת האישים או הגופים שיש להתייעץ בהם לפני הכרזת מלחמה, וכן בשאלה האם צריך שאלה יחזיקו בסמכות וטו על כל החלטה והחלטה. על פי מחקר של מרכז ז׳נווה לשליטה דמוקרטית של הכוחות המזוינים (DCAF), כעשרים מדינות דמוקרטיות מעניקות לפרלמנט שלהן סמכויות וטו מראש. לעומת זאת, רוב הדמוקרטיות מעניקות לבתי המחוקקים שלהן תפקידי פיקוח, אך לא סמכויות וטו, בין אם משום שאין הן סבורות שמנהיגיהן דורשים מגבלות כה נוקשות (דוגמת קנדה), ובין מפני שהן מתמודדות עם איומים קבועים ואינן רוצות להגביל את הרשות המבצעת מלפעול במהירות.

קשה לתת נוסחה אחת נכונה. ייתכן שכל מדינה צריכה למצוא את האיזון הנכון עבורה בהתאם למורשתה ההיסטורית ולאיומים הנשקפים לה באותה עת. דוגמה לכך היא גרמניה, החיה בצל הטראומה של עברה הנאצי. לנוכח תפקידה המתפתח במלחמה העולמית, חוקקה גרמניה בשנת 1995

כללי זהירות נוקשים, המחייבים אישור פרלמנטרי לכל פריסה של כוחותיה המזוינים והפעלת נוהל ביקורת בסיסי למשימות 'בעצימות נמוכה'.

במדינת ישראל, שאין לה חוקה כתובה, נקטו ראשי ממשלה לדורותיהם גישות שונות, וסוגיה זו נותרה שנויה במחלוקת. בשנת 1947 ניהל בן גוריון 'סמינרים' צבאיים, תוך העלאה והורדה בדרגה של דמויות צבאיות שונות כדי לגייס ביעילות את שש מאות אלף תושבי הארץ היהודים לקראת עצמאות וניצחון. הוא גם מינה את עצמו לשר הביטחון, וריכז כוח רב ברשות אחת.[15] במקרה הזה זה הצליח, אך לדגם מרוכז כזה עלול להיות גם מחיר. על כל פנים, כללים ותקנות פורמליים לא בהכרח ימנעו מראש מדינה או שר ביטחון לצאת באופן חד צדדי למיזמים צבאיים לסוגיהם, במיוחד כאלה שאינם מבשילים למלחמה בהיקף מלא. מסיבה זו על המנהיגים להביא בחשבון את ההשלכות המוסריות של החלטותיהם. כפי שנראה בפרק 18, ישראל כשלה במבחן המוסרי הזה במלחמת לבנון הראשונה בשנת 1982.

מי צדק, האצ"ל או ההגנה?

תהיה אשר תהיה שיטת הפיקוח על ההחלטה לצאת למלחמה, חשוב להדגיש כי הגדלת מעגל היועצים אינה מבטיחה כלל את החוכמה האסטרטגית של ההחלטה או את יעילותה הצבאית. ההיסטוריה מלאה בדוגמאות שבהן קיבלו רוב המנהיגים יחד החלטה שגויה.

למעשה, במקרה של המרד נגד בריטניה אפשר לטעון כי הצדק היה עם האצ"ל: הבריטים לא היו מודיעים בשנת 1947 על כוונתם לסיים את שלטון המנדט בארץ ישראל אלמלא דאגו היהודים לגבות מהם מחיר יקר מדי על התמשכותו. כפי שהראה פרופ' ברוס הופמן, האצ"ל הצליח לקעקע את היוקרה הבריטית ולחסל את שארית רצונה של האימפריה הבריטית להמשיך לשלוט בארץ ישראל. זהו הישג שמחירו היה נמוך יחסית במונחים של מספר הנפגעים: בריטניה איבדה בפלשתינה רק 141 חיילים בין אוגוסט 1945 לאוגוסט 1947, ומספר האזרחים הנפגעים (יהודים, בריטים וערבים) נותר גם הוא נמוך מאוד. בהחלטה הבריטית היו ללא ספק שיקולים נוספים: מתן העצמאות להודו, הקשיים הכלכליים של בריטניה לאחר המלחמה, הלחץ העז של ההגירה היהודית – בעיקר מצד ניצולי השואה, והלחץ הבין־לאומי לסיים את המנדט. עם זאת, השיקול המכריע, לפחות להערכתו של שר המושבות הבריטי, היה ש"הטרור הגיע לשיאים חדשים ונראה שהציבור

הבריטי אינו מסוגל להמשיך לעמוד בכך".[16] יש החולקים על דעה זו, אך היא מעלה ספקות באשר לשאלה האם עמדת הרוב – במקרה שלנו, עמדת מנהיגי הסוכנות היהודית – תביא תמיד להחלטה הנכונה.

אומנם, הכללתם של קולות נגד בקבלת החלטות במדינות דמוקרטיות עשויה למנוע, או לפחות לקצר, הרפתקאות צבאיות הנמשכות מעבר למגבלות סבירות וגובות – למעשה, גם אם לא במתכוון – חיי חיילים רבים מדי. האפשרות להיתקל בהתנגדות של בית מחוקקים, סנהדרין או גוף עצמאי אחר, מגדילה (אך אינה מבטיחה) את הסיכוי שיהיו קולות שירסנו שימוש בכוח המסכן שלא לצורך את חיי האזרחים והחיילים כאחד.[17]

גם זאת אפשר ללמוד מן הסכסוך הבריטי ציוני: ממשלת בריטניה הבינה כי נוכחותה הצבאית בפלשתינה היא 'מלחמת רשות', אם להתבטא כך. נוכחות זו הסתיימה כאשר כוחות שונים – ובהם הפרלמנט הבריטי, העיתונות ודעת הקהל – תבעו מן הממשלה לעזוב ארץ רחוקה שתושביה המקומיים בזים לנוכחותם בה. המנדט עלה בדמים רבים מדי. אזרחי בריטניה לא רצו למות למען מטרה זו של שליטה חסרת תוחלת בעם אחר, והממשלה נאלצה להטות אוזן. אולם מצד היהודים הייתה זו מלחמת מצווה למען המולדת, מטרה שראוי להקריב למענה את החיים. כפי שניסח זאת בגין: "בקום אומה לתחייה, מוכנים טובי בניה להפקיר את חייהם למען שחרורה. בעמוד אימפריות בפני התמוטטות שלטונן, הן מוכנות להפקיר את הסרג'נטים שלהן".[18]

ברם, עצות הסנהדרין (או כל גוף אחר) אינן יכולות לשמש אלא מצפן אסטרטגי ומוסרי. האתגר של המדינה היהודית הצעירה – ובעצם של כל מדינה אחרת – הוא לקבוע מהו המודל האתי שלאורו תעמוד היציאה למלחמה במבחן המוסר. מנהיגים חייבים לקבוע אילו מלחמות הן חיוניות ואילו אינן כאלה. בסוגיות אלה נעסוק בפרק הבא.

פרק 14

תוכניות החלוקה ומלחמת העצמאות

סיפור על שני כרוזים: האם תלמידי ישיבות חייבים להתגייס?

באפריל 1948 התגייס שאר ישוב כהן, תלמיד ישיבה בן עשרים מישיבת מרכז הרב, לשירות ביחידות המיוחדות של ההגנה שהגנו על הרובע היהודי הנצור בעיר העתיקה בירושלים. חודשים ספורים לפני כן הצביע האו"ם על חלוקת ארץ ישראל בעקבות סיום המנדט הבריטי. ההנהגה הציונית קיבלה את התוכנית, ואילו הערבים דחו אותה. מצב זה הוביל לתקופה נוספת של מתיחות ומעשי טרור רבים. בדיעבד התברר שתקופה זו הייתה השלב הראשון של מלחמת העצמאות.

ההגנה דחפה לגיוס נרחב, ואולם אחדים מגדולי הרבנים, ובהם ראש ישיבת 'מרכז הרב' הרב יעקב משה חרל"פ, מחו נגד הניסיון לגייס תלמידי ישיבה. כרוזים הודבקו בשמם על לוחות המודעות בירושלים ובהם הובאו דבריו של מייסד הישיבה, הרב אברהם יצחק הכהן קוק, התומכים במתן פטור מגיוס לתלמידי ישיבות בבריטניה במלחמת העולם הראשונה (כפי שראינו בפרק 2).

בימי ההמתנה המשיך שאר ישוב ללמוד בישיבה. באחד הימים הבחין במודעת ענק בכותרת 'דעת תורה' של הרב קוק המנוח נגד גיוס בני ישיבות לצה"ל. המודעה גרמה לזעזוע עמוק אצל שאר ישוב וחבריו. כבנו של 'הרב הנזיר', מגדולי תלמידיו של הרב קוק, הוא רחש כבוד רב לסמכותו. ודאי שלא העלה בדעתו לנהוג בניגוד לפסיקת רבותיו הגדולים. רצה הגורל,

ובצאתו מן הישיבה נתקל כהן בבנו של הרב קוק, הרצי"ה, ושאלו האם טעה ועבר על דברי חכמים כשהתגייס לצבא היהודי המתהווה.

הרצי"ה זעם על הפרסומים, וראה בהם זיוף ועיוות מוחלט של דעת אביו המנוח. הוא הסביר כי הדברים המצוטטים בכרוז לקוחים ממכתב שכתב הרב קוק בעניין גיוס לצבא הבריטי. בבריטניה הדילמה הייתה האם לגייס תלמידי ישיבות שהגיעו ללונדון מרוסיה ומפולין כפליטי מלחמת העולם הראשונה והתבקשו לשרת בצבא הזר להם. בהווה, בשנת 1948, אין שום דילמה – יהודים נדרשו להגן על עמם ומולדתם מפני התקפות מתמשכות. הרצי"ה הבטיח לפרסם חוברת על חובת ההתגייסות למשמר העם. הוא בירך את תלמידו ושלחו לחזור ולעמוד על משמרתו בשורות ההגנה.

הברכה הגיעה לשאר ישוב בזמן. במהלך החודש הבא לחם בעיר העתיקה הנצורה עד שזו נכנעה לכוחות הירדנים. כהן עזר לשכנע את הלוחמים הנותרים להיכנע ולא 'לשמור לעצמם כדור אחרון' תוך יצירת גרסה מודרנית של מצדה. הוא נפצע קשה ברגלו והיה בשבי הירדני שמונה חודשים עד ששוחרר בחילופי שבויים. בעודו מתאושש בבית הבראה בזיכרון יעקב בשנת תש"ט, ביקר אצלו הרצי"ה וכמובטח מסר לו עותק של מאמרו בשם "למצוות הארץ" שפרסם זמן קצר לאחר הכרזת העצמאות.[1] לימים הפך הרב כהן (1927–2016) לרב הראשי של חיל האוויר ושירת לצד גיסו, הרב גורן. מאוחר יותר מונה לרב הראשי לחיפה.

באותו חודש בשנת תש"ח קיבל הרב הראשי הרצוג סדרת שאלות הלכתיות מתנועת הנוער הדתית 'עזרא' הנוגעות לשירות בצבא.[2] כללו של דבר, הרב הרצוג הביע תמיכה מוחלטת בגיוס חובה. לדעתו זוהי מלחמת מצווה ופיקוח נפש ליישוב כולו. במקרה כזה כופים על כולם לשרת.

תשובתו של הרב הרצוג עוררה מחלוקת. הרב משולם ראטה, מגדולי הרבנים בעלי השקפה ציונית, התנגד לכפות על אנשים לסכן את חייהם באמצעות גיוס חובה. הרב ראטה הסכים לכך שישנה מצווה לגור בארץ ישראל אך טען כי יהודים אינם אמורים לאלץ אנשים אחרים לסכן את עצמם – או להרוג אחרים – כדי לקיים מצוות בכלל.[3]

השלכותיה של סוגיה זו חורגות הרבה מעבר לשאלת הגיוס. היא מאלצת את הנפשות הפועלות לנסח את הקשר בין לאומיות, הגדרה עצמית והצדקת אלימות. כפי שנראה מייד, בשנת 1948 עמד המוסר הציוני דתי על פרשת דרכים ופנה לשני כיוונים שונים.

ריבונות יהודית: הגנה עצמית או כיבוש שהוא מצוות עשה?

במבט ראשון, מאמריהם של הרב הרצוג והרצי״ה דומים מאוד זה לזה, שכן מסקנתם זהה: מותר לגייס בחורי ישיבה, ואדרבה – עליהם לראות בשירותם מעשה דתי בעל משמעות עמוקה. שני הרבנים אף מביאים מראי מקום לפסיקתם מאותם טקסטים קלסיים בספרות השו״ת וההלכה. אך למרות זאת, כל אחד מהם שם דגש שונה בפסיקתו. למעשה, שני המאמרים משקפים העדפת ערכים שונים במודל הרב־ערכי היהודי. כפי שהצבענו על כך שוב ושוב, היהדות מכירה בכמה ערכים ועקרונות חשובים, והאתגר העיקרי הוא לקבוע אילו ערכים לתעדף בנסיבות מורכבות.

בקונטרס שכתב הביע הרב הרצוג תמיהה לגבי עצם העלאת השאלה האם השירות הצבאי בשורות ההגנה מותר או שהוא חובה:

> שאלה זו כמעט שאינני מבינה. במצב הנוכחי אם לא היינו מתנדבים לפעולות הגנה, הלא סכנת כליון, חס ושלום, צפויה לכולנו, ובוודאי שחייבים, כי איזו ברירה יש לנו, להכנע לאויבים? אם, חס ושלום, נכנע וניכבש תחת ידם, ברור שסוף סוף ישמידו אותנו, חס ושלום...[4]

למעשה, הרב הרצוג אימץ את ההשקפה הציונית הכללית, שזו 'מלחמת אין ברירה'. בן גוריון ואחרים השתמשו בביטוי זה כדי להורות שאין מנוס מכך שיהודים יאחזו בנשק ויילחמו על חייהם.[5] לפיכך, מלחמת העצמאות ממלאת את הקריטריון הבסיסי ביותר שהציב הרמב״ם למלחמת מצווה: זוהי מלחמה להגנה עצמית, למען ההווה והעתיד היהודי.

הרב הרצוג העלה טיעונים נוספים:

1. חוסר מוכנות להילחם על המולדת הוא חילול השם לעיני כל העולם.
2. הימנעות ממלחמה כזו תגרום שיהודים, גם בארץ וגם מחוצה לה, יהיו 'הפקר', בלי שום מקלט במקרה של רדיפות.
3. בלא מאבק על מדינה תיגרם פגיעה בקיום היהדות אצל רבבות אלפים מישראל בכל העולם, לאחרי השואה האיומה, "כשכל תקוות ישראל נקשרה בתחיית ישראל בארץ קדשו, שכשהמוני ישראל יתייאשו לגמרי תתמוטט הדת כולה". הישרדות יהודית מחייבת ריבונות יהודית.[6]

הרצי"ה כתב אף הוא כי על היהודים להילחם כדי להציל את קיומם בארצם. אולם נימוקו העיקרי היה שגיוס חובה הכרחי למילוי מצוות עשה של כיבוש הארץ המובטחת, כאמור: "וְהוֹרַשְׁתֶּם אֶת הָאָרֶץ וִישַׁבְתֶּם בָּהּ כִּי לָכֶם נָתַתִּי אֶת הָאָרֶץ לָרֶשֶׁת אֹתָהּ" (במדבר לג, נג).

כידוע, הרמב"ם אינו כולל את מצוות כיבוש הארץ במניין תרי"ג המצוות, אף שהוא מייחס חשיבות רבה לעצם החיים בה. ישנן השערות רבות מדוע בחר הרמב"ם שלא להגדיר את כיבוש הארץ כמצווה: האם סבר שהדבר מיותר לנוכח העובדה שכבר ניתנה מצווה אחרת להשמיד את שבעת עממי כנען? שמא סבר שמצוות כיבוש הארץ ניתנה לשעתה, במלחמת הכיבוש הראשונה של יהושע, ולא לדורות? אולי לדעתו מצווה זו אינה נוהגת בתקופת הגלות? או שמא השמיט אותה מאימת הצנזורה?[7] ואולי, כפי שסבר הרצי"ה, בעיני הרמב"ם מצווה זו כה מרכזית ועליונה ביהדות ("ציווי כולל") עד שאין למנותה בתור מצוות עשה בפני עצמה. אין סיבה לצוות על עם ישראל להחזיק בארץ ישראל, כשם שאין סיבה לצוות על מאן דהוא לנשום; מדובר בדחף טבעי.

על כל פנים, הרמב"ם לא ניסח ציווי מפורש לצאת למלחמה שתכליתה כיבוש ארץ ישראל מיד יושביה.[8]

לעומתו, הרמב"ן בן המאה השלוש-עשרה סבר כי יש מצווה לכבוש את ארץ הקודש ולא להפקירה או להותיר את השליטה בה בידי עמים זרים. הרצי"ה הדגיש שיטה זו, כדי לבסס את כיבוש הארץ כחובה העומדת בפני עצמה. לדעתו היהודים מחויבים לנצל את ההזדמנות הראשונה שנקרתה בפניהם מזה מאות שנים להילחם על מולדתם,[9] ולשים קץ לחילול השם הנגרם לנוכח מצבם הפוליטי ההיסטורי העגום. זוהי הדרך היחידה לצאת מעונשה של הגלות.[10]

מבחינה זו ראה הרצי"ה בחידוש הצבאיות היהודית – הבריגדות העבריות במלחמת העולם הראשונה והשנייה – שלבים באתחלתא דגאולה. חידוש מעשה המלחמה היהודי היה התפתחות חשובה לא פחות מהצהרת בלפור שהחלה את התהליך המדיני.[11] השלב הבא בתהליך זה הוא המלחמה על אדמתנו. הריבונות היהודית, ובכלל זה הפגנת הכוח הדרושה להשגתה, היא קידוש שם ה' בעולם.

כמובן, גם הרב הרצוג הכיר את שיטת הרמב"ן באשר לכיבוש הארץ, ואף ציטט אותה כאסמכתה נוספת לטענתו כי זוהי מצווה שבגינה מותר

לכפות על יהודים לסכן את חייהם; אך עבורו היו דברי הרמב"ן משניים ביחס להשקפתו הרחבה יותר שיהודים חייבים להגן על עצמם.[12] חשובה לא פחות הייתה אמונתו שהשינויים החברתיים שחוללה תנועת ההשכלה הובילו לדיכוי תרבותי ולהתבוללות, תנאים שבהם לא יכלה היהדות לשגשג.[13] כדי שהחיים היהודיים ישרדו מבחינה גשמית ורוחנית, נדרשת ליהודים מדינה משלהם. להשקפתו, סירובם של תלמידי ישיבות להילחם על הישרדות זו היה חילול השם נורא.[14]

תוכנית החלוקה משנת 1937: האם יהודים רשאים לוותר על זכותם על חלק ממולדתם?[15]

הדגשים השונים של הרב הרצוג והרצי"ה קוק בסוגיות אלה משקפים גישות רחבות יותר כלפי מחלוקות טריטוריאליות והצורך במדינות לאום עצמאיות. כדי לשרוד ואף לשגשג, קבוצות אתניות ייחודיות זקוקות למידה מסוימת של אוטונומיה כדי לנהל את ענייניהן כראות עיניהן. עם זאת, הדבר אינו מחייב בהכרח כינון מדינה עצמאית משלהן. טוב שכן, שכן ברחבי העולם ישנן כיום למעלה מארבע מאות קבוצות אתניות או לאומיות המבקשות הכרה, אוטונומיה או עצמאות.[16] מבחינה גאוגרפית וכלכלית יהיה זה בלתי מעשי להעניק לכל אחת מהן טריטוריה אוטונומית. יתר על כן: הענקת עצמאות כזאת תוביל להתרסקותן של מדינות קיימות, וכתוצאה מכך למלחמות ולשפיכות דמים.[17] נוסף על כך, גם אם קבוצה אתנית מסוימת מעלה תביעות היסטוריות או דתיות על שטח כלשהו, עלולות לקום כנגדה קבוצות אתניות אחרות עם תביעות דומות על אותו תא שטח, מה שיוביל למלחמות בין־לאומיות או למלחמות אזרחים.

לפיכך יש ליצור אמת מידה שתקבע אילו קבוצות אתניות אכן זקוקות לשטח משלהן, ולהציע חלופות במקרים אחרים. השאלה המרכזית היא מהם הנימוקים שבהם מצדיקות אותן קבוצות את זכאותן לשטחים שהן תובעות, וחשוב יותר לענייננו – מדוע הן מאמינות שזכותן אף להילחם ולהרוג למען השגת מטרה זו.[18]

הנהגת היישוב טענה כי הזכות הציונית על ארץ ישראל התבססה היטב עם הצהרת בלפור והטלת המנדט על בריטניה מטעם חבר הלאומים. אולם טענה זו התערערה לאור מסקנות ועדת פיל, שהוקמה במטרה לחקור

את הסיבות למרד הערבי הגדול בארץ ישראל תחת שלטון המנדט הבריטי ולהמליץ על צעדים לעתיד. הוועדה הגיעה למסקנה הבאה:

סכסוך שאין להתגבר עליו פרץ בין שתי עדות לאומיות בגבולותיה של ארץ קטנה. כמיליון ערבים עומדים במלחמה גלויה או נסתרת עם ארבע מאות אלף יהודים לערך. אין כל יסוד משותף ביניהם. העדה הערבית היא אסיאתית באופייה, העדה היהודית רובה ככולה אירופית. שונות הן זו מזו בדתן ובלשונן, בחייהן התרבותיים והחברתיים. דרכי מחשבתן ואורח חייהן רחוקים אלה מאלה לא פחות משאיפותיהן הלאומיות. שאיפות אלו הן אבן הנגף הכבדה ביותר העומדת על דרך השלום. הבית הלאומי לא יכול להיות לאומי למחצה.[19]"

הפתרון שהציעו ששת חברי הוועדה ל"סכסוך זה שאין להתגבר עליו" היה לחלק את ארץ ישראל המערבית לשלושה אזורים שונים: (1) מדינה ערבית ריבונית שתהיה חלק מאמירות עבר הירדן תשתרע על רוב השטח שמערבית לירדן. זה כולל את יהודה, השומרון, מישור החוף הדרומי, רצועת עזה והנגב כולו. מדינה זו תשתרע על שטח של למעלה מ־110,000 קמ"ר (כ 90,000 קמ"ר ממזרח לירדן וכ 20,600 קמ"ר ממערב לו) ויחיו בה כ־850,000 נפש; (2) "מסדרון" צר בפיקוח בריטי מיפו עד ירושלים שיבטיח את האינטרסים הבריטיים וישמור על השלום; (3) מדינה יהודית על פני שטח דל של כ־4,840 קמ"ר לאורך הגליל, עמק יזרעאל, עמק בית שאן ומישור החוף (עד באר טוביה). הוועדה המליצה גם על חילופי אוכלוסין בין המדינות, היהודית והערבית. מכיוון שהתל"ג היהודי לנפש היה גדול יותר מהתל"ג הערבי, הוצע גם שהמדינה היהודית תחויב להגיש סיוע כלכלי לשכנתה הערבית הגדולה ממנה בהרבה.

ההנהגה הציונית זעמה על ההצעה. השטח שהציעה ועדת פיל למדינה יהודית היה צל חיוור של האזור שהקצתה לה הצהרת בלפור, ואשר לדעת היהודים כלל שטחים משני עברי הירדן. מעבר לעובדה שהייתה זו בגידה בהצהרה הקודמת, המדינה המוצעת הייתה קטנה מכדי לקלוט את יהודי אירופה שנשקפה סכנה ממשית לחייהם. כפי שאמר ויצמן: "העולם עבורם נחלק לשניים – המדינות שבהן לא יוכלו לחיות והמדינות שאליהן לא יוכלו להיכנס..."

למרות האכזבה הגדולה, ניהלו מנהיגי הציונים בקונגרס הציוני העשרים בינואר 1938 ויכוחים חריפים האם לקבל את ההצעה. בין המתנגדים היו אישים בולטים מכל גוני הקשת האידאולוגית הציונית, ובהם ז׳בוטינסקי, מנחם אוסישקין והרב ברלין. ויצמן ובן גוריון, לעומתם, טענו כי בשלב זה עדיף לזכות בהכרה במדינה על שטח כלשהו מאשר לא לקבל מדינה כלל.

בסופו של דבר הושגה פשרה: הסוכנות היהודית הצהירה על נכונותה להסכים לחלוקת הארץ, בעודה קוראת להמשך המשא ומתן במגמה להגיע לתוכנית חלוקה הולמת יותר. ואולם הדיון הפך לחסר משמעות, שכן הערבים דחו על הסף כל חלוקה לשתי מדינות וחידשו את פעולות הטרור נגד היהודים. הבריטים, בתגובה, ויתרו במהרה על כל ניסיון למצוא פתרון למצב, בעקבות המלצות ועדת וודהד משנת 1938. אולם תוכנית פיל נותרה בעלת ערך מבחינה זו שההנהגה היהודית קיבלה, ולו גם עקרונית בלבד, את רעיון החלוקה.

דווקא לוויתור זה, שהיו עתידות להיות לו השלכות פוליטיות ארוכות טווח, התנגדו רבים בהנהגה הרבנית.[20] התנגדותם התבססה על שילוב של ערכים דתיים עם טיעונים אסטרטגיים או פוליטיים, מה שמקשה לעיתים על ההבחנה ביניהם. טיעוניהם שילבו טענות משפטיות תאולוגיות, שנשענו בחלקן על האיסור המקראי על מכירת קרקע בארץ ישראל לגויים ("לֹא תְחָנֵּם", דברים ז, ב) ובחלקן על ההבטחה האלוהית הנצחית לעם ישראל על ארץ ישראל.

כזכור מסקירתנו בפרק 4, במהלך החודשים הללו התנגד הרב עמיאל נחרצות לפעולות תגמול אקראיות נגד ערבים וקבע כי הן עבירה על איסור "לא תרצח" והן חילול השם גדול. ואולם התנגדותו לטרור יהודי לא הובילה בהכרח לאמונה בפשרה טריטוריאלית. לשיטתו, עמים אינם מוותרים על מולדתם.

הרב עמיאל הכריז בתוקף כי כל צעד מדיני של יהודים שמשמעותו ויתור על זכויותיהם על הארץ המובטחת כולה יהיה

> חס ושלום חילול השם הכי גדול, מה שלא היה בכל הדורות ובכל הזמנים. כי סוף סוף לא מצינו לאומה בתור האומה כפירה פעם בגלוי לא רק על כל התורה אלא אפילו על חלק של התורה, וארץ ישראל שקדושתה תופסת החלק הכי חשוב שבתורה, אם אנחנו נותר על חלקה הכי גדול אז יוצא שהאומה בתור אומה כופרת בגלוי לכה"פ בחלק מסוים של התורה ח"ו.

גם הרב חרל"פ אסר בתוקף לוותר על אף שעל:

> ואין ספק כי אם יגיעו הדברים ויצטרכו חלילה לחתום על כתב חוזה בין לאומים, שמשמעו יהיה ויתור איזה שהוא מכל זכותנו על ארץ ישראל, נוח יותר להחותמים לקצץ בהונות ידיהם ולא יקצצו בנטיעות גן רוה [...] ואף אם יצילו איזה נפשות מישראל מכובד לחצם בגלות בזה שיתאחזו בהחלק שיקראו לו מדינה יהודית, אין בזה משום היתר לבתר לבתרים לבם ועינם של ישראל.

שלא במפתיע, הרצי"ה צידד באופן מוחלט בעמדת עמיתו הבכיר.[21]

הרב הרצוג לא אהב את ההצעה, ובשלב הראשון פרסם דברים חריפים בגנותה. בלחץ של בכירי הסוכנות היהודית הוא נסוג מהתנגדותו הפומבית. עם זאת, עם הזמן הוא הושפע מהצהרותיהם של שני רבנים חשובים שלא היו קשורים לתנועה הציונית: הראשון, הרב חיים עוזר גרודזנסקי מגדולי רבני ליטא, טען כי אין מניעה הלכתית לחתום על הסכם החלוקה, במיוחד משום שהשטח שניתן לערבים ממילא אינו נמצא כעת בשליטתנו.[22] הסכם מדיני עם מדינה ערבית אינו הסתלקות מתביעתנו על ארץ הקודש, שנותרת נצחית.

הפוסק השני שממנו הושפע הרב הרצוג היה הרב איסר זלמן מלצר, ראש ישיבת עץ חיים בירושלים ויושב ראש מועצת גדולי התורה, שפנה אליו "בבקשה נפשית עמוקה": "דבר שלא היה לישראל – כלומר מדינה – זה קרוב לאלפים שנה, ועתה מציעים זה לפנינו, אם כי במידה זעומה לעת עתה, נא ונא שלא לדחות. ניכר שזה מן השמים וזה סימן של אתחלתא דגאולה".[23] אנשים חסרי בית צריכים לקפוץ על כל הצעת מגורים הניתנת להם – בפרט אם היא ממוקמת במולדת אבותיהם.

מאוחר יותר, בקיץ הסוער של שנת 1938, העיד הרב הרצוג בחשאי בפני ועדת וודהד, בניסיון לשכנע את הבריטים להוציא אל הפועל את תוכנית החלוקה המקורית. הרציונל שלו היה פשוט:

> אלמלא המצוקה הנוראה של היהודים בגולה, הלוחצת עלינו, לא היינו מסכימים בשום אופן לחלוקת הארץ. על ידי המצוקה הנוראה אנו נאלצים להסכים למדינת יהודים, אם אפילו לא תקיף את כל הארץ, אולם בתנאי שמדינה זו תוכל לפתור במידה ידועה את שאלת היהודים ועלייתם לארץ.[24]

למרבה הצער, המדינה לא הוקמה באותה שנה, ויהודי אירופה לא הצליחו למצוא מקלט במולדתם.

תוכנית החלוקה של האו"ם משנת 1947: מדוע שינו הרבנים את דעתם?

כאשר תוכנית החלוקה המעודכנת של האו"ם זכתה לבסוף לתמיכה בין־לאומית בנובמבר 1947, תמכה בה ההנהגה הדתית של היישוב בהתלהבות. מה השתנה מאז שנת 1937? המקורות ההלכתיים הקלסיים נותרו כשהיו, אך תעדוף הערכים השתנה לאור המציאות המדינית. גם הרב מימון, שציפה בכיליון עיניים להתגשמות הנבואה על קיבוץ גלויות העם למולדתו המקראית, הכריז: "אני אוהב את ארץ ישראל, אך אהבת עם ישראל קודמת [...] אם [...] אנחנו מקימים מדינה בחלק של ארץ ישראל, אני מקווה שעם ישראל יחיה ותהיה לו בזמן מן הזמנים כל ארץ ישראל [...] ולכן הלוואי ונקבל מדינה בחלק מארץ ישראל".[25]

הרב הרצוג הורה לקיים תפילות הודיה חגיגיות בבתי הכנסת בירושלים וחיבר תפילה מיוחדת לשלומן של שלושים ושלוש המדינות שהצביעו בעד תוכנית החלוקה. הוא היה מודע לשפיכות הדמים האורבת מעבר לפינה, אך ייחל לכך שהמלחמה תביא בסופו של דבר לשלום:

> לבי אינו מפחד מאיומי אויבים, מנהיגי הערבים. אויבים וזרים ועריצים שכל כוונתם לטובת וגדולת עצמם. אוכלים את בשר עניי עמם, המושפלים עד עפר בכל מבניהם. ואילו אנחנו עתידים להקים את המוני הדלים קרובינו ושכנינו מעבר, ולהרימם מאשפתות הדלות האיומה. אנו לשלום ועינינו לשלום ותפילתנו לאלוקי כל בשר לשבר את יצרם הרע של האויבים ולהכריעם, ומחר יקום שלום אמת בין ישראל ושבטי ערב לטוב לנו ולהם ולטובת האנושות.[26]

עמדתו של הרצי"ה נגד תוכנית חלוקה כלשהי הייתה כעת במיעוט מובהק בקרב הרבנים. הוא התנגד לכל פשרה טריטוריאלית – לא רק בשנת 1937 אלא גם בשנת 1947.[27] בדרשה בשנת 1967, סיפר איך הוא הרגיש באותו לילה שבו התקבלה החלטת האו"ם על חלוקת הארץ והקמת מדינת ישראל:

> כשכל העם נהר לחוצות לחוג ברבים את רגשי שמחתו לא יכולתי לצאת ולהצטרף לשמחה. ישבתי בדד ואדום כי נטל עלי. באותן שעות ראשונות לא יכולתי להשלים עם הנעשה, עם אותה בשורה נוראה, כי אכן נתקיים דבר ד׳ בנבואה בתרי עשר: ״וְאֶת אַרְצִי חִלֵּקוּ״ (יואל, ד׳, ב׳)! כן, איפה חברון שלנו? האנחנו שוכחים את זה?! והיכן שכם שלנו? ויריחו שלנו?... שלנו הוא, כל רגב ורגב, כל ארבע אמות, כל חבל ארץ וכברת האדמה השיכים לארץ ד׳ - הבידינו לוותר על איזה מילימטר אחד מהן?[28]

בעשורים הבאים הפך הרצי״ה קוק לראש המתנגדים התאולוגיים לוויתורים כלשהם על שטחים תמורת שלום, ובכלל זה שטחים שנכבשו לאחר מלחמת ששת הימים.

שני מודלים ללוחמה לאומית: הגנה עצמית או כיבוש דתי

רקע היסטורי זה שופך אור על שני המודלים השונים המיוצגים בתפיסות הללו. המודל הראשון, של הרצי״ה, מסרטט את השיח הרבני במונחים של היסטוריה, תאולוגיה וזהות יהודית. ארץ ישראל אינה רק מולדת אבות – היא גם ארץ הקודש והארץ המובטחת. כל רגב ורגב ממנה, כל ד׳ אמות, כל חבל ארץ וכברת אדמה התקדשו בידי הבורא ונקשרו בגורל עם ישראל.

בעיני הרצי״ה, הצהרת בלפור והחלטות סן רמו היו ביסודן הכרה של אומות העולם באמת אלוהית: בורא העולם ציווה על עמו לכבוש את הארץ הזאת וליישב אותה. זהו הערך העליון הגובר על כל השיקולים האחרים. במשך מאות שנים, מחמת אילוצים מדיניים, נבצר מעם ישראל לממש את הצו האלוהי הזה שהוטל עליו. כעת, כאשר ההזדמנות שבה ועולה מחדש, עליו להילחם על ארצו ולקחת את השייך לו בדין. הרצי״ה התיר לערבים להישאר בארץ במעמד של ׳גרים תושבים׳, אך רק אם יכירו בריבונותם של היהודים עליה ויתנערו משאיפותיהם הלאומיות.

הרצי״ה העלה תביעה פרטיקולרית, אך תביעה כזאת אינה ייחודית לעם ישראל. כפי שתיעד אנטוני דיוויד סמית, מגדולי התאורטיקנים בחקר הלאומיות, תרבויות רבות מקדמות אף הן את רעיון הטריטוריה הקדושה, ומשתמשות בו כדי לתמוך בהקרבה עצמית ובלחימה.[29]

לעומתו, הרב הרצוג עיגן את תמיכתו במלחמה ובגיוס במונחים של הגנה עצמית. זוהי בחירה המאמצת מודל של טיעון הלכתי המהדהד שיח אוניברסלי מוסרי. הטיעון שהציב בזכות מדינה יהודית בשנת 1947 התבסס על צרכים וזכויות. במשך מאות שנות גלותו התנסה העם היהודי בכל סוגי המעמד המשפטי של 'מיעוט'. ההסדרים המדיניים שתחתיהם חי הסתיימו כולם באסונות, ואיימו להחניק את הישרדותו הלאומית והתרבותית. אומות העולם הכירו בכישלון היסטורי זה, ועל כן תמכו בתוכנית החלוקה של האו"ם.

הרב הרצוג הדגיש נקודה זו, לא רק כדי להראות מדוע הכרזת עצמאות יהודית אינה מפרה את 'שלוש השבועות', אלא גם כדי להבהיר מדוע ליהודים, בניגוד לבריטים או לערבים, עומדת התביעה הצודקת ביותר לריבונות מדינית על הארץ בהתאם לאמות המידה הבין־לאומיות.[30] לפיכך, ליהודים יש זכות ואף חובה להילחם על סמך הטענה האוניברסלית הבסיסית ביותר: יש להם צורך בהגדרה עצמית כדי להתגבר על הרדיפות, והגדרה עצמית זו מצדיקה את שפיכות הדמים הדרושה לצורך הגנה עצמית.

הרב הרצוג ניצל קו חשיבה מוסרי זה באופן ניכר לא רק במסע השתדלנות הדיפלומטי שערך לצורך גיוס תמיכה בציונות בקרב אישים בין־לאומיים, אלא גם בשיח הרבני הפנימי, תוך שימוש בדברי חז"ל והרמב"ם. כמובן, הוא לא היה אדיש לטיעונים בדבר זכותם המקראית של היהודים על ארץ הקודש. גם כאשר נאם בפני הוועדה המיוחדת של האו"ם לענייני פלשתינה בשנת 1947, הוא לא הסתייג משימוש בנימוקים דתיים והיסטוריים לתמיכה בהשבת הריבונות היהודית על הארץ.[31] מובן שגם הוא האמין כי האל ייעד את ארץ ישראל לעם הנבחר, וכי שיבת ציון היא באופן כלשהו חלק מתהליך הגאולה; אך ההצדקה הראשית שלו ליציאה למלחמה, במונחים דתיים, נותרה מוסרית ולא תאולוגית.

ההבחנה בין נימוק של הגנה עצמית (כשיטת הרב הרצוג) לכיבוש כמצווה דתית (כשיטת הרצי"ה) משנה באופן יסודי את הדילמה של יציאה למלחמה. אם המוקד הוא כיבוש ארץ הקודש, ישנה שאלה מרכזית אחת: האם ביכולתנו לנצח בקרב או לא?[32] כאן הכיבוש נתפס כמטרה בפני עצמה. לעומת זאת, אם המוקד הוא הגנה עצמית, השאלה היא אחרת: האם מלחמה זו היא חלק בלתי נפרד מההגנה העצמית שלנו? ניצחון הוא אמצעי להשגת המטרה, שהיא הגנה על עצם הקיום.

הבחנה זו משנה באופן קיצוני גם את הגישה כלפי שילוב ערכים

אחרים, כגון מציאת פתרונות חלופיים לסכסוכים טריטוריאליים וצמצום אובדן החיים משני הצדדים. עבור הרצי"ה, מרגע שקבענו כי ארץ ישראל כולה שייכת לעם ישראל, המסקנה היא שעם ישראל הוא בעל הזכויות המלאות על הארץ, והוא זכאי לעשות כל מה שנדרש כדי להגן על רכושו.

אשר על כן, לפי הרב שלמה אבינר, העורך הראשי של כתביו, הרצי"ה מעולם לא עסק בשאלות של מוסר צבאי:

> לכן רבנו לא הזדקק לסוגיית מוסריות מלחמתנו. פשוט היה לו שהיא מוסרית. מלחמת הגנה היא מוסרית. ומלחמת שחרור הארץ היא מוסרית. הבעיה היא אי נעימות הנלווית לה. ודאי לא נעים ולא יפה לשפוך דם, על כן אומר רבנו שצריך להתגבר ולהתחזק.[33]

במערכה על שחרור הארץ הרצי"ה מוכן, אפוא, לא רק ליטול חיי אויבים, אלא אף להעמיד בסכנה חיי יהודים – כל עוד אפשר לנצח במלחמה, שכן זו המשימה ארוכת הטווח של האומה כולה. הערך של לחימה למען המולדת גובר על הערך של פיקוח נפש – הצלת חיי יהודים יחידים.[34]

ברוח זו, הביע הרב אבינר את מורת רוחו מכך שצבא ישראל נקרא "צבא ההגנה לישראל", שכן אין תכליתו הגנה בלבד, אלא: "האמת היא שיש לשחרר ולכבוש את כל ארץ ישראל. המציאות היא שעד היום הזה היינו באמת רק צבא הגנה לישראל [...] אבל כך ד' סידר, שאנו צבא הגנה לישראל. הרחבת גבולות הארץ באה בדרך של מלחמת הגנה".[35]

חולשתה של גישה זו ניכרת, כאשר מתברר כי לרצי"ה אין בעצם כלים למתוח ביקורת על הסרבנות הערבית העיקשת לקבל את קיומה של מדינה יהודית. תביעתו על הארץ היא תאולוגית ולא מוסרית. לאחר מלחמת ששת הימים התפרסמה אמרתו של הרצי"ה, כי בתוך שטח ארץ ישראל המקראית "אין אדמה ערבית! יש אדמת ד'!".[36] זוהי אמרה שמובטח לה שתקטע כל שיח באיבו. מדוע ערבים צריכים לראות את עצמם כבולים למנדט המקראי, שלא לומר למנדט הבריטי? זאת ועוד: לערבים יש תביעות תאולוגיות או לאומיות משלהם על הארץ. לפי המודל של הרצי"ה, לא ברור מדוע אין להם באותה מידה זכות להילחם על מה שהם תופסים כמולדתם.

הבעיה במודל של הרצי"ה אינה שהוא בלתי מוסרי, אלא שהוא א־מוסרי. כלומר, אין לו ממד מוסרי כלל, והוא אינו מספק מסגרת מוסרית כלשהי לבירור טענותיהם של יהודים וערבים כאחד.

לפי קו המחשבה של הרב הרצוג יש בסיס לביקורת על האלימות הערבית: היא איננה הכרחית לצורך הגנתם העצמית. היהודים אינם מהווים איום פיזי על הערבים אם אלה אינם מתגרים בהם. יתרה מזאת: ההנהגה הציונית הביעה נכונות לחלק את הארץ בדרכי שלום, למרות זיקתם ההיסטורית של היהודים לארץ ישראל השלמה. האלימות שנוקטים ערבים כלפי יהודים אינה צודקת, שכן אין בה צורך להגנתם.

החשיבות שמייחס הרב הרצוג לסוגיית ההגנה העצמית מעלה דילמות מוסריות נוספות. לדוגמה: האם קרב מסוים אכן נחוץ לצורך הגנה עצמית? כיצד לנהוג כלפי אנשים פרטיים מאומת האויב שאין להם עניין להילחם בך, בשל האינטרסים שלהם להגן על עצמם? למעשה, בשו"ת בעניין הגיוס חזר הרב הרצוג על עמדתו לאסור פעולות תגמול נגד תושבים ערבים שאינם מעורבים בלחימה כלשהי, כפי שראינו בפרק 4. אם הם אינם מהווים איום – אין לפגוע בהם, שכן אין זו הגנה עצמית.[37]

יתר על כן: אוריינטציה של הגנה עצמית עשויה להתיר ויתורים טריטוריאליים על שטחי מולדת שנכבשו לצורך חתימת הסכמי שלום. בהירארכיית הערכים, פיקוח נפש גובר על ריבונות טריטוריאלית. שאלה זו, שנודעה לימים כדילמת 'שטחים תמורת שלום', התפרסמה לאחר חתימת הסכם השלום עם מצרים בשנת 1979 ובמיוחד הסכמי אוסלו משנת 1993, כאשר ישראל הסכימה למסור לריבונות ערבית שטחים שכבשה במלחמת ששת הימים. כפי שנראה, הרצי"ה ותלמידיו התנגדו נחרצות לנסיגות וסיסמתם הייתה: "אף שעל!"

לאמיתו של דבר, דילמת 'שטחים תמורת שלום' נוצרה עוד קודם לכן, בתום מבצע סיני בשנת 1956 (שיידון בהרחבה להלן בפרק 18). תחת לחץ בין־לאומי כבד הסכים ראש הממשלה דאז, בן גוריון, לסגת מחצי האי סיני ומרצועת עזה כדי להגיע להסכם שביתת נשק עם מצרים. במפלגה הדתית לאומית (מפד"ל) היו קולות שהטילו ספק בכך שהממשלה רשאית לוותר על שטחים משוחררים, בפרט העיר עזה שהייתה חלק מארץ ישראל בתקופת המקרא.

חבר הכנסת זרח ורהפטיג, שהיה גם תלמיד חכם, הסביר מדוע החליט בכל זאת לתמוך בהחלטת הנסיגה: "ממשלת ישראל לא טענה מעולם שהיא מחזיקה ברצועת עזה 'מפני שהיא חלק מהמולדת', אלא נימקה זאת בצורך לפתור בעיה ביטחונית, ובעיה כזאת אפשר לפתור גם בדרכים חלופיות". הוא טען גם שהוויתור על מימוש עקרון שלמות המולדת כבר נעשה בעצם

ההשלמה עם חלוקתה של ארץ ישראל. לפיכך אין מקום לצאת למאבק דווקא בעניינה של עזה: "אם שלמות המולדת, מדוע דווקא עזה? מדוע לא מטרות קרובות יותר – ירושלים, חברון ועוד?"[38]

מסקנתו הייתה שיש להבחין בין הדבקות בחזון הדתי ובין הפעילות האופרטיבית, המחייבת התחשבות בשיקולים של פוליטיקה ריאלית: "לא את כל המשימות אפשר לבצע בבת אחת. יש בעיה של אמונה ורצון, ויש בעיה של פוליטיקה ריאלית".[39] ממשלת ישראל החליטה להתמקד בבעיה של ביטחון, והוא מכבד זאת.

המודל הטוב ביותר של יציאה למלחמה הוא זה שמציע הרב הרצוג, שכן הוא מכיר בצורך להביא בחשבון כמה ערכים המצויים במודל הרב־ערכי היהודי. גישתו, הבנויה על הגנה עצמית, יכולה לשלב אידאלים כדוגמת ריבונות, שלום, כבוד לאומי, כבוד האדם, המולדת הטריטוריאלית ושמו הטוב של עם ישראל. זהו מודל מוסרי המאפשר שיח ומסייע לדון ביתרונות היציאה למלחמה, תוך שהוא מאפשר למדינות הנמצאות בעימות עם ישראל להבין את תביעותיה ואת חששותיה.

חלק ג

מלחמות מונעות ומקדימות – הלוחמה הישראלית, 1956-1982

פרק 15

מכה מקדימה או מלחמת מנע?

מדינות נאלצות לעיתים להילחם משום שפלשו לשטחן והפרו את ריבונותן. דוגמאות לכך הן בריטניה בשנת 1940, ישראל בשנת 1973 ואוקראינה בשנת 2022. אך ישנם מקרים אחרים, שבהם מדינות נמצאות תחת איום אך לא תחת מתקפה. מצב זה מעלה שאלות מוסריות ואסטרטגיות מורכבות, שכן מנהיגים חייבים למצוא את נקודת האיזון בין הנחתת מכה מקדימה במטרה להגן על אזרחיהם לבין הניסיון להימנע מקנאות לאומנית שתוביל לשפיכות דמים מיותרת.

מלחמותיה של ישראל, החל ממבצע סיני בשנת 1956 ועד למלחמת שלום הגליל בשנת 1982, ממחישות בבירור את הדילמות הללו. כפי שנראה כאן, הן רלוונטיות מאוד גם בתחילת המאה הנוכחית. הסיבה לכך היא שהוויכוחים המוסריים סביב המאבק בטרור נסמכים לעיתים קרובות על הניסיון שצברה ישראל בקרבותיה המרים עם מדינות ערב וארגוני הטרור.

מאבק בטרור וההבחנה הקריטית בין מכה מקדימה למלחמת מנע

ב־28 ביוני 2005, בעיצומה של מלחמת עיראק, ביקר נשיא ארצות הברית ג׳ורג׳ ווקר בוש אצל חייליו המוצבים בפורט בראג שבצפון קרוליינה. בוש ביקש להסביר מדוע הוא שולח אותם להילחם בעיראק, במרחק שבעת אלפים קילומטרים מאדמת אמריקה.

> לאחר ה־11 בספטמבר התחייבתי לעם האמריקני: האומה הזו לא תמתין עד שיתקיפו אותה שוב. נגן על החופש שלנו. נעביר את המלחמה אל האויב. עיראק היא שדה הקרב הנוכחי במלחמה הזו... יש רק דרך פעולה אחת נגדם: להביס אותם על אדמתם לפני שהם יתקפו אותנו בבית... או שנתמודד עם הטרור והקיצוניות האלה בחוץ לארץ, או שנתמודד איתם כשהם יגיעו אלינו.[1]

בוש ניסח את האסטרטגיה שלו למאבק בטרור בשפה פשוטה: אין לארצות הברית דרך אחרת אלא לצאת למתקפה כדי למנוע מתקפות עתידיות על אדמתה. בעבר, כאשר ארצות הברית התמודדה עם איומים מצד צבאות של מדינות אחרות, היה די במדיניות של הרתעה והכלה. אך כשהיא מתמודדת עם איומים בלתי שגרתיים מצד גורמים לא מדינתיים כארגוני טרור, נאלצת ארצות הברית לתקוף לפני שהטרוריסטים האלה ימצאו דרך להכות בה שוב. גישה זו, הידועה בשם 'דוקטרינת בוש', סוכמה במסמך אסטרטגיית הביטחון הלאומי של הבית הלבן משנת 2002, שבו הכריז הנשיא כי "אמריקה תפעל נגד איומים מתגברים כאלה לפני שיבשילו במלואם. זהו עניין של שכל ישר והגנה עצמית".[2]

דוקטרינה זו של גדיעת ניצני האיומים בראשיתם – שהנשיא בוש ראה בה גילוי של שכל ישר – זכתה לגינויים מצד רבים ממבקריו שחשבו אותה בלתי מוסרית והרת סכנות. הללו טענו כי אסטרטגיה התקפית זו תוביל את ארצות הברית לקרבות חסרי תוחלת מתוך פחדים נטולי בסיס, והזהירו כי חיילים אמריקניים "ירדפו אחרי רוחות רפאים". המבקרים ציטטו את הצהרתו של סגן הנשיא דאז דיק צ'ייני, שמול חשש מפני מתקפות שיש להן סבירות נמוכה אך פוטנציאל נזק גדול, יש לפעול כאילו אלה איומים ודאיים: "אם יש סיכוי של אחוז אחד בלבד שמדענים פקיסטנים עוזרים לאל קאעידה לבנות או לפתח נשק גרעיני, עלינו להתייחס לכך כעניין ודאי מבחינת התגובה שלנו".[3]

המבקרים טענו כי 'דוקטרינת האחוז האחד' תוביל את ארצות הברית למדרון חלקלק של עינוי עצירים בטרם משפט, תגרום לה לתקוף בכטב"מים אתרי אויב חשודים גם ללא ראיות מוצקות ותניע אותה לפתוח במלחמות מיותרות.

אחרים הוסיפו כי טעות אסטרטגית ומוסרית זו – לשיטתם – נבעה מכישלונה של דוקטרינת בוש להבחין בין מכה מקדימה (preemptive)

לפעולת מנע (preventive). זו אף זו הן פעולות יזומות וצופות פני עתיד, אך יש הבדלים חשובים ביניהן: **מכה מקדימה** היא מהלומה צבאית שמדינה אחת מנחיתה על אויבתה כאשר ברור למדי שזו צפויה לתקוף מיידית, והיא מאמינה שמהלומה כזאת עדיפה על פני המתנה לאויב שיתקוף והפעלת כוח בתגובה רק לאחר מכן. **פעולות מנע** ננקטות בתגובה לאיומים מיידיים פחות, מתוך אמונה שמוטב להילחם באויב מוקדם מאשר מאוחר. למשל, פעמים יוצאים לפעולת מנע מתוך אמונה שהאויב עומד להניח את ידו על אמצעי לחימה חדשים אשר יטו את מאזן היכולות הצבאיות לטובתו, כאשר החשש הוא שחלון ההזדמנויות להכות ביעילות מכה ניצחת הולך ונסגר.

בשנת 2003 לא הייתה שום אינדיקציה לכך שעיראק עומדת לתקוף את ארצות הברית. הפלישה האמריקנית הייתה פעולת מנע, שנועדה לעצור את עיראק מפיתוח נשק להשמדה המונית בטרם היא או בעלות בריתה תוכלנה להשתמש בו נגד ארצות הברית. בסופו של דבר לא נמצאו בשטח עדויות כלשהן לקיומם של כלי נשק כאלה. בינתיים עלתה המלחמה טריליון דולר, מאות אלפים נהרגו ונפצעו, והיציבות באזור נותרה מעורערת – אולי אף יותר מאשר קודם לכן.

המחלוקות סביב מלחמת עיראק הדגישו את הסיכונים הגדולים הנשקפים מגורמים לא מדינתיים או ממדינות סוררות במאה העשרים ואחת. ממילא, על פי רוב מכה מקדימה[4] אינה ישימה נגד טרוריסטים הפועלים בשיטות חמקמקות ונלחמים ללא מדי צבא מזהים, משתמשים בכלי נשק שאפשר להסתיר בקלות, לנייד בחשאי, ולהפעיל ללא אזהרה מוקדמת. אפילו אחדים ממבקריו של בוש מודים בכך שמדינות מערביות שאינן מוכנות לצאת לפעולת מנע נגד טרוריסטים פונדמנטליסטים לוקחות סיכון רב שימצאו את עצמן תחת מתקפה בהמשך. יש לזכור כי באוגוסט 1998, כשלוש שנים לפני מתקפת הטרור על מרכז הסחר העולמי בניו יורק ב־11 בספטמבר, שיגר ממשל קלינטון מתקפות טילים על מטרות של אל־קאעידה, שפגעו במפעל אשר לפי החשד שימש לייצור נשק כימי בסודאן ובבסיס אימונים באפגניסטן. מעניין כיצד הייתה ההיסטוריה מתגלגלת אילו הוסיפו האמריקנים פעולות מנע בשלוש השנים שלאחר מכן.[5]

ויכוח תלמודי עמום וספקטרום היוזמות להגנה עצמית

המוסר של יציאה לפעולות יזומות (anticipatory) של הגנה עצמית מפני

תוקפנות צפויה מוטל לפעמים בספק. זאת משום שהוא מבוסס על פחד שייתכן שאין בו ממש,[6] שכן פחד הוא תחושה סובייקטיבית שאינה מעידה בהכרח על קיומו של איום קונקרטי. גם איום ממשי ברמה הלאומית, אינו בהכרח סיכון המצדיק פתיחת מלחמה אשר תגרום בוודאות לאובדן רב של חיים. אל תביא על עצמך שפיכות דמים כאשר קיים סיכוי שהאיום לא יתממש. זהו חשבון תועלתני, המתמקד בהשלכותיהן השליליות של תגובות נחפזות.

אתיקאים רבים מעלים התנגדות עקרונית יותר, שמקורה בשיח הזכויות. הם תוהים מה מקנה לך זכות להרוג את מי שטרם פגע בך וספק אם יפגע. האויב טרם עשה דבר המצדיק את קיפוח חייו בידך.[7]

חכמי התלמוד הכירו בכך שמכות יזומות המבוססות על חישוב הצופה פני עתיד הן עניין מורכב למדי. בפרקים הקודמים ראינו כי חז"ל התירו לצאת למלחמות כיבוש ורווחה, שהוגדרו 'מלחמות רשות', אך בתקופות מאוחרות יותר פוסקים, ובהם הרב קוק והרב הירשנזון, התנערו מכך. לעומת זאת, הצלת ישראל מיד צר שחצה את הגבול היא מלחמת מצווה שהיא חובה, ואליה יש לגייס את כל האזרחים הכשירים להילחם.

עם זאת, קיימים תרחישי ביניים רבים, שבהם היהודים אינם תוקפנים כובשים מצד אחד, אך גם לא קורבנות פסיביים מצד שני. אחד המקרים הללו הוא שהמדינה צופה כי תיפתח נגדה מלחמה בקרוב והיא מתייצבת אל מול האויב בשטחו. המניע ליזום מלחמה כזו הוא, כדברי חז"ל: "למעוטי נכרים דלא ליתי עלייהו" (למעט את האויבים כדי שלא יבואו ויילחמו נגדם. סוטה מד ע"ב). האם זו מלחמת מצווה או מלחמת רשות? לדעת אחד החכמים הבולטים, רבי יהודה, כל מתקפה יזומה היא בגדר מלחמת רשות.[8] אך נראה שחכמים אחרים טוענים שיש מצבים שבהם מלחמה יזומה מוגדרת 'מלחמת מצווה'. למרבה הצער, הם אינם מסרטטים גבול ברור מתי מלחמה יזומה היא רשות ומתי היא חובה, מה שמותיר לפרשנים מאוחרים יותר פתח לדיון על איזו מלחמה יזומה נסוב הדיון מלכתחילה:

במה עסקינן כאן – במקרה של יוזמה התקפית מול חיילי אויב המתאספים על הגבול, בדומה למה שאנו מכנים מכה מקדימה?[9] או שמא באיום רחוק יותר שנראה שהוא מתרקם אך בשלב זה עדיין משתמע לשתי פנים?[10] פרשנים אחדים סבורים שנושא הדיון בגמרא שהזכרנו הוא ניצול כוח צבאי תוקפני להרתעה מפני פעילות עוינת של האויב, אף שאין איום קונקרטי ברור נראה לעין. במילים אחרות, נושא הדיון הוא פעולות מנע.[11]

מהדיון התלמודי ברור שקיים טווח לגיטימי של מלחמות יזומות הצופות פני עתיד. מכות מקדימות מסוימות עשויות להיות בגדר מצווה, ויש מלחמות מנע העשויות להיות בגדר רשות.[12] כאשר פותחים במלחמות רשות – שלא לצורך התפשטות אימפריאליסטית אלא הגנה עצמית – זו מלחמת מנע שמותרת על פי דין, אך היא טעונה בדיקה ואישור, ויש מגבלות על גיוס בכפייה אליה.[13] מנהיגים יידרשו לספק הסברים משכנעים לכך שמלחמת רשות היא הצעד הנכון בנסיבות העניין, לגייס לצורך כך את תמיכת הפרלמנטים או הממשלות שלהם ולהפיח מוטיבציה בקרב הדרג הלוחם. הצידוק היחיד ליציאה למלחמה כזאת הוא שהדבר נעשה לצורך הגנה עצמית ולא לשם סיפוח אימפריאליסטי.[14]

החלק הקשה הוא בהחלטה היכן להציב את הגבול בין שלל האיומים הפוטנציאליים, כדי להכריע האם יציאה למלחמה יזומה ברגע מסוים היא אכן הכרחית או נתונה לשיקול דעת. התלמוד קובע: "הבא להורגך השכם להורגו" (סנהדרין עב ע"א).[15] אך מה אם כלל לא ברור שאותו אדם אכן 'בא להורגך', וגם אם כן – זה לא יקרה מחר בבוקר? לפיכך, התבונה והמוסריות של מכות יזומות תלויות במידה רבה בהערכת הסיכונים.

אפשר לסרטט באופן כללי שורת איומים אפשריים העשויים להצדיק מכה מקדימה או פעולת מנע. בפרקים הבאים נציג תרחישים שונים על קשת איומי הפלישה העומדים להתממש, שכן התבחין הקלסי בשיח האתי העכשווי הוא מיידיות (imminence). עם זאת, מיידיות אינה בהכרח המדד הטוב ביותר בהכרעה האם יש צורך שמדינה תצא למתקפה יזומה, והאם מתקפה כזו היא מוסרית.

פרק 16

מכות מקדימות: מלחמת ששת הימים ומלחמת יום הכיפורים

הוויכוח בין המנהיגים הדתיים ערב מלחמת ששת הימים

במאי 1967 חגג הרב הצבאי הראשי, תא"ל הרב שלמה גורן, את יום העצמאות באוסטרליה במסגרת מסע התרמה של המגבית היהודית המאוחדת. בעת שהותו שם נודע לו כי מצרים סגרה רשמית את מצרי טיראן בפני אוניות ישראליות. גורמים רשמיים הזהירו זה מכבר כי ישראל תראה בתוקפנות ימית כזאת עילה למלחמה. הרב גורן מיהר לטוס בחזרה לישראל.

בינתיים היה הרמטכ"ל יצחק רבין נתון בלחץ גדול. הוא לא הצליח לשכנע את הממשלה בכך שצה"ל חייב לצאת למתקפה מקדימה נגד המצרים. ראש הממשלה לוי אשכול היסס, בעיקר בגלל התנגדות ניכרת של שרים מהמפלגות הדתיות ובראשם משה חיים שפירא. הדיונים בממשלה היו עזים. שפירא אמר לרבין כי ישראל חייבת לבסס מגננה מוצקה כדי להגן על עצמה, אך לא לעשות את הצעד הראשון. בתור יהודי מאמין, הוא סבור שאיננו יכולים להביא על עצמנו סכנה וליזום מלחמה, במיוחד בהיעדר תמיכה בין־לאומית. אכן ישראל "עָם לְבָדָד יִשְׁכֹּן" כאמור בתורה (במדבר כג, ט), אך אין פירוש הדבר שישראל חייבת להילחם לבדה. רבין, שכאמור היה בלחץ כבד, לקה בהתמוטטות עצבים. הוא קיבל זריקת הרגעה והיה מנוטרל למשך יממה.[1]

רבין התאושש בעת שהרב גורן נחת בארץ, הפציר בו להיפגש עם שפירא ולשכנעו בצורך הדחוף לצאת למלחמה. לאחר התייעצות עם בכירים נוספים בצבא ובהם מפקד חיל האוויר, הגיע הרב גורן למסקנה כי ישראל חייבת לתת מיידית מכה מקדימה. הוא נפגש עם השר שפירא למשך ארבע שעות ברציפות. הרב גורן טען כי ישראל תוכל לנצח אם תקדים לתקוף, כי כל יום של עיכוב יעלה בחיי ישראלים רבים, וכי אין מנוס אלא לפעול, שכן מדינות ערב ביקשו להשמיד את ישראל. אך שפירא עדיין לא השתכנע. הרב גורן החל בהכנות משלו למלחמה, שכללו הכנת בתי קברות צבאיים והזמנת מספר גדול של ארונות קבורה. עשרות אלפי קברים נחפרו ברחבי הארץ.

זמן קצר לאחר מכן החלו השרים הדתיים, שעד אז היססו, להפעיל לחץ כבד להרחבת הממשלה. הם ביקשו לכלול בה גם את ראש האופוזיציה מנחם בגין ולמנות את משה דיין לשר הביטחון. הם המשיכו להסס עד לרגע קבלת ההחלטה הגורלית על היציאה למלחמה. שפירא ציטט את בן גוריון והתעקש כי מדינת היהודים לעולם לא תצא למלחמה ללא גיבוי של בת ברית בין־לאומית. דיין השיב כי עד שישראל תמצא בת ברית איש לא יישאר בחיים.

השר הדתי בעל ההשכלה המשפטית, זרח ורהפטיג, חשש כי ישראל נדרשת לעילת מלחמה (casus belli) ברורה יותר, מעשה תוקפנות מובהק שיצדיק פתיחה במלחמה מצידה. אף כי שלושה בנים של ורהפטיג שירתו בצה״ל, הוא הציע להמתין, לשלוח ספינה דרך מצרי טיראן כדי לגרור תגובה מצרית ולהביא לכך שמצרים תעשה את הצעד הראשון במלחמה. אומנם המהלך יסכן את חיי החיילים, אך ייתן לישראל לגיטימציה בדעת הקהל העולמית. אולם רוב השרים התנגדו, ובצדק, לתוכניות מסוכנות ומלאכותיות כאלה, בנימוק שממילא תספוג ישראל גינויים ללא קשר למעשיה. הם טענו כי אם ההנהגה מאמינה בצדקת טענותיה, עליה לפעול לפי צו מצפונה.

בתום הפגישה הגורלית הזו ב־4 ביוני, אפילו השרים הדתיים הצביעו בעד יציאה למלחמה. למחרת השמידו מטוסי קרב של חיל האוויר את חיל האוויר המצרי כולו. רבים ממנהיגי העולם מתחו ביקורת על המכה המקדימה הישראלית, אך אי אפשר היה להתכחש לניצחון המכריע. המלחמה הפכה לדוגמה הקלסית במשפט הבין־לאומי של מתקפה מקדימה לצורך הגנה עצמית.[2]

תרחיש 1: איום מיידי אמין וחמור

לישראל הייתה הצדקה מוסרית לצאת למלחמת מנע, שכן האיום עליה נתפס כמיידי, חמור ואמין (להלן: מח"א). בתרחיש זה ישנם שלושה מרכיבים מרכזיים.

1. מיידיות (Imminence): המדינה המאיימת מפגינה לעיני כול הכנה צבאית פעילה, כגון גיוס כוחות סמוך לגבול.
2. אמינות (Credible): מנהיגיה מפגינים גישה לוחמנית ביותר באמצעות פעולות או השמעת איומים המעידים על רצינות כוונותיהם.
3. חומרה (Grave): המדינה המאוימת מאמינה כי אם לא תקדים לפעול נגד האיום, יהיה הרבה יותר קשה או יקר (אם לא בלתי אפשרי) לעשות זאת בשלב מאוחר יותר.

נציגי ישראל באו"ם הדגישו את קיומו של איום מח"א במלחמת ששת הימים: המצרים היו אויבים מושבעים, שהצהרותיהם ומעשיהם הצביעו על סיכוי גבוה להתקפה מסוכנת ומיידית. הם חסמו את מצרי טיראן לשיט ישראלי, גירשו את חיילי האו"ם וריכזו כוחות גדולים סמוך לגבול עם ישראל. בדיעבד ידוע כי בסוף מאי 1967 היה הצבא המצרי במרחק שעות ספורות מהזרמת כוחות למדבר סיני, אך המבצע בוטל בלחץ סובייטי.[3] גמאל עבד־אל־נאצר, נשיא מצרים, העדיף לייצר מצב שבו יוכל להפנות את האצבע המאשימה כלפי ישראל בתור הצד התוקפן. אף על פי כן, בתקופת ההמתנה שלפני תחילת המלחמה המשיך נאצר להשמיע איומים בלתי פוסקים. בעת שחתם על הסכם הגנה הדדי עם ירדן, הודיע למועצה העממית המצרית: "אנו מוכנים לפתור את בעיית פלסטין. אנו נקבע את עיתוי המלחמה ומקומה, ולא נשאיר את ההחלטה לישראל כפי שהיה ב־1948".[4]

ישראל העריכה שהימנעות ממכה מקדימה תהפוך את אזרחיה ל'ברווזים במטווח' במלחמה שהיה סיכוי גבוה שתפרוץ בתוך תקופה קרובה. לעומת זאת, מכה מקדימה תסכל במידה ניכרת את התוקפנות המצרית ותציל חיי ישראלים רבים. עד תחילת יוני לא היה קונצנזוס מוחלט בממשלת ישראל בשאלה האם התקפה מצרית היא אכן מיידית. ההכנות הצבאיות והרטוריקה המתלהמת של נאצר שכנעו כמעט כולם שנאצר יכול לתקוף בקרוב, וכי חלון ההזדמנויות לייזום מלחמת הגנה עצמית יזומה הלך ונסגר.

ההשלכות המוסריות של המכה המקדימה במלחמת ששת הימים עומדות בניגוד מוחלט לכישלונה של ישראל לעשות זאת לפני פרוץ מלחמת יום הכיפורים בשנת 1973. היה זה מקרה ברור של מלחמת הגנה עצמית מצד ישראל כתגובה למתקפה המתואמת של מצרים וסוריה נגדה. אך האם אומנם שגתה ישראל מבחינה מוסרית בכך שלא פתחה במכה מקדימה בשעה שהייתה לה הזדמנות לעשות זאת?

בבוקר יום הכיפורים, ה־6 באוקטובר, יהודים רבים צמו והתכוננו לתפילות היום הקדוש בבתי הכנסת. אך לא כך משה דיין ודוד (דדו) אלעזר. שר הביטחון והרמטכ"ל התעוררו בשעות הבוקר המוקדמות לדיווחים מודיעיניים שאינם משתמעים לשתי פנים שסוריה ומצרים עומדות לפתוח במלחמה בהמשך היום. האמת היא שנורות האזהרה הבהבו במשך שבועות, אך הנהגת ישראל ביטלה ברוב יהירותה את האפשרות שמתקפה כזו אכן תתרחש. בשמונה בבוקר התכנס הקבינט ב'מטבחון' של ראש הממשלה גולדה מאיר כדי לקבל החלטה גורלית.

דדו רצה לפתוח במכה מקדימה על שדות תעופה ומשגרי טילים בסוריה ולגייס במקביל מאתיים אלף חיילי מילואים. טענתו הייתה כי מכה מקדימה תיתן לישראל "יתרון עצום ותציל חיים רבים".[5] דיין התנגד למכה מקדימה והעדיף גיוס הדרגתי יותר של מילואים. אומנם הוא הכיר ביתרונות המבצעיים של יציאה מיידית למלחמה, אך טען כי דעת הקהל העולמית תפרש את הצעדים שהציע דדו כפעולות מלחמתיות. לדבריו, אחרי שהפגינה את כוחה במלחמת ששת הימים, ישראל תתויג כצד התוקפן. "אנו זקוקים לגיבוי בין־לאומי מוצק כשהמלחמה תתחיל", טען דיין. אלעזר השיב כי גיוס המוני עשוי להרתיע את מדינות ערב מפתיחה במלחמה, וכי העולם יפנה אצבע מאשימה לישראל גם אם תאמץ את הצעת דיין ותגייס מספר קטן יותר של חיילי מילואים. "הדבר החשוב ביותר", הוא סיכם, "אני מעדיף שיגידו שאנחנו התחלנו – ושננצח".

מאוחר יותר העידה גולדה כי נטייתה הראשונית הייתה לפתוח במכה מקדימה, אך בסופו של דבר היא הכריעה נגדה מחשש שישראל תיכנס לבידוד בין־לאומי. זאת משום שארצות הברית הזהירה אותה בעבר שלא לחזור על ייזום מלחמה במקרה של איום עתידי: "1973 היא לא 1967, והפעם לא יסלחו לנו ולא נקבל סיוע כשיהיה לנו צורך בו...".[6]

לחשש זה של גולדה היה בסיס מוצק, לפחות מבחינה דיפלומטית. מזכיר המדינה האמריקני דאז, הנרי קיסינג'ר, הזהיר שוב ושוב את ישראל

לבל תפתח עוד לעולם במלחמת מנע. אותו קיסינג׳ר מילא בסופו של דבר תפקיד מכריע בשליחת רכבת אווירית גדולה של נשק לישראל. מאוחר יותר הוא אמר לדיין כי לו ישראל הייתה פותחת במכה מקדימה במלחמת יום הכיפורים, היא לא הייתה מקבלת אפילו ״מסמר אחד״ של תמיכה מארצות הברית. ביום השני למלחמה כתבה גולדה לקיסינג׳ר והאשימה את האמריקנים במצב המסוכן שישראל נקלעה אליו. בזיכרונותיו התנער קיסינג׳ר מאחריותו להחלטה הישראלית להימנע ממכה מקדימה, וטען כי ההנהגה המדינית של ישראל הגיעה להחלטה זו בכוחות עצמה. על כל פנים, ההנהגה הצבאית הייתה ספקנית אם מתקפה מקדימה תוכל לעזור בשלב זה.[7]

בדיעבד זהו עניין הנתון לוויכוח. אולם באותו בוקר יום כיפור, כל מקבלי ההחלטות ב׳מטבחון׳ שהאחריות על ביטחון ישראל הייתה מופקדת בידיהם – גולדה, דדו ומשה דיין – האמינו כי לגיוס כללי ולהנחתת מכה מקדימה היו תועלת, אלמלא ההשלכות הדיפלומטיות השליליות על המשך המלחמה.

האם אמנת האו״ם מאפשרת מכות מקדימות – והאם זה משנה?

השאלות הקריטיות שנותרו הן: האם היה הוגן מצד הקהילה הבין־לאומית לתייג את ישראל כצד התוקפן באירוע? וחשוב לא פחות – האם זה אמור היה לשנות משהו אצל מקבלי ההחלטות הישראלים?[8] התשובה לשתי השאלות הללו שלילית. הסכנות של מתקפה מצרית וסורית עמדו בבירור בתרחיש איום המח״א. ייתכן כי רבים אכן האמינו שישראל יכולה הייתה ״לספוג את המכה״ ולהביס את אויביה. אך במצב שבו ספיגת המכה הראשונה (למעשה ההימנעות ממכה מקדימה מתבקשת) פירושה אובדן חיים ישראלים נוספים – כיצד אפשר להצדיק הנהגה הנוטשת את חובתה הבסיסית להגן על אזרחיה? הקהילה הבין־לאומית חייבת להכיר במחויבות הראשית והראשונית של כל הנהגה להבטיח בראש ובראשונה את חיי האזרחים.

חלק מהבעיה הוא שהחוק הבין־לאומי מעורפל במקצת באשר ללגיטימיות של מכות מקדימות. סעיף 51 של אמנת האומות המאוחדות מתיר הגנה עצמית רק במקרה של ׳מתקפה מזוינת׳. ישנם פורמליסטים הסבורים כי פירוש הדבר הוא שהסעיף אוסר על מכה מקדימה כלשהי בטרם האויב יצא למתקפה ממשית. ׳טהרני הגנה נוקדניים׳ אלה, כפי שמכנה אותם

אחד הפילוסופים, הולכים בעקבות גישת פילוסוף בולט מימי הביניים, פרנסיסקו דה ויטוריה, שטען כי "בלתי מתקבל על הדעת שאדם ייהרג על פשע שעדיין לא ביצע".[9]

אך צבאות זרים המאיימים לפתוח בהתקפות חמורות אינם תמימים, במיוחד בהשוואה לאזרחיהן האומללים של המדינות שיסבלו מתוקפנותם. האשמה אינה נקבעת רק לפי הבדיקה מי עשה את הצעד הראשון. מי שנוקט פעולות המסלימות את המצב ומקרבות את שני הצדדים אל סף עימות נושא באחריות רבה לא פחות. במצב כזה, הצד המאוים אינו צריך לחכות עד שהתוקף יחצה את הגבול (במירכאות או בלעדיהן). יתר על כן: לא נכון לבחון רק האם התוקף חצה סף כלשהו ועליו לשאת באחריות על כך. יש להביא בחשבון גם את חובת ההגנה העצמית. כפי שמודים גם חלק מהפורמליסטים, אפילו לפי סעיף 51, חובה זו מעניקה למדינה זכות חוקית להדוף את התוקפים אותה באופן הממזער במידה סבירה את הנזקים הנגרמים לה מצדם, לרבות באמצעות מכה מקדימה.[10]

על כל פנים, מנהיגים מדיניים חייבים לפעול על פי אותה חובה מוסרית, גם אם גופים בין־לאומיים מגדירים אותם בטעות מבחינה חוקית כצד התוקפן. על פי המודל הרב־ערכי היהודי, שומה לפעול כדי להגן על העם. פוסקי ההלכה הגדירו מכות מקדימות 'מלחמת מצווה', ובכך הדגישו שגדרן הוא חובה.[11] לא רק בגלל שישראל המתינה לכך שאויביה יפתחו מיוזמתם בפעולות איבה הפכה מלחמת יום הכיפורים פעולה הכרחית של הגנה עצמית. חיי ישראלים רבים היו ניצולים לו השכילה ישראל לצאת למכה מקדימה מבעוד מועד.[12] התנגדותם של גולדה ודיין לתוכניתו של דדו הייתה כשל מוסרי, אם אכן האמינו שגיוס מלא ומכה מקדימה היו הכרחיים מבחינה מבצעית.

אין משמעו של דבר שמנהיגים אינם צריכים להביא בחשבון את החשיבות האסטרטגית של קבלת תמיכה בין־לאומית. אך שיקול זה צריך היה להישקל כנגד שני גורמים נוספים: ראשית, בלי קשר לאיומיו של קיסינג'ר, לא ברור אם ארצות הברית אכן הייתה נותרת ניטרלית בעוד בעלות בריתה של ברית המועצות צוברות רווחים צבאיים. יש לזכור כי עוד לפני מלחמת ששת הימים הזהיר גם הנשיא לינדון ג'ונסון את ישראל מפני מכה מקדימה ("ישראל לא תהיה לבד אלא אם כן היא תפעל לבד"); ואולם אזהרות לחוד ומעשים לחוד: ג'ונסון תמך בישראל גם לאחר פרוץ המלחמה.

שנית, בלי קשר לעמדתם של האמריקנים, לעולם אין לדעת מה

עלולות להיות ההשלכות האסטרטגיות כאשר מאפשרים לאויב להנחית את המכה הראשונה. זה בדיוק החשש שעמד לנגד עיניהם של חכמי התלמוד כשהתירו לצאת למלחמה מקדימה,[13] וזה בדיוק מה שקרה במלחמת יום הכיפורים. על אף שנתפסה כחזקה יותר, התברר שישראל אינה ערוכה מבחינה אסטרטגית להדוף מתקפה ערבית משולבת. לאחר שורה של טעויות ואבדות בימים הראשונים למלחמה, רבים ממנהיגי ישראל חששו כי עצם קיומה של המדינה מוטל על כף המאזניים והיא נמצאת תחת איום קיומי ממשי. דיין אף הגדיל לעשות ואמר לאחד מעמיתיו: "אנחנו עומדים לפני חורבן בית שלישי". בסופו של דבר ישראל התאוששה, אך המחיר היה מספר עצום של אבדות בנפש וריסוק ההרתעה.

לישראל הייתה הצדקה לתת מכה מקדימה הן במלחמת ששת הימים והן במלחמת יום הכיפורים. העובדה שהנהגתה המדינית בחרה שלא להקדים תרופה למכה בשנת 1973, אף שידעה בוודאות כי מכה מקדימה תציל חיים רבים ותשנה את פני המערכה, הייתה כשל מוסרי.

פרק 17

מבצע סיני 1956: "מלחמת ברירה" מוסרית

לאורך קשת הסיכונים הפוטנציאליים, ההחלטה אם לפתוח במתקפה מקדימה הופכת מורכבת יותר ככל שהאיום במלחמה הופך לפחות מיידי. כדי להבהיר נקודה זו נעסוק כאן בתרחיש הבא:

תרחיש 2: מניעת הידרדרותו של סכסוך בעצימות נמוכה לפלישה כוללת

בתרחיש זה קיים כבר מצב לוחמה בין שתי מדינות. הלוחמה כוללת עימותים אלימים, לעיתים גלויים ולעיתים סמויים, בין חיילים במדים או סוכנים בלתי רשמיים. ההתקפות המזדמנות אינן נחשבות לפלישה מוחלטת. פעולות האיבה בעצימות נמוכה עלולות להתפתח למלחמת התשה ממושכת ואף לפלישה כוללת, אך הן עשויות גם לדעוך ואף להסתיים. עם זאת, גורמים חדשים הנכנסים למשחק יוצרים תרחיש אמין, שבו היריב זוכה ליתרונות אסטרטגיים חדשים ומגדיל את סיכוייו לפלישה מוצלחת – ואת הפיתוי לעשות זאת.[1]

במצב זה, פעולות האיבה המתמשכות הופכות את האיום הפוטנציאלי למציאותי ביותר. למעשה, אפשר לומר שהלוחמה כבר החלה. עם זאת, קיים הבדל מוסרי בין התקפות מעת לעת לבין לוחמה מתמשכת. במונחים של חיי אדם, מחיר הסטטוס קוו זול בהרבה ממחירה של פלישה מובהקת. מצב כזה מעלה את השאלה האם פלישה אכן נחוצה. זו שאלה שקשה להשיב עליה

כאשר אין שום אינדיקציה מובהקת לכך שעומדת להתרחש פלישה בקרוב. מכיוון שאין דרך לדעת זאת בוודאות, יש אתיקאים הטוענים כי במצב של ספק אין הצדקה לגרום למותם של אחרים. אסטרטגים צבאיים ודאי ישיבו כי נקיטת פעולה במוקדם ולא במאוחר תספק יתרונות אסטרטגיים גדולים. הנחתת מכת מנע מהירה עשויה אף למנוע לוחמה רחבה יותר בהמשך הדרך, אך היא עלולה גם להחמיר את המצב במידה ניכרת. אין דרך לדעת זאת באמת. אי אפשר לחמוק מכך שהחיים לאור עקרונות המוסר מחייבים קבלת החלטות במצבים של חוסר ודאות.

זו הדילמה שעמדה בחזית הדיונים שקיימה ממשלת ישראל לפני קבלת ההחלטה לפתוח במלחמה עם מצרים בשנת 1956.[2] שנה קודם לכן כבר האמין בן גוריון כי מלחמה עם מצרים היא בלתי נמנעת. נאצר המשיך להתעקש שארצו נמצאת ב'מצב מלחמה' עם ישראל והפר שוב ושוב את הסכם שביתת הנשק משנת 1949. החל משנת 1950 מצרים לא אפשרה מעבר של ספינות ישראליות דרך מצרי טיראן. זאת עוד: מאז 1954 חלה עלייה בפשיטות מחבלי הפֶדַאיון הפלסטיני מרצועת עזה בתמיכת מצרים. אלה עשו פעולות טרור שבהן נרצחו מאות ישראלים, והן גררו פעולות תגמול גדולות של צה"ל בהנהגת הרמטכ"ל משה דיין (שבהן דנו בפרק 5). יחד עם שמעון פרס, מנכ"ל משרד הביטחון דאז, דיין דחף למתקפה נגד מצרים. וכך גם מנהיג האופוזיציה מנחם בגין, שהזהיר כי ממשלת מפא"י עלולה להביא על המדינה היהודית הצעירה שואה שנייה או גרסה חדשה של מצדה.[3]

בן גוריון נותר נחוש בדעתו שעל ישראל לנסות לשמור על הסטטוס קוו ולא לצאת למלחמה. שיקוליו היו פרגמטיים בעיקרם: הוא חשש שמא התקפה יזומה תוביל לבידוד דיפלומטי של ישראל ואף להטלת אמברגו על ייבוא נשק. אך בן גוריון העלה גם טיעון יסודי יותר: אין טעם שישראל תזרז את המלחמה עם שכנותיה הערביות. גם אם תנצח במלחמה, תישאר ישראל בסכסוך עם העולם הערבי ויהיה עליה להתכונן למלחמה הבאה. "אחרי כל מלחמה נעמוד שוב לפני אותה בעיה כמו שאנו עומדים היום. נעמוד לפני החשש של סיבוב שלישי, רביעי וחמישי, בלי סוף".[4]

שני דברים שינו את דעתו של בן גוריון: ראשית, גבר החשש כי עסקת נשק בחסות סובייטית שנחתמה זמן קצר קודם לכן בין צ'כוסלובקיה למצרים תעניק לנאצר יתרון ניכר ברגע שהנשק יימסר לידיו. תקוף עכשיו – או שתיאלץ להתמודד עם אויב קטלני בהרבה מאוחר יותר.

שנית, מצרים רכשה לעצמה יריבים עוצמתיים אחדים. נאצר החל להציע תמיכה חשאית למורדים האלג'יריים והלאים את תעלת סואץ, ובכך עורר את זעמן של צרפת ובריטניה, שהשקיעו במימון חפירת התעלה וציפו לרווחים מהשקעתן. בהסדר סודי מורכב שנחתם בפרוור הפריזאי סוור (Sèvres), הסכים בן גוריון לפתוח במתקפה נגד מצרים לאחר שהובטח לו כי צרפת ובריטניה יתמכו במלחמתה של ישראל זמן קצר לאחר מכן. הייתה זו הזדמנות ייחודית לישראל לבצר את גבולותיה ואת הבריתות הבין־לאומיות שלה.[5] הציפייה הייתה שצרפת ובריטניה עשויות גם לסייע בהשגת יעד נוסף: הפלת שלטונו של נאצר.

אחדים משרי הממשלה הוסיפו להתנגד נחרצות לרעיון שישראל תהיה הפותחת במלחמה. שר הבריאות ממפלגת השמאל מפ"ם, ישראל ברזילי, האשים את בן גוריון בפתיחת מלחמת תוקפנות. הוא טען עוד כי 'שלום מתנדנד' עדיף על פני מלחמה, אפילו כזאת שתסתיים בניצחון, שכן מלחמות תמיד מביאות עמן מוות, הרס ו'אובדן של דור'. יתר על כן: המלחמה עלולה לקבל תפניות בלתי צפויות ולהסלים תוך זמן קצר לתבערה גדולה. למעשה, ברזילי העלה שתי התנגדויות קלסיות למכת מנע: ראשית, באופן מעשי עלויותיה גוברות על יתרונותיה; ושנית, ישנו חשש מוסרי של נטילת חיים כאשר ספק אם יש לכך הצדקה.

שרים אחרים טענו כי שמירה על הסטטוס קוו הקיים – אי לוחמה התלויה על כרעי תרנגולת – גרועה מפתיחה במלחמה יזומה. הם האמינו כי עיכוב בפתיחת המלחמה, שלאמיתו של דבר היא בלתי נמנעת, יגדיל לאין ערוך את סכנותיה. אחד השרים ביטא חשש כי "החגורה סביבנו מתהדקת, כך שהסכנה להשמדת המדינה גוברת מדי יום".[6] בסופו של דבר אישר הקבינט את היציאה למבצע סיני בהחלטה שהתקבלה בתמיכת השרים הדתיים. הם כינו אותו 'מבצע קדש' לזכר היישוב המקראי קדש ברנע שבו שהו בני ישראל לאחר יציאת מצרים.

זמן קצר לאחר מכן הצליח צה"ל להדוף את הצבא המצרי אל מחוץ לחצי האי סיני ורצועת עזה. הרב הרצוג, שערך ביקור אצל הכוחות המוצבים ליד ים סוף, התפעל מכך שהצליח להתפלל ליד המקום שבו אירע נס לבני ישראל בזמן יציאת מצרים.[7] הרב גורן קיים טקס ש'קידש' את חצי האי סיני שזה עתה נכבש כחלק מארץ ישראל.[8] אפילו מנהיגים חילוניים חשו שהניצחון היה בקנה מידה מקראי. בן גוריון והמשורר נתן אלתרמן השוו אותו ל'מעמד הר סיני מחודש'.[9]

משבר סיני היה טעות דיפלומטית מבחינתן של צרפת ובריטניה, והן שילמו עליה ביוקר: המעצמות מתחו ביקורת על חלקן ביצירת אי יציבות אזורית והסלמה; מנהיגים ערבים כינו אותן 'תוקפניות אימפריאליסטיות' וראש ממשלת בריטניה, רוברט אנתוני אידן, נאלץ להתפטר מתפקידו בבושת פנים.

לעומת זאת, מבחינת ישראל, מבצע סיני – שהיה המלחמה השנייה עם מדינה ערבית – נחשב הצלחה מסחררת. הוא הקנה לאומה הנאבקת על קיומה עשור של שקט יחסי בחזית המצרית. ספינות ישראליות יכלו כעת להפליג דרך מצרי טיראן, בעוד צה"ל מחזק קשריו הצבאיים עם צרפת. המלחמה הוכיחה כי המדינה הצעירה לא תנוצח בקלות. אולם נשיא מצרים, נאצר, נותר בשלטון, וכעת זכה לתמיכה מחודשת מצד ברית המועצות. זמן קצר לאחר מכן הוא נשבע כי ישראל תושמד ב'סיבוב השלישי'.[10]

האם פלישת ישראל לסיני בשנת 1956 הייתה תגובה מידתית?

המבקרים את התפקיד שמילאה ישראל במלחמה, הן מבית והן מחוץ, מעלים לפעמים שני טיעונים שגויים: הראשון הוא שישראל לא סיפקה די ראיות למעורבותה של מצרים בהתקפות הפדאיון;[11] השני הוא שהחלטתה של ישראל לצאת למלחמה לא קיבלה את אישור מועצת הביטחון של האו"ם, ובכך ערערה את סמכותו של גוף בין־לאומי זה, שנוסד כדי להשכין שלום בעולם זמן קצר לאחר הקמתו.

קשה להתייחס לטענות אלו ברצינות. מתקפות הפדאיון זכו בבירור לתמיכתה של ממשלת מצרים, עובדה שגם הערבים הכירו בה.[12] לישראל לא הייתה חלופה אחרת מלבד לפעול עצמאית. לשתי המעצמות הגדולות – ברית המועצות וארצות הברית – לא היה אינטרס לנקוט במועצת הביטחון של האו"ם פעולות כלשהן שהיו עלולות לדחוף את מצרים לזרועות הצד השני במלחמה הקרה. עבור ישראל הייתה זו אחת האינדיקציות המוקדמות לכך שאין לסמוך על האו"ם שיספק צדק או ביטחון, נקודה שבה עסקנו בהרחבה בפרק השלישי. למועצת הביטחון יכולה להיות השפעה מדינית מסוימת, אך שיפוטה את פעולותיה של ישראל נגוע באינטרסים הלאומיים של המדינות החברות בה, ומשקלו המוסרי זניח.[13]

אך קיימת גם טענה אחרת הראויה לתגובה רצינית יותר, והיא שהחלטתה של ישראל לפתוח במלחמה הייתה תגובה בלתי מידתית למעשיה

של מצרים. אחת הדרישות בתאוריית המלחמה הצודקת הקלסית להצדקת יציאה למלחמה ידועה בשם 'מידתיות'; כלומר, אסור שמידת ההרסנות של המלחמה תהיה חסרת פרופורציה לתועלת היחסית שתושג בה. חלק מהמבקרים טוענים כי התקפות הפדאיון לא היו 'מזיקות מספיק' כדי להצדיק תגובה צבאית נרחבת.[14] אין יוצאים למלחמה כדי לעצור פעולות טרור של בודדים.

טענה נוספת היא שמבצע סיני היה מלחמת מנע ולא מכה מקדימה, משום שלא היה אז סימן כלשהו לפלישה מצרית מיידית. המכה שהנחיתה ישראל הובילה לשפיכות דמים שאפשר היה למנוע, וייתכן שהיא גם תדלקה את תוקפנותו של נאצר, שהגיעה לשיאה בסגירת מצרי טיראן ואף גרמה לפריצת מלחמת ששת הימים. מבחינה עקרונית, התעצמותה הצבאית של מצרים אינה הופכת אותה למטרה מוצדקת למתקפה. אי אפשר להרוג חיילים מצרים שאינם מהווים איום ישיר על ביטחון ישראל.

בישראל היו מי שהפנו אצבע מאשימה כלפי בן גוריון, בטענה שהפר את התחייבותו להילחם רק במה שמכונה 'מלחמות אין ברירה'. המושג 'מלחמת אין ברירה' הופיע עוד לפני קום המדינה: השתמשו בו לבטא את התפיסה שלציונים אין מנוס מלחימה במערכות שנכפו עליהם. רבים טענו כי כדי לשרוד יהודים 'נאלצו' להילחם, או שמלחמה 'נכפתה עליהם'. טענה זו הייתה מכרעת באתוס של ארגון ההגנה ולאחר מכן של צה"ל: יהודים ניהלו מלחמה כמוצא אחרון בהחלט.[15] מבצע סיני, טענו המבקרים, היה הפרה של עיקרון זה. עצם קיומה של מדינת ישראל לא היה מוטל על כף המאזניים, והיא הייתה יכולה לבחור לנקוט עמדה הגנתית יותר. מבצע סיני היה מערכה התקפית.[16] יהודים אינם אמורים להילחם אלא אם כן לא נותרה להם ברירה אחרת, וזה איננו המקרה כאשר החשש איננו ממתקפה מיידית.[17]

כתב ההגנה המוסרי של מבצע סיני

ביקורת זו על מבצע סיני – או לפחות על התפקיד שמילאה בו ישראל – היא חסרת בסיס. אפשר לטעון כי לצרפת או לבריטניה לא הייתה סיבה מספקת לצאת למלחמה נגד מצרים. ישראל, לעומת זאת, סבלה מעשרות התקפות של מחבלי הפדאיון שהסתיימו במאות הרוגים, אזרחים וחיילים כאחד. אכן, לא היה רגע אחד מובחן של פלישה כפי שהיה במלחמת יום הכיפורים, אך האפקט המצטבר של פעולות הטרור יצר מסה קריטית של פעולות איבה

המצדיקות תגובה צבאית קשה.[18] ואכן, יש אתיקאים הרואים במבצע סיני מלחמת הגנה קלסית של מדינה הנחלצת להתגונן מפני אויב תוקף.[19] פעולות הטרור של מחבלי הפדאיון הצדיקו ללא ספק מתקפת נגד ישראלית.

ואף על פי כן מבצע סיני עשוי להיחשב למלחמת מנע. שום פלישה מצרית בקנה מידה נרחב לא נראתה באופק המיידי, ולכן התבחין הראשון של מיידיות יורד כאן מעל הפרק. תמיד צריך להביא בחשבון שייתכן כי מאמצים דיפלומטיים של הרגע האחרון היו עשויים למנוע מלחמה, וחשוב לא פחות – לעצור את התקפות הטרור של מחבלי הפדאיון. עיתוי התקיפה – לפני שאספקת הנשק הצ׳כי למצרים תפר את המאזן הצבאי בין שתי המדינות ולאחר הבטחת הסיוע של בריטניה וצרפת – היה בחירה מודעת.

אך בחירה זו אינה הופכת את המלחמה לנחוצה פחות או מוסרית פחות. החלטות אסטרטגיות מבוססות על אומדנים ולא על חישובים מדויקים. כפי שהדגישו תאורטיקנים רבים של מלחמה צודקת בתקופתנו, אמות המידה של ׳מוצא אחרון׳ ו׳מידתיות׳ מחייבות קבלת החלטות מתוך שיקול דעת. הרי ככל הנראה תמיד תהיה חלופה כלשהי למלחמה, כגון ניסיון נוסף להגיע להסדר דיפלומטי. לפיכך ׳מוצא אחרון׳ פירושו שיש לחפש בראש ובראשונה את הדרך הפחות אלימה לנטרול איומים ויש להימנע משימוש פזיז בכוח.[20] עם זאת, אין נוסחה שתקבע מהי ׳הדרך הפחות אלימה׳ או מהו ׳שימוש פזיז׳, והדבר תלוי בהפעלת שיקול דעת סביר.

אילו אפשרויות עמדו אז בפני ישראל? היא נכשלה בניסיונה לעצור את פשיטות הטרור של מחבלי הפדאיון באמצעות דיפלומטיה ופעולות תגמול צבאיות. פשיטות צה״ל על בסיסי צבא בעזה לא היו יעילות במתן הגנה לאזרחי ישראל, והן גם היו קטלניות למדי. שנה לפני כן, בפברואר 1955, רצחו מסתננים מרצועת עזה תושב ישראלי ברחובות. בתגובה, פתחו כוחות של חטיבת הצנחנים בפיקודו של אריאל שרון ב׳מבצע חץ שחור׳ בבסיס צבאי מצרי סמוך לעזה, שהייתה באותה תקופה בשליטת מצרים. שלושים ושמונה חיילים מצרים נהרגו, ולצה״ל היו שמונה הרוגים. כתוצאה מכך התבצעו פעולות טרור נוספות של מסתנני הפדאיון, שהובילו לתקיפות תגמול קטלניות אף יותר של צה״ל על מטרות מצריות. בהקשר זה, לא ברור האם פעולות תגמול מוגבלות הן מוסריות או יעילות יותר מאשר פלישה בהיקף מלא.

יתר על כן: המשך הסטטוס קוו נותר בלתי נסבל. מצרים המשיכה להעניק חסות לפשיטות קטלניות של מסתנני הפדאיון, ובמקביל חיפשה

עיתוי מתאים יותר לפלוש לישראל. האיום הנשקף היה אפוא אמין וחמור, גם אם לא מיידי. למדינת ישראל יש אחריות להגן על אזרחיה, ומנהיגיה הגיעו למסקנה הגיונית כי נוכח האיומים פתיחת מלחמה מול מצרים היא האפשרות הטובה ביותר בשלב זה. באיזון הערכים הנדרש במסגרת המודל הרב־ערכי היהודי, המחויבות להגן על הציבור הישראלי עמדה בראש סדר העדיפויות.

כשם שקשה לאמוד מהו 'המוצא האחרון', כך קשה גם להעריך מהי 'מידתיות' בהקשר זה. אולי אפשר לכמת מספר נפגעים ועלות כלכלית, גם אם יש קושי מוסרי בעצם ההשוואה בין חיים לערך מוניטרי. אך משוואה זו אינה מספקת. יש להביא בחשבון גם מדדים איכותיים כמו הגנה על ריבונות והשבת השקט. בטווח הקצר נהרגו במלחמה יותר אנשים מאשר בפעולות הטרור של מסתנני הפדאיון ובפעולות התגמול של צה"ל, אך הפער במספרי ההרוגים אינו מלמד שהמלחמה לא הייתה מוצדקת, שהרי המטרה הייתה השבת הביטחון ותחושת הביטחון לתושבי ישראל. יש להביא בחשבון את היתרונות והחסרונות הן בטווח הקצר הן בטווח הארוך.[21]

חלק מאנשי האתיקה מתעלמים גם מן הצורך לשקול כראוי את גודלה של המדינה המאוימת ואת חוסנה הלאומי. בשנת 1956, יכולת הקיום לטווח הארוך של ישראל הייתה רחוקה מלהיות מובטחת. אך טבעי הוא שתושביה של מדינה זעירה, המוקפת מכל עבר באינספור אויבים, יחששו מסיכונים הרבה יותר מתושביה של מעצמה חזקה כמו ארצות הברית, שאין לה שכנים עוינים על הגדר ואוקיינוסים עצומים חוצצים בינה לבין יריבותיה.[22] קל למתוח ביקורת ממגדלי השן האקדמיים וממסדרונות מבני השלטון. אין דרך אמיתית לבחון משם את חומרת האיום כפי שחשים אותה התושבים המאוימים.

האם ישראל הייתה אמורה להמתין לכך שמצרים העוינת תקבל לידיה מטוסי קרב מתקדמים ביותר שיוכלו לפגוע ביתר קלות בתל אביב ובחיפה? אין סיבה ברורה מדוע היה עליה לחכות. לא היה זה בלתי מוסרי, אילו החליטה ישראל להמתין לפתרון, אך אין פירושו של דבר שהדרך שבחרה בה לבסוף – לפתוח במלחמת מנע נגד מצרים – הייתה מוסרית פחות. ישראל החליטה לפעול ראשונה לא רק כדי לנצח במלחמה, אלא גם כדי להבטיח שניצחונה יהיה מהיר יותר, יקר פחות ומוחץ ככל האפשר.

ייתכן שפלישה מצרית לא הייתה מיידית, אך אין זה אומר שמלחמת מנע ישראלית לא הייתה חיונית, או לכל הפחות שההחלטה לפתוח בה לא הייתה סבירה באותן נסיבות. אם יוצאים למלחמה לצורך הגנה עצמית,

השימוש בטקטיקות שלא רק ירתיעו מפני הישנותם של מעשי איבה אלא אף ימנעו את התפתחותם של איומים עתידיים[23] הוא סביר בהחלט. הטקטיקה שנבחרה – פלישה לחצי האי סיני – היא אומנם תוקפנית, אך המניע שעמד מאחוריה היה הגנתי: ניסיון לעצור את המשך פעולות האיבה ולמנוע הסלמה של פעולות טרור קטלניות יותר בעתיד.

הרטוריקה המוטעית של 'אין ברירה'

חלק מהבלבול המוסרי נובע מהרטוריקה של 'מלחמת אין ברירה' שבה התבטאו בן גוריון ואחרים. אין ספק לגבי יתרונותיה המעשיים של רטוריקה כזו, ובכלל זה גיוס תמיכה עממית במאמץ המלחמתי. כך תיאר זאת מאוחר יותר מרדכי בר און, שהיה אז ראש לשכת הרמטכ"ל משה דיין:

> המחצית הראשונה של שנת 1956 עמדה בסימן התכוננות צה"ל ומדינת ישראל כולה למגננה מפני התקפת צבא מצרים, התקפה שהייתה צפויה לבוא במוקדם או במאוחר. בציבור השתררה חרדה כבדה. מייד עם היוודע דבר העסקה הצ'כוסלובקית מצרית, פרצה ספונטנית תנועת תרומות של אזרחים למה שכונה עד מהרה 'קרן המגן'. נשים מכל שכבות העם תרמו תכשיטים, ילדים תרמו את קופות החיסכון שלהם, פשוטי עם לוו כספים מידידים והעבירום לקרן, ועדי עובדים הטילו מכסת תרומה על חבריהם, וגם אנשי עסקים תרמו ביד רחבה. הכספים נועדו לממן את רכש הנשק לכשיימצא. העיתונים פרסמו מעין מחירון ששיקף את עלותם של מיני כלי נשק ואפשרו לתורמים לתרום לצה"ל רובה, מרגמה, טנק או מטוס. נערכו עצרות עם, כרוזים הופצו במאות אלפי עותקים, ותנועות הנוער צעדו ברחובות הערים בסיסמה 'נשק לישראל – תשובתנו לזוממים נגדנו'.[24]

ברור שהרבה יותר קל לגייס תמיכה בפטריוטיזם של הקרבה עצמית כאשר אין ברירה אלא להילחם. חיילים אכן ששים אלי קרב כאשר הם חשים כי המולדת בסכנה. אין פלא שהנשיא בוש טען שוב ושוב שמלחמת עיראק השנייה הייתה 'מלחמת אין ברירה'. הסיסמה 'מלחמת אין ברירה' קליטה ומוכרת בהרבה מן הסיסמה 'יוצאים למלחמה כי זהו הניחוש הכי מושכל בהתחשב בנסיבות'.

אולם, הרטוריקה של 'אין ברירה' מעוותת את המסגרת המוסרית לדיון בהחלטות כאלה. הדיכוטומיה של יש/אין ברירה מובילה הן את המתנגדים לשימוש בכוח והן את התומכים בכך להציג את טיעוניהם במונחים של שחור ולבן ולהתעלם מן הדקויות.[25] כפי שהבינו חכמי התלמוד, בהיעדר פלישה מזוינת – לא ברור אם יש לצאת למתקפה מקדימה. אין פירוש הדבר שיציאה למתקפה כזאת אינה צודקת או שהיא לא נעשתה לצורך הגנה עצמית, אלא שהמצב מצריך התלבטות רבה. יש סיבה טובה למה מלחמה יזומה מוגדרת 'מלחמת רשות': יש רשות להילחם, אך צריך להחליט אם זה רעיון טוב.

ואכן, לדברי הרב אברהם ישעיהו קרליץ (החזון איש, מגדולי הפוסקים במאה העשרים), זו בדיוק הייתה התלבטותם של חכמי התלמוד – אם למקרים של לוחמה בעצימות נמוכה יש גדר של מלחמת מצווה או מלחמת רשות. החזון איש התקשה לרדת לעומק דעתם של החכמים שסברו כי אין זו מלחמת מצווה, והותיר זאת ב'צריך עיון' (כשאלה פתוחה).[26] התשובה היא שגם אם יש סיבה מוצדקת לפתוח במלחמה יזומה, עדיין ייתכן שהיא איננה נחוצה או שהיא אינה הדבר הנבון ביותר לעשותו. החלטות כאלה מצריכות מידה רבה יותר של עיון ותשומת לב, ומחייבות כנות מסוימת באשר לסיכונים הנלקחים ולחלופות הנדחות. הדיכוטומיה של יש/אין ברירה היא ברומטר מוסרי גרוע. העובדה שמלחמות רשות הן בחירה אינה הופכת את האפשרות לבלתי מוסרית.

היה גלוי לב עם אזרחיך והגדר יעדים צנועים

'מלחמות יש ברירה', שתכליתן למנוע נזקים גדולים יותר בעתיד, מחייבות למצוא הצדקה מתמשכת לסיכון חיי חיילים ואזרחים כאחד. כפי שכתבנו קודם לכן, מסיבה זו היו מלכי ישראל מחויבים לקבל את אישור הסנהדרין הגדולה בטרם יצאו למלחמות רשות. אישור כזה של הסנהדרין מעניק גיבוי מוסרי לגיוס לוחמים כדי להשיג את יעדיה הצודקים של המלחמה, והוא חלק מהאיזונים והבלמים המרסנים אפשרות שהמלך ינצל לרעה את כוחו. בעידן המודרני גדל והולך ההכרח לזכות בתמיכת הציבור במלחמה מקדימה ולשמר אותה. כפי שטען ההיסטוריון ויקטור דייוויס הנסון, חברות דמוקרטיות לא תתמוכנה במלחמות מנע בהיקף נרחב: "מלחמת מנע שנויה במחלוקת הגורמת למאבקים קשים ובלתי נגמרים שעומדים בניגוד למטרתה המקורית לא תזכה לתמיכה ציבורית מתמשכת מבית".[27]

אין כאן שיקול אסטרטגי בלבד אלא גם סוגיה מוסרית. כאשר שוקלים אפשרות לצאת לפעולת מנע, הכרחי להעדיף דרכי פעולה שאכן מרחיקות את האפשרות שהמלחמה תתרחב ותהפוך למדממת. לפיכך מכת מנע אפקטיבית צריכה להיות קצרה, כדי שתנטרל במהירות את האיום ותביא במידת האפשר גם לוויתורים מדיניים של הצד השני. על המדינה להתמקד בחיסול האיום הישיר על אזרחיה ובחיזוק האינטרסים הביטחוניים המיידיים.

זה היה אחד ההישגים של מבצע סיני בשנת 1956 שלא זכה להערכה מספקת. בן־גוריון קיווה כי נאצר, נשיאה התוקפני של מצרים, יודח מהשלטון. ואולם, כפי שציין יצחק רבין מאוחר יותר, האסטרטגיה הבן־גוריונית השתנתה כדי לאפשר הישגים ממשיים מיידיים יותר: פתיחת מצרי טיראן, עצירת התקפות מסתנני הפדאיון ומניעת פלישה מצרית לישראל במשך עשור. מבצע סיני, שהיה מלחמת מנע, ארך פחות משבועיים אך שיפר ישירות את ביטחונם של תושבי ישראל במשך תקופה של כמעט עשר שנים.[28]

בסופו של דבר, מבצע סיני מדגיש כי מיידיות היא תבחין נוקשה מכדי שיוכל לספק אינדיקציה לנחיצותה של יציאה למלחמה יזומה. הגדרה של מיידיות מניחה כי די בידע המצטבר כדי להצביע על סכנה 'ברורה ומיידית' שנדרשת הפעלת כוח כדי לסכלה. להבדיל מן המרחב התאורטי האקדמי, בעולם האמיתי של יחסים בין־לאומיים ידע כזה אף פעם אינו זמין ואינו ודאי, עובדה המחייבת להביא בחשבון גורמים נוספים, ובכללם חומרת האיום ואמינותו.[29] נקודה זו תתחדד ככל שנפנה למודל קלסי יותר של מלחמת מנע, שאומנם אין בה לוחמה מתמשכת או מלחמת התשה, אך אחד הצדדים בוחר בכל זאת לצאת למתקפה נגד יריבו במטרה למנוע שינוי במאזן הכוחות.

פרק 18

הפצצת הכור הגרעיני בעיראק ודוקטרינת בגין

בהמשך התנועה על פני קשת הסיכונים הפוטנציאליים, ההחלטה לפתוח במתקפה מקדימה מסתבכת עוד יותר כשמתברר כי אין סיכון מיידי לפלישה (כלומר, שהאיום אינו מיידי). במקרה זה מדינה מאוימת מבקשת למנוע יצירת איום בטרם הוא מתפתח. כדי להבהיר נקודה זו נעסוק בתרחיש השלישי של איומים שונים, והפעם כשהחשש חמור מאוד וגם אמין אבל כלל אינו מיידי.

תרחיש 3: תקיפת מנע של האויב בטרם הבשלת איומים קונקרטיים

הבה נצייר לעצמנו את התרחיש הבא: לפנינו שתי מדינות יריבות, א׳ ו־ב׳. שלא כמו בתרחיש מס׳ 2 (שנדון בפרק הקודם), אין התנגשויות עוינות בין שתי המדינות, אף לא באופן ספורדי, אף על פי שהיו ביניהן סכסוכים מזוינים בעבר ועדיין שוררת ביניהן עוינות כללית. בשל מעמדה החזק יותר ונחישותה להגן על האינטרסים החיוניים שלה, מדינה א׳ בטוחה כי מדינה ב׳ מורתעת – למרות שזו ממשיכה להשמיע נגדה ללא הרף איומים מילוליים. אולם מדינה א׳ מבחינה בכך שמדינה ב׳ מתחזקת, וחששה גובר שעם הזמן ב׳ תוכל להתעצם ולהכניע אותה או להקהות את השפעת צעדי התגמול שהיא נוקטת. לאור תרחיש זה ייתכן שהסתמכות מוחלטת על אסטרטגיית הרתעה

לא תספיק עוד למדינה א׳. במוקדם או במאוחר עליה לבחור אם להקדים ולפעול בשלב מוקדם כדי למנוע את התפתחותו של איום אפשרי זה.

במבט ראשון אפשר להצדיק התקפה בטיעון אינטואיטיבי, כמו זה שניסח מזכיר המדינה האמריקני אליהוא רוט בשנת 1914: לכל מדינה ריבונית יש זכות ״להגן על עצמה באמצעות מניעת נסיבות שבהן יהיה מאוחר מדי להגן על עצמה״.[1] אולם מודל זה טומן בחובו סיכון ניכר, והוא מוביל לעיתים קרובות ללוחמה מיותרת לחלוטין. זהו נימוק שאפשר להשתמש בו כדי להצדיק יציאה למלחמה כנגד כל איום העלול להתפתח, לתפיסתו של מאן דהוא, בעתיד הרחוק.

אימפריות ושושלות רבות במהלך ההיסטוריה השתמשו בטיעון זה כדי לחסל יריבים פוטנציאליים.[2] להלן שתי דוגמאות פשוטות: בתחילת המאה השמונה עשרה תקפה בריטניה את צרפת, כדי להבטיח שהצרפתים לא יצטרפו מאוחר יותר לספרד ויתחילו לאיים על הדומיננטיות של האימפריה הבריטית. מאות שנים קודם לכן, בשנת 395 לספירה, טבחו הרומאים באוכלוסיות של תושבים זרים חסרי מגן במזרח האימפריה הרומית, להרתיע כל מי שעלול לאתגר אותם בפאתי האימפריה. מקיאוולי טען כי ״הרומאים מעולם לא דחו פעולה כדי להימנע ממלחמה, שכן הם הבינו כי מלחמות הן תופעה בלתי נמנעת, וכאשר אתה דוחה אותן – אתה משחק לידי אויביך״.[3] אם מלחמה היא תמיד בלתי נמנעת, כל עכבה בה אינה לטובה – היא מספקת ארכה לאויבים להתארגן ולהתחזק הרבה יותר. אך גישה כזו הביאה לריבוי מקרים של שפיכות דמים בלתי הכרחית. ההיסטוריה מלמדת כי במקרים רבים מלחמות כאלה היו מיותרות, שכן מתחים נוטים להתפוגג בסופו של דבר ללא פעולות איבה.

פתיחה במתקפת מנע יכולה גם לגרור אסונות אסטרטגיים. היפנים תקפו את פרל הרבור כדי להגביל את יכולותיה הצבאיות של ארצות הברית בסכסוך עתידי. כעבור ארבע שנים הטילו מטוסים אמריקניים פצצות גרעיניות שהשמידו את הירושימה ונגסאקי. המקרא מספר שהמצרים העבידו את בני ישראל בפרך בשל היגיון דומה: האוכלוסיה העברית גדלה מעריכית, והמצרים אמרו לעצמם: ״הָבָה נִתְחַכְּמָה לוֹ פֶּן יִרְבֶּה וְהָיָה כִּי תִקְרֶאנָה מִלְחָמָה וְנוֹסַף גַּם הוּא עַל שֹׂנְאֵינוּ וְנִלְחַם בָּנוּ וְעָלָה מִן הָאָרֶץ״ (שמות א, י). פרט לכך שהאסטרטגיה של פרעה (״כָּל הַבֵּן הַיִּלּוֹד הַיְאֹרָה תַּשְׁלִיכֻהוּ״, שם, כב) מתועבת מבחינה מוסרית, היא גם הביאה בסופו של דבר למפלת האימפריה המצרית.

ארבעים שנה לאחר מכן עמדו בני ישראל להיכנס לארץ כנען, ושיגרו לעמים השכנים הודעת הרגעה שלא יפלשו לשטחם. למרות התחייבות זו שכנע בלק מלך מואב את זקני מדיין להשתמש בשירותיו של בלעם בן בעור כדי לקלל את בני ישראל בטענה: "עַתָּה יְלַחֲכוּ הַקָּהָל אֶת כָּל סְבִיבֹתֵינוּ כִּלְחֹךְ הַשּׁוֹר אֵת יֶרֶק הַשָּׂדֶה" (במדבר כב, ד). חששות אלה היו משוללי בסיס. הם גרמו למדיינים לעשות טעויות קשות שהובילו בסופו של דבר לנפילתם.

ביסודו של דבר, קשה להצדיק תקיפה של מדינה ב' רק משום שמדינה א' החזקה יותר חוששת מהתחזקותה הכלכלית והמדינית.[4] כדי להמחיש עיקרון זה נשתמש בדוגמה תאורטית מן ההווה: בשנת 2024, ארצות הברית הייתה עושה טעות גסה אילו פלשה לסין בשל החשש – שהיה לו על מה שיסתמך – שכוחה הכלכלי והצבאי של סין יציב בסופו של דבר איום על העליונות הצבאית האמריקנית. כאמור, זהו חשש שיש לו רגליים. ההשלכות האפשריות של התחזקות סין על חירויותיהן של אומות ברחבי העולם אכן מטרידות. ואף על פי כן האיום המדובר היה כה מרוחק עד שכל התקפה הייתה נחשבת מקוממת מבחינה מוסרית – ובצדק.

מוחשית יותר: אפולוגטיקנים רוסים הצדיקו לעיתים את פלישתה של רוסיה לאוקראינה בשנת 2022 ללא כל התגרות מוקדמת מצידה, וייחסו אותה לחששו של פוטין שמדינות ברית נאט"ו יתפשטו מזרחה ואפילו יציבו נשק גרעיני בגבולה המערבי של רוסיה.[5] האפשרות הראשונה הייתה בהחלט ריאלית, אך השנייה הייתה דמיונית לחלוטין. אך גם אם נניח כך; לא היה בסיס לחשש הרוסי מפני פלישת מדינות נאט"ו בנקודת זמן כלשהי בעתיד. בוודאי לא היה לחשש זה בסיס מספיק שיצדיק את המתקפה על אוקראינה. ההסבר הסביר יותר לפלישה הרוסית לא היה חשש אמיתי לביטחונה הלאומי של רוסיה אלא שאיפותיו האימפריאליסטיות של פוטין ורצונו להחזיר עטרה ליושנה ולחדש כקדם את ימיה של האימפריה הרוסית.

זאת ועוד: אימוץ גישה המאפשרת לפתוח במלחמת מנע עוד בטרם הבשילו במלואם האיומים יעודד מדינות יריבות לחוש מאוימות ממשית, וידחוף אותן להזדרז ולתקוף זו את זו כדי להקדים תרופה למכה. באופן זה תהפוך מלחמה לכלי נוסף בארגז הכלים המדיני של מדינות יריבות. אם תינתן לגיטימציה לגישה מקלה זו, כל מדינה עשויה לחשב כיצד המדינה היריבה מגבשת איום שיקשה עליה עוד יותר לטפל בו בהמשך.

ארצות הברית פלשה לעיראק בשנת 2003 מתוך אמונה (כפי שהתברר בדיעבד – מוטעית) שסדאם חוסיין מפתח נשק בלתי קונוונציונלי אשר

בסופו של דבר יוכל להשתמש בו כדי לצאת למתקפה נגד ארצות הברית על אדמתה. אימוץ מודל זה עלול להוביל להתלקחויות בין שלל מדינות יריבות: יפן וצפון קוריאה, ארמניה ואזרבייג'ן, הודו ופקיסטן וכן הלאה. כפי שהזהיר הנרי קיסינג'ר לפני מלחמת עיראק: "קביעת לוחמה יזומה כעיקרון אוניברסלי מנחה שזמין לכל מדינה אינו עולה בקנה אחד עם האינטרס הלאומי האמריקני". אבל העקרונות המוסריים צריכים להיות שווים לכול, כדי להימנע ממצב של איפָה ואיפָה. יש סיבות טובות לחשוש לכך שדוקטרינה מתירנית, המאפשרת לכל מאן דבעי לפתוח במלחמה מקדימה, תוביל לתוצאות הרות אסון.[6]

עם זאת, כל מדינה חייבת לתעדף את צורכי הביטחון הייחודיים שלה ואת הנסיבות ברגע נתון.[7] ישנם מקרים שבהם מדינה חוששת מאיום גדל והולך הנשקף לה מצד מדינה יריבה, וזהו חשש מבוסס. זאת במיוחד אם הצד השני הפגין בעבר עוינות מתמשכת (גם אם לא אירעו פעולות איבה של ממש בין הצדדים). יכולותיו הצבאיות של היריב עלולות להשתנות במהירות, לאפשר לו לפתוח במעשי איבה ולהפוך בעל פוטנציאל קטלני. הדרך הטובה ביותר (ואולי היחידה) להתמודד עם מצב זה היא לגדוע תרחיש זה באיבו. יתר על כן: כפי שציינו לעיל, קיומם של נשק להשמדה המונית, נשק ארוך טווח ופצצות מלוכלכות, לצד תפוצתם הגדלה והולכת של גורמים לא מדינתיים – מגדילים מאוד את מספר האיומים הדורשים טיפול בטרם יבשילו במלואם.

על כן יש לקבל החלטה: מתי יש הצדקה למלחמת מנע?

הפצצת הכור הגרעיני בעיראק (1981)

מיום בחירתו לראשות הממשלה בשנת 1977 חש מנחם בגין אחריות למניעת איום של שואה נוספת – הפעם גרעינית – נגד העם היהודי. קודמו, יצחק רבין, הזהיר אותו מפני הסכנות המתהוות בתחנת הכוח הגרעינית של עיראק באוסיראק, שנים־עשר קילומטרים דרומית־מזרחית לבגדד. הכור הצריך אספקה שוטפת של חומרים מצרפת וממדינות אחרות באירופה. הדיפלומטיה הישראלית לא הצליחה לעצור את קו האספקה האירופי. גם המוסד ניסה לחבל בחשאי במשלוח החלקים לעיראק, אך הצלחתו הייתה מוגבלת.[8]

עד 1980 העריכו גורמי המודיעין הישראלי כי הכור בעיראק יהפוך למבצעי עד סוף 1981 או לכל המאוחר בתחילת 1982, וכי יחלפו שנים

ספורות בלבד עד שסדאם חוסיין יצליח לבנות פצצה גרעינית. ישראל לא הייתה היחידה שחששה מאפשרות זו. בספטמבר 1980, לפני תחילת מלחמת איראן עיראק, הפציצה איראן את הכור באוסיראק, אך נגרם לו נזק מזערי בלבד.

בינתיים המשיכו העיתונים העיראקיים להכריז כי עיראק תפרוק בקרוב את זעמה על 'היישות הציונית'. סדאם חוסיין הפציר בשליטי ערב להשמיד את תל אביב ברגע שהפצצות הנחוצות 'יהיו זמינות'.[9] עיראק נלחמה בישראל בשנים 1948, 1967 ו־1973 ונותרה רשמית במצב מלחמה עימה. המוסד בנה פרופיל של סדאם חוסיין – שהיה ידוע בכינוי 'הקצב מבגדד' – כמגלומן אכזר המסוגל להשתמש בנשק גרעיני כדי להשמיד את ישראל ולקנות לעצמו שם ותהילה בקרב מדינות ערב. בגין היה משוכנע כי ישראל חייבת לפעול מיידית כדי למנוע שואה נוספת.[10]

אך לא כל שרי הממשלה ובכירי אמ"ן היו שותפים לדעה שמדובר בצעד חכם. גם יושב ראש האופוזיציה, שמעון פרס, לא סבר כך. פרס, מאדריכלי מבצע סיני בשנת 1956 ובונה הכור הגרעיני בדימונה, לא היה פציפיסט. במאי 1980 הוא שלח לבגין מכתב אזהרה בנימה מאיימת, שהשתמש באחד הטיעונים האסטרטגיים הקלסיים נגד מכת מנע: אינך יודע למה אתה נכנס. מכת מנע יכולה בקלות לגרור תגובת בומרנג:

> ...אני מרגיש שזוהי חובתי האזרחית העליונה לייעץ לך, בכל כובד הראש והשיקול הלאומי, להימנע מהדבר... אני מצרף את קולי – ואין זה קולי בלבד – לאלה האומרים לך לא לעשות, ובוודאי שלא בעיתוי ובתנאים הנוכחיים. מה שנועד למנוע [אסון] יכול להפוך לזרז [לאסון].

פרס, שציפה כי ישראל תיקלע לבידוד דיפלומטי אחרי התקיפה, ציטט את אחת מנבואות האבדון של ירמיהו, שחזה כי ישראל תהיה "כערער בערבה".[11]

בגין עמד על דעתו. לימים כונתה גישתו 'דוקטרינת בגין': ישראל תשתמש בכל האמצעים העומדים לרשותה למנוע פיתוח יכולת גרעינית צבאית מאויביה המושבעים המאיימים בגלוי בהשמדתה.[12] לאחר דיון סוער בממשלה, העביר בגין – בתמיכת שר הביטחון אריאל שרון – החלטה המאשרת את הפצצת הכור. עשרה שרים תמכו במתקפה מול שישה שהתנגדו לה. בערב חג השבועות תשמ"א, 7 ביוני 1981, יצאו שמונה מטוסי קרב של

חיל האוויר ל'מבצע אופרה' – פשיטה נועזת שהשמידה את הכור הגרעיני והביאה להפסקת תוכנית הגרעין העיראקית. ישראל חגגה ונשמה לרווחה.

תגובת הקהילה הבין־לאומית הייתה קשה ומהירה: מועצת הביטחון של האו"ם קיבלה פה אחד, בתמיכה אמריקנית, החלטה המגנה את ישראל על הפרת אמנת האו"ם נגד לחימה תוקפנית. ראש ממשלת בריטניה מרגרט תאצ'ר טענה כי מדובר ב"הפרה חמורה של החוק הבין־לאומי". בגין הודה בפני מקורביו כי תמיד יבחר "להציל את חיי ילדינו" על פני ניסיון להשיג את הסכמת האו"ם או אישורם של "חברים שאין לסמוך עליהם בעת צרה". בגין אף שלח למזכיר ההגנה האמריקני מכתב ובו נזף בו על הקלות שבה גינה את המדינה היהודית הזעירה, בעוד נכדיו שלו מתהלכים בנוחות במרחביה הענקיים של אמריקה, הרחק מכל סכנה ממשית.[13]

מבקרי מבצע הפצצת הכור באוסיראק העלו אז, ומעלים גם היום, טיעונים קלסיים רבים נגדה בהיותה מתקפת מנע. נשיא ארצות הברית רונלד רייגן הלין על כך שבגין לא התייעץ עמו קודם לכן, שכן לדבריו היה באפשרותו להתערב כדי להסיר את האיום. במילים אחרות, ההפצצה בעיראק לא הייתה באמת 'המוצא האחרון'. אחרים הוסיפו כי האופק הדיפלומטי עדיין לא נסגר, שכן עיראק עמדה אז במרחק של שנים ספורות מפצצה, גם אם הכור הגרעיני היה הופך לפעיל.

ישראל הגיבה שהאופציה הדיפלומטית כבר מוצתה, ושהייתה זו סכנה גדולה מדי לתקוף לאחר שהכור נעשה 'חם' בגלל הסיכון לנשורת גרעינית. רק שמונה בני אדם נהרגו בהפצצה, שנקבעה בכוונה תחילה ליום ראשון בשבוע שבו היו רק עובדים זרים מועטים בסביבת הכור. נטען שהמבצע היה תגובה מידתית לאיום שאומנם היה רחוק מבחינת עיתוי התממשותו, אך הנזק הצפוי ממנו היה חמור וממשי ביותר.

מדינות אחרות טענו כי ישראל לא הצליחה להציג הוכחה מספקת לכך שעיראק עמדה לפתח פצצה גרעינית או שהיו לה כוונות להשתמש בה נגדה. לפי טענה זו, האיום לא היה מיידי וההתקפה על הכור הייתה פעולה בוטה של תוקפנות כלפי אומה ריבונית. המבקרים הזהירו כי אם מדינות אחרות יפעלו באופן דומה – החוק הבין־לאומי יוחלף ב'חוק הג'ונגל'.

עם הזמן נוכחו רבים בתבונה שמאחורי המכה המונעת שהנחיתה ישראל, ובעובדה שהייתה לה הצדקה – בפרט בגלל מלחמת המפרץ בשנת 1991, שבה התברר לעיני כול האיום הגדול הנשקף מסדאם חוסיין. ריצ'רד (דיק) צ'ייני, שהיה אז מזכיר ההגנה של ארצות הברית, הודה למפקד חיל

האוויר האלוף דוד עברי, האדריכל הראשי של מבצע אופרה, על "העבודה היוצאת מן הכלל ב[השמדת] תוכנית הגרעין העיראקית בשנת 1981, שהקלה רבות על העבודה שלנו".

שינוי הגישה מיוחס ברובו לחשש הגובר מפני נפילת נשק לא קונוונציונלי לידי מדינות סוררות או ארגוני טרור. מתקפות גרעיניות נמנעו במהלך המלחמה הקרה גם בשל העובדה שהמעצמות הכירו בכך שכל מתקפה לא קונוונציונלית תיענה באותו מטבע בידי הצד השני; אך כשמדובר בגורמים לא מדינתיים כמו ארגוני טרור אין משמעות להרתעה הדדית. לכן הכרחי למנוע מהם להניח יד על נשק להשמדה המונית בעוד מועד. כפי שטענה ישראל כבר בשנת 1981, לאור האיומים וסוגי הנשק החדשים שנכנסו לזירה, יש לשקול מחדש את הנורמות הבין־לאומיות שגובשו בתחילת המלחמה הקרה.[14]

לקחים מהיטלר וממשבר הטילים בקובה

פילוסופים אחדים בני זמננו ניסו לנסח אמות מידה, שמחד גיסא תאפשרנה למדינות להנחית מכות מקדימות הכרחיות, אך מאידך גיסא תמנענה הסלמה וגלישה ללוחמה כוללת. מייקל דויל, למשל, הציע את הנוסחה הבאה:

1. מדד הקטלניות: מנבא את מספר האבדות בחיי אדם אם האיום לא יוסר.
2. מדד הסבירות: מחשב את ההסתברות לכך שהאיום יתממש.
3. מדד הלגיטימציה: מעודד שיח על האיום, מודד את מידתיותו במונחי עלות תועלת ומגביל את האלימות ככל האפשר.
4. מדד החוקיות: בודק בכלים משפטיים האם המשטר שאותו מבקשים לתקוף אכן הפר את החוק הבין־לאומי באופן המעיד ללא ספק על כוונותיו העוינות.

ישנם הוגים המתמקדים במדד החוקיות, וטוענים כי מוצדק לפתוח במתקפות מנע נגד מדינות סוררות. בהגדרה זו נכללות מדינות שמנהיגיהן מיליטריסטים הדוגלים באידאולוגיה אלימה, יש להם רקורד של אכזריות מוכחת והם עוסקים כעת בבניית יכולת צבאית שתאפשר להם להביא לשפיכות דמים נוספת.[15]

ברור שכל תבחין של מלחמת מנע חייב לאפשר לנו לעצור את היטלר

הבא. יש לזכור כי בשנת 1936 הזרימה גרמניה שוב כוחות צבאיים לחבל הריין, הפרה את ההתחייבויות שקיבלה על עצמה לאחר מלחמת העולם הראשונה והפכה לאיום גדול יותר על מערב אירופה. בשנת 1938 סיפח היטלר את אוסטריה ואת חבל הסודטים (האזורים דוברי הגרמנית של צ׳כוסלובקיה הגובלים בגרמניה ובאוסטריה). היו אישים בצרפת ובבריטניה, ובהם וינסטון צ׳רצ׳יל, שהזהירו מראש כי מלחמה עם היטלר היא בלתי נמנעת. הם סברו כי הגיעה העת להנחית מכת מנע כעת, לפני שגרמניה תתעצם עוד יותר מבחינה צבאית. מנהיגי בריטניה החליטו אחרת, בין השאר משום שהאמינו כי הצבא עדיין אינו ערוך למתקפה, אך בעיקר בשל סלידתם העזה ממלחמה נוספת, עקובה מדם.[16] בתוך שנתיים כבשו הנאצים חלק גדול מיבשת אירופה.

עם זאת, הכישלון לעצור את היטלר בשלב מוקדם יותר אינו מוכיח שיש לצאת למתקפות מנע בהיקף מלא כנגד כל איום ממשי. הראיה לכך היא משבר הטילים בקובה. באוקטובר 1962, צילמו מטוסי U-2 במשימת ריגול מעל קובה טילים בליסטיים סובייטיים לטווח בינוני, שהם כלי נשק בעלי יכולת גרעינית המסוגלים להגיע לחלק גדול מן החוף המזרחי של ארצות הברית. בכירי הצבא האמריקני דחקו בנשיא ג׳ון קנדי לפתוח במתקפת פתע נגד אתרי הטילים. לדבריהם, תקיפה מקדימה תחסל את האיום המיידי, ובאמצעות גילוי נועז זה של נחישות אמריקנית איתנה תרתיע עוד יותר את הסובייטים מלצאת למתקפת נגד. הקצינים הזהירו כי דרכים חלופיות של העדפת פתרונות דיפלומטיים, שימנעו מכוחות ארצות הברית לעשות את הצעד הראשון, רק יעניקו לסובייטים ארכה להסתיר את הטילים תוך סיכון בעלות הברית במערב ברלין. מפקד חיל האוויר האמריקני קרטיס לה מיי – שאת גישתו הבוטה לאתיקה צבאית במלחמת העולם השנייה הזכרנו לעיל בפרק 8 – אף הזהיר את קנדי כי הימנעות מתקיפה ״גרועה כמעט כמו הפייסנות בהסכם מינכן״.

ארצות הברית שקלה בעליל פעולות מנע תוקפניות יותר. כפי שהצהיר שגרירה באו״ם, עדלי סטיבנסון, בנאומו המפורסם: ״האם לא נעשה דבר עד שהמאכלת תושחז? האם נעמוד בחיבוק ידיים עד שהיא תונח על צווארנו?״[17]

בסופו של דבר התקבלה החלטה לא לשבת בחיבוק ידיים, אלא לנקוט אופציה לוחמנית – אם כי מתונה מכפי שייחלו קציני הצבא. במקרה זה, תגובה צבאית מוגבלת (כלומר הטלת מצור ימי) בשילוב דיפלומטיה הובילו להתפוגגות הסכסוך במידה מספקת.[18] ננקטה פעולת מנע שלא עלתה בחיי

אדם, ובעקבותיה נכנסה המלחמה הקרה להקפאה. גישה ניצית יותר הייתה עלולה להוביל לשואה גרעינית. משבר הטילים בקובה הדגים את המורכבות של מכות מנע מקדימות: החלטה הנראית שקולה בהקשר היסטורי אחד עלולה להיות הרת אסון בהקשר היסטורי אחר, ולא ברור אילו משתנים קובעים את התוצאה.

המתנגדים ללוחמת מנע מנסים לצייר גבול ברור בין מכות מקדימות, במצבים שבהם עומדות לפרוץ בוודאות פעולות איבה, לבין מתקפות מנע במצבים שבהם האיום רחוק יותר. אך ההבחנה בין השתיים אינה כה פשוטה, כפי שאפשר ללמוד מן הוויכוחים הרבים סביב פעולות המשמשות אינדיקציה ברורה לכך שמתקפה עומדת לפרוץ בוודאות. יתר על כן: כל עוד לא החלה המתקפה בפועל, תמיד ייתכן שהיא תימנע בסופו של דבר. ואכן, כפי שראינו קודם לכן, במאי 1967 עמדה מצרים במרחק שעות ספורות בלבד מיציאה למלחמה נגד ישראל, לפני שנאצר שלח ברגע האחרון הוראת ביטול לכוחות הצבא. ההבדל בין מכה מקדימה למלחמת מנע אינו אלא שאלה של הסתברות בלבד, ולא הבדל מהותי.[19]

המסקנה היא שאי אפשר לקבוע את מידת התבונה שבנקיטת מכה מקדימה על פי קריטריון המיידיות לבדו. יש לתת את הדעת גם על המשתנים האחרים בתרחיש המח"א, כלומר על סוגיות אמינות האיום וחומרתו. יש לבחון את אופיו של היריב ואת הנזק הפוטנציאלי הצפוי כתוצאה מישיבה בחיבוק ידיים. אם צפויות השלכות חמורות וקטלניות במקרה שהאיום יתממש, ומנהיגי האויב הם טיפוסים שלא יהססו לתקוף ברגע שהדבר יתאפשר, אזי הכרחי שפעולת מנע צבאית תהיה אפשרות ממשית. המתנה עד לרגע האחרון לפני יציאה למלחמה אינה תמיד אפשרית, בהינתן חומרת האיום וטבעו, שלא לומר חוסר הוודאות האם מכה מקדימה כזאת אכן תהיה אפקטיבית. על כן יש להציב רף גבוה של תבחינים ראייתיים כדי לקבוע, למרות הספקות ואי הוודאות, שאכן מדובר באיום חמור ואמין.

בהתחשב בריבוי האפשרויות, כמעט בלתי אפשרי לקבוע מראש כללים מוגדרים. אין מערכת מושלמת של בלמים ואיזונים שתבטיח כי ממשלות תצאנה למלחמות מנע מתוך מניעים טהורים ולאחר חישובים שאין בהם דופי. במקום זאת יש להסתמך על אַמת מידה כללית, המביאה בחשבון את ההסתברות ואומדת את היקף הנזק הצפוי. מקבל ההחלטות יהיה מנהיג המדינה שבסיכון, והוא יצטרך לחשב ולשקלל את כלל המשתנים. אשר לביקורת – המבקרים יספקו כהרגלם הערכות משל עצמם, ויעניקו למדינה

שיצאה למתקפת מנע ציון על סמך מבחן הסבירות של תהליך קבלת ההחלטות שקדם לה.

מן הסתם, גישה זו לא תניח את דעתם של המצדדים בחשיבות המשפט הבין־לאומי. אלה ימשיכו לעמוד על כך שיציאה למלחמת מנע צריכה לקבל לגיטימציה של גוף משפטי בין־לאומי כלשהו, או לפחות להתקבל בתום תהליך קולקטיבי של קבלת החלטות. אולם, כפי שנכתב לעיל, גופים כאלה נגועים באינטרסים מדיניים של המדינות המרכיבות אותם. תמיד טוב להתייעץ עם בעלי ברית, יועצים וגורמים אחרים, ממש כפי שדורשת ההלכה להימלך בסנהדרין גדולה לפני יציאה למלחמות רשות. אך בסופו של דבר, האחריות ושיקול הדעת הכרוכים בהגנה על אזרחים מסורים לממשלתם.

בשל סיבות אלה, מכות מקדימות ומתקפות מנע צריכות להישאר ממוקדות ביעדים ברורים ומוגבלים, באופן שמטרתן אינה אלא להסיר את האיומים הדחופים ביותר. כך אירע במהלך משבר הטילים בקובה ומאוחר יותר בהתקפה על הכור בעיראק. ישראל לא ביקשה לחולל שינוי משטרי בעיראק, ובוודאי לא היה לה עניין להיות מעורבת במלחמה רחבה יותר. מטרתה הייתה ברורה ומוגבלת, מתוך ידיעה שאם המתקפה תצליח, יהיה די בה כדי לצמצם את היקף הלחימה. מובן שלא הייתה ודאות שהפצצת הכור תצליח או שהיא לא תגרור בעקבותיה סכסוך עקוב מדם. ההחלטה לצאת למתקפת מנע ולהפציץ את הכור בעיראק הייתה מוצדקת משתי סיבות: קדם לה תהליך סביר של דיונים, והיה בה ניסיון אסטרטגי להגביל את היקף הלחימה ולהגדיר את יעדיה להסרת האיום הישיר בלבד.

דווקא בשני התחומים הללו כשלה ממשלת בגין זמן קצר לאחר מכן, כאשר יצאה ל'מבצע שלום הגליל', שעתיד היה להיקרא לימים 'מלחמת לבנון הראשונה'.

פרק 19

מבצע שלום הגליל בשנת 1982 והכישלון המוסרי הגדול של ישראל[1]

פלישת ישראל ללבנון בקיץ 1982 לא הגיעה בהפתעה. עימותים אלימים בין ישראל למחבלי אש"ף, שהתבססו בדרום לבנון, נמשכו כבר שנים. ארגון הטרור, שנוסד בשנת 1964 בידי יאסר ערפאת, חרת על דגלו במפורש את השמדתה של מדינת ישראל. אש"ף התמקם בלבנון בעקבות אירועי ספטמבר השחור בירדן בשנת 1970. ממפקדתו בביירות הורה ערפאת על פיגועי טרור רבים נגד יהודים ברחבי העולם. מחבלי אש"ף בדרום לבנון ביצעו גם התקפות קטיושות ופיגועי טרור בערי צפון הארץ.

אחד הפיגועים הגדולים בתולדות ישראל היה הטבח ב'אוטובוס הדמים' במרץ 1978: אחד־עשר מחבלי פת"ח יצאו מנמל צור בספינת שילוח, בלב ים עברו לסירות גומי וחדרו לישראל דרך שמורת הטבע מעגן מיכאל. המחבלים השתלטו על מונית ועל אוטובוס מטיילים שהיה בדרכו לחיפה, והחלו במסע הרג לאורך כביש החוף. במהלכו נרצחו שלושים וחמישה ישראלים, בהם תשעה ילדים, ולמעלה משבעים נפצעו. בתגובה פתח צה"ל במבצע ליטני, שבמהלכו פלש ללבנון כדי להדוף את בסיסי אש"ף מדרום לנהר הליטני. פלישה זו יצרה רצועת ביטחון ברוחב כשישה קילומטרים מגבולה הצפוני של ישראל.

לאחר שהושגה הפסקת האש בתיווך האו"ם, נסוג צה"ל לישראל ואת מקומו תפסו כוחות יוניפי"ל, שהיו אמורים לחצוץ בין ארגוני הטרור לגבול הצפון. ההסדר התברר ככישלון מהדהד כבר מראשיתו: בשלוש השנים

שלאחר מכן שיגר אש"ף חמישים מתקפות טילים שגרמו למותם של עשרה ישראלים ולפציעתם של שישים. תגובת ישראל הייתה למעלה משלושים מבצעים קרקעיים נגד פעילי אש"ף ותקיפות אוויריות רבות בתוך לבנון.

ביולי 1981 הושגה הפסקת אש נוספת בתיווכו של השליח האמריקני פיליפ חביב, וגם היא הייתה קצרת ימים. ישראל המשיכה להפעיל טיסות סיור בשמי לבנון וסוריה, למורת רוחן של שכנותיה הערביות. מכיוון שהסכם הפסקת האש שניסח חביב היה מעורפל, הפלסטינים החליטו לעקוף אותו בטענה שהוא אינו כובל את ידיהם מהמשך התקיפות שלא מגבול ישראל לבנון, ולדבריהם התקפות על יהודים ברחבי העולם ובישראל נותרו לגיטימיות לחלוטין. בין יולי 1981 ליוני 1982, תקף אש"ף כמעט מאה וחמישים מטרות ישראליות ויהודיות ברחבי העולם.[2] תוך כדי כך, הוא ובעלי בריתו הסורים שדרגו את מערך הנשק שלהם באמצעי לחימה שסיפקה ברית המועצות, וכך הפך האיום שנשקף מהם לישראל לחמור אף יותר.

במהלך השנים שלאחר מכן, בחנה ישראל את האפשרות לתקוף את לבנון בארבע הזדמנויות שונות. ההתקפות מלבנון שנמשכו שנים, הניסיונות החוזרים ונשנים להגיע לפתרון דיפלומטי (שעלו בתוהו) והאיום לנוכח התעצמות גדולה של כוח האש של האויב הצריכו תגובה ממשית יותר מאשר פעולת תגמול נוספת. עם זאת, התוכניות לפלוש ללבנון בוטלו בכל פעם שהנושא עלה להחלטה. ממשלתו של בגין הייתה טרודה בהתקפה על הכור בעיראק, בסיפוח רמת הגולן וביישום הסכם השלום עם מצרים, לרבות הנסיגה מסיני. בתוך כך התגלו חילוקי דעות ניכרים בין חברי הממשלה באשר לפעולה הנדרשת, וחלקם התנגדו לפלישה נרחבת באופן גורף.[3]

ב־3 ביוני 1982 התנקשו מחבלים פלסטינים מארגון קטן בראשות אבו נידאל בחייו של שגריר ישראל בבריטניה, שלמה ארגוב (שנפצע קשה מאוד ונותר משותק לשארית חייו). פיגוע זה בחוץ לארץ היה הקש ששבר את גב הגמל, או ההזדמנות המתאימה, ושכנע את ממשלת ישראל בהכרח לשים קץ לטרור הפלסטיני נגד ישראלים ויהודים ברחבי העולם.[4] שלושה ימים לאחר מכן – שנה לאחר הפצצת הכור בעיראק – נכנס צה"ל ללבנון ופתח ב'מבצע שלום הגליל'.

מלחמת הברירה של בגין

האם הייתה זו 'מלחמת אין ברירה'? ברור שלא. הראשון שהודה בכך היה

בגין עצמו. ההתקפות המצטברות על אזרחי ישראל אכן סיפקו עילה לגיטימית למלחמה. אך אין פירוש הדבר שישראל הייתה צריכה לפתוח כתגובה לכך בפלישה בהיקף מלא, ובוודאי לא בעיתוי הזה. כפי שניסח זאת בגין חודשיים לאחר תחילת המלחמה בנאום שצוטט לעיתים קרובות: "יש עוד שיקול רב אם צריך להשתמש בקָזוּס בֶּלִי (Casus Belli) כדי שיהיה בֶּלוּם (Bellum)".[5] כלומר, גם כאשר יש עילה מוצדקת למלחמה, יש צורך בשיקול דעת לאומי האם פתיחה בה היא אכן התגובה ההכרחית. בגין הבין כי הזמנים השתנו וישראל לא הייתה נתונה במתקפה כוללת, לפחות לא במובן הקלסי של המילה; עצם קיומה בוודאי לא היה מוטל על כף המאזניים. מכאן שהיא הייתה יכולה בהחלט לבחור להמתין. לא היה צורך דחוף לפעול דווקא באותו רגע, כפי שחייבו הנסיבות בשנת 1967 ובשנת 1973. ההשוואה ההולמת יותר הייתה למצב ששרר בעת מבצע סיני בשנת 1956, כאשר ישראל הייתה נתונה תחת פיגועי טרור חוזרים ונשנים מעבר לגבולה.

מהי אם כן ההצדקה לפלוש דווקא כעת ללבנון? בגין אכן ראה באש"ף איום קיומי עתידי על מדינת ישראל. הוא כינה את אש"ף בקביעות 'ארגון נאצי', והשווה את מנהיגיו ל'אייכמנים קטנים'. היו שסברו כי ההשוואה מוגזמת, אך עבור בגין היה זה בדיוק לב העניין: המערב יכול היה לטפל בהיטלר בשנת 1936 אך לא עשה זאת, ואומות העולם – ובפרט היהודים – נשאו בתוצאות.[6] היטלר הפך להיטלר בדיוק משום שאיש לא עצר אותו קודם לכן. אחת ממטרות העל של הריבונות היהודית הייתה למנוע חזרה על האסון המוסרי של ישיבה בחיבוק ידיים.

בגין הוסיף כי אם השואה היא זיכרון רחוק מדי בתודעת חלק מן המוחים נגד השוואת מנהיג אש"ף יאסר ערפאת לאויב הנאצי, מלחמת יום הכיפורים שימשה תזכורת למה שקורה כאשר יהודים ממתינים זמן רב מדי במקום לפעול: "אין זו שום מצווה לנהל מלחמה רק אם היא מתנהלת מתוך חוסר ברירה. אין שום צו מוסרי שאומה חייבת או זכאית להילחם רק כשגבה אל הים או אלי תהום".[7] מלחמה כזאת עלולה להמיט אסון, אם לא שואה, על כל עם, והיא גורמת לו אבדות נוראיות בנפש.

מדינות אחראיות חייבות להקדים ולפעול ולא לנסות לעשות זאת רק בלית ברירה. בגין קיווה כי הנכונות לפעול מתוך עמדת כוח לא רק תרתיע את שכנותיה של ישראל מהמשך פעולות האיבה – אלא גם תאלץ אותן להשלים עם קיומה.

בגין הציג טיעון משכנע בזכות עצם הפעלת תגובה צבאית: זכותה של

אומה שלא לחיות תחת איום קבוע של מלחמה "יום אחר יום, שבוע אחר שבוע, חודש אחר חודש", כדבריו. ישראל, כמו כל מדינה אחרת שהייתה נמצאת במצבה, הייתה חייבת להגן על תושביה ולפעול בעיתוי שנראה לה נכון.

אך כמובן, השאלה המכרעת הייתה קביעת היקפה ההכרחי של התגובה באותה המידה שבה היא אכן תשפר את ביטחונה של ישראל. בהקשר זה מעניין לציין את המונח שבו השתמש הרמב"ם לתיאור 'מלחמות מצווה' של הגנה עצמית: "אי זו היא מלחמת מצוה? **עזרת** ישראל מיד צר שבא עליהם".[8] הרב אהרן ליכטנשטיין דייק מן המילה 'עזרת': "הרי שיש לשאול: האם המלחמה המסוימת הזו אכן עשויה לעזור לישראל. ולא כל מלחמה עוזרת לישראל".[9] משמע, אף אם מדינת ישראל יוצאת למלחמה מתוך מניעים אמיתיים של הגנה עצמית, לא כל מלחמה תגשים את היעד של הצלתה "מיד צר". לא כל אויב, נתעב ככל שיהיה, מייצג איום בסדר גודל של שואה נוספת. על מקבלי ההחלטות לחשב בזהירות רבה את שכר המלחמה כנגד הפסדה.

שלוש אפשרויות ודרך שנבחרה ולא בוצעה

האתיקאי ויליאם אובריאן כתב ניתוח מוסרי ומשפטי על מלחמתה של ישראל באש"ף המתבסס על מחקר יסודי שערך. הוא טוען כי היו שלושה נימוקים לגיטימיים לצאת לפעולה צבאית לצורך הגנה עצמית.[10] כל טיעון הצדיק סוג שונה בתכלית של תגובה מידתית.

1. ישראל יכלה להציב לעצמה כיעד את מניעת המשך התקפות הטרור של אש"ף מעבר לגבול, אך במשך שנים היא ניסתה ללא הועיל לעשות זאת באמצעות פשיטות תגמול והתשה מזדמנות על הארגון. אפשרות זו מציבה אפוא מטרה ברף נמוך ומוגבל מדי. בחודשים שקדמו למלחמה הכריז בגין כי ישראל לא תוכל להתמקד עוד בפעולות תגמול, אלא חייבת לסכל את יכולתם לפעול, באמצעות פגיעה בבסיסיהם.[11]

נותרו אפוא הצדקות נוספות ליציאה לפעולה צבאית:

2. לשלול מאש"ף את יכולתו להשתמש באמצעי הלחימה המתקדמים שלו בדרום לבנון שאיימו על יישובי הצפון והפכו אותם לכמעט בלתי ראויים למגורים.

3. לסלק לחלוטין את נוכחות אש"ף מלבנון.

אפשרות 2 הייתה בעצם גרסה מורחבת של מבצע ליטני בשנת 1978, הפעם במטרה לפנות רצועת אבטחה בעומק ארבעים קילומטר מגבול הצפון. אפשרות מס' 3 כללה התקפות על מטה אש"ף בביירות לצד מאמצים דיפלומטיים. שתי האפשרויות האחרונות הן מטרות לגיטימיות, ולהן יתרונות וחסרונות אסטרטגיים שונים. בכל אחת מהן ישנם גם סיכונים מסוגים שונים – צבאיים, דיפלומטיים ומוסריים. אפשרות מס' 2 הייתה בבירור מסוכנת פחות, אך לא היה ברור אם יהיה די בה כדי לעצור את התקפות אש"ף. אפשרות מס' 3 הייתה משיגה את היעד השאפתני אך טמנה בחובה סיכונים גדולים יותר. בדיוק ביחס לסוג זה של דילמה הורו חז"ל כי מלחמות רשות מחייבות את אישורה של קבוצת יועצים רחבה יותר.

במובנים רבים, התוצאה הסופית הייתה הגרועה ביותר האפשרית: ממשלת ישראל הצביעה בבירור בעד אפשרות מס' 2, אך שר הביטחון אריאל שרון יישם בפועל את האפשרות השלישית.[12] במילים אחרות: הממשלה אישרה פלישה מוגבלת לצורך השגת יעדים טריטוריאליים ואסטרטגיים מוגבלים, אך צה"ל פתח בפועל במלחמה רחבה ושאפתנית הרבה יותר. זה היה מתכון מובהק לאסון.

ברמה האסטרטגית, היעדר הנחיות ברורות מצד קבינט המלחמה הוביל את שרון להעביר לרמטכ"ל – ובאמצעותו לצה"ל – הוראות שאינן החלטיות. אילו הייתה המטרה לסלק את אש"ף כולו מלבנון, צריך היה לתכנן מיידית את תקיפת ביירות. לדברי שני היסטוריונים צבאיים נחשבים, היה זה "אחד ממעשי האיוולת הגדולים ביותר בהיסטוריה הצבאית הקצרה של ישראל".[13] אלופי המטכ"ל קיבלו החלטות בלי לדעת את מטרותיו האסטרטגיות של המבצע.[14] הכיבוש הראשוני של דרום לבנון היה מוצלח ברובו, אך גבה מחיר כבד בחיי חיילי צה"ל. הממשלה בהחלט לא הייתה מעוניינת – ומעולם לא אישרה[15] – לצאת ללחימה ממושכת ועקובה מדם בבירת לבנון. בסופו של דבר הטיל צה"ל מצור ממושך על ביירות, ובכך סיכן את חיי החיילים, את הישגיה הצבאיים של ישראל ואת מעמדה הבין־לאומי.

במישור הדיפלומטי איבדה ישראל את אמינותה. בראשית המלחמה הבטיח בגין לנשיא רייגן ולמנהיגים אחרים כי הפלישה הישראלית מוגבלת לרצועת ביטחון ברוחב ארבעים קילומטר. כעת הוא היה בעיניהם לשקרן. יועצים והיסטוריונים לשעבר עדיין חלוקים בשאלה אם בגין היה מצוי בסוד

העניינים באשר לכוונותיו התוקפניות של שרון.[16] רובם טוענים כי ראש הממשלה המזדקן לא היה מודע לתוכניותיו האמיתיות של שר הביטחון שלו, ואין ספק שהממשלה מעולם לא אישרה אותן.

כל זה הוביל לטעות המוסרית הגדולה ביותר של ישראל: היא הוליכה שולל את אזרחיה ואת חייליה לגבי יעדיה האמיתיים של מלחמת ברירה זו. למעלה מ־90% מהציבור הציוני בישראל תמכו תחילה במבצע, שכן המצב בצפון היה בלתי נסבל.

אולם ניתוח מבחירה מחייב את הסכמת המטופל, אסור שהתרופה תהיה מזיקה יותר מן המחלה, והחולה חייב להיות מודע לסיכוני ההליך. כך גם במלחמת ברירה: יש להבהיר לציבור את היעדים ואת הסיכונים של מלחמה שאומנם יוצאים אליה לצורך הגנה עצמית, אך עם זאת, ייתכן שבפני מקבלי ההחלטות עומדות דרכי פעולה שונות מאוד לבחור ביניהן. הלוחמים, שאך זמן קצר קודם לכן היו אזרחים מן השורה וגויסו ב׳צו שמונה׳ לשירות מילואים, חירפו נפשם במלחמה זו, והייתה להם זכות מוסרית לקבל הסבר כן ואמיתי על ההחלטות שקיבלה הממשלה במלחמת ברירה זו. אך הסבר כזה לא ניתן, והאנשים יצאו לרחובות. לראשונה מאז קום המדינה ישראלים מחו בגלוי נגד מבצע צבאי מתמשך. המלחמה גרמה לקרע של ממש, ששיסה אזרחים אלו באלו ואף יצר מחלוקת קשה בין קהילות דתיות ופוסקי הלכה.

המרד המפתיע של הרב יהודה עמיטל

הרב יהודה עמיטל היה הדמות האחרונה שאפשר היה לצפות כי תעמוד בראש המחאה הדתית נגד פלישה צבאית של ישראל. הוא היה ניצול שואה, הצטרף לארגון ההגנה, ולאחר מכן השתתף במלחמת העצמאות. הרב עמיטל סיכם את חוויותיו כחייל במלחמת העצמאות במאמר הלכתי ראשון מסוגו בשם ׳לדרכו של החייל הדתי במלחמת הקוממיות׳, המפרט את מטרותיו הדתיות של השירות בצה״ל ואת חשיבותו הרוחנית. לאחר מלחמת ששת הימים השתתף בהקמת ישיבות ההסדר, ששילבו לימוד תורה עם שירות צבאי. עד מהרה התמנה לעמוד בראש ישיבת ׳הר עציון׳ שבגוש עציון, מההתנחלויות הראשונות שהוקמו לאחר שחרור יהודה ושומרון במלחמת ששת הימים.

לאחר מלחמת יום הכיפורים אחז ייאוש כבד בציבור הישראלי לנוכח האבדות הכבדות בנפש. למרות שאיבד שמונה מתלמידיו במלחמה, כתב הרב עמיטל מאמר רב השפעה, ובו טען כי ניצחונו של צה״ל הוא מהסימנים

המובהקים לכך שמדינת ישראל נמצאת בעיצומה של גאולה לאומית. דבריו חיזקו רבים בציונות הדתית, ובהם ראשי תנועת גוש אמונים שפעלו לקידום ההתיישבות ביהודה ושומרון.[17]

הקרע בהנהגת הציונות הדתית החל לאחר הסכם השלום עם מצרים. מייד לאחר מלחמת יום הכיפורים התנגד הרצי״ה לכל נסיגה טריטוריאלית מחצי האי סיני, גם לא במטרה להגיע להסכם שביתת נשק עם מצרים. שנים אחדות לאחר מכן, הוא ותלמידיו הבולטים התנגדו נחרצות להסכמי קמפ דייוויד. זאת, בין השאר, משום שממשלת בגין הבטיחה להעניק לפלסטינים במחוזות המקראיים ההיסטוריים של יהודה ושומרון אוטונומיה לנהל את ענייניהם. הרצי״ה לעג להצעה זו, וכינה אותה במשחק מילים: 'תוכנית האנטומיה', שכן היא ביתרה וחילקה את ארץ הקודש.[18]

הרצי״ה לא התנגד להסכם עם מצרים כשלעצמו. דעתו הייתה שאסור שהסכם כזה יבוא במחיר נסיגה משטחים ששוחררו במלחמה, שכן זה יהיה סימן לחולשה וגם בגידה במולדת, שלדעתו חצי האי סיני היה חלק ממנה.[19] כאשר בסופו של דבר פונה היישוב ימית באביב 1982, תלמידיו של הרצי״ה עמדו בראש ההפגנות הסוערות במקום וקראו לאי ציות אזרחי.[20] אך מאמציהם עלו בתוהו, והם גם היו ללא מנהיגם הרוחני, שכן הרצי״ה נפטר בפברואר אותה שנה, ארבעה חודשים בלבד לפני הפלישה ללבנון.

הרב עמיטל סבר כי ההתנגדות להסכמי קמפ דייוויד היא עיוות של ערכי היהדות. לדעתו היהדות מציבה סולם עדיפויות,[21] ובראש הרשימה יש להעדיף את שלומו של עם ישראל ואת טובתו. לעיתים נגזר מכך שמצוות חמורות – למשל כאלה הכרוכות בשמירת שבת – נדחות מפני פיקוח נפש, ולעיתים ההשלכה היא שיש לסגת משטחים שנכבשו (או 'שוחררו') – ובכלל זה מחלקים יקרים מהמולדת ההיסטורית – למען השלום. לשיטתו, נתיב הגאולה הלאומית אינו מוכרח להיות רצוף מלחמות. הוא יכול לעבור גם בדרכי שלום.[22]

השקפתו של הרב עמיטל היא ביטוי חשוב של המודל הרב־ערכי היהודי בקבלת החלטות הנדון בהרחבה לאורך ספר זה. בניגוד לדמויות אחדות בשמאל הפוליטי בארץ, הרב עמיטל לא הכחיש מעולם את ערכה של ארץ ישראל, המולדת הלאומית ההיסטורית. הוא רק טען כי הערך של פיקוח נפש גובר על שיקולים אחרים.

כזכור, בדיוננו ב'דילמת הידיים המלוכלכות' (לעיל, פרק 5), צוין כי באחת ההזדמנויות הצהיר הראי״ה קוק שלפעמים מותר וצריך לעבור

על איסורי תורה חמורים אחדים כדי להציל את העם היהודי. כלומר, הדין של פיקוח נפש חל לא רק במישור הפרטי אלא אף במישור הלאומי. כתנא דמסייע לדעתו הביא הרב קוק מדרש שבו התנהל דו שיח בין אחד החכמים לתלמידו. אמר התלמיד:

> אמר לי רבי: שני דברים יש בעולם ואני אוהבם בלבבי אהבה גמורה, ואלו הן – תורה וישראל. אבל איני יודע איזה מהם קודם. אמרתי לו: בני, דרכן של בני אדם אומרים התורה קדמה [...] אבל אני אומר: ישראל קדמו, שנאמר: "קֹדֶשׁ יִשְׂרָאֵל לַה' רֵאשִׁית תְּבוּאָתֹה" (ירמיהו ב, ג).[23]

מצוות התורה אכן יקרות ערך, אך ערכו של עם ישראל עולה על גביהן. הרב עמיטל קבע כי בעיתוי הנוכחי יש להעדיף את שלום העם ורווחתו על פני יישוב הארץ השלמה. כמו שהמדרש טוען, עם ישראל ניצב בראש סדר העדיפויות.

זמן קצר לאחר פינוי ימית פרצה מלחמת לבנון הראשונה. הרב עמיטל נפרד ברגש מתלמידיו עם יציאתם מהישיבה למלחמה ופריסתם בגבול הצפון. בתוך שבוע נפל אחד מתלמידיו. תלמיד אחר שלו, זכריה באומל, נעדר לאחר שגדוד הטנקים שלו נקלע למארב בקרב סולטן יעקב, ושרידיו נמצאו רק בשנת 2019.

שבועיים לאחר פרוץ המלחמה, כאשר הפסקת האש נכנסה לכאורה לתוקף, נסע הרב עמיטל לבקר את החיילים עם שניים משרי הממשלה. השלושה נדהמו לגלות כי צה"ל ממשיך לירות ואינו נוצר את נשקו. החיילים היו מבולבלים ובשרים אחז הלם. היה ברור לרב עמיטל כי לשרון היו כוונות אחרות, וכי הוא הוליך שולל הן את הממשלה והן את העם. בשבועות שלאחר מכן קרא הרב בפומבי להפסקת הלחימה ויצא נגד הכוונה לכבוש את ביירות. אפילו תלמידיו של הרב עמיטל היו המומים לנוכח עמדתו הפומבית נגד הממשלה.[24]

בשיחה דרמטית שנשא במוצאי שבת בישיבת הר עציון, טען הרב עמיטל לפני תלמידיו כי התורה מתירה לצאת רק למלחמה מקדימה או למלחמות מגן, וכי מלחמת לבנון לא ענתה אף לא על אחת מהגדרות אלה. בניגוד לרב צבי יהודה, פסק הרב עמיטל כשיטת הרמב"ם שאין מצוות כיבוש הארץ עומדת בפני עצמה. על כל פנים, לבנון לא הייתה חלק מגבולות ההבטחה של ארץ ישראל השלמה, ומלחמות המצווה היחידות המותרות

בתקופתנו הן אלה שמטרתן להגן על עם ישראל. לדעת הרב עמיטל לא הייתה לממשלה סמכות לשפיכות דמים מיותרת כזו, של יהודים ושאינם יהודים כאחד. הוא הוסיף כי אף יתמוך בפשרות טריטוריאליות ביהודה ושומרון אם יימצא לישראל שותף בר קיימא לשלום אמת (כזכור, ישיבת הר עציון שבראשה עמד שוכנת בגוש עציון והייתה מיועדת להתפנות במקרה שהסכם שלום אכן היה נחתם).

בערב שבו נשא הרב עמיטל דברים אלה, ישב בירכתי בית המדרש חנן פורת, מראשוני התלמידים בישיבה ומראשי תנועת ההתיישבות גוש אמונים. באקט של נדיבות אינטלקטואלית עצומה, הזמין הרב עמיטל את פורת לנסות להפריך את טיעוניו בפני תלמידי הישיבה. פורת התנער מדברי רבו, אומנם בדרך ארץ אך מתוך להט רב. הוא ציטט שוב ושוב את גישת הרמב"ן (שגם הרצי"ה היה שותף לה) וטען כי כיבוש הארץ הוא מצוות עשה לכל דבר ועניין.[25] עוד אמר כי לבנון היא למעשה חלק מארץ ישראל השלמה.[26] לדבריו, אומנם יש לקוות כי כיבוש הארץ ייעשה בדרכי שלום, אך אם לא כך יהיה, אזי יש להילחם כדי לכובשה, בתנאי ברור שקיים סיכוי גבוה לניצחון.

פורת הסכים לדברי הרב עמיטל בדבר קיומו של סולם ערכים יהודי שלאורו צריכים להיקבע השיקולים המוסריים. עם זאת, לדעתו כיבוש ארץ ישראל הוא אחד משלבי הסולם הגבוהים. כל מסר אחר הוא בבחינת אסון תאולוגי וחינוכי.[27] פורת קבע כי זהו הייעוד הישראלי שתחילתו באברהם אבינו. הקריאה האלוהית לכבוש את הארץ היא הן קריאה מתמשכת והן ציווי מוסרי, חרף טענות הפלסטינים או דעת הקהל העולמית. יתר על כן, לשיטת פורת אי אפשר להפריד בין אחיזתנו בארץ ישראל השלמה לבין צורכי הביטחון שלנו. מציאות זו דורשת מסירות נפש שאין גדולה ממנה.

רבים מרבני הציונות הדתית צירפו את קולם להתנגדות לדברי הרב עמיטל. לשיטתם, למלחמה בלבנון היה גדר של מלחמת מצווה, שתכליתה להגן על הגליל ויישובי הצפון ולכבוש חלקים נוספים מארץ הקודש שלפי גבולות ההבטחה. ואכן, במהלך החודש הראשון למלחמה פרסמה מועצת הרבנות הראשית לישראל בראשות הרב גורן גילוי דעת פומבי שמלחמת לבנון היא מלחמת מצווה ומטרתה להגן על אזרחי ישראל, ובפרט על עיירות הספר. בגילוי הדעת נכתב גם כי חברי הרבנות הראשית מצדיעים לצה"ל על האיפוק הצבאי ועל הניסיון למזער את הפגיעה באזרחים.[28]

הוויכוח הניח בחירה בינארית: או שמלחמת לבנון הייתה מלחמת מצווה ולכן הכרחית, כשיטת חנן פורת, או שהייתה זו מלחמת רשות ולכן בטעות יסודה, כשיטת הרב עמיטל. אך האם הייתה זו הדרך היחידה לחשוב על כך?

ממלחמת מצווה למלחמת רשות?

דעת הקהל הישראלית על המלחמה עברה תמורה ניכרת לאחר קיץ 1982. רוב הנהגת אש"ף גורשה מביירות. אף על פי כן הפופולריות של המלחמה בקרב הציבור דעכה והלכה. ישראל קיוותה כי באשיר ג'ומייל, מנהיג הפלנגות הנוצריות שנבחר ב־23 באוגוסט לנשיא לבנון, יחתום על הסכם שלום איתה, אך הוא נרצח כעבור שלושה שבועות. זמן קצר לאחר מכן נכנסו כוחות פלנגות למחנות הפליטים סברה ושתילה וטבחו במשך יומיים במאות פלסטינים – גברים, נשים וילדים בלתי חמושים.

חלק גדול מן הציבור הישראלי זעם על כך שזוועה כזו נעשתה בידי בעלי בריתה של ישראל, ובפרט על כך שהדבר נעשה כאשר כוחות צה"ל היו נוכחים באזור.[29] הוקמה ועדת חקירה ממלכתית לחקירת האירועים בראשות נשיא בית המשפט העליון השופט יצחק כַּהַן. אחת ממסקנותיה הייתה כי שר הביטחון אריאל שרון אחראי להתעלמות מהסכנה שהפלנגות יערכו במחנות הפליטים פעולות נקם על רצח ג'ומייל. הוועדה המליצה על התפטרותו של שר הביטחון, ולבסוף הוא אכן התפטר. בינתיים לבנון התבוססה שוב במלחמת אזרחים, ולישראל לא הייתה עוד אסטרטגיית יציאה קלה מהמלחמה.

מספר חללי צה"ל האמיר מדי יום, ובעקבות זאת התרבו הפגנות המוניות בישראל נגד המלחמה, שרבות מהן התקיימו מול ביתו של ראש הממשלה בגין. ב־28 באוגוסט 1983 הפתיע בגין כשפתח את ישיבת הממשלה באלה המילים: "אני מודיע בזה לממשלה על כוונתי להתפטר מתפקידי כראש הממשלה. אני לא יכול למלא את התפקיד הזה".

שנה לאחר פרוץ המלחמה, ולאחר סיום כהונתו כרב הראשי לישראל, חיבר הרב גורן מאמר רחב היקף ובו טיעונים התומכים בעמדתו, שמבצע שלום הגליל היה מלחמת מצווה לצורך הגנה על יישובי הצפון.[30] בין השאר העיר הרב גורן כי גם פוסקי הלכה בתקופות קודמות, כגון החזון איש, סברו שמלחמות רשות עשויות להפוך למלחמות מצווה. זאת משום

שאם ישראל יוצאת למתקפת מנע היא עלולה למצוא את עצמה תוך זמן קצר תחת התקפות תגמול. כך יכול היה לקרות, למשל, אילו בחרה עיראק לפגוע בישראל כתגמול על הפצצת הכור הגרעיני. מלחמה כמוה כגלי הים הנתונים לתקופות של שפל וגאות: מכות מקדימות עלולות לגרור תוך זמן קצר קרבות לצורך הגנה עצמית ואף לחימה על עצם קיומנו.

הרב גורן הוסיף וטען כי מרגע שהחל מבצע שלום הגליל, הניצחון בו הפך לחיוני מבחינתה של מדינת ישראל, שכן כל תוצאה, פרט לניצחון מכריע, תזיק מאוד ליכולת ההרתעה שלה ולמעמדה במזרח התיכון. העולה מכך הוא שגם מי שהתנגד למלחמה או הטיל ספק בתבונה שמאחוריה, חייב כעת להסכים להגדרתה כמלחמת מצווה.[31]

זהו טיעון נכון למראית עין בלבד. אומנם, ברור שעדיף שהמדינה תנצח במלחמותיה, אך לעיתים האפשרות הטובה ביותר אינה להילחם 'עד הסוף', שכן העלויות האנושיות של ניצחון כזה עלולות להיות גבוהות מדי. במקום זאת, יש להגיע להפסקת אש ולנהל משא ומתן. במצבים מסוימים, ייתכן שעדיף אף לסגת חד צדדית. אין שום חובה מוסרית להילחם רק למען הניצחון. מסיבה זו, תאורטיקנים של מלחמות צודקות מדגישים כי שיקול המידתיות של פעולה צבאית כרוך בהערכה מתמשכת, ולא רק בהערכה חד פעמית הנעשית לפני תחילת הלחימה. זאת משום שהנסיבות המדיניות והצבאיות עלולות להשתנות באופן בלתי צפוי, כך שאי אפשר לדעת כיצד דברים יתפתחו. יש להעריך כל העת אם עדיין קיימת הצדקה להמשיך במלחמה.[32]

עם זאת, אם נתעלם מן התזה של הרב גורן על האופן שבו כל מלחמה הופכת למלחמת מצווה, הנקודה הכללית בדבריו נכונה: המעמד המוסרי של מלחמה יכול להשתנות. מלחמת רשות אכן עשויה להפוך למלחמת מצווה, אך התנועה אפשרית גם בכיוון ההפוך. ברגע שמדינה הנתונה תחת מתקפה מצליחה להדוף את המתקפה נגדה ומצמצמת את הסבירות שתתחדש, היא אינה צריכה עוד להילחם. ייתכן שתבחר לעשות זאת כדי להחליש עוד יותר את האויב. אך זוהי בחירה ולא הכרח. לעיתים קרובות עצירת מתקפה בהצלחה מספקת הזדמנויות אלה אחרי בלימת צבא התוקף.

מרתק לגלות כי לקראת סוף המאמר רומז הרב גורן עצמו לפרשנות אפשרית כזו למצב העניינים באותה עת. לפני שנת 1982 תקף אש"ף את ישראל בקביעות, מה שהפך את התגובה הישראלית למלחמת מגן קלסית נגד מעשי תוקפנות. במלאת שנה למלחמה נחלש אש"ף מאוד, אך האיומים

מלבנון לא הוסרו לחלוטין – ולא היה ברור האם אפשר בכלל להסירם. המשך ההתקפה והכיבוש של צה"ל בלבנון עלול היה להוביל לאובדן חיים ישראליים גדול עוד יותר, ובכך לשלול את הצדקתו. בסופו של דבר, ההנהגה המדינית והצבאית היא שהייתה צריכה לחשב חישובי עלות תועלת אלה כדי לקבוע את דרך הפעולה הנכונה. האיום מלבנון נותר בעינו, אך למרות זאת הודה הרב גורן כי מנהיגי ישראל היו צריכים בשלב זה לקבל החלטה האם להמשיך במלחמה בהתחשב במחיריה ובהישגיה הפוטנציאליים.[33]

המסקנה ההגיונית של טיעון זה היא שאומנם 'מבצע שלום הגליל' החל כמלחמת מצווה, אך בדרך הצחות אפשר לומר כי בשלב מסוים, כשהיה ל'מלחמת לבנון', השתנתה ההגדרה למלחמת רשות.[34]

עם זאת, הודאתו של הרב גורן מצביעה על כך שישראל ניצבה מאז ומתמיד מול הצורך לקבל החלטות של עלות מול תועלת בכל הקשור ללחימה בלבנון. גם ממשלת ישראל ידעה זאת, ובכלל זה בגין ושרון. תהליך זה של קבלת החלטות צריך היה להתקיים ביוני 1982, לפני המלחמה, ופעם נוספת עם השגת מטרתה הראשונית – יצירת רצועת ביטחון בת ארבעים קילומטר – במהלך השבוע הראשון או השני למלחמה. ואולם דיונים רציניים בנושא זה לא התקיימו כלל בישיבות הממשלה.

רק ביוני 1985 נסוגה לבסוף ישראל מחלק הארי של דרום לבנון, לא לפני שאיבדה חיילים רבים – ועדיין נאלצה לשהות ברצועת ביטחון בדרום לבנון עד שנת 2000.

שש שנים לאחר נסיגתה המוחלטת, יצאה ישראל למלחמה נגד ארגון הטרור חיזבאללה, שהוקם בעת מלחמת לבנון הראשונה וביצע מאז עשרות רבות של מתקפות טרור נגד מטרות ישראליות. אולם מלחמת לבנון השנייה ארכה שלושים וארבעה ימים בלבד, שלאחריהם נחתם הסכם הפסקת אש, וכוחות צה"ל שבו הביתה. זו הייתה מלחמה לא מושלמת שלא הוכרעה. אך למרות זאת, הפסקת האש החזיקה מעמד במשך למעלה מחמש־עשרה שנה. ישראל לא נתקעה במרחץ דמים ממושך. הלקחים הופקו.

הטרגדיה המוסרית של מלחמת לבנון לא הייתה בכך שלא הייתה זו מלחמת הגנה עצמית. ישראל אכן הייתה חייבת להגן על אזרחיה. הטרגדיה הייתה שהנהגת המדינה סירבה להכיר בכך שלנוכח אפשרויות שונות שכולן מסוכנות, יש להעדיף תמיד את התוכנית עם היעדים הברורים ביותר והסיכויים הנמוכים ביותר לתוצאות בלתי צפויות. וחשוב מכול: אין לשקר לאזרחים שיילחמו – וייפלו – לשם השגת יעדיה של ההחלטה שתתקבל

בסופו של דבר. בגין ושרון נכשלו במבחנים המוסריים הללו, ושילמו בצדק את המחיר.

שוב, הוויכוח על 'שטחים תמורת שלום'

בעקבות מלחמת לבנון החריף הוויכוח הקולני בין הרב עמיטל לתלמידי הרצי"ה. כפי שראינו, הוויכוח לא נסב רק סביב מדיניות מסוימת, אלא גם על המודל התאורטי שלפיו אמורות להתקבל החלטות בסוגיות של ריבונות ומלחמה. חנן פורת לא הצליח עוד להבין את טיעוניו של הרב עמיטל, שכן השניים לא היו שותפים לאותו מודל מוסרי, וסולם הערכים של כל אחד מהם היה שונה. את סוגיות ההתיישבות וההגדרה העצמית ראה פורת דרך המשקפיים של מצוות כיבוש הארץ. בפולמוס עם הרב עמיטל הוא גייס להצדקת טענותיו את עמדתם של הרצי"ה ומנהיגים ציוניים אחרים שהתנגדו לפשרה טריטוריאלית בשנת 1947, שלא לומר 1967. לפי עמדה זו, ההתנחלויות ניצבות בראש סדר העדיפויות הלאומי, אלא אם כן אין היתכנות כלשהי לכך שישראל תנצח במלחמה ותוכל לקיים שטחים אלה תחת ריבונותה.

הרב עמיטל סירב להמשיך לקבל את שיח הכיבוש של גוש אמונים. מעתה הוא דיבר במונחים של הגנה עצמית, המתירה פשרות כואבות בנימוק של פיקוח נפש. במידה רבה הוא הדהד את התחושות שביטא הרב סולובייצ'יק לאחר מלחמת ששת הימים. בדרשה לשבת תשובה בניו יורק הכריז הרב סולובייצ'יק כי הניצחון העיקרי במלחמה אינו שחרור ירושלים ומחוזות מקראיים אחרים, אלא הצלת מיליוני יהודים מסכנת הכחדה בידי מדינות ערב השכנות. אם בנסיבות הנוכחיות ההגנה הטובה ביותר על אותם יהודים תיעשה באמצעות ויתור על חלק מאותם שטחים, יהי כן. הוא ניסח זאת בחריפות:

> אסור לרבנים או למי שהוא לדבר בשם התורה כי אין להחזיר אף שעל אחד של אדמה, בשעה ששלום יציב יכול להציל אלפים ורבבות מאחינו היושבים בציון.[35]

הרצי"ה ותלמידיו זעמו, גם אז בשנת 1967 על הרב סולובייצ'יק וגם שנים אחר כך על הרב עמיטל.[36]

אך הרב עמיטל עמד על דעתו. יחד עם הרב אהרן ליכטנשטיין, שותפו להנהגת ישיבת הר עציון וחתנו של הרב סולובייצ'יק, הקימו השניים מפלגה יונית חדשה בשם 'מימד – מחנה המרכז הדתי', שתמכה בהסכמי אוסלו. הסכמים אלה, שנחתמו עם אש"ף בשנת 1994, התבססו על ההנחה שישראל צריכה לוותר על שטחים נרחבים ביהודה ושומרון למען הסכם שלום עם מדינה פלסטינית חדשה. הרבנים גורן, ישראלי, פורת ורבים אחרים התנגדו נחרצות להסכמי אוסלו. הם סברו כי ויתורים כאלה אינם רק מתכחשים למחויבות הדתית של יהודים לארץ ישראל אלא אף יעמידו בסכנה את העם כולו ויהוו איום קיומי על מדינת ישראל.

הוויכוח המקוטב והסוער בלבל לעיתים קרובות בין שתי סוגיות: התמיכה התאורטית ב'שטחים תמורת שלום' והערכה מדינית של ההסכמים המוצעים. היו שקיבלו להלכה את הרעיון של פשרה טריטוריאלית, אך האמינו כי ערפאת נותר טרוריסט המנצל את מעמדו הבין־לאומי המשופר לקידום טרור בשירות המטרה הפלסטינית. מבחינתם, סירובו לקבל את הצעות השלום של ישראל בתיווך נשיא ארצות הברית ביל קלינטון בשנת 2000 והאינתיפאדה הפלסטינית שפרצה מייד לאחר מכן אימתו את חשדותיהם.

ואכן, מחנה השלום זכה תחילה לתמיכתו של הראשון לציון הרב עובדיה יוסף, מנהיג ש"ס. הימים היו ימי חתימת הסכם השלום בין ישראל למצרים, והרב עובדיה כתב בשנת 1979 פסק הלכה מרכזי בנושא 'שטחים תמורת שלום' שקבע כי ההלכה אינה אוסרת נסיגה משטחים בתמורה לשלום אמת.[37] כעבור כחמש־עשרה שנה הוא תמך בהסכמי אוסלו בטענה העקרונית ש'פיקוח נפש דוחה שטחים'. ואילו מאוחר יותר, לפני ביצוע תוכנית ההתנתקות מרצועת עזה, פסק הרב עובדיה כי אסור מבחינה הלכתית למסור שטחים לפלסטינים, לא משום שהדבר פסול עקרונית על פי דעת תורה, אלא מפני שבאותן נסיבות הוא ראה בתוכנית ההתנתקות סכנה של ממש.[38]

רטוריקה מסוג זה של 'איסור הלכתי' מערבבת מין בשאינו מינו: ניתוח אסטרטגי עם שיח דתי הלכתי. היא מערבבת בין הבסיס המוסרי של פשרה טריטוריאלית לבין הערכה פוליטית קשוחה ומעשית. הסכמים של שטחים תמורת שלום אולי לגיטימיים להלכה, אך עדיין יש להכריע אם הצעה מסוימת של הסכם כזה היא אכן בת קיימא למעשה. זוהי הערכה הנתונה לשיקול דעת, שהרי יש לאמוד את אמינותו של השותף הפוטנציאלי להסכם ואת הסכנות שבוויתור על שטחים או בשמירה על הסטטוס קוו.

לדוגמה, לגיטימי לחשוב שצריך היה לדחות את תוכנית החלוקה של

האו"ם בשנת 1937 ועדיין לקבל את תוכנית החלוקה של 1947; שהנסיגות הצבאיות לצורך השגת הפסקת אש לאחר מבצע סיני בשנת 1956 ומלחמת לבנון בשנת 1982 היו נבונות, ואילו הוויתורים למצרים לאחר מלחמת יום הכיפורים (ומאוחר יותר בהסכמי קמפ דייוויד בשנת 1979) היו מוגזמים; או שהנסיגה החד צדדית מלבנון בשנת 2000 (או מעזה בשנת 2005) הייתה מוצדקת, בעוד הסכמי אוסלו שנחתמו עם הפלסטינים, ובמסגרתם נסוגה ישראל מחלקים מיהודה ושומרון, היו טעות גורלית.

החתירה הכללית לשלום היא חובה דתית רחבה. עם זאת, חתימה על הסכם שלום העומד על הפרק היא החלטה אסטרטגית התלויה בשיקול דעתם של מקבלי ההחלטות.

מבחינה זו, הסכמי 'שטחים תמורת שלום' אינם שונים במיוחד ממתקפות מנע. בשני המקרים, הנהגת המדינה נוקטת מהלך אסטרטגי התלוי בשיקול דעתה כדי לשפר את הביטחון לנוכח הסיכון הבלתי נודע של המשך פעולות האיבה או חידושן. המטרה היא למנוע מצב גרוע יותר בעתיד, בין אם בעוד שנה או חמש שנים. מלחמות או הסכמים טומנים בחובם סיכונים רבים, ואי אפשר לדעת בוודאות אם אלה סיכונים שכדאי לקחת.

כל אלה הן שאלות אסטרטגיות, לא דתיות, ויש לתת להן מענה בתקופות שונות ובמקומות שונים. הערכה זו, המבוססת על שיקול דעת, צריכה להתקבל בידי מנהיגים נבחרים, ועליהם להקיף את עצמם במומחים צבאיים ודיפלומטיים שייעצו להם. כל זה צריך להיעשות תוך רגישות לתחושות העם, כפי שמכתיבים הערכים הדמוקרטיים.[39] בהקשר כזה, אין כל פסול בכך שרבים יביעו את דעתם בנושאים אלה – בין אם מדובר ברב מכובד, סופר מעוטר, בעל טור נחשב או כל איש רוח אחר. אבל סמכותם של אלה נובעת מחוכמתם, לא ממעמדם כפוסקי הלכה או חורצי משפט. אלו אינן החלטות הקובעות מסמרות באופן חד משמעי – מה מותר ומה אסור. בעולם של אי ודאות החיים מלמדים כי הן במלחמה והן בשלום יש לקבל החלטות המבוססות על שיקול דעת, כל אחת לגופה.

חלק ד

מוסר הלחימה במלחמה

פרק 20

כשהמלחמה מתחילה: מצורים בלבנון והחובה להותיר פתח מילוט

אתגרי הלוחמה הא־סימטרית במצור על ביירות

ב־1 ביולי 1982 כיתרו כוחות צה"ל את בירת לבנון והטילו עליה מצור.[1] לאחר השתלטות כמעט מוחלטת על דרום לבנון, תכנן צה"ל לעקור מן השורש את מפקדות אש"ף בביירות. ימים ספורים לאחר מכן ניתקה ישראל את אספקת המים והחשמל לעיר, אך חיברה אותה שוב כעבור יומיים בלחץ אמריקני כבד. ישראל נקטה אסטרטגיה של לחימה לצד ניהול משא ומתן, תוך הפעלת לחץ צבאי כבד כדי להביא את אש"ף להיכנע לדרישותיה. חלפו חודשיים של משא ומתן בתיווך אמריקני עד שערפאת וכארבעה־עשר אלף ממחבלי אש"ף עזבו את ביירות והתמקמו בתוניסיה. שמונים ושמונה חיילי צה"ל נהרגו במהלך המצור, וכאלף מחבלי אש"ף.

קשה לדעת מה היה מספר ההרוגים מקרב הבלתי מעורבים בעת המצור על ביירות. בישראל דחו שיטתית את הערכות הסהר האדום הלבנוני (בראשות פתחי ערפאת, אחיו של יאסר) בטענת תעמולה. ככל הנראה נהרגו בעיר כחמשת אלפים מחבלים ובין עשרים לשלושים אלף נפצעו.[2] ההתקפות הכבדות מהאוויר והפצצות הארטילריה של צה"ל על מטרות אש"ף בתקופה שבין סוף יולי לאמצע אוגוסט היו גורם מרכזי בהרג הפלסטינים בעיר. כרגיל, אין מלחמות יפות. תמונות ההרג וההרס הניעו מנהיגי מדינות, את

אמצעי התקשורת העולמיים וגם אישים ישראלים אחדים לגנות בחריפות את ההפצצות, ולקבוע כי אין הן מידתיות ולא חוקיות.

לעומת זאת, שני היסטוריונים צבאיים שהיו עדים להתקפות על ביירות, טרוור דופוי (Trevor Dupuy) ופול מרטל (Paul Martell), האשימו את התקשורת בהטיה עמוקה בסיקור הבלתי מדויק של פעולות צה"ל. ללא ספק, עבור תושבי ביירות החוויה הייתה מחרידה, אך יחסית להתנהגות רגילה בזמן מלחמה, להערכתם צה"ל ערך 'הפגזה מתונה' בלבד. באשר למלחמה בכללותה טענו השניים:

> כהיסטוריונים צבאיים איננו יכולים לחשוב על מלחמה שבה הושגו בלחימה באזורים המאוכלסים בצפיפות יעדים צבאיים גדולים יותר, ובמחיר כה קטן בחיי אזרחים ואובדן רכוש. זאת למרות העובדה שאש"ף מיקם בכוונה תחילה את אמצעי הלחימה שלו בתוך ריכוזים אזרחיים.[3]

לתחושות אלו היו שותפים גם שני עיתונאים ישראלים מוערכים – הכתב הצבאי של 'הארץ' זאב שיף, והפרשן לענייני המזרח התיכון בערוץ הראשון אהוד יערי. השניים היו ממבקריה הבולטים של המלחמה; ספרם רב המכר 'מלחמת שולל' תיעד את תהליך קבלת ההחלטות הלקוי של ממשלת ישראל במהלכה. למרות זאת, גם הם קבעו כי ישראל "השקיעה מאמצים רבים" כדי להימנע מפגיעה באזרחים.[4] צה"ל אף הכין מפת אב ענקית של כל עשרים וחמישה אלף הבניינים בביירות, כדי שיוכל להוציא פקודות ירי מדויקות במיוחד. אף על פי כן היה מובן מאליו שאזרחים רבים ימצאו את מותם בהפצצות שניחתו על רבעיה הצפופים של ביירות. כפי שהם ציינו, מספר ההרוגים הגדול נובע גם מן העובדה שאש"ף הציב את הארטילריה שלו בחצרות בנייני דירות ואת תותחי הנ"מ לצד שגרירויות זרות.

למרות מאמצים ניכרים אלה, ספגה ישראל גינויים מקיר לקיר ברחבי העולם. היא למדה בדרך הקשה כי בעידן הסיקור התקשורתי הנרחב, יכולה מלחמה א־סימטרית (מלחמה אשר בה קיים שוני מהותי בכוח הצבאי בין הצדדים הלוחמים) להפוך לסיוט תדמיתי. שדות הקרב הברורים והמתוחמים של מדבר סיני או רמת הגולן, שבהם נלחמו חיילי צה"ל מול חיילים של צבאות מסודרים, נעלמו זה מכבר. כעת נאלצה ישראל להתמודד עם לוחמי גרילה שפעלו מתוך שטח אזרחי. שדה הקרב, ואיתו השאלות המוסריות הנלוות, שינו את פניהם.

פולמוס הרב גורן מול הרב ישראלי

בעת ההפצצה על ביירות הטיל הרב גורן פצצה מוסרית משלו:[5] הוא פרסם פסק הלכה הקובע כי ישראל חייבת לתת ללוחמים ולבלתי מעורבים כאחד לברוח מביירות.

פסיקתו זו של הרב גורן נשענת הן על דברים אלה בשם רבי נתן במדרש, והן על פסיקת הרמב"ם: "כשצרין על עיר לתפשה, אין מקיפין אותה מארבע רוחותיה אלא משלש רוחותיה. ומניחין מקום לבורח ולכל מי שירצה להמלט על נפשו".[6] כאשר מטילים מצור על עיר, יש להשאיר תמיד דרך מילוט ל"כל מי שירצה להימלט על נפשו" – משמע ללוחמים ולבלתי מעורבים כאחד. ההיגיון בכך כפול: במישור האסטרטגי, השארת דרך מילוט מעניקה ללוחמים תמריץ לברוח במקום להילחם עד הסוף המר במחיר גבוה לשני הצדדים; במישור ההומניטרי, חשוב לנהוג בחמלה אפילו עם אויבינו בעת מלחמה.[7] הרב גורן הדגיש כי דרך המילוט היא יציאה חד סטרית בלבד שאינה מאפשרת להכניס לעיר הנצורה בני אדם או אספקה, אך לתושבי המקום צריכה להינתן אפשרות לנוס על נפשם.

פסיקת הרב גורן יצרה סערה תקשורתית והלכתית.[8] הנשמע כדבר הזה – לאפשר למחבלים לברוח מציפורני המצור?! הרב שאול ישראלי כתב מאמר הלכתי נגד פסיקת הרב הראשי. הוא טען כי המקורות שעליהם נשען הרב גורן בפסיקתו משיאים עצות טקטיות, או במקרה הטוב – הגנות הומניטריות הנחוצות רק במקרים של מלחמות רשות. לעומת זאת:

> המלחמה במחבלים אלה על מנת לקטוע היד הרצחנית המגואלת בדם נקיים היא מלחמת מצוה, המוגדרת 'עזרת ישראל מיד צר שבא עליהם'... אין שום חיוב לפתוח לפניהם דרך בריחה, והדבר נתון לשיקול בלעדי של מפקדי הצבא, שבחינתם היא הדרך היעילה ביותר להכנעתם.[9]

כלומר, במלחמות מגן, כגון מבצע שלום הגליל, לא סביר להסתפק בפחות מאשר חיסול המחבלים או לכידתם. הרב ישראלי מסכים לכך ש"האוכלוסיה האזרחית אשר אינה מעורבת בפעולות המחבלים אינם בכלל זה, ויש לאפשר להם לצאת מהמצור באין מפריע".[10]

פוסקים אחרים מרחיקים לכת אף יותר מהרב ישראלי, וקובעים כי

אין כל חובה מוסרית לאפשר לאדם כלשהו, חייל או תושב בלתי מעורב, להימלט ממצור בעת מלחמה. לדידם מלחמות יש להילחם במגמה להכריע.[11]

צה״ל, מסיבותיו שלו, פעל לפי גישת הרב גורן והותיר שתי דרכי מילוט מרכזיות בעיר. היה זה חלק מלוחמה פסיכולוגית, שמטרתה לשכנע את הנהגת אש״ף כי היא ניצבת בפני שתי ברירות: לעזוב או למות. לצה״ל לא היה עניין שהמחבלים יילחמו עד האחרון שבהם. הוא בוודאי לא ביקש לפגוע בבלתי מעורבים. לפי ההערכות הצליחו להימלט מהעיר כמאה אלף איש.[12] הרב גורן רווה נחת מהתנהגות מוסרית זו וראה בה קידוש השם נפלא.[13] זה היה יישום מוצלח ומאוזן של ערכים חשובים בתוך המודל הרב־ערכי היהודי. המבקרים ראו בכך צעד צבאי נואל שאִפשר למחבלים לחבור אל חבריהם ולהמשיך להילחם ממקומות אחרים בלבנון ובסוריה. השארת פתחי מילוט בביירות הנצורה סימלה עבור המבקרים חלק ממצעד האיוולת באסטרטגיית המלחמה של צה״ל.

ברקע הפולמוס בין הרבנים גורן וישראלי עמדה הקשת הרחבה של ערכי מוסר צבאי יהודי. כפי שראינו בדיון על התקפות התגמול בפרק 7, הרב ישראלי סבר כי ישראל מחויבת אך ורק לנוהג הבין־לאומי ולאמנות מחייבות.

למעשה, אף הסכמתו של הרב ישראלי לאפשר לבלתי מעורבים להימלט מן העיר אינה מחויבת כלל על פי הנורמות הבין־לאומיות. המשפט הבין־לאומי הנוהג מאפשר לכוח צבאי המטיל מצור למנוע מאזרחים, ועל אחת כמה וכמה מלוחמים, אפשרות להימלט מהעיר הנצורה.[14] ההיסטוריה רצופה דוגמאות של מקרים שבהם צבאות מנעו בכוח מתושבים להימלט: החל מהמצור הרומי על קרתגו (בשנת 149 לפנה״ס) וכלה בכיבוש מקסיקו בידי ספרד והמצור של צבא גרמניה הנאצית על לנינגרד. הרעבת האוכלוסייה נחשבה תמיד פתרון קל יותר מאשר פלישה חזיתית. יש מי שיטען כי זהו גם פתרון אנושי יותר; עדיף להרעיב את אוכלוסיית האויב עד לכניעתה וכך לחסוך מכל הצדדים את האלימות האכזרית הכרוכה במלחמה. כמובן, קל יותר לומר זאת כשאתה הצד המטיל מצור, שכן החיילים והתושבים הרעבים הם אלה של האויב. יתר על כן: לעיתים קרובות דווקא האזרחים סובלים יותר במצור, שכן כמויות המזון והאספקה מוגבלות והם מועברים לחיילים (או שהם לוקחים אותם בכוח). המצור על לנינגרד נמשך כמעט תשע מאות יום, ובמהלכו מצאו את מותם למעלה ממיליון תושבים לא מעורבים – יותר מההרוגים בהתקפות האוויר ההרסניות על הירושימה,

נגסאקי, דרזדן וקובנטרי גם יחד! מן הטעם הזה, העובדה שמצור עדיין מותר על פי החוק הבין־לאומי מטרידה פילוסופים רבים.

מהיכן קיבלו חז"ל את הרעיון להניח דרך מילוט בעיר הנצורה? הדבר אינו מוזכר בנרטיבים המקראיים,[15] ואין אינדיקציה ברורה לקיומה של דרישה כזאת בפסוקי המקרא.[16] יש מבקרים הטוענים כי טקטיקה זו אינה מעשית כלל, וייתכן שזו הסיבה לכך שחלק מחכמינו לא הטילו חיוב כזה על צבא ישראל הנלחם. אפשר שאחרים תמכו בנסיבות מסוימות באסטרטגיה של הרעבת האוכלוסייה באופן מלא.[17] בימים עברו מצורים היו כרוכים בסגירה הרמטית של העיר הנצורה, אין יוצא ואין בא. ובכל זאת סופרים רומיים אחדים בני המאה הראשונה והשנייה, ובהם פוליאינוס ופרונטינוס, תמכו בהשארת דרך מילוט לחיילים הנצורים,[18] שאם לא כן הם יילחמו עד מוות. ייתכן שאסטרטגיה זו הייתה ידועה למלומדים יהודים בני תקופתם.

ייתכן גם שזו מחווה הומניטרית אשר נוצרה בהשראת החוויה היהודית במהלך ההיסטוריה. יהודים הכירו היטב את זוועות השהייה תחת מצור. את בית המקדש הראשון החריב נבוכדנצר מלך בבל, ולפני שפרץ את חומות ירושלים הוא הטיל עליה מצור במשך קרוב לשנתיים. פשוטי העם גוועו למוות ברעב.[19] מגילת איכה מקוננת במרירות על כך ש"טוֹבִים הָיוּ חַלְלֵי חֶרֶב מֵחַלְלֵי רָעָב" (איכה ד, ט). תושבים רבים בירושלים פנו לקניבליזם כדי לשרוד: "יְדֵי נָשִׁים רַחֲמָנִיּוֹת בִּשְּׁלוּ יַלְדֵיהֶן הָיוּ לְבָרוֹת לָמוֹ בְּשֶׁבֶר בַּת עַמִּי" (שם, י). עד היום, אלפיים ושש מאות שנה לאחר מכן, נוהגים יהודים לצום בעשרה בטבת, יום תחילת המצור על ירושלים, כדי לשמר לנצח את חוויית הסבל הזו בתודעה הלאומית.

בדומה לכך, גם בית המקדש השני חרב (בשנת 70 לספירה) בתום מצור ממושך. שלדי אדם מורעבים מילאו את סמטאות ירושלים. הניצולים חיפשו בביבים אחר גללי בקר ישנים כדי לאוכלם.[20] לפי תיאורי חז"ל, רבים מתושבי ירושלים ביקשו להיכנע או לברוח – אך המורדים היהודים (ה'סיקריים') והצבא הרומי לא אפשרו אף לא לאדם אחד לעזוב, כל אחד מסיבותיו שלו. הסיקריים הקנאיים רצחו את כל מי שהעז להתנגד להם בעודם מעלים באש את אסמי החיטה והשעורה עם עתודות המזון האחרונות של העיר. הגנרל הרומי טיטוס, מצידו, ציווה על חייליו לצלוב את כל המנסים להימלט מהעיר הנצורה. לפי יוספוס פלביוס, מספר הנצלבים עמד על חמש מאות יהודים מדי יום.[21] גורלם של תושבי ירושלים וממלכת ישראל – נחרץ.[22] באירוע טרגי במיוחד, אישה אחת הרגה את ילדה ואכלה

אותו מחוסר אונים. הקיסר ניקה את עצמו מאשמה: "הנה דיברתי שלום אל היהודים והבטחתי אותם לשמור את חירותם ולסלוח לכל מעשי זדונם. אולם הם בחרו במריבה תחת ברית אחים, ובמלחמה תחת שלום, ובכּרו את הרעב על השׂבע והשלווה...".[23] כלומר, אחרי שהמלחמה מתחילה, אין לי שום אחריות על מה שקורה בצד השני.

האם החוויות המזוויעות הללו תרמו לכך שרבי נתן, חכם בן המאה השנייה, עמד על כך שאם יהודים יזכו אי פעם לכונן ממלכה ריבונית הם ינהגו אחרת ויאפשרו לתושבי עיר הנתונה במצור להימלט על נפשם? זו השערה מפתה. אין ספק כי רגש מוסרי יהודי זה דחף את הרב גורן לפסוק שצה"ל יאפשר לתושבי ביירות הנצורה לברוח ממנה, גם אם הסטנדרטים הבין־לאומיים לא חייבו זאת. הוא הוסיף כי הרבנים נושאים בחובה מיוחדת להבטחת דמותו המוסרית של הצבא היהודי.

המצור על טריפולי בשנת 1983 והעיקרון 'לעשות כמיטב יכולתנו'

הרב גורן הוסיף להתחבט בדילמות המורכבות של לחימה באויב בשטח עירוני. שנה לאחר הטלת המצור על ביירות, רבים ממחבלי אש"ף – ובהם יאסר ערפאת – עשו את דרכם דרך סוריה חזרה ללבנון. הם התרכזו בעיר הנמל טריפולי, אך היו מוקפים בקבוצות מתפצלות שמרדו באש"ף. במאמץ להימנע ממלחמת אזרחים נוספת בלבנון, ניהל האו"ם משא ומתן על הסדר לפינוי ערפאת ומחבליו. ואז, ב־6 בדצמבר 1983, פוצצו מחבלים פלסטינים מטען באוטובוס בירושלים. שישה ישראלים נהרגו וארבעים וארבעה נפצעו. אש"ף והארגונים המורדים בו הזדרזו כולם לקחת אחריות על הפיגוע. מנהיגים ישראלים גינו את תוכנית הפינוי הבין־לאומית שפתחה דרך מילוט למחבלים. כתוצאה מכך פתחה ישראל במצור ימי על חופי לבנון והפגיזה באש ארטילריה את עמדות אש"ף בטריפולי. התקווה הייתה שקבוצות המורדים יחלישו עוד יותר את אש"ף, ומי יודע – אולי אף יחסלו את ערפאת.

דבר מכל אלה לא קרה. במקום זאת, בלחץ כבד של ארצות הברית ומדינות אירופה, הסירה ישראל לבסוף את המצור מעל טריפולי. ערפאת וארבעת אלפים מנאמניו הוצאו לחוף מבטחים בתוניסיה. שם הצליחו להתארגן ולחדש את פיגועי הטרור הרצחניים נגד ישראל גם בשנים הבאות.

הפעם יצא קצפו של הרב גורן על ממשלת ישראל.[24] לטענתו לא הייתה מחויבות "לשחרר את טבעת החנק" ולאפשר למחבלי אש"ף להימלט, שכן כוחות צה"ל הקיפו את טריפולי מצד אחד בלבד.[25] לדעת הרב גורן, צה"ל כלל לא היה אחראי למצוקה שאש"ף נקלע אליה. הוא סיכם באירוניה:

> ומה להם לבוא נגדנו בדרישה לתת להם להימלט? יבואו בטענה ובדרישה זו לחבריהם המרצחים מבני עמם כביכול, לפתוח להם את דרכי היבשה והאוויר ולאפשר להם לצאת בכל דרך שהיא, ולא בדרך הים היחידה הנמצאת בשליטתנו.

הנטל המוסרי כאן אינו מוטל על צה"ל. להפך, ההחלטה לאפשר להנהגת אש"ף להימלט דרך הים לתוניסיה בנסיבות אלה הייתה בלתי הגיונית בעליל. על כל אחד מהמחבלים חל 'דין רודף',[26] ויש לו גדר הלכתי של "הבא להורגך השכם להורגו". המחבלים הם איום ממשי על ישראל שיש להסירו. העובדה שממשל רייגן אינו מסוגל להבין נקודה בסיסית זו אינה משנה את מחויבותנו המוסרית לנהוג כפי שמורה ההלכה.

כזכור מפרק 7, הרב גורן ציטט בתשובתו את ביקורתו של יעקב אבינו על בניו, לוי ושמעון, שהרגו כל זכר בעיר שכם לאחר אונס דינה. כעת הוא הוסיף כי המוסר הצבאי היהודי מחייב לא רק הימנעות מפגיעה בבלתי מעורבים, אלא גם פתיחת נתיב מילוט משדה הקרב עבורם מבעוד מועד. ואולם לדעתו, אותו מוסר מלחמה יהודי גם תובע מאיתנו לפעול ללא היסוס נגד אויבים הקמים עלינו – כמו מנהיגי אש"ף שנתקעו בטריפולי – ואנו מצווים להכות בהם עד חורמה. לו היה היעד של שמעון ולוי בפעולת הענישה בשכם לוחמי האויב בלבד, היו פעולותיהם לגיטימיות לחלוטין. הרב גורן קבע כי לישראל אין זכות מוסרית להתפשר על ביטחונה.[27]

מובן שביקורת זו יכולה להיות מופנית נגד הרב גורן עצמו על תמיכתו בהחלטת צה"ל לאפשר למחבלי אש"ף להימלט מביירות: לערפאת וחבר מרעיו היה דין רודף גם בשנת 1982. אפשר לטעון כלפיו שאלמלא אפשרנו להם לברוח אז מביירות, לא היינו חוזרים לאותה סיטואציה בדיוק כעבור שנה. כאשר יוצאים למלחמה, היעד חייב להיות חיסול האויב; שאם לא כן, מה הטעם לפתוח בה? פעולות מהוססות רק מאריכות את המלחמה ואת הסבל הכרוך בה.

יתר על כן: טענתו של הרב גורן, שהחובה להשאיר דרך מילוט חלה

רק כאשר צבא ישראל צר על עיר מכל צדדיה, נראית נוקדנית ומשפטית מדי. לכאורה, תושבי טריפולי היו זכאים אף הם לסיוע הומניטרי כלשהו. הדרישה להשאיר דרך מילוט אינה מופת מוסרי במיוחד אם מוותרים עליה רק מפני ששאר הצדדים הניצים עושים בעצמם את העבודה המלוכלכת. עם זאת, אפשר לטעון כי אומנם ההלכה דורשת לנהוג בחמלה, אך יש גבול למה שסביר לצפות מאיתנו כאשר אין לנו שליטה מלאה במצב. כמו כן, ייתכן לטעון כי עצם העובדה שערפאת וחבריו להנהגת אש"ף בחרו לשוב ללבנון מפקיעה מהם את הזכות להשתמש פעם נוספת בדרך המילוט ההומניטרית שיצר צה"ל.

הדילמה שאליה נקלע הרב גורן נובעת מכך שהוא הכריע בסוגיה ההלכתית השנויה במחלוקת, ופסק נחרצות הלכה למעשה. הוא עמד על כך שהנוסח "מניחין מקום לבורח ולכל מי שירצה להמלט על נפשו" הוא הלכה מחייבת ולא רק "עצה טובה". מתקבל יותר על הדעת שזהו עיקרון כללי של המוסר הצבאי היהודי ולא ציווי נוקשה.[28] גישה כזו היא פשרה רבת ערך במחלוקות הפוסקים שהתנהלו ועדיין מתנהלות בסוגיית דרכי המילוט בערים נצורות. עיקרון כללי זה במוסר היהודי קובע כי יש לעשות מאמץ סביר ככל האפשר כדי להפחית את העלויות האנושיות הכרוכות במלחמה – ובכלל זה עלויות בשורות האויב. זה כולל מתן אפשרות לבלתי מעורבים להימלט על נפשם לפני תחילת המלחמה, ובמידת האפשר אף במהלכה. יש לאפשר גם ללוחמים לנצל את דרך המילוט, ובלבד שהדבר לא יחבל במאמצי המלחמה. עיקרון כזה מכיר בעמדתו של רבי נתן ועולה עימה בקנה אחד, ויחד עם זאת מניח מקום להסתייגויות קריטיות, ובכללן הצורך בשימור יסוד ההפתעה.

כללים נוקשים שומטים את הקרקע מתחת לערכים וליעדים אחרים, למשל חיסול האויב. כמו תמיד במודל הרב־ערכי היהודי, יש להביא בחשבון את המגוון המלא של העקרונות המנחים, ולקבוע מהו הגורם הגובר על גורמים אחרים בתרחיש נתון.[29]

מכאן שהכלל של השארת דרך מילוט אינו בהכרח מוחלט, אם כי הוא מצביע על כך שהמוסר היהודי מעודד מאוד לאפשר לאויב לפנות את אנשיו משדה הקרב, ככל שהדבר מסתייע. זו אסטרטגיה צבאית נכונה המסייעת בצמצום מקרי מוות מיותרים.[30] אולם, כפי שנראה בפרק הבא, הצעדים שנקט צה"ל לצמצום מספר הנפגעים לא הקלו על דילמות אתיות אחרות האופייניות ללחימה עם מחבלים בשטח עירוני.

פרק 21

לאחר תחילת המלחמה: אחריות מוסרית משתנה בלחימה בשטח בנוי

'ניצחון או מוות' בעין חילווה

בימי קדם הייתה עיר הנמל הלבנונית צידון מן המפורסמות בערי המזרח הקדמון. בני ישראל מעולם לא כבשו אותה בתקופת המקרא, ומלכי ישראל דוד ושלמה נהנו מיחסי ידידות עם שליטיה. אפילו עצי הארזים האדירים ששימשו לבניית בית המקדש נכרתו בצידון ונשלחו לירושלים. אולם אלפי שנים מאוחר יותר, כאשר חיילי צה"ל תמרנו במבצע שלום הגליל בחוף לבנון, האידיליה הזאת חלפה, והתחלפה בקבלת פנים עוינת של צידון וסביבותיה, שבישרה על צרות צרורות.

ימים ספורים לפני תחילת המצור על ביירות לחמו חיילי צה"ל במחבלי אש"ף בצידון ובמחנה הפליטים הפלסטיני הסמוך עין חילווה, שהוקם בשנת 1948. המחבלים ירו לעבר חיילי צה"ל מבניין בית חולים בן ארבע קומות בצידון. מדובר בהפרה חמורה של החוק הבין־לאומי, שהופכת משאב אזרחי מוגן ונייטרלי לעמדה צבאית.

לצד המחבלים שהו בבית החולים גם צוותים רפואיים, חולים והמון רב של בלתי מעורבים שביקשו למצוא שם מקלט. צה"ל שלח נושאים ונותנים לבנונים כדי לאפשר לכל המסתתרים בבית החולים לצאת, בתנאי שהלוחמים יתפנו משם ללא נשק. מחבלי אש"ף משכו זמן ובאמצעות תחבולה הצליחו להימלט מהמקום באישון לילה עם כלי הנשק בידיהם.[1]

לאחר מכן שלח צה"ל משלחות אחדות של תושבים ערבים לנהל משא ומתן עם כמאה ועשרים מחבלי אש"ף שהתבצרו בתוך בתי הבטון ובקתות הפח של עין חילווה. מפקד אש"ף המקומי נמלט, ואת המחבלים הנהיג כעת מולא אסלאמי שהכריז: "בשם אללה, ניצחון או מוות!" המחבלים קראו למתווכים 'בוגדים' וירו ברגליהם. הם נשבעו שאיש לא יעזוב את מחנה הפליטים, גם לא אזרחים.

המחבלים התכוונו למה שאמרו, וכדי להבהיר את רצינות כוונותיהם ירו בשלושה ילדים לעיני הוריהם. מה היה חטאם? אביהם הציע לקבל את ההצעה להפסקת אש ולהציל את חייהם. לאחר חמישה ניסיונות ויתר צה"ל על המשך המשא ומתן. החיילים עברו מבית לבית, מבלוק לבלוק, מבונקר לבונקר, ובסיוע כוח אווירי חיסלו את שרידי ההתנגדות האחרונים.

זאב שיף ואהוד יערי, הכתבים שתיעדו את המשא ומתן, מתחו ביקורת נוקבת על חיילי צה"ל על שכתשו את מחנה הפליטים והאשימו אותם באובדן רגישותם המוסרית: "הרגישות קהתה והכל נראה טבעי ורגיל, כאילו מדובר בדבר יום ביומו... [החיילים] הסתגלו לפיצוצים ולעשן המיתמר ממנו".[2] המחברים תהו אם חיילי צה"ל ראו את עצמם כמי שמוציאים אל הפועל פעולות תגמול על הטרור הפלסטיני, ואולי אף נוקמים על מאות שנים של אנטישמיות ברחבי העולם. הם ניסו לשער אילו 'פחדים קולקטיביים' היו אוחזים בסבים ובסבתות של החיילים הללו אילו היו עדים למהומה הזו. ההקבלה הזו אינה ברורה לגמרי. נראה שהמחברים התייחסו לפעולות איסוף של יהודים מבית לבית בתקופת השואה או לזוועות אחרות שאירעו במלחמת העולם השנייה.

הביקורת הזו תמוהה. אכן, היה זה אירוע עקוב מדם. הרמטכ"ל עצמו הודה שהקרב היה אכזרי. באופן כללי, מלחמה איננה אירוע נעים, אך אין לאפשר לתמונות מטרידות להעיב על שיקול הדעת המוסרי. עין חילווה הייתה נקודה קריטית בתמרון הראשי של צה"ל. היה צורך צבאי לפנות את נתיב ההתקדמות. למעשה, על ההאטה המכוונת, שמטרתה הייתה להגביל את מספר הנפגעים מקרב האזרחים, שילמה ישראל מחיר יקר מבחינה אסטרטגית. בינתיים המשיכו המחבלים לנצל "מחסן עצום של נשק ותחמושת", כדברי שיף ויערי, ובכלל זה טילי RPG שהשמידו טנקים של צה"ל.[3] למרות זאת, ציינו גורמי הערכה חיצוניים כי ישראל נקטה צעדים יוצאי דופן כדי למזער את הפגיעה באזרחים: היא הזהירה מראש את התושבים באמצעות כריזה ברמקולים והשלכת עלונים מכלי טיס, גם

במחיר אובדן יתרון ההפתעה; היא הפעילה תחילה כוחות חי"ר על הקרקע במקום להשתמש בהפצצות ארטילריה כבדה ותקיפות אוויריות; והיא הציבה מטרות טקטיות לנשק הכבד שלה במקום לשטח את המחנה כליל, כפי שהייתה יכולה לעשות.[4]

המלומד המשפטי וההיסטוריון הצבאי המוערך ויליאם הייז פארקס (William Hays Parks), שחיבר מונוגרפיה על ההיסטוריה של חסינות לבלתי מעורבים, טען כי ישראל נקטה אמצעי זהירות מופלגים בהשוואה לכל אומה אחרת שהייתה מעורבת בסכסוך מזוין כלשהו.[5]

השאלה העקרונית היא מי נושא באחריות למראות המחרידים הללו? האם האחריות מוטלת על קצין צה"ל, שניסה חמש פעמים להביא את האויב לכניעה, ובכללן הצעה מפורשת למחבלים להניח את נשקם ולעזוב בלי שיאונה להם רע? או שמא על הפונדמנטליסט השיעי שנלחם תחת הסיסמה 'ניצחון או מוות' בעודו יורה מאחורי מגן אנושי המורכב מנשים וילדים? אותם בלתי מעורבים היו יכולים לברוח למקום מבטחים אילו אפשרו להם זאת, אך המחבלים והעומד בראשם הפכו אותם ואת בתיהם למטרות צבאיות.[6]

למעשה, טענו שיף ויערי, המחבלים הפלסטינים ראו בעין חילווה את ה'מצדה שלהם', והם העדיפו "למות עד האחרון שבהם ובלבד שגם אזרחים רבים ייהרגו איתם".[7] אשר על כן אש"ף, ולא צה"ל, הוא האחראי העיקרי מבחינה מוסרית למותם של הבלתי לוחמים.

בניגוד לשיף ויערי, אני מניח שהסבים והסבתות של חיילי צה"ל היו מתגאים ביכולתם של נכדיהם להילחם בקנאים הפלסטינים תוך שהם עושים כמיטב יכולתם להציל חיים רבים ככל האפשר.

מי נושא באחריות מוסרית בלחימה בשטח בנוי?

לסוגיית האשמה המוסרית ולשינוי בה משקל מכריע בשיפוט אתי של לחימה א־סימטרית. אין ספק שאנו מעוניינים למזער את מספר הנפגעים מקרב החפים מפשע, אך ללוחמי גרילה ולארגוני טרור כמו אש"ף אין עניין רב לפנות את האזרחים משדה הקרב. המחבלים לוחמים ללא מדים ונטמעים בין אזרחים, מה שהופך את ההבחנה בינם לבין הבלתי מעורבים לבלתי אפשרית. הגורמים הלא מדינתיים נושאים באחריות לביטול שדה הקרב כאזור ברור ומתוחם ולטשטוש היכולת להבחין בין חיילים לאזרחים. בשלב מסוים, האשמה – ואף נטל האחריות – על מותם של בלתי מעורבים נופלת דווקא על הצד המתגונן.

הרב גורן לא היה האתיקאי הראשון בתקופה המודרנית שאימץ את משנת הרמב"ם בנוגע להתנהגות צבאית בעת מצור, אשר נדונה בהרחבה בפרק הקודם. שנים ספורות קודם לכן ציטט הפילוסוף מיכאל וולצר את הרמב"ם, לביסוס הטענה כי בכל מצור חובה לאפשר נתיב מילוט.[8] הטלת מצור וסגרים הן פעולות חוקיות לפי הדין הבין־לאומי. למרות זאת, רבים מפעילי זכויות האדם כגון וולצר מוטרדים מהן, שכן אלה פעולות הנתפסות כסוג של ענישה קבוצתית. אין ספק שהטקטיקה הזאת גורמת סבל לבלתי מעורבים; במובנים רבים, זוהי מטרתו של המצור מלכתחילה – להפעיל לחץ על הקולקטיב ולהכביד את היד על הדרג הלוחם. אתיקאים שבראש מעייניהם זכויות אדם רואים בכך בעיה גדולה. הקצאת נתיב מילוט לבלתי מעורבים מסייעת להפחית את הנטל המוסרי מעל הצבא היוזם את המצור.

מעבר לתועלת ההומניטרית באסטרטגיה זו של השארת נתיב מילוט, הדגיש וולצר יתרון מוסרי נוסף: נטל האחריות המוסרית עובר לצד השני. נתיב המילוט מציע לבלתי מעורבים מקלט. הם יכולים לעזוב כדי לשמור על ביטחונם. אם בחרו שלא לעשות זאת, האחריות על חייהם עוברת אליהם, או לכל הפחות למנהיגיהם, שהחליטו שלא להיכנע או לפגוש את הצד השני בשדה הקרב. קשה לבוא בטענות אל התוקפים העומדים על זכותם לכבוש את העיר כשהדבר נחוץ להם מבחינה צבאית. בהצעת נתיב מילוט, המדינה המטילה מצור מצהירה בעצם כי לא תישא באחריות לגורלם של מי שיבחרו להישאר.

הרב גורן צידד בטענה זו, והביא לה ראיה מדברי הנביא יחזקאל: "וְשָׁמַע הַשֹּׁמֵעַ אֶת קוֹל הַשּׁוֹפָר [כלומר את הכרזת המלחמה] וְלֹא נִזְהָר וַתָּבוֹא חֶרֶב וַתִּקָּחֵהוּ – דָּמוֹ בְרֹאשׁוֹ יִהְיֶה" (יחזקאל לג, ד). הווה אומר, משעה שהוכרזה מלחמה וניתנה דרך מילוט, אין לבוא בטענות על מותם של חפים מפשע. הם בחרו – או שמישהו אחר בחר בשבילם – להישאר באזור מלחמה.

איזון בין אחריות מוסרית לאסטרטגיה צבאית בלחימה א־סימטרית

אולם, כפי שהוכיחה הלחימה הממושכת בעין חילווה, החיים לאורם של עקרונות מוסריים אינם כה פשוטים. במלחמות א־סימטריות בשטח בנוי, אי נשיאה באשמה על מותם של בלתי מעורבים אינה משחררת לגמרי מאחריות

לנסות להימנע ככל האפשר מהריגתם. איננו חפצים ליטול שלא לצורך חיי מי שנבראו בצלם אלוהים.

איפוק עשוי גם להניב יתרונות אסטרטגיים. התקפות עקובות מדם, גם כשהן מוצדקות, עלולות לייצר מהלך תגובה שיסייע לארגוני הטרור לגייס צעירים צמאי נקם. בעולם שבו ערוצי החדשות והרשתות החברתיות מכסים כל התרחשות, 'אפקט CNN' התקשורתי של אירוע רב נפגעים הוא אסון תדמיתי ופיגוע דיפלומטי. מבצע שלום הגליל היה מלחמתה הראשונה של ישראל שהועברה בשידור חי לכל רחבי העולם. עובדה זו גרמה לכוחות צה"ל להתנהל בזהירות יתרה.

עם זאת, ישראלים רבים היו מוטרדים מכך שצה"ל מתנהל בזהירות כה מופלגת בניסיון להימנע מפגיעה באזרחים, עד שהוא מסכן יתר על המידה את חיי חייליו שלו.[9] הייתה להם סיבה טובה לכך. כבר הורונו חכמינו: "כל שנעשה רחמן על האכזרי, לסוף נעשה אכזר על הרחמנים".[10] כלומר, גילוי חמלה בנסיבות הדורשות תגובה חמורה יוביל לתוצאות קשות עבור כלפי מי שהוא אכן ראוי לחמלתנו. נשמעה אף ביקורת על כך שישראל אינה פועלת בנחישות מספקת, ובכך מאפשרת לאש"ף לגרור אותה למלחמת התשה. עכבותינו המוסריות שיחקו היישר לידיו של האויב החלש מאיתנו.

כדי להמחיש נקודה זו, נשוב לרחובות מחנה הפליטים עין חילווה. לאחר שמחבלי אש"ף דחו את הצעות הכניעה שהוצעו להם, אפשר היה לכבוש את המחנה באמצעות ירי אווירי, ארטילריה או כוחות שריון. חיילי צה"ל יצאו לרחובות הצרים ונלחמו מבית לבית כדי למזער את האבדות בקרב אזרחים. כפי שכתב ההיסטוריון והאנליסט הצבאי האמריקני ריצ'רד גבריאל: "הישראלים כבשו את מחנה עין חילווה תוך אובדן מזערי של חיי אזרחים. עם זאת, מספר ההרוגים בצד הישראלי היה גבוה במידה ניכרת ממה שהיה אילו הפעיל צה"ל את כוח האש שלו במלואו".[11]

דילמה זו חזרה על עצמה לאורך המלחמה כולה. קציני צה"ל נאלצו להחליט באיזו מידה לסכן את חיי חייליהם כדי למזער את הפגיעה בבלתי מעורבים בצד השני. ככל שעלה מניין ההרוגים בקרב חיילי צה"ל, כך גדל מספרם של הטוענים כי יש לעשות הרבה יותר כדי להגן על חיילינו – גם במחיר פגיעה באזרחים הבלתי מעורבים מקרב האויב.

שניים מתלמידיו הבולטים של הרצי"ה, הרב דב ליאור והרב אברהם שפירא, טענו בתוקף כי על ישראל לעשות כל שביכולתה כדי להגן על חיילי צה"ל. לדעתם, אם משמעות הדבר היא קורבנות רבים יותר מבין האזרחים,

יש להצטער על כך – אך זהו מחירן של מלחמות. הרב שפירא, שכיהן אז בתפקיד הרב הראשי, הדגיש כי נפילתו של חייל מאיימת על המאמץ המלחמתי כולו, שכן היא משפיעה הן על התכנון האסטרטגי של צה"ל והן על המורל הלאומי. ההגנה על החיילים עומדת בראש סדר העדיפויות, גם במחיר מותם המצער של הבלתי מעורבים. הרב שפירא הסכים שאין לפגוע בכוונה תחילה בבלתי מעורבים, אך קבע כי כל עוד אנו פועלים באזור לחימה, לא נוכל לשאת באחריות לנזק האגבי.[12]

הרב ליאור, רבה של קריית ארבע, גייס את הכלל של השארת דרך מילוט כתמיכה בדעתו שיש לנהוג בחמלה רק לפני פרוץ המלחמה. משעה שזו פורצת – חמלה יתרה כלפי האויב עלולה להפוך עד מהרה להתאכזרות כלפי חיילי צה"ל. הרב ליאור טען כי יש להציב תמיד בעדיפות עליונה את צורכי הקולקטיב הלאומי שלנו על פני אלה של האויב. הלוא מלחמות מתנהלות בין מדינות, לא בין יחידים. "אך בשעת מלחמה קיים ושריר הבסיס ההלכתי ל**כל פעולה** הנעשית על מנת שלא יפגע חס וחלילה אף חייל משלנו".[13] למרבה הצער, אנשים יקפחו את חייהם באזור הקרבות. עדיף שיהיו אלה אנשי האויב ולא בני עמנו.

במבט ראשון יש בכך היגיון: הרי שמירה על חיי בני עמנו נמצאת בעדיפות גבוהה. זו הסיבה שאנו יוצאים למלחמה מלכתחילה, וזו האחריות העיקרית שלנו.

אך חסר כאן דבר מה: יש ערכים וסוגי אחריות נוספים שצריך להביא בחשבון. שוו בנפשכם שאנו פועלים לפי האסטרטגיה המציבה את חיי חיילי צה"ל בראש סדר העדיפויות ונוקטת "כל פעולה", כדברי הרב ליאור. נוכל לבצע הפצצות אוויריות או להרעיש בארטילריה מסיבית מטרות צבאיות בלי לסכן אי פעם את חיי חיילינו. סוג כזה של לחימה יגבה מחיר גבוה יותר של קורבנות מקרב הבלתי מעורבים, אך לפחות נוכל לטעון שעשינו הכול כדי להגן על חיילינו במלחמה. אם אנו מייחסים ערך עליון וחסר פרופורציות לחיי חיילינו, תמיד תהיה הצדקה לתקוף כל מטרה הכרחית, בלי להתחשב בנזק האגבי לחיי הבלתי מעורבים.

מן האמירה הזאת נעדרת ההכרה בערכים חשובים אחרים המצויים במודל הרב־ערכי היהודי. בעיקר בולטת בהיעדרה ההכרה בכך שבכל בני האדם טבוע כבוד מהותי מעצם היותם נבראים בצלם אלוהים. אכן, גם האזרח הבלתי מעורב הוא חלק מקולקטיב האויב, אך אין נובע מכך שהוא מאבד לחלוטין את זהותו הייחודית כברוא בצלם אלוהים. אפשר לחתור

לניצחון תוך שמירה על חיי חיילינו, ובד בבד לנקוט, ככל האפשר, פעולות שמטרתן למזער את מספר ההרוגים בקרב כל הצדדים.

את הטיעון הזה ייצג בוויכוח הסוער הרב ליכטנשטיין. הוא היה מוטרד מכך שהשיח הקולקטיביסטי המופרז חסר את המרכיב של התחשבות הומניטרית בחיי הפרט גם בעת לחימה. אכן, ההלכה מחייבת שירות צבאי בהגנת העם, וילדיו של הרב ליכטנשטיין ותלמידיו נשאו אף הם בעול זה. אך אסור להיחפז לצאת למלחמות, מוצדקות ככל שיהיו, בלי להביא בחשבון את מספר ההרוגים – גם בצד האויב. לדברי הרב ליכטנשטיין:

> למלחמה יש מחיר. ראשית, היא דורשת את קרבנותיה מאיתנו. [...] שנית, המחיר נתבע גם מהאויב, שאף הוא נחון בצלם אלוהים, ויש לדאוב בכל מקרה שמעשה ידיו של הקב"ה טובעים בים. בנקודה זו מהווה הגורם הכמותי גורם בעל משמעות, ויש בהחלט לשקול את מידת הצידוק שבפגיעה ברבים על מנת להציל את היחיד.[14]

גם אויבינו נבראו בצלם אלוהים, ועובדה זו מחייבת להביא בחשבון את עניין המידתיות במסגרת הפעולות הצבאיות שלנו, ובכלל זה את השאלה כמה מהם ניאלץ להרוג כאשר נציל את אנשינו.

יש לציין שהרב ליכטנשטיין הזהיר גם מפני מצב שבו נפסיק להבחין בהשפעה המוסרית השוחקת שיש לשפיכות דמים על נפש האדם והחברה הלוחמים. הרי התורה מזהירה: "כִּי תֵצֵא מַחֲנֶה [=כאשר תצא למלחמה] עַל אֹיְבֶיךָ וְנִשְׁמַרְתָּ מִכֹּל דָּבָר רָע" (דברים כג, י).[15] "המלחמה פוגעת באופיים של האדם והחברה הלוחמים", הוסיף הרב ליכטנשטיין, ברומזו לדברי הרמב"ן (בפירושו לפסוק זה) ש'כל דבר רע', כולל לב אבן ההופך את האדם לשווה נפש כאשר הוא מקפח את חיי הזולת, מצב שכיח ביותר במלחמה מתמשכת.

הוגי דעות כבר העירו כי מידות טובות הן קריטיות למקצוע הצבאי, וכי הן נחוצות גם כדי לטפח משמעת, נאמנות ואומץ להילחם למען הצדק.[16] חיילים נדרשים לאיפוק כדי לקבל החלטות רציונליות קרות בשדה הקרב, וחשוב מכול – נדרשת מהם יכולת שליטה עצמית כדי להתייחס בחמלה לאחרים, כגון שבויי מלחמה או בלתי מעורבים.

כפי שציין אחד המלומדים מימי הביניים, רבות ממצוות התורה מסייעות לעצב דמויות מופת בעלות מידות טובות המגלות חמלה כלפי בני

האדם כולם, גם כאשר אנו נלחמים נגדם. למעשה, חלקם אפילו טוענים כי זה היה המניע האמיתי מאחורי הכלל של השארת דרכי מילוט.[17]

ההתעללות של חיילים בריטים באסירים עיראקים בבצרה[18] ושל חיילים אמריקנים בכלא אבו גרייב בשנים האחרונות מעידה על הסכנה הנשקפת מחיילים שמידותיהם מקולקלות. כפי שטען מי שהיה אחד מראשי מערכת הביטחון הבריטית, חסרו מידות טובות "שיוודאו כי חיילינו הם אנשים טובים המשתמשים בכוח הקטלני שהחברה הפקידה בידיהם רק למען מטרות טובות [...] ושהם מסוגלים לנהוג כך גם בתוך כל הלחצים והיצרים שמזמנת המלחמה".[19] רוח הקרב מטשטשת לעיתים את הגבול שבין לוחם אמיץ לב לברברי.

הרב ליכטנשטיין הזהיר כי סיכונים מעין אלה מתרבים כאשר אנו מבטלים את זהותם האינדיבידואלית של אויבינו ומתייחסים אליהם כאל מקשה אחת. אסור לשכוח שגם הם היו יחידים שנולדו בצלם אלוהים לפני שהפכו לחלק מקולקטיב לאומי עוין. מחבלים, לוחמי גרילה וגורמים לא מדינתיים אחרים אולי נושאים באחריות מוסרית למותם של בלתי מעורבים שהם משתמשים בהם כמגן אנושי, אך הדבר אינו פוטר אותנו מהשתדלות למזער הרג של בלתי מעורבים.[20] כפי שמסיים הרב ליכטנשטיין: "אין ביכולתנו לקבוע באופן חד סולם עדיפויות, אך לעולם יש באפשרותנו לחנך ולשים את ההדגשים הנכונים בנקודות החשובות". שוב, המודל הרב־ערכי היהודי מחייב התחשבות בעקרונות רבים לפני קבלת החלטה כיצד לפעול.

המהר"ל מפראג ולוחמה קולקטיבית

בתמצית – הרב ליכטנשטיין תובע מאיתנו לדאוג לחיי פרטים משורות האויב בעיצומה של לוחמה נגד צבא האויב כקולקטיב. האם דבר זה אפשרי – או אפילו רצוי?

מבחינה זו, כדאי לבחון פעם נוספת את הנימוקים שניתנו להצדקת חיסולה של העיר שכם בידי שמעון ולוי. כאמור לעיל בפרק 7, הרב גורן טען כי המקרא מגנה הרג חסר הבחנה מסוג זה, ועל כך מעידה תוכחתו הקשה של יעקב לשמעון ולוי. רבים מהפרשנים הראשונים צידדו אף הם בדעה זו.

לעומתם, פרשנים אחרים ניסו ללמד זכות על מעשי השניים. לדוגמה, יש הטוענים כי כוונתם הייתה להרוג רק את תוקפיה של דינה, אך תושבי העיר נחלצו להגן על מנהיגיהם, וכך נאלצו להרוג גם אותם.[21] לפי קו

מחשבה זה, כעסו של יעקב מיוחס לרתיעתו ממלחמות העלולות לסבך את עם ישראל ולהעמידו בפני מצב מסוכן יותר.

ואולם המהר"ל מפראג (בן המאה השש-עשרה) קבע כי מלחמות הן קולקטיביות במהותן. מכיוון שכך, הייתה הצדקה לנקמתם של שמעון ולוי בתושבי העיר, שכן מלחמות בין מדינות כרוכות בהרג הדדי. פרשנות זו – שהפרשנים המסורתיים אינם שותפים לה ברובם המכריע – מצוטטת לעיתים קרובות בפי אנשי ימין קיצוני בעלי אוריינטציה ניצית במיוחד באשר לסכסוך הערבי ישראלי, שכן היא עשויה לאפשר ענישה קולקטיבית.[22] לדוגמה, מחברי הספר הקיצוני 'תורת המלך', המתיר באופן מחפיר להרוג באוכלוסיית האויב ללא הבחנה, מסתמכים על קביעה זו של המהר"ל כתמיכה בעמדתם.[23]

זוהי פרשנות בעייתית ביותר. ראשית, השלכותיה אמורות להרתיע כל ישראלי, שכן יש בהן כדי להצדיק גם הרג חסר הבחנה של יהודים בידי מחבלים. הרי אם כל חברי הקולקטיב הם מטרות לגיטימיות, אזי אין שום פסול בכך שאש"ף או חיזבאללה משגרים טילים מלבנון לערי ישראל.[24] אולי מסיבה זו ישנם הטוענים בתקופתנו כי פירוש המהר"ל בא רק להצדיק הרג בלתי מכוון של תושבי שכם שאי אפשר היה להבדיל בינם לבין לוחמי העיר. אך גם במקרה כזה אסור לפגוע בבלתי מעורבים מזדמנים.[25]

שנית, גם אם אכן הייתה זו גישתם של שמעון ולוי, יעקב לא היה שותף לה, והוא הוכיח קשות את בניו על כך. יעקב לא רק נאה דרש: לפני שהתגורר באזור שכם, הוא עמד בפני האפשרות לצאת למלחמה נגד עֵשָׂו אחיו שהלך לקראתו וארבע מאות איש עִמּוֹ. התורה מספרת על מעמד זה: "וַיִּירָא יַעֲקֹב מְאֹד וַיֵּצֶר לוֹ" (בראשית לב, ח), ורש"י שם מפרש: "ויירא – שמא יהרג, ויצר לו – אם יהרֹג הוא את אחרים".[26] הדבר תמוה ביותר: ארבע מאות לוחמים אלה שהתלוו לאחיו היוו איום על חייו וחיי משפחתו. בנסיבות אלה הכלל הברור הוא "בא להרגך – השכם להרגו". למרות שהייתה לו לגיטימציה מלאה להרוג את אויביו, מדוע הוא פחד להרוג אותם?

יש מפרשים הסבורים כי יעקב חשש שמא קיימות דרכים קטלניות פחות לעצור את האיום, והוא יישא באחריות להרג שלא לצורך. נראה שיעקב היה מוטרד מכך שלא עשה די כדי למזער את שפיכות הדמים הממשמשת ובאה. מעשיו היו לגיטימיים לחלוטין, אך הוא דאג בכל זאת שמא אפשר לנצח בקרב עם פחות כוח קטלני.

מפרשים אחרים סבורים כי יעקב חשש שבקרב שיתפתח הוא עלול

להרוג מי שגויסו לשרת בצבאו של עשו בכפייה, שלא ברצונם. כמובן, זה לא היה הופך את אנשי עשו לבלתי מעורבים, שכן הם התעתדו להילחם אם כך יורה להם מפקדם, אך מותם יהיה מצער שכן לא היה להם עניין אמיתי לפתוח במלחמה מצד עצמם.[27]

מעניין ביותר הוא שהמהר"ל עצמו טוען כי לעיתים נוכחים בשדה הקרב לוחמים המעדיפים שלא להרוג. בלשונו של המהר"ל: "שמא לא באו להרוג את יעקב – אף על גב דעשו הביא אותם עמו – משום היראה באו, אבל לא באו להרוג, ויעקב מפני שלא ידע אם באו להרוג או לא, היה מתיירא שמא יהרוג אותם שלא כדין".[28] מובן מאליו שיעקב לא יכול היה להבחין בין הלוחמים הששים אלי קרב לבין אלו שאין ליבם שלם עם משימתם. אף על פי כן הוא חשש מהרג ללא צורך ("חטא בשגגה") שידבק בו ככתם מוסרי. גם יעקב אבינו וגם המהר"ל מעולם לא התעלמו מהפרט גם בעיצומו של מאבק קולקטיבי.

הצד השווה בכל הפרשנויות הללו הוא שיעקב חרד שמא יהרוג שלא לצורך. לא הייתה לו שום דרך לזהות מי מאנשי עשו הבאים לנגדו מעוניינים להורגו מרצונם החופשי, ולא היה מנוס מכך שחלקם יאבדו את חזקת החפות שלהם וימותו בקרב. האשמה על כך מוטלת על עשו ולא על יעקב. ובכל זאת חשש יעקב פן יתלו בו את האחריות להרג שלא לצורך.

כמובן, ההתלבטות הזאת לא עצרה את יעקב, והיא אף אינה אמורה למנוע מצאצאיו לצאת למלחמה הכרחית. כפי שאטען בפרק 24, במצב של אין ברירה, עם צריך להגן על חייליו. בסדר העדיפויות, הם ניצבים למעלה מאזרחי האויב. עם זאת, חרדתו המוסרית של יעקב אבינו מדגישה כי לעולם עלינו לעשות ככל יכולתנו, אפילו בעת מלחמת מצווה, כדי למנוע מוות מיותר ולהצטער על אובדן חיים.

'הקש בגג' והניסיון להזהיר בלתי מעורבים

הפולמוס סביב נוהל 'הקש בגג' ממחיש היטב את הדילמות של אחריות מתנגשת. מבצע 'עופרת יצוקה', שבו פתחה ישראל בשנת 2008 בעזה, נועד לעצור את סבב שיגורי הרקטות לעבר יישובי עוטף עזה והדרום. זו הייתה שיטת הפעולה המועדפת על ארגוני הטרור מאז ההתנתקות מגוש קטיף בשנת 2005. חמאס והג'יהאד האסלאמי ניצלו בתי מגורים, בתי ספר, מסגדים ובנייני משרדים בעזה לאחסן נשק, להקים עמדות פיקוד ולחפור מנהרות,

שחלקן חיברו את רצועת עזה למצרים. מבחינה מוסרית ומשפטית, מקומות אלו הפכו למטרות צבאיות, אך ישראל רצתה להימנע מנפגעים מיותרים. במלחמות בלבנון נהג צה"ל לכרוז ברמקולים ולפזר כרוזים שהזהירו את התושבים להימלט על נפשם בטרם הפצצה. בשנת 2006 במלחמת לבנון השנייה אכן נמלטו למעלה ממאה אלף בלתי מעורבים רק בדרום לבנון. מבחינת הדין הבין־לאומי, זהו נוהג חוקי, ודי באזהרות כלליות מסוג זה לפני פתיחה באש.

למרות זאת, בשנת 2008 פיתח צה"ל דרך מתקדמת לאזהרות ממוקדות יותר. חיילי צה"ל היו מתקשרים לטלפונים הניידים של תושבי עזה ומשמיעים אזהרה בערבית בזו הלשון: "כאן צבא ההגנה לישראל. אנחנו צריכים להפציץ את הבית שלכם ואנחנו עושים כל מאמץ כדי למזער את מספר הנפגעים. אנא ודאו שאף אחד לא נמצא בקרבת מקום, כי בעוד חמש דקות נתקוף". על פי רוב היה די בשיחות טלפון אלה כדי לגרום לרוב התושבים לעזוב מרצונם.

אולם חלקם סירבו להתפנות. בשלב זה הפעילו צה"ל והשב"כ את נוהל 'הקש בגג'.[29] במקרה שבו היה חשש להימצאותם של אזרחים בבית שהוגדר לחיל האוויר כמטרה, היו מתקשרים ליושבי הבית ומודיעים להם על תקיפה קרובה. לאחר מכן היו משגרים טילים ללא חומר נפץ, שפגעו בגג או בסמוך לבית וגרמו נזק קטן וזניח. על כל פנים, קול פיצוץ הטילים הבריח את תושבי הבית, וכעבור דקות אחדות היו מטוסי חיל האוויר הורסים את המבנה הריק מיושביו באמצעות טילים בחימוש מלא, שהשמידו את המטרה תוך צמצום מספר הנפגעים.

מבחינה מוסרית, נוהל 'הקש בגג' הוא גרסה מעודכנת של הותרת דרך מילוט, המאפשרת לאנשים לנוס על נפשם ולפנות את האזור המועד לפורענות. הנוהל זכה בהמשך לשבחים מיושב ראש המטות המשולבים של הכוחות המזוינים של ארצות הברית, מרטין דמפסי, שקבע כי ישראל עשתה "מאמצים יוצאי דופן כדי להגביל את הנזק האגבי ואת מספר הנפגעים האזרחיים", למרות שאויביה אינם נוהגים בהתאם לסטנדרטים בין־לאומיים.[30] בשנת 2016 התפרסם כי צבא ארצות הברית אימץ את נוהל 'הקש בגג' במלחמתו הא־סימטרית מול דאע"ש בעיראק.[31] זאת אף כי מנקודת מבט של המשפט הבין־לאומי, די במתן אזהרות כלליות לפני שפותחים באש.[32]

עם זאת, מומחים אחדים למשפט בין־לאומי תוקפים את נוהל 'הקש

בגג' וטקטיקות אזהרה אחרות, בטענה שאין בהם די מבחינה מוסרית. הנימוק הוא שייתכן כי האזרחים שנותרו בבתיהם אולצו לעשות זאת תחת איום של ארגוני הטרור, או שאם עשו זאת מרצונם ונותרו בביתם או בעירם הנצורה – היו משותקים מפחד או בשל גורמים רגשיים אחרים. לפי היגיון זה, קשה לומר כי אנשים אלה מהווים איום כלשהו על הצבא התוקף, יהיו אשר יהיו נסיבות הישארותם באזור הקרב. כיחידים הם לא עשו דבר שיפקיע מהם את זכותם לחיים, וראוי להעניק להם ולרכושם חסינות כבלתי מעורבים. לפיכך, הפרוטוקול שנוסף בשנת 1977 לאמנת ז'נווה קובע שגם לאחר שצבא תוקף שולח התרעה, עדיין אסור לו לפגוע "באזרחים, באובייקטים אזרחיים או באוכלוסייה אזרחית".[33] באופן זה נותרת האחריות המוסרית על הצד התוקף. לשיטת המומחים האוסרים זאת, נוהל 'הקש בגג' אינו עומד באחריות המשפטית המחייבת להימנע מפגיעה באזרחים וברכושם.[34]

שוב הפכו המשפטנים הנוקדנים הללו את החוק הבין־לאומי לנשק בידי הטרוריסטים. פרשנות כה קפדנית של אמנת ז'נווה (שכזכור, ישראל וארצות הברית לא חתמו עליה מעולם) מעודדת לוחמה בשטח בנוי במקום למנוע אותה. אם מבנים אזרחיים שהפכו לבסיסי טרור עדיין נחשבים ליעד אזרחי מוגן, אזי הטרוריסטים תמיד יילחמו בחסותם של בלתי לוחמים. כך יוצא שדווקא החוק הבין־לאומי פורס רשת הגנה לטרור.

יש גם גורמים צבאיים המבקרים את נוהל 'הקש בגג' מזווית אחרת: הם טוענים כי אין בו תבונה אסטרטגית.[35] אין ספק כי חיי רבים מהבלתי מעורבים ניצלים. אך עימם ניצלים גם מחבלים, המנצלים את ההקשה בגג כדי להימלט מהבניין המיועד להריסה ולהמשיך בהתקפותיהם מבניין אחר. למעשה, מחבלים יכולים לברוח מהר יותר מאשר תושבים מבוגרים או בעלי משפחות, שדווקא הם עלולים להישאר מאחור. מחבלים שידוע להם כי ביכולתם להינצל אם ימשיכו בקרב מתוך בניינים אזרחיים, לא יירתעו מהמשך הלחימה. במקרים אחדים, במקום לאפשר להם לברוח, הם הורו לתושבים שהוזהרו מההפצצה המתקרבת לעלות לגגות המבנים כדי להפגין שאין בכוונתם לציית, וכך קנו לעצמם חסינות מהפגזות באמצעות שימוש במגינים אנושיים על הגגות. ואכן, צה"ל הפסיק את ההתקפות מהאוויר. המחבלים מנצלים את העכבות המוסריות שלנו כדי להגן על עצמם.

הוויכוח הסוער על נוהל 'הקש בגג' מדגיש את ההכרח להשתמש במכלול הערכים והעקרונות שלנו כדי לנווט בדילמות מורכבות אלה.[36] המערב אינו רשאי לאפשר לאויבים רצחניים חסרי עכבות מוסריות להתגונן

באמצעות שימוש בבלתי מעורבים – או ניצול העכבות המוסריות שלנו. זהו הלקח שעלינו להפנים אם בכוונתנו להביס ארגוני טרור וגורמים לא מדינתיים אחרים בעידן הלוחמה הא־סימטרית. הכרח הוא שנשיג ניצחונות מכריעים ונגן על חיי חיילינו ואזרחינו, עם שאנו פועלים להפחתת שפיכות הדמים.

צה"ל טען כי אם מטרת התקיפה היא רק השמדת תשתיות טרור, די במתן התראה ואפשרית אפילו השהיית ההפצצה. לא כל מטרה חייבת להיות מושמדת, ובוודאי לא מיידית. לפעמים מתברר כי מבחינה טקטית דווקא הסבלנות משתלמת. מנגד, אם בבניין מצויה מטרת טרור רבת ערך, תישקל פגיעה בה גם ללא אזהרה, למרות הנזק האגבי שייגרם לסובבים.

אולם עצם ההבחנה בין פגיעה באנשים לפגיעה בתשתיות טרור מעלה את הסוגיה הרחבה יותר של מטרות צבאיות לגיטימיות. סוגיה זו מעוררת מחלוקת נוספת הנוגעת לקרבות המתנהלים בתוך מרכזי אוכלוסייה, והיא עניינו של הפרק הבא.

פרק 22

מטרות צבאיות לגיטימיות: צורך צבאי ועקרון ההבחנה בעזה ובלבנון

ההצעה לפוצץ את תחנות הכוח של לבנון: צעד "העולה על הנדרש"?

ביולי 2006 ביקש הרמטכ"ל דן חלוץ להעביר מסר תקיף ללבנון. ימים אחדים קודם לכן תקף חיזבאללה כוח של צה"ל באזור הר דב, הרג שמונה חיילים וחטף שניים נוספים – אלדד רגב ואהוד גולדווסר. ממשלת ישראל החליטה לצאת למלחמה. כהחלטה זו נתפסה כמובנת מאליה. אך אין הדבר כך. הרי כחודש ימים קודם לכן נחטף בגבול עזה החייל גלעד שליט, אך אירוע חטיפתו לא הצית מלחמה כוללת עם החמאס. הפעם, לעומת זאת, בחרה ישראל להגיב במכה נרחבת, אף שידעה בוודאות כי זו תגרור תגובת נגד. מאז יצא צה"ל מדרום לבנון בשנת 2000 סבלו אזרחים וחיילים ישראלים מהתקפות חוזרות ונשנות של חיזבאללה. מנהיגי ישראל החליטו שהגיעה העת לפעול.[1]

באמצעות דוברת צה"ל, תא"ל מירי רגב, השמיע חלוץ איום פומבי (ונואל) "להחזיר את לבנון עשרים שנה אחורה". חלוץ ביקש להפוך את התקרית הקשה לקו פרשת המים ביחסי ישראל לבנון. כמפקד חיל האוויר לשעבר, היה חלוץ משוכנע כי תקיפה אווירית הולמת תביא לחיסול האויב. מאחורי דלתיים סגורות הוא הציע לראש הממשלה אהוד אולמרט ולשר הביטחון עמיר פרץ לפתוח בהפצצת כל תחנות הכוח של ביירות ונמל התעופה האזרחי שלה. "אנחנו חייבים לכבות את כל האורות בלבנון. אנחנו יכולים

להוריד להם את החשמל למשך שנה ולגרום נזק בעלות של מיליארדים", אמר.[2] תוכניתו הייתה כוחנית. אך האם הייתה גם מוסרית או חכמה?

פרנסיס ליבר (1798-1872), מנסח 'קוד ליבר' שקיבץ את דיני המלחמה בעיצומה של מלחמת האזרחים האמריקנית, נהג להציג שאלה פשוטה כדי לקבוע אם פעילות צבאית הרסנית היא מוסרית: האם ההרס שייגרם "עולה על הנדרש"? זה נראה כלל פשוט, אך הוא עומד בניגוד משווע למציאות של מלחמות אכזריות ועקובות מדם. ליבר ביקש למנוע מחיילים להסב סבל רק לשם סבל או נקמה, או לבצע כל מעשה עוין אחר שיקשה שלא לצורך על חזרה לשגרת השלום ביום שאחרי המלחמה. צבא חייב לשאוף לעשות כל מה שהכרחי כדי לנצח במלחמה, אך לא יותר מכך. חיילים יכולים לאחוז בנשק, אך עליהם לזכור שהם "אינם חדלים בשל כך להיות יצורים מוסריים, הערבים זה לזה וצריכים לתת דין וחשבון לבורא". מעשים אסורים כוללים עינויים, הטלת מום, הרעלה, הונאה או "הרס מופקר של אזור".[3]

עקרון הנחיצות – "האם זה עולה על הנדרש?" – מהדהד תחושות המצויות בכתבי תאורטיקנים כמו הוגו גרוטיוס, שעיסוקם במשפט הבין־לאומי. שורשיו הקדומים יותר מגיעים בחלקם עד למקרא. למעשה, הצו המקראי המובהק ביותר באשר למוסר מלחמה מופיע בפסוקים הבאים:

> כִּי תָצוּר אֶל עִיר יָמִים רַבִּים לְהִלָּחֵם עָלֶיהָ לְתָפְשָׂהּ לֹא תַשְׁחִית אֶת עֵצָהּ לִנְדֹּחַ עָלָיו גַּרְזֶן כִּי מִמֶּנּוּ תֹאכֵל וְאֹתוֹ לֹא תִכְרֹת כִּי הָאָדָם עֵץ הַשָּׂדֶה לָבֹא מִפָּנֶיךָ בַּמָּצוֹר? רַק עֵץ אֲשֶׁר תֵּדַע כִּי לֹא עֵץ מַאֲכָל הוּא אֹתוֹ תַשְׁחִית וְכָרָתָּ וּבָנִיתָ מָצוֹר עַל הָעִיר אֲשֶׁר הִוא עֹשָׂה עִמְּךָ מִלְחָמָה עַד רִדְתָּהּ (דברים כ, יט-כ).[4]

עצי פרי אינם אויבים ואינם מהווים איום;[5] ומאידך גיסא, הם קריטיים לתזונת האדם וגידולם אורך שנים רבות. השחתת עצי פרי עלולה להביא לרעב מיידי ולמחסור במזון לטווח ארוך. התורה מנחה להימנע מענישה בשיטה של 'אדמה חרוכה',[6] ולשמר את סביבת המחיה במצב תקין ככל האפשר. מפרשים אחדים בני זמננו קבעו כי אם עצים שיש בהם שימוש והם אינם מזיקים ראויים להגנה מיוחדת, על אחת כמה וכמה ראויים לה גם בלתי מעורבים שאין נשקף מהם איום.[7]

לעומת זאת, ההלכה מאפשרת עקירת עצי סרק אם יש בכך כדי לסייע

בלחימה בעיר הנצורה. חז״ל הרחיבו את ההיתר וקבעו עיקרון כללי של נחיצות: מותר להרוס כל דבר, לרבות עצי פרי, אם המעשה נחוץ למאמץ המלחמתי. האיסור הוא רק נגד ׳הרס מופקר׳, כלומר הרס סתמי לצורך השחתה או ענישה. לדוגמה, אם האויב מתחבא בתוך פרדס של עצי פרי, מותר לעוקרם. ההסתייגות היחידה היא שיש לשאוף לכך שהנזק לטווח הארוך יהיה מזערי – למשל, לעקור עצי סרק לפני שעוקרים עצי פרי,[8] עד כמה שהדבר מתאפשר. זו דוגמה נוספת שבה חז״ל מנסים לאזן בין ערכים שונים: חתירה להשגת ניצחון בקרב לצד שמירה על חיים וסביבת מחיה ראויה.

ההיבט ההופכי של עקרון ה׳נחיצות׳ הוא חובת ההבחנה: חל איסור להרוס דבר כלשהו אם הוא אינו הכרחי למאמץ המלחמתי. מכאן שבמאה העשרים ואחת אין הצדקה להפצצה חסרת הבחנה בכוונה תחילה במלחמות, בפרט כשיש ברשותנו פצצות חכמות וכלי נשק מדויקים אחרים. המטרה היא לחסל גורמים הגורמים נזק צבאי.[9]

הלכה למעשה, המשמעות היא שאין להציב כמטרה פגיעה ביעדים אזרחיים – גם לא לצורך הפחדה או הרתעה. באופן כללי, במאה העשרים הניסיון ׳לפגוע במורל האזרחי׳ נכשל כמעט תמיד.[10] כפי שצוין לעיל בפרק 5, תקיפות כלפי בלתי מעורבים מחזקות לעיתים קרובות את הנחישות האזרחית במקום להחלישה. אפילו סר ארתור האריס, מפקד חיל האוויר הבריטי (שבאסטרטגיה שלו להפציץ ערי תעשייה גרמניות במלחמת העולם השנייה עסקנו לעיל בפרק 9), הודה מאוחר יותר כי ״הרעיון [...] לשבור את מורל האויב התברר כנפסד לחלוטין [...] הוכח שההפצצות לצורך פגיעה במורל הן בלתי יעילות באופן מוחלט״.[11]

יש אסטרטגים צבאיים הטוענים כי פגיעה סלקטיבית במטרות נדל״ן אזרחיות (כגון בנקים או חנויות יוקרה) במקום בבני אדם, עשויה לשבור מהר יותר את יכולת העמידה של האויב. לטענתם, פתרון זה אינו רק יעיל אלא גם אנושי יותר מהפצצות נרחבות ואגרסיביות נגד מטרות צבאיות.[12] היגיון דומה עמד מאחורי המלצת הרמטכ״ל חלוץ לתקוף תשתיות קריטיות בלבנון. זמן קצר לפני פרוץ המלחמה הבלתי מתוכננת אימץ צה״ל אסטרטגיה קצרת מועד ׳מבוססת אפקטים׳ שתכליתה להשפיע על תודעת האויב. המטרה הייתה ליצור שרשרת אירועים: להשמיד מטרות סמליות באופן שישפיע על תפקודו של האויב ויפגע ברוח ההנהגה שלו, וכך לאלצו לשקול מחדש אם כדאי לו להמשיך לירות טילים על ישראל.[13]

ואולם מדיניות זו מבוססת על השערות בלבד, ויעילותה האסטרטגית מוטלת בספק, בפרט לאור הפגיעה הנרחבת והמתמשכת באוכלוסייה האזרחית של האויב. תוכניות רבות שמטרתן 'לשבור את התנגדות האויב' נובעות משאיפת נקם יותר מאשר מניסיון למנוע מתקפות נוספות בעתיד. יתר על כן: חיסולם של בלתי מעורבים או גרימת נזק לתשתית אזרחית עלולים לייצר אפקט בומרנג, בכך שידחפו אזרחים נוספים למעגל הטרור.[14] היו לוחמי חיזבאללה שהאמינו כי מתקפות צה"ל בתחילת שנות התשעים – אשר גרמו שלא במתכוון גם למותם של אזרחים לבנוניים – חיזקו את התמיכה העממית שזכו לה במלחמות הבאות.[15]

מסיבות אלו התנגדו אולמרט ופרץ להפצצת תחנות הכוח בלבנון. במקום זאת, הם בנו תוכנית תקיפה ראשונית יעילה להפליא על מאגר רקטות פג'ר ארוכות טווח של חיזבאללה. בתוך שלושים וארבע דקות מפרוץ המלחמה השמידו מטוסי חיל האוויר חמישים ותשעה משגרי רקטות נייחים שהוסתרו בבתים בדרום לבנון.[16] למרבה הצער, צה"ל כמעט דחה את המבצע ברגע האחרון, שכן היו קולות שחששו לפגיעה באנשים שייקלעו למקום במקרה.[17] בסופו של דבר, נהרגו במתקפה רק עשרים אזרחים, וארסנל עצום וקטלני של תחמושת הושמד. בוויכוח בין שני הקצוות – חוסר מעש מצד אחד, והפצצת תחנות הכוח במטרה לשבור את המורל הלבנוני מצד שני – "דרך האמצע" והבחירה המוסרית ניצחו.

מטרות דו שימושיות, פצצות מצרר ובעיית הנזק לטווח ארוך

לכאורה, המסקנה המתבקשת היא שהצבא חייב לכוון את נשקו אך ורק כלפי לוחמים ויעדים צבאיים, ולא ליעדים בלתי מעורבים ואזרחיים. אולם ההגדרות 'לוחמים' ו'יעדים צבאיים' הן רחבות ומורכבות והן מקיפות סוגים שונים של בני אדם ומטרות. נדון תחילה במטרות דוממות שמותר לתקוף.

אתיקאים רבים טוענים, וכך נקבע גם בדין הבין־לאומי, כי מותר לפגוע ביעדים בהתקיים שני תנאים: א) היעד תורם תרומה יעילה לפעולה הצבאית של האויב; ב) חיסול היעד או נטרולו, בעת ההיא ובהקשר הנתון, יביאו ל'יתרון צבאי מובהק'.

כצפוי, ישנן מחלוקות רבות בשאלה אילו יעדים עומדים בדרישות הללו. אין חולק שהרשימה כוללת נשק ואמצעי לחימה, מערכים מבוצרים

ומתקני אחסון צבאיים, שדות תעופה ורציפים המשמשים את הצבא, וכן מרכזי איסוף מודיעין (גם אם אינם מופעלים בידי הצבא). היא כוללת גם תחנות כוח המספקות חשמל לצבא, מפעלי תעשייה המייצרים נשק ואספקה (גם אם הם בבעלות פרטית) ודרכי תחבורה בעלות חשיבות אסטרטגית (למשל גשרים, מנהרות וכבישים מהירים).[18]

מטבע הדברים, השמדת מטרות אלה עשויה להפעיל גם לחץ פסיכולוגי על האויב ואנשיו. פוטנציאל ההרתעה הזה הוא תועלת מבורכת כשלעצמה, אך המטרה העיקרית איננה הרתעה, אלא השמדת התועלת הצבאית שהאויב עשוי להפיק ממשאבים אלה.

כפי שמוכיחה רשימה זו, רבות מהמטרות הללו יכולות לשמש בו זמנית גם את הצבא וגם את האוכלוסייה האזרחית, מה שמסבך את התמונה. פעילי זכויות אדם אחדים טוענים כי יעדים 'דו שימושיים' (dual-use objects) אלה נכנסים לתחום הדמדומים.[19] אך מנקודת מבט מוסרית (ולפי הדין הבין-לאומי), הדבר ברור:[20] אם היעד המועמד לתקיפה משמש כעת נגדך במטרה להסב לך נזק ממשי – אתה רשאי לנטרלו.

לדוגמה, במלחמת המפרץ בשנת 1991 השמידו כוחות אמריקניים את רשת החשמל של עיראק, שהפעילה את מערכת ההגנה האווירית, את המחקר והפיתוח של נשק לא קונוונציונלי ואת רשתות התקשורת שלה. בשנת 1999 השמידו כוחות נאט"ו גשרים, מסילות ברזל, תחנות כוח ובתי זיקוק ברחבי סרביה.

באופן דומה, במלחמת לבנון השנייה הנחיתה ישראל מכת מחץ על גשרים רבים ועל אנטנות סלולריות, תקפה פעמים מספר את תחנת הטלוויזיה של חיזבאללה, פוצצה מאגרי נפט ותחנות דלק וכתשה את מסלולי ההמראה בנמל התעופה של ביירות. בהנחה שהמשאבים הללו נוצלו לתמוך ישירות בפעילות צבאית, אלה מטרות לגיטימיות. הגנה על בני עמך קודמת להימנעות מפגיעה במטרות אזרחיות של האויב.[21]

למרות כל האמור, הפסוק בספר דברים האוסר על כריתת עצי פרי מלמד שיש לשקול היטב לפני שנחפזים להשמיד נכסים אזרחיים חיוניים. בתום פעולות האיבה יידרש זמן רב כדי לבנות מחדש משאבים חיוניים אלה. לדוגמה, לאחר מלחמת המפרץ התברר שהשבתת מערכות החשמל בעיראק השפיעה ישירות על תפקוד מערכות המים וגרמה לפגיעה חמורה באספקת המים לתושבים.[22] כתוצאה מכך נגרם סבל רב לתושבים, והם נטרו טינה לאמריקנים בשל כך, על כל המשתמע מכך.

האינטרס של כל הצדדים הוא למזער ככל האפשר את נזקיה ארוכי הטווח של הלחימה בלי שהדבר יגרום לפגיעה אסטרטגית במטרותיה. עם זאת, להימנעות מפגיעה במתקנים חיוניים יש גם השלכות מיידיות. למלחמה תמיד יהיו, באופן בלתי נמנע, השלכות מתמשכות על החיים ועל התשתיות האזרחיות, למרות הניסיון למזער את הפגיעה בהם. מסיבות אלה, על צבאות להעדיף שימוש בנשק שלא יגרום לאבדות זמן רב לאחר סיום המלחמה.[23]

חימושי מצרר פותחו להגברת היעילות של התקפות אוויריות. פצצות מצרר משחררות מספר פצצות קטנות על פני מרחב גדול, הן גורמות הרס רב במספר מטרות בו זמנית והן קטלניות מאוד. קיימים דגמים שלהן המצוידים במנגנוני השהיה או מלכוד המיועדים להתפוצץ בעת מגע מאוחר יותר. בימים האחרונים של מלחמת לבנון השנייה השתמש צה"ל בפצצות מצרר – לפי הנטען בשל מחסור בתחמושת – בעת שהממשלה הייתה במרוץ נגד הזמן לצבור ניצחונות אסטרטגיים אחרונים לפני הפסקת האש.[24] צוות בדיקה של צה"ל מצא כי כוחותינו הטילו את רוב פצצות המצרר בשטחים פתוחים שמהם פעלו אנשי חיזבאללה ולא בסביבת אזרחים. עם זאת, ייתכן שבהזדמנויות אחדות השתמשו בהן שלא כראוי גם באזורים אזרחיים שמהם פעל החיזבאללה, וזאת בניגוד להוראות צה"ל. כך אירע שפצצות שנחשבו לנפלים המשיכו להתפוצץ לאחר המלחמה וגרמו למותם של אזרחים.[25]

מעבר לחומרה המוסרית שבגרימת נפגעים לאחר המלחמה, השימוש בפצצות מצרר ערער גם את טענתה המבוססת של ישראל, שהיא נקטה אמצעים יוצאי דופן כדי למזער את הפגיעה באזרחים. מאז אותה תקרית טען צה"ל כי חדל להשתמש בפצצות מצרר.[26] זו הייתה החלטה נכונה, ללא קשר לעובדה שחיזבאללה עצמו לא היסס להשתמש במוקשי נעל נגד צה"ל בדרום לבנון ובפצצות מצרר נגד יעדים אזרחיים בישראל.

הוויכוח על סיכולים ממוקדים כאמצעי מנע

במהלך האינתיפאדה השנייה, שהחלה בשנת 2000, סבלה ישראל ממתקפת פיגועי התאבדות של מחבלי חמאס. למעלה מאלף ומאה ישראלים נרצחו וכשמונת אלפים נפצעו במשך האינתיפאדה. השב"כ ניסה לאתר את המחבלים באמצעות מודיעין מקדים, אך על פי רוב היה מאוחר מדי לפעול. במאי 2001 נכנסה ישראל לכוננות שיא, כאשר נודע לסוכני שב"כ על קיומה של 'פצצה

מתקתקת'. לפני שהספיקו לאתר את מחבל החמאס, הוא הגיע לעמדת הבידוק הביטחוני בקניון השרון בנתניה. מאבטחים מנעו ממנו להיכנס. המחבל פוצץ את עצמו בכניסה, ובפיצוץ נהרגו חמישה אנשים ונפצעו למעלה ממאה.

ישראל החליטה שכדי לעצור את המחבלים המתאבדים, עליה לפגוע בכל התשתית המבצעית העומדת מאחורי הפיגועים.[27] המחבל המתאבד היה רק החוליה האחרונה בשרשרת הטרור: כדי להוציא לפועל פיגוע התאבדות יש צורך במגייסים, במבריחים, בבלדרים, בספקי נשק ובמפקדים – שבכולם יש לטפל. הרציונל היה שאם מתוך מערך זה מצליחים לחסל חלקים קריטיים רבים דיים, הפיגועים יהיו בלתי אפשריים. זמן קצר לאחר מכן אימצה ישראל מדיניות של סיכולים ממוקדים, כדי לעצור את פיגועי ההתאבדות עוד בשלב התכנון. המשמעות הייתה הסרת חסינותם של פעילי חמאס בכל הדרגים.

'הוועד הציבורי נגד עינויים בישראל' ו'האגודה להגנת איכות הסביבה וזכויות האדם' עתרו לבג"ץ (769/02) בטענה ש"מדיניות הסיכולים... מפרה את זכויות האדם המוכרות במשפט הישראלי והבין־לאומי, הן של יעדי הסיכולים והן של עוברי אורח תמימים הנקלעים לזירת הסיכול". לדעת העותרים, מחבלי החמאס מאבדים את ההגנה המוקנית לאזרחים רק בזמן שהם משתתפים באופן פעיל וישיר בפיגועים. ברגע שהם חוזרים לבתיהם הם זוכים שוב במעמדם האזרחי.

מי שתמך בפרשנות מצמצמת זו לסטטוס של 'לוחמים' היה אנטוניו קססה, מומחה למשפט בין־לאומי ולשעבר נשיא בית הדין הפלילי הבין־לאומי ליוגוסלוויה. קססה טען כי אזרח הופך ללוחם רק ברגע שהוא יורה או מניח פצצה. אם הוא מניח את נשקו הסטטוס שלו משתנה בן רגע והפגיעה בו אסורה – גם אם הוא 'רק' מסייע למעשי זוועה או שולח אחרים לבצעם. בשבוע שעבר הוא היה לוחם, וייתכן שגם בשבוע הבא יהיה, אבל ברגע זה הוא בהפסקה, והפגיעה בו מנוגדת לחוק. לדעת קססה, זו הדרך היחידה להימנע מהרג אזרחים חפים מפשע.[28]

עמדתו של קססה היא דוגמה נוספת לאופן שבו עלולים לנצל את החוק הבין־לאומי כדי לתמוך בעמדות שאינן אתיות. למרבה המזל, בג"ץ הלך בעקבות משפטנים בין־לאומיים אחרים ואישר את הסיכולים הממוקדים כמדיניות לגיטימית. ההחלטה התקבלה בין השאר מפני שהשופטים הכירו באמת הפשוטה שעבור מחבלים 'מקצועיים' – ההפוגה שבין הפיגועים אינה אלא תקופת הכנה לפיגוע הבא. מנהיג טרור פעיל החמאס שכרגע 'יצא להפסקה' מפיגועים בישראל אינו מאבד את הסטטוס שלו כלוחם פעיל.

לכן, עליו להביא בחשבון שיחוסל אם ישראל תעריך כי הוא מהווה איום מתמשך ו'פצצה מתקתקת', ובלבד שהערכה זו תהיה סבירה.

מנקודת מבט אתית, מחבלי חמאס אינם שונים מחיילים פעילים גם כשאינם לובשים מדים.[29] הם לוחמים שמותר לפגוע בהם גם כאשר אינם יורים. הוא הדין בשעה שהם ישנים, מתקלחים או נמלטים על נפשם.

לדוגמה, ארצות הברית ספגה ביקורת חריפה על ידי שביצעה לעבר יותר מאלף וחמש מאות כלי רכב של צבא עיראק שנסוגו מכוויית לכיוון העיר בצרה. האמריקנים יצרו צוואר בקבוק ענק על הכביש המהיר באמצעות הפצצת כלי הרכב שנסעו בראש הטור, ובכך הכניסו למלכודת את הכוחות שבתווך. במקום התפתח 'מטווח ברווזים', וההערכות הן שכחמש מאות חיילים עיראקיים שהיו בנסיגה נהרגו. מותחי הביקורת על צבא ארצות הברית מתעלמים מכך שהחיילים העיראקיים לא נכנעו אלא נמלטו, וזה היה מאפשר להם להתארגן מחדש ולשוב ללחימה. ואכן, לבסוף רבבות חיילים עיראקים ברחו לבצרה רגלית, ועד ההכרזה על הפסקת אש הם נותרו מטרות לגיטימיות.[30]

הוא הדין במחבלים הלוחמים שלא במדים, ועליהם מוטל נטל ההוכחה לשכנע כי הניחו את נשקם. כל עוד אינם עושים זאת, הם נותרים מטרה לגיטימית.

הקו המטושטש בין לוחמים למי שאינם לוחמים

השאלה המעניינת יותר היא: איזה סוג פעילות הופך אזרח ללוחם? הרי איש מאיתנו לא נולד עם רובה ביד. עלינו לעשות פעולה מסוימת שתזהה אותנו כחיילים. בעבר ההגדרה הקלסית הייתה לבישת מדים, אך הלוחמה הא־סימטרית המאפיינת מלחמות רבות בתקופתנו טשטשה את הגבולות.

מקרה לדוגמה: הטרגדיה של ילדים חיילים בשדה הקרב. לצערנו הרב, במדינות רבות, כגון קולומביה, סיירה לאון ועיראק, משתמשים לוחמי גרילה בקטינים כלוחמים. אין ספק שזהו פשע מלחמה, אך יחד עם זאת הילדים פועלים כחיילים לכל דבר ונשקפת מהם סכנה ממשית לצבא שמולם.[31] ייתכן ששטפו את מוחם והם עברו מניפולציה, אך חרף זאת אי אפשר להתעלם מהחובה לחסל את האיום הנשקף מהם.

בעת אחת התקריות בעיראק נמנעו צלפים אוסטרלים מירי על ילד שכיוון RPG לעבר ג'יפ של צבא אוסטרליה.[32] אצבעו של הילד הייתה כבר

על ההדק. למרבה המזל הוא לא ירה – והג׳יפ נסע לדרכו בשלום. לצלפים, כפי שהם מעידים על עצמם, היה מזל רב. הייתה להם הצדקה מלאה לירות בילד. למעשה, לו היה סוחט את הדק ה־RPG, החיילים האוסטרלים היו מתייסרים עד יומם האחרון מדוע לא מילאו את חובתם להציל את חבריהם. החמלה שגילו כלפי הילד הייתה עלולה להתברר כחוסר צדק משווע כלפי חבריהם החיילים.

סוגיית הילדים החיילים מלמדת עד כמה מסובכת ההבחנה המעשית בין לוחמים למי שאינם לוחמים. אין ספק שאזרחים שמכספי המיסים שלהם ממומן תקציב הביטחון ושדגל הלאום מתנופף בכניסה לביתם אינם מוגדרים לוחמים. הוא הדין גם באשר לחיילי מילואים שעקרונית עלולים להיקרא בסופו של דבר לחזית, אך כרגע הם אזרחים שאינם מעורבים בפעולות איבה כלשהן. תמיכתם האוהדת אינה גורמת נזק ישיר לצד השני או מביאה תועלת צבאית לבני עמם, ולפיכך אין לפגוע בהם.

כפי שטען המשפטן הבולט מייקל שמיט באופן משכנע, אזרחים מאבדים את החסינות המוקנית להם כאשר הם משתתפים ישירות בפעולות האיבה, גם אם אינם יורים פיזית ולו כדור אחד. פעולותיהם אינן צריכות להסב לאויב נזק ישיר כדי שתהיה בהן תועלת למאמץ הצבאי הכולל של ארצם.[33] תרומתם התפקודית למאמץ המלחמתי היא שמפלילה אותם. כאשר מעשיהם תורמים למאמץ המלחמתי, הם הופכים מיידית חלק מן המסגרת הרחבה יותר של האיום הצבאי. כתוצאה מכך מותר לפגוע בהם, שכן הוצאתם מכלל פעולה תציל חיים באופן ישיר.

כפי שצוין במהלך הדיונים המשפטיים בעתירה נגד הסיכולים הממוקדים בבג״ץ, הגדרה רחבה זו של לוחם מהדהדת את הדין ההלכתי של ׳רודף׳.[34] חכמינו למדו מן הפסוק ״לֹא תַעֲמֹד עַל דַּם רֵעֶךָ״ (ויקרא יט, טז) כי לא זו בלבד שמצווה זו מחייבת להציל אדם מטביעה או מסכנות אחרות, היא אף מחייבת למנוע מאדם להרוג (במזיד או בשוגג) את זולתו, אפילו במחיר חייו של הרודף, אם אין אפשרות אחרת להצלת הנרדף.[35]

חכמינו הרחיבו את קטגוריית ׳רודף׳, וכללו בה גם מי שהוא ׳רודף בגרמא׳, כלומר שמעשיו יובילו בוודאות ובמישרין לסיכון חייו של זולתו.[36] הנה מקרה לדוגמה: שמעון עומד לשחרר נחשים ארסיים שיכישו את לוי. הוא לא נגע פיזית בלוי, אך חל עליו דין רודף, שכן הוא עומד לחולל אירוע

שיסכן את לוי במישרין.[37] איומים עקיפים עלולים להיווצר גם ללא כוונה תחילה. לדוגמה, בתקופת השואה משפחות שהסתתרו משוטרי הגסטפו היו הורגות לפעמים תינוקות בוכים לבל יסגירו את מקומן. תינוקות אלה היו כמובן חפים מפשע, אך מעשיהם (ובמקרה דנן: בכיים) עלולים היו להצית באופן ודאי שרשרת אירועים שבסופה יירצחו כל בני המשפחה. לפיכך חל עליהם (שלא באשמתם!) דין רודף.[38]

הנה דוגמאות אחדות בהקשר צבאי שמהן אפשר להבחין בהבדל שבין אהדה, תמיכה במאמץ המלחמתי והסבת נזק לצד השני בידי הבלתי מעורבים:

נהג משאית המתנדב להסיע כלי נשק לחזית הוא לוחם בהגדרה, לפחות בעת מילוי המשימה, שהרי הוא תורם ישירות לאיום הצבאי. לעומת זאת, אם המטען שלו מכיל רק חבילות ממתקים מהעורף – יש לו חסינות. חיילים זקוקים לנשק כדי להילחם, אך לא לשוקולדים. אלה הם מותרות שאפשר בלעדיהם.

אישה המקוננת בהלוויית מחבל מתאבד או מבקרת בסוכת אבלים של שהיד היא בלתי מעורבת. אומנם אהדתה המוחצנת למחבלים מקוממת והיא מעודדת תרבות המקדשת את המוות, אך אין בכך תועלת ישירה למאמץ המלחמתי. ברם, אם אותה אישה תופרת חגורת נפץ למחבל מתאבד, או מנסה לגייס אותו כדי לבצע פיגוע, היא הופכת בכך לחלק מהמערך הלוחם ועל כן דמה בראשה.

מדענית בכירה שהצבא מינה כדי לדייק ולשפר כלי נשק היא מטרה לגיטימית; עובדת הניקיון במעבדה שבניהולה – מחוץ לתחום, וכך גם בן זוגה המכין לה ארוחות חמות כדי שתוכל לעבוד עד שעות מאוחרות. שניהם אינם מביאים תועלת ישירה למאמץ הצבאי הפעיל.

משפטנים בין-לאומיים רבים טוענים כי עובדים המועסקים במפעלי תחמושת אינם מאבדים את החסינות האזרחית המוקנית להם, משום שאינם מסבים נזק ישיר לאויב. ברם, עבודתם במובהק מביאה תועלת למאמץ הצבאי המתמשך: היעדרותם מהעבודה תתבטא בעיכובים קריטיים לייצור האספקה הצבאית, ונוכחותם בעבודה תבטיח כי פרי עמלם יועבר לחזית תוך זמן קצר. עובדים עשויים לייצר תפוקות ניכרות המסייעות למאמץ המלחמתי גם אם אינם עובדים חיוניים. קשה לראות בהם בלתי מעורבים. על כל פנים, המפעל – או המעבדה – הם בהחלט יעד לגיטימי למתקפה צבאית.

הרודפים ללא אשמה: שיירת הל"ה ו'השורד האחרון' באפגניסטן

דוגמה מורכבת יותר היא מקרה שבו הרודף חף מפשע. בתרחיש זה אין לתוקפן עניין להפוך לאיום, אך בסופו של דבר בשל צירוף נסיבות נשקף ממנו איום לאדם אחר.

נניח, למשל, שאדם נכנס להתקף פסיכוטי במעלית ומאיים בסכין על האדם שעימו, או שפועל בניין נופל מהגג עקב משב רוח פתאומי, ובעוד רגע הוא ימחץ למוות עובר אורח על המדרכה, אלא אם כן עובר האורח ישלוף במהירות מטרייה גדולה שתהדוף מעליו את הנופל ותגרום למותו.[39] לפסיכוטי במעלית ולפועל הבניין לא הייתה כל כוונה לאיים על איש. אף על פי כן, מעשית הנוסע השני במעלית ועובר האורח על המדרכה יקפחו את חייהם, אלא אם כן יקדימו תרופה למכה ויהרגו את מי שמאיימים על חייהם מיידית. מבחינה אתית מותר להרוג 'רודפים ללא אשמה' אלה כאשר אין ברירה אחרת. לפיכך ישנו חיוב הלכתי להפיל עובר המסכן את אימו או להרוג תאום סיאמי כדי להציל את אחיו התאום.[40] לעובר ולתאום הסיאמי יש דין 'רודף', וכאשר צריך מותר להורגם.

לכאורה, הדילמה של רודפים ללא אשמה התעוררה לפחות פעם אחת במלחמת העצמאות. בחודש ינואר 1948 שלח הפלמ"ח קבוצה של שלושים וחמישה חיילים לתגבר את תושבי גוש עציון הערוכים לקרב. מכיוון שלוחמים ערבים טרפדו שוב ושוב את השיירות שניסו להגיע לגוש בנסיעה בכביש, הלכו הפלמ"חניקים ברגל.

האגדה מספרת שכאשר היו במרחק שלושה קילומטרים בלבד מיעדם, רועה צאן ערבי הבחין בשני גששים שנשלחו לפני השיירה. הפלמ"חניקים הבחינו בכך ועצרו אותו. לרועה לא היה תפקיד צבאי, אך היה ברור שאם ישוחרר, ימהר לדווח לכנופיות הערביות באזור על מקום הימצאם של ל"ה הלוחמים היהודים. למרות זאת החליטו הגששים לשחררו לחופשי שכן הוא לא היה לוחם ונתפס כבלתי מעורב. זמן קצר לאחר מכן תקפה קבוצה גדולה של אנשי כנופיות ערבים מהכפר הסמוך צוריף את אנשי השיירה. כל שלושים וחמישה הפלמ"חניקים נרצחו, וגופות רבים מהם הושחתו.

החלטת הלוחמים לשחרר את הרועה הערבי זכתה לשבחים מפי בן גוריון. שירים וטקסי זיכרון רבים חלקו לה כבוד. מפקד הפלמ"ח, יצחק שדה, גמר את ההלל על האומץ המוסרי שהפגינו הפלמ"חניקים:

> אין ספק כי לא כך היו נוהגים מזוינים ערבים, אילו פגשו ביהודי בדרך. ולא ערבים בלבד. ידוע, כיצד נוהגים אנשי־צבא אחרים במקרים דומים. אך הלוחמים שלנו, לא רק עזי־נפש הם, הם גם אנשים יקרי־נפש ואנושיים מאד. כי מלחמתם – מלחמה בעוז־רוח ובאהבה לאדם. רבים מאיתנו יפלו עוד במלחמה זו, יקרים וקרובים עוד נשכל, אך הדרך מוליכה לניצחון, לחיים, ליצירה, לעתיד.[41]

עבור שדה ואחרים, האתוס של שיירת הל"ה היה ונותר ההתגלמות המופתית של דוקטרינת 'טוהר הנשק'.[42]

הסיפור סובל משתי בעיות יסודיות: ראשית, ייתכן מאוד שהאירוע עם רועה הצאן הערבי לא היה ולא נברא. על פי מקורות מהימנים, נראה שמי שהבחינו בשיירת הלוחמים היו שתי עוברות אורח ערביות, שכן השיירה יצאה לדרכה בשעת לילה מאוחרת, ולא ייתכן שהגיעה לגוש עציון לפני עלות השחר. חברי השיירה לא עצרו, וממילא גם לא שחררו, אף רועה צאן או כל אדם אחר. מתקבלת על הדעת הרבה יותר האפשרות שבן גוריון שינה מפרטי האירוע, מתוך שחשב שהנרטיב הזה תורם הרבה יותר לבניית האתוס הציוני של לוחמים שהם בעת ובעונה אחת עזי נפש ואנושיים.[43]

יתר על כן: גם אם יש אמת בסיפור, כלל לא ברור שהפלמ"חניקים אכן פעלו כהלכה. ייתכן שלרועה הערבי לא הייתה כל כוונה להיות מעורב בפעולות איבה. עם זאת, העובדה שגילה בשוגג את שני הגששים סיכנה ישירות את השיירה הגדולה יותר, משום שהיה מקום לחשוד כי יחשוף את מיקומה בפני הכנופיות. הרועה לא יצא מביתו בכוונה לבצע מעקב, אך מתוקף הנסיבות הוא הפך למעשה לחלק מן הכנופיות העוינות ולכן היה בן מוות.[44]

דילמה אתית דומה הונגשה לציבור בסרט הקולנוע האמריקני 'השורד האחרון': באפגניסטן בשנת 2005, ארבעה חיילים מיחידת 'אריות הים' של הצי האמריקני היו בסיור לאיתורו ולחיסולו של אחמד שאה, מנהיג טליבאן מקומי, באזורים הכפריים של אפגניסטן, כאשר נתקלו ברועי צאן מקומיים. לפי החייל הבודד ששרד, מרקוס לוטרל שמו, בין חברי הצוות התעוררה מחלוקת אם להרוג את הרועים או לשחררם לחופשי. ההחלטה שהתקבלה בסופו של דבר הייתה לשחררם. הנימוק היה שמשום שאלה רועים שאינם חמושים ואינם מעורבים, יש להם חסינות מפגיעה על פי הדין הבין־לאומי והסטנדרטים הצבאיים האמריקניים.

התברר שהייתה זו החלטה הרת אסון, ושחרור הרועים חרץ את גורל החיילים: זמן קצר לאחר מכן, לוחמי טליבאן מקומיים כיתרו אותם, הרגו שלושה מהם ופצעו את לוטרל. עוד שישה־עשר חיילים אמריקנים נהרגו במהלך ניסיון לחלצם. בסופו של דבר הצליח לוטרל להינצל הודות לכפריים מקומיים, שהצבא האמריקני נאלץ להעבירם בהמשך למקום אחר כדי להגן על חייהם.

בדיעבד קונן לוטרל על הטעות המרה: "אינני יודע איפה היה הראש שלי. למעשה הצבעתי בעד החלטה שידעתי שעלולה להיות גזר דין מוות עבורנו". לעומת זאת, היו מי שהגנו על צדקת ההחלטה: לשיטתם, חיילים אינם אמורים להרוג אזרחים בלתי חמושים – זהו הכלל ואין בלתו.

למען האמת, הדילמה מעט מורכבת, שכן בשני המקרים הרועים לא היו בדיוק רודפים חפים מפשע. הם בחרו לדווח לאנשי המיליציות העוינות על נוכחות לוחמי האויב במקום. מצד אחד, הם לא בחרו להיקלע לתרחיש הזה. מצד אחר ההחלטה מה לעשות מייד לאחר שחרורם הייתה שלהם בלבד.

סייג נוסף הוא שלא היה ברור האם אכן היה למלשינים אלה דין רודף: היה סביר להניח שהם יבחרו למלא את חובתם הפטריוטית, אך הדבר לא היה ודאי (נזכיר שבמקרה של 'הניצול האחרון', תושבי הכפר המקומיים סיכנו את חייהם כדי להציל את חייו של לוטרל).

בהינתן חוסר הוודאות הזה, הרועים בשני הסיפורים קרובים יותר להגדרה של 'תוקפן לכאורה', שלפי מבחן הסבירות הגששים יכלו (אך לא היו חייבים) לנהוג בו כפי שנוהגים במי שיש לו דין רודף. על כל פנים, זו החלטה שהחיילים עצמם צריכים לקבל בשטח, תוך הפעלת שיקול דעת בעיצומו של ערפל הקרב, כאשר ערכים מתנגשים זה בזה ואי הוודאות גדולה.

המורכבויות במקרים אלה מבליטות פעם נוספת את העובדה שרבות מההחלטות המוסריות המסובכות המתקבלות בעת מלחמה הן עניין הנתון לשיקול דעת. אתיקאים, פילוסופים, אנשי רוח ומחוקקים יכולים לנסח הנחיות ועקרונות מוסריים, אך מי שצריכים לקבל החלטות בשטח על סמך מידע חלקי בלבד הם מפקדים וחיילים מאובקים בסערת הקרב.

נקודה זו תתברר עוד בפרק הבא, שבו תתלבנה סוגיות המידתיות בלחימה.

פרק 23

מידתיות – והזדמנות עצומה שהוחמצה

שוו בנפשכם שנבחרתם לעמוד בראשות הממשלה, ויום אחד נקרתה בדרככם הזדמנות לחסל במכה אחת את כל ההנהגה המדינית והצבאית של ארגון טרור שנשבע להשמיד את ארצכם. את כולם בבת אחת: כל ראשי הטרור והמפקדים האחראים על פיגועים בלתי פוסקים – באוטובוסים, בבתי קפה ובקניונים – כולם היו נעלמים מחיינו כהרף עין.

לראש הממשלה אריאל שרון הייתה הזדמנות כזאת למחוק את כל הנהגת החמאס בספטמבר 2003. ברם, המפקד של פעולת קיביה (בשנת 1953) ואדריכל מלחמת לבנון הראשונה (1982) חשש באותו רגע גורלי מתמונות של אזרחים מדממים שישודרו על מסכי הטלוויזיה ברחבי העולם, לצד אינספור האשמות בפשעי מלחמה – והחליט שלא להכות. מה היו אותן האשמות בפשעי מלחמה ששרון חשש מפניהן? – שימוש לא מידתי בכוח.

בתאוריית המלחמה הצודקת, 'מידתיות' היא ככל הנראה מהמועמדות המובילות לזכייה בפרס הראשון בקטגוריית 'המונחים שעברו את ההתעללות הרבה ביותר'. השימוש הרשלני במונח זה כרוך במחיר כבד בחיי חפים מפשע – אם כי לא בהכרח אלה שאנו חושבים עליהם בדרך כלל. כדי לתקן את העוול המוסרי הזה, עלינו להגדיר את המונח במדויק, ולהבין מדוע רבים כל כך אינם מצליחים להבין את ההצדקה המוסרית לאובדן חיי חפים מפשע בעת מלחמה, מוות שאומנם מתרחש בשוגג אך הוא בלתי נמנע.

פעילי זכויות אדם וקעקוע משמעותה המקורית של 'מידתיות' (Proportionality)

אם יש ביקורת עקבית אחת של אישים בין־לאומיים כלפי ישראל, הרי היא זו: תגובותיה הצבאיות לפיגועי טרור בעת מלחמה אינן מידתיות. בתחילת מלחמת לבנון השנייה האשים מזכ"ל האו"ם קופי אנאן את ישראל ב'שימוש בלתי מידתי בכוח'. זה היה פזמון חוזר שבו השתמשו ארגוני זכויות אדם בעת מלחמת לבנון השנייה בשנת 2006 ובעת מבצע 'עופרת יצוקה' בשנת 2008. להצהרות כאלה יש השפעה ממשית: סקרי דעת קהל העלו כי יותר ממחצית מתושבי אירופה סברו שישראל אכן פעלה באופן שאינו מידתי.[1]

למרבה הצער, רוב הציבור אינו מבין את משמעות המונח או את השלכותיו האתיות. כפי שציין פרופ' וולצר, בעיני רוב הפרשנים – ובהם אנשי תקשורת רבים – "אלימות 'לא מידתית'... **היא פשוט אלימות שהם אינם אוהבים, או שזו אלימות שאחראים לה אנשים שהם אינם אוהבים**".[2] כשאינך אוהב מלחמה, או את האנשים הנלחמים בה – או שאתה פשוט רותח לנוכח מספר ההרוגים – הדבר הקל ביותר לומר הוא שהתגובה אינה מידתית. זוהי תפיסה שגויה ונפוצה למדי של המונח. אך חמור ממנה הוא השימוש השגוי – שלא לומר המעוות בזדון – שמשתמשים בו בכירי האו"ם ופעילי זכויות אדם, כפי שנראה כעת.

ישנה חשיבות עליונה להבנת משמעות המונח 'מידתיות', שכן הבנה זו מסייעת להסביר מדוע מותר מבחינה מוסרית לצאת למלחמה למרות שיהיה בה, באופן בלתי נמנע, הרג נרחב של בלתי מעורבים. בכל המלחמות מתרחש תמיד נזק אגבי, במיוחד בלוחמה א־סימטרית, שבה צד אחד נלחם בעודנו מקיף את עצמו בכוונת מכוון באוכלוסייה אזרחית. כפי שראינו בפרק 10, לפני יציאה למלחמה יש לשקול עד כמה ההרס שהיא תחולל יהיה מידתי ביחס לתועלתה היחסית. כך גם במהלך המלחמה עצמה, יש לשאול האם יתרונותיה של הפְצצה או פעולה מסוימת יעלו על המחיר שהיא תגבה בחיי אדם.

כללית, עקרון ה'מידתיות' מספק הנחיה מוסרית הולמת למי שמאמינים במודלים המוסריים הרב־ערכיים. כל מפקד שהמוסר חשוב לו צריך להביא בחשבון את מטרותיו האסטרטגיות ולהתחשב בשיקולים הומניטריים. כפי שקבע הרב ליכטנשטיין בעת מלחמת לבנון הראשונה (ראו פרק 21), עלינו

להכיר בתופעות הלוואי הבלתי נמנעות של פעולות צבאיות ולהביא אותן בחשבון בטרם נוטלים את חייהם של נבראי האל, ואפילו הם אויבים. התראה מראש – כשהדבר מתאפשר – עשויה לסייע בצמצום מספר הנפגעים, אבל לא די בכך. עוד בטרם פועלים יש להביא בחשבון את היתרונות הצבאיים לעומת הנזק שייגרם לאחרים.

מושגים אלה היו מוכרים היטב למלומדים שכתבו בעבר על אתיקה צבאית. הם נועדו להביא לכך שמפקדי צבא ייתנו דין וחשבון על מעשיהם. עקרון המידתיות התבסס על אמות מידה אלה:

1. הפעולה הכרחית מבחינה צבאית.
2. ההרס שייגרם חייב להיות יעיל, מתוחכם ולא משולח רסן.
3. הישגיה לא יהיו 'בלתי מידתיים בעליל' ביחס להיקף ההרס שהיא תחולל.

אם העקרונות הכלליים הללו יתקיימו, אזי – כדברי אחד המומחים הבולטים לדיני מלחמה – "כמעט שאי אפשר לגנות את הפעולה הצבאית, ללא קשר למידת האלימות שבה ולסבל שגרמה". בקיצור, עקרון המידתיות איננו סטנדרט שיש לו קיום עצמאי, אלא אמצעי שמטרתו לוודא באופן כללי כי מפקדים לא יהיו מעורבים בהרג מכוון של בלתי מעורבים, ובשל כך תוטל עליהם אשמה מוסרית.[3]

האם אפשר ליצור כלל מפורט של מידתיות?[4]

למרות זאת, משפטנים בין־לאומיים ניסו לחרוג מאמות המידה הכלליות הללו, וליצור כללים חד משמעיים האוסרים על גרימת נזק רב לאזרחים. מעבר לאיסור על התמקדות ישירה באזרחים, הפרוטוקול הנוסף הראשון לאמנות ז'נווה אוסר על "מתקפה אשר צפויה לגרום לאובדן נלווה של חיי אזרחים, פציעה נלווית של אזרחים, נזק נלווה לאובייקטים אזרחיים, או שילוב של אלה, אשר יהיו מופרזים (excessive) ביחס ליתרון הצבאי הממשי הישיר והצפוי".[5]

בקריאה נכונה, 'מידתיות' נותרת עניין סובייקטיבי למדי, שכן היא מבוססת על ערכים יחסיים דוגמת 'מופרזים' ו'יתרון צבאי'. עיקרון המידתיות מחייב שבעת ההתקפה כל מפקד יפעיל שיקול דעת על סמך המידע שבידיו.

אם מטרה עשויה להניב תועלת צבאית משכנעת או מכרעת – אפשר להצדיק גם אבדות חמורות.

מה נחשב מקרה של 'נזק נלווה מופרז'? הוועד הבין־לאומי של הצלב האדום (ICRC), בפרשנותו הידועה משנת 1987 לפרוטוקולים הנוספים על אמנת ז'נווה, מצייר את התרחיש הבא: "לדוגמה, מובן כי נוכחותו בכפר של חייל שיצא לחופשה אינה יכולה להצדיק את השמדת הכפר". זה ברור. אך דוגמה קיצונית זו אינה מועילה במיוחד בנוגע לתרחישים בעולם האמיתי. זוהי דוגמה שלילית קיצונית של מעשה לא מידתי, שאינה נותנת הדרכה ברורה בשאלה מהי פעילות צבאית מידתית מותרת.

עיקרון המידתיות מתפקד היטב כהנחיה כללית, אך לא כמשוואה מתמטית. באף צבא בעולם אין 'מד מידתיות'.[6] ניסיונות לכמת זאת או ליצור משוואות מתמטיות לכך מסתכמים בתוצאות מגוחכות. באחד הניסיונות הללו התבקשה קבוצה של מומחים משפטיים וצבאיים שנאספו יחדיו לכתוב על פיסת נייר מהו מספר הנפגעים האזרחיים שיהיה מקובל עליהם במקרה מסוים של חיסול מחבל חמוש. התשובות נאספו וחושבו, והתברר שהממוצע הוא 3.14![7] אכן, זהו מספר קליט שנוח לזכור, אבל פַּאי (π) הוא היחס בין קוטר המעגל להיקפו. אין לו דבר וחצי דבר עם משמעותה של המטרה הצבאית או הפגיעה הלא מידתית בבלתי מעורבים.

בהכירו בקושי לקבוע מהי פקודה מידתית, הכריז ההיסטוריון הצבאי החשוב ג'פרי בסט: "אף שזה עשוי להיות מסובך ומביך להגדיר מראש, כל גבר ואישה מזהים פקודה כזאת כאשר היא ניתנת להם".[8] כידוע מסוגיות משפטיות מפורסמות אחרות, הקריטריון 'אזהה זאת כשאראה זאת' איננו נורמה משפטית שאפשר ליישם. בעולם האמיתי, גברים ונשים 'סבירים' חלוקים מאוד ביניהם על מהו 'מופרז', במיוחד בכל הקשור לשיקול דעתם באשר ל'יתרון הצבאי הישיר' הרצוי.

פרשנותו של הצלב האדום הציעה פתרון אחר לבעיה סובייקטיבית זו: הפתרון היה לשנות את הכלל. בעיני הצלב האדום, מה שהפרוטוקול לאמנות ז'נווה רצה לומר הוא ש'אסור שאבדות ונזקים נלווים יהיו נרחבים'.[9] שימו לב לשינוי הקריטי בניסוח: לא 'מופרזים' (excessive) אלא 'נרחבים' (extensive).[10] אם מספר ההרוגים גבוה או הנזק גדול מדי, הפעולה אינה חוקית – ללא תלות במידת התועלת הצבאית.

לאחר שהגדירו מחדש את משמעות המונח, יכולים כעת השתדלנים למען זכויות אדם לגנות, ללא מאמץ, פעולות צבאיות שגרמו למספר רב

של נפגעים, גם אם הן עומדות בסטנדרט הקלסי של מידתיות. ואכן, הנציב העליון של האו"ם לזכויות אדם גינה את ישראל בתחילת מלחמת לבנון השנייה כשהצהיר: "הפצצת אתרים שנטען לגביהם כי הם בעלי משמעות צבאית, מעשה שכתוצאה ממנו תמיד נהרגים אזרחים חפים מפשע, היא בלתי מוצדקת".[11] בדומה לכך, ועדת גולדסטון שחקרה את מבצע 'עופרת יצוקה' בעזה בשנת 2008, גינתה את ישראל על כך שהרגה מספר גדול יותר ממה שנחשב ל'אובדן מקובל של חיי אזרחים'. מעולם לא נקבעה מכסה חוקית כלשהי ל'אובדן מקובל של חיי אזרחים'. אף הסכם מעולם לא אסר על לוחמה 'נרחבת', מהסיבה הפשוטה שאין שום מדינה בתבל המסוגלת לציית לכלל כזה, שלא לומר לקבל אותו על עצמה.

בכל מלחמה, במיוחד כזאת המתרחשת בשטח בנוי, יש מקרי מוות רבים של בני אדם שאינם לוחמים. זו אכן תופעה מצערת ואפילו טרגית. אולם כפי שמספר הגופות בחדר המתים אינו מעיד על איכות הטיפול הרפואי בבית החולים, כך גם מספר ההרוגים אינו משמש אינדיקציה לשאלה אם צבא פעל באופן מוגזם או בלתי מוסרי.

בלוחמה א־סימטרית אין כללי מידתיות

השאלה האתית (ולצורך העניין, המשפטית) המרכזית נותרת בעינה, והיא האם הנזק שנגרם או שייגרם מופרז ביחס לתועלת הצבאית שהושגה או שתושג. אומנם מדובר בכלל חשוב, אך קשה לאמוד אותו. הנה ההסבר לכך:

מדידה כמותית של היחס הנדרש בין אובדן חיי לוחמים לאובדן חיי בלתי מעורבים היא בלתי אפשרית. אם חמישה חיילי אויב ייהרגו יחד עם עשרה בלתי לוחמים, האם זהו יחס סביר? ומה אם התוצאה תהיה רק ארבעה חיילים הרוגים או עשרים אזרחים – האם זה משנה את המצב? ברור שצריך גם לאמוד את הערך האסטרטגי של היעד. מותו של מנהיג טרור חשוב עשוי להביא יתרונות ניכרים יותר מהריגת עשרים מלוחמיו. יתר על כן: כפי שמדינות רבות טוענות בתוקף, אי אפשר לאמוד מידתיות על סמך פעולה ספציפית בלבד. יש לאמוד את הערך האסטרטגי על סמך המצב הצבאי הכללי, לרבות גורמים אחרים כמו שקט בגבולות, שיקום יכולת ההרתעה, הגנה על תשתיות צבאיות ואזרחיות וכיוצא באלה. תרחישים שונים מצדיקים פעולות שונות. במילים פשוטות: תועלת צבאית צפויה ונזק נלווה צפוי הם ערכים שונים זה מזה שיש קושי למדוד אותם זה כנגד זה.

יתרה מזאת: יש לזכור כי אפשר לשפוט מפקדים רק על סמך תפיסתם הסבירה בעת קבלת ההחלטות את התועלת ואת הנזק הצפויים. חוכמה שבדיעבד יכולה ללמד לקחים רבים, אך אין לה ערך רב בקבלת החלטות בזמן אמת.

השימוש במגינים אנושיים בלוחמה א־סימטרית מחריף עוד יותר את שלל הבעיות הללו הכרוכות בניסיון לחשב מידתיות. הסיבה לכך היא שרשמית, הדין הבין־לאומי מחייב את המתגוננים "להימנע ממיקום יעדים צבאיים בתוך אזורים מיושבים בצפיפות או בסמוך להם". כלומר, עליהם להימנע מירי מתוך שכונות צפופות או בתי חולים. זהו ללא ספק כלל נעלה. אך הבעיה היא שכל ארגוני הטרור והגרילה ברחבי העולם – בעיראק, בלבנון, בבוסניה, בעזה, באל סלבדור, בסומליה, בליבריה, בסיירה לאון ובצ'צ'ניה – מפֵרים אותו ברגל גסה.[12] הם משבצים את מערכות הנשק בתוך מרקם האוכלוסייה האזרחית שלהם, מציבים משגרי רקטות ליד בתי חולים ובתוכם, מאחסנים אמצעי לחימה ותחמושת בבתי ספר, ולוחמיהם חיים בבניינים שבהם מתגוררים אזרחים.

במצב כזה, מה אמורות לעשות מדינות המבקשות להתגונן מפני ארגוני טרור? הפרוטוקול הראשון לאמנת ז'נווה – לפחות על פי פרשנותם של הצלב האדום ורבים מהפעילים האחרים למען זכויות אדם – קובע כי גם במצב כזה הצד התוקף נושא באחריות לגרימת נזק לאזרחים, שכן הוא מפר את זכויות האדם שלהם. לשיטתם, תנאי בל יעבור הוא הימנעות מפגיעה באזרחים, גם אם הדבר יעוות לחלוטין את משוואת המידתיות.[13] אם יש מספיק בלתי מעורבים בסביבה – אפילו הגיעו לשם בכוונה – אחת דינה של המתקפה להתבטל.

גישה זו פגומה מן היסוד. כפי שטען ההיסטוריון והמשפטן הייז פארקס, היא מסירה את נטל ההגנה על אזרחים מהצד המגן, שיש לו שליטה רבה יותר במגרש הביתי שלו, ומעבירה אותו אל הצד התוקף, שמטבע הדברים שליטתו באזור הקרבות מועטה יותר במידה ניכרת.[14] זאת ועוד: גישה זו מספקת לארגונים נפשעים תמריץ להשתמש במגינים אנושיים נגד אויביהם.[15] הדין ההומניטרי הבין־לאומי מקנה להם חסינות מפני מתקפה. זו סיבה נוספת לכך שמדינות כמו ישראל וארצות הברית סירבו לאשרר את הפרוטוקול הנוסף הראשון לאמנות ז'נווה. הן הבינו כי הוא יאפשר לתמרן את דיני המלחמה למטרות מרושעות ולחנוק באופן שאינו מידתי את המבצעים הצבאיים שלהן.

גישת קיצון הפוכה מצדדת בהתעלמות מוחלטת מנפגעים אזרחיים בקרב האויב בנסיבות אלה. ברוח זו, בעת מבצע 'עופרת יצוקה' קראו רבנים בודדים לישראל שלא לחוס על נשים וילדים המשמשים כמגן אנושי בידי חמאס. אומנם הם היו ערים לכך שנשים וילדים אלה נוצלו בכפייה כחלק ממכונת המלחמה נגד ישראל וכי אכן מר הוא גורלם. אך לטענתם, הואיל והתורה קבעה כי יש להילחם באויב "עד רדתו" – אם פגיעה בהם היא מה שצריך כדי להכניע את האויב, יהי כן.[16] מדי פעם שומעים הד של תחושה דומה בשיח משפטנים או אנשי צבא על הזכות להגיב בפעולת תגמול באופן מלא. כלומר, אם מחבלים יורים ללא הבחנה, מותר להגיב באותו מטבע.[17]

השלכותיה של עמדה קיצונית זו יבטלו הלכה למעשה את ההבחנה בין לוחמים לבלתי מעורבים. זו עמדה קיצונית מדי. אין הצדקה לבצע מתקפות ללא הבחנה, ואין גם צורך בכך. למעשה, שתי הגישות הללו – הגישה המצדדת בהגנה על מגינים אנושיים בכל מחיר והגישה המצדדת בחיסולם אם זה מה שדרוש כדי להכניע את האויב – לוקות באותו חולי: הן פונדמנטליסטיות. שתיהן מתעדפות ערך אחד בלבד – הכרח צבאי או הגנה על אזרחים – בלי לנסות להביא בחשבון ערכים חשובים אחרים בתוך המודל הרב־ערכי היהודי.

הוגי דעות בעלי רגישות גדולה יותר לדקויות טוענים כי בנוסחת 'חישוב המידתיות' יש לתת לשימוש במגינים אנושיים משקל נמוך יותר.[18] פרספקטיבה זו תאפשר להכיל – כמובן יחסית – מספר גדול יותר של נפגעים אזרחיים בעת תקיפת מטרה צבאית לגיטימית. המדריך הבריטי לדיני סכסוך מזוין מבהיר נקודה זו: "בבחינת השאלה האם האובדן או הנזק הנלווים היו מידתיים ביחס לתועלת הצבאית הצפויה, אפשר שתובא בחשבון הפעילות הבלתי חוקית של האויב". טענה זו קובעת כי על הצד התוקף לקיים את חובתו המוסרית להשתמש בכל מידע העומד לרשותו כדי למזער את הפגיעה באזרחים. אך בסופו של דבר, האשמה על שימוש במגינים אנושיים ככלי מלחמה מוטלת על הצד המגן. הצד התוקף לא יישא באחריות למותם של אזרחים המצויים בסביבה הקרובה של מטרה לגיטימית, או שהוצבו שם בידי האויב כדי להגן עליו מפני מתקפה.

כעת נוכל להבין מדוע מספר מקרי המוות הגדול בקרב בלתי מעורבים – פלסטינים, לבנונים, עיראקים, אפגניים או בני כל לאום אחר – אינו מוכיח דבר על המידתיות של פעולות הצבא. תסקיר שכתבה

משפטנית בכירה של הצלב האדום בשנת 1987, במסגרת ניתוח מלחמת לבנון הראשונה, מאשר נקודה זו: "ההפצצה הישראלית על ביירות ביוני וביולי 1982 הביאה למספר גדול של אבדות בקרב אזרחים, **אך לא בהכרח באופן מופרז** (excessive), **בהתחשב בעובדה שהמטרות הצבאיות הוצבו בקרב האוכלוסייה האזרחית**".[19] מספר גדול של נפגעים אינו מעיד על מתקפה צבאית מופרזת ולא מידתית. לרוע המזל, שתדלני זכויות אדם רבים מעדיפים להתעלם מעובדה זו.

זאת ועוד: העובדה שהקהילה הבין־לאומית ממשיכה להטיל על הצד התוקף את האחריות למותם של אנשים המשמשים מגינים אנושיים במלחמות, גרמה לכך שהנוהג התרחב אל ארגוני טרור נוספים. כתוצאה מכך, גדל מספרם של הבלתי מעורבים שנפגעים וסובלים.[20] הכרחי שמצב זה ישתנה. כדי שהמערב ינצח במלחמות צודקות, עליו להפנים לקח זה: ספירת מספר ההרוגים איננה ברומטר מוסרי, ומספר גדול של הרוגים אינו מעיד כלל על התקפה לא מידתית ומופרזת.

כדי להמחיש נקודה זו, נבחן כעת את ההתנקשות בבכיר החמאס סאלח שחאדה ואת האירועים שבאו בעקבותיה. אירועים אלה הובילו את שרון לטעות החמורה שהוזכרה בתחילת הפרק.

מקרה מבחן: ההתנקשות בסלאח שחאדה[21]

ב־22 ביולי 2002 הטיל מטוס F-16 של חיל האוויר הישראלי פצצה במשקל טונה על בניין דירות בן שלוש קומות בעזה. היעד היה סלאח שחאדה, ראש גדודי עז א־דין אל־קסאם, הזרוע הצבאית של החמאס בעזה. מאז פרוץ האינתיפאדה השנייה בשנת 2001 היה שחאדה אחראי לשורה של פעולות לחימה מסוג חדש: ירי טילי נ"ט ומוקשים נגד טנקים, מוקשים ימיים, רקטות קסאם תלולות מסלול ודרכים חדשות לפריסת מחבלים מתאבדים, ובהם קטינים. במהלך השנה שקדמה לחיסולו טענו גורמי מודיעין ישראלים כי שחאדה היה מעורב ישירות במתקפות שבהן נהרגו 474 ישראלים ונפצעו עוד 2,650. מאוחר יותר גילה שר הביטחון דאז, שאול מופז, כי שחאדה היה מעורב אישית בתכנון מתקפת ענק, שהייתה אמורה לכלול מספר פיגועים בו זמנית בשש ערים בישראל. בצדק הפך רב המחבלים הזה למבוקש העיקרי של ישראל בעזה. היה צורך דחוף לנטרלו.

הפצצה הרגה מייד את שחאדה ואחד מעוזריו, אך היא גם הרגה

ארבעה־עשר אנשים נוספים, ובהם נשים וילדים (ובכללם אשתו ואחת מבנותיו). נוסף על כך, נפצעו עשרות פלסטינים שהיו בקרבת מקום. הגינוי הבין־לאומי החריף לא איחר לבוא. שגרירי מדינות התייצבו בזה אחר זה וגינוי את ההפצצה כ"בלתי מידתית" במועצת הביטחון של האו"ם:[22]

> פעולה הננקטת לצורך הגנה עצמית חייבת להיות מידתית. **על ישראל להימנע מנפגעים אזרחיים** ומפגיעה ברכוש ובתשתיות אזרחיות. (בריטניה)
>
> התגובה הבלתי מידתית של ישראל הובילה **למותם של אזרחים חפים מפשע**, רובם ילדים, נוסף על נזק חומרי ניכר. (גינאה)
>
> לא יכולה להיות הצדקה למתקפת הטילים שביצע חיל האוויר הישראלי באזור מגורים בעזה, **שהותירה מספר גדול של אנשים, ובהם ילדים, הרוגים או פצועים.** (דנמרק, מטעם האיחוד האירופי)

שוב, הצהרות אלה מתמקדות כולן בנזק הנלווה, שכמובן היה בלתי נמנע. השגרירים לא טרחו לברר אם חיסולו של שחאדה היה מופרז ביחס לתועלת הצבאית שהושגה בעקבות הוצאתו מהתמונה של מפקד הטרור הראשי, האחראי לאלפי הרוגים ישראלים, בעיצומה של מלחמה ממושכת בטרור.

בהקשר זה, הייתה מדהימה ביקורתו של נשיא ארצות הברית ג'ורג' בוש, שנזף בישראל על פעולה 'דורסנית'. כאשר התבקש להבחין בין חיסול שחאדה לתקיפות של צבא ארצות הברית באפגניסטן, שהביאו אף הן לפגיעה באזרחים, הסביר דובר הבית הלבן, ארי פליישר, כי "ארצות הברית הייתה מעורבת בהזדמנויות אחדות בפעולות צבאיות אשר, למרבה הצער, גרמו לאובדן חיי חפים מפשע בשל פצצות תועות או טעויות מבצעיות".[23] הפעולה הישראלית, לעומת זאת, "הייתה תקיפה מכוונת באתר, מתוך ידיעה שחיי חפים מפשע יאבדו כתוצאה מכך". גם פליישר הדהד את הטעות הנפוצה שעצם הידיעה על כך שמתקפה תגרום בהכרח למוות נלווה של בלתי מעורבים הופכת אותה מהותית לבלתי לגיטימית.

מבישה אף יותר היא דעתו של פליישר שהנזק הנלווה לחיסול הממוקד שצה"ל תכנן היטב חמור יותר מבחינה מוסרית מן ההפצצה האמריקנית שהתקיימה ימים ספורים קודם לכן באפגניסטן, ובה נהרגו בשוגג חמישים וארבעה אזרחים אפגנים שהשתתפו במסיבת חתונה. יתרה מזאת: באותו קיץ יצאה היחידה למבצעים מיוחדים בצבא ארצות הברית לשש פשיטות במחוז

אורוזגן, אשר כשלו באיתור יעדיהן, ובמהלכן נהרגו שמונים אפגנים.[24] בשנים שלאחר מכן, במלחמות שניהלה ארצות הברית לאחר ה־11 בספטמבר, מצאו את מותם בעיראק ובאפגניסטן, על פי ההערכות, עשרים ושניים אלף בלתי מעורבים.[25] חלקם נהרגו בשוגג, ובמקרים אחרים מותם המצער אך הבלתי נמנע של אזרחים היה ידוע מראש למקבלי ההחלטות. אין בכך בהכרח להטיל עליהם אשמה מוסרית, אך בהחלט יש בכך להציג את ביקורתו של פליישר במלוא צביעותה.

ההתנקשות הישראלית בשחאדה לא הייתה צעד מופרז יותר משלל חיסולים אחרים במסגרת המערכה נגד הטרור שהתנהלה בשנים שלאחר מכן, או מאשר 'ההתערבויות ההומניטריות' ביוגוסלוויה או בעיראק שקדמו לה. מאוחר יותר פרסמה ועדת הבדיקה הציבורית דו"ח שבו הצביעה על שורה של הערכות שגויות, אבל בשורה התחתונה קבעה כי הרג האזרחים היה בלתי מכוון ובלתי צפוי. בריאיון ב־CNN הביע ראש אגף מבצעים במטכ"ל, האלוף דן הראל, התנצלות עמוקה על הרג האזרחים: "נהרגו אזרחים ואנחנו מצרים על כך מאוד. לא ציפינו לתוצאה כזאת ואילו ידענו שכך יקרה – ייתכן שהיינו מבטלים את המשימה".[26] למען האמת, לא הייתה שום סיבה להתנצל. ברור שמותם של האזרחים הוא תמיד מצער וטרגי, אך בהתחשב בחשיבותו הגדולה של היעד, הייתה התקיפה מוצדקת מבחינה מוסרית אף שגרמה באופן עקיף להרג אזרחים בלתי מעורבים.

המחיר המוסרי של אי פעולה: חיסול מנהיגות חמאס

למעשה, הטעות החמורה יותר של ישראל הייתה שלא הקדימה להתנקש בחייו של שחאדה עוד קודם לכן. במרץ 2002 איתר אותו השב"כ בתוך דירה בעזה, אך התקבלה אז החלטה שלא לתקוף בגלל הימצאם של אזרחים אחדים בסביבה. שלושה ימים לאחר מכן התפוצץ ב'קפה מומנט' בירושלים מחבל מתאבד ששלח שחאדה ורצח אחד עשר ישראלים. הזדמנות דומה לחסל את שחאדה הוחמצה שוב בחודש יוני, ושבועיים לאחר מכן רצח מחבל מתאבד של החמאס תשעה עשר נוסעים באוטובוס בירושלים.

ההגינות מחייבת להזכיר שישראל קיוותה למצוא הזדמנויות לחסל את שחאדה כאשר בסביבתו הקרובה מצויים פחות אזרחים, כפי שהצליחה לעשות לגבי מחבלים אחרים. ייתכן שההחלטה להימנע מהרג אגבי של אזרחים כשהיעד הוא פעיל טרור בדרג נמוך היא החלטה סבירה. כשמדובר

בהנהגה הבכירה של החמאס החיסול מקבל עדיפות עליונה, אפילו בהינתן הנזק האגבי בחיי תושבים מקומיים. עליך לפעול בנחישות כדי להגן על אזרחיך.

יש מבקרים המטילים ספק בתבונה שמאחורי הסיכולים הממוקדים: הם מניחים שיימצאו ממלאי מקום למחוסלים בתוך זמן קצר. אך מספרם של אדריכלי הטרור המיומנים מוגבל למדי, וחיסולם משבש את הארגון כולו.[27] העיתונאי רונן ברגמן סיכם היטב את ההישג היסודי של הסיכולים הממוקדים, חרף הממדים המצערים של הנזק הנלווה: "בזכות המנגנון היעיל של סיכולים ממוקדים, הצליחה קהילת המודיעין הישראלית לנצח משהו שנחשב לבלתי מנוצח במשך שנים רבות: טרור המתאבדים".[28] לנוכח הצלחה בסדר גודל כזה, מספר האבדות בקרב האזרחים הפלסטינים לא היה מופרז.

ישראל ביצעה משגה מוסרי נוסף, בכך שאפשרה להשלכות המדיניות והדיפלומטיות של חיסול שחאדה לעצור אותה מניצול הזדמנות פז שמתגלגלת לידיים פעם בדור: היכולת לחסל בבת אחת את כל ההנהגה המדינית והצבאית של חמאס. בספטמבר 2002 כינס מנהיג חמאס, השיח' אחמד יאסין, את כל צמרת הארגון בבניין דירות בן שלוש קומות בעזה. זו הייתה נבחרת החלומות של יאסין. גורמי מודיעין בראשות ראש השב"כ, אבי דיכטר, העריכו כי זו הזדמנות היסטורית לגרום נזק בלתי הפיך לארגון הטרור.

אולם ישראל לא הפציצה. מחשש לעשרות נפגעים אזרחים שיביאו להפגנות מחאה סוערות בישראל ומחוצה לה, קיבל ראש הממשלה שרון את המלצתו של הרמטכ"ל משה (בוגי) יעלון וביטל את התוכנית המבצעית להטיל פצצה מסיבית שהייתה מפילה את הבניין על יושביו. החשש היה שתגובת הנגד לסיכול צמרת החמאס תהיה חריפה יותר מזו שהייתה לאחר חיסול שחאדה.

במקום ההחלטה המתבקשת, התקבלה בבהילות תוכנית חלופית לירי טיל קטן יותר שהיה הורס את הקומה השלישית, שם לפי הערכת גורמי המודיעין הייתה מיועדת הפגישה להתקיים. ההערכה הייתה שגויה. הפגישה התקיימה בקומה הראשונה, ולאחר פגיעת הטיל בקומה השלישית נצפו אנשי חמאס יוצאים מהמבנה בריצה. ישראל יכלה להשתמש אז ברחפנים כדי לפוצץ כל מכונית שנמלטה מהמקום. שר הביטחון שאול מופז שלל אפשרות זו בנימוק ש'אזרחים עלולים להיפגע'.

החשבון על ההחלטה השגויה הוגש מהר מאוד: כעבור ימים אחדים

נרצחו שישה־עשר ישראלים בפיגועי טרור ועוד שבעים וחמישה נפצעו. בין הקורבנות היו ד"ר דוד אפלבאום, מנהל חדר המיון במרכז הרפואי שערי צדק בירושלים, ובתו נאוה, שהייתה אמורה להתחתן למחרת היום. זהירות היא תכונה חיובית, אך זהירות מופרזת עלולה להיות קטלנית.[29]

רק כעבור חודשים ארוכים של פיגועי התאבדות פלסטיניים וסיכולים ממוקדים ישראליים הצליחה מצרים להביא להפסקת אש. החמאס שרד ובנה את עצמו מחדש, מה שהוביל למבצע 'עופרת יצוקה' בשנת 2008 ולפיגועים מתעצמים והולכים, ששיאם במלחמת 'חרבות ברזל' בשנת 2023, שעודנה נמשכת בעת עריכת שורות אלה. לישראל הייתה הצדקה מוחלטת לחסל את הנהגת החמאס בהזדמנות הפז שנקרתה לפניה במרץ 2002. הנזק הנלווה אכן היה צפוי להיות נרחב, אך בשום אופן לא היה מופרז. החלטתה הפזיזה של ממשלת ישראל שלא לפעול בהיקף ובעוצמה הנדרשים גבתה חיי ישראלים חפים מפשע רבים. החשש להיות כתובת להאשמות בגין 'חוסר מידתיות' שיתק את ישראל והוביל אותה להתנער מאחריותה המוסרית העיקרית – הגנה על שלום אזרחיה.

אך לא רק החשש מ'אפקט CNN' ומהתגובה על חיסול שחאדה הוביל להימנעות הישראלית מפעולה. בריאיון מאוחר יותר לעיתון וושינגטון פוסט טען יעלון כי שני גורמים נוספים שכנעו אותו שלא לממש את החיסול המתוכנן:[30] ראשית, כל פעולה הייתה חייבת לעבור את 'מבחן המראה': האם בסוף היום הוא יוכל להסתכל על עצמו במראה? שנית, מניסיונה של אמו, שהייתה ניצולת השואה היחידה ממשפחתה, למד הרמטכ"ל כי "אסור שיהודים ייהרגו, אבל זה גם אומר שאסור לנו להרוג אחרים. צריך כוח כדי להגן על ישראל, ומצד שני צריך להיות גם בן אדם".

זהו לקח פשטני שגוי שעלולים ללמוד מהשואה, שכן הוא מציב אינטרסים לאומיים של הגנה עצמית מול רעיון מעורפל של הומניטריות. לגנרלים ולשרי ביטחון יש מחויבות מוסרית ראשית, והיא להגן על אזרחי ישראל. מדובר באתיקה ובמחויבות, לא רק באינטרסים לאומיים או פוליטיים. כפי שטען אבי דיכטר, שגם אביו היה ניצול השואה היחיד ששרד מקרב בני משפחתו, הצלת העם היהודי היא היא הלקח המוסרי מהשואה: "לא אאפשר לאף אחד להרוג יהודי רק משום שהוא יהודי". התבוננות מוסרית עמוקה, כפי שהיא באה לידי ביטוי במודל הרב־ערכי היהודי, מכירה בכך שבמצבים מסוימים צריך לתעדף ערכים מוסריים כאלה ולא אחרים. מבחינה אתית זהו

הדבר הנכון לעשותו, גם אם הוא ייכשל במשוואת פַּאי למידתיות או יגרום למישהו להרגיש לא טוב עם עצמו ב'מבחן המראה'.

יעלון הוא קצין מנוסה ורב זכויות שחירף את נפשו פעמים רבות והקדיש את חייו להגנה על עם ישראל. בשל כך הוא ראוי ללא ספק לשבחים רבים. עם זאת, העובדה שהוא נמנע מאישור פעולה קריטית כי יהיו נפגעים שאינם מעורבים הייתה שגיאה מוסרית שעלתה לישראל בדמים רבים. כדי להימנע מלחזור על טעויות כאלה ודומותיהן, ישראל ומדינות מערביות אחרות חייבות ללמוד מחדש מדוע מוצדק נזק נלווה בלתי נמנע במהלך מלחמה.

פרק 24

הצדקת נזק נלווה בסרביה ובמזרח התיכון

מדוע הפך העולם כה ביקורתי כלפי נזק נרחב במלחמה? לדעתי יש לכך שני הסברים עיקריים: ראשית, העולם נוטה פחות ופחות לקבל את הטענה המצדיקה מבחינה מוסרית הרג במלחמה בכלל ונזק נלווה בפרט. שנית, 'אפקט CNN' שנוצר כתוצאה מחשיפה למראות בלתי פוסקים של שפיכות דמים נרחבת עיוות את המצפון המוסרי שלנו. הפרק הנוכחי והבא אחריו יעסקו בסוגיות אלו.

'הפצצת דמורליזציה' או 'הפצצה טקטית'?

דמו לעצמכם שני תרחישים שונים, המבוססים על תקרית אמיתית שאירעה בשנת 1999 במהלך ההפצצות שביצעו מדינות נאט"ו במטרה להביא להפסקת הטיהור האתני ביוגוסלוויה:[1]

- בניסיון להרתיע אזרחים ולוחמים סרבים ולהביא לכניעתם, הורו מפקדי נאט"ו לחילות האוויר שלהם להטיל פצצות ללא הבחנה על התקהלויות אקראיות של בני אדם באמצע הלילה. הטייסים הטילו עשר פצצות על הכפר קוריסה. כתוצאה מכך נהרגו שמונים ושבעה אזרחים ושישים נפצעו. עמדת פיקוד סרבית סמוכה, שכללה נגמ"ש ועשרה קני ארטילריה, הושמדה אף היא בהפצצה.

- בניסיון להשמיד שיטתית את המכונה הצבאית הסרבית, הטילו כוחות נאט"ו עשר פצצות מדויקות על עמדת פיקוד ונגמ"ש סרביים, ועל עשרה קני ארטילריה ליד קוריסה. המפקדים לא היו מודעים לנוכחותה של קבוצת פליטים בקרבת מקום. ייתכן שהלוחמים הסרבים ניצלו אותם כמגן אנושי. טייסי הקרב גם הם לא הבחינו בפליטים. שמונים ושבעה אזרחים נהרגו ועוד שישים נפצעו.

מה ההבדל בין שני התרחישים הללו? הרי התוצאה האחרונה בשניהם זהה: מטרה צבאית לגיטימית הושמדה, ועימה שמונים ושבעה הרוגים בלתי לוחמים ועשרות פצועים. ההבדל הוא שהגיונית, את האירוע הראשון היינו מכנים 'הפצצת דמורליזציה' (terror bombing) בלתי מוסרית, ואת השני – 'הפצצה טקטית' (tactical bombing) לגיטימית בהחלט. הווה אומר: ההבדל הוא בכוונה. בתרחיש הראשון של הפצצת דמורליזציה הטייס עשה זאת מתוך כוונה להביא להרג המוני ללא הבחנה. בתרחיש השני הוא הטיל את פצצותיו מתוך כוונה להשמיד יעד לגיטימי שהיווה איום צבאי.

הנה דוגמה נוספת שהביאה הלן פרו (Helen Frowe), פילוסופית בכירה העוסקת במוסר מלחמה: הטלת פצצה על מפעל תחמושת במטרה להביא לתועלת צבאית ממשית היא פעולה לגיטימית, גם אם הצָפי הוא שאזרחים רבים שאינם מעורבים בלחימה ושוהים בבית החולים הסמוך ייהרגו כתוצאה מכך. לעומת זאת, הפצצת בית החולים במטרה להרוג חולים רבים כדי שעובדי מפעל התחמושת לא יופיעו לעבודתם היא הפצצת דמורליזציה.[2] שוב, המפתח הוא הכוונה.

מדוע חשובה הכוונה עד כדי להצדיק נזק נלווה כה נרחב? אי אפשר להשתמש בטענת 'רודף' (שעסקנו בה בפרק 21) כדי לטעון שאזרחים אלה מהווים איום, שהרי הם בלתי מעורבים. לדוגמה, לעולם לא נצדיק הרג של קהל שלם במטרה לעצור פורץ אחד אלים. כפי שטענו רבנים ופילוסופים כאחד, מלחמות מתנהלות בהתאם לכללים אתיים שונים, המצדיקים בדרך זו או אחרת הרג בקנה מידה גדול.[3] אכן, קשה למצוא הצדקה לקיומה של המלחמה כתופעה אנושית בהיעדר תאוריה כלשהי המסבירה מדוע מותר מבחינה מוסרית להיות מעורבים באירוע שבו אנשים שאינם מהווים איום ישיר מוצאים בהכרח את מותם, אפילו ללא כוונה תחילה של הורגיהם.

דוקטרינת התוצאה הכפולה ומבקריה

כדי להתמודד עם בעיה זו, משתמשת תאוריית המלחמה הצודקת הקלסית במושג 'דוקטרינת התוצאה הכפולה' ("Doctrine of Double-Effect"). לדוקטרינה זו יש גרסאות רבות, אך עיקרן זהה ברובו:

1. כוונה:
   א. הפעולה הצבאית נועדה להיות מעשה של הגנה עצמית.
   ב. הנזק הנלווה הוא בלתי מכוון.
   ג. הנזק הנלווה אינו משמש אמצעי להשגת תכלית הפעולה. כלומר, אין בכוונת הצד המזיק להשתמש בנזק הנלווה כגורם מרתיע או להפיק ממנו תועלת אחרת.

2. אמצעי זהירות:
   - נעשים מאמצים להימנע מנזק נלווה או למזער אותו.

3. מידתיות:
   - הנזק הנלווה הוא מידתי ביחס לחשיבות המשימה.

כאמור, גורם המפתח בדוקטרינה זו הוא קיומה של כוונה ראויה. בית הדין הפלילי הבין־לאומי של האו"ם שחקר את הפצצת קוריסה הדגיש נקודה זו, וקבע כי כוחות נאט"ו לא התכוונו להרוג אזרחים, ולא צפו כי באזור יהיה מספר כה גדול של בלתי לוחמים. על כן לא הוגשו כתבי אישום נגד הטייסים.

דוקטרינת התוצאה הכפולה משמשת גם בתרחישים אתיים אחרים. לדוגמה, רוב האתיקאים – יהודים ולא יהודים – מתירים מתן מורפיום כדי להקל על סבלם של חולים סופניים. טיפול כזה מוגדר 'טיפול פליאטיבי במצבי סוף החיים'. לעיתים, עלול האפקט הכולל של סמים נרקוטיים אלה להחיש את מותו של החולה, אך כל מנה הניתנת בהדרגה נועדה להקל את הכאב ולא בהכרח תקצר את חיי המטופל. לעומת זאת, מתן מינון רעיל יותר נחשב להמתת חסד אקטיבית. מעשית, הגבול בין טיפול כזה להרג הוא דק למדי, וכפי שציינו חוקרים אחדים, ישנו 'אזור אפור' בין שיכוך כאבים להמתת חסד.[4]

בין שהיא מיושמת בבתי חולים ובין שבשדה הקרב, פילוסופים רבים מאשימים את המצדדים בדוקטרינת התוצאה הכפולה בעיוות אינטלקטואלי. לטענתם, ההבדל היחיד בין הפצצות דמורליזציה להפצצות טקטיות הוא האופן שבו אנו בוחרים לתאר אותן, ולבסוף זהו משחק בסמנטיקה בלבד: כל תיאור הוא עניין של פרשנות סובייקטיבית.

גם הנאצלות שבכוונות אינן יכולות לספק תירוץ לתוצאות גרועות, אם אפשר היה לצפותן מראש. בשדה הקרב, אם ברור שהרג בלתי מעורבים הוא עובדה ודאית (ואפילו סבירה מאוד) – אי אפשר להעמיד פנים שהם נהרגו בשוגג. על כן, ישנם אתיקאים הטוענים כי בשום מקרה אי אפשר להצדיק נזק נלווה בהיקף גדול, שכן – כלשון התלמוד – "מאי חזית דדמא דידך סומק טפי?" [מה ראית שדמך אדום וחשוב יותר?]. ובענייננו – וכי דמם של החיילים התוקפים אדום יותר מדמם של הבלתי מעורבים? מדובר באזרחים תמימים שלא עשו דבר שיש בו כדי להצדיק את קיפוח חייהם.

לאור ביקורת זו על דוקטרינת התוצאה הכפולה, הבה נסקור שוב את ההתנקשות בסלאח שחאדה שנדונה בפרק הקודם. הנה שתי דרכים לחשוב על המקרה:

א. הפצצת דמורליזציה: כדי לגרום לייאוש ולמורא בקרב הפלסטינים, הרמטכ"ל מורה למפקד חיל האוויר להטיל פצצה 'טיפשה' על מטרה אקראית בעזה, שבה מתגוררים מדי פעם מחבלים. הפצצה נוחתת על בניין דירות, גורמת למותם של שלושה־עשר בלתי מעורבים, לפציעתם של יותר ממאה נוספים, ומותירה עשרות משפחות ללא קורת גג. למרבה המזל, הפצצה מחסלת גם מנהיג של אחד מארגוני הטרור ברצועה ואת עוזרו הבכיר.

ב. הפצצה ממוקדת: בניסיון לעצור שורה של פיגועי התאבדות, צה"ל שם על הכוונת את המחבל הבכיר ביותר, שהתמקם בכוונה תחילה בשטח אזרחי כדי למצוא מחסה. בהפצצה שתוכננה בקפידה נהרגים המחבל ואחד מעוזריו. אגב כך נהרגים גם שלושה עשר בלתי לוחמים ונפצעים למעלה ממאה. ההפצצה מותירה משפחות רבות ללא קורת גג.

לטענת מבקרי דוקטרינת התוצאה הכפולה, הבעיה בהפצצת צה"ל – אפילו בתרחיש השני – אינה רק בכך שמספר ההרוגים הוא בלתי מידתי, אלא גם שמותם היה בלתי נמנע.

לאמיתו של דבר, המשפט העברי הקלסי רגיש למדי לביקורת זו על דוקטרינת התוצאה הכפולה. הנה הקבלה גסה למקרה קלסי המופיע בתלמוד.

נניח שעכשיו שבת, ולפלוני מתחשק לעטר את קירות ביתו בראש צבי מפוחלץ. לשם כך צריך לשחוט צבי, אך מלאכת שחיטה נאסרה בשבת. השאלה היא האם יכול אותו יהודי לטעון שהוא איננו מתכוון לשחוט את הצבי אלא רק לפחלץ את ראשו?! הרי ברור שהתוצאה הבלתי נמנעת היא שהצבי יסיים את חייו. כפי שהתלמוד (בבלי, שבת קלג ע"א ועוד) שואל רטורית: "פסיק רישיה [חתוך ראשו] ולא ימות...?!" אם ישחט את הצבי, יתחייב היהודי בעונש על חילול שבת במזיד, עבירה חמורה במיוחד, אף על פי שלא הייתה לו כל כוונה להרוג את החיה והוא נזקק רק לראשה.

המעשה מוגדר כחילול שבת בשל אחת משתי סיבות:

א. ההלכה קובעת כי כוונתו של אותו יהודי הייתה להרוג את הצבי, בלי קשר לתירוץ שנתן.

לחלופין,

ב. ההלכה קובעת כי במקרה כעין זה הכוונה אינה מעלה ואינה מורידה כלל: הואיל והתוצאה היא בלתי נמנעת ("פסיק רישיה ולא ימות?"), היהודי נדון אך ורק על סמך ההשלכות הבלתי נמנעות של שחיטת הצבי. אומנם רק "לראשו היה צריך" – אך סוף כל סוף הרי שחט אותו בשבת, ועל כך הוא חייב.[5]

אולם בבחינה הגיונית, ביקורת זו על דוקטרינת התוצאה הכפולה גובלת בפציפיזם עקרוני. זאת מפני שאם

א. אי אפשר להצדיק את מותם הבלתי מכוון (אך גם בלתי נמנע) של הבלתי מעורבים בתור נזק נלווה, משום שאנו מקפחים את זכות היסוד הבלתי מעורערת שלהם לחיים,

ואם

ב. כל לוחמה כרוכה בנזק נלווה מעין זה,

אזי

ג. אי אפשר למצוא הצדקה לשום מלחמה באשר היא.

באופן מתון יותר נוכל להסיק – כפי שעשתה זאת הלן פרו – כי אילוצים מוסריים המוטלים על הכוחות המגינים עלולים ליצור מקרים שבהם אין הצדקה לנזק הנלווה, עד כדי כך ש"ייאסר עליהם להגן על עצמם".[6]

אולם מסקנה מעין אלה אינה מתקבלת על הדעת בשום מערכת אתית (לרבות היהודית), המגדירה כערך עליון את חובתו המוסרית של האדם להגן על עצמו ועל עמו. המודל הרב־ערכי היהודי אינו מאפשר לבטל כליל את ערך ההגנה העצמית. מכאן שהכרחי לנסח מחדש את ההצדקה לדוקטרינת התוצאה הכפולה או להסביר מדוע הצלת אנשיך עדיפה על פני שמירה על חיי הבלתי מעורבים מקרב האויב.

'כוונה כפולה' וסיכון חיילים כדי להימנע מנזק נלווה

כדי לשמר את תוקפה של דוקטרינת התוצאה הכפולה, טוען מייקל וולצר כי אין די בכך שלחיילים אין כוונה להרוג את הבלתי מעורבים. מוטל עליהם גם לנקוט פעולות יזומות ('בקפידה ראויה') כדי למנוע אבדות מזדמנות של אזרחים, אפילו במחיר פגיעה בהם עצמם. בקצרה, מצופה מהחיילים שתהיה להם 'כוונה כפולה': הן להתכוון, תודעתית, לפגוע רק במטרה הלגיטימית והן לגלות רצון פעיל להצלת חיי אזרחים. מעשית, המשמעות היא שחיילים חייבים לקחת סיכונים בעצמם כדי למזער את הפגיעה באזרחי האויב. זאת מפני שישנה גזרה שווה בין זכויות האדם של האויב לזכויות האדם של בני עמם, ומחובתם של החיילים התוקפים להגן על זכויות האדם בשני הצדדים.[7]

כדי להבין את השלכות התזה של וולצר, כדאי לחלק את הנפגעים הפוטנציאליים בלוחמה לארבעה חלקים:

בלתי מעורבים שלנו	בלתי מעורבים של האויב
לוחמים שלנו	לוחמי האויב

ברור שהעדיפות הגבוהה ביותר היא להגן על חיי בלתי מעורבים שלנו. הרי ההצדקה לצאת למלחמה (ולסכן את חיי לוחמינו) היא להגן על אזרחינו.

לעומת זאת, לוחמי האויב מצויים בתחתית הסולם, שכן הם מהווים איום ישיר עלינו. אך מה באשר ללוחמינו מול אזרחי האויב – מי מקבל עדיפות? הדילמה היא: מצד אחד, אזרחי האויב הבלתי מעורבים לא עשו אישית דבר שיצדיק את הפגיעה בהם, אבל חיילינו משתייכים למעגל הלאומי הקרוב שלנו. האם מוסרי להעדיף את בני הלאום שלנו על פני אחרים?

על כך משיב וולצר בשלילה. לשיטתו, מטרתה של לוחמה מוגבלת היא הגנה על זכויות הפרט באמצעות הבחנה בין לוחמים לבלתי מעורבים. האחרונים לא עשו דבר שיצדיק את נטילת חייהם, גם אם הם חלק ממדינת האויב. לעומת זאת, חיילים מאבדים את 'זכותם לחיים ולחירות' מפני שהם לוחמים בהגדרה, והם הופכים את עצמם לפגיעים לסכנה. טבעי לדבר עליהם בתור 'הילדים של כולנו שנלחמים עבורנו' בשדה הקרב, אך תפקידם המהותי לא השתנה: הגנה על חיי אזרחים, ידידים ואויבים כאחד, גם אם פירוש הדבר שעליהם ליטול על עצמם סיכונים גדולים יותר.[8] מכיוון שכך, חיילים המוכנים לקחת על עצמם סיכונים בהגנה על בני עמם – חייבים לקחת אותם סיכונים כדי להגן גם על אזרחי האויב. בקיצור, לפי וולצר, חיילים חייבים להעמיד את עצמם בסכנה כדי למנוע נזק נלווה לאויב.

ההשלכות החמורות של חובה לכאורית זו התבררו במהלך מבצע 'עופרת יצוקה' בעזה בשנת 2008. וולצר והפילוסוף הישראלי אבישי מרגלית קראו בגלוי לחיילי צה"ל – ולכל הכוחות המעורבים בלוחמה א־סימטרית בעיראק, באפגניסטן או במקומות אחרים – ליטול על עצמם סיכונים גדולים יותר כדי למנוע נזק נלווה.[9] לדבריהם:

> כאשר חיילים באפגניסטן, בסרי לנקה או בעזה יורים מגג של בניין, אסור להם לסגת ולהזמין תקיפות ארטילריה או הפצצות מהאוויר העלולות להרוג את האנשים שמצויים בבניין או בקרבתו, כולם או מקצתם. במקום זאת עליהם לנסות להתקרב ככל האפשר לבניין כדי לברר מי נמצא בתוכו או לכוון את האש ישירות אל הלוחמים שעל הגג.[10]

אם חיילים אינם מוכנים להבטיח את ביטחונם של אזרחי האויב, הזהירו וולצר ומרגלית, אזי הביקורת על התעללות חיילי האויב באזרחים – כגון שימוש בהם כבמגינים אנושיים או ביצוע פעולות טרור – תהיה ריקה מתוכן. למעשה, בהזדמנויות רבות בשנת 2008 – ובפלישות צבאיות אחרות

במהלך אותו עשור – נראה היה שצה"ל אכן נקט צעדים יוצאי דופן כאלה כדי למנוע פגיעה באזרחים. צעדים אלה כללו בדרך כלל שליחת חיילים לטהר בתים או מבנים בקרבות פנים אל פנים, במקום להזמין תקיפות אוויריות או להשליך רימונים לחדר (או לחצר) ששוהים בו דיירים שזהותם אינה ידועה ולא ברור אם הם לוחמים או בלתי מעורבים. צעדים כגון אלה אומנם הצילו חיים פלסטיניים, אך גבו מחיר מחיילי צה"ל – שלעיתים אף שילמו על כך בחייהם. שגריר ישראל באו"ם התהדר במוסריות זו של חיילי צה"ל בהשוואה להתנהגותם המופקרת של המחבלים:

> עבור ישראל, כל מוות של אזרח – בין אם הוא ישראלי או פלסטיני – הוא מוות טרגי. בתגובה לפיגועי טרור של מחבלים שאין להם כל ערך לחיי אדם, בין אם הוא ישראלי או פלסטיני – ישראל נוקטת צעדים להגן על אזרחי שני הצדדים. ישראל משתמשת בכל האמצעים האפשריים כדי להגביל את הפגיעה באזרחים – **גם כאשר צעדים אלה מסכנים את חיי חייליה או את יעילות פעולותיהם.**[11]

אך נשאלת השאלה האם נהג צה"ל באופן ראוי מבחינה מוסרית כאשר סיכן יתר על המידה את חיי חייליו או פגע ביעילותם כדי להגן על אזרחים פלסטינים? התשובה לכך שלילית באופן נחרץ. כך קבעו שניים מבכירי האתיקאים בישראל, לצד שורה של רבנים בולטים. כעת ננסה להבין מדוע.

עניי עמך קודמים: שמירה על ביטחון כוחותינו כערך מוסרי עליון

גישתו של וולצר רצופה כוונות טובות אך מוטעית. היא לוקה באותה טעות שנתקלנו בה שוב ושוב לאורך ספרנו: מתן עדיפות לזכויות אדם של יחידים תוך פסיחה על ערכים אחרים. בדוגמה שבה עסקינן גישתו של וולצר לוקה פעמיים במידה קריטית: א. התעלמות מחובתך להגן על אזרחיך, לוחמים ואזרחים כאחד, מפני מתקפות עליהם; ב. הזנחת החובות הנלוות שמדינה חבה לאזרחיה, לרבות חיילים. כדי להבין נקודה זו נתמקד שוב בדילמה הנפוצה שעליה דברו וולצר ומרגלית:

> בניגוד לחוק הבין־לאומי, חמאס משגר מרגמות מהשכונה לעבר יישוב

> בישראל. בפני מפקדי צה"ל עומדות שתי אפשרויות: לבקש סיוע אווירי בהפצצת בתים חשודים בשכונה, או להורות לחייליו לטהר את השכונה בית אחר בית.

היתרון באפשרות הראשונה – פרט לכך שהיא בטוחה יותר לחיילים ומגנה עליהם מפני נפילה בשבי, פציעה או מוות – הוא בכך שהמטרייה האווירית גורמת לקיצור זמן הלחימה. ישראל חייבת להפסיק את ירי הטילים של החמאס מהר ככל האפשר כדי למזער את הסבל הנגרם לאזרחי ישראל.[12] אם לא תפסיק מייד את ירי הטילים באמצעות שימוש בחיל האוויר, פירוש הדבר שישראל מתעדפת את חיי אזרחי האויב על פני חיי אזרחיה שלה.

יתר על כן: ככל שהלחימה תתארך – כך תפקע סבלנותה של דעת הקהל בישראל לנוכח מספר האבדות הגבוה של חיילים הנלחמים מבית לבית. הלחץ הציבורי יגרום לכך שהיא תסתיים בטרם עת. ואכן, במהלך העשורים האחרונים שינו מנהיגי דמוקרטיות מובילות כמו בריטניה, צרפת וארצות הברית את תוכניותיהם הצבאיות בגלל דעיכת התמיכה בהמשך המלחמה בדעת הקהל לנוכח מספר ההרוגים. יתר על כן: בדרך כלל מורל הלחימה בקרב חיילים פוחת והולך כאשר הם חשים שחייהם נמצאים בסכנה יתרה שלא לצורך.[13] כפי שהתלונן אחד מחיילי המילואים בצה"ל: "הפכו אותנו להיות כמו שליחי פיצה שצריכים להגיע למחבלים ישר לדלת".[14] כאשר חיילים חשים שחלות עליהם אותן תקנות כמו על שליחי פיצה – יש כאן בעיה.

ההחלטה להעמיד חיילים בסיכון גבוה יותר מאזרחי האויב עלולה לסכן גם את יעילותה של משימת ההגנה כולה. מסיבה זו מדינות כגון אוסטרליה, קנדה וניו זילנד סייגו את חתימתן על התיקון הראשון לאמנת ז'נווה בעומדן על כך שכאשר נשקלת המידתיות של כל פעולה צבאית מתוכננת – יש להביא בחשבון את ההגנה על כוחותיהן, כלומר את הפעולות הנדרשות להגן על החיילים. בעת התערבותה ביוגוסלוויה, הסתמכה נאט"ו למעשה בעיקר על תקיפות אוויריות, ומטוסי הקרב שלה טסו בגובה רב כדי להימנע מאש נ"מ. צעד זה הגן על חיי החיילים – ואין לכחד, גם על התמיכה שהמלחמה זכתה לה בדעת הקהל בעורף – אך ככל הנראה גם הגדיל את הנזק הנלווה, ובכלל זה תקריות כמו זו בקוריסה שתוארה קודם לכן. פילוסופים רבים גינו את ההחלטה להטיל פצצות ממטוסים הטסים בגובה רב, אך חיילים ואזרחים כאחד שיבחוה.

זאת ועוד: החלטת מפקדי צה"ל לשלוח את החיילים להילחם מבית לבית אינה מביאה בחשבון שאותם חיילים הם גם 'אזרחים במדים' שנשלחו להילחם בשם מדינת ישראל. כן, הם שלוחינו הלוחמים בהגנה על אחיהם האזרחים. עובדה זו הופכת אותם ליעד לגיטימי למתקפה של האויב, אך אין פירוש הדבר שאנו רשאים להתעלם מהצורך להגן על ביטחונם האישי. להפך: המדינה ששלחה אותם להילחם חייבת למצוא כל העת הצדקה לסיכון חייהם. המדינה נושאת חובות מיוחדים כלפי אזרחיה וסוכניה כאחד. במילים אחרות, שמירה על ביטחון כוחותינו היא חובה מוסרית עמוקה. בתוך המודל הרב־ערכי היהודי, אין סיבה טובה לכך שהמדינה תסכן את חיי חייליה באופן מופרז כדי להציל את שכנו של המחבל שהוא יעד לחיסול.

המחבר הראשי של הקוד האתי הצה"לי, פרופ' אסא כשר, וראש אגף המודיעין הצבאי לשעבר, האלוף (מיל') עמוס ידלין, הדגישו נקודה זו שוב ושוב, גם בחילופי דברים נוקבים עם וולצר ומרגלית.[15] לטענתם, צה"ל צריך לנסות להפריד בין לוחמי האויב למי שאינם לוחמים. מעבר לכך – "לא רק שהמדינה אינה מחויבת עוד לסכן את חיי חייליה כדי לנסות לקדם הפרדה כזו, אסור לה לעשות זאת".[16]

ידלין וכשר טענו עוד, באופן משכנע אך מעורר מחלוקת גדולה, כי הקוד האתי של צה"ל דורש רק שחיילים יעשו 'כל שביכולתם' כדי להימנע מפגיעה בבלתי מעורבים. הגדרה זו אינה מחייבת אותם לסכן את חייהם ואת חיי חבריהם. קבוצה מכובדת של פילוסופים ישראלים חלקה על דברים אלה, אך פרופ' כשר עמד כראוי על דעתו, שבה תמכו גם רבנים רבים.[17] ברגע האמת – חיי אחינו קודמים לחיי אחרים.

אין פירושה של מוסכמת יסוד זו שנאפשר לצה"ל להגן על חיילינו באמצעות הפצצת דמורליזציה והרג חסר הבחנה של האויב. אסטרטגיה זו אולי תעצור את ירי המרגמות (ואולי לא), אך היא תתייחס לאזרחי האויב כאל אמצעי חד פעמי להשגת היעד, שהוא הגנה על אזרחינו וחיילינו. יתר על כן: אסטרטגיה זו תהיה בגידה בניסיוננו לאזן בין ערכי ההגנה והנאמנות הקהילתית לבין שמירה על כבודם הסגולי של כל בני האדם.

עם זאת, בשלב מסוים עלולים ערכים אלה להגיע לכלל התנגשות הדדית, ואז אין מנוס מקבלת החלטות. בשלב זה עלינו לתעדף את ביטחונם של אחינו על חשבון הנזק הנלווה הרב אצל האויב. זאת לא מפני שצלם אלוהים של כל הנבראים פחות בעינינו, אלא מפני שאחריותנו למשפחה שלנו גדולה אף יותר.

מלחמה כאירוע קולקטיבי

בסופו של דבר, גורם זה של נאמנות קהילתית – חובתנו המיוחדת להגן על המעגלים הקרובים לנו – הוא שמכתיב כי נעשה את המהלכים הדרושים כדי להגן על אנשינו, גם אם כתוצאה מכך ייהרגו אזרחים בלתי מעורבים של האויב, בשוגג אך באופן בלתי נמנע.[18] הפרספקטיבה של הוגי דעות כוולצר ואחרים, המצדדים בזכויות אדם, ממעיטה בחשיבות היבט זה של מוסר המלחמה: הם מתמקדים יותר מדי בערך אחד בלבד – זכויות האדם של יחידים. מובן שאין להתעלם מהמחיר שגובות מלחמות מאנשים פרטיים, אך בסופו של דבר מלחמות הן בראש ובראשונה אירוע קולקטיבי.[19]

מלחמה איננה מערכה הניטשת בין יחידים או קבוצות של אנשים, אלא בין ישויות מדיניות קולקטיביות. היא מאתגרת עמוקות מערכות אתיות המבוססות על זכויות הפרט, שכן היא משילה מאנשים את זהותם האישית וממתגת אותם כחלק מקולקטיב. חיילים אינם לוחמים אקראיים אלא נציגים של מדינה. הם אמורים להרוג או להיהרג, בשם האומה ששלחה אותם. האזרחים בכל מדינה הם חלק מהקולקטיב הזה. חלקם תומכים מתוך פטריוטיזם במטרת המלחמה, אחרים מצטרפים למאמץ המלחמתי בהתלהבות, ובכך מפקיעים מעצמם את מעמדם כבלתי לוחמים. לעומת זאת, רבים מהאזרחים מתנגדים למלחמה או למצער שואפים להתרחק מאזורי הקרבות. אף על פי כן אי אפשר להתחמק לחלוטין מההזדהות המוסרית שלנו עם החברות שאנו חלק מהן ומההחלטות שמקבלים מנהיגינו. גורלנו הפיזי והמוסרי כרוך בגורל עמנו, לטוב ולרע.

מלחמה מגבשת את התודעה הקולקטיבית שלנו אולי יותר מכל דרך אחרת. איש בטקסס או באורגון לא הותקף ישירות ב־11 בספטמבר, אך גם תושבי המדינות הללו עדיין יאמרו: "הותקפנו ב־11 בספטמבר". בדומה לכך, אנו מעריצים את החיילים המוכנים להילחם בשמנו ואף להקריב את חייהם למען המטרה הלאומית, למרות שמעולם לא פגשנו אותם אישית. בטקסי יום הזיכרון מקובל לומר על הנופלים שהם "הקריבו את הקורבן הגדול ביותר למען כולנו", קולקטיבית. יש מי שהזהות הקולקטיבית הזאת מרתיעה אותם, ויש מי שגאים בה; ובכל זאת כולנו מכירים בכך שאיננו חיים על אי בודד.

ההזדהות המוסרית הקולקטיבית שלנו ניכרת גם כאשר אנו מתביישים וחשים אחריות אישית על העוולות המוסריות שבני ארצנו נכשלים בהן.

גם היום, עשורים רבים לאחר מלחמת העולם השנייה, גרמנים ויפנים רבים חשים אשמה על חטאי אבותיהם, בדיוק כפי שאמריקנים רבים חשים שדבק בהם כתם מוסרי עוד מתקופת חוקי ג׳ים קרואו. כאזרחים המזדהים עם קהילה המחשיבה ערכי מוסר, אנו חשים אחריות לערכים כושלים המאפיינים אותה.

במובן העמוק ביותר, הזהות הקולקטיבית הזאת משתקפת גם ברעיונות של קידוש השם או חילול השם, שעלו לעיתים קרובות במשך עשרות השנים של המלחמה שניהלה הציונות. יהודים בארץ וברחבי העולם חשים גאווה או בושה נוכח מעשי יהודים אחרים, אף שאין להם שום קשר והיכרות עימם. יעידו על כך תגובותיהם הרגשיות החזקות של רבים מיהודי התפוצות כלפי פעולות צבאיות של צה״ל. בין אם גאווה לנוכח תוצאות מלחמת ששת הימים או חרדה מפגיעות שגויות של טילים באזרחים בעזה או בלבנון, יהודים ברחבי העולם מרגישים שצה״ל מייצג אותם.

למעשה, ארגוני מורדים וגורמים אחרים שאינם מדינות משגשגים על מצע תחושה חזקה זו של זהות קולקטיבית. כדי להצליח, הם דורשים מההמונים להזדהות עם המטרה המניעה אותם. ארגוני גרילה מתיימרים תמיד לייצג את העם והם תלויים בתמיכה עממית ובחוסן לאומי במלחמה הבלתי שגרתית שהם מנהלים.

דוגמה לכך היא חיזבאללה, שצמח אחרי מלחמת לבנון הראשונה והחליף את אש״ף כאויב העיקרי של ישראל בדרום לבנון. שיטתית, מוצאים לוחמי החיזבאללה מסתור בתוך מרכזי אוכלוסייה, כדי להימנע מתקיפות אוויריות של ישראל. השימוש במגן אנושי הוא עמוד התווך של הצלחת החיזבאללה, והוא נהג כך גם במלחמת לבנון השנייה. מתאם סוכנות החירום של האו״ם, יאן אגלנד, האשים אז את לוחמי חיזבאללה ב״היטמעות פחדנית [...] בקרב נשים וילדים [...] אינני חושב שמישהו צריך להתגאות בכך שמספר ההרוגים מקרב הילדים והנשים היה גדול בהרבה ממספרם של הגברים החמושים שנהרגו״.[20]

כדי שהאסטרטגיה הזאת תצליח, חיזבאללה מסתמך על ההמונים המזדהים עם מטרתו. לעיתים חלק מהאזרחים אף צייתו לשיטות הפעולה של ארגון הטרור ואפילו התנדבו לשמש מגן. כפי שטען גורם רשמי בחיזבאללה, יכולתו של הארגון להחזיק מעמד במלחמה נגד ישראל מסתמכת על המנטרה: ״העם, הצבא וההתנגדות״:

> חיזבאללה הכיר תמיד בתפקידו המכריע של העם הלבנוני בפעולות ההתנגדות, שכן כאשר מדברים על לוחמי ההתנגדות, הרי הם חלק מהכפרים, חלק מהחברה, והם מייצגים את כל שדרות החיים. בני משפחותיהם תומכים בהם, וכך גם הכפרים, העיירות והערים שלהם. אז האמת היא שכאשר אנחנו מדברים על יכולת עמידה, זה מוביל אותך ישר אל האנשים האלה.[21]

ייתכן לטעון כי לגיטימי שחיזבאללה ינצל את התמיכה העממית וירתום אותה ללוחמת הגרילה שלו – הרי כך נוהגים ארגוני מורדים בכל מקום. עם זאת, הצד השני של המטבע הוא שחיזבאללה חייב לקחת אחריות מוסרית על מותם של אזרחים כאשר אנשיו לוחמים מתוכם. כפי שוולצר עצמו כתב, הן בנוגע ללבנון והן בנוגע לעזה:

> כאשר חמושים פלסטינים משגרים רקטות מתוך אזורים אזרחיים, הם בעצמם אחראים למותם של אזרחים שנהרגו כתוצאה מהירי הנגדי של ישראל, לא אף אחד אחר [...] אזרחים ימשיכו לסבול כל עוד איש בצד הפלסטיני (או הלבנוני) אינו נוקט פעולה כלשהי כדי לעצור את ירי הרקטות [של ארגון הטרור].[22]

עם זאת, וולצר מוסיף לטעות בדרישתו שחיילי צה"ל יסכנו את עצמם כדי להימנע ככל האפשר מנזק נלווה לאזרחים. בסופו של דבר, האחריות למנוע מטרוריסטים לסכן את בני עמם מוטלת על הפלסטינים או הלבנונים, בדיוק כשם שחובתם של חיילי צה"ל היא לתת עדיפות להגנה על אחיהם, בין שהם אזרחים ובין שהם אחים לנשק.

יש להבהיר כי אנשים התומכים במטרות ארגוני מורדים (או שאינם מונעים ירי של המורדים מתוך סביבתם המיידית) אינם מאבדים אוטומטית את מעמדם כאזרחים בלתי מעורבים. יתר על כן: ייתכן שישנם אנשים רבים שאינם תומכים בחיזבאללה או בארגוני טרור אחרים, ואי אפשר להאשים אותם בכך שנקלעו שלא ברצונם לזירת מלחמה בשטח בנוי. מצד אחר, אי אפשר להאשים גם את הצד התוקף על שהרגם בשוגג, במיוחד לאחר שהקפיד לבצע נהלים כמו 'הקש בגג' כדי לנסות לאפשר להם להימלט מגורלם של בני עמם.

גורל משותף, לא עונש קבוצתי

מובן שתחושת אחריות או אשמה אינן מצדיקות בהכרח הגשת כתב אישום פלילי. הגרמנים ביצעו רצח עם, אך רק אנשים מסוימים הועמדו לדין בנירנברג. כפי שהוכיח הפרופסור למשפטים ג׳ורג׳ פלטשר, העמדתם של הנאצים ועוזריהם לדין לאחר מלחמת העולם השנייה הייתה נקודת מפנה יוצאת דופן במשפט הבין־לאומי.[23] בפעם הראשונה, יחידים – בניגוד לאומות – נמצאו אחראים לפשעים נגד משפט העמים. זוהי עובדה ראויה לציון, שכן תוקפנות, רצח עם ופשעים דומים אחרים נגד האנושות מבוצעים לעיתים קרובות בידי אנשים רבים – מנהיגים ופשוטי העם כאחד – הפועלים קולקטיבית.

בשינוי זה שחל לאחר מלחמת העולם השנייה ודאי יש היבטים חיוביים רבים הראויים לשבח. ענישה קבוצתית של אומות גוררת לעיתים קרובות טינה רבה מצידן ופוגעת בשיקומן הלאומי. זה היה הלקח שנלמד מזעמם של הגרמנים בעקבות הסכם הכניעה המשפיל שנחתם עימם לאחר מלחמת העולם הראשונה. לעומת זאת, בתום מלחמת העולם השנייה עברו יפן וגרמניה רפורמות שהפכו אותן למדינות למופת, בעוד מנהיגיהן הקודמים נשפטים ומוצאים להורג או מוגלים. בסופו של דבר, אשמתם של המנהיגים גדולה יותר, בהתחשב בתפקידם המרכזי בשרשרת הפיקוד.

על כל פנים, הדורות הבאים אינם צריכים לשאת בעונש על חטאי אבותיהם, כפי שלימד הנביא יחזקאל ״הַנֶּפֶשׁ הַחֹטֵאת הִיא תָמוּת, בֵּן לֹא יִשָּׂא בַּעֲוֹן הָאָב וְאָב לֹא יִשָּׂא בַּעֲוֹן הַבֵּן. צִדְקַת הַצַּדִּיק עָלָיו תִּהְיֶה וְרִשְׁעַת הָרָשָׁע עָלָיו תִּהְיֶה״ (יחזקאל יח, כ; כפי שהוזכר בפרק 2).

על דרך זו, אין להעניש בלתי מעורבים, וקל וחומר שאין לעשותם מטרות לפגיעה בעוון שגיאות מנהיגיהם או בני ארצם. כפי שראינו בפרק 4, מסיבה זו פגיעה מכוונת במי שאינם לוחמים היא חטא כה חמור. לכן הטרור חסר ההבחנה של אש״ף, חמאס, חיזבאללה, אל קאעידה וארגוני טרור אחרים הוא מעשה דוחה כל כך.

אך הטבע האנושי והמציאות מלמדים שילדים אכן סובלים (או נהנים) בעקבות החלטות הוריהם, בדיוק כשם שכל סדר מדיני מאלץ אזרחים להתמודד עם השלכות ההחלטות שקיבלו מנהיגיהם. גם זה אחד הלקחים שלימד יחזקאל בנבואתו על חורבן בית ראשון: ״כֹּה אָמַר ה׳

הִנְנִי אֵלַיִךְ וְהוֹצֵאתִי חַרְבִּי מִתַּעְרָהּ וְהִכְרַתִּי מִמֵּךְ צַדִּיק וְרָשָׁע" (שם, כא, ח). תושבי ירושלים, חוטאים וצדיקים כאחד, יגוועו מרעב במצור, ואחר כך ימותו ביד חרב. כולם שותפים לאותו גורל. כזאת היא מציאות הקיום האנושי.

יחזקאל מטיל מידה רבה של אשמה על הנהגת העם אשר בכשליה המוסריים בני ישראל ניגפים: "שָׂרֶיהָ בְקִרְבָּהּ כִּזְאֵבִים טֹרְפֵי טָרֶף, לִשְׁפָּךְ דָּם לְאַבֵּד נְפָשׁוֹת לְמַעַן בְּצֹעַ בָּצַע" (שם, כב כג-לא). כמובן, ייתכן שרבים מפשוטי העם הללו לא היו תמימים כל כך, וגם הם עשו עוול לעניים ולנזקקים. באשר לכל השאר, ייתכן שגם הם היו שותפים לפשעי מנהיגיהם, או שאשמתם מסתכמת בכך שלא עשו די כדי לתקן את החברה שבה חיו. ככל הנראה, חלקם היו חפים מפשע לחלוטין – אך בסופו של דבר הצדיקים והרשעים מתו יחדיו.

אולם מה שחתם ישירות יותר את גורל העם כולו היו הכשלים המדיניים של מנהיגיו. מלכי יהודה יכלו לקחת לתשומת ליבם את אזהרת ירמיהו הנביא ולהיכנע בפני המלך נבוכדנצר. הם החליטו אחרת, וכולם נשאו בתוצאות.[24] סולידריות האומה מאלצת את בניה לחלוק גורל זהה. אלה פני הדברים: גם כשמנסים לפגוע אך ורק בלוחמי האויב, תמיד יהיו גם בלתי מעורבים שישלמו בחייהם.

נשוב ונדגיש: דבר מכל הנאמר אין פירושו שמותר לכוון את האש אל אלה מבין אנשי האויב שאינם לוחמים. אך הגורל המשותף והמחויבויות שלנו כלפי חיילינו ואזרחינו מכתיבים לתת עדיפות גדולה יותר לביטחונם מאשר לביטחון האנשים השותפים לגורלו של עם אחר.

'תמונת ניצחון מעורפלת' והסכנה המוסרית שבהיעדר פעולה

שני הגורמים העיקריים הללו – המחויבות להגן על אזרחינו והאחריות כלפי אחינו בני עמנו – מתלכדים כאשר אנו נאלצים להתמודד עם הדילמה של מגינים אנושיים שגויסו לתפקיד זה בעל כורחם. אם בפועל צבא יימנע מתקיפת מטרות לגיטימיות מתוך חשש לנזק נלווה, אין כל ספק שארגון הטרור הנלחם בו ישתמש במגינים אנושיים כדי למנוע את תבוסתו. קשה להשיג ניצחון מכריע כשאין ביכולתך – או כאשר אינך מרשה לעצמך – להביס את האויב. אכן, טילים מונחים וטכנולוגיות מתקדמות אחרות מאפשרים למקד את הפגיעה במדויק יותר. למרות זאת, בערפל הקרב אי אפשר לנהל

׳לוחמה ללא רבב׳, במיוחד לא בשעה שהאויב מתגרה בך בידיעה שלא תפגע במגינים האנושיים שהציב סביבו.

קחו לדוגמה בתי חולים. הכלל קובע שהם מחוץ לתחום הלחימה, מסיבות הומניטריות ברורות. אך בדיוק בגלל עכבות מוסריות אלה מנהיגי חמאס מסתתרים בבונקרים מתחת לבית החולים שיפא, המרכז הרפואי הראשי של עזה.[25] עבור צבא קונוונציונלי כמו צה״ל, המשימה לעצור באופן מכריע את החמאס מאתגרת במיוחד כאשר אין נכונות ללכת עד הסוף ולחסל את הנהגת הארגון. זאת על אף שהדין הבין־לאומי קובע בבירור כי בתי חולים מאבדים את מעמדם המוגן ברגע שהם משמשים למטרות צבאיות שלא כדין.[26]

כמובן, כל אדם מוסרי המכיר בערכם של בני אדם באשר הם יתלבט רבות בטרם יפתח בירי לעבר בית חולים, אפילו במטרה לפגוע בנכסים יקרים של האויב. עליו לשלול אפשרויות רבות אחרות בטרם ינקוט צעד כה דרסטי. יתר על כן: מעבר לשיקולים האתיים קיימת מטרה אסטרטגית, והיא תקיעת טריז בין לוחמי הגרילה לבין האזרחים התלויים בהם לצורך תמיכה ומציאת מחסה. בהתחשב ביחסים השבריריים ממילא בין גורמים שאינם מדינות לבין הציבור הרחב, יש להימנע מצעדים שידחפו אזרחים לזרועותיהם של ארגוני טרור. לשם כך יש חשיבות אסטרטגית להימנעות מפגיעה באזרחים כתוצאה מנזק נלווה, צעד שיעורר בהכרח את כעסה של האוכלוסייה המקומית. אולם למרות זאת, ייתכן שבשלב מסוים יהיה צורך לפעול בתקיפות נגד מנהיגי האויב כדי להביא לסיום המלחמה. חובה לשמור על מלוא טווח האפשרויות אם ברצוננו למנוע מאויבים חסרי מצפון לנצל את העכבות המוסריות שלנו ולהשתמש בהן כמגן מפני התקפה.

שאלות דומות עלו בנוגע להיסוס האמריקני האם לנקוט צעדים מכריעים נגד הטליבאן או דאע״ש מחשש לפגיעה באזרחים. מבקרי ההחלטה טענו כי ארצות הברית הייתה צריכה לנצל את יתרונה הא־סימטרי בכוח אווירי כדי לבצע מתקפה מקיפה, מהירה ובו זמנית שתחסל את הטרוריסטים. בסופו של דבר, הציווי האתי העיקרי הוא לבער ארגוני טרור כאלה. לא רק האמריקנים ייצאו נשכרים מכך, אלא גם אזרחים הנאנקים תחת שלטון מנהיגי הטרור והלחימה המתמשכת שמתנהלת בעטיים. הימנעות מנקיטת צעדים נחושים גובה מחיר מוסרי.[27]

חלק מן הבעיה הוא שמדינות מערביות רבות מתקשות להגדיר ניצחון במלחמות א־סימטרית.[28] קשה לפעול בנחישות כאשר היעד הסופי אינו

ידוע. ברוב המלחמות שנערכו במאה העשרים לא הייתה בעיה כזאת: המנצחים חיסלו את יכולת הלחימה של האויב וכבשו מארצו. כך ניצחו בעלות הברית במלחמת העולם השנייה, וכך ניצחה גם ישראל במלחמת ששת הימים ובמלחמת יום הכיפורים. בשני המקרים היא השמידה את צבאות ערב וכבשה שטחים ניכרים.

אולם מאז מלחמת יום הכיפורים נאלצה ישראל להילחם נגד ארגונים כגון אש״ף, חיזבאללה וחמאס, שאינם מדינות ואין להם טריטוריות רשמיות שהם עלולים לאבד במקרה של הפסד במערכה. הוא הדין גם בארגוני טרור רבים ברחבי העולם: בעיניהם, עצם הישרדותם ושימור יכולתם להמשיך לתפקד נתפסים כניצחון על יריבים החזקים מהם עשרות מונים. כתוצאה מכך, כאשר אי אפשר להשיג ניצחון מכריע בשדה הקרב או כיבוש טריטוריה, ממילא אין 'תמונת ניצחון' אלא רק מעין של 'תמונת ניצחון מעורפלת'.[29]

כך התברר גם לאמריקנים לאחר נאום "המשימה בוצעה" של הנשיא בוש בשנת 2003 מעל סיפונה של ספינת קרב, לאחר הפלישה האמריקנית לעיראק שהייתה מוצלחת בראשיתה. אך המשימה לא באמת הושלמה, שכן בתוך מספר שנים נשלחו רבבות חיילים אמריקנים נוספים לעיראק כדי להילחם בהתנגדות המתמשכת של ארגוני הטרור המקומיים. ההשתלטות המחודשת של הטליבאן על אפגניסטן בשנת 2021, בעקבות הנסיגה האמריקנית המחפירה רק חיזקה רושם זה. המומחים עדיין חלוקים בדעתם מה השתבש שם מבחינת ארצות הברית.

ברור שאחד הכשלים האמריקניים היה חוסר היכולת להגדיר את מטרות המלחמה. ואכן, במהלך הלחימה שינו אסטרטגים אמריקנים כל העת את המונחים שבהם השתמשו לתיאור מטרות המלחמה. תחילה השתמשו ב'ניצחון' (victory), אחר כך ב'מנצחים' (winning), ולבסוף במונח המעורפל מכול – 'הצלחה' (success). תהיה הטרמינולוגיה אשר תהיה, היה לאמריקנים קושי רב להגדיר את קו הסיום.[30] התמונות המבישות של נטישת את אפגניסטן בחיפזון ובבושת פנים הן תוצאה ישירה של אותו כשל בהגדרת מטרותיה האסטרטגיות של המלחמה.

גם בישראל מנסים אסטרטגים אחדים להתוות 'תמונת ניצחון מעורפלת' באופן דומה. הם מגדירים הצלחה צבאית כשחיקת האויב, פיזית ומורלית, עד לנקודה שבה הוא אינו מעוניין עוד להמשיך להילחם, אף שעדיין ביכולתו לעשות זאת. 'אסטרטגיית התשה' זו גרמה לאסטרטגים ישראלים רבים לחדול מן השימוש במונח 'ניצחון' לטובת המונח המועדף (אך המטושטש)

'הכרעה', כדי לציין שהאויב בחר שלא להילחם עוד; כלומר, שרצונו להמשיך להילחם נשבר לחלוטין. המדד כאן הוא קוגניטיבי ולא פיזי. לטענתם של המצדדים בהכרעה, עדיף לישראל להכריע ולא לנצח, שכן אין לה עניין בכיבוש מחדש של שטחים בדרום לבנון או בעזה בשל התסבוכת המדינית, הדיפלומטית והביטחונית שכיבוש כזה יביא עימו.

רבים בארץ ובעולם מוטרדים מכך שגישה כזו, ובפרט רטוריקה כזו, היא תבוסתנית.[31] בראש ובראשונה, בעיני בעלי ברית ואויבים היא יוצרת את הרושם (המוצדק?) שההנהגה הישראלית איננה נחושה לחסל את המחבלים עד האחרון שבהם ולשלם את מחיר המלחמה היקרה הן מבית והן מחוץ. למעשה, יש ארגוני טרור שאפשר להכחיד או לגרש את מנהיגיהם ופעיליהם רק כאשר ניתן לצבא חלון זמן ארוך דיו כדי לעשות זאת.

הציווי המקראי של גבורה ואומץ לב בלחימה מדגיש את הנכונות להילחם בשני סוגי מלחמות – הן במלחמה תוקפנית וקצרה והן במלחמת התשה ממושכת, בהתאם לנסיבות. אלה המאמינים שתמיד 'אין פתרון צבאי' לטרור צפויים להיקלע במהירות לתשישות פסיכולוגית של רוח הלחימה, בפרט מול אויבים שהם קנאים אידאולוגים, שאינם מקדשים את החיים אלא שואפים למות בג'יהאד.

דפוס חשיבה כזה עלול גם להוביל לרתיעה רבה מפני הרג בשוגג של אזרחים בלתי מעורבים. מה ההצדקה להילחם כאשר אין חתירה לניצחון מלכתחילה? כאשר זו הגישה וזו רוח הפיקוד, קשה יותר לטעון בזכות נחיצותה הצבאית של תקיפה שתסב נזק נלווה ממשי לאזרחים. כאשר מטרות המלחמה אינן מובנות, ההתקפות תמיד תצטיירנה בלתי מידתיות.

על כן, צריך להשאיר פתוחה את האפשרות של פירוק ארגון טרור וחיסול כל מנהיגיו. אולם מומחים רבים בעלי השקפה אסטרטגית מורכבת מציינים כי יש יעדים ביטחוניים מוחשיים יותר שאפשר להשיג במלחמה נגד ארגוני טרור שאינם מדינות.[32] יעדים אלה אינם עולים תמיד בקנה אחד עם מה שאנו תופסים 'ניצחון מוחלט', והשגתם לא בהכרח תיתן אות למצעדי ניצחון חגיגיים. עם זאת, אין הכרח 'להשמיד את האויב' עד תום או לכבוש שטח שלו כדי לשפר במידה ניכרת את יכולת ההגנה העצמית. לא רק 'ניצחון בנוק אאוט' אלא גם 'ניצחון בנקודות' ידכא טרור וירתיע טרוריסטים מלפעול שוב בעתיד.

אך כדי להשיג ניצחון כזה, על הדרג המדיני לקבוע יעד אסטרטגי חד משמעי ובר השגה, ולאחר מכן להורות לצבא לבצע בעקיבות את המשימות

הטקטיות הדרושות להשגתו. חלק מהעניין הוא לקבל את העובדה שאזרחים בלתי מעורבים מקרב האויב נהרגו, ושאיש אינו נושא באשמה מוסרית על כך.

לתהליך זה של שינוי הכיוון האסטרטגי הזה השלכות מוסריות מרחיקות לכת:

- **הגנה עצמית ולא כיבוש**: המטרה העיקרית נותרת בעינה: שמירה על הביטחון. כיבוש שטח עשוי להיות הכרחי, אך הוא רק אמצעי – ואינו מטרה. מה שיכתיב את היקף הפעולה – אם תהיה מוגבלת או מורחבת יותר – הן הערכות אסטרטגיות בלבד. העובדה שאזור כגון עזה או דרום לבנון הוא חלק מארץ ישראל המובטחת אינה רלוונטית.
- **הכרח צבאי**: בהתאם לסעיף הקודם, ההכרח הצבאי של פעולות שונות נקבע על פי מטרות ברורות. כוח יופעל רק בעת הצורך, במטרה להדוף התקפות ולמנוע התקפות עתידיות. לוחמה א־סימטרית מעוררת מטבעה שאלות מוסריות קשות בדבר מתקפות מנע ולחימה בשטח בנוי. טענתנו היא שפעולות כאלה מוצדקות, אך נדרשת מחשבה בהירה ודיון מעמיק כדי לקבוע אילו פעולות נחוצות ואפקטיביות לשיפור הביטחון. בהתחשב בכך שבאופיין פעולות צבאיות בלוחמה א־סימטרית כפופות לשיקול דעת, יש להתמקד בהשגת יעדים צבאיים ולא מדיניים.
- **אפשר להצדיק פגיעה נלווית ובלתי מכוונת באזרחים בגין פעולות צבאיות הכרחיות**: כמו בכל לוחמה, נגרם סבל גם למי שאינם לוחמים. כאשר לוחמי גרילה משתמשים בבלתי מעורבים כמגן אנושי, הם עצמם נושאים באחריות להפיכתם למטרות. אם יש צורך במתקפה צבאית כדי להשיג יעד צבאי במלחמה, מותר לפתוח בה אפילו בנוכחות מגינים אנושיים. כמובן, עדיף לבצע תקיפה באופן שימנע פגיעה בבלתי לוחמים, ואפילו לדחותה זמנית מסיבה זו. עם זאת, אם מטרה קריטית מחופרת מדי בשטח אזרחי או שיש לפגוע בה ללא דיחוי, על הצבא לפעול בהתאם.
- **הערכה מוסרית אסטרטגית**: בהתחשב באופייה של הלוחמה הא־סימטרית ובמורכבות המוסרית הכרוכה בה, אין מנוס מכך שההחלטות שהתקבלו לאחר שיקול דעת יהיו שנויות במחלוקת. אין מנוס גם מטעויות טקטיות: תמיד יהיו מקרים של זיהוי שגוי של מטרות, טילים מונחים מדויקים יחטיאו מטרות, מפקדים יקבלו החלטות שגויות וחיילים ייכנסו לפאניקה. מקרים אלה מצערים ואפילו טרגיים, ואף על פי כן אפשר להצדיק אותם מבחינה מוסרית, כל עוד הם מתרחשים כחלק

ממסגרת אסטרטגית רחבה המביאה בחשבון את הערכים המוסריים שהמודל הרב־ערכי היהודי מכתיב. לוחמה ללא רבב היא אוטופיה. מה שנדרש הוא יעד אסטרטגי המכתיב את ההכרח הצבאי ומסגרת מוסרית המנחה את הפעולות הננקטות להשגתו.

- **פירוש נכון לתמונות עקובות מדם:** נזק נרחב אין פירושו נזק מופרז ובלתי מוסרי. מדינות רבות נכשלות בנקודה זו, שכן הן מושפעות יתר על המידה מתמונות מטרידות המתעדות את תוצאות המתקפה שביצעו ומופיעות תוך דקות ספורות בשידורי החדשות וברשתות החברתיות ברחבי העולם.

בפרק הבא נעסוק באתגרים שמציאות זו מציבה.

פרק 25

תדמית ציבורית ו'אפקט CNN' בכפר קאנא בלבנון

האם על הדימוי הציבורי של מדינה להשפיע על פעולותיה הצבאיות?

עד כה הצגנו את טענתנו, שהאתיקה הצבאית מתירה הרג בלתי מכוון של בלתי מעורבים בלחימה, ורואה בו – בצער רב – תופעה בלתי נמנעת. אולם האם מקרים כאלה אינם גורמים לחילול שם שמיים? הרי תמונות מזעזעות של אזרחים הרוגים בטלוויזיה וברשתות החברתיות מתדלקות גינויים בין־לאומיים מקיר לקיר, וגוררות האשמות בפשעי מלחמה מצד ארגונים לא ממשלתיים, ובאופן כללי מביאות לשיחות מסדרון לא נוחות. יתר על כן: יחסי ציבור גרועים משפיעים לרעה על מה שמכונה 'כוח רך' (soft power) של מדינה, כלומר על יכולתה להשפיע ביעילות על הקהילה הבין־לאומית ולשכנע אותה בצדקתה. בהתחשב בדאגתנו לשמנו הטוב, האם עלינו לוותר על תועלת צבאית ממשית כדי להימנע מהרג של בלתי מעורבים או של מגינים אנושיים?

באופן כללי, התשובה לכך שלילית. כפי שראינו, למושג 'חילול השם' שתי הוראות שונות, האחת פוליטית והאחרת מוסרית.

1. המוניטין של האל בעולם קשור במצבו המדיני של העם היהודי. גלות ישראל נתפסת בעיני העולם ככישלון אלוהי. לעומת זאת, הצלחת עם

ישראל נתפסת כראיה לגדלות האל והיא מעידה על יכולתו להביא צדק לעולם. כדי שקֶרן ישראל תרום בעולם, צריך שהרשעים ירדו וישראל יתעלו.

2. המוניטין של האל בעולם מושפע מהתנהגותו המוסרית של עם ישראל. היהודים מייצגים את האל ואמורים לגלם את ערכי המקרא. כאשר הם מתנהלים מוסרית, תפארת היא לתורה, וכשאינם מתנהלים כך – גנאי הוא לה. כדי לרומם את קרן ישראל והתורה בעולם צריך עם ישראל לשמור לכל הפחות על סטנדרטים בין־לאומיים בסיסיים של התנהלות צבאית מתורבתת ולקיים את מחויבויותיו המוסריות כפי שנחתמו בהסכמים בין־לאומיים.[1]

באופן כללי הרצי"ה ותלמידיו מזוהים יותר עם ההוראה הראשונה, ואילו הרב עמיטל ותלמידיו – עם השנייה.[2] אך אליבא דאמת, שני בתי המדרש הללו מכירים בחשיבותן של שתי התפיסות התאולוגיות הללו. היה זה הרב ישראלי, ראש ישיבת מרכז הרב בנשיאות הרצי"ה, אשר קידם את הרעיון שיש חיוב הלכתי על עם ישראל לשמור על סטנדרטים בין־לאומיים של התנהלות בעת מלחמה (כפי שהבאנו בפרק 6). הרב עמיטל, מצידו, התבטא לעיתים קרובות שמצבו המדיני הנורא של עם ישראל בתקופת השואה הוא חילול השם הגדול ביותר, וראה בהקמת המדינה קידוש השם.[3]

שני הגורמים הללו הם ערכים עיקריים שיש להביא בחשבון. חשוב לקבוע אילו נסיבות גורמות לפגיעה מוצדקת במוניטין לאומי. הרי התנהלותה המוסרית של מדינה אינה יכולה להימדד אך ורק על פי פרספקטיבות שטחיות של משקיפים חסרי ידע, הנגועים לעיתים קרובות באינטרסים, בפוליטיקה ובדעות קדומות. כדי להבהיר נקודה זו נשתמש בשתי דוגמאות ידועות מן ההיסטוריה הצבאית של ישראל בלבנון.

מקרה 1: הטבח בסברה ושתילה

ב־1 בספטמבר 1982 פינה כוח רב לאומי את מחבלי אש"ף מביירות. בשלב זה הייתה לבנון אמורה לעבור לשליטתו של בשיר ג'ומאייל, המנהיג הפוליטי והצבאי של מפלגת הפלנגות, שנבחר שבועיים קודם לכן לנשיא לבנון. בג'ומאייל תמכו ממשל רייגן וממשלת ישראל, אשר ראו בו בעל ברית שביכולתו לחתום על הסכם שלום עם ישראל.

ג׳ומאייל נרצח ב־14 בספטמבר בידי סוכן סורי. כעבור יומיים – בראש השנה היהודי – נקמו אנשי הפלנגות את מותו בטבח אלפי תושבים במחנות הפליטים הפלסטינים סברה ושתילה, סמוך לביירות. ישראל הקימה ועדת חקירה ממלכתית, שמצאה כי שר הביטחון אריאל שרון והרמטכ״ל רפאל איתן היו אחראים בעקיפין לטבח. הנימוק: השניים היו אמורים לדעת שהטבח עומד להתרחש ואף יכלו לנקוט צעדים כדי לעוצרו כבר בתחילתו.

הרב ישראלי, הרב גורן וחבר הכנסת הרב חיים דרוקמן (אחד מתלמידיו המובהקים של הרצי״ה), התנגדו לכך שישראל תחקור את הטבח, וניסו למנוע את הקמתה של ועדת החקירה. הם האמינו כי ישראל תשמש שעיר לעזאזל בעוון פעולות שלא היא ביצעה, ושקבלת אחריות כלשהי מצידה על הטבח – ולוּ בעקיפין – תוביל רק לאנטישמיות בין־לאומית.[4] השלושה תהו מדוע לא נשמע זעם בין־לאומי כאשר הפלגים הלבנוניים טבחו זה בזה במלחמת האזרחים הממושכת בשנות השבעים. רבים בארץ טענו: ״נוצרים הורגים מוסלמים והאצבע המאשימה מופנית כלפי היהודים!״.

אך לא היו אלה נוצרים אקראיים שביצעו את הטבח בסברה ושתילה: נוצרים אלה היו בני בריתו של צה״ל. לפיכך, התייחס הרב עמיטל לאירוע כאל חילול השם חמור ביותר, והטיח דברי תוכחה חריפים בחברי כנסת דתיים על התנגדותם להקמת ועדת החקירה הממלכתית. עמיתו של עמיטל, הרב ליכטנשטיין, טען במכתב פתוח לראש הממשלה מנחם בגין כי כבודה הלאומי של ישראל יוכל להשתקם רק אם תקים ועדת חקירה ותערוך חשבון נפש. קריאה זו מצאה הד גם באמריקה: הרב יוסף דב סולובייצ׳יק, חותנו של הרב ליכטנשטיין, לחץ על שרים דתיים בממשלת ישראל לתמוך בחקירה, וכמוהו גם הרב הראשי של בריטניה, עמנואל יעקובוביץ׳, שקונן על ״החרפה שהכתימה את שמם הטוב של יהודים״.[5]

צדקו הרב עמיטל והרב ליכטנשטיין בדבריהם, וחשוב להבין מדוע. תושבי סברה ושתילה היו בלתי מעורבים שאסור היה לפגוע בהם ישירות לפי כללי המוסר היהודי. הם נטבחו מתחת לאפו של צה״ל בידי בנות בריתה של ישראל לצורך נקמה בלבד. העובדה שחברי הפלנגות הנוצריות הם שביצעו את הטבח בפועל הייתה אומנם נסיבה מקלה – אך רק במידה מוגבלת. ישראל בחרה בהם כבעלי בריתה, ובעבר הם תיאמו את פעולותיהם עם פעולות גדולות של צה״ל. כמי שהיה שחקן מרכזי בסכסוך בלבנון, לצה״ל הייתה היכולת – והאחריות הקולקטיבית – למתן את התנהגותם של אנשי הפלנגות. אם מלחמה היא עניין קולקטיבי, כפי שנטען כאן

בפרק הקודם, עלייך לקבל מידה מסוימת של אחריות על התנהגותו של בעל בריתך.[6]

יתר על כן: צה"ל עסק במשך שבועות ארוכים בלחימה בלבנון, תוך שהוא עושה כל שביכולתו להימנע מפגיעה באזרחים כנזק נלווה. על האיפוק שגילו חיילי צה"ל בשם טוהר הנשק העיב כעת הרג בלתי מוצדק של בלתי מעורבים – ועוד במהלכה של הפסקת אש. הטבח בסברה ושתילה לא רק הכתים את תדמיתו של עם ישראל ואת שמו הטוב, אלא גם הטיל צל כבד על הגינותם המוסרית של חיילי צה"ל שהקריבו קורבנות גדולים כדי להימנע מנזק נלווה.

חילול השם נגרם לא כתוצאה מכך שתמונות עקובות מדם של הרוגים ופצועים שודרו על גבי מסכי הטלוויזיה ברחבי תבל. זה היה מוקד ההתמודדות של הרב יעקובוביץ'. הוא ניצב בפני המשימה המאתגרת להסביר את המלחמה לאמצעי התקשורת האירופיים העוינים, אף שהוא עצמו התנגד לפלישה הישראלית הנרחבת ללבנון. הרב יעקובוביץ' מתח ביקורת נוקבת על ההנהגה הדתית בישראל על התעלמותה מהדילמות המוסריות שהציבה המלחמה, ובפרט ממקרי המוות הרבים של אזרחים יהודים ולא יהודים כאחד. הרב יעקובוביץ' האמין כי פעולותיה של ישראל וקוצר ידה בתחום ההסברה שיקפו את העובדה שהיא "זנחה לחלוטין את הרעיון של קידוש השם בקרב העמים".[7]

מותם של בלתי מעורבים הוא תמיד טרגי, אך איננו בהכרח לא מוסרי. לא תמיד הוא באשמת הצבא התוקף, ובוודאי שאין זו תופעה ייחודית לישראל. הרב יעקובוביץ' ידע זאת, ומתח עקבית ביקורת על התקשורת הבין־לאומית, שנהגה בישראל איפה ואיפה בהשוואה לסיקור מלחמות אחרות שבהן צבאות מערביים היו אחראים למותם של אזרחים רבים הרבה יותר. הוא הכיר בכך ששיקולים שונים של פוליטיקה ריאלית וגורמים אחרים היטו רבות ממדינות המערב נגד ישראל. למרות זאת, הוא האמין כי על ישראל לשמור על מדרגה מוסרית גבוהה יותר בשל מורשתה המקראית ותפקידה החלוצי כמגדלור של מוסר.[8]

קשה להבין מדוע נדרשת ישראל לשמור על דרגה מוסרית גבוהה יותר או במה זה כרוך. על יהודים לקבוע לעצמם סטנדרטים מוסריים מוצדקים ולהסביר אותם לעולם. עליהם לחיות לפיהם, אך גם לתבוע מאומות העולם שינהגו כך. האוניברסליות של כללי מוסר אלה היא שהופכת אותם להנחיות אתיות ולא רק להעדפות אישיות. כפי שנטען לאורך הספר, הנחיות מוסריות

אלה מנוסחות כאשר מביאים בחשבון ערכים מרובים ולעיתים אף סותרים. הניסיון להימנע מפגיעה בבלתי מעורבים רק לצורך שיפור יחסי הציבור של המדינה עלול לסכן חובות מוסריים חשובים אחרים, כגון שמירה על ביטחון הכוח הלוחם והגנה על האוכלוסייה האזרחית של המדינה.

זאת ועוד: לא סביר לצפות שמדינה תתנהל לאורם של ערכי מוסר נעלים יותר מהנדרש, בעוד היא מנסה לנצח במערכה נגד אויבים חסרי עכבות מוסריות. כפי שהוזכר בפרק 2, עשרות שנים קודם לכן כתב הרב אברהם יצחק קוק, כי מדינות המצויות במלחמה מתקשות להתעלות מעל אמות המידה המוסריות המקובלות בתקופתן; את הרף המוסרי מכתיב בדרך כלל הצד הפחות מוסרי בעימות. בהקשר זה, גילה צה"ל איפוק יוצא דופן בפעולותיו בלבנון במטרה למנוע פגיעה בבלתי מעורבים, אף שמקרי מוות רבים היו בלתי נמנעים. ישראל הייתה צריכה להשקיע מאמץ גדול יותר להציג את עמדתה באופן משכנע, כפי שהפציר הרב יעקובוביץ'. ההסברה חשובה. עם זאת, תמונות הנפגעים הקשות ששודרו באמצעי התקשורת, של חיילים ואזרחים כאחד, אינן מלמדות דבר על צדקת הפעולה הצבאית.

למרבה הצער, התפיסות השגויות הללו – הן של מוסר והן של חילול השם – מובילות לעיתים מדינות לטעויות יקרות במלחמותיהן נגד גורמים שאינם מדינות. מקרה המבחן הבא יבהיר סוגיה זו.

מקרה 2: נפתלי בנט והפצצת כפר קאנא

ב־18 באפריל 1996 שידר נפתלי בנט, אז מפקד צוות סיור ביחידת מגלן, בקשה לסיוע חירום ברשת הצה"לית.[9] צוותו של בנט, שהיה אז בן עשרים וארבע, היה בשמונת הימים הקודמים במשימת סיור לאיתור יחידות חיזבאללה, משגרי רקטות ומטרות נוספות. הימים היו ימי מבצע 'ענבי זעם', שבו פתח ראש הממשלה דאז שמעון פרס במטרה לעצור את ירי הרקטות של חיזבאללה מדרום לבנון. התקפות אלה נעשו קטלניות יותר ויותר לחיילי צה"ל ולאזרחים הישראלים בצפון. יחידת הסיור של בנט הייתה מזהה את מיקום המטרות הנעות של חיזבאללה, משדרת את נקודות הציון שלהן למפקדה, וצה"ל היה תוקף מן האוויר או יורה פגזי ארטילריה ומשמיד אותן.

אסטרטגיה זו שירתה שתי מטרות: הקטנת מספר לוחמי צה"ל המסכנים את עצמם מול לוחמי הגרילה של חיזבאללה במגרש הביתי שלהם, וזיהוי מדויק של מטרות, כדי שאזרחים לבנונים לא ייקלעו לאש הצולבת. כפי

שהסביר מפקד חיל האוויר דאז, האלוף הרצל בודינגר: "נדרש דיוק רב, מכיוון שבבנייני הדירות [המאכלסים מרכזי שליטה ופיקוד של חיזבאללה] שכנו גם משפחות של לוחמי חיזבאללה. לא רצינו שCNN ישדר סצנות של נשים וילדים מתים".[10]

כעבור שמונה ימים נשלח מסוק תובלה של צה"ל להעביר מזון ואספקה לבנט ולפקודיו. מכיוון שהמסוק נשלח בטעות בשעות היום, נחשפה אחת מיחידות המשנה של מגלן. לוחמי חיזבאללה, לבושים במדי האו"ם, התמקמו בבית קברות בדרום לבנון וירו אש מרגמות שנחתו סמוך לחיילי הקומנדו של צה"ל.[11] לאחר מכן רצו לוחמי החיזבאללה לתפוס מחסה במתחם של האו"ם ששכן במרחק כ־170 מטר משם, ובאותה עת שהו בו קרוב לשמונה מאות אזרחים לבנונים. (כוחות יוניפי"ל של האו"ם היו מודעים לכך שחיזבאללה משתמש במתחם שלהם כמגן אנושי. שלושה ימים קודם לכן, חייל יוניפי"ל מפיג'י ניסה לעצור את לוחמי החיזבאללה מביצוע ירי בסביבת המתחם ונורה למוות בחזהו).[12]

שעון החול לחילוצם של לוחמי מגלן החשופים הלך ואזל. צה"ל נאלץ לפתוח תוך זמן קצר בירי ארטילרי לעבר משגרי הרקטות של חיזבאללה. שילוב ביש מזל בין תנאי מזג אוויר קשים, מפות לא מדויקות, מגבלות טכנולוגיות וטעויות אנוש הביא לכך שהאש הארטילרית החטיאה את מטרתה ונחתה על מתחם האו"ם. למרבה הצער, נהרגו למעלה ממאה בני אדם ומאה נפצעו.

עד מהרה עלו באמצעי התקשורת ברחבי העולם תמונות זוועה של ילדים ערופי ראש ונשים נטולות מעיים. בינתיים חילץ מסוק קרב של חיל האוויר את לוחמי מגלן למקום מבטחים. העיתונאי רוברט פיסק, שדיווח עבור ה'אינדיפנדנט' הבריטי, שלח את הדיווח שלו תחת הכותרת "טבח במקום המפלט". השורה הראשונה הייתה: "זה היה טבח. מאז סברה ושתילה לא ראיתי חפים מפשע נטבחים כך".[13]

התמונות מכפר קאנא ומסברה ושתילה היו דומות באופן טרגי, אך פעורה תהום בשאלת האחריות המוסרית בשני המקרים. בשנת 1982 לוחמי הפלנגות לא היו תחת איום מיידי, ולמרות זאת תקפו תושבים פלסטינים בלתי מעורבים. הטבח בסברה ושתילה היה פעולה של נקמה, ולא תקיפה לשם הגנה עצמית. לעומת זאת, בשנת 1996 ניסה צה"ל להשמיד רקטות שהיוו איום ישיר על חיילי מגלן שנחשפו. מותם של האזרחים הבלתי מעורבים לא היה מכוון והוא נגרם כתוצאה מכך שחיזבאללה התמקם בכוונה

תחילה במקלט האו"ם. כפי שאמר סגן הרמטכ"ל מתן וילנאי: "חיזבאללה עושה את המקסימום להביא להרג אזרחים על ידי תפיסת מחסה ביניהם ועל ידי ירי קטיושות ומרגמות מתוך עמדות קרובות מאוד לאו"ם או לריכוזים אזרחיים".[14] הוא הוסיף כי גם כלי נשק מתקדמים לעולם לא יהיו מדויקים במאה אחוזים.

התקרית בקאנא הייתה אירוע מכונן עבור בנט. כעבור עשר שנים הוא פתח בקריירה פוליטית שכללה את העיקרון: 'מפסיקים להתנצל'. לדבריו, ישראל אינה צריכה להסס, ועליה לעשות מה שנדרש כדי להביס את אנשי חיזבאללה הנלחמים מתוך מתחמים אזרחיים. אין טעם לצאת למלחמה אלא אם כן מקבלים את העובדה שתמיד יהיה מרווח טעות – ושמותם של אזרחים בלתי מעורבים הוא בלתי נמנע בסוג כזה של לחימה.

בשלבים הראשונים של המלחמה מצא הלך רוח זה אוזן קשבת אצל ראש הממשלה שמעון פרס; אך התמונות העקובות מדם מקאנא פגעו בתמיכה הבין־לאומית בישראל. פרס לא יכול היה להרשות זאת לעצמו, במיוחד חודשיים לפני הבחירות בישראל. הוא הורה לקצר את המבצע. צה"ל השמיע קול מחאה: פרס לא רק הפסיק את הפעולה בטרם עת לפני שהצבא הצליח להשלים את משימתו – הוא גם חתם על הסכם הפסקת אש מלא חורים, שבו התחייבו שני הצדדים "שלא לירות אש מנשק כלשהו לעבר אזרחים או מטרות אזרחיות". היה ברור שחיזבאללה לא יעמוד בהסכם, וחמור מכך – שההסכם הגרוע עתיד לעמוד לרועץ בפני תגובות עתידיות של צה"ל, שכן חיזבאללה התמזג שוב בתוך כפרים בלבנון. ההסכם גם יצר את הרושם שאם ישראל תתקוף מטרות של חיזבאללה במקומות אזרחיים, חיזבאללה יוכל לגיטימית להגיב נגד מטרות אזרחיות בתוך ישראל. חיזבאללה זכה בניצחון אסטרטגי במה שהתקבע בכינוי 'טבח קאנא'.

בהקשר זה נודעה חשיבות רבה לתגובתו של הרב עמיטל לאירוע. חודשים אחדים לפני כן הוא מונה לשר ללא תיק בממשלתו של פרס, בעקבות הרצח של ראש הממשלה יצחק רבין ז"ל. הרב עמיטל תמך בהחלטתו הראשונית של פרס לתקוף את חיזבאללה, אך גם בהחלטה לסיים את המלחמה. הוא הזדעזע עד עומק נשמתו מהתמונות שהגיעו מכפר קאנא. בעת נסיעה לבריטניה הוא התבטא שהתקרית הייתה "חילול השם שלא יתואר כלפי אומות העולם".[15] העובדה שהייתה לו אחריות מיניסטריאלית לחילול השם הזה הדירה שינה מעיניו. הצהרתו החריפה זכתה לסיקור בולט בעמוד הראשון של ה"ג'ואיש כרוניקל", העיתון המרכזי של יהודי בריטניה.

קוראי העיתון, ובהם אחדים מתלמידיו של הרב עמיטל, שיבחו את הווידוי הציבורי הזה וראו בו קידוש השם.

מצפונו המוסרי של הרב עמיטל אומנם ראוי להערצה, אך תגובתו הפומבית הייתה רגשית מדי וחסרת פרופורציות. התמונות מכפר קאנא אכן פגעו בתדמיתה הציבורית של ישראל, אך למרבה הצער הן אופייניות ושכיחות ביותר בכל מלחמה באשר היא, ואינן אמורות למנוע ממדינה לבצע את משימותיה הצודקות. לא משנה כמה פצצות חכמות יש ברשותך ולא כמה מודיעין איכותי אספת – אזרחים תמיד ייהרגו בקרבות. כל צד תוקף עושה טעויות, במיוחד כאשר הצד השני במכוון חושף את אזרחיו לפגיעה. התמונות מקאנא, מחרידות ככל שיהיו, אינן מספרות דבר על מוסריותה של אותה פעולה צבאית ובוודאי לא על מוסריותה של המלחמה הרחבה יותר.

נקודה זו זכתה לאישוש שנה לאחר מבצע 'ענבי זעם'. ויליאם הייז פארקס, ההיסטוריון המשפטי הבולט ביותר של לוחמה אווירית במאה העשרים ובעצמו קולונל בחיל האוויר האמריקני,[16] השתתף בוועידה שהתקיימה בישראל. הוא סיפר כיצד שנים ספורות קודם לכן, במבצע 'סופת מדבר', סדאם חוסיין – שלמד היטב את אירועי מלחמת לבנון – השתמש בכוונה במגינים אנושיים, ובכללם זרים, כדי להרתיע את הקואליציה בראשות ארצות הברית מלתקוף.

כוחות הקואליציה הצליחו באותה עת לצמצם במידה רבה את מספר ההרוגים הבלתי מעורבים. למרות זאת נעשו לעיתים טעויות. ב־13 בפברואר הפציץ צבא ארצות הברית את בונקר אמיריה במערב בגדד. הבונקר נבנה בעת מלחמת איראן עיראק, והמודיעין האמריקני העריך שהוא משמש כעת מרכז פיקוד ושליטה. ייתכן שהייתה זו הערכה מוטעית.

על כל פנים, בדיעבד התברר שהבונקר שימש בלילות מקום מחסה לתושבים המקומיים. הכוחות האמריקנים, שלא ידעו על כך בזמן אמת, הפציצו את המתחם, ואז התבררו ממדי הזוועה: לפחות שלוש מאות בלתי מעורבים נהרגו. לראשונה מאז תחילת המלחמה הורשו עיתונאים זרים לבקר באתר ללא צנזורה עיראקית, ובמשך ימים רבים לאחר מכן תיעדו את פינוי הגופות. רשת BBC הודיעה כי צילומי הגופות החרוכות היו "קשים מכדי לשדר",[17] ומיודענו רוברט פיסק השווה את ההפצצה להירושימה תוך פירוט גרפי למדי כיצד בשר אדם מתמוסס.[18]

עם זאת, כפי שטען פארקס בצדק, התמונות מאמיריה, מביירות, מקאנא וממקומות אחרים אינן מספרות דבר באשר לשאלה מי אחראי

לנפגעים הספציפיים הללו ואינן מספקות מענה לשאלה אם הכוח התוקף עשה בדרך כלל מאמצים ראויים להבחין בין מטרות לגיטימיות לאזרחים בלתי מעורבים. עדשות הטלוויזיה אינן ברומטר מוסרי.

הכשל בהסתמכות על אמצעי התקשורת ועל אופן הסיקור שלהם אינו רק שלעיתונאים מסוימים יש הטיות נגד המלחמה בכללותה או דעות קדומות נגד צבאות תוקפים (צה"ל תמיד ברשימה). המדיום עצמו מתאים לשידור רגשי יותר מאשר לניתוח מפוכח. כפי שציין הפרשן הגיאופוליטי רוברט קפלן, עבור עיתונאים רבים "דבר אינו משנה מלבד המחזה הנורא שלנגד עיניהם כרגע – **וצריך לעשות משהו בקשר לזה!**"[19] מנקודת המבט הקוסמופוליטית שלהם הם חושבים רק על זכויות האדם של הקורבן: וכי מה הוא עשה שכך מגיע לו? ראייה טהרנית כזאת אינה מביאה בחשבון את מכלול היחסים בין הקולקטיבים הלאומיים שהם צדדים לסכסוך, ומתעלמת מהאפשרות שאחד הצדדים פועל לגיטימית להגן על האינטרסים שלו.

זו המלכודת שאליה נפל גם הרב עמיטל. הוא טען כי ירי החיזבאללה מתוך אזורים אזרחיים הוא שהוביל לאירוע, ובכל זאת ראה בהפצצת כפר קאנא חילול השם. בעשותו זאת הוא שיחק לידי מסע הדיסאינפורמציה שניהל החיזבאללה. כך, בהיסח הדעת, שימש המושג 'חילול השם' כלי שרת בידי החיזבאללה.

ההפצצה השנייה בשוגג על כפר קאנא

לרוע המזל חזרה ישראל על אותה טעות עשר שנים מאוחר יותר בעת מלחמת לבנון השנייה, וגם כאן – שוב בתקרית מצערת בקאנא. משא ומתן בתיווך אמריקני עמד על סף חתימת הסכם להפסקת אש בין ישראל לממשלת לבנון, שהייתה אז פרו מערבית. תנאי ההסכם היו טובים: צבא לבנון, בגיבוי כוח בין-לאומי עם מנדט אמיתי לשמירת השלום, היה אמור לתפוס מחדש את השליטה בדרום לבנון. לוחמי החיזבאללה היו אמורים לעזוב, ועל לבנון היה אמור להיות מוטל אמברגו נשק כללי. חיזבאללה, שהיה מותש מבחינה צבאית אחרי כתישה במשך שבועיים בהפצצות אגרסיביות של צה"ל, הסכים לתנאי ההסכם. נראה היה שרוח הלחימה שלו מתקרבת לנקודת שבירה. מזכירת המדינה האמריקנית, קונדוליזה רייס, הגיעה לאזור כדי לסגור את ההסכם ולצרף אליו את חתימתה של ארצות הברית.

היה זה בעת ארוחת בוקר משותפת של רייס עם בכירים ישראלים

כאשר הטלפונים הניידים שלהם החלו לזמזם: "אירוע בקאנא בלבנון. יש עשרות הרוגים". צה"ל הפציץ את פאתי הכפר שממנו שוגרו קטיושות. מעוצמת ההדף קרס בניין. רשתות טלוויזיה מרחבי העולם שידרו צילומים לא ערוכים של ילדים מדממים ומפויחים ושורות של גופות מכוסות שקי פלסטיק לבנים. עשרים ושמונה בני אדם נהרגו, אך הדיווחים הראשוניים בתקשורת הציגו מספר כפול מזה.

הגינוי הבין־לאומי לא איחר לבוא. המגנים התעלמו לחלוטין מהעובדה שחיזבאללה ירה במהלך השבועות שקדמו לכך מאה וחמישים רקטות מתוך האזור.[20] במקום ללחוץ על חיזבאללה להפסיק את פשעי המלחמה שלו, שכללו לחימה מתוך שטחים אזרחיים, מועצת הביטחון של האו"ם קיימה ישיבת חירום כדי להתגולל על ישראל. שגרירים אחדים אף האשימו את ישראל שפגעה בכוונה תחילה באזרחים. ישראל עצמה פגעה בתדמיתה בכך שאיחרה לפרסם קטעי וידאו שהיו ברשותה ובהם נצפו משגרי קטיושות יורים מתוך הכפר.[21] ממשלת לבנון הזועמת מנעה ממזכירת המדינה האמריקנית להיכנס לביירות, ורייס המתוסכלת – שכעסה על טיפולה המרושל של ישראל בתקרית – הבינה שהעסקה להפסקת האש נפחה את נשמתה.

למרות הביקורת החריפה בתקשורת, במטכ"ל רצו להגביר את התקיפות כדי להבהיר שבלי קשר לאירוע בקאנא – לחיזבאללה אין מוצא ללא הסכם מדיני. יועצי הביטחון הלאומי של ארצות הברית היו שותפים למסקנה זו, והאמינו כי אין אופק לסיום המלחמה ללא שינוי מהותי במציאות הלבנונית. רייס, לעומת זאת, דרשה מישראל להכריז על הפסקת אש בת ארבעים ושמונה שעות "מסיבות הומניטריות". היא גם שכנעה את הנשיא בוש כי פעולותיה של ישראל בלבנון גורמות כעת יותר נזק מאשר תועלת לאזור.

הלחץ האמריקני להפסקת אש הצליח – למרות שבשטח לא היו שינויים מדיניים של ממש. כפי שכתבו במאוחר יותר העיתונאים עמוס הראל ואבי יששכרוף, עבור החיזבאללה "ההרג בקאנא היה מתנה משמיים".[22] במקום לחתום על הסכם הפסקת אש משפיל, ארגון הטרור הוסיף להילחם מתוך מקומות אזרחיים בלי לשלם כל מחיר. התגובה הרגשית של העולם לתמונות העקובות מדם מכפר קאנא אפשרה לו לנצח שוב במלחמת התעמולה.

כדי שהמערב ינצח במלחמותיו הא־סימטריות, 'תסמונת קאנא' חייבת להיפסק. בסוג כזה של לחימה, נזק נלווה וטעויות טרגיות הם תופעה בלתי נמנעת.[23] מותר ואנושי להתעצב על מותם של חפים מפשע, אך הניתוח המוסרי שלנו חייב להישאר מפוכח. עם כל הכבוד לסלידה האינסטינקטיבית

משפיכות דמים, חייבים להפעיל שיקול דעת. אין להתקבע במניין הקורבנות או בסיקור התקשורתי. במקום זאת, עלינו לקבוע על מי מוטלת האשמה במקרים כאלה. בפרשת סברה ושתילה, האחריות הייתה של הפלנגות, ובאופן עקיף גם של גורמים ישראלים שיכלו למנוע את הטבח. בכפר קאנא האחריות הייתה מוטלת על אסלאמיסטים קיצוניים שתפסו מחסה בתוך מרכזי אוכלוסייה הומים. יש לנקוט צעדים סבירים למזעור נזק אגבי, אך בלי לסכן את חיילינו או את הצלחת המשימה.

בסופו של דבר, קידוש השם הגדול ביותר טמון בהקפדה עקיבה על עקרונות המוסר שלנו, למרות הסכסוך המתמשך עם מבקשי נפשנו, שאין להם דבר וחצי דבר עם כללי מלחמה או עם מוסר אנושי.

מחשבות לסיום על עתיד המוסר הלוט בערפל

טכנולוגיה ומקסם השווא של 'לוחמה מדויקת'

יש לקח נוסף שראוי ללמוד מהתקריות בכפר קאנא: טכנולוגיה צבאית, מתוחכמת ככל שתהיה, לא תמנע נזק נלווה. אומנם אמצעים מתקדמים כגון ראיית לילה, לוויני צילום ברזולוציה גבוהה, נשק מונחה סמן לייזר וחיישנים לזיהוי מטרות – מסייעים מאוד באיתור מדויק של יעדים ובהימנעות מפגיעה בבלתי מעורבים בכל סביבה נתונה. עם זאת, הנזק הנלווה נותר בלתי נמנע. הטכנולוגיה אינה יכולה לספק 'לוחמה סטרילית'. לוחמה א־סימטרית בשטח בנוי לא תאפשר זאת, שכן טעויות מודיעיניות תמיד קורות, פיצוצים משניים בלתי צפויים תמיד מתרחשים בגלל תנאים בלתי צפויים בשטח, ואפילו טכנולוגיה שהיא כמעט חסינה מתקלות נכשלת לעיתים.

מנכ"ל רפא"ל (הרשות לפיתוח אמצעי לחימה), שהוביל את מאמצי ישראל לפיתוח נשק מדויק, הדגיש נקודה זו כבר לאחר מתקפת קאנא הכושלת בשנת 1996. מלחמות, הוא הזהיר בצדק, "ימשיכו להיות עקובות מדם והרסניות. החלום שבו כוח אש מדויק מוביל למלחמה נקייה וכירורגית עם מעט נזקים נלווים ומינימום נפגעים יישאר ברוב המקרים בגדר חלום".[1]

לרוע המזל, מנהיגים רבים נפלו קורבן לקסם 'המלחמה הכירורגית', והבטיחו דיוק פנטסטי שאי אפשר לקיים. לדוגמה, נשיא ארצות הברית ברק אובמה התחייב בשנת 2016: "אנו מנהלים את המערכה האווירית המדויקת ביותר בהיסטוריה, בעזרת הטכנולוגיה יוצאת הדופן שלנו".[2] מספר שנים לאחר מכן, פרסם העיתון ניו יורק טיימס דו"ח קשה, שהוכיח כי רבות

מהמתקפות שביצעו מטוסי קרב ומזל"טים אמריקנים היו רחוקות מלהיות מדויקות.[3] לפעמים מודיעין לקוי הוביל להפצצות שגויות; במקרים אחרים נהרגו אזרחים שאתרע מזלם להימצא בסמוך למטרות צבאיות לגיטימיות. אלפים נהרגו ועוד רבים שלא היו מעורבים בלחימה נפצעו. בתים נהרסו ורכוש רב ירד לטמיון.

לגיטימי להתווכח על המוסריות של כל אחת מאותן הפצצות ושל המבצע באופן כללי. אך הצבת סטנדרט של דיוק שאינו בר השגה מונעת ביקורת בונה ומעוותת את תשתית השיח על מוסר לחימה. מלחמות תמיד מחוללות נזק עצום, ללא קשר לקדמה הטכנולוגית של הצבאות הלוחמים. השאלה היא האם מדובר בעצימות מופרזת בהתחשב במטרות הצבאיות ובגורמים הידועים באותה עת. חוכמה שבדיעבד על סמך תמונות זוועה ומספרי נפגעים בלבד היא פשטנית מדי מבחינה מוסרית.[4]

רחפנים וכלי טיס בלתי מאוישים אחרים אכן מספקים יתרון עצום: הם מקטינים את סיכוני הפגיעה בכוחות הלוחמים. דא עקא: אתיקאים חוששים כי טכנולוגיה כזאת עלולה להפוך את המלחמות ל'קלות' וסתמיות מדי, משום שהן מסרסות את החוויה האנושית של הלחימה והופכות אותה לקרה ומרוחקת. מפעילי רחפנים, שלעיתים ממוקמים במרחק אלפי קילומטרים משדה הקרב, ילחצו על הכפתור המחסל ללא מאמץ מטרות אנושיות, ואז יצאו לארוחת צוהוריים כאילו זה עתה עברו שלב במשחק 'Call of Duty'. אכן חשוב שגם מפעילי רחפנים וכטב"מים יגלו רגישות מוסרית לתוצאות פעולותיהם ולשפיכות הדמים הכרוכה אפילו בלוחמת רחפנים. אך היכולת להימנע מסיכון חיי חיילינו חשובה יותר. מובן שעדיין יהיה עלינו לדבוק בסטנדרטים מוסריים של הבחנה ומידתיות גם כשאנו חותרים לניצחון על אויבים שאינם מחויבים כלל לערכים אלה.

ברם, גם בתחום זה אין חדש תחת השמש. טכנולוגיות חדשות צצות, והן מאפשרות לנו להילחם בעוצמה בדרכים אחרות. העקרונות המוסריים שחייבים להנחות אותנו אינם משתנים. מהפכות רבות בתחום הטכנולוגיה הצבאית התרחשו במהלך התקופה שנדונה לאורכו של ספרנו. למרות זאת הקטגוריות האתיות היו עמידות במידה מספקת כדי לתת תשובות טובות לדילמות המוסריות שעלו בכל תקופה.

הטכנולוגיה, טען ההיסטוריון הצבאי מקס בוט, "קובעת את הפרמטרים של האפשרי". הוא הוסיף כי השפעתם הטרנספורמטיבית של כלים חדשים אלה "תלויה בארגון, באסטרטגיה, בטקטיקות, במנהיגות, בהכשרה, במורל

ובגורמים אנושיים אחרים".[5] ואני מוסיף: היא תלויה גם במצפן המוסרי שלהם. ההשפעה המוסרית של טכנולוגיה חדשה תלויה באופן שבו אנו בוחרים להשתמש בה. הטכנולוגיה איננה ניטרלית מטבעה מבחינה ערכית, כפי שיש מי הטוענים, אך מדינות וחברות שהמודלים המוסריים שלהן איתנים יוכלו להפעיל כלים אלה באופן ראוי. כל עוד חברות יציבו לנגד עיניהן את העקרונות החשובים של המודל הרב־ערכי היהודי, נוכל כולנו להתמודד עם האתגרים שחידושים טכנולוגיים מציבים.

למעשה, כאן טמון החשש הגדול מכול: האם אנו מודעים די הצורך למורכבותן של הדילמות המוסריות שלפנינו, לנוכח העובדה שעומדים לרשותנו (ולרשות אויבינו) כלי נשק משתכללים ומתעצמים בהתמדה? בפרקים האחרונים ראינו כיצד תמונות מטרידות באמצעי התקשורת מעיבות תדיר על יכולת השיפוט המוסרי שלנו. שאלות חשובות על מידתיות ואחריות נדחקות לעיתים קרובות לשוליים בגלל תגובות רגשיות ואוטומטיות. אולם הבעיה האמיתית קשה אף יותר.

בנובמבר 1948, הכריז הגנרל עומר בראדלי: "העולם הגיע להישגים גדולים של ידע ועוצמה אך הוא חסר תבונה ומצפון. עולמנו עשיר בענקים בתחום הגרעין אך גם בגמדים בתחום המוסר". הרבה השתנה מאז, אך חוששני שהמצפן המוסרי שלנו עדיין אינו מפותח דיו. יש אנשים שאינם מקדישים מחשבה מספקת לאתיקה בכלל ולהשפעת הטכנולוגיה עליה בפרט. אחרים מקובעים בערך אחד בלבד, כגון זכויות אדם או ניצחון לאומי. אולם כנראה הבעיה הגדולה ביותר היא שהעולם אינו יכול להסכים על שום כללי משחק או אתיקה, וחוששני שמצב זה לא ישתנה.

פיטר סינגר (Singer), מומחה בעל שם ומחבר רב מכר על טכנולוגיות צבאיות חדשות במאה העשרים ואחת, הציע סיבות אחדות לכך שהשיח על ההשלכות האתיות של אמצעי משחית חדשים עדיין מוגבל בהיקפו.[6] חלק מהסיפור הוא כמובן אינטרסים כספיים בתעשיית הנשק – לאנשים רבים מדי יש תמריצים שלא לשאול שאלות. סיבה נוספת היא הפער המתרחב בין אתיקה למדע, במצב שהתקשורת ביניהן איננה מספקת. עצם הפער בין ההתקדמות המהירה של החידושים הטכנולוגיים לבין השיח המוסרי המפגר אחריהם מעורר דאגה.

אולם הגדול שבאתגרים הוא ההתמודדות עם סכסוכים גלובליים בין מדינות שיש להן השקפות שונות בנוגע לאתיקה. בנושאים רבים הקשורים לטכנולוגיה צבאית, פער זה בין המדינות בולט במיוחד. במקרים

כאלה, אף שאנו עשויים להסתייג מחידוש טכנולוגי מסוים, איננו יכולים להתעלם מכך שייתכן שאויבינו אינם מתייסרים בחיבוטי נפש כמונו. כפי שמומחים אסטרטגיים אוהבים לומר: "במלחמות גם לאויב יש זכות הצבעה". האסטרטגיה שלך תמיד תושפע מהטקטיקות של היריב.

אחד הנושאים השנויים ביותר במחלוקת בוויכוח האתי הוא מערכות נשק אוטונומיות. למן הרגע שהן מופעלות, מערכות אלה יכולות לבחור מטרות ללא התערבות אנושית – ולפעול נגדן. יתרונותיהן ברורים למדי: אפס סיכון ללוחמים, אפס שחיקה ועייפות, ומהירות חסרת תקדים של זיהוי מטרות ונטרולן. את המערכות האלה אפשר גם לתכנת כך שימשיכו לפעול גם לאחר איבוד הקשר עם מפעיל אנושי, כמו למשל באזורים מרוחקים ובמערות. וכאן עולה שאלה מוסרית רבת ערך: באיזה קוד אתי הן תשתמשנה כדי להחליט? כיצד תחלטנה לפעול כאשר הפעולה תהיה כרוכה בנזק נלווה? מי, אם בכלל, נושא באחריות לפעולותיהן? עבור כל מערכת אתית המעדיפה שהחלטות תתקבלנה לאור הנסיבות הפרטניות של כל מקרה ומקרה, זו התפתחות מורכבת ביותר.

למרות החששות המוסריים, 'רובוטים רוצחים' כאלה כבר נמצאים במסלולי מחקר ופיתוח. רוסיה, סין, ארצות הברית, בריטניה וישראל כבר משקיעות מיליארדים בטכנולוגיה זו. ארגונים לא ממשלתיים כמו Human Rights Watch פועלים לניסוח אמנה המתנגדת לשימוש בהם. אך כפי שכבר הראינו לאורך ספרנו, למרות הכוונות הנאצלות, לאמנוֹת מסוג זה אין מנגנוני אכיפה כלשהם, בפרט כאשר מעצמות עולמיות חושדות זו בזו שבאופן זה או אחר הן תשתמשנה ברובוטים כאלה. אכן, יש סיבה טובה לדאגה.[7]

עלינו לקבוע כיצד להשתמש באופן מוסרי בטכנולוגיה כה עוצמתית, ויפה שעה אחת קודם. נצטרך לדעת כיצד למנף את יתרונותיה הרבים ולהימנע ממלכודותיה האתיות. כל זאת יצטרך להיעשות בעוד אנו מודעים לכך שליריבינו – בין שהן מדינות כמו סין, בין שאלה גורמים שאינם מדינות כמו חיזבאללה וחמאס – יש כללי מוסר וכבוד שונים בתכלית, אם בכלל.

תפילתי היא שיהיה לנו האומץ המוסרי להתמודד עם משימה זו, ובטוחני שהמודל הרב־ערכי היהודי המוצע בספר זה יוכל לעמוד באתגר זה.

תודות

כשסיפרתי לאחד מעמיתיי על כך שאני כותב ספר בנושא מוסר צבאי יהודי, תגובתו הראשונית הייתה: "זה עומד להיות ספר קצר במיוחד". עמית זה, שיש לו ידע נרחב בספרות ההלכתית ובשיח המוסרי והמדיני, היה ספקן לגבי היקף התובנות שאפשר להפיק מעיון בשיח הצבאי ביהדות. תקוותי היא שספר זה סייע להציג את התבונה שבהצעותיה של תורת ישראל לגבי דרכי ההתמודדות עם דילמות אלה, ולהוכיח כי מסורתנו עשירה בתובנות על כל היבט של החיים המודרניים.

אודה ולא אבוש: ספרי זה מוגש לעיונו של הציבור כאשר בליבי מנקר חשש: הואיל ועסקינן כאן בעניינים של חיים ומוות, האפשרות שנפלה טעות בדברים שכתבתי היא מחשבה מטרידה ביותר. תפילתי היא שלא נפלו שגגות חמורות מדי תחת ידי בנושאים אלה. אני משוכנע שהמסגרת המוסרית שפרשתי כאן יכולה לשמש לעזר בשיח המתנהל בתחומים אלה, גם אם לא הכול יסכימו עם חלק ממסקנותיי.

שיתוף הפעולה עם הוצאת מגיד היה לי שוב לעונג. תודותיי הרבות נתונות למתיו מילר, הרב ראובן ציגלר, אוריה מבורך, אפרת גרוס, אריה גרוסמן, רינה בן גל, עטרה סונא, וכן לדוד צרי ולאביחי גמדני. תודה מיוחדת לידידי הרב דוד סילברשטיין על עידודו ועצותיו לאורך כל הדרך. הרב יצחק בלאו סקר את כתב היד כולו, והערותיו הרבות היו מאירות עיניים ומלאות תובנות. תודה רבה לשאול לילוב על הכנת התרגום לציבור הישראלי.

הספר נכתב בעת שהייתי פוסט דוקטורנט בבית הספר למשפטים באוניברסיטת בר אילן. תודתי לפרופ' יצחק ברנד על תמיכתו, וכן לצוות הפקולטה למשפטים ולצוות הספרייה על הסיוע שהוגש לי.

פרסום זה התאפשר בזכות נדיבותם של ידידים רבים ששמותיהם

מוזכרים בתחילת הספר. רוב תודותיי על מחויבותם למחקר שלי, ותודה מיוחדת שלוחה לידידינו מיוסטון, טקסס, על הנצחת מורשתו של אבי. אביע כאן את הכרת הטוב גם לדניאל בונר מקרן פול סינגר על עניינם ותמיכתם בפרויקט זה.

כמו תמיד, המשך כתיבתי מתאפשר רק בעידודם המתמיד של בני משפחתי. אני אסיר תודה מעומק הלב על תמיכתה האוהבת של אימי, דינה ברודי, בעלה רפי שביל, חמי וחמותי אירווין ולין שפירו, ואַחַי טוד ואלן ברודי, ג'רמי ורוקי ברודי, מייקי וטובה פרל, סמי ודבי שפירו, ואהרן ומירית שפירו.

אשתי האהובה, רקי, היא המקור לחוסן ולעוצמה לאורך כל הדרך, ובה בעת היא מעשירה את משפחתנו באהבה אין קץ.

בעת שסיימתי את כתיבת הספר החלו שני ילדיי הגדולים בתהליך הגיוס הראשוני לצה"ל. הנושא הנדון בספר זה נוגע בי אישית. במהלך הכתיבה שאלתי את עצמי על פי אילו אמות מידה מוסריות הייתי רוצה שילדיי יתפקדו כחיילים, וחשוב לא פחות – איזה שיקול דעת מוסרי צריך להנחות את מפקדיהם ואת מנהיגי ארצנו.

הספר כולל שבחים רבים למוסר הלחימה הישראלי, לצד שאלות נוקבות אחדות על חלק מאמות המידה שהשתרשו כאן במשך השנים. כציוני, כרב, כאזרח וכהורה – אני רואה לעצמי כבוד וגם אחריות לחשוב לעומק על שאלות מוסריות אלו. תקוותי היא שהספר יעורר דיונים ממשיים על מדיניות ואסטרטגיה. תפילתי היא שילדיי האהובים – גילה, עמיחי, מעיין, עמליה ושקד – לא יצטרכו ליישם את התאוריות הללו בשדה הקרב, ואם לא יהיה מנוס מכך – מי ייתן וימצאו במסורתנו מקור לחוכמה ותובנות שיאירו את דרכם בהתמודדות עם הדילמות הגדולות הללו. ה' יברך אותם וישמור עליהם לצד כל חיילינו, מעתה ועד עולם.

כתיבת ספר זה החלה זמן קצר לאחר שאבי האהוב, פרופ' ברוך ברודי עליו השלום, הסתלק מעמנו. בעיני כל השאר, אבי היה אתיקאי נודע ובעל שם עולמי, מרצה נערץ, תלמיד חכם, ומנהיג קהילה אהוב. לי הוא היה בראש ובראשונה אב אוהב. כל הפנים הללו בדמותו של אבא התמזגו לאחד במהלך תקופת לימודיי בישיבה הגבוהה ואחר כך באוניברסיטת הרווארד, כאשר נהגתי לבקש ממנו משוב על מאמרים רבים שחיברתי. מערכת היחסים הזו בינינו נמשכה לאורך שנים רבות של לימודיי לקראת תארים מתקדמים.

שיחתנו העמוקה האחרונה, לפני הסתלקותו בקיץ 2018, נסבה על תיקונים לפרק מורכב במיוחד בעבודת הדוקטורט שלי בבית הספר למשפטים.

בספר זה השתמשתי במודל פילוסופי שפיתח אבא ז"ל כמודל נורמטיבי לאופן שבו הוגי דעות יהודים ולא יהודים צריכים לחשוב על מקרים אתיים מורכבים. השתמשתי בו כמודל תיאורי (descriptive model) של דרכי האתיקה היהודית. ברור לי שייתכן כי הייתי משוחד מתוקף היותי בנו, אך אני משוכנע שהמודל שלו הוא תיאור מדויק של השיח המוסרי היהודי, ויש בו כדי להרים תרומה ממשית לשיח העולמי בתחום האתיקה הצבאית.

לאורך כתיבת הספר רציתי שוב ושוב להתקשר אליו ולהתייעץ: "אבא, האם יישמתי את העיקרון האתי הזה בתבונה?"; "ומה דעתך על הטיעון הזה?"; "אבא, האם הבנתי נכון את הגמרא הזאת?"...

למרבה הצער, שיחתנו הייתה חד סטרית, והספר שכתבתי היה שלם הרבה יותר אילו כלל את תובנותיו ותיקוניו הנצרכים. חבל על דאבדין ולא משתכחין. תקוותי היא שיהא ספר זה קורת רוח לאבי, ואני מקדיש אותו לזכרו.

יהי זכרו ברוך.

הערות

חלק א: היהדות מתמודדת עם מלחמה

פרק 1: מלחמת העולם הראשונה והבטחת השווא של הפציפיזם

1 הרב א"ש תמרת, **כנסת ישראל ומלחמת הגויים**, ורשה תר"פ, עמ' 16. רבים מכתביו הפציפיסטיים של הרב תמרת מקובצים בספרו, **פציפיזם לאור התורה: מכתבי "אחד הרבנים המרגישים"** (בעריכת א' לוז), ירושלים תשנ"ב, כולל הקדמה מקיפה מאת העורך. ראו גם: א' הולצר, **חרב פיפיות בידם**, ירושלים תשס"ט, עמ' 109-164.

2 צ'רצ'יל, מתוך ספרו *The World Crisis* 1911-1918, כפי שמובא אצל D. Kagan, *On the Origins of War*, pp. 82–83.

3 ראו: E. Lohr, "The Russian Army and the Jews: Mass Deportation, Hostages, and Violence during World War I," *The Russian Review* 60:3 (July 2001), pp. 404–419.

4 ראו: D. Roskies (ed.), *The Dybbuk and Other Writings* (New Haven, 2002), p. 202.

5 שם, עמ' 206.

6 ראו: D. Penslar, *Jews and the Military: A History* (Princeton, 2013), p. 153. לדוגמאות של תפילות עבור חיילים בצבאות שונים, ראו: א' ארנד, "תפילות לשלום חיילים", בתוך: **עלי ספר: מישן לחדש בספר העברי – ספר זיכרון ליהושע ברזילי**, רמת גן תשע"ה, עמ' 299-301.

7 ראו: **תל תלפיות**, תמוז התרע"ו, מועצין 1916, גליון קעד, עמ' רמז, זמין באתר https://hebrewbooks.org/13013.

8 ראו: C. Eimer, "Joseph Hertz: A Chief Rabbi at War," *European Judaism* 48:1 (Spring 2015), pp. 23–32.

9 מובא אצל P. Birnbaum, "French Rabbis and the 'Sacred Unity' During the First World War," *European Judaism* 48:1 (Spring 2015), p. 55.

10 למקורות ראו: J. D. Bleich, "Preemptive War in Jewish Law," *Tradition* 21:1 (Spring 1983), pp. 27–28; הרב שלמה זווין, **לאור ההלכה**, (ירושלים תשס"ד), עמ' 16-18;

הרב יהודה שביב, "תוקפן של מלחמות בין האומות", **תחומין** כרך ט (תשמ"ח), עמ' 230-205.

11 ראו: D. J. Penslar, *Jews and the Military: A History*, pp. 120–144.

12 הרב ז' לייטר, **שו"ת בית דוד א**, סימן עא.

13 הרב ש"ר הירש, **חורב**, פרק צו, סימן תרט, עמ' 437. נדון בקטע זה עוד, להלן בפרק 12.

14 ה' צייטלין, **דבר לעמים**, עמ' 11-12. א' לוז, **מאבק בנחל יבוק: עוצמה, מוסר וזהות יהודית**, ירושלים תשנ"ח, עמ' 229-231; ע' בלומן, **אתיקה על גבול שני עולמות: הממד האתי בבקשת האלהים של הלל צייטלין** (עבודת דוקטור, אוניברסיטת בר אילן, תשע"ח), עמ' 248-263.

15 ראו לדוגמה: D. Kagan, *On the Origins of War and the Preservation of Peace* (New York, 1995), pp. 205–214.

16 ראו: **פציפיזם לאור התורה**, עמ' 5.

17 קטע זה בהשראת B. Orend, *The Morality of War,* 2nd ed. (Broadview, 2013), pp. 273–275.

18 תמרת, **מוסר התורה והיהדות**, וילנא תער"ב, עמ' 32.

19 שם, עמ' 39.

20 ראו: **פציפיזם לאור התורה**, עמ' 3.

21 ראו: J. Bleich, "Military Service: Ambivalence and Contradiction," in L. H. Schiffman and J. B. Wolowelsky (eds.), *War and Peace in the Jewish Tradition* (New York, 2007), pp. 415–576, 452–457.

22 ראו לדוגמה: את דעותיו של הרב י' טייטלבוים, **קונטרס על הגאולה והתמורה**, וכן דברי הרב א' ש"ך שלוקטו בספרו **בזאת אני בוטח**, ונידונו אצל ב' בראון, "הרב אליעזר מנחם ש"ך: הערצת הרוח, ביקורת הלאומיות וההכרעות הפוליטיות במדינת ישראל", בתוך: נ' הורוביץ (עורך), **דת ולאומיות בישראל**, ירושלים 2002, עמ' 278-341.

23 ראו: D. Elgavish, "Justification for Warfare in the Ancient Near East and the Bible," *Jewish Law Association Studies* 18 (2008), pp. 37–69.

24 ראו: G. E. M. Anscombe, "War and Blood," in *The Collected Philosophical Papers of G. E. M. Anscombe*, vol. 3 (Oxford, 1981), p. 53.

25 ראו שמות כב, א-ב.

26 להרחבה בנושא זה עיינו: S. Brody, *A Guide to the Complex* (Jerusalem, 2014), pp. 122–123.

27 לקריאת שני נוסחים ראו:, G. Fletcher, *Rethinking Criminal Law* (Boston, 1978), pp. 857–858; B. Orend, *The Morality of War,* (Peterborough, Ont., 1971), pp. 39–42. להשקפות פילוסופיות יהודיות וכלליות על הגנה עצמית, עיינו: S. Zuckier, "A Halakhic-Philosophic Account of Justified Self-Defense," *The Torah U-Madda Journal* 16 (2012), pp. 21–51.

28 ראו: S. Moyn, "Appealing to Heaven: Jephthah, John Locke, and Just War," *Hebraic*

Political Studies 4:3 (Summer 2009), pp. 286–303. ראו גם: פירוש רלב"ג על שופטים פרק טז (תועלת ד').

29 שמואל א' יז, מו-מז.

30 שמואל א' יח, ו-ז.

31 מדרש תהילים נב, ד.

32 אבות פ"ד מ"א; אבות דרבי נתן (נו"א) כג.

33 לניתוח סוג זה של פרשנות מחודשת ראו: הרב א' ברקוביץ, **עמו אנוכי בצרה: יהדות בגטאות ובמחנות ההשמדה**, ירושלים תשס"ו, עמ' 124-147; א' רביצקי, **על דעת המקום: מחקרים בהגות היהודית ובתולדותיה**, ירושלים תשנ"א, עמ' 13-33; א' אדרעי, "מלחמה, הלכה וגאולה: צבא ומלחמה במחשבת ההלכה של הרב שלמה גורן", **קתדרה** 125 (תשס"ח), עמ' 130-137.

34 ראו: א"ש תמרת, **כנסת ישראל ומלחמות הגויים**, ירושלים תשפ"א, עמ' 69.

35 ראו: M. Y. Berdichevsky, "The Question of Culture," in A. Hertzberg (ed.), *The Zionist Idea*, (Philadelphia, 1959), p. 297.

36 זמין באתר פרויקט בן־יהודה: https://benyehuda.org/read/1784.

37 ראו: S. Zipperstein, Pogrom: *Kishinev and the Tilt of History* (New York, 2018), pp. 85–90, 115, 133.

38 ראו: ע' פונקנשטיין, **תדמית ותודעה היסטורית ביהדות ובסביבתה התרבותית**, תל אביב תשנ"א, עמ' 232-242; D. Biale, *Power and Powerlessness in Jewish History* (New York, 1986), pp. 72–77.

39 "אם אין בך", בתוך: **כל שירי רבי שמואל הנגיד**, זמין באתר "פרויקט בן־יהודה": https://benyehuda.org/read/2118 (אוחזר בתאריך 16/02/25).

40 ראו: S. Bowman, "'Yosippon and Jewish Nationalism," *Proceedings of the American Academy for Jewish Research* 61 (1995), pp. 23–51; Y. S. Feldman, "'Not as Sheep Led to Slaughter?' On Trauma, Selective Memory, and the Making of Historical Consciousness," *Jewish Social Studies: History, Culture, Society* 19:3 (Spring-Summer 2013), pp. 139–169.

41 ראו: מכתבו לרב צבי יהודה קוק המובא אצל א' לוז, **מאבק בנחל יבוק**, עמ' 232.

42 הרעיונות בפסקה זו הם בהשראת הרב א' ברקוביץ, **עמו אנכי בצרה: יהדות בגטאות ובמחנות ההשמדה**, ירושלים תשס"ו, פרק ט, והרב ש' גורן, "רוח וכח במשנת היהדות", **מחניים** 100 (תשכ"ו), עמ' 5-16; הנ"ל, "הגבורה במשנת היהדות", **מחניים** 120 (תשכ"ט), עמ' 7-13.

43 ראו: C. Fink, "The Search for Peace in the Interwar Period," in R. Chickering et al. (eds.), *The Cambridge History of War* (Cambridge, 2012), pp. 285–309.

44 ראו: P. Mendes-Flohr, *Martin Buber: A Life of Faith and Dissent* (New Haven, 2019), chapter 5.

45 מכתביהם של גנדי ובובר נדפסו אצל P. Mendes-Flohr (ed.), *A Land of Two Peoples: Martin Buber on Jews and Arabs* (Chicago, 1983), pp. 106–126.

46 שם, עמ' 125.

47 ראו: M. Lamm, "After the War – Another Look at Pacifism and Selective Conscientious Objection," in M. Kellner (ed.), *Contemporary Jewish Ethics* (New York, 1978), pp. 224–225.
מעניין שבודהיסטים בסרי לנקה, מיאנמר ועוד החלו לדחות את הפציפיזם, שכן הכירו באוזלת ידו הפושעת לנוכח התוקפנות האסלאמית. ראו: H. Beech, "Our Duty to Fight: The Rise of Militant Buddhism," New York Times, July 9, 2019.

פרק 2: מלחמה כוללת, פונדמנטליזם דתי ורוחות הרפאים של כנען

1 **אורות המלחמה**, פרק א. הקטע המקורי מצוי ביומנו של הרב קוק שפורסם לאחרונה: ראו **פנקסי הראי"ה** ז, תקופת יפו שוויץ (ירושלים, תשפ"ב), פרקים רמא, רמב-רמג. זה מתקן את טענת מאמרו (המעניין) של H. Ben-Pazi, R. Abraham Isaac Kook and the Opening Passage of 'The War', "*Journal of Jewish Thought and Philosophy,*" 25 (2017), pp. 256–278.

2 ראו: תמרת, כנסת ישראל ומלחמות הגויים, פרק ב.

3 ראו: חיבורו "תעודת ישראל ולאומיותו", נדפס בתוך: י' פישמן (עורך), **אזכרה לנשמת הגאון הצדיק הרב אברהם יצחק הכהן קוק** א, ירושלים תשנ"ז-תשנ"ח, עמ' 60-61, 69-70, 89-94. (נדפס שוב בתוך: מ' צוריאל [עורך], **אוצרות הראי"ה** ב, ראשון לציון תשס"ב, עמ' כה-סה). ראו גם: **עין אי"ה**, ברכות, פרק א, סימן תשמד. על הגותו של הראי"ה קוק בתקופה זו ראו: Y. Mirsky, *Towards the Mystical Experience of Modernity: The Making of Rav Kook*, 1865–1904, (Boston, 2021), pp. 251–259.

4 הרב קוק, "תעודת ישראל ולאומיותו", עמ' 94.

5 שם, עמ' 91: "לאומיותנו ברוח התורה נשמרת מהטמטום המוח שתוכל לגרום מהומה של הנאצינאליזמוס, כשהיא יוצאת מדרך הישרה. הלאומיות, שאין לה רגש יותר נעלה ממנה עצמה לשאוב ממנו חיים יאורה, יכולה בנקל להתהפך לאהבה עצמית במדה גסה וכעורה".

6 **עולת ראי"ה**, א, עמ' רלח; ההדגשה נוספה. הקטע שואב מתוך **עין אי"ה** א, פסקה קעז, עמ' 69-70. מחשבותיו של הרב קוק על יתרונות הלאומיות וסכנותיה מופיעות גם שם, פסקאות קעג-קעו. ראו גם ח. שטמלר, **עין בעין: משנתו של הרב צבי יהודה הכהן קוק**, עלי תשע"ו, עמ' 194, הערה 136.

7 הרב א"י קוק, **לנבוכי הדור**, תל אביב תשע"ד, עמ' 50-52. בין היתר, הרב כותב: "היסוד ההגיוני, שהדבר מוכרח שיכירו בני אדם כולם שהם חייבים לחיות חיי אחים, יוכל לבא לשלימותו בחיי העמים רק על ידי מה שכל אומה תשתלם באופיה המיוחד לה. רק בהבנה שלמה שכשם שצביונה הוא דבר הגון בעולם, כן צביון כל עם זולתה הוא נחוץ לתשמישו של עולם, ולא יעלה על הדעת להצר צעדי אומה זולתה, או לחשב שהיא דוחקת את רגליה. רק כל אחת תשכיל כי ברבות הצלחת כל אומה בצביונה המיוחד, ירבה אושר העמים כולם... ובהגמר הרעיון הזה להיות חל בלב העמים בכל

עזו ותפארתו, לא יצויר כלל נשיאת גוי אל גוי חרב, כי כל גוי ישכיל כי החרב שהוא נושא אל זולתו, את נפשו הוא קובע. לבד משפט הצדק שישתכלל, להיות מתעב בנפש הריגת אנשים ושפיכת דמם, ולא תוכל כל סבה מדינית שבעולם לטהר נבלת רצח זאת, בהיותה מבוררת בלב בטהרת הרגשתה האמיתית". ראו גם: הנ"ל, **קבצים מכתב יד קודשו** (בעריכת ב' אופן) ג, ירושלים תשע"ח, פנקס 5 פסקה 43, עמ' 96-97.

8 הרב קוק, **אורות מלחמה**, פרק ח.

9 שם, פרק ג.

10 הרב קוק, **אדר היקר**, סימן ד, עמ' 52-53. בין היתר כותב הרב: "אמת הדבר שיותר מדי נחלשנו חולשה גופנית, שעזרה גם כן לגרום חולשה רוחנית, וצריכים אנחנו להגביר כחותינו העזובים והנרדמים. אבל, דווקא באותה הרגע עצמה לא לשכוח שעלינו החובה שלא לעשות את מעשינו רק על פי דימויים וחיקויים קופיים. משלים טובים הם לנו, אם נביא ממנהגי העולם הכללי, אבל לא נטעה בין משל ובין חיקוי. המשל הוא טוב ונאה, מביא חזוק ותועלת, והחיקוי הוא מפסיד ומכלה מנפש עד בשר".

11 על מלחמה כוללת ראו: D. A. Bell, *The First Total War: Napoleon's Europe and the Birth of Warfare as We Know It* (Boston and New York, 2007); R. Chickering, "Total War: The Use and Abuse of a Concept," in M. F. Boemeke et al. (eds.), *Anticipating Total War: The German and American Experiences, 1871–1914* (Cambridge, 1999), pp. 13–28; T. Imlay, "Total War," *Journal of Strategic Studies* 30:3 (2007), pp. 547–570.

12 ראו: , W. O'Brien, *The Conduct of Just and Limited War* (New York, 1981), pp. 222–234.

13 ראו: J. T. Johnson, *Just War Tradition and the Restraint of War* (Princeton, 1981), pp. 229–277.

14 ראו לדוגמה: J. Buckley, *Air Power in the Age of Total War*, (Indiana, 1999).

15 ראו: שמואל ב' ח, ג-ו; תהילים יח, מד-מח; תרגום לתהלים ס, א-ב; דברי הימים א' כב, ח; פירוש רד"ק לדברים הימים שם; הדיון של הרב גורן, **משיב מלחמה** א, עמ' 18-25. וראו גם S. A. Cohen, "'Unlicensed' War in Jewish Tradition: Sources, Consequences and Implications," *Journal of Military Ethics* 4:3 (2005), pp. 198–213; וכן: רבי יהונתן אייבשיץ, **יערות דבש** א, דרוש שני.

16 ראו: M. Walzer, "The Ethics of Warfare in the Jewish Tradition," *Philosophia* 40:4 (2012), pp. 633–641, p. 636, המביא את לשון הרמב"ם **במשנה תורה** הלכות מלכים פ"ה, ה"א. בפרקים 13 ו־15 נדון בסוגיית "מלחמת רשות".

17 ראו לדוגמה: דברים יב, כט-לא; כ, יח.

18 ראו: יהושע פרקים י-יב ושופטים פרק ב. לעיון, ראו: N. Wazana, "'Everything Was Fulfilled' versus 'The Land That Yet Remains,'" in K. Berthelot et al. (eds.), *The Gift of the Land and the Fate of the Canaanites in Jewish Thought* (Oxford, 2014), pp. 13–35; B. J. Schwartz, "Reexamining the Fate of the 'Canaanites' in the Torah Traditions," in C. Cohen et al. (eds.), *Sefer Moshe: The Moshe Weinfeld Jubilee*

Volume: Studies in the Bible and the Ancient Near East, Qumran, and Post-Biblical Judaism (Winona Lake, IN, 2004), pp. 151–170

19 ראו: בראשית טו, טז; דברים יג, יג-יט ודברים פרק כח. על תהיות אתיות לגבי קטעים אלה במסורת ישראל, ראו: מ' הלברטל, **מהפכות פרשניות בהתהוותן: ערכים כשיקולים פרשניים במדרשי הלכה**, ירושלים תשנ"ט, עמ' 122-144.

20 ראו: R. Dawkins, *The God Delusion* (Boston, 2006), p. 237.

21 ראו לדוגמה: R. Firestone, *Holy War in Judaism* (Oxford, 2012) והספרות המצוטטת שם.

22 ראו: רמב"ם **משנה תורה** הלכות מלכים פ"ו ה"א, **ופירוש מרכבת המשנה** (לרב שלמה חעלמא) שם, שמסביר שצריך להציע שלום גם "במלחמת מצוה הנוהג לדורות, דהיינו עזרת ישראל מיד הצר שבא עליהם".

23 תנחומא צו ג. ראו גם: ירושלמי שביעית פ"ד ה"א; דברים רבה פרשה ה, יג. על קטעים אלה ראו: D. Weiss, *Pious Irreverence: Confronting God in Rabbinic Judaism* (Philadelphia, 2017), pp. 168–179.

24 ראו גם: הרב מ' סופר, **תורת משה** לדברים כ, י, שכותב: "נראה מסתמא עיר שסגרה נגד האויב מסתמא אין רצונה בשלום, ואפ"ה צותה התורה לקרוא לשלום שלא יהיה אכזריות כגזלנים נוטלין והורגין, לכך יקראו לשלום שיהי' ניכר שהמה לעצמם גרמו כך".

25 ראו לדוגמה: הרב ש' פדרבוש, **משפט המלוכה בישראל**, ירושלים תשל"ג, עמ' 218-219; הרב ז' גולד, **ניבי זהב: עיונים בתורה ובבעיות ישראל והעולם**, ירושלים תשי"ח, עמ' 509.

26 על הגישות השונות ראו: מאמריהם של הרבנים ש' כרמי ונ' לאם בתוך: Schiffman and Wolowelsky, *War and Peace in the Jewish Tradition*; מאמריהם של מ' קלנר וד' שורץ בתוך: K. Berthelot et al. (eds.), *The Gift of the Land and the Fate of the Canaanites in Jewish Thought* (Oxford, 2014); וכן א' שגיא, "עונשו של עמלק: דרכי התמודדות של מסורת יהודית", בתוך: מ' מאוטנר ואחרים (עורכים), **רב תרבותיות במדינה דמוקרטית ויהודית: ספר הזיכרון לאריאל רוזן-צבי ז"ל**, תל אביב תשמ"ה, עמ' 199-229.

27 מגמה זו קיימת כבר בדברים כד, טז ובמלכים ב' יד, טז. לפי אחד המדרשים, שינוי זה התרחש גם בשל מחאתו של משה רבנו. ראו: Weiss, *Pious Irreverence*, p. 173. וראו: שו"ת **אבני נזר** או"ח תקח: "אבל זרע עמלק שנענשין בעון אבותם. ולכאורה הא כתיב לא יומתו אבות על בנים ובנים לא יומתו על אבות?"

28 ראו לדוגמה: הרב י באב"ד, **מנחת חינוך**, מצווה תרד סעיף ה (על סמך משנה, ידים פ"ד מ"ד) **ושו"ת אבני נזר** או"ח תקח.

29 הרב יונתן זקס, **לא בשם האל – אל מול האלימות הדתית**, ירושלים תשע"ה, עמ' 208, 214.

30 למסקנות דומות ראו: הרב ש' גורן, **משיב מלחמה א**, עמ' יד, והרב נ"מ גוטל, "לחימה בשטח רווי אוכלוסייה אזרחית", **תחומין** כג (תשכ"ג), עמ' 18-42, עמ' 22 הערה 16

(נדפס מחדש בתוך: י' הלוי [עורך], **המלחמה בטרור: קובץ מאמרים בענייני מוסר**, קריית ארבע תשס"ו, עמ' 43-105).

31 ראו: E. Horowitz, *Reckless Rites: Purim and the Legacy of Jewish Violence* (Princeton, 2018), pp. 107–146.

32 ראו לדוגמה: הרב י"ד סולובייצ'יק, **קול דודי דופק**, הערה 23, בשם אביו. רטוריקה מסוג זה נדחתה על ידי הרצי"ה קוק. ראו: הרב נ"א רבינוביץ', **שו"ת מלומדי מלחמה**, עמ' כב-כה. גם הרב אביגדור נבנצל דחה כיוון זה, שהרי הרמב"ם עצמו (**משנה תורה** הלכות איסורי ביאה פי"ב הכ"ה) קיבל את הרעיון שסנחריב "בלבל את האומות" (עיינו גם: **מורה נבוכים** ג, נ). ראו: גוטל, "לחימה", הערה 19. שנים אחר כך, הרב סולובייצ'יק עצמו הבהיר כי הוא מייחס דין "עמלק" רק ללוחמים ולא לבלתי מעורבים, מכיוון שלשיטת הרמב"ם יחידים מעמלק יכולים לחזור בתשובה. ראו: S. Boylan, "A Halakhic Perspective on the Holocaust," in B. Rosenberg and F. Heuman (eds.), *Theological and Halakhic Reflections on the Holocaust* (New York 1992), p. 212 n. 3.

33 ר' לוביץ', "מחיית עמלק והאויב הערבי", **שאנן** כב (תשע"ז), עמ' 43-78.

34 הרב קוק, **אגרות הראי"ה** א, אגרת קח.

35 לרשימת המכתבים שכתב הרב קוק לזיידל ראו: נ"מ גוטל, **מכותבי הראי"ה**, ירושלים תש"ס, עמ' 52; 102-103. המכתבים עוסקים בבחירה חופשית, בהתפתחות הדארווניזם ובחופש מחשבה.

36 **אגרות הראי"ה** א, אגרות פט-צא.

37 שם, עמ' 94.

38 שם, עמ' 100.

39 ב**שמונה קבצים** א, עמ' קכח, סימן תמד, מציע הרב קוק בדרך אפשר, כי שאול טעה בכך שניסה לגלות רחמים על צאצאיו של עמלק כשהעולם לא היה מוכן לכך. ראו גם דבריו ב**מידות הראי"ה**, אהבה, סימן ו, שאפילו עמלק ראוי לאהבה, לפחות בספירות העליונות. בנו, הרצי"ה, הסביר כי בעולם הזה ישנם שיקולי "ריאל פוליטיק" (כלשונו) המחייבים את השמדת עמלק. ראו: **שיחות הרב צבי יהודה: מידות** (בעריכת הרב ש' אבינר), ירושלים תשנ"ג, עמ' 29.

40 **מאמרי הראי"ה** עמ' 508-509.

41 לדוגמאות אחרות של קו חשיבה זה בהגותו של הרב קוק, ראו: D. Seeman, "Evolutionary Ethics: The *Taamei HaMitzvot of Rav Kook*," *Hakira* 26 (2019), pp. 13–55.

42 ראו דבריו ב**שו"ת משפט כהן**, סימנים קמד-קמה (על התכתבות זו ראו: נ' רקובר, **מסירות נפש: הקרבת היחיד להצלת הרבים**, ירושלים תש"ס). ראו גם הערותיו בדרוש כב בספרו **מדבר שור**. לאמירה דומה ראו: Rabbi J. D. Bleich, "Preemptive War in Jewish Law," *Tradition* 21:1 (Spring 1983), p. 6. להרחבה ראו: א' רביצקי, "האם פיתחה המחשבה ההלכתית מושג של 'מלחמה אסורה'?", בתוך: מ' מאוטנר (עורך), **רב תרבותיות במדינה דמוקרטית ויהודית**, תל אביב 1998, עמ' 523-542.

43 ראו: הרב א' ולדנברג, **הלכות מדינה** ב, עמ' 119; הרב י' שביב, "למשפט המלוכה?"

בתוך: הרב מ"צ נריה ואחרים (עורכים), **בירורים בהלכות הראי"ה**, ירושלים תשנ"ב, עמ' 147-154. ראו גם: R. Eisen, *Religious Zionism, Jewish Law, and the Morality of War* (Oxford, 2017), pp. 72–79. ביקורת נוספות על מלחמות רשות של דוד המלך, ראו: רבי יהונתן אייבשיץ, **יערות דבש** א, דרוש שני (תוכחת מוסר ט' טבת תקל"ד בק"ק מיץ).

44 **פנקסי הראי"ה** א, סימן לג, עמ' 29-30. בסימן הבא הוא מוסיף שוב תפיסה דומה באשר לביטול העבדות.

45 דברים כא, י-יג וקידושין כב ע"א. לגרסה מודרנית של טיעון זה ראו: הרב א' מלמד, **פניני הלכה: העם והארץ**, פ"ד הי"ח. ל"פירוש מגביל" חדש ראו: הרב מ"ש הכהן מדווינסק, **משך חכמה** על דברים כא, י (במהד' י' קופרמן, ירושלים תשנ"ז: ג, עמ' 148). ראו גם: M. Walzer, *Just and Unjust Wars: A Moral Argument with Historical Illustrations* (New York, 2000), pp. 133–137; J. A. Diamond, "The Deuteronomic 'Pretty Woman' Law: Prefiguring Feminism and Freud in Nahmanides," *Jewish Social Studies* 14:2 (Winter 2008), pp. 61–85; and S. Weiss, *Ethical Ambiguity in the Hebrew Bible* (Cambridge, 2018), pp. 221–228.

46 **אגרות הראי"ה** א, אגרת רפג, עמ' שכא. להבנת הבסיס של רעיון זה עיינו בבלי מכות כד ע"א; H. Angel, *Vision from the Prophet and Counsel from the Elders: A Survey of Neviim and Ketuvim* (New York, 2013), pp. 159–161.

47 **אגרות הראי"ה** א, אגרת צ'. ראו גם: **לנבוכי הדור**, פרק יג, עמ' 85-86 ופרק נא, עמ' 249-251.

48 ראו גם: הרב גורן, **משיב מלחמה** א, עמ' 13; הרב רבינוביץ', **מלומדי מלחמה**, עמ' 24-25.

49 את הרעיון של "מוסר (הלכתי) מתפתח" ביחס לעמלק פיתח גם הרב נ' לאם, "Amalek and the Seven Nations: A Case of Law vs. Morality," in Schiffman and Wolowelsky, *War and Peace in the Jewish Tradition*, pp. 224–234.

50 ראו: N. Wazana, "'War Crimes' in Amos's Oracles Against the Nations (Amos 1:3–2:3)," in D. S. Vanderhooft and A. Winitzer (eds.), *Literature as Politics, Politics as Literature* (Winona Lake, IN, 2013), pp. 479–501. ראו גם: פדרבוש, **משפט המלוכה**, עמ' 190-191.

51 ראו: **אגרות הראי"ה** ב, עמ' 118-120.

52 ראו: פירוש לספר מיכה בסדרת **דעת מקרא** (מוסד הרב קוק).

53 ראו: **אורות מלחמה** סעיף ב, **מדבר שור** דרוש כט, עמ' 270; וכן מקורות נוספים אצל שטמלר, **עין בעין**, עמ' 193-200.

פרק 3: חבר הלאומים והתקווה הנכזבת מהמשפט הבין־לאומי

1 **אגרות הראי"ה** ג, אגרת תתנב, עמ' 131-133. ראו: י' קראוס, "התגובות התיאולוגיות על הצהרת בלפור", בתוך: א' דון־יחיא ואחרים (עורכים), **בר־אילן: מחקרים**

בציונות דתית ובמשפט עברי, מוגשים לכבודו של זרח ורהפטיג כח-כט (תשס"א), עמ' 81-104.

2 ראו: **גנזי הראי"ה, אגרות**, עמ' 157-159. ראו גם: א' שבט, "סיבות ערך הגבורה הפיזית והצבאית במשנת הרב קוק", בתוך: א. דוד וי. פרחי (עורכים), **נרו יאיר: קובץ מאמרים לחנוכה לזכרו של עודד חמדי**, מצפה יריחו תשע"ג, עמ' 353-394.

3 **אגרות הראי"ה** ג, אגרת תתעא, עמ' 155-159.

4 ראו: J. Loeffler and M. Paz (eds.), *The Law of Strangers: Jewish Lawyers and International Law in the Twentieth Century* (Cambridge, 2019).

5 ראו: J. Veidlinger, *In the Midst of Civilized Europe: The Pogroms of 1918–1921 and the Onset of the Holocaust* (New York, 2021).

6 ראו: J. Loeffler, *Rooted Cosmopolitans: Jews and Human Rights in the Twentieth Century* (New Haven, 2018), pp. 22–27.

7 ראו: O. A. Hathaway and S. J. Shapiro, *The Internationalists* (New York, 2018), pp. 298–305.

8 ראו: Loeffler, *Rooted Cosmopolitans*, pp. 31–50.

9 ראו: O. Kaplan-Feuereisen and R. Mann, "At the Service of the Jewish Nation: Jacob Robinson and International Law," *Osteuropa* 58:8/10 (August-October 2008), p. 164.

10 ראו: נאומו של לאוטרפכט במאי 1950 שנישא בירושלים והובא אצל Loeffler, *Rooted Cosmopolitans*, p. 176.

11 **אגרות הראי"ה** ב, אגרת שצה, עמ' 54.

12 **מאמרי הראי"ה** א, עמ' 89-93. ראו: ח' בן־ארצי, **החדש יתקדש: הרב קוק כפוסק מחדש**, תל אביב תשע"א, עמ' 70-73.

13 על הפולמוס ראו: א' רוזנק, **הרב אברהם יצחק הכהן קוק**, ירושלים תשס"ו, עמ' 206-214; ההקדמה לתרגום האנגלי **לאורות** בעריכת ב' נאור (*Orot*, First Maggid Modern Classics Edition, Jerusalem, 2022), עמ' 50-66. ראו גם: הרב מ' גרינברג, "פולמוס על ה'התעמלות'", בתוך: מ' גולדשטיין ואחרים (עורכים), **מחניך קדוש: מאמרים על הלכות צבא ועל דרכי המלחמה**, תשע"ו, עמ' 263-285.

14 **חידושי הרב חיים הירשנזון למסכת הוריות** ג, לג ע"א (מכתב כג). המכתב נושא את התאריך נובמבר 1924. על מכתבו של הרב הירשנזון ותגובתו של הרב קוק ראו: הקדמתו של נאור **לאורות**.

15 לדעת לוז (E. Luz, *Wrestling with an Angel: Power, Morality, and Jewish Identity* [New Haven, 2003], p. 222) היה הירשנזון הוגה הדעות הציוני דתי היחיד שעסק באופן שיטתי בחשיבה מדינית.

16 ראו: C. Schindler, *The Rise of the Israeli Right: From Odessa to Hebrew* (Cambridge, 2015), chapter 7.

17 מובא אצל M. Keren and S. Keren, *We Are Coming, Unafraid: The Jewish Legions and the Promised Land in the First World War* (Lanham, MD, 2010), p. 116.

18 מכתבו של הרב קוק לרב הראשי הרץ מופיע ב**אגרות הראי"ה** ג, אגרת תתי. ראו: רוזנק, **הרב קוק**, עמ' 156–160.

19 **אגרות הראי"ה** ג, איגרת תתקעד. הרב קוק גם ייעץ לפאלק כיצד לשמור על דיני הכשרות בצבא (שם, איגרת תתנט).

20 א"י שבט, להרים את הדגל: דגל ישראל והדיבור בעברית במקורות היהדות, ירושלים תשע"ד, פרק 11.

21 ראו: ז' הרווי, "הרב ריינס על מצוות יישוב ארץ ישראל", בתוך: א' רביצקי (עורך), **ארץ ישראל בהגות היהודית במאה העשרים**, ירושלים תשס"ה, עמ' 303–314.

22 הרב ח' הירשנזון, **מלכי בקודש** א, שאלה ד (מהד' ד' זהר, ירושלים תשס"ז, עמ' 18–22, 142–163).

23 הרב ח' הירשנזון, **אלה דברי הברית**, עמ' 70, 79. גם הרב קוק העלה רעיון זה בהיסוס אך בסופו של דבר דחה אותו לאור עמדת הרמב"ם. ראו: הרב קוק, **טוב רואי על מסכת סוטה**, עמ' כב. היה ניסיון אפולוגטי גלוי נוסף להגביל את משמעותה של מצווה זו, עיינו בדברי הרב צ' מקלנברג, **הכתב והקבלה** על דברים כ, טז.

24 הירשנזון, **אלה דברי הברית**, עמ' 70.

25 **מלכי בקודש** א, עמ' 15–16.

26 ראו: Loeffler, *Rooted Cosmopolitans*, pp. 14–15.

27 **מלכי בקודש** ב (מהד' זוהר, עמ' 5–31), (נדפס שם חלק ממכתבו של הרב קוק), בפרט עמ' 26–28.

28 **מלכי בקודש** א, שאלה א–ב, עמ' 11.

29 **אגרות הראי"ה** ד, עמ' 23–25. נדפס גם ב**מלכי בקודש** ד (סנט. לואיס, תרע"ט–תרפ"ב), עמ' 4–5. על הקשר של קטעים אלה לתיאור בית המקדש העתידי ברומן האוטופי של הרצל **אלטנוילנד** (ארץ ישנה חדשה), ראו: א' בן אליהו, "להקים בניין חדש?", **קתדרה** 128 (תמוז תשס"ח), עמ' 101–112.

30 **מלכי בקודש** א, עמ' 62–64. ראו גם: בעמ' 56.

31 שם ד, תשובה א, עמ' 8.

32 שם ב, עמ' 28. הוא מדגיש כי יש להשתמש באתרים קדושים אלה בחיפוש אחר חוכמה, ולא כמושא לקיצוניות. על ההיסטוריה של ניסיונות יהודים לרכוש אתרים קדושים בפלשתינה, כולל אזורים סביב הר הבית, ראו: ד' גורן, **ובא לציון גואל: המאמצים היהודיים לקניית אחיזה במקומות הקדושים בירושלים וסביבותיה בשלהי התקופה העות'מאנית** (1840–1918), רמת גן תשס"ה.

33 כך משתמע ממכתב ההמשך ששלח הרב הירשנזון, **מלכי בקדש** ד, תשובה ב, עמ' 10.

34 הרב הירשנזון, **אלה דברי הברית**, הקדמה.

35 שם, עמ' ח. חשיבותה של ההדדיות מצויה בפירוש ב**מדרש שוחר טוב** (על תהילים ס, ב) באשר להתנהגותו של דוד המלך בזמן המלחמה.

36 הירשנזון, **אלה דברי הברית**, עמ' 13–14.

37 ייתכן כי הרב הירשנזון חשב על רעיון ה"סטנדרטים של ציוויליזציה" שהתפשט מאז המאה התשע עשרה בחוגי משפט בין־לאומיים והייתה לו עדנה בשנים האחרונות.

ראו: D. P. Fidler, "The Return of the Standard of Civilization," *Chicago Journal of International Law* 2:1 (2001), pp. 137–157.

38 ייתכן כי פירוש הדבר הוא שיש לקיים אף הסכמים שנעשו תוך מצגי שווא. בעקבות תקדים תלמודי, הוא ציין כי יהושע בחר לקיים את הסכם השלום שלו עם הגבעונים, מעממי כנען, על אף שהונו את בני ישראל לחשוב שהם הגיעו מארצות רחוקות. למרות שההסכם לא היה מחייב, בני ישראל קיימו את הבטחתם כדי שלא יתחלל שם ישראל מכך שהגויים יראו שעם ישראל אינו עומד במילתו. ראו: הירשנזון, **אלה דברי הברית**, עמ' 71-72.

39 **מלכי בקודש** א, עמ' 143-149.

40 **אלה דברי הברית**, עמ' 175-176.

41 שם, עמ' 37-38.

42 על גישה דומה בכתיבה מאוחרת יותר ראו: הרב י' אריאל, **הלכה בימינו: מורשתה, לימודה, הוראתה ויישומה**, אשקלון תשע"ב, עמ' 378.

43 על מהימנות הקביעה שמילים אלה היו האחרונות שאמר טרומפלדור לפני מותו, ועל יחסו הרחב יותר ליהדות, ראו: מ"י נחמני, **הגיבור הלאומי: פרקים בחייו של יוסף טרומפלדור**, ירושלים תש"פ, עמ' 131-256.

44 ראו: תמרת, **שלושה זיווגים בלתי הגונים**, פיעטרקוב תר"ץ, עמ' 9, 40, 60-61.

45 **מלכי בקודש** ב, עמ' 159-160.

46 **אוצרות הראי"ה** א, עמ' 393-395.

47 **אגרות הראי"ה**, ה, עמ' 333.

48 כפי שמובא אצל ה' כהן, **תרפ"ט: שנת האפס בסכסוך היהודי ערבי**, ירושלים תשע"ג, עמ' 126. ראו גם: עדותו של הרב קוק בפני ועדת החקירה הבריטית, שנדפסה ב**אוצרות הראי"ה** ב, עמ' 359-360. על תגובתו של הרב קוק למאורעות תרפ"ט ראו: י' שרביט, "הרב קוק ומאורעות תרפ"ט", **סיני** 97 (תשמ"ה), עמ' 153-185.

49 הארכיון הציוני המרכזי, A176/11.

50 ראו: Loeffler, *Rooted Cosmopolitans*, pp. 28–30, 49–50.

51 **אגרות הראי"ה** ה, עמ' 143 ו**מאמרי הראי"ה** עמ' 252-253. ראו גם: מירסקי, **הרב קוק: מבט חדש**, עמ' 216-222 ושטמלר, **עין בעין**, עמ' 199-201. הרב קוק אמר גם לקונגרס הציוני כי הצר על כך שהקרב על הכותל המערבי הפך לנקודת מחלוקת כזאת. ראו: כהן, **תרפ"ט**, עמ' 339-340, על סמך פרוטוקולים שנמצאו בארכיון הציוני המרכזי, S100 תיק 10. כפי שדווח בפרוטוקול, "מצטער על ששאלת הכותל המערבי התנפחה יותר מדי. שאלת הבעלות איננה שאלה של מו"מ, וההכרעה היא בידי שמים... לולא המנהיגים הבלתי האחראים של הערבים אחרי המלחמה לא הייתה מתעוררת כל השאלה, אולם גם אנו לא צריכים לעשות משולחן וכסאות ומחיצה עניין דתי ממדרגה ראשונה. העיקר הוא לשמור על הפרינציפ של קדושת הכותל בשבילנו וזכותנו להתפלל על ידו, ועל ידי מו"מ עם השכנים נוכל להשיג תמיד את הנוחיות הנחוצה. אבל אין ויתורנו על נוחיות יכול לגזול מאתנו לגמרי את הכותל...".

52 הרב קוק, **חזון הגאולה** (ירושלים תש"א), עמ' 46-47.

53 שם, עמ' 56-57.

54 ראו: J. Robinson, “International Protection of Minorities: A Global View,” *Israeli Yearbook on Human Rights* (1971), pp. 61–91; Loeffler, *Rooted Cosmopolitans*, pp. 171–201; G. Rubin, “The End of Minority Rights: Jacob Robinson and the ‘Jewish Question’ in World War II,” *Simon Dubnow Institute Yearbook* 11 (2012), pp. 55–71. רובין מתאר את הקריירה המאוחרת של רובינסון כאחת של "אינטרנציונליסטים מסויגים". ראו מאמרו: A State of Their Own: Jewish Internationalism and Human Rights,” *Marginalia*, June 6, 2018.

55 למיפוי העמדות ראו: ע"י פליסהואור, **יחס ההלכה למשפט הבין־לאומי** (עבודת דוקטור, אוניברסיטת תל אביב, תל אביב 2011).

56 ראו: סולובייצ'יק, **קול דודי דופק**, עמ' 31-32.

57 ראו: הרב חיים דוד הלוי, **דת ומדינה**, עמ' 21-22, 37-38.

58 הרב שאול ישראלי, **עמוד הימיני**, סימן טז עמ' 195.

59 ראו: M. B. Oren, *Six Days of War: June 1967 and the Making of the Modern Middle East*, pp. 67–75.

60 ראו לדוגמה: D. Gold, *Tower of Babble: How the United Nations Has Fueled Global Chaos* (New York, 2004); J. S. Gruenberg, “An Analysis of United Nations Security Council Resolutions: Are All Countries Treated Equally?,” *Case Western Reserve Journal of International Law* 513 (2009), p. 41; G. M. Steinberg, “The UN, the ICJ and the Separation Barrier: War by Other Means,” *Israel Law Review* 38:1–2 (Winter-Spring 2005), pp. 331–347.

61 ראו לדוגמה: הרב א"י שריר, "אתיקה צבאית על פי ההלכה", **תחומין** כה (תשס"ה), עמ' 436; הרב א' שרמן, "המשפט הבין־לאומי (במלחמה) לאור משפטי התורה", **תורה שבעל פה** 44 (תשס"ד), עמ' 74. ראו גם: הרב אריאל, **הלכה בימינו**, עמ' 378.

62 ראו: A. Nollkaemper, “‘Failures to Protect’ in International Law,” in M. Weller (ed.), *The Oxford Handbook of the Use of Force in International Law* (Oxford, 2015), p. 439.

63 ראו: P. Kennedy, *The Parliament of Man: The Past, Present, and Future of the United Nations* (Vintage, 2007), Kindle edition, location 495.

64 ראו: A. F. Vrdoljak, “Human Rights and Genocide: The Work of Lauterpacht and Lemkin in Modern International Law,” *The European Journal of International Law* 20:4 (2010), pp. 1163–1194.

65 ראו: B. Rhodes, “Inside the White House During the Syrian ‘Red Line’ *Atlantic*, June 3, 2018.

66 ראו: “The Ambassador to the Un's Case against the UN,” *Atlantic*, Sept 6, 2013; “Samantha Case for Striking Syria,” *Washington Post*, Sept 7, 2013.

67 ראו: N. Bertrand and M. B. Kelley, “The Startlingly Simple Reason Obama Ignores Syria,” *Business Insider*, June 4, 2015.

68 ראו לדוגמה: T. Badran, "'Ambassador Samantha Power Lied to My Face about Syria,' by Kassem Eid," *Tablet*, February 27, 2018; S. Bloomfield, "The Obama Administration's *Misadventures in Foreign Policy*," *Prospect Magazine*, November 2019.

69 דוגמה בולטת לרעיון זה היה הרב הראשי האשכנזי הראשון של מדינת ישראל, יצחק הרצוג, שכתב על ההלכה היהודית תוך דיאלוג עם נורמות וסטנדרטים אתיים בין־לאומיים. ראו דיוננו בפרק 14 וכן מאמרו של הרב הרצוג, "זכויות מיעוטים לפי ההלכה", **תחומין** ב (תשמ"א), עמ' 169-179.

פרק 4: פעולות התגמול, טוהר הנשק והמרד הערבי הגדול 1936–1939

1 דיווחים מקומיים, ראו: "Jew Killed, 2 Wounded in Jerusalem; Troops Hunt Bands Near Nablus," *JTA Bulletin*, October 31, 1937; "Six Jews Slain in Arab Ambush on J.N.F. Fields Near Jerusalem," *JTA Bulletin*, November 10, 1937.

2 ראו: "Arab Killed, 5 Injured in Jerusalem Bombing; 5 Curfew Imposed," *JTA Bulletin*, Nov 12, 1937.

3 ראו: M. Chazan, "The Dispute in Mapai over 'Self-Restraint' and 'Purity of Arms' during the Arab Revolt," *Jewish Social Studies: History, Culture, Society* 15:3 (Spring-Summer 2009), pp. 89–113

4 **דבר**, 10.11.1937.

5 במהלך גל פיגועי ההתאבדות באינתיפאדה השנייה בשנת 2002, הציע עורך דין בכיר לחוקה אמריקנית כי ישראל תחסל לאלתר את קרובי משפחתו (מדרגה ראשונה) של הרוצח, אלא אם הם התנערו מייד מהמעשה המתועב וסירבו לכל תועלת כספית או אחרת ממנו. תגובתו לטענה שאין זה מוסרי הייתה: "אם הוצאה להורג של כמה משפחות מחבלים מתאבדים תציל את חייהם ולו רק של קורבנות אזרחיים פוטנציאליים במספר שווה, אני מאמין ש'עסקת החליפין' הזו מותרת מבחינה מוסרית. זו מדיניות שנולדה מתוך כורח – והוא הצורך למצוא אמצעי הרתעה אמיתיים כאשר עונש מוות אינו יעיל בעליל". ראו: N. Lewin, "Deterring Suicide Bombers," *Sh'ma A Journal of Jewish Ideas* (May 2002).

6 ראו: D. K. Heller, *Jabotinksy's Children: Polish Jews and the Rise of Right-Wing Zionism* (Princeton, 2017), pp. 224–227.

7 הרב י' וייסינגר, "רבינו וארגוני המחתרת", **שמעתין** קפג (חשוון תשע"ג), עמ' 103-171.

8 ד' רזיאל, "הגנה אקטיבית", **בחרב**, מרץ 1938 (מובא אצל י' לפידות, **פרקים בתולדות האצ"ל**, תל אביב תשנ"ט, עמ' 19).

9 שם.

10 סעיפים 27–28 לקוד ליבר (הוראה כללית מס' 100) זמינים לקריאה: https://avalon.law.

yale.edu/19th_century/lieber.asp#art27 (אוחזר בתאריך 16/02/25). על קוד ליבר ראו: J. F. Witt, *Lincoln's Code: The Laws of War in American History* (New York, 2012).

11 כפי שמובא אצל P. I. Labuda, "The Lieber Code, Retaliation and the Origins of International Criminal Law," in M. Bergsmo et al. (eds.), *Historical Origins of International Criminal Law, vol.* 3 (Florence, 2015), pp. 312–313.

12 את הספקות באשר למניעי פעולת התגמול ניסח היטב ג'פרי בסט (Geoffrey Best): "אחד השיעורים הראשונים שכל סטודנט למשפטים חייב ללמוד הוא לעמוד על המשמר בשומעו את המילה 'תגמול'. היא מסתירה מאחוריה צביעות ומרמה גדולות יותר מאשר כל מונח משפטי אחר". ראו בספרו: *War and Law Since 1945* (Oxford, 1994), p. 203. על המוטיב הפסיכולוגי של נקמה במלחמה ראו: D. Grossman, *On Killing: The Psychological Cost of Learning to Kill in War and Society* (Boston, 1995), p. 179. על מגרעות הנקמה, ראו: הרב סעדיה גאון, **ספר אמונות ודעות**, מאמר עשירי, פרק יג. בין היתר, הוא כותב: "אבל כשהיא נופלת בעצה ומחשבה על האויב, היא נופלת בים השחור, ובכל יום תתחדש לה עצה אחרי עצה... וימלא האדם לבו שלא יפגע אדם ולא יחמול ולא יחון ולא יקבל תחנה, וכמו שאמר (משלי כ"א, י) נפש רשע אותה רע לא יוחן בעיניו רעהו, ועל הוצאת כל ממונו וכל הונו בנקמה ההיא... ואעפ"י שלא יגיע להרוג האויב ההוא כי אם בהרוג אלף אוהב או בהרוג עצמו, לא ירגיש לזה, וכמו שאמר (שופטים טז, ל): 'תמות נפשי עם פלשתים'...".

13 ראו: S. Darcy, "The Evolution of the Law of Belligerent Reprisals," *Military Law Review* 175 (2003), pp. 184–251.

14 ראו: A. Gillespie, *A History of the Laws of War, Volume 2: The Customs and Laws of War with Regards to Civilians in Times of Conflict* (Oxford, 2011), pp. 81–83. על הסטטוס של פעולות התגמול בדין הבין-לאומי דאז, ראו: O. Barsalou, "The History of Reprisals Up to 1945: Some Lessons Learned and Unlearned for Contemporary International Law," *Military Law and the Law of War Review* 49:3–4 (2010), pp. 335–367.

15 ראו שופטים, ז. על מגוון הדרכים שבהן שימשה דמותו של גדעון את קבוצות המחתרת ראו: ה' שצברגר, **מרי ומסורת בארץ ישראל בתקופת המנדט**, רמת גן תשמ"ה, עמ' 54.

16 ראו: T. Royle, *Orde Wingate: A Man of Genius 1903–1944* (London, 2010), pp. 114–121, 127.

17 ראו: א' שפירא, **חרב היונה: הציונות והכוח 1881-1948**, עמ' 343-346. על המחלוקת אודות מורשתו של וינגייט ראו: מ' אורן, "אורד וינגייט: ידידות במבחן", **תכלת** 10 (חורף התשס"א/2001), עמ' 27-40.

18 ראו: J. Berman and C. Smith, *Fire in the Night: Wingate of Burma, Ethiopia, and Zion* (New York, 1999), pp. 115–116.

19 ראו: H. Halkin, *Jabotinsky: A Life* (New Haven, 2014), pp. 207–211.

20 ראו: Heller, *Jabotinsky's Children*, p. 234.

21 כפי שמובא אצל B. Hoffman, *Anonymous Soldiers: the Struggle for Israel*, 1917–1947 (New York, 2015), p. 97.

22 ראו: Halkin, *Jabotinsky*, p. 211.

23 הפרוטוקול הנוסף הראשון (1977), סעיף 51 פסקה 6.

24 ראו: Walzer, *Just and Unjust Wars*, pp. 207–222. יש לציין כי חוקרים כדוגמת וולצר מתייחסים בחיוב להיגיון המאפשר פעולות תגמול: "אין ברצוני לטעון כי לטיעונים הישנים האלה אין בסיס כלל. הם מצביעים בצדק על הבדל מוסרי מסוים בין הפשע הראשוני לפעולת התגמול". כהוכחה לכך מציין וולצר את אהדתו הראשונית (שהפכה בסופו של דבר לגינוי) להוצאה להורג של שמונים שבויי מלחמה גרמנים על ידי ממשלת צרפת, כנקמה על הוצאתם להורג בידי הנאצים של שמונים חיילים צרפתים (ששירתו ביחידה הצרפתית לביטחון פנים). עוד הוא מציין כי ההוצאות להורג של שבויי מלחמה צרפתים פסקו לאחר מכן, אם כי ייתכן שבגלל סיבות אחרות. ראו: *Just and Unjust Wars*, p. 215.

25 לסיכום העמדות המשפטיות בימינו בסוגיית פעולות תגמול, ראו: Y. Dinstein, *The Conduct of Hostilities Under the Law of International Armed Conflict, 3rd ed.* (Cambridge, 2016), pp. 289–296.

26 ראו: F. Kalshoven, *Belligerent Reprisals* (Leyden 1971), p. 377.

27 להרחבה, ראו: G. J. Bass, *Stay the Hand of Vengeance: The Politics of War Crimes Tribunals* (Princeton, 2002).

28 לתמיכה במדיניות זו ראו: J. Rabkin and J. Yoo, *Striking Power: How Cyber, Robots, and Space Weapons Change the Rule of Law* (New York, 2017), pp. 76–81, 109–125.

29 לדיונים משפטיים ומוסריים על אודות תקיפה זו ראו: גיליון האביב המיוחד לשנת 1987 של כתב העת *Case Western Reserve Journal of International Law*.

30 ראו: J. T. Johnson, *Just War Tradition and the Restraint of Warfare* (Princeton, 1981), pp. 20–21.

31 ראו: שצברגר, **מרי ומסורת**, עמ' 73-84. ראו גם: ה' נסימי, "מסורת יהודית ומרד האצל: עזר כנגדו?", **קתדרה** 121 (תשרי תשס"ז), עמ' 137-170.

32 ראו: ספרו החשוב של א' דון־יחיא, **בין שלום לשלמות הארץ**, באר שבע תשע"ט, עמ' 102-104.

33 הרב מימון מסיק זאת מפירוש הרמב"ם **במשנה תורה** הלכות מלכים פ"ט הי"ד. ראו גם: רבי יצחק עראמה, **עקדת יצחק על בראשית**, פרשת וירא שער כ, ד"ה ובמדרש; הרב מ' סופר, **שו"ת חתם סופר** ליקוטים ו, יד. לניתוח של המושג "משקיפים אחראים" ודחייתו, ראו: K. Draper, "Self-Defense, Collective Obligation, and Non-Combatant Liability," *Social Theory and Practice* 24 (1998), pp. 57–81.

34 להסברים מימי הביניים על פרשה מקראית זו ראו: מ' פינקלשטיין, "טוהר הנשק: בימים ההם ובזמן הזה", **פרשת השבוע ברוח המשפט** #235 (וישלח, תשס"ו). לשימוש

בפרשה זו בשיח האתי היהודי בן זמננו, ראו: י' בלידשטיין, **עיונים במחשבת ההלכה והאגדה**, באר שבע וירושלים תשס"ד, עמ' 445-456.

35 פרוטוקול ישיבת הנהלת הסוכנות היהודית מיום 14.11.1937, הארכיון ציוני המרכזי, כרך 27/1, פריט S100 22b.

36 ראו: Hoffman, *Anonymous Soldiers*, p. 97. הופמן טוען כי עד לפרוץ מלחמת העולם השנייה בשנת 1939, הרג האצ"ל יותר ממאתיים וחמישים ערבים במהלך שלוש השנים הללו ופצע עוד מאות.

37 בבא קמא ס ע"א.

38 ישיבת הוועד הפועל הציוני המצומצם, 27.6.1939, הארכיון הציוני המרכזי, S25/1835, עמ' 8.

39 ראו לדוגמה: י"ה יבין, "פשע הדמים של הסוכנות: הפקרת הישוב (מהבלגה ל"קאנטוניות")" (ה' אייר תרצ"ז 16.4.1937), בתוך: י' שביט (עורך), **הבלגה או תגובה**, רמת גן תשמ"ג, עמ' 87-94, עמ' 91.

40 ד' ניב, **מערכות הארגון הצבאי הלאומי, חלק ב: מהגנה להתקפה 1937-1939**, תל אביב 1965, עמ' 77.

41 ראו: I. Primoratz, "Civilian Immunity in War: Its Grounds, Scope, and Weight" and C. McKeogh, "Civilian Immunity in War: From Augustine to Vattel," in I. Primoratz (ed.), *Civilian Immunity in War* (Oxford, 2007).

42 ראו: ש' כץ, **ז'בו: ביוגרפיה של זאב ז'בוטינסקי ב**, תל אביב תשנ"ג, עמ' 1122-1123.

43 השקפה זו התבררה במכתב משנת 1938 של הנהגת האצ"ל לאספה הלאומית. המכתב נחתם בציטוט מספר ירמיהו (מח, י): "אָרוּר עֹשֶׂה מְלֶאכֶת ה' רְמִיָּה וְאָרוּר מֹנֵעַ חַרְבּוֹ מִדָּם". ראו: שביט, **הבלגה ותגובה**, עמ' 109.

44 כאן נרמזה המידה השלוש עשרה בי"ג המידות שהתורה נדרשת בהן לדעת רבי ישמעאל – "שני כתובים המכחישים זה את זה עד שיבוא הכתוב השלישי ויכריע ביניהם" (תורת כוהנים, ברייתא דרבי ישמעאל, פרשה א, א).

45 עמדתו של הרב מאיר בר אילן לא התבהרה די צורכה. ראו: ע' יצחקי, **הרב מאיר בר אילן: מנהיג הציונות הדתית בארץ ישראל, 1926–1949** (עבודת דוקטור, אוניברסיטת בר אילן, תשע"ה), עמ' 172-183.

46 דון־יחיא, **בין שלום לשלמות הארץ**, עמ' 105.

47 ראו גם: שם, כא, ח.

48 לניסוח עדכני של תפיסת הלאומיות במקרא ראו: Rabbi M. Y. Soloveichik, "Saving American Nationalism from the Nationalists," *Commentary Magazine*, October 2018. לדבריו שם (בתרגום): "כדי שישראל תזכה לעצמאות, עליה לזכור שהיא קיימת למען ייעוד חשוב יותר מעצם העצמאות המדינית". ראו גם: א' סימון, "יעודי המקרא – הבטחות מותנות", **פתחים** 32 (תשל"ה / 1975), עמ' 22-24.

49 ראו לדוגמה: בראשית רבה מד, ד (על בראשית טו, א) והערותיהם של רש"י והמהר"ל מפראג על בראשית לב, ח. על מסורות אלה ראו: Y. Blau, "Biblical Narratives and the Status of Enemy Civilians in Wartime," *Tradition* 39:4 (Winter 2006), pp. 12–15.

50 עמדותיו של הרב עוזיאל נדפסו אצל שביט, **הבלגה ותגובה**, עמ' 153-156.

51 ראו: S. Eliash, *The Harp and the Shield of David: Ireland, Zionism and the State of Israel* (London, 2007), pp. 32–48.

52 ראו: שפירא, **חרב היונה**, עמ' 324-325; לוז, **מאבק בנחל יבוק**, עמ' 345-348.

53 ראו: Chazan, "The Dispute in Mapai," p. 101. על גישתו הכללית ראו: ש' מייזליש, **רבנות בסערת הימים: חייו ומשנתו של הרב יצחק אייזיק הלוי הרצוג, ראשון לציון** תשע"ח, עמ' 69-82; דון־יחיא, **בין שלום לשלמות הארץ**, עמ' 94-96.

54 ראו: פירושו של רבי יוסף קָרָא על יחזקאל לו, כג. ראו גם: ספרי דברים פיסקא שו. על מושגי קידוש השם בעת העתיקה, ראו המקורות המובאים אצל ע' שרמר, "נקדש את שמך בעולם", **ראשית** ג (תשע"ט), עמ' 1-21.

55 ראו: פרסומיהם המובאים אצל שצברגר, **מרי ומסורת**, עמ' 96-97; מ' בר לב, "היסודות האידיאולוגים של ברית חשמונאים", בתוך: ח' גניזי (עורך), **דת ומחתרת בארץ ישראל בתקופת המנדט**, תל אביב תשנ"ה, עמ' 159-166. לאחר מלחמת העולם השנייה הצטרפה קבוצה זו אל 'ההגנה'. ראו: ש' אבישי, **ברית החשמונאים: במאבק לחרות ישראל**, ירושלים תשס"ז, עמ' 124-157.

56 על הדרכים השונות שבהן הציגו הארגונים השונים את סיפור החנוכה כדי שישרת את האג'נדה שלהם, ראו: א' דון־יחיא, "חג מסורתי ומיתוס לאומי: חג החנוכה ומיתוס המכבים בציונות, ביישוב ובמדינת ישראל", בתוך: הנ"ל (עורך), **בין מסורת לחידוש: מחקרים ביהדות, ציונות ומדינת ישראל – ספר זיכרון ליהושע קניאל**, תשס"ה, עמ' 581-610.

57 מבוסס על שמות לב, יא-יד. ראו גם: יהושע ז, ט, ותהילים קטו, ב. השקפה זו הפכה נפוצה בתקופה מאוחרת יותר, בהשפעת הרצי"ה, שראה במצוות יישוב ארץ ישראל ציווי מוחלט, ובקיבוץ הגלויות ההמוני אתחלתא דגאולה. הרב קוק הבן טען כי חוסר האונים היהודי שהוביל לשואה היה חילול השם הגדול ביותר, ואילו הריבונות היהודית על ארץ ישראל, לרבות ניצחונותיה הצבאיים על אויביה, הייתה קידוש השם הגדול ביותר. ראו: הולצר, **חרב פיפיות**, עמ' 221-224.

58 על ההשלכות האתיות השונות של חתירה אקטיבית לקידוש השם, ראו: D. Seeman, "God's Honor, Violence and the State," in R. W. Jensen and E. Korn (eds.), *Swords into Plowshares: Reflections on Religion and Violence* (Efrat, 2014), pp. 1015–1048.

פרק 5: מצבי חירום עליונים והחובה המוסרית לשרוד, 1938

1 נדפס ב**תחומין** י (תשמ"ט), עמ' 148. על השקפת עולמו הרחבה יותר של הרב עמיאל, ראו: הולצר, **חרב פיפיות**, עמ' 183-201. באשר לתמיכה באיסור המוחלט על פגיעה באזרחים בתקופתנו, אפילו בזמן חירום עליון, ראו: C. A. J. Coady, "Terrorism, Just War, and Supreme Emergency," in C. A. J. Coady and M. O'Keefe (eds.), *Terrorism and Justice: Moral Argument in a Threatened World* (South Carlton, Vic. 2002), pp. 8–11.

2 א׳ שפירא, ״בין טרור להבלגה: הכינוס הישובי ביולי 1938״, **הציונות** ו (1981), עמ׳ 425-359.

3 השקפה זו זכתה לכינוי ״ריאליזם חלש״ בפי ג׳ף מקמאהן, אך השימוש במונח ״ריאליזם״ בהקשר זה עשוי להיות מבלבל יותר מאשר מבהיר. ראו: J. McMahan, "Realism, Morality, and War," in T. Nardin (ed.), *The Ethics of War and Peace: Religious and Secular Perspectives* (Princeton, 1996), pp. 82–83.

4 ראו: T. Nagel, "War and Massacre," *Philosophy and Public Affairs* 1:2 (Winter 1971–72), pp. 123–144.

5 **שו״ת משפט כהן**, סימן קמג. לניתוח נוסף ראו: רקובר, **מסירות נפש**.

6 נוסח זה הוא לפי K. Nielson, "There Is No Dilemma of Dirty Hands," in P. Rynard and D. P. Shugarman, (eds.), *Cruelty and Deception: The Controversy over Dirty Hands in Politics* (Toronto, 2000), pp. 139–155.

7 ראו: M. Stocker, *Pluralism and Conflicting Values* (Oxford, 1992), pp. 9–36.

8 הרב קוק, **שו״ת משפט כהן** סימן קמד. הדברים מבוססים על **סדר אליהו רבה** פירקא יד סימן ב. ראו: נ״מ גוטל, **חדשים גם ישנים בנתיבי משנתו ההלכתית־הגותית של הרב קוק**, ירושלים תשס״ה, עמ׳ 144-140; בן־ארצי, **החדש יתקדש**, עמ׳ 259-253. וראו להלן, פרק 19.

9 ראו: הרב י״מ חרל״פ, **מי מרום** ט, עמ׳ 254; שם, טז עמ׳ 85.

10 ראו לדוגמה: R. G. Teitel, *Humanity's Law* (Oxford, 2011); D. Luban, "Human Rights Thinking and the Laws of War," *Georgetown Law Faculty Publications and Other Works* (2015), pp. 1474.

11 ראו: A. Margalit and M. Walzer, "Israel: Civilians and Combatants," *New York Review of Books*, May 14, 2009.

12 ראו: Nagel, "War and Massacre," p. 59.

13 Antonio Cassese, כפי שמובא אצל A. Alexander, "A Short History of International Humanitarian Law," *European Journal of International Law* 26:1 (2015), pp. 109–138.

14 להשקפות יהודיות על עינויים באותם מקרים ראו: S. Brody, "Does Jewish Law Allow Torture?," *Tablet*, December 12, 2014.

15 ראו: D. Statman, "Supreme Emergencies Revisited," *Ethics* 117 (October 2006), pp. 58–79.

16 ראו: M. Walzer, "Terrorism and Just War," *Philosophia* 34 (2006), p. 7.

17 ראו: מאמריהם של י׳ שביט ול׳ שטייר לבני, ושל ד׳ בלטמן וא׳ צור בתוך: א׳ בראלי ופ׳ גינוסר (עורכים), **איש בסער: מסות ומחקרים על זאב ז׳בוטינסקי**, באר שבע תשס״ד, עמ׳ 416-345.

18 ראו: R. Richman, *Racing Against History* (New York, 2018), pp. 72–75, and Heller, *Jabotinksy's Children*, pp. 226–229. ראו גם: R. Richman, "Could Jewish and Zionist

Leaders Have Done More to Rescue the Jews of Poland?," *Mosaic Magazine*, Feb. 5, 2019.

19 מובא אצל ב"צ נתניהו, **מקומו של ז'בוטינסקי בתולדות ישראל**, חיפה תשמ"ב, ההדגשה נוספה. יש המטילים ספק בכך שדברים אלו אכן הובאו בשם אומרם. עיינו: א' גולדשטיין וא' חורי, "דברים שזאב ז'בוטינסקי לא אמר מעולם: המצאת טקסטים ומקומה ביצירת דימויו של ז'בוטינסקי כנביא השואה", **ציון**, פח:ח (תשפ"ג), עמ' 413–440.

20 ראו בהקדמה ל**זאב ז'בוטינסקי: אגרות 1939** (עורך: מ' הלוי), ירושלים תשע"ו.

21 ראו: M. Abrahms, *Rules for Rebels* (Oxford, 2018). יש להדגיש, שהטענה מתייחסת במיוחד לארגוני מורדים המבקשים עצמאות, ולא לצבאות של מדינות עצמאיות העוסקים בלוחמה כללית. ראו גם: Hoffman, *Anonymous Soldiers*, pp. 472–484.

22 ראו: J. Sterba, "Terrorism and International Justice," in J. Sterba and S. French (eds.), *Terrorism and International Justice*, (Oxford, 2003). לעומת זאת, ראו: I. Primoratz, "Terrorism in the Israeli-Palestinian Conflict: A Case Study in Applied Ethics," *Iyyun: The Jerusalem Philosophical Quarterly* 55 (January 2006), pp. 27–48, הדן בין היתר בפעולות האיבה בין השנים 1936–1939, כחלק מן התקריות בסכסוך הערבי ישראלי, ומסיק שלא הייתה להן הצדקה משום שלא היו אפקטיביות.

23 ראו: M. L. Gross, *The Ethics of Insurgency, Cambridge* 2015, p. 158. ראו גם: A. Kober, "From Blitzkrieg to Attrition: Israel's Attrition Strategy and staying Power," *Small Wars and Insurgencies* 16:2 (2005), pp. 216–240; מ' אלרן, **חוסן לאומי בישראל: השפעות האנתפאדה השנייה על החברה הישראלית**, תל־אביב תשס"ו.

24 סולובייצ'יק, **איש האמונה – קול דודי דופק**, עמ' 81–82. הרב סולובייצ'יק דרש דרשה זו ב־16 באפריל 1956, ומן המשפט הקודם נראה שהוא מתייחס במיוחד לתגובת צה"ל לפיגוע טרור מעזה נגד בית כנסת ב־11 באפריל, חמישה ימים קודם לכן: "וגם עכשו חפצו הוא כי דם נערים יהודים שנרצחו בהתפללם שמונה עשרה, יוקם" (עמ' 81). על אודות אותו פיגוע טרור ותגובתה של ישראל עליו, ראו: B. Morris, *Israel's Border Wars, 1949–1956: Arab Infiltration, Israeli Retaliation, and the Countdown to the Suez War* (Oxford, 1993), p. 391. (ראוי לציין שלמרבה הצער, נכדו של הרב סולובייצ'יק, הרב משה טברסקי, נרצח על ידי מחבלים בעת שהתפלל בבית הכנסת שלו בירושלים ב־18 בנובמבר 2014).

25 סולובייצ'יק, שם, עמ' 73–79. ראו להלן, בפרק הבא, ושם ה"ש 11.

פרק 6: האם יהודים מחויבים לסטנדרטים מוסריים גבוהים יותר של לחימה?

1 ראו: Z. Z. Drory, *Israel's Reprisal Policy, 1953–1956: The Dynamics of Military Retaliation* (London, 2005), p. 108.

2 שרון הבהיר זאת באוטוביוגרפיה שלו: A. Sharon with D. Chanoff, *Warrior: An Autobiography* (New York, 2001), p. 88.

3 ראו: Morris, *Israel's Border Wars*, pp. 244–247. מ' בר־און, **משה דיין: קורות חייו 1981–1915**, תל אביב תשע"ד, עמ' 92, טוען כי שרון ניסח מחדש את הפקודות שהגיעו מהמטכ"ל על "הברחת התושבים" כך שיישמעו תוקפניות יותר: "פגיעה מרבית בנפש וברכוש".

4 ההיסטוריון הצבאי של צה"ל בני מיכלסון חזר על נקודה זו בשנים האחרונות. ראו תיאורו את הפעולה בקיביה: ב' מיכלסון, **לנוכח גבולות עוינים: צבא וביטחון בעשור הראשון למדינת ישראל**, תל אביב תשע"ז, עמ' 122. ראו גם: ש' טבת, **משה דיין: ביוגרפיה**, ירושלים ותל אביב תשל"ב, עמ' 392-398.

5 ראו: W. V. O'Brien, *Law and Morality in Israel's War with the PLO* (New York, 1991), p. 101.

6 ראו: M. Dayan, "Israel's Border and Security Problems," *Foreign Affairs* 33 (January 1955), pp. 261–262.

7 ראו: מ' דיין, "פעולות צבאיות בימי שלום", **מערכות** קיח-קיט (1955), עמ' 56. לניסוח של גישה כזו כבר בשנת 1950, ראו: Morris, *Israel's Border Wars*, pp. 176–178. לדבריו, אז טען דיין במפורש כי "העונש הקבוצתי הוכיח את עצמו כשיטה יעילה עד כה".

8 ראו: M. Bar-On, "Small Wars, Big Wars: Security Debates During Israel's First Decade," *Israel Studies* (Fall 2000), p. 119: "בחוכמה לאחור בפרספקטיבה של ארבעים שנה נראה אומנם כי בין 1953 ל־1956 מדיניות התגמול הקנתה לישראל הצלחה ממשית, אם כי זמנית, בגבול ירדן – אך כשלה לחלוטין בגבול עזה".

9 ראו: Morris, *Israel's Border Wars*, p. 173, n. 1.

10 סולובייצ'יק, **קול דודי דופק**, עמ' 81, ההדגשה נוספה. הצהרה זו נאמרה ב־16 באפריל 1956 לקראת סוף המלחמה בגבולות שנדונה בפרק זה.

11 ראו: פרוטוקול הכנסת מישיבה מס' 328 ב־30 בנובמבר 1953.

12 דון־יחיא, **בין שלום לשלמות הארץ**, עמ' 311-313, בציטוט של פרוטוקול קבינט 18.10.53. לאחר מכן השווה שפירא את אירועי קיביה לקרב השנוי במחלוקת בדיר יאסין במהלך מלחמת העצמאות בשנת 1948, שבו, לפי הנטען, נהרגו בלתי לוחמים רבים. על כן טען שפירא כי יש לשמור על אמות המידה המוסריות של התקופה 1936-1939, ולעולם לא לפגוע בבלתי מעורבים. לדבריו, אולי הפעולה בדיר יאסין הייתה טרגדיה שהתרחשה בערפל המלחמה, אבל איננו יכולים לתרץ את הפעולה בקיביה באותו אופן.

13 שפירא התכוון בדבריו לעונש הקבוצתי שהאל הטיל על בני ישראל – התבוסה בקרב העַי – משום שעכן לקח שלל שלא כדין. בהמשך סקלו בני ישראל אותו, את ילדיו ואת בעלי החיים שלו. ראו: יהושע ז.

14 ראו: י' ליבוביץ', "לאחר קיביה", בתוך: הנ"ל, **יהדות, עם יהודי ומדינת ישראל**, תל אביב תשס"ה.

15 נראה כי ליבוביץ' התייחס כאן בתמצית לרעיונות שפיתח באופן מלא יותר בהתנגדותו

למה שכינה 'הכיבוש' הישראלי של שטחים השנויים במחלוקת. ראו: ז' הרוי, "אחרי קיביה", בתוך: א' רביצקי (עורך), **ישעיהו ליבוביץ': בין שמרנות לרדיקליות – דיונים במשנתו**, ירושלים תשס"ז, עמ' 354-365.

16 **כוזרי** א, קיד.

17 דון־יחיא, **בין שלום לשלמות הארץ**, עמ' 292-343.

18 "בין דם לדם", בספרו: ש"ז שרגאי, **תהליכי התמורה והגאולה**, ירושלים תשי"ט, עמ' 139. על הסברה הרווחת ששלטונות ירדן ומדינות אחרות תמכו בפשיטות כאלה, ראו: Morris, *Israel's Border Wars*, pp. 67–69.

19 סנהדרין עד ע"א.

20 ראו: O'Brien, *Law and Morality*, pp. 117–125.

פרק 7: קודים מוסריים: אתיקה או מוסכמות?

1 הרב ש' ישראלי, **עמוד הימיני**, סימן טז (מהדורה שלישית, ירושלים תש"ס), עמ' 168-205.

2 שם, עמ' 168 הערה 1. הרב ישראלי מניח כי כפריים יהודים מקומיים תקפו את קיביה.

3 **מדרש תנחומא**, פרשת פנחס פרק ג. ראו גם: במדבר רבה פרשה כא, ד. הקשר בין הגנה עצמית למלחמת מדיין נוצר מאוחר יותר על ידי פרשן בימי הביניים, ר' מנחם המאירי (**בית הבחירה**, סנהדרין עב ע"א). מביאים מדרש זה גם הרב ח"ד הלוי, "הבא להורגך השכם להורגו", **תחומין** א (תש"ם), עמ' 344-345; הרב אהרן סולובייצ'יק, "Waging War on Shabbat," *Tradition* 20:3 (Fall 1982), p. 187; והרב ש' גורן, **משיב מלחמה** ג, עמ' 291-293 (כפי שציין הרב גורן, הקריאה ל"השכם להורגו" בהקשר של הגנה עצמית קולקטיבית חורגת מהאמירות התלמודיות שהתמקדו בהגנה עצמית באופן פרטני).

4 גוטל, "לחימה", עמ' 40, מציין כי הרב ישראלי סבור שפעולות תגמול נועדו להרתיע מפני התקפות עתידיות.

5 **עמוד הימיני**, עמ' 202. ראו גם: Y. Roness, "Halakhah, Ideology and Interpretation: Rabbi Shaul Yisraeli on the Status of Defensive War," *Jewish Law Association Studies* 20 (2010), pp. 184–195.

6 **עמוד הימיני**, עמ' 205. על מורכבות השימוש במלחמת מדיין כתקדים משפטי, ראו: גוטל, "לחימה", עמ' 25-26 והערה 30. גוטל מביא את עמדתם של הרב אביגדור נבנצל (שנאמרה לו בעל פה) ושל הרצי"ה (בהערותיו לפדרבוש, **משפט המלוכה**, עמ' 242). לדעת השניים, הציווי להרוג את כל המדיינים היה הוראת שעה ולא תקדים לדורות. מעניין לציין כי הרב משה סופר, בפירושו **תורת משה**, על הפסוק "וְעַתָּה הִרְגוּ כָל־זָכָר בַּטָּף וְכָל־אִשָּׁה יֹדַעַת אִישׁ לְמִשְׁכַּב זָכָר הֲרֹגוּ" (במדבר לא, יז), טוען כי התוכנית המקורית לא כללה את הרג הילדים הזכרים, וכי משה כעס על כך שהנסיבות הכתיבו כעת שבני ישראל יצטרכו להרוג יותר מכפי הנצרך במקור (תודתי לרב דב לרנר על מקור זה).

7 ראו מסקנותיו של גוטל, "לחימה", עמ' 43-41, וכן הרבנים ע' רכניץ וא' גולדשטיין, **אתיקה צבאית יהודית**, תל אביב תשע"ג, עמ' 124-116. ראו גם: עמדתו של הרב ישראלי (שנדונה בפרק 20) לאפשר, במידת האפשר, לבלתי מעורבים לנוס מעיר נצורה בספרו **חוות בנימין** א (עורך: נ' גוטל, כפר דרום תשס"ב), עמ' 187.

8 ראו: G. I. Mavrodes, "Conventions and the Morality of War," *Philosophy and Public Affairs* 4:2 (Winter 1975), pp. 117–131.

9 הרעיון והפסוק הזה מצוטטים אצל G. E. Anscombe ומובאים אצל T. Nagel, "War and Massacre," *Philosophy & Public Affairs* 1:2 (Winter, 1972), pp. 123–144.

10 לביקורות על מאוורודס, ראו: J. Waldron, "Deep Morality and the Laws of War," in H. Frowe and S. Lazar (eds.), *Oxford Handbook of Ethics of War* (Oxford, 2018), pp. 80–96. ביקורת מסוג דומה נגד הרב ישראלי העלה הרב י' שביב, "תוקפן של מלחמות בין האומות", **תחומין** ט (תשמ"ח), עמ' 230-205, עמ' 229.

11 ראו: M. Osiel, The End of Reciprocity: *Terror, Torture, and the Law of War* (Cambridge, 2009), pp. 49–110; E. Posner, "Human Rights, the Laws of War, and Reciprocity" *John M. Olin Program in Law and Economics Working Paper No.* 537, 2010). ראו גם: R. Sabel, "The Legality of Reciprocity in the War Against Terrorism," *Case Western Reserve Journal of International Law* 43:1–2 (2010), pp. 473–482.

12 ראו: J. McMahan, "The Ethics of Killing in War," *Ethics* (July 2014), p. 730; id., *Killing in War*, (Oxford, 2009), pp. 203–235.

13 ראו: Y. Dinstein, "Comments on Protocol I," *International Review of the Red Cross*, no. 320.

14 ראו: Y. Benbaji and D. Statman, *War by Agreement: A Contractarian Ethics of War* (Oxford, 2019), pp. 167–171.

15 ראו גם: M. Ignatieff, "Ethics and the New War," *Canadian Military Journal* (Winter 2001–2002), pp. 5–10; D. Fisher, *Morality and War* (Oxford, 2011), pp. 108–133.

16 **פירוש רמב"ן על התורה**, דברים כג, י. ראו גם: פירושו על בראשית טו, כה, **והשגות לספר המצוות של הרמב"ם**, מצוות לא תעשה יא.

17 ראו: פירושי מצודת דוד ומלבי"ם.

18 כפי שמובא אצל Osiel, *The End of Reciprocity*, p. 350. שני הפרקים האחרונים בספר בוחנים סוג זה של חשיבה.

19 על גישתו הכללית של הרב גורן, ראו: A. Edrei, "Divine Spirit and Physical Power: Rabbi Shlomo Goren and the Military Ethic of the Israel Defense Forces," *Theoretical Inquiries in Law* 7:1 (2005), pp. 255–297. על הפולמוס בינו לבין הרב ישראלי בשתי הסוגיות האחרונות, ראו בספרו של גורן **תורת המדינה** (ירושלים תשנ"ו), עמ' 423-416.

20 **משיב מלחמה** א, עמ' 29-26.

21 גם ליבוביץ' העלה נקודה זו במאמרו על הפעולה בקיביה. שניהם מקישים זאת מהערתו

של הרמב"ן על בראשית לד, ח. לסברה ההפוכה, ששמעון ולוי העלו טענה משכנעת וכי יעקב רק חשש מהסכנות המדיניות של המעשה שעשו, ראו: מדרשי 'פסיקתא זוטרתא' (לקח טוב) ו'שכל טוב' לבראשית לד, לא.

22 **משיב מלחמה** א, עמ' יד-טז.

23 שם, עמ' יד: "על אף מצות הלחימה המפורשת בתורה, מצווים אנו לחוס גם על האויב שלא להרוג אפילו בשעת מלחמה, אלא בזמן שקיים הכרח להגנה עצמית לצורך כיבוש ולניצחון, ולא לפגוע באוכלוסייה בלתי לוחמת ובוודאי שאסור לפגוע בנשים וילדים שאינם משתתפים במלחמה. פרט לאותן ממלחמות המצווה שנצטווינו במפורש בתורה בימי קדם 'לא תחיה כל נשמה'... ואין ללמוד מהם חס וחלילה על מלחמות אחרות ועל זמנינו, לאחר שנוכחנו לראות עד כמה שהקב"ה מרחם גם על עובדי כוכבים, אינו שמח במפלתם וקשה לפניו לאבדם. אנו מצווים על פי דין ללכת בדרכיו ולרחם על בריותיו, ככתוב 'ורחמיו על כל מעשיו'"...

24 הרב ש' גורן, **בעוז ותעצומות: אוטוביוגרפיה**, תל אביב תשע"ג, עמ' 109.

25 כך, כאשר בשנת 1980 התנקשה המחתרת היהודית בחייהם של ראשי הערים של שכם ורמאללה (שנפצעו קשה ורגליהם נכרתו), ובהמשך הרגה שלושה סטודנטים במכללה האסלאמית בחברון כנקמה על רצח תלמיד הישיבה אהרן גרוס – מתחו רבנים, כולל בימין הקיצוני, ביקורת חוזרת ונשנית על פעולות אלה של עשיית דין עצמית, וגינו לא רק את האנרכיה שנוצרה כתוצאה מכך, אלא גם את הרצח של מי שלא היה ראוי לעונש כזה. ראו: מ' הלינגר וי' הרשקוביץ', **ציות ואי ציות בציונות הדתית**, ירושלים תשע"ו, עמ' 82-95. למרבה הצער, נותרו כמה רבנים שעדיין מגינים על תקיפות בנוסח "תג מחיר" ופעולות תגמול אחרות.

פרק 8: מודל רב־ערכי יהודי למוסר צבאי

1 ראו את ניסוחו המורכב של U. Tal, "Totalitarian Democratic Hermeneutics and Policies in Modern Jewish Religious Nationalism," in *Totalitarian Democracy and After* (Jerusalem, 1984), pp. 139–140.

2 "שֹׁפֵךְ דַּם הָאָדָם בָּאָדָם דָּמוֹ יִשָּׁפֵךְ כִּי בְּצֶלֶם אֱלֹהִים עָשָׂה אֶת הָאָדָם" (בראשית ט, ד).

3 "וְלֹא יִשָּׁפֵךְ דָּם נָקִי בְּקֶרֶב אַרְצְךָ אֲשֶׁר ה' אֱלֹהֶיךָ נֹתֵן לְךָ נַחֲלָה" (דברים יט, י).

4 "הַנֶּפֶשׁ הַחֹטֵאת הִיא תָמוּת בֵּן לֹא־יִשָּׂא בַּעֲוֹן הָאָב וְאָב לֹא יִשָּׂא בַּעֲוֹן הַבֵּן צִדְקַת הַצַּדִּיק עָלָיו תִּהְיֶה וְרִשְׁעַת הָרָשָׁע עָלָיו תִּהְיֶה" (יחזקאל יח, כ).

5 "וְכִתְּתוּ חַרְבוֹתָם לְאִתִּים וַחֲנִיתוֹתֵיהֶם לְמַזְמֵרוֹת לֹא־יִשָּׂא גוֹי אֶל־גּוֹי חֶרֶב וְלֹא־יִלְמְדוּ עוֹד מִלְחָמָה" (ישעיהו ב, ד).

6 "וְכִי תָבֹאוּ מִלְחָמָה בְּאַרְצְכֶם עַל הַצַּר הַצֹּרֵר אֶתְכֶם וַהֲרֵעֹתֶם בַּחֲצֹצְרֹת וְנִזְכַּרְתֶּם לִפְנֵי ה' אֱלֹהֵיכֶם וְנוֹשַׁעְתֶּם מֵאֹיְבֵיכֶם" (במדבר י, ט). ראו גם: יהושע כד, ח.

7 "שְׁמַע יִשְׂרָאֵל אַתָּה עֹבֵר הַיּוֹם אֶת הַיַּרְדֵּן לָבֹא לָרֶשֶׁת גּוֹיִם גְּדֹלִים וַעֲצֻמִים מִמֶּךָּ עָרִים גְּדֹלֹת וּבְצֻרֹת בַּשָּׁמָיִם: עַם גָּדוֹל וָרָם בְּנֵי עֲנָקִים אֲשֶׁר אַתָּה יָדַעְתָּ וְאַתָּה שָׁמַעְתָּ מִי יִתְיַצֵּב לִפְנֵי בְּנֵי עֲנָק: וְיָדַעְתָּ הַיּוֹם כִּי ה' אֱלֹהֶיךָ הוּא הָעֹבֵר לְפָנֶיךָ אֵשׁ אֹכְלָה הוּא יַשְׁמִידֵם וְהוּא

יַכְנִיעֵם לְפָנֶיךָ וְהוֹרַשְׁתָּם וְהַאֲבַדְתָּם מַהֵר כַּאֲשֶׁר דִּבֶּר ה׳ לָךְ״ (דברים ט, א–ג). ראו גם: שמות כג, לא; דברים א, ח.

8 ״זָכוֹר אֵת אֲשֶׁר עָשָׂה לְךָ עֲמָלֵק בַּדֶּרֶךְ בְּצֵאתְכֶם מִמִּצְרָיִם: אֲשֶׁר קָרְךָ בַּדֶּרֶךְ וַיְזַנֵּב בְּךָ כָּל הַנֶּחֱשָׁלִים אַחֲרֶיךָ וְאַתָּה עָיֵף וְיָגֵעַ וְלֹא יָרֵא אֱלֹהִים: וְהָיָה בְּהָנִיחַ ה׳ אֱלֹהֶיךָ לְךָ מִכָּל אֹיְבֶיךָ מִסָּבִיב בָּאָרֶץ אֲשֶׁר ה׳־אֱלֹהֶיךָ נֹתֵן לְךָ נַחֲלָה לְרִשְׁתָּהּ תִּמְחֶה אֶת־זֵכֶר עֲמָלֵק מִתַּחַת הַשָּׁמָיִם לֹא תִּשְׁכָּח״ (דברים כה, יז–יט).

9 ״וּנְתָנָם ה׳ אֱלֹהֶיךָ לְפָנֶיךָ וְהִכִּיתָם הַחֲרֵם תַּחֲרִים אֹתָם... כִּי עַם קָדוֹשׁ אַתָּה לַה׳ אֱלֹהֶיךָ בְּךָ בָּחַר ה׳ אֱלֹהֶיךָ לִהְיוֹת לוֹ לְעַם סְגֻלָּה מִכֹּל הָעַמִּים אֲשֶׁר עַל־פְּנֵי הָאֲדָמָה״ (דברים ז, ב, ו).

10 במדבר כא, א–ג, וברש״י, שם, א: ״וישב ממנו שבי – אינה אלא שפחה אחת״.

11 ״וַיֹּאמֶר מֹשֶׁה לִבְנֵי־גָד וְלִבְנֵי רְאוּבֵן הַאַחֵיכֶם יָבֹאוּ לַמִּלְחָמָה וְאַתֶּם תֵּשְׁבוּ פֹה?״ (במדבר לב, ו). ראו גם: במדבר לב, כ, ודברים ג, יח.

12 ״וְיָסְפוּ הַשֹּׁטְרִים לְדַבֵּר אֶל־הָעָם וְאָמְרוּ מִי־הָאִישׁ הַיָּרֵא וְרַךְ הַלֵּבָב יֵלֵךְ וְיָשֹׁב לְבֵיתוֹ וְלֹא יִמַּס אֶת־לְבַב אֶחָיו כִּלְבָבוֹ״ (דברים כ, ח).

13 מי שפיתח מודל זה היה אבי, הפילוסוף הנודע ברוך ברודי. ראו לדוגמה את ספרו B. Brody, *Taking Issue: Pluralism and Casuistry in Bioethics* (Washington, DC, 2003), pp. 31–44. לשימוש בתאוריה שלו בהקשר של אתיקה צבאית, ראו: T. E. Beam and L. R. Sparacino (eds.), *Military Medical Ethics: Volume 1* (Washington, DC, 2003), pp. 36–46. אבי פיתח מודל זה ברמה נורמטיבית. לענייננו, אני משתמש במודל כתיאור מדויק של השיח האתי היהודי.

14 ראו: J. Kekes, *The Morality of Pluralism* (Princeton, 1996), pp. 19–20.

15 ראו: Kekes, *The Morality of Pluralism*, p. 26.

פרק 9: ההפצצות על דרזדן

1 התיאור ההיסטורי הטוב ביותר של ההפצצה בדרזדן הוא ספרו של פרדריק טיילור: F. Taylor, *Dresden: Tuesday, February 13, 1945* (New York, 2004). ראו גם: J. Crang and P. Addison (eds.), *Firestorm: The Bombing of Dresden 1945* (London, 2006); T. D. Biddle, “Dresden 1945: Reality, History, and Memory,” *Journal of Military History* 72:4 (April 2008), pp. 413–449.

2 הציטוט משידור שלו לעם הבריטי מובא ב־https://www.airandspaceforces.com/article/0911keeperfile.

3 ראו: “Canadian Author Malcolm Gladwell Doubles Down on Claim That Bomber Harris Was a ‘Psychopath’ After WWII Hero’s Grandson Brands Writer an ‘Armchair Air Marshal,’” *Daily Mail*, May 4, 2021.

4 ראו: B. Stokes, “70 Years after Hiroshima, Opinions Have Shifted on Use of Atomic Bomb,” *Pew Fact Tank*, August 4, 2015.

5 ראו: I. Primoratz, “Can the Bombing Be Morally Justified?” in. I. Primoratz (ed.),

Terror from the Sky: The Bombing of German Cities in World War II, p. 113. מאמרו של לאקי (Lackey) נדפס גם הוא בכרך זה.

6 ראו: A. C. Grayling, *Among the Dead Cities*, London 2006. ראו גם: S. Garrett, *Ethics and Airpower in World War II* (New York, 1993).

7 הטיימס, 25 ביוני 1943, המובא אצל J. M. Spaight, *Bombing Vindicated* (London, 1944); ההדגשה נוספה.

8 שם. גארבט (Garbett) הוסיף וטען: "עם כל הצער של סבלה של האוכלוסייה האזרחית ועל אובדן בתיהם ועל הרס מבנים נאים, עלינו להמשיך להשתמש בעליונותנו האווירית כאמצעי לסיים את המלחמה מהר ככל האפשר. לאחר מכן נבנה סדר בין־לאומי מרכזי חזק שישמור תוך שימוש בכוח על השלום עד שכל העמים יקבלוהו עליהם ברצון". דבריו על אודות השמדת יהודי פולין נאמרו בבית הלורדים ב־9 בדצמבר 1942.

9 ראו: Walzer, *Just and Unjust Wars*, p. 262, ההדגשה נוספה.

10 ראו: M. Hastings, *Retribution: The Battle for Japan* 1944–5 (New York, 2009), p. xix. הייסטינגס טען גם: "המחקר המודרני שלל באופן כה מקיף את המיתוס שהיפנים היו מוכנים להיכנע בכל מקרה, עד שמפליא לגלות כי עדיין ישנם כותבים המוסיפים לתת בו אמון". ראו גם: N. Ferguson, *The War of the World: History's Age of Hatred* (London, 2006), p. 570. באשר לטיעון התומך בשימוש בפצצה גרעינית אחרי הירושימה, שאליו הצטרף מאוחר יותר גם הנשיא הארי טרומן, ראו: K. T. Compton, "If the Atomic Bomb Had Not Been Used," *Atlantic*, December 1946.

11 ראו: Walzer, *Just and Unjust Wars*, pp. 263–268.

12 ראו: R. J. Evans, *Lying About Hitler: History, Holocaust, and the David Irving Trial* (New York, 2001), chapter 5.

13 כפי שדווח אצל Biddle, "Dresden 1945," p. 430.

14 ראו: J. Rabkin, "Proportionality in Perspective: Historical Light on the Law of Armed Conflict," *George Mason Legal Studies Research Paper No. LS* 15-01 (2015), p. 322.

15 הגדרה זו של הפצצה אסטרטגית חסרת הבחנה עולה כמסקנה מדבריו של G. Best, *Humanity in Warfare*, (London, 1980), pp. 266–285. בסט מגן על סבירותה של ההפצצה בדרזדן בספרו: *Churchill and War*, (London, 2005), pp. 280–284.

16 ראו: Taylor, *Dresden*, pp. 148–153, 216–219.

17 מובא אצל R. Overy, "Allied Bombing and the Destruction of German Cities," in R. Chickering et al. (eds.), *A World at Total War: Global Conflict and the Politics of Destruction*, 1937–1945 (Cambridge, 2005), pp. 277–295.

18 ראו: V. D. Hanson, *The Second World Wars: How the First Global Conflict Was Fought and Won* (New York, 2017), pp. 93–102.

19 ראו: R. J. Overy, *The Bombers and the Bombed: Allied Air War over Europe*, 1940–1945 (New York, 2014), p. 230.

20 בנושא זה ראו: M. Gross, "Saving Life, Limb, and Eyesight: Assessing the Medical

Rules of Eligibility During Armed Conflict," *American Journal of Bioethics* 17:10 (2017), pp. 40–52.

21 על נקודה אחרונה זו ראו: הרב אריאל, **הלכה בימינו**, עמ' 378-379.

22 מובא אצל Gross, "Saving Life," pp. 40–52.

23 ראו אצל Walzer, *Just and Unjust Wars*, pp. 267–268, ההדגשה נוספה.

24 על הכוחנות היפנית בתקופה זאת ראו: A. Doglia, "Japanese Mass Violence and Its Victims in the Fifteen Years War (1931–45)," *The Online Encyclopedia of Mass Violence* (2011).

25 ראו: Hastings, *Retribution*, pp. 345–368.

26 שם עמ' 171, 442-462.

27 על נקודה אחרונה זו ראו: Hanson, *The Second World Wars*, *pp.* 526-529.

28 נראה שא' שוחטמן, "סיכון חיילי צה"ל לשם מניעת פגיעה באזרחי אויב בשולי מבצע חומת מגן", **נתיב** 91-92 (2003), עמ' 12, מצדיק את ההפצצות מהאוויר. ראו גם: הרב א"ד רגנשברג, **משפט הצבא בישראל**, ירושלים תש"ט, סימן טו: א-ב, עמ' 30-31. לעומת זאת, הרב פדרבוש מעלה הסתייגויות חמורות ב**משפט המלוכה**, עמ' 206.

29 כפי שמובא אצל R. Rhodes, *Dark Sun: The Making of the Hydrogen Bomb* (New York, 1995), pp. 22–23.

30 ראו: W. W. Ralph, "Improvised Destruction: Arnold, LeMay, and the Firebombing of Japan," *War in History* 13:4 (2006), pp. 495–522.

חלק ב: מוסר היציאה למלחמה - ממלחמת העולם השנייה ועד קום מדינת ישראל

פרק 10: מלחמת העולם השנייה והמאבק להגנה עצמית ולכבוד לאומי

1 ראו: Hoffman, *Anonymous Soldiers*, pp. 101–118; נ' מן, "הראיון האחרון עם שושנה רזיאל", **הארץ** 23.4.2010.

2 הרצי"ה קוק, **לנתיבות ישראל ב**, עמ' 74-75. על יחסו של הרצי"ה לתנועות המחתרת, ראו: ויזינגר, "רבינו", עמ' 71-103.

3 ראו: א' שפירא, **בן גוריון: דמותו של מנהיג**, תל אביב תשע"ה, עמ' 102.

4 ראו: טבת, **משה דיין**, פרקים 7-9.

5 **הצופה**, 9 בדצמבר 1942, נמצא אצל ח' וגמן, **ערבות יהודית במבחן: הציונות הדתית בארץ ישראל לנוכח השואה (1939–1945): קובץ תעודות בתוספת מבואות והערות**, רמת גן תשע"ג, עמ' 290. על תמיכתה הכללית של הרבנות בארץ ישראל בגיוס, ראו: ח' אשכולי, **בין הצלה לגאולה** (יד ושם 2004), עמ' 235-247.

6 ראו באופן מקיף ביותר: י' גלבר, **ההתנדבות לצבא הבריטי במלחמת העולם השנייה**, ירושלים תשמ"ד.

7 ראו: G. Neuberger, "From the American Scene: An Orthodox G. I. Fights a War," *Commentary*, March 1949. ראו גם: D. D. Moore, *GI Jews: How World War II Changed a Generation* (Cambridge, MA, 2004).

8 ראו מכתבו לרב שמואל בלקין בתוך: הרב י"ד סולובייצ'יק, **איש על העדה: מבחר איגרות, ראיונות והצהרות**, תל אביב תשע"א, עמ' 101. אומנם המכתב נשלח במהלך מלחמת קוריאה, אך מקורו בדיונים על מלחמת העולם השנייה. ראו מכתבו של בלקין שנדפס אצל S. Hoenig, "The Orthodox Rabbi as a Military Chaplain," *Tradition* 16:2 (Fall 1976), pp. 55–56.

9 ראו: D. Bronstein, "Torah in the Trenches: The Rabbi Chaplains of World War II, 1940–1946" (PhD diss., Jewish Theological Seminary, 2009).

10 ראו: I. Brodie, "British and Palestinian Jews in World War II," *American Jewish Year Book* 48 (1946–1947), p. 72.

11 מתוך תפילת תחנון בנוסח הנאמר בקהילות האשכנזיות בימים שני וחמישי.

12 ראו: העיתון **חבצלת**, שנה כב, גיליון יט, 24 בפברואר 1882, ודיון אצל Feldman, "Not as Sheep," pp. 150–151.

13 הרב מ' ברלין (בר־אילן), "לעזרת השם בגיבורים", **הצופה**, 2 באוגוסט 1942, עמ' 2. על בר אילן ראו: ע' יצחקי, **הרב מאיר בר־אילן**, עמ' 199–203. על רעיונות דומים ביחס לשואה ולמדינת ישראל ראו: הרב י' עמיטל, **והארץ נתן לבני אדם**, אלון שבות תשע"ח, עמ' 149–155; הרב י"ד סולובייצ'יק, **בכה תבכה בלילה: על קינות לתשעה באב**, ראשון לציון 2020, עמ' 100–103.

14 ראו: R. Medoff, *The Jews Should Keep Quiet: Franklin D. Roosevelt, Rabbi Stephen S. Wise, and the Holocaust* (Philadelphia, 2019), pp. 161–173.

15 ראו: ברלין (בר־אילן), "לעזרת השם"; פ' פישמן (בן־סירא), "מלחמת מצווה – שמחת מצווה", **הצופה**, 3 במרץ 1942; שרגאי, **תהליכי התמורה**, עמ' 254; הרב ב' אפשטיין (אליצור), **בהתנדב עם א**, עמ' 36–40; הרב אליעזר סילבר, כפי שמובא אצל Bronstein, *Torah in the Trenches*, pp. 114–15; Rabbi Herschel Schacter in J. J. Schacter, "'The Voice of Your Brothers Blood Is Screaming': *Rabbi Herschel Schacter's* Letter Home," *Tradition* 54:1, p. 125. ראוי לציין שהרב שלמה סלנט כתב תפילה עבור חיילי ארצות הברית במלחמה נגד ספרד ב־1898 וקרא לה "מלחמת מצווה". ראו: ארנד, "תפילות לשלום חיילים", הערה 19.

16 ראו: **תורת כוהנים** במדבר פרשה עו; **ספרי זוטא** י, ט; הרב חפץ גאון, **ספר המצוות** (מהד' צוקר), עמ' 50; רמב"ם **משנה תורה** הלכות מלכים פ"ה ה"א, והלכות שבת פ"ב הל' כג–כד.

17 ראו: שמואל א' יא, א–יג, שופטים כ, ח–יב, וכן א' בזק **שמואל א: מלך בישראל**, אלון שבות תשע"ג, פרק יא.

18 הביקורת על הכלתו של צ'מברליין את "שלטון האלימות" נשענת על Walzer, *Just and Unjust Wars*, pp. 67–73.

פרק 11: הגנה על החיים או כבוד? מצדה, מרד גטו ורשה וההסתברות להצלחה

1 הערה באסיפה הכללית ב־7 ביולי 1942 כפי שנרשמה אצל א' ברנר, **נוכח איום הפלישה הגרמנית לארץ ישראל**, אפעל 1981, עמ' 88.

2 שם, עמ' 64.

3 מובא אצל ברנר, **נוכח איום הפלישה**, עמ' 65.

4 שם.

5 ראו: Y. Zerubavel, *Recovered Roots: Collective Memory and the Making of an Israeli National Tradition* (Chicago, 1995); *N. Ben-Yehuda, Masada Myth: Collective Memory and Mythmaking in Israel,* (Madison, WI, 1995).

6 באשר למחלוקת בין הרבנים גורן ונריה והתבטאויות נוספות של רבנים על מצדה, ראו: A. Mashiach, "The Ethos of Masada in Halakhic Literature," *Review of Rabbinic Judaism* 19 (2016), pp. 54–77; י' זילברשטיין, **בין אדם למדינתו**, ירושלים תשע"א, עמ' 225-248. מאמר של הרב גורן, "גבורת מצדה לאור ההלכה" הופיע **במחניים** פז ונמצא באתר: https://www.daat.ac.il/daat/kitveyet/mahanaim/gvurat-2.htm (אוחזר בתאריך 16/02/25).

7 על מקורות אלה ראו: Brody, *Taking Issue*, pp. 229–264; י' ליכטנשטיין, **והסנה איננו אוכל**, ירושלם תשע"ה, עמ' 129-166, הכולל גם את הסקירה המקיפה ביותר על מרד גטו ורשה בספרות הרבנית.

8 גיטין נז ע"ב.

9 שמואל א' לא.

10 הרב גורן טען גם כי חיילי צה"ל שנשבו, ועלולים לחשוף סודות מדינה חשובים או מידע ביטחוני ובכך לסכן רבים, חייבים להתאבד בטרם יענו אותם כדי לשאוב מהם מידע זה. נראה שלנגד עיני הרב גורן עמד המקרה של לוחם צה"ל אורי אילן, שנפל בשבי הסורי במבצע 'צרצר' בשנת 1955 והתאבד כדי שלא להסגיר סוד צבאי. ראו: זילברשטיין, **בין אדם למדינתו**, עמ' 242. בגרסה מאוחרת יותר של המאמר מיתן הרב גורן את עמדתו וקבע כי רק במקרה דנן היה היתר ליטול נפשו בכפו. ראו: י' ליכטנשטיין, **המאבד עצמו לדעת: היבטים הלכתיים, היסטוריים והגותיים**, תל אביב תשס"ח, עמ' 455-458.

11 ראו: Ben-Yehuda, *Masada Myth*, pp. 152–155, 241–243.

12 ראו: J. Magness, *Masada: From Jewish Revolt to Modern Myth* (Princeton, 2019).

13 בנימין קדר. מצוטט אצל Zerubavel, *Recovered Roots*, p. 201.

14 לדמותו של רבי יוחנן בן זכאי בספרות הרבנית ועל ההקבלות בינו לבין הנביא ירמיהו ראו: A. Tropper, "Yohanan Ben Zakkai, *Amicus Caesaris:* A Jewish Hero in Rabbinic Eyes," *JSIJ* 4 (2005), pp. 133–149.

15 בבלי יומא פה ע"ב. הרב לואיס (לוי יצחק) רבינוביץ' מציין כי ייתכן שחז"ל נקטו גישה

זו לאחר שראו את כישלון גישתם של המורדים. ראו: הרב ל"י רבינוביץ', "ההתאבדות של הקנאים במצדה", **סיני** נה (תשכ"ד), עמ' שכד-שלב.

16 לפחות לפי יוספוס פלביוס, **מלחמת היהודים** 7.6.1, כפי שהעירו על כך מבקרים של אגדת מצדה.

17 פירושו לשופטים ו, לו, ד"ה "התועלת התשיעי" (ראו גם: פירוש רלב"ג על מלכים א' ח, מד). רעיון זה מופיע גם אצל הרב מ' פלוצקי, **חמדת ישראל: קונטרס נר ישראל**, עמ' 170; הרב י' גרשוני, "על גבורה ומלחמות", **תחומין** ד (תשמ"ג), עמ' 59; הרב מ"צ נריה, **ישראל במדינתו: מאורות נריה** (בעריכת ר' הס, קריית מלאכי תשנ"ח), עמ' 300-299. ראו גם: הרב גורן, **משיב מלחמה** ג, עמ' 281. קביעה דומה נאמרה בדיעבד על מרד גטו ורשה מפי הרב יהושע משה אהרונסון: "רבים נזכרו בקביעה התלמודית: 'הבא להרגך השכם להורגו'. אבל החובה הראשונית היא לבדוק היטב האם אתה חזק דייך, האם בידך להשכים להורגו? אולי כדאי יותר להתחמק, לברוח ולהינצל". ראו דבריו המובאים אצל ליכטנשטיין, **והסנה איננו אוכל**, עמ' 148.

18 ראו: E. Assis, *Self-Interest or Communal Leadership: An Ideology of Leadership in the Gideon, Abimelech, and Jephthah Narratives* (Judg. 6–12) (Leiden, 2005), pp. 17–20.

19 כמו כן אין להתעלם מהעובדה שלעיתים מאבק נמרץ ופטריוטי, שהוחל בו כנגד כל הסיכויים, הופך לניצחון מפתיע. המפורסם שבהם הוא מאבקה של פינלנד, שהצליחה לעצור את הסובייטים ב"מלחמת החורף" של 1940-1939. כמובן, אומות רבות אחרות לא הצליחו לעצור מעצמות גדולות יותר במהלך מלחמות העולם.

20 ראו: J. C. Murray, "Theology and Modern War," in W. J. Nagle (ed.), *Morality and Modern Warfare*, (Baltimore, 1960), p. 80.

21 ראו: M. Lamm, "Red or Dead," *Tradition* 4:2 (Spring 1962), p. 194, וכן את התגובות של הרב עמנואל יעקובוביץ' והפילוסוף מייקל ויסקוגרד (Michael Wyschograd). על אודות ויכוח זה ראו: Shlomo M. Brody, "Jewish Perspectives on Nuclear Weapons – and Deterrence," *Tablet*, June 26, 2015.

22 ראו: A. J. Coates, *The Ethics of War*, 2nd ed. (Manchester, 2016), *Kindle edition*, locations 3719–3727; ההדגשה במקור.

23 לטיעונים דומים ראו גם: O'Brien, *The Conduct of Just and Limited War*, pp. 31–33; J. T. Johnson, *Morality and Contemporary Warfare* (New Haven, 1999), p. 43; H. van der Linden, "Just War Theory and U.S. Military Hegemony," in M. W. Brough et al. (eds.), *Rethinking the Just War Tradition* (Albany, 2007), pp. 56–58.

24 ראו: I. Hershkowitz, "Moral Considerations Relating to Criticism of the Warsaw Ghetto Uprising," in Y. Levin and A. Shapira (eds.), *War and Peace in Jewish Tradition: From the Biblical World to the Present* (London, 2012), pp. 165–185; D. Statman, "On the Success Condition for Legitimate Self-Defense," *Ethics* 118 (July 2008), pp. 659–686.

25 ראו: M. Berenbaum, "Some Clarifications on the Warsaw Ghetto Uprising," in E. J. Sterling (ed.), *Life in the Ghettos During the Holocaust* (Syracuse, NY, 2005), p. 22.

26 המאמר "Call to Resistance by the Jewish Fighting Organization in the Warsaw Ghetto, January 1943" זמין לקריאה באתר יד ושם: www.yadvashem.org/docs/jewish-fighting-organization-in-warsaw-ghetto-call-to-resistance.html (אוחזר בתאריך 16/02/25); ההדגשה נוספה.

27 כאן אני צועד בעקבות Statman, "On the Success Condition," p. 676, המעלה גורמים אלה ואחרים המצדיקים יחדיו את המרד תוך שהם גוברים על הדרישה של "הסתברות להצלחה".

28 מובא אצל ליכטנשטיין, **והסנה איננו אוכל**, עמ' 117–118.

29 נוסח זה מתבסס על הרב י' גרשוני, "בירורי הלכה בענייני השואה", **באמונה בשואה**, ירושלים תש"ם, עמ' 19–25, וכן מכתביו של מישל פוקו (Michel Foucault) על המרד. ראו: B. Smith, "Biopolitics," *Tablet*, June 25, 2020.

30 16 במאי 1943.

31 אחרים מוסיפים כי ייתכן להלל את גבורתם של מורדים אלה בלי להמעיט מערכם של מודלים אחרים של התנגדות פסיבית מצד קורבנות אחרים של הנאצים. ראו: דברי הרב י"י וינברג (שהיה בעצמו בגטו) בתוך: הרב י"י ווינברג והרב פ' ביברפלד (עורכים) **יד שאול: ספר זכרון ע"ש הרב שאול ווינגורט**, תל אביב, תשנ"ג, עמ' 9–10.

32 הדברים מובאים אצל וגמן, **ערבות יהודית**, עמ' 429–430. ראו גם: ח' אשכולי, "'בלא תודעת הגלות, שטחית תודעת הגאולה': הרב נריה אל מול השואה, שארית הפליטה, זיכרון השואה ולקחיה", **דפים לחקר השואה** כז (תשע"ד), עמ' 137–166. בריאיון פרטי אמר הרב נריה לחווה אשכולי-וגמן כי הוא גם מאמין שיהודים נוספים היו יכולים לשרוד אלמלא מרדו. במקום אחר בכתביו קונן נריה על כך שהמורדים קיבלו את כל תשומת הלב בעוד הגיבורים האמיתיים היו המחנכים שהמשיכו לסכן את חייהם כדי ללמד תורה. ראו גם: ספרו **ישראל במדינתו**, עמ' 241. ראו גם: ח' אשכולי, "ההבלגה הנפלאה", **מקור ראשון**, 17 באפריל 2015.

33 וגמן, **ערבות יהודית**, עמ' 430.

34 ראו: הפרק הראשון בספרו של J. W. Dower, *Embracing Defeat: Japan in the Wake of World War II*, (Norton, 2000); Hastings, *Retribution*, pp. 504–540.

35 הביקורת כאן היא על מיסוד הטקטיקה של משימות התאבדות. ישנם מקרים שבהם חיילים מקריבים את חייהם מול האויב כדי להציל את הזולת, אבל אלה הן פעולות ספונטניות. על כך ראו: Hastings, *Retribution*, p. 172. לדיון על מסירות נפשם של חיילי צה"ל שקפצו על רימונים כדי להציל את חבריהם ראו: מאמרו של הרב ש' הכהן קוק בתוך: א' קשתיאל ואחרים (עורכים), **בכל לבבך: צוהר למידותיו של רס"ן רועי קליין הי"ד**, עלי תשס"ח.

36 ראו: M. Mallmann and M. Ciippers, *Nazi Palestine: The Plans for the Extermination of the Jews in Palestine*, trans. K. Smith (New York, 2010); S. Miner, "Planning the

Holocaust in the Middle East: Nazi Designs to Bomb Jewish Cities in Palestine," .*Jewish Political Studies Review* 27:3/4 (Fall 2016), pp. 7–33

37 החלטות הוועד הפועל של 'המזרחי', 26 במאי 1943, כפי שתומללו אצל וגמן, **ערבות יהודית**, עמ' 348.

38 בתחילת הכיבוש הנאצי של מרכז אירופה חלה עלייה גדולה במספר ההתאבדויות של יהודים במקומות כמו וינה ואמסטרדם. הרב הראשי הרצוג שלח מכתב לקהילותיהם במטרה לנסות לחזק את רוחן ואת כוח ההישרדות שלהן. ראו: ליכטנשטיין, **והסנה איננו אוכל**, עמ' 48-51; 98-101, ובאופן כללי יותר K. Kwiet, "The Ultimate Refuge: Suicide in the Jewish Community Under the Nazis," *Leo Baeck Institute* .*Year Book* 29 (1984), pp. 135–168

39 ראו: .Zerubavel, *Recovered Roots*, p. 76

40 בספר 'יוסיפון' (עיבוד מחדש של רבים מסיפוריו של יוספוס, מן המאה העשירית) יש סיפור מרשים, שהגברים במצדה הרגו את בני משפחותיהם כדי להימנע מהאפשרות שייפלו בשבי, אך לאחר מכן המשיכו להילחם ברומאים עד שנפלו הם עצמם בקרב.

41 ראו: .Ben-Yehuda, *Masada Myth*, pp. 157–158 ההדגשה נוספה.

פרק 12: מרד האצ"ל והדילמה מתי למרוד

1 מנחם בגין, **המרד: זכרונותיו של מפקד הארגון הצבאי הלאומי בארץ-ישראל**, ירושלים תשל"ד, עמ' 58.

2 ראו: .Hoffman, *Anonymous Soldiers*, pp. 119–127

3 בגין, **המרד**, עמ' 62.

4 שם, עמ' 134.

5 שם.

6 עם זאת, שמונה אנשים נעצרו לאחר מכן בעוון שירת שירים לאומיים כגון התקווה. ראו: הרב י"א אורנשטיין, **יומן הכותל המערבי**, ירושלים תשכ"ח, עמ' 343-345.

7 בגין, **המרד**, עמ' 134.

8 שם, עמ' 40. לפי הדיווחים, בן גוריון גם הוא ראה בעיקרון זה "נכונות חסרת עמוד שדרה להיענות לדרישות הגויים". ראו: S. Peres and D. Landau, *Ben-Gurion: A* .*Political Life* (New York, 2011), pp. 82–83

9 **הצופה**, 29 במרץ 1944. ראו גם: דון-יחיא, **בין שלום לשלמות הארץ**, עמ' 148-151.

10 על עיקרון דינא דמלכותא דינא, ראו: ש' שילה, **דינא דמלכותא דינא**, ירושלים תשכ"ט.

11 ראו: הרב ש"ר הירש, **חורב**, פרק צו, סימן תרט, עמ' 437.

12 כתובות קיא ע"א. לפירושים שונים ראו: א' רביצקי, **הקץ המגולה ומדינת היהודים: משיחיות, ציונות ורדיקליזם דתי בישראל**, תל אביב תשנ"ג.

13 ח' אשכולי-וגמן, **בין הצלה לגאולה**, ירושלים תשס"ד, עמ' 111-143.

14 מייזליש, **רבנות בסערת הימים**, עמ' 88-89.

15 הרב הרצוג, **פסקים וכתבים** א, עמ' 232-231 (אורח חיים סימן נב). ראו גם: ח' בורגנסקי, "הלכה ציונית בפסיקתו של הרב הרצוג", בתוך: י"צ שטרן וי' שלג (עורכים), **הלכה ציונית: המשמעויות ההלכתיות של הריבונות היהודית**, ירושלים תשע"ח. בפסקה זו מתח הרב הרצוג גם ביקורת חריפה נגד המדיניות הבריטית כלפי הציונות. היה זה שינוי חד מגישתו האוהדת על פי רוב שבה החזיק עד 1947. ראו: ש' אליאש, "הרבנות הראשית, הטרור והרוויזיוניסטים", בתוך: ח' גניזי (עורך), **דת ומחתרת בארץ ישראל בתקופת המנדט**, תל אביב תשע"ה, עמ' 116-117.

16 **הצופה**, 16 ביוני 1939, עמ' 2. בדומה לכך, בשנת 1940 טען הרב מימון כי היהודים אינם מחויבים למסור את נשקם לשלטונות המנדט שכן הוא היה נחוץ להם לשם הגנה עצמית. ראו: ה' נסימי, "הציבור הדתי ציוני ויחסו ל'הגנה', לאצ"ל וללח"י אחדות ישראל בין מטרה למציאות", בתוך: ד' שוורץ וא' שגיא (עורכים), **מאה שנות ציונות דתית – כרך ב: היבטים היסטוריים**, רמת גן תשס"ג, עמ' 295-296.

17 ראו: Y. Bauer, "From Cooperation to Resistance: The Haganah 1938–1946," *Middle Eastern Studies* 2:3 (April 1966), pp. 182–21.

18 איכה רבה, פרשה ב, ב.

19 ירושלמי תעניות פ"ד, סח ע"ד.

20 על הסקר, ראו: ר' בן שלום, **מול תרבות נוצרית**, ירושלים תשס"ז; R. G. Marks, *The Image of Bar Kokhba in Traditional Jewish Literature: False Messiah and National Hero* (University Park, PA, 1993).

21 ראו: פירושו לדברים ח, י.

22 ראו: Zerubavel, *Recovered Roots*, pp. 52–53.

23 **מאמרי הראי"ה**, עמ' 202-203.

24 ראו: Zerubavel, *Recovered Roots*, pp. 178–191. ראו הספדו של הרב גורן על הנופלים: ספרו **משנת הגורן** עמ' 230-231.

25 ראו: O'Brien, *The Conduct of Just and Unjust Wars*, pp. 17–19; Johnson, *Morality*, pp. 54–57.

26 ראו: E. Patterson and N. Gill, "The Declaration of the United Colonies: America's First Just War Statement," *Journal of Military Ethics* 14:1 (2015), pp. 7–34.

27 ראו לדוגמה המכתב הפתוח שעליו חתמו תיאורטיקנים מובילים בפברואר 2002, ובהם ג'ורג' וייגל, מייקל וולצר, אמיתי עציוני, ג'יימס טרנר ג'ונסון ורוברט ג'ורג', שכותרתו "What We're Fighting For: A Letter from America," ; February 13, 2002, זמין לקריאה באינטרנט בכתובת: https://avalon.law.yale.edu/sept11/letter_002.asp (אוחזר בתאריך 16/2/25).

28 קבוצות לוחמי גרילה של תנועת ההתנגדות הצרפתית במלחמת העולם השנייה.

29 ראו: R. Medoff, *Militant Zionism in America: The Rise and Impact of the Jabotinsky Movement in the United States*, 1926–1948 (Tuscaloosa, AL, 2002), pp. 171–200.

30 ראו: Gross, *The Ethics of Insurgency*, pp. 51–63.

31 ראו: R. Middlekauff, *The Glorious Cause: The American Revolution, 1763–1789* (Oxford, 2005), p. 285.

32 ראו: בגין, **המרד**, עמ' 190.

33 ראו: Schindler, *The Rise of the Israeli Right*, pp. 212–213.

34 על תופעה זו הרחבה יותר ראו: נסימי, "הציבור הדתי ציוני", עמ' 299-301.

35 ראו: מ' כ"ץ, "לבנות את הארץ בדרכנו ברוב מנין, הרב עוזיאל והדרך הדמוקרטית בציונות הדתית בימי טרום מדינה – היבטים היסטוריים" בתוך: צ' זוהר וע' רדזינר (עורכים), **בן ציון מאיר חי**, רמת גן תש"ס, עמ' 297-328.

36 דון־יחיא, **בין שלום לשלמות הארץ**, עמ' 129. כמה פעילים מימין לז'בוטינסקי אהבו את הרעיון, ואימצו לעצמם את שמותיהם של הקנאים שנלחמו ברומאים, כולל 'בריונים' או 'סיקריים'. ראו: שפירא, **חרב היונה**, עמ' 270-272.

37 ראו: Hoffman, *Anonymous Soldiers*, pp. 191.

38 **הצופה**, 15 בינואר 1945.

39 יש לציין כי גם ברויאר ראה במנדט מנגנון מדיני אידיאלי עבור היהודים. ראו: ע"י פליסהואור, "ביקורת חרדית של ריבונות, אינדיבידואליזם ומושג זכויות האדם: הגות לאומית ובין לאומית דתית של הרב ד"ר יצחק ברויאר", **המשפט** טו:2 (תשע"א), עמ' 607-646.

40 דון־יחיא, **בין שלום לשלמות הארץ**, עמ' 138-144.

41 בגין, **המרד**, עמ' 210. ראו גם: Hoffman, *Anonymous Soldiers*, pp. 190–191.

42 בגין, **המרד**, עמ' 210.

43 ראו: שפירא, **חרב היונה**, עמ' 378-402.

44 ראו: J. S. Auerbach, *Brothers at War: Israel and the Tragedy of the Altalena* (Kindle edition, location 1893).

45 דון־יחיא, **בין שלום לשלמות הארץ**, עמ' 173-178.

46 מאמרי שניהם נדפסו בעיתון **הצופה** ב־7 ביולי 1948, עמ' 4.

פרק 13: מי מחליט מתי לצאת למלחמה? מדוד המלך עד בן גוריון

1 ראו: J. Wright, "Human, All Too Human: Royal Name-Making in Wartime," in Y. Levin and A. Shapira (eds.), *War and Peace in Jewish Tradition* (London, 2012), pp. 62–77; L. F. Damrosch, "The Interface of National Constitutional Systems with International Law and Institutions on Using Military Forces: Changing Trends in Executive and Legislative Powers," in C. Ku and H. K. Jacobson (eds.), *Democratic Accountability and the Use of Force in International Law* (Cambridge, 2009), pp. 39–60.

2 ראו: *The Federalist Papers*, no. 34.

3 הרב י' הרצוג, **תחוקה לישראל על פי התורה** א, ירושלים תשמ"ט, עמ' 133. ראו גם: הרב ח"ד הלוי, "שירות צבאי בהלכה", **תורה שבעל פה** יג (תשל"א), עמ' 178.

4 עם זאת, ייתכן היה לצפות ממנו, לכל הפחות, להתייעץ עם שר הביטחון והרמטכ"ל כפי שנעשה בתקופת המקרא.

5 לפי מקצת הדעות הוא הדין גם מי שחוששים שמא יענישו אותם מן השמיים בעוונותיהם הפרטיים במהלך המלחמה. ראו: בבלי, סוטה מד ע"א, **וספר החינוך** מצווה תקכ"ו.

6 ראו: G. Levey, "Judaism and the Obligation to Die for the State," *AJS Review* 12:2 (Autumn 1987), pp. 189–197.

7 ראו לדוגמה: הרב א' רבינוביץ' תאומים, "מצווה לזכור מה שעשה עמלק", **מוריה** שיג-שטו (אדר ב תשכ"ה), עמ' 30-31; הרב הירשנזון, **מלכי בקודש** א, עמ' 146-149; הרב א' ליכטנשטיין, "הלכה והלכים כאושיות מוסר: הרהורים מחשבתיים וחינוכיים", בתוך: א' מזרחי (עורך), **ערכים במבחן מלחמה: מוסר ומלחמה בראי היהדות**, ירושלים תשמ"ד, עמ' 13-24, 18-19; הרב פדרבוש, **משפט המלוכה**, עמ' 199; הרב י' עמיטל, **רסיסי טל: חידושים, ביאורים ובירורים בענינים שונים בהלכה** א, אלון שבות תשס"ה, עמ' 303-306; הרב א"ע שרקי, **ברית שלום: הלכה למעשה לבני נח**, ירושלים תש"פ, עמ' 101. ראו גם: המאירי, **בית הבחירה** על סנהדרין טז ע"ב ד"ה "אין מוציאין", הקושר במישרין את הצורך בקבלת אישור הסנהדרין לסוגיית הגיוס למטרות שאינן חיוניות. ראו: ר' קימלמן, "דיני המלחמה וגבולותיהם", בתוך: י' גפני (עורך), **קדושת החיים והנפש**, ירושלים תשנ"ג, עמ' 236-238.

8 כלשון הרמב"ם, **משנה תורה**, הלכות מלכים פ"ה ה"א.

9 ראו: M. Walzer, "War and Peace in the Jewish Tradition," in Nardin, *The Ethics of War and Peace*, pp. 95–127; רביצקי, "מלחמה אסורה", עמ' 523-541.

10 לדוגמה להצהרה מסוג זה ראו: הרב ש"י זוין, **לאור ההלכה** (ירושלים תשי"ז), עמ' 10.

11 ראו: שמואל ב' יא, א-ב, טו-טז, כה; שם, יב כו-לא. על הגדרה של מלחמה זו כמלחמת רשות, ראו: **פירוש הרמב"ם למשנה** סנהדרין פ"א מ"ה. לפי המדרש (במדבר רבה פרשה כג, יג), הקצינים של יואב התקוממו כנגדו בעקבות מותו של אוריה.

12 ראו: Y. Lorberbaum, *Disempowered King: Monarchy in Classical Jewish Literature* (London, 2011), pp. 72–79.

13 במדבר כז, יב-כג. ראו: J. D. Bleich, "Preemptive War in Jewish Law," *Tradition* 21:1 (Spring 1983), pp. 3–6. ראו גם: הרב משה פיינשטיין, **אגרות משה** ז, חושן משפט סימן עח, הטוען כי כל מלחמות הרשות מצריכות ציווי אלוהי למעט מלחמות מגן, כאשר אין מנוס אלא להתגונן. הרב י"ז סולובייצ'יק (**גרי"ז ובית הלוי על התורה** סימן קח, עמ' 62) טוען שאף מלחמה נגד עמלק אין לנהל בלי צו נביא (תודתי לרב יצחק בלאו על המקור הזה). לדוגמאות להתייעצויות מסוגים שונים ראו: דברי הימים ב' כ, שמואל ב' טז, כג; דברי הימים א' כז, לג-לד; H. Angel, "The Theological Significance of the Urim ve-Thummim," in his *Through an Opaque Lens* (New York, 2006), pp. 195–214.

14 נקודה זו עולה במידה מסוימת כבר **בהשגות הרמב"ן על ספר המצוות לרמב"ם** מצוות לא תעשה יז (ספר המצוות לרמב"ם עם השגות הרמב"ן, בעריכת ח' שעועל, ירושלים תשמ"א, עמ' 409). האברבנאל פיתח במלואו את הרעיון שהמלך אינו הכרחי לניהול

מלחמה, תוך הדגשת חשיבותה של הפרדת הרשויות. עיינו בפירושיו לשמואל א׳ ח, ד-ו ולדברים כ, י ובניתוח המופיע בספרו של א׳ רביצקי, **דת ומדינה בהגות היהודית**, ירושלים תשס״ב, עמ׳ 85-120.

15 ראו: ד׳ טל, ״מלחמת תש״ח: מלחמתו של דוד בן גוריון״, **עיונים בתקומת ישראל** יג (2003), עמ׳ 115-138; E. Cohen, *Supreme Command* (New York, 2002), pp. 133–172.

16 מובא אצל B. Hoffman, "The Rationality of Terrorism and Other Forms of Political Violence: Lessons from the Jewish Campaign in Palestine, 1939–1947," *Small Wars and Insurgencies* 22:2 (2011), pp. 258–272.

17 ראו גם: הרב רבינוביץ׳, **מלומדי מלחמה**, עמ׳ 17 הערה 4.

18 בגין, **המרד**, עמ׳ 361.

פרק 14: תוכניות החלוקה ומלחמת העצמאות

1 תוכן המאמר ״למצוות הארץ״ נדפס מחדש: הרצי״ה קוק, **לנתיבות ישראל** א, עמ׳ 116-120, 151-183. סיפורו של כהן מופיע שם, ב, עמ׳ 611-612. ראו גם: נ״מ גוטל, ״׳חופשה לבני ישיבותינו׳ או מצוות גיוסם: על איגרת הראי״ה קוק ופולמוס פרשנותה״, בתוך: מ׳ רחימי (עורך), **עמדו״ת: עם-מדינה-תורה** א, אלקנה ורחובות תשס״ט, עמ׳ 25-40.

2 הרב י׳ הרצוג, **פסקים וכתבים** א, סימן מח.

3 הרב מ׳ ראטה, **שו״ת קול מבשר** א, סימן מז, עמ׳ 208. שני הפרקים הקודמים כוללים תכתובת מוקדמת יותר של הרב ראטה עם הרב הרצוג בסוגיה זו.

4 הרב י׳ הרצוג, **פסקים וכתבים** א, סימן נב, עמ׳ רל.

5 ראו: לוז, **מאבק בנחל יבוק**, עמ׳ 117-119 והדיון בהמשך.

6 הרב הרצוג, **תחוקה לישראל** א, נספח א, עמ׳ 129-133 (גרסה שונה במקצת נדפסה **בתחומין** ד (תשמ״ג), עמ׳ 13-24).

7 הרב הרצוג, **פסקים וכתבים**, אורח חיים סימן נב, עמ׳ 231.

8 להסברים שונים, ראו: ראובן פרידמן, **כי עת לחננה: עליה וישיבה בארץ ישראל** (ירושלים, תשע״ב).

9 הרצי״ה קוק, **לנתיבות ישראל** א, עמ׳ 174-177. על כתיבתו של הרצי״ה באותה תקופה ראו: הולצר, **חרב פיפיות**, עמ׳ 207-210. לחזרה עדכנית יותר על רעיון היסוד של הרצי״ה, ראו: הרב ש״ח אבינר, ״חובת גיוס לצה״ל״, בתוך: **הלכה ציונית**, עמ׳ 221-234. לפרשנות חלופית משכנעת של שיטת הרמב״ן, הדוגלת בביסוס שליטה על הארץ באמצעות התיישבות אך מכחישה כי קיימת מצווה מהותית לכבוש את הארץ, ראו: הרב רבינוביץ׳, **מלומדי מלחמה**, עמ׳ 22-23.

10 הרצי״ה קוק, **לנתיבות ישראל** א, עמ׳ 181-183.

11 שם, עמ׳ 154-157.

12 הסתמכותו העיקרית של הרב הרצוג על נטיית הרמב״ם לטענת ההגנה העצמית, בניגוד

לדעת הרמב"ן, באה לידי ביטוי במכתבו לרב משולם ראטה, שנדפס אצל הרצוג, **פסקים וכתבים** סימן מט עמ' רכב. "הנה, עיקר סמיכתי היא, שזוהי בכלל 'עזרת ישראל מיד צר שבא עליהם', ומבואר ברמב"ם (מלכים פ"ה ה"א) שזוהי מלחמת מצוה, ומהרמב"ן ז"ל... לא הסתייעתי אלא בתור סניף".

13 הרב הרצוג, **פסקים וכתבים**, אורח חיים סימן נב עמ' 230-233.

14 שם, עמ' 230.

15 על תכנית החלוקה משנת 1937 ראו: I. Galnoor, *The Partition of Palestine* (New York, 1995); ש' דותן, **פולמוס החלוקה בתקופת המנדט**, ירושלים תש"ם.

16 ראו: J. B. Mininhan, *Encyclopedia of Stateless Nations: Ethnic and National Groups Around the World*, 2nd edition.

17 ראו: A. Etzioni, "The Evils of Self-Determination," *Foreign Policy* 89 (Winter 1992–1993), pp. 21–35.

18 ראו: Gross, *The Ethics of Insurgency*, pp. 21–39.

19 תרגום של דו"ח ועדת פיל שמופיע ב־https://www.jewishvirtuallibrary.org/jsource/History/peelfull.pdf.

20 ראו: א' ורהפטיג, "עמדת הרבנים בפולמוס חלוקת הארץ (תרצ"ז)", **תחומין** ט (תשמ"ח), עמ' 269-297; דון־יחיא, **בין שלום לשלמות הארץ**, עמ' 59-79.

21 הרצי"ה ציטט בעין אוהדת את הצהרתו של הרב חרל"פ **בשיחות הרב צבי יהודה: ארץ ישראל** (בעריכת ש"ח אבינר ירושלים תשע"א), עמ' 283-285.

22 הרב חיים עוזר גרודזינסקי, כפי שמובא אצל וורהפטיג, "עמדת הרבנים", עמ' 23-25.

23 מובא אצל ורהפטיג, "עמדת הרבנים", הערה 3.

24 מייזליש, **רבנות בסערת הימים**, עמ' 67. גם הרב מימון הביע תמיכה מסוימת בתוכנית. ראו: דון־יחיא, **בין שלום לשלמות הארץ**, עמ' 63.

25 מובא אצל דון־יחיא, **בין שלום לשלמות הארץ**, עמ' 83.

26 מייזליש, **רבנות בסערת הימים**, עמ' 190.

27 ראו: הרצי"ה קוק, **לנתיבות ישראל** א, עמ' 131-137; שטמלר, **עין בעין**, עמ' 292-304. מאמרו של הרצי"ה (לצד מאמריהם של הרבנים חרל"פ ועמיאל) נדפס גם **בכל הארץ** (ירושלים תרצ"ט), עלון קטן שחילק הרב מאיר ברלין למשתתפי הקונגרס הציוני העשרים ושניים בדצמבר 1946. על הסכמת הרב ברלין לקבל בסופו של דבר את תוכנית החלוקה ראו: דון־יחיא, **בין שלום לשלמות הארץ**, עמ' 82-90.

28 "מזמור י"ט של מדינת ישראל" בתוך הרצי"ה קוק, **לנתיבות ישראל** ב, עמ' שנו.

29 ראו: A. D. Smith, "Sacred Territories and National Conflict," *Israel Affairs* 5:4 (1999), pp. 13–31.

30 **תחוקה לישראל** א, עמ' 127.

31 ראו: מייזליש, **רבנות בסערת הימים**, עמ' 176-186.

32 ראו: הרב א"א שפירא, **מורשה – קובץ שיחה ומאמרים**, עמ' קל, שכותב: "ההיתר היחידי שניתן לפינוי שטח בארץ ישראל הוא כשמפקדי צבא ומומחים יאמרו בבירור

שמבחינה אסטרטגית מקובלת אי אפשר להגן על המקום הזה ועל חיי היהודים שם, וגם ניסוג משם וגם ישפך דם חיילים בחינם, אז אסור לשפוך דם בחינם וחייבים לסגת". ראו גם: הרב י' קופמן, **הצבא כהלכה: הלכות מלחמה וצבא**, ירושלים תשנ"ב, עמ' 10 סוף הערה 15.

33 הרב ש"ח אבינר, **מחיל אל חיל: עניני צבא א**, בית אל תש"ס, עמ' 227.

34 גישתו של הרצי"ה מסתמכת בחלקה בין השאר על דבריו של הרב יוסף באב"ד (**במנחת חינוך** תכה), שמצוות כיבוש הארץ מחייבת יהודים למסור נפשם בעבורה. על טענה זו חלקו הרב סולובייצ'יק ואחרים. ראו: הרב צ' שכטר, **נפש הרב**, עמ' 97–98; הרב אמנון בזק, **וחי בהם - מבחן ערכים: עיון בשאלת קדושת החיים ושלמות הארץ**, ירושלים תש"ס, עמ' 29–30.

35 הרב אבינר, **מחיל אל חיל א**, עמ' 96–97. במאמר זה, שנכתב על אודות מלחמת לבנון הראשונה בשנת 1982, מותח הרב אבינר ביקורת גם על הישראלים שאינם מכירים בכך שלבנון היא חלק מארץ ישראל בגבולות ההבטחה שיש לכובשה.

36 ה' כהן, **ארץ הצבי: רבנו הרב צבי יהודה הכהן קוק זצ"ל ראש ישיבת מרכז־הרב במערכה על שלמות ארצנו**, בית אל תשנ"ה, עמ' 16–19.

37 הרב הרצוג, **פסקים וכתבים** סימן נב, עמ' 233–234.

38 הצהרתו של ורהפטיג מתועדת **בדברי הכנסת** כב, עמ' 1253–1254 מישיבת הכנסת, ג' אדר ב' תשי"ז (6 מארס 1957), ונמצאת באתר https://fs.knesset.gov.il/3/Plenum/3_ptm_251418.pdf (אוחזר בתאריך 16/2/25). באשר לוויכוח הרחב יותר ראו: דון־יחיא, **בין שלום לשלמות הארץ**, עמ' 347–374.

39 שם.

חלק ג: מלחמות מונעות ומקדימות - הלוחמה הישראלית, 1956–1982

פרק 15: מכה מקדימה או מלחמת מנע?

1 זמין לקריאה: https://www.americanrhetoric.com/speeches/wariniraq/gwbushiraq62805.htm (אוחזר בתאריך 16/2/25).

2 זמין לקריאה: https://georgewbush-whitehouse.archives.gov/nsc/nssall.html.

3 ראו: R. Suskind, *The One Percent Doctrine: Deep Inside America's Pursuit of Its Enemies Since 9/11* (New York, 2006).

4 כדאי לציין שמכות מקדימות נפוצות במאתיים השנים האחרונות פחות מבעבר. ראו: D. Reiter, "Exploding the Powder Keg Myth: Preemptive Wars Almost Never Happen," *International Security* 20:2 (Autumn 1995), pp. 5–34.

5 ראו: S. Coll, *Ghost Wars* (New York, 2004).

6 פילוסופים בולטים הציעו תגובות מגוונות לדוקטרינת בוש, כגון: D. Luban, "Preventive War," *Philosophy and Public Affairs* 32:3 (Summer 2004), pp. 207–248; R. J.

Delahunty and J. Yoo, "The Bush Doctrine: Can Preventive War Be Justified?," *Harvard Journal of Law and Public Policy* 32 (2009), pp. 843–865; H. Shue and D. Rodin (eds.), *Preemption: Military Action and Moral Justification* (Oxford, 2007); J. McMahan, "Preventive War"; L. Freedman, "Prevention, Not Preemption," *The Washington Quarterly* 26:2 (2003), pp. 105–114, המציין את הדיון התורני המתואר להלן.

7 ראו: Walzer, *Just and Unjust Wars*, pp. 79–81. הגישה מבוססת הזכויות נדחית מפני גישה תוצאתית יותר אצל Luban, *Preventive War*.

8 זוהי דעת רבי יוחנן, לפחות כפי שמבין אותה רב חסדא, בירושלמי, סוטה פ"ח כג ע"א.

9 מאירי, **בית הבחירה**, סוטה מב ע"א ד"ה מלחמת: "... שנלחמים עם אויביהם מחמת שיראים מהם שיבאו עליהם או שנודע להם שמכינים עצמם לכך...". ראו גם תיאורו המעורפל של הרמב"ם, **פירוש המשנה** סוטה פ"ח מ"ו (מהדורת קפאח), עמ' 185. (התרגום המוקדם של טקסט זה מעורפל אף יותר וייתכן שיסודו בטעות).

10 ראו: הרב ד' פרנקל, **שיירי קרבן** מסכת סוטה פ"ח ה"י, ד"ה 'והא דאמר': "שיש לחוש שברוב הימים יעשו עמהם מלחמה...".

11 הרב א' דה בוטון, **לחם משנה** על הלכות מלכים פ"ה ה"א ("שיראו ממנו ולא יבאו עליו") והרב מ' מרגלית, **פני משה**, סוטה ח, י, ד"ה ורב חסדא ("שלא יתגברו עליהם אויביהם אח"כ ויצרו להם...").

12 הרב י"מ אפשטיין, **ערוך השולחן העתיד** (הלכות מלכים עד, ד), מציין כי כל מלחמת מנע הנעשית לשם הגנה עצמית היא בגדר מלחמות מצווה. מרבית הפוסקים בני ימינו חולקים על כך, וטוענים כי לחלק מהפעולות הצבאיות יש בבירור גדר של מלחמת רשות. מלבד המפרשים שדעותיהם הובאו בהערות הקודמות, ראו: הרב זוין, **לאור ההלכה**, עמ' יב-יג; הרב יוסף סולובייצ'יק כפי שהובא **בנפש הרב** (עמ' 97–98); והרב רבינוביץ' ("שיטת הרמב"ם והרמב"ן במצוות ישוב הארץ", **תחומין** ה (תשמ"ד), עמ' 180, הערות 1–2), הנוקטים כולם כשיטת ה**לחם משנה**. ראו גם: **חזון איש** על הלכות מלכים פ"ה ה"א.

13 זאת בהנחה שגוף חלופי (כמו בית מחוקקים או נציג אחר של העם) יכול להחליף את הסנהדרין הקדומה כדי לאשר מלחמות כאלה, בניגוד לעמדתו של הרב קוק שנידונה בפרק 2. ראו: הרב הירשנזון (**מלכי בקודש**, כרך א, עמ' 149), הרב הרצוג (**תקווה לישראל** א, עמ' 129; שם ב, עמ' 33), הרב ישראלי (**עמוד הימיני** סימן טז) והרב י' גרשוני ("מלחמת מצווה ומלחמת רשות", **תורה שבעל פה** יג תשנ"א, עמ' 149-150). ראו גם: המאירי, **בית הבחירה**, סוטה מב ע"א: "כל מלחמה **שמלכי ישראל** או **מנהיגיהם** נלחמים עם אויביהם הן מלחמת מצוה כגון מלחמת שבעה עממין ומלחמת עמלק ומלחמה עם כל צר הבא עליהם להשחית נחלתם הן מלחמת הרשות...". לדיון נוסף ראו: הרב נצ"י בר אילן, **משטר ומדינה בישראל על פי התורה** ד, ירושלים תשע"ג, עמ' 1429–1449.

14 מקצת המפרשים טוענים עוד כי המניע האמתי של מלחמת הכיבוש של דוד המלך

היה לאמיתו של דבר הרתעתי, למרות המשתמע מבבלי ברכות ג ע"ב. ראו: הרב נ"א רבינוביץ', **יד פשוטה** הלכות מלכים פ"ה ה"א, עמ' 479-480; **מרגליות הים**, סנהדרין טז, כב (הרב אבינר **מחיל אל חיל** א, עמ' 127 מאמץ מקור זה); **ונפש הרב** עמ' 97-98. הרב אריאל (**הלכה בימינו**, עמ' 377-378) טוען כי אלה הם סכסוכים בין־לאומיים, שהחלו כמחלוקות כלכליות אך הפכו לאיומים לאומיים.

15 כפי שצוין לעיל, מקור עיקרון זה הוא במשפט הפלילי המקומי, אך הוא מיושם גם ברמה הבין־לאומית. ראו: **תנחומא** פנחס ג; המאירי, **בית הבחירה** על סנהדרין עב ע"א; רבינו בחיי על שמות יד, ז; הרב ח"ד הלוי, "דין הבא להרגך השכם להרגו בחיינו הציבוריים", **תחומין** א (תש"מ), עמ' 344-345.

פרק 16: מכות מקדימות: מלחמת ששת הימים ומלחמת יום הכיפורים

1 ראו: א' רבינוביץ, **יצחק רבין: חייל, מדינאי מנהיג**, חבל מודיעין תשע"ז, עמ' 72-83; מ' אורן, **שישה ימים של מלחמה**, אור יהודה תשס"ד, עמ' 120-131, 159, 197; דון־יחיא, **בין שלום לשלמות הארץ**, עמ' 377-379.

2 ראו: Walzer, *Just and Unjust Wars*, pp. 82–85. לדעות המנוגדות באשר לחוקיות מכת המנע של ישראל ראו: J. Quigley, "The Six-Day War — 1967," in T. Ruys et al. (eds.), *The Use of Force in International Law: A Case-Based Approach* (Oxford, 2019), pp. 131–145.

3 ראו: אורן, **שישה ימים של מלחמה**, עמ' 154-156.

4 ראו: מ' אורן, "מי רצה במלחמת ששת הימים?", **תכלת** 7, אביב התשנ"ט, 1999.

5 ראו: י' דרוקמן, "בוקר המחדל: 'שלא יגידו שאנחנו פתחנו מלחמה'", **וינט** 6.10.2010.

6 ראו: M. Ginsburg, "Golda Meir: My Heart Was Drawn to a Preemptive Strike, but I Was Scared," *Times of Israel*, September 12, 2013. ראו גם: א' בוחבוט, "עדויות גולדה לאגרנט נחשפות: 'כל אחד טעה קצת'", **וואלה חדשות**, 12.9.2013.

7 ראו: H. Kissinger, *Years of Upheaval* (New York, 1981), p. 477.

8 על דילמה זו ראו: S. J. Rosen and M. Indyk, "The Temptation to Pre-Empt in a Fifth Arab-Israeli War," *Orbis* (Summer 1976); A. Dershowitz, *Preemption: A Knife That Cuts Both Ways* (New York, 2006), chapter 3.

9 ראו: Orend, *The Morality of War*, p. 81. הציטוט של דה ויטוריה נדפס אצל G. M. Reichberg et al. (eds.), *The Ethics of War: Classic and Contemporary Readings* (Malden, MA, 2006), p. 325.

10 באשר לסעיף 51 והדין הבין־לאומי ראו: M. N. Schmitt, "Preemptive Strategies in International Law," *Michigan Journal of International Law* 24 (2003), pp. 513–548; Y. Dinstein, *War, Aggression, and Self-Defense* (Cambridge, 2001), בפרט בעמ' 172-173. ראו גם: M. W. Doyle, *Striking First: Preemption and Prevention in International Conflict*, pp. 44–98.

11 ראו לדוגמה: הרב הרצוג, **פסקים וכתבים** סימן נב; הרב גורן, "מלחמת מצווה ומלחמת רשות", **מחניים** סט (תשכ"ב).

12 ראו גם: הרב יעקב אריאל, "על חבל הארץ הלבנוני", זמין לקריאה: https://www.yeshiva.org.il/midrash/5065 (אוחזר 16/2/25).

13 ראו: **שולחן ערוך הרב**, אורח חיים סימן שכט ו; ספר **פסקי תשובות** שכט ו, על פי ספר **אור זרוע**, הלכות שבת, ב, פד.

פרק 17: מבצע סיני 1956: "מלחמת ברירה" מוסרית

1 תיאור ראשוני של תנאים דומים הביא החזון איש (כתרחיש שנדון קודם לכן) בבבלי, סוטה מד ע"ב, במחלוקת בין מלחמת מצווה למלחמת רשות. ראו: **חזון איש** על הלכות מלכים פ"ה ה"א, ובדיון להלן.

2 האירועים שהובילו למלחמה מתוארים אצל M. Oren, "Escalation to Suez: The Egypt-Israel Border War, 1949–56," *Journal of Contemporary History* 24:2 (April 1989), pp. 347–373; D. Tal, "Israel's Road to the 1956 War," *International Journal of Middle East Studies* 28:1 (February 1996), pp. 59–81.

3 ראו: א' פלג עוזיהו, "'מלחמת ברירה מוסרית': השפעת השואה על תפיסת הביטחון של מנחם בגין", **עיונים בתקומת ישראל** 26 (תשע"ו), עמ' 230-232.

4 ראו: בר און, **משה דיין**, עמ' 119. ראו גם: במאמרו "David Ben-Gurion and the Sèvres Collusion," in W. M. R. Louis and R. Owen (eds.), Suez 1956 (Oxford, 1989), pp. 146–148; ובאופן כללי יותר בספרו **שערי עזה: מדיניות הבטחון והחוץ של מדינת ישראל: 1955-1957**, תל אביב תשנ"ב.

5 ראו: J. S. Levy and J. R. Gochal, "Democracy and Preventive War: Israel and the 1956 Sinai Campaign," *Security Studies* 11:2 (2001), pp. 1–49; K. P. Mueller et al., *Striking First: Preemptive and Preventive Attack in U.S. National Security Policy* (Santa Monica, CA, 2006), appendix B, pp. 191–198.

6 **ראו:** P. Lahav, "A Small Nation Goes to War: Israel's Cabinet Authorization of the 1956 War," *Israel Studies* 15:3 (2010), pp. 77.

7 מייזליש, **רבנות בסערת הימים**, עמ' 260-261.

8 זילברשטיין, **בין אדם למדינתו**, עמ' 119-126.

9 דון־יחיא, **בין שלום לשלמות הארץ**, עמ' 344-359.

10 ראו: Benny Morris, *Righteous Victims: A History of the Zionist-Arab Conflict, 1881–1999* (London, 2000), p. 299.

11 ראו: A. Hofer, "The Suez Crisis — 1956," in T. Ruys et al. (eds.), *The Use of Force in International Law: A Case-Based Approach*, pp. 36–47.

12 ראו: Morris, *Israel's Border Wars*, pp. 35, 63–66.

13 אפילו בריאן אורנד (Orend, *The Morality of War*, p. 56) מודה כי אישורו של האו"ם אינו נחוץ מבחינה מוסרית.

14 ראו: K. Tibori-Szabó, *Anticipatory Action in Self-Defence: Essence and Limits Under International Law*, (Berlin, 2011), p. 144.

15 ראו: א' ענבר, "הוויכוח על 'מלחמת אין ברירה' בישראל", בתוך: ב' נויברגר (עורך), **מלחמות והסדרים**, תל אביב 1992, עמ' 259-278; שפירא, **חרב היונה**, עמ' 485.

16 ראו: M. van Creveld, *The Sword and the Olive: A Critical History of the Israeli Defense Force* (New York, 2002), p. 137; הקדמתו של אבי שליים לספרו של M. Golani, *Israel in Search of a War: The Sinai Campaign*, 1955–1956 (Brighton, 1998), pp. vi–vii.

17 ראו: א' יריב, "מלחמת ברירה – מלחמת בלית ברירה", **במלחמת ברירה** (1985); S. I. Troen, "The Sinai Campaign as a War of No Alternative: Ben-Gurion's View of the Israel-Egyptian Conflict," in S. I. Troen and M. Shemesh (eds.), *The Suez-Sinai Crisis*, 1956, pp. 180–195; ג' שפר, "שרת, בן גוריון ומלחמת הברירה ב־1956", **מדינה וממשל** ה (1988) = https://www.sharett.org.il/cgi-webaxy/sal/sal.pl?lang=he&ID=880900_sharett_new&act=show&dbid=library&dataid=1782.

18 על דוקטרינת "הצטברות האירועים" ראו: T. Ruys, "Armed Attack" and Article 51's of the UN Charter, (Cambridge, 2011), pp. 168–175; B. Levenfeld, "Israel Counter-Fedayeen Tactics in Lebanon: Self-Defense and Reprisal Under Modern International Law," *Columbia Journal of Transnational Law* 21:1 (1982), pp. 1–48.

19 ראו לדוגמה: R. L. Schweller, "Domestic Structure and Preventive War: Are Democracies More Pacific?," *World Politics* 44:2 (January 1992), pp. 264–267. הרב שאול ישראלי האמין בבירור שהדבר היה בגדר מלחמת מצווה לצורך הגנה עצמית. ראו: הערותיו **בעמוד הימיני** סימן טז, פרק ה' סעיף כג.

20 ראו: Orend, *The Morality of War*, p. 58; H. Frowe, *The Ethics of War and Peace: An Introduction* (New York, 2023), pp. 64–65; L. Freedman, "On War and Choice," *The National Interest* 107 (May-June 2010), pp. 9–16.

21 אורנד (Orend, בספרו *The Morality of War* עמ' 60) סבור שיש היתכנות נמוכה במיוחד לפתח נוסחת עלות תועלת מספקת. על המורכבות של מידתיות בהקשר הדיון בתגובת ישראל לפיגועי חיזבאללה, ראו: D. Kretzmer, "The Inherent Right to Self-Defense and Proportionality in Jus Ad Bellum," *European Journal of International Law* 24:1 (2013), pp. 235–282.

22 ראו: Orend, *The Morality of War*, p. 58.

23 ראו את הערותיו של Jeff McMahon אצל Doyle, *Striking First*, pp. 130–134. ראו גם: J. McMahon and R. McKim, "The Just War and the Gulf War," *Canadian Journal of Philosophy* 23:4 (December 1993), pp. 501–506.

24 בר און, **משה דיין**, עמ' 123.

25 ראו: Freedman, "On War and Choice". פרידמן, אסטרטג צבאי בולט מבריטניה, מביא במאמרו כמה תובנות של רבנים באשר למלחמות רשות.

26 **חזון איש** על הלכות מלכים פ"ה ה"א, עמ' שע. בלשונו: "[מלחמה שבה האויבים] הורגים ישראל לפרקים אלא שאינם עורכים מלחמה, אלא שאין אימת ישראל עליהם וכשפוגשים ישראל יחידי או יחידים הורגים אותו, ולוחמים להחלישם ולהטיל אימת ישראל עליהם".

27 ראו: V. D. Hanson, "Epaminondas the Theban and the Doctrine of Preemptive War," in V. D. Hanson (ed.), *Makers of Ancient Strategy* (Princeton, 2010), p. 107.

28 י' רבין, "אשליות מדיניות ומכירתן", בתוך: י' בן אהרן (עורך), **מלחמת לבנון: בין מחאה להסכמה**, תל אביב תשמ"ג, עמ' 13–14.

29 על ספקות לגבי "מיידיות", ראו: D. Rodin, *War and Self-Defense* (Oxford, 2003), pp. 40–41.

פרק 18: הפצצת הכור הגרעיני בעיראק ודוקטרינת בגין

1 ראו: Elihu Root, "The Real Monroe Doctrine," *American Journal of International Law* 8 (1914), pp. 427, 432.

2 לספרות על לוחמה מונעת, ראו: J. Vasquez, "Was the First World War a Preventive War?: Concepts, Criteria, and Evidence," in J. Levy and J. Vasquez (eds.), *The Outbreak of the First World War: Structure, Politics, and Decision Making* (Cambridge, 2004), pp. 199–224.

3 ניקולו מקיאוולי, **הנסיך**, פרק 3.

4 ראו: Walzer, *Just and Unjust Wars*, pp. 75–80.

5 ראו: K. Vlamis, "Why is Russia Attacking Ukraine," *Business Insider*, February 25, 2022.

6 נקודה זו מודגשת אצל Luban, "Preventive War," pp. 226–228.

7 לטיעונים שונים לעניין זה, ראו: W. C. Bradford, "The Duty to Defend Them: A Natural Law Justification for the Bush Doctrine of Preventive War," *Notre Dame Law Review* 79 (2004), pp. 1365–1492.

8 ראו: Trevel Dupoy and Paul Martell, *Flawed Victory: The Arab-Israeli Conflict and the 1982 War in Lebanon* (Fairfax, VA, 1986), pp. 94–98.

9 מובא אצל ב־Quoted in Beth M. Polebaum, "National Self-Defense in International Law: An Emerging Standard for a Nuclear Age," *New York University Law Review* 59:1 (April 1984), pp. 218–219.

10 מניעיו של בגין מתוארים אצל י' אבנר, **אדוני ראש הממשלה: מאחורי הקלעים של הנהגת ישראל**, ירושלים 2018, עמ' 505–515; A. Shilon, *Menachem Begin: A Life* (New Haven and London, 2012), chapter 16.

11 על פי ירמיהו יז, ו. המכתב מופיע אצל אבנר, **אדוני ראש הממשלה**, עמ' 507.

12 ע' ידלין, "דוקטרינת בגין: לקחי אוסיראק ודיר א זור", **מבט על** 1037, 21 במרץ 2018.

13 אבנר, **אדוני ראש הממשלה**, עמ' 511.

14 ראו: L. Freedman, "Prevention, Not Preemption," *Washington Quarterly* 26:2 (2003), pp. 105–114; J. Yoo, "Using Force," *University of Chicago Law Review* 71:3 (Summer 2004), pp. 729–797. הרב שלמה אבינר הצדיק את הפצצת הכור בעיראק כמלחמת רשות שתכליתה הגנה עצמית, בספרו **מחיל אל חיל א**, עמ' 127–128.

15 ראו: D. Luban, "Preventive War," Philosophy and Public Affairs 32:3 (2004), pp. 207–248; L. Feinstein and A. M. Slaughter, "A Duty to Prevent," *Foreign Affairs* (January-February 2004), pp. 136–150.

16 ראו: N. M. Ripsman and J. S. Levy, "The Preventive War That Never Happened: Britain, France, and the Rise of Germany in the 1930s," *Security Studies* 16:1 (January-March 2007), pp. 32–67.

17 ראו: M. Trachtenberg, "Preventive War and US Foreign Policy," *Security Studies* 16:1 (2007), pp. 8–15.

18 מצור מזוין נחשב לפי החוק לפעולה התקפית. ראו לדוגמה: החלטת האספה הכללית של האו"ם מס' 3314 (מדצמבר 1974).

19 ראו: W. Kaufman, "What's Wrong with Preventive War? The Moral and Legal Basis for the Preventive Use of Force," *Ethics and International Affairs* 19 (2005), pp. 23–38.

פרק 19: מבצע שלום הגליל בשנת 1982 והכישלון המוסרי הגדול של ישראל

1 על דברי ימי המלחמה ראו: T. N. Dupuy and P. Martell, *Flawed Victory: How Lebanon Became a Culture of War and Hate,* Kindle edition, January 25, 2018 נוסף על המקורות האחרים המובאים להלן.

2 ראו את טענתו של שגריר ישראל באו"ם, יהודה בלום, לצד טיעונים נוספים שהובאו אצל W. V. O'Brien, *Law and Morality in Israel's War with PLO* (New York, 1991), pp. 136–140.

3 ראו: A. Bregman, *Israel's Wars: A History Since 1947* (Abingdon, Oxon and New York, 2016), pp. 162–167.

4 כפי שהובא אצל Sharon, *Warrior: An Autobiography*, p. 455, אריאל שרון טען כי זה היה "הגפרור שהצית את הפתיל", אבל העילה האמיתית למלחמה הייתה התקפות הטרור החוזרות ונשנות של אש"ף והגדלת כוחו הצבאי בדרום לבנון.

5 מנחם בגין, "מלחמת בלית ברירה או מלחמה עם ברירה – דברי ראש הממשלה בטקס סיום המכללה לביטחון לאומי, 11 באוגוסט 1982", https://db.begincenter.org.il/article/מלחמת-בלית-ברירה-או-מלחמה-עם-ברירה-דבר/ (אוחזר בתאריך 16/02/25).

6 ראו: א׳ פלג־עוזיהו, ״מלחמת ברירה מוסרית: השפעת השואה על תפיסת הביטחון של מנחם בגין״, **עיונים בתקומת ישראל** 26 (תשע״ו), עמ׳ 243-246.

7 בגין, ״מלחמת בלית ברירה״.

8 רמב״ם, **משנה תורה**, הלכות מלכים פ״ה ה״א. ההדגשה נוספה.

9 ״מלחמה ומוסר: שיחה. הרב אהרן ליכטנשטיין, ד״ר יעקב חסדאי, הרב שאר ישוב כהן, הרב דב ליאור״, **תחומין** ד (תשמ״ג), עמ׳ 184-188.

10 ראו: O'Brien, *Law and Morality*, pp. 139–145.

11 א׳ נאור, **בגין בשלטון: עדות אישית**, תל אביב תשנ״ג, עמ׳ 253.

12 ראו: Dupuy and Martell, *Flawed Victory*, pp. 128–129; ז׳ שיף וא׳ יערי, **מלחמת שולל**, ירושלים תשמ״ד, עמ׳ 116-118.

13 ראו: Dupuy and Martell, *Flawed Victory*, p. 192.

14 ראו: שיף ויערי, **מלחמת שולל**, עמ׳ 119, 199.

15 שם, עמ׳ 200-202, 223-228.

16 לסיכום של הדעות השונות ראו: ד׳ גורדיס, **מנחם בגין: המאבק על נשמתה של ישראל**, ירושלים תשע״ה, עמ׳ 214-219.

17 א׳ רייכנר, **באמונתו: סיפורו של הרב יהודה עמיטל**, תל אביב תשע״א, עמ׳ 136-139. על המאמר ״המעלות ממעמקים״ ראו: ד׳ שוורץ, ״מלחמת יום הכיפורים בתודעת הציונות הדתית״, **ראשית**, 23 בדצמבר 2019.

18 שטמלר, **עין בעין**, עמ׳ 302. לדוגמאות על התנגדותו לכך ראו: הרצי״ה קוק, **להלכות ציבור**, עמ׳ 142, 222-223, 230-231.

19 הרצי״ה קוק, **להלכות ציבור**, עמ׳ 183-185. להגנה על שרטוט מרחיב זה של גבולות ההבטחה ראו: הרב מ׳ צוריאל, **לשעה ולדורות**, עמ׳ 239-242; הרב א׳ מלמד, **פניני הלכה: העם והארץ – ליקוטים**, עמ׳ 73-83.

20 ראו: הלינגר והרשקוביץ׳, **ציות ואי ציות**, עמ׳ 52-82.

21 רייכנר, **באמונתו**, עמ׳ 143: ״יש סולם ערכים ביהדות. ומי שאינו מבדיל בין קודש לקודש, סופו שלא יבדיל בין קודש לחול. הסדר הוא: ישראל, תורה, וארץ ישראל״. דגש דומה על סולם הערכים היהודי נמצא במאמרו של הרב ליכטנשטיין, ״מוסר ומלחמה״, עמ׳ 185.

22 רבנים בולטים נוספים שתמכו בהסכמי קמפ דייוויד והתירו ויתורים טריטוריאליים היו בין השאר הרב עובדיה יוסף והרב חיים דוד הלוי, רבה הראשי של תל אביב.

23 סדר אליהו רבה פירקא יד, ב.

24 רייכנר, **באמונתו**, עמ׳ 150-162.

25 ח׳ פורת, **את אחי אנוכי מבקש**, בית אל תשמ״ט, עמ׳ 93-115, בפרט עמ׳ 98-101. ראו גם: ח׳ הוברמן, **חנן פורת: ביוגרפיה**, תל אביב 2013, עמ׳ 181-187.

26 ראו גם: הרב אבינר, **מחיל אל חיל**, עמ׳ 94-98.

27 פורת, **את אחי אנוכי מבקש**, עמ׳ 112-115.

28 גורן, **תורת המדינה**, עמ׳ 400-401. ראו גם: הרב אהרן סולובייצ׳יק, "Waging War on Shabbat," *Tradition* 20:3 (Fall 1982), p. 180.

29 תגובת הרבנים על אירועי סברה ושתילה תידון להלן בפרק 24.

30 הרב גורן, **משיב מלחמה** ג, עמ' 303-267.

31 ראו גם: הרב גורן, **תורת המדינה**, עמ' 399.

32 ראו: Frowe, *The Ethics of War and Peace*, p. 57; O'Brien, *Law and Morality*, pp. 279–280.

33 **משיב מלחמה** ג, עמ' רפב: "מתעוררת השאלה האם לא היינו צריכים לאחר השמדת הטרוריסטים לסגת לגבול של ארץ ישראל...".

34 ראו גם: הרב י' שטיינברגר, "מבצע שלום הגליל מבחינת ההלכה", **אור המזרח** ל"א ג-ד, עמ' 203.

35 במכתב בעברית משנת 1967 לפרופ' ארנסט סימון, כפי שהובא אצל Y. Kahn and K. Neuman, "A Rabbinic Exchange on the Disengagement: A Case Study in R. Aharon Lichtenstein's Approach to Hilkhot Tsibbur," *Tradition* 47:4 (2015), p. 186.

36 עמדתו של הרב סולובייצ'יק והתגובה לה מפורטות אצל ק' נוימן, "בין אורתודוקסיה מודרנית בארצות הברית לציונות דתית בישראל: השפעת הרב סולובייצ'יק על עמדות הציבור הדתי בישראל", בתוך: א' רוזנק ונ' רוטנברג (עורכים), **רב בעולם החדש: עיונים בהשפעתו של הרב יוסף דוב סולובייצ'יק על תרבות, על חינוך ועל מחשבה יהודית**, ירושלים תש"ע, עמ' 471–489. ראו גם: **בהצופה**, 24.10.1967.

37 הרב עובדיה יוסף, "מסירת שטחים בארץ ישראל במקום פיקוח נפש", **תחומין** י (תשמ"ט), עמ' 34–47, ותגובתו של הרב שאול ישראלי בעמ' 48-61.

38 ריאיון לניצן חן ב'מבט שני' בערוץ הראשון, ערב ההצבעה בכנסת על תוכנית ההתנתקות. ראה, למשל, הסרטון ב־ https://www.youtube.com/watch?v=Bc2BfPVLzTk.

39 הרב ליכטנשטיין, "מוסר ומלחמה", עמ' 185, טוען כי אין להותיר קבלת החלטות מוסריות במדינות דמוקרטיות בידיהם של "הידענים והטכנוקרטים".

חלק ד: מוסר הלחימה במלחמה

פרק 20: כשהמלחמה מתחילה: מצורים בלבנון והחובה להותיר פתח מילוט

1 ראו: R. Gabriel, *Operation Peace for Galilee: The Israeli-PLO War in Lebanon* (New York, 1984), pp. 127–170. לניתוח מוסרי ראו: O'Brien, *Law and Morality*, pp. 179–190, 196–197.

2 ראו: Gabriel, *Operation Peace for Galilee*, p. 164.

3 ראו: Dupuy and Martell, *Flawed Victory*, pp. 210, 220.

4 ראו: שיף ויערי, **מלחמת שולל**, עמ' 266-268.

5 הרב גורן, **משיב מלחמה** ג, עמ' 239-265. ראו גם: הרב י' גרשוני, "הערות לגבי מלחמת 'שלום הגליל' בלבנון", **ערכים במבחן מלחמה** עמ' 151.

6 רמב"ם **משנה תורה** הלכות מלכים פ"ו ה"ז, על בסיס דעת רבי נתן בספרי במדבר פיסקא קנז. דעות מנוגדות יש שם ובמקומות אחרים. ראו: מ"י כהנא, **ספרי במדבר: מהדורה מבוארת**, ירושלים תשע"א, עמ' 1271-1272; הרב אברהם אבידן (זמל), **אמרות מלך** עמ' שלז-שמ; Y. Kiel, "The Morality of War in Rabbinic Literature," in: Y. Levin and A. Shapira (eds.), *War and Peace in Jewish Tradition: From the Biblical World to the Present* (London, 2012), pp. 129–132. (על כיתור הארמייה השלישית של מצרים בסוף מלחמת יום הכיפורים, ראו: הרב י' טולידאנו, "כיתור הארמייה השלישית המצרית על ידי צה"ל לאור ההלכה", בתוך: **סגולת מנשה**, קריית אתא תשל"ח, עמ' 153-158; הרב א' אבידן (זמל), "כתור כח אויב בהלכה", **קובץ מורשה**, ח"ז (חורף תשל"ד), עמ' 113. תודה לידידי ר' צבי רייזמן שהסב את תשומת ליבי למקורות הללו).

7 נקודה זו מדגיש הרדב"ז בפירושו ל**משנה תורה** פ"ו ה"ז. ראו גם: הרב פדרבוש, **משפט המלוכה**, עמ' 205-206.

8 ראו לדוגמה: מכתב שנדפס ב**מעריב** 11 באוגוסט 1982, עמ' 4.

9 ההשגות של הרב ישראלי במכתבו לרב גורן מובא ב**משיב מלחמה** ג, עמ' רנב, וגם מופיע בשינויים בספרו **חוות בנימין** א (תשנ"ב), שער ב, סימן טו, עמ' קיא-קיט.

10 **חוות בנימין** א, עמ' קיט.

11 הרב הראשי לצה"ל א' קרים, "כיתור הערים במבצע חומת מגן", בתוך: הלוי, **המלחמה בטרור**, עמ' 11-42, בהתבסס על עמדתו של הרב י' ארנברג, **שו"ת דבר יהושע** ב, סימן קכו.

12 ראו: R. A. Gabriel, *Operation Peace for Galilee: The Israeli-PLO War in Lebanon* (New York, 1984), p. 136.

13 גורן, **משיב מלחמה** ג, עמ' רסד-רסה: "חובה זו מוטלת גם על רבני ישראל, להפעיל את מידת הרחמנות שבתורה ושבהלכה, בייחוד כאשר ההלכה היא ברורה בנידון זה ומחייבת, פן יצא חילול השם חס ושלום שיאמרו שתורת ישראל מאפשרת הריגת חפים מפשע עם מרצחים ללא הבחנה. ויש לציין בסיפוק שצה"ל נהג כן כל ימי המצור בביירות, שאיפשר לכל מי שרצה לברוח מביירות, יכול היה למלט את נפשו ונפש אשתו וילדיו, כפי שההלכה מחייבת".

14 ראו: Dinstein, *The Conduct of Hostilities*, pp. 253–257.

15 על מצור בתקופת המקרא ראו: J. Wright, "Warfare and Wanton Destruction: A Reexamination of Deuteronomy 20:19–20 in Relation to Ancient Siegecraft," *Journal of Biblical Literature* 127:3 (2008), pp. 423–458.

16 הרמב"ם רואה בכך "מסורת שנתקבלה". עיינו ב**תורה תמימה** על במדבר לא, ז, הטוען כי מקור הרעיון בירושלמי שביעית פ"ו ה"א, הקובע כי יהושע נהג להציע לאויב לנוס או לכרות עמו ברית שלום, כפי שהוזכר לעיל בפרק 2.

17 ספרי דברים פיסקא קצט-ר. אבל ראו לאחרונה: הרב י' שילת, **מדינה הלכה וכוונות התורה: שש סוגיות בענייני מדינה והלכה**, מעלה אדומים תשפ"ג, עמ' 320, שטוען שהמדרש הזה מתיר רק לחסום הכנסת מזון ומים, אבל עדיין צריך לאפשר יציאה.

18 כפי שהעיר הרב שאול ליברמן, **תוספתא כפשוטה** ח: נשים, עמ' 989. ראו: D. A. Graff, *The Eurasian Way of War* (New York, 2016), p. 121.

19 ראו מלכים ב' כה, ד.

20 למקורות מיוספוס פלביוס ומהספרות הרבנית ראו: ג' בר כוכבא וא' הורביץ, **מקדש בלהבות: סיפור הקרב האחרון**, ירושלים תשע"ג, עמ' 86–100.

21 גיטין נו ע"ב ויוספוס פלביוס, **מלחמת יהודים** ה, פרק יא.

22 מרד בר כוכבא הסתיים גם הוא בשנת 135 לספירה לאחר המצור על ביתר.

23 **מלחמת יהודים** ו, פרק ג.

24 **משיב מלחמה** ג, עמ' 283–303.

25 שם, עמ' רפו: "אין המצור על כנופיית המחבלים בטריפולי דומה למצור רגיל שאנו צרים על עיר לתפשה, כי לא אנחנו ערכנו את המצור כולו ולא אנחנו מקיפים את העיר. אין אנו מקיפים כלל את העיר משלוש רוחותיה, אלא הכל נעשה על יד כנופיות טרוריסטיות מתחרות והמלחמה הזאת – כולל המצור – אינה שלנו, כי אם שלהם ההורגים את עצמם [...] ואנו שומרים רק על רוח אחת והוא חוף הים. ברור שבמצב כזה אין לבוא נגדנו מכוח הלכה זו שאסור להקיף את העיר הנמצאת במצור מארבע רוחותיה, כי אנחנו מקיפין אותה מצד אחד בלבד, והמצור כולו אינו שלנו".

26 על דין 'רודף' ראו להלן, בפרק 22, סביב ה"ש 723 ואילך.

27 שם, עמ' 284, 302. למעשה, בשלב מסוים במאמר זה הוא אף חוכך בדעתו האם ההלכה של הותרת דרך מילוט בעיר הנתונה במצור חלה בזמננו – בדיוק עמדתו של הרב ישראלי שאותה תקף הרב גורן לפני פחות משנה. בסופו של דבר דחה הרב גורן אפשרות זו.

28 ברוח זו, עיינו בסוף המאמר של הרב טולידאנו, "כיתור הארמייה השלישית": "ומה שממשלת ישראל עשתה מחוות הומניטריות, ואיפשרה להעביר מזון ותרופות ואספקה שאיננה צבאית... נראה לומר, שיש לזה יסוד על סמך ההנחה, שלא על כל מלחמת מצוה נשלל להשאיר רוח רביעית (קרי: אספקה שאיננה צבאית) שאם רוצים שלא להקיף לגמרי מסבות שונות כגון הפסקת אש, החלפת שבויים ועוד, האפשרות נתונה בידם".

29 באופן דומה, מתעוררת תהייה: מדוע התירו חז"ל (ספרי דברים פיסקא רג) לכרות עץ מאכל לצורך מצור לכאורה בניגוד לאיסור המפורש בתורה (כמו שנראה בפרק הבא). הרב יאיר בכרך (**שו"ת חוות יאיר** סימן קצה) מתרץ: "חז"ל הרגישו בזה, ובאשר בלתי מסתבר שתאסור התורה השחתת עץ מאכל אם נצרך למצור ולכיבוש השונא כל שכן אם מלחמת מצוה הוא". כלומר, הערך של ניצחון במלחמה ("הצלת נפשות") חייב להיות בראש סדר עדיפויות. ראו גם: פירושו של הרב דוד פארדו לספרי: "בכהאי גוונא שיש סכנה בדבר לתת כח ביד האויבים להתגבר עלינו" (**ספרי דבי רב**, ירושלים תש"ל, עמ' תכט ד"ה 'ואיך'). במודל הרב־ערכי היהודי, תמיד חייבים להביא עוד ערכים בחשבון, ובפרט ערך פיקוח נפש והצלת הכלל. כך גם לגבי דין השארת רוח רביעית פתוחה.

30 עמדה זו תואמת גם את המשפט הבין־לאומי בזמננו. סעיף 57(2)ג לתיקון הראשון

לאמנת ז'נווה קובע כי "תינתן אזהרה אפקטיבית מוקדמת על התקפות העלולות להשפיע על האוכלוסייה האזרחית, **אלא אם כן הנסיבות אינן מאפשרות זאת**" (התרגום שלי, ההדגשה נוספה).

פרק 21: לאחר תחילת המלחמה: אחריות מוסרית משתנה בלחימה בשטח בנוי

1 ראו: שיף ויערי, **מלחמת שולל**, עמ' 172-182.

2 שם, עמ' 181.

3 שם, עמ' 182.

4 ראו: O'Brien, *Law and Morality*, pp. 174–179; Gabriel, *Operation Peace for Galilee*, pp. 94–95; R. W. Tucker, "A Reply to Critics: Morality and the War," *New York Times*, July 15, 1982.

5 ראו: W. H. Parks, "Air War and the Law of War," *Air Force Law Review* 32 (1990), p. 166.

6 לא הייתה זו הפעם הראשונה שאש"ף השתמש במגינים אנושיים. ראו: R. Israeli (ed.), *PLO in Lebanon: Selected Documents* (London, 1983), pp. 205–231.

7 ראו: שיף ויערי, **מלחמת שולל**, עמ' 174.

8 ראו: Walzer, *Just and Unjust Wars*, *pp*. 160–170.

9 לדוגמה נוספת מהעת האחרונה לוויכוח זה סביב אבדות אזרחיות והגנה על כוחות ראו: C. Malkasian, *The American War in Afghanistan* (Oxford, 2021), pp. 224–226.

10 קהלת רבה ז, טז. לנוסח זה של המדרש ראו: א' שוחטמן, "כל שנעשה רחמן על האכזרים לסוף נעשה אכזר על הרחמנים – לקחים אקטואליים של מדרש עתיק יומין", **נתיב** שנה יד:2 (79) (תשס"א), עמ' 56-62.

11 ראו Gabriel, *Operation Peace for Galilee*, p. 95.

12 "מוסר מלחמה", **תחומין** ד (תשמ"ג), עמ' 181-183.

13 שם עמ' 186, ההדגשה נוספה. ראו עוד שם: "יש מקום לרחמנות על האויב בעת קרב. והרי כך מטעים הרמב"ן את החיוב לפתוח לאויב הנצור את הפתח הרביעי, שבזה נלמד להתנהג בחמלה אפילו עם אויבינו בעת המלחמה. אולם רחמנות זו אינה מוכתבת לנו ע"י רגשותינו. התורה היא שמצוה אותנו עליה. רחמנות הנובעת מתוך רגש בלבד, יש והיא הופכת לאכזריות... במלחמותינו עתים שהפכה הרחמנות על האויב לאכזריות כלפי חיילינו, שנפלו בקרב כאשר נמנעו מפגיעה באוכלוסיה אזרחית שהסתירה מאחורי גבה כוחות צבא של האויב. מובן שכל זאת בשעת מלחמה. שלא בשעת מלחמה אין כל הצדקה לפגיעות שכאלו... אין מנוס מכך שאנשים יאבדו את חייהם באזור הקרבות. זה מצער, אך עדיף שיהיו אלה אויבינו ולא חיילי צה"ל. במבט ראשון זו טענה הגיונית בסך הכל. חיי חיילינו ניצבים בראש סדר העדיפויות. הרי זו הסיבה שאנחנו יוצאים למלחמה מלכתחילה. זו האחריות הראשונה במעלה מבחינתנו, שמירה על חיי החיילים תוך השגת יעדי המלחמה".

נקודה זו חזרה על עצמה במהלך מבצע 'צוק איתן' בשנת 2014 בעזה, אז טען הרב ליאור כי מותר לצה"ל להפעיל הפצצות אוויריות או ארטילריות כנגד כל מטרה בעזה במקום לסכן את חייל צה"ל. המכתב המלא מצוי בכתובת https://www.haaretz.co.il/news/politics/1.2384726 (אוחזר בתאריך 16/02/25).

14 "מוסר מלחמה", עמ' 185.

15 ראו פירושיהם של הרמב"ם, רבנו בחיי והנצי"ב.

16 ראו: D. Fisher, *Morality and War: Can War Be Just in the Twenty-First Century?* (Oxford, 2011), pp. 108–133.

17 ראו: הרב יוסף אבן כספי, **משנת כסף** (ירושלים תש"ל) ב, עמ' 293 על דברים כב, ח. לטענתו היוצאים מן הכלל הם שבעת עממי כנען, וזאת מחמת התנהגותם הבהמית. הרב צבי הירש אשכנזי, **שו"ת חכם צבי**, סימן כו, טוען כי הסיבה להשארת דרך מילוט היא "בעבורנו, אנחנו הפועלים לקנות בנפשנו דעות אמיתיות ומידות טובות וישרות לזכותנו לטוב לנו", כלומר כדי להתרחק ממידות אכזריות ביחס לזולת, יהודים ולא יהודים כאחד.

18 ראו: J. F. Burns, "Report Details British Abuses in Iraq," *The New York Times*, September 9, 2011.

19 ראו: Fisher, *Morality and War*, p. 129.

20 ראוי לציין שבספר דברי הימים א' (כ"ב, ח) נאמר שדוד המלך לא זכה לבנות בית המקדש כי הוא שפך דם רב. לפי הרד"ק (שם), זה כולל בלתי מעורבים שהוא הרג באופן לא מכוון: "גם בדמי הגוים אשר שפך, אותם שלא היו בני מלחמתו, אפשר שהיו בהם אנשים טובים וחסידים; אע"פ כן לא נענש עליהם, כי כונתו לכלות הרשעים שלא יפרצו בישראל".

21 אור החיים על בראשית לד, כה.

22 ראו: י' בלידשטיין, "מעשה שכם – ענישה קולקטיבית וההגות ההלכתית בת זמננו", **עט הדעת** א, תשנ"ז, עמ' 48-55; והרב גוטל, "לחימה", עמ' 32-33.

23 י' שפירא וי"י אליצור, **תורת המלך**, יצהר תש"ע, עמ' 224-227.

24 א' פינקלשטיין, **דרך המלך: גזענות ואפליית גויים בהלכה: אלטרנטיבה הלכתית ומטא-הלכתית לספר 'תורת המלך'**, נתיבות תשע"א, עמ' 141-142.

25 ראו: הסכמתו של הרב יעקב אריאל **לדרך המלך** של פינקלשטיין (עמ' 7), והרב צ' שכטר, **בעקבי הצאן**, ירושלם תשנ"ז, עמ' 206-207.

26 רש"י מתבסס על בראשית רבה פרשה עו, ב.

27 ראו: פירושם של הרב שלמה לוריא, **יריעות שלמה**, והרב דוד פארדו, **משכיל לדוד**, על בראשית לב, ח.

28 מהר"ל, **גור אריה** על בראשית לב, ח.

29 ראו: Y. Katz, "How the IDF Invented 'Roof Knocking': The Tactic That Saves Lives in Gaza," *Jerusalem Post*, March 25, 2021. על שבחי הרבנים על נוהל "הקש בגג" ראו: Rabbi A. Gisser, *The Just Israel: On War Against Terrorism — Morality and the Law* (Ofra, 2009) (שנכתב אחרי מבצע 'עופרת יצוקה' בשנת 2008) והרב ש"ח אבינר,

עיטורי ירושלים (גיליון מיוחד, אב תשע"ד), עמ' 39–40, שנכתב על מבצע 'צוק איתן' בשנת 2014.

30 ראו: L. Berman, "Top US General: Israel Protected Civilian Lives in Gaza," *Times of Israel*, November 7, 2014.

31 ראו: A. Taylor, "Israel's Controversial 'Roof Knocking' Tactic Appears in Iraq. And This Time, It's the U.S. Doing It," *Washington Post*, April 27, 2016.

32 ראו: Dinstein, *The Conduct of Hostilities*, pp. 172–173.

33 סעיף 57 (סעיף קטן 5). ראו גם: סעיף 51 (סעיף קטן 8).

34 ראו: J. Dill, "Israel's Use of Law and Warnings in Gaza," *OpinioJuris*, July 30, 2014. לדעה מנוגדת ראו: L. R. Blank, "Getting the Law Right on the Israel-Hamas Conflict," *The Hill*, July 14, 2014.

35 א' גיבור, "יורים ודוחים: עשור לשימוש בנוהל הקש בגג", **מקור ראשון**, 9 בדצמבר 2018.

36 ראו: The US Department of the Army's *The Army Capstone Concept* (2009); the UK Ministry of Defense's *Future Character of Conflict* (2010). שני הספרים הללו שואבים השראה מובהקת מהניסיון הישראלי בקביעת מצפן מוסרי. ראו גם: D. E. Johnson, *Hard Fighting: Israel in Lebanon and Gaza* (Santa Monica, CA, 2011).

פרק 22: מטרות צבאיות לגיטימיות: צורך צבאי ועקרון ההבחנה בעזה ובלבנון

1 בדיעבד, רבים הטילו ספק האם הייתה ישראל מוכנה כראוי למלחמה זו, והעלו שאלות העוסקות במלחמות רשות, שנידונו בפרקים קודמים בספרנו.

2 ע' הראל וא' יששכרוף, **קורי עכביש: סיפורה של מלחמת לבנון השנייה**, תל אביב תשס"ח, עמ' 160–161.

3 לפסקה זו ראו: סעיף 1 הערות 14–16 בקוד ליבר. לדיון ראו: Witt, *Lincoln's Code*, pp. 181–184; B. M. Carnahan, "Lincoln, Lieber and the Laws of War: The Origins and Limits of the Principle of Military Necessity," *American Journal of International Law* 92:2 (April 1998), pp. 213–231.

4 ראו: J. Wright, "Warfare and Wanton Destruction: A Reexamination of Deuteronomy 20:19–20 in Relation to Ancient Siegecraft," *Journal of Biblical Literature* 127:3 (2008), pp. 423–458.

5 ראו: רש"י וחזקוני על דברים כ, יט.

6 רמב"ם, **ספר המצוות**, מצוות לא תעשה נז. ראו: **הכתב והקבלה** על דברים כ, יט, ופדרבוש, **משפט המלוכה**, עמ' 208–209.

7 הרב ד"צ הופמן על דברים כ, יט, ד"ה "כי האדם"; רכניץ וגולדשטיין, **אתיקה צבאית יהודית** עמ' 113–114. ראו גם: תשובתו של הרב י' אריאל לשאלה "האם מותר בשעת מלחמה להרוג חפים מפשע כדי ליצור הרתעה ובכך להציל חיי יהודים?", המופיעה

באתר "ישיבה": https://www.yeshiva.org.il/ask/88969 (אוחזר בתאריך 16/02/25). שאלה זו הועלתה במהלך מבצע 'צוק איתן' בשנת 2014 כנגד קולות שקראו לפעולות נקם נגד אזרחים. למשל הרב ישראל רוזן, "שני פגזים על כל רקטה", אתר **סרוגים**, 8 באוגוסט 2014 -https://www.srugim.co.il/86167 הרב-רוזן-שני-פגזים-על-כל-רקטה-לעבר-אזרח (אוחזר בתאריך 16/2/25).

8 רמב"ן כ, יט, ו**בהשגותיו על ספר המצוות**, מצוות עשה ו (עמ' 246-247 במהדורת שעוועל); **ספר החינוך** תקכט, על פי ספרי דברים רג-רד. למקורות נוספים ראו: הרב קופמן, **הצבא כהלכה**, עמ' 13-14. אולם הרמב"ם אינו מרחיב פטור זה. ראו: **משנה תורה** הלכות מלכים פ"ו ה"ט ו**בכסף משנה** שם. אבל ראו: פירושו של הרב דוד פארדו לספרי (דברים רג **ספרי דבי רב**, עמ' תכט ד"ה 'ואיך'), שטוען שגם לרמב"ם, "אם יש צורך בדבר כדי שלא להחזיק את האויבים, פשיטא דשרי בכל מקום". אולי זה גם בסיס ל"הוראת השעה" של אלישע הנביא לצוות את בני ישראל לכרות את כל העצים של מואב (מלכים ב' יט, ג. עיינו **בהקדמת הרמב"ם לפירוש המשנה**). להסברים שונים, ראו: הרב א' סמט, **פרקי אלישע** (תש"ע), עמ' 80-84.

9 לפיכך, הפצצת סכר קחובקה באוקראינה בשנת 2023 המיוחסת לרוסיה מעלה סימני שאלה כבדים, גם אם יש צורך בפרטים נוספים כדי לקבוע בוודאות כי אחראית לה. **ראו:** A. D Andrea, "Ukraine Dam Blast 'Probably a War Crime,' But Not Clear-Cut. Here's Why," *Global News*, June 12, 2023.

10 **ראו:** W. H. Parks, "The Protection of Civilians from Air Warfare," *Israel Yearbook on Human Rights*, 27 (1997), pp. 65–112, pp. 77–84; T. D. Biddle, *Air Power and Warfare: A Century of Theory and History* (Carlisle, PA, 2019), p. 30; G. Best, *Humanity in Warfare*, pp. 242–285.

11 **ראו:** A. Harris, *Bomber Offensive* (London, 1947), pp. 75–76.

12 **ראו:** M. J. Meyer, "Tearing Down the Facade: A Critical Look at the Current Law on Targeting the Will of the Enemy and Air Force Doctrine," *Air Force Law Review* 51, pp. 143–182. ראו גם: הרב אריאל "האם מותר בשעת מלחמה להרוג חפים מפשע".

13 **ראו:** R. D. Marcus, *Israel's Long War with Hezbollah: Military Innovation and Adaptation Under Fire* (Washington, DC, 2018), pp. 214–219; הראל וישכרוף, **קורי עכביש**, עמ' 111-116.

14 הרב א' שריר, "על קידוש השם במלחמת מצווה", **צהר** 31 (תשס"ח).

15 **ראו:** Marcus, *Israel's Long War with Hezbollah*, p. 143. לספרות נוספת ראו: L. N. Condra and J. N. Shapiro, "Who Takes the Blame? The Strategic Effects of Collateral Damage," *American Journal of Political Science* 56:1 (January 2012), pp. 167–187.

16 ראו: הראל וישכרוף, **קורי עכביש**, עמ' 162-170.

17 ג' איזנקוט, "השתנות האיום? המענה בזירה הצפונית", **צבא ואסטרטגיה** 2: 1 (יוני 2010), עמ' 29.

18 **ראו:** Dinstein, *The Conduct of Hostilities*, pp. 102–111.

19 ראו: S. Coleman, *Military Ethics* (Oxford, 2013), pp. 199–207.

20 ראו: W. H. Parks, "Asymmetries and the Identification of Legitimate Military Objectives," in W. H. von Heinegg and V. Epping (eds.), *International Humanitarian Law Facing New Challenges: Symposium in Honour of Knut Ipsen* (Berlin, 2007), pp. 106–107.

21 הרב אריאל, **הלכה בימינו**, עמ' 376.

22 ראו: F. Pearce, "Water in the War Zone," *New Scientist*, December 17, 1994.

23 הרב שריר, "על קידוש השם", הערה 31.

24 ראו: A. H. Cordesman, *Lessons of the 2006 Israeli-Hezbollah War* (Washington, DC, 2007), pp. 45–48, 122.

25 ראו: A. Bright "Israeli Military Finds Cluster Bomb Use in Lebanon War Was Legal," *Christian Science Monitor*, Dec. 26, 2007.

26 ראו: V. Wiebe, "Footprints of Death: Cluster Bombs as Indiscriminate Weapons Under International Humanitarian Law," *Michigan Journal of International Law* 22 (2000), p. 85.

27 ראו: R. Bergman, *Rise and Kill First: The Secret History of Israel's Targeted Assassinations* (New York, 2018), pp. 498–515.

28 ראו: "Israel Supreme Court: Public Committee Against Torture in Israel v. Israel," *International Legal Materials* 46:2 (March 2007), pp. 375–408.

29 ראו: S. David, "Israel's Policy of Targeted Killing," *Ethics and International Affairs* 17:1 (March 2003), pp. 111–126, ושם, תשובתה של י' שטיין ותגובתו של דוד.

30 ראו: Dinstein, *The Conduct of Hostilities*, p. 117.

31 ראו: בבלי, סנהדרין עב ע"ב; **יד רמ"ה** שם; **משנה תורה** הלכות רוצח ושמירת הנפש פ"א ה"ו.

32 ראו: S. Coleman, *Military Ethics*, Section 9.4.

33 ראו: M. Schmitt, "Deconstructing Direct Participation in Hostilities: The Constitutive Elements," *New York University Journal of International Law and Politics* 42 (2010), pp. 697–739. להסבר פילוסופי (וביקורת), ראו: H. Frowe, *The Ethics of War and Peace*, pp. 168–172.

34 ראו: חוות דעת שהגיש בשנת 2004 ארגון שורת הדין לבג"ץ בתיק 769/02.

35 סנהדרין עג ע"א.

36 ראו: א' ורהפטיג, "הגנה עצמית בעבירות רצח וחבלה", **סיני** פא (תשל"ז), עמ' 56-62.

37 ראו: הרב מ"ש הכהן מדווינסק, **אור שמח** על הלכות רוצח ושמירת הנפש, פ"א ה"ח. ראו גם: **שו"ת אחיעזר**, אבן העזר א, יט. דיונים על מקרים קשים יותר מגיעים מתקופות שבהן יהודים התמודדו עם אפליה או רדיפות. לדוגמה, חלק מהקהילות בימי הביניים החשיבו יהודי מסוים כ"רודף" משום ש"מסר" (הלשין) על יהודי אחר לרשויות המקומיות. הסיבה לכך הייתה שמושא ההלשנה עלול היה להיות מועמד לדין

בערכאות הגויים ואף להיהרג. אומנם תהליך זה היה כרוך בכמה שלבים לפני ההוצאה להורג, אך עם זאת היה למלשין דין "רודף" שכן הוא פתח בתהליך העתיד, במידה רבה של ודאות, לגרור בעקבותיו תגובות שרשרת.

38 י' ליכטנשטיין, **ואמונתך בלילות**, ירושלים תשע"ז, עמ' 165-182.

39 דוגמאות אלו יונקות משני חיבורים פילוסופיים ידועים בנושא. ראו: G. P. Fletcher and L. E. Chiesa, "Self-Defense and the Psychotic Aggressor," in P. H. Robinson et al. (eds.), *Criminal Law Conversations* (Oxford, 2008); J. McMahan, "Self-Defense and the Problem of the Innocent Attacker," *Ethics* 104:2 (January 1994), pp. 252–290. לדיון במקורות יהודיים ראו: ד' פרימר, "הרודף ללא אשמה", **נדיב לב: אסופת מאמרים מפרי עטו של הרב פרופ' דב פרימר במלאת לו שישים שנה**, ירושלים תשע"א, עמ' 213-232.

40 ראו: Brody, *A Guide to the Complex*, pp. 15–21.

41 מובא ב־**למד הא אשר נפלו בהרי חברון**, ער' א' פינקרפלד (ירושלים תש"י), עמ' 33. על יצירת מיתוס הל"ה, ראו מ' זעירא, "ראשית צמיחת מיתוס הל"ה", **יהדות זמננו**, גיליון 10 (תשנ"ו).

42 ראו לדוגמה: בנימין איש־שלום, "טוהר הנשק וטוהר השיפוט המוסרי", **הכיפה והכומתה** א (תשע), עמ' 13-24.

43 ראו לדוגמה: א' מילשטיין, "תחקיר השאלות הקשות", **מעריב**, 7 בינואר 2018, נדב שרגאי, "מחקר חדש חושף: שתי נשים ערביות ולא רועה צאן חשפו את לוחמי הל"ה", **הארץ**, 27 אפריל 2009.

44 ראו: M. Broyde, "Only the Good Die Young?," *Meorot* 6:1 Shevat 5767.

פרק 23: מידתיות – והזדמנות עצומה שהוחמצה

1 ראו: https://www.nytimes.com/2006/07/20/world/middleeast/20nations.html (אוחזר בתאריך 16/02/25).

2 ראו: M. Walzer, "On Proportionality," *New Republic, January* 8, 2009. ההדגשה נוספה.

3 הציטוט והפרשנות נדפסו אצל Parks, "Air War and the Law of War," pp. 168–175. ראו גם: J. Rabkin, "Proportionality in Perspective: Historical Light on the Law of Armed Conflict," *San Diego International Law Journal* 16:2 (2015), pp. 263–340.

4 לתאוריות שונות, ראו: A. Cohen, *Proportionality in Modern Asymmetrical Wars* (*Jerusalem*, 2010); ד' סטטמן, ר' סוליציאנו־קינן ומ' מנדל, **על הקושי לקבוע מהי פגיעה מידתית באזרחים בעת לחימה**, ירושלים תש"פ.

5 סעיף 51 (סעיף קטן 5).

6 כפי שהובא אצל L. Blank, "The Application of IHL in the Goldstone Report: A Critical Commentary," *Yearbook of International Humanitarian Law* 12 (2009), p. 368.

7 ראו: L. Blumenfeld, "In Israel, a Divisive Struggle over Targeted Killing," *Washington Post*, Aug. 27, 2006.

8 ג'פרי בסט, כפי שהובא (בתוספת ביקורת) אצל M. Gross, "The Second Lebanon War: The Question of Proportionality and the Prospect of Non-Lethal Warfare," *Journal of Military Ethics* 7:1 (2008), pp. 4–6.

9 ראו עמ' 626 בפרשנות על החלטת הוועד הבין־לאומי של הצלב האדום: ב־ https://tile.loc.gov/storage-services/service/ll/llmlp/Commentary_GC_Protocols/Commentary_GC_Protocols.pdf (עמ' 662 בקובץ. אוחזר בתאריך 16/02/25).

10 ראו: הביקורת על שינוי זה אצל Dinstein, *The Conduct of Hostilities*, pp. 155–164. ראו גם שם, עמ' 81–86, הערותיו באשר למגינים אנושיים.

11 ראו: W. Hoge, "Attacks Qualify as War Crimes, Officials Say," New York Times, July 20, 2006.

12 ראו: M. N. Schmitt, "Human Shields in International Humanitarian Law," *Columbia Journal of Transnational Law* 47:2 (2009), pp. 292–297.

13 הפרשנות על סעיפים 57 ו־58 של הוועד הבין־לאומי של הצלב האדום. גישה זו ואחרות נדונות אצל Schmitt, "Human Shields in International Humanitarian Law," pp. 324–332.

14 ראו: Parks, "Air War and the Law of War," pp. 137, 161–168.

15 ראו: J. Rabkin, "Can We Win a War If We Have to Fight by Cosmopolitan Rules?," *Orbis* 55 (2011), pp. 700–716. ראו גם: N. Zohar, "Risking and Protecting Lives: Soldiers and Opposing Civilians," in H. Frowe and G. R. Lang (eds.), *How We Fight: Ethics in War* (Oxford, 2014), p. 168.

16 הרב שמואל אליהו, "הלכות מלחמה", ג' טבת תשס"ט (5 בינואר 2009), זמין לקריאה: https://www.yeshiva.org.il/midrash/9457 (אוחזר בתאריך 16/2/25).

17 כפי שמובא אצל Schmitt, "Human Shields in International Humanitarian Law," p. 327.

18 למדגם של הוגי דעות ראו: A. Rubenstein and Y. Roznai, "Human Shields in Modern Armed Conflicts: The Need for a Proportionate Proportionality," *Stanford Law and Policy Review* 22, pp. 93–127.

19 ראו: L. Doswald-Beck, "The Civilian in the Crossfire," *Journal of Peace Research* 24:3 (Sept. 1987), p. 257. ההדגשה נוספה.

20 ראו: R. Rosen, "Targeting Enemy Forces in the War on Terror: Preserving Civilian Immunity," *Vanderbilt Law Review* 42:3 (2009), pp. 683–777.

21 הנתונים כאן מבוססים על Bergman, *Rise and Kill First*, pp. 516–528; *A. Margalit*, "Did LOAC Take the Lead? Reassessing Israel's Targeted Killing of Salah Shehadeh and the Subsequent Calls for Criminal Accountability," *Journal of Conflict and Security Law* 17:1 (2012), pp. 147–173; ממצאי דו"ח ועדת החקירה בדבר ניסיון ההתנקשות בסלאח שחאדה בשנת 2011 זמינים לקריאה: https://mfa.gov.

il/mfa/aboutisrael/state/law/pages/salah_shehadeh-special_investigatory_ commission_27-feb-2011.aspx (אוחזר בתאריך 16/2/25).

22 ההדגשות נוספו. המובאות מתוך פגישה מועצת הביטחון של האו"ם מיום 24 ביולי 2002 זמינות לקריאה: https://documents.un.org/doc/undoc/pro/n02/494/04/pdf/n0249404.pdf?OpenElement (אוחזר בתאריך 16/2/25).

23 D. Stout, "White House Rebukes Israel for Attack, Calls It 'Heavy-Handed,'" *New York Times*, July 23, 2002.

24 ראו: C. Malkasian, *The American War in Afghanistan* (Oxford, 2021), p. 111.

25 ראו: N. C. Crawford, *Accountability for Killing: Moral Responsibility for Collateral Damage in America's Post–9/11 Wars* (Oxford, 2013), pp. 73–158.

26 ראו: CNN.COM: "Israeli General Apologizes for Civilian Deaths" 23.7.2002 https://www.cnn.com/2002/WORLD/meast/07/23/hamas.assassination/index.html.

27 ראו: D. Byman, "Do Targeted Killings Work?," *Foreign Affairs* 85:2 (March 2006), pp. 103–104.

28 ראו: Bergman, *Rise and Kill First*, p. 563.

29 שם, עמ' 546; D. Byman, *A High Price: The Triumphs and Failures of Israeli Counterterrorism* (Oxford, 2010), p. 311.

30 ראו: Blumenfeld, "In Israel, a Divisive Struggle Over Targeted Killing".

פרק 24: הצדקת נזק נלווה בסרביה ובמזרח התיכון

1 ראו: https://www.icty.org/en/press/final-report-prosecutor-committee-established-review-nato-bombing-campaign-against-federal#IVB5 (אוחזר בתאריך 16/2/25).

2 ראו: Frowe, *The Ethics of War and Peace*, p. 147.

3 ראו: הנצי"ב, **העמק דבר** על בראשית ט, ה, ועל דברים כ, ח. ראו גם: גוטל, "לחימה", עמ' 34-36; י' רונס, "על מוסריותה של המלחמה בספרות ההלכה", **ספר עמדו"ת א: הכיפה והכומתה** (ירושלים תש"ע), עמ' 182-184.

4 ראו: א' שטיינברג, **רפואה כהלכה** י, כרך ו, עמ' 371-373; C. L. Sprung et al., "Relieving Suffering or Intentionally Hastening Death: Where Do You Draw the Line?," *Critical Care Medicine* 36:1 (2008), pp. 8–13.

5 ראו: הרב נ' קניגסברג, "פסיק רישא ולא ימות: המשל והנמשל" **המעין** נ:ב (טבת תש"ע), עמ' 31-34, https://www.machonso.org/hamaayan/?gilayon=16&id=748; הרב א' וייס, "דבר שאינו מתכוון ופסיק רישא", **מנחת אשר על שמות**, עמ' 472-482.

6 ראו: Frowe, *The Ethics of War and Peace*, p. 162.

7 ראו: Walzer, *Just and Unjust Wars*, pp. 155–156.

8 שם, עמ' 136.

9 על אימוץ העמדה למניעת נזק נלווה בידי ארצות הברית ראו: Y. Levy, *Whose Life Is*

Worth More?: Hierarchies of Risk and Death in Contemporary Wars (Stanford, CA, 2019).

10 ראו: "Margalit and Walzer, "Israel: Civilians and Combatants.

11 השגרירה גבריאלה שלו, 6 בינואר 2009, בנאום בפני מועצת הביטחון של האו"ם (ההדגשה נוספה), זמין לצפייה: https://www.gov.il/en/pages/statement-amb-shalev-un-ecurity-council-6-jan-2009 (אוחזר בתאריך 16/2/25). ראו גם: "פרידמן: סיכנו חיילים כדי לשמור על פלסטינים", *YNET* 18 בפברואר 2009 https://www.ynet.co.il/articles/0,7340,L-3673757,00.html (אוחזר בתאריך 16/2/25); א' לורד, "גנץ: לקחנו סיכון בסג'עייה על חשבון לוחמי גולני", אתר מידה, 12 במאי 2015 https://mida.org.il/2015/05/12/גנץ-לקחנו-סיכון-בסגעייה-על-חשבון-לוחמ/ (אוחזר בתאריך 16/2/25).

12 רבים דנים בדוגמה זו המובאת לעיתים קרובות. ראו: Z. Bohrer and M. Osiel, "Proportionality in Military Force at War's Multiple Levels: Averting Civilian Casualties vs. Safeguarding Soldiers," *Vanderbilt Journal of Transnational Law* 46 (2013), p. 776.

13 שם, עמ' 751–752. ראו גם: Malkasian, *The American War in Afghanistan*, pp. 224–226.

14 מובא אצל י' הנקין, "קוסובו, סומליה, ג'נין: ניתוח השוואתי", **תכלת** 14 (אביב התשס"ג) עמ' 67–98.

15 ראו: A. Kasher and A. Yadlin, "Military Ethics of Fighting Terror: An Israeli Perspective," *Journal of Military Ethics* 4:1 (2005), pp. 3–32; **א' כשר וא' ידלין**, "כיצד לקבוע את הנורמות הראויות של הלחימה במצבים חדשים? סוגיה ביחסים בין 'מוסר לחימה' לבין 'דיני לחימה'", **צבא ואסטרטגיה**, כרך 5, גיליון 1, מאי 2013; א' כשר, "מבצע 'עופרת יצוקה' ותורת המלחמה הצודקת" **תכלת** 35 (תשס"ט), עמ' 29–55. ראו גם הדיון בין כשר וידלין ובין וולצר ומרגלית: "'Israel and the Rules of War': An Exchange," *New York Review of Books* (July 11, 2009); E. Benvenisti, *"Human Dignity in Combat: The Duty to Spare Enemy Civilians," Israel Law Review* 39:2 (Summer 2006), pp. 81–109.

16 כשר, "מבצע עופרת יצוקה".

17 ראו לדוגמה: א' שוחטמן, "סיכון מעשי צה"ל לשם מניעת פגיעה באזרחי אויב בשולי מבצע חומת מגן", **נתיב** 91-92 (2003). ההסכמה בקרב הרבנים בסוגיה זו מודגשת אצל ע"י פליסהואור, "ניתוח גישות הלכתיות בדבר גבולות השימוש בכוח", **משפטים ועסקים** 17 (אוגוסט 2014), עמ' 605–662; א' גולדשטיין, "מוסר ודת בהתייחסותם של פוסקי הלכה ציונים דתיים לקטגוריה של חסינות אזרחים", **מורשת ישראל**, גליון 18 מס' 2 (סתיו 2020), עמ' 357–386.

18 הרב אשר וייס, **מנחת אשר** על דברים, עמ' 217–222; הרב יעקב אריאל, **הלכה בימינו**, עמ' 378–379.

19 ראו: N. Zohar, "Double Effect and Double Intention: A Collectivist Perspective," *Israel Law Review* 40:3 (2007), pp. 730–742.

20 ראו: "UN Humanitarian Chief Blasts Hizbullah," *Jerusalem Post*, July 25, 2006. לפירוט רב יותר ראו: R. Erlich, *Hezbollah's Use of Lebanese Civilians as Human Shields: The Extensive Military Infrastructure Positioned and Hidden in Populated Areas* (Tel Aviv, 2006).

21 ראו: Marcus, *Israel's Long War with Hezbollah*, p. 205. ראו גם בעמ' 143.

22 ראו: Walzer, "Fair War," *New Republic*, July 31, 2006.

23 ראו: G. Fletcher, *Romantics at War* (Princeton, 2002), pp. 44–46.

24 כאן האחריות המוסרית מוטלת על מנהיגיהם, המעמידים את אזרחיהם בסכנה למען מטרה חסרת סיכוי. הדבר נכון שבעתיים כאשר הייתה למנהיגים הזדמנות לאפשר לאנשיהם לנוס על נפשם, אך במקום זאת הם החזיקו אותם כבני ערובה במצור. כמובן, נבוכדנצר וטיטוס היו רחוקים מלהיות צדיקים; לא הייתה הצדקה לכיבושיהם האימפריאליים ולהתקפה על תושבי ירושלים, ושיטות הפעולה שלהם היו אכזריות. אך למרות זאת אחריות רבה מוטלת על המנהיגים היהודים, שבידם היה למנוע את הרג בני עמם. ואכן, כפי שצוין בפרק 11, אחת הביקורות על מורדי גטו ורשה הייתה על כך שסיכנו את תושבי הגטו בעצם ההתקוממות נגד הנאצים. אולם במקרה המסוים הזה, מותם של יהודי הגטו בידי הנאצים היה כמעט בלתי נמנע, מה שאין כן כלל וכלל ביחס לאזרחים לבנונים, שלא היו לישראל כל טענות כלפיהם.

25 ע' הראל, "מנהיגי חמאס מסתתרים בבייסמנט שבנתה ישראל בבית חולים בעזה", **הארץ**, 12 בינואר 2009; S. Erlanger, "A Gaza War Full of Traps and Trickery," *New York Times*, Jan. 10, 2009; *"Violating Int'l Law, Hamas Uses Hospital Patients as Human Shields,"* The Tower, July 23, 2014. על חוסר נכונותה של ישראל להפציץ יעד ראו: א' לורד, "גנץ: לקחנו סיכון בסג'עייה על חשבון לוחמי צה"ל", **מידה**, 12 במאי 2015. ישראל הפציצה מרכז שיקום לאחר שהחוסים בו פונו. ראו: "Watch: IDF Targets Hospital Used as Hamas Command Center," *Times of Israel*, July 23, 2014.

26 ראו: Rosen, "Targeting Enemy Forces," pp. 741–743, 761–769; L. Blank, "Was the U.S. Attack on the Kunduz Hospital a War Crime?," *Washington Post*, October 8, 2015; K. J. Heller, "Don't Blame IHL for Attacks on Hospital Shields," *OpinioJuris*, October 21, 2016.

27 ראו: R. Scarborough, "Obama Administration Micromanagement Hamstrings Air Command in ISIS Fight," *Washington Times, September* 13, 2016; C. Dunlap, "The Moral Hazard of Inaction on War," *War on the Rocks*, August 19, 2016.

28 ראו: W. C. Martel, *Victory in War* (Cambridge, 2011); A. Gat, *Victorious and Vulnerable: Why Democracy Won in the 20th Century and How It Is Still Imperiled* (Lanham, MD, 2010).

29 ראו: G. Blum, "The Fog of Victory," *European Journal of International Law* 24:1 (2013), pp. 391–421.

30 ראו: C. Whitlock, “The War in Afghanistan: Promises to Win, but No Vision for Victory,” *Washington Post*, April 14, 2021.

31 ראו לדוגמה: J. D. Lewis, *Nothing Less Than Victory* (Princeton, 2010); V. D. Hanson, *The Father of Us All: War and History, Ancient and Modern* (New York, 2010), pp. 105–122, 161–187.

32 ראו: Y. Amidror, *Winning Counterinsurgency War: The Israeli Experience* (Baltimore, MD, 2008); Y. Henkin, “A High Price for Our Blood: Israel’s Security Doctrines,” The Jerusalem Institute for Strategy and Security, June 7, 2018, available online at https://jiss.org.il/en/henkin-high-price-blood-israels-security-doctrines/ (אוחזר בתאריך 16/2/25).

פרק 25: תדמית ציבורית ו'אפקט CNN' בכפר קאנא בלבנון

1 על תפקידו של קידוש השם בלחימה ראו: הפולמוס בין הרב י' רונס, "שאלות על מוסר מלחמה יהודי ואמנות בין־לאומיות", **צהר** כט עמ' 1-10, לבין הרב שריר, "על קידוש השם". ראו גם: גולדשטיין, "מוסר ודת בהתייחסותם של פוסקי הלכה", עמ' 364-367.

2 הרב ר' לוביץ', "קידוש השם וחילול השם בהגות של הציונות הדתית", **שאנן** טז (תשע"א), עמ' 113-146. ראו גם: הרב י' שרלו, "שאלות מוסר מלחמה", **צהר** יא (תשס"ב), עמ' 79-104 ותשובת הרב י' רוזן בגיליון העוקב.

3 הרב י' עמיטל, **והארץ נתן לבני אדם** (אלון שבות תשע"ח), עמ' 149-155.

4 ראו: הרב א' מלמד, "בוסריות מוסרית ותוצאותיה", **בשבע** 23, 26 בדצמבר 2002. אף דמויות רבות מהזרם החרדי, ובכלל זה הרב אליעזר ש"ך, התנגדו לוועדת חקירה ממלכתית.

5 ראו: I. Jakobovits, *If Only My People: Zionism in My Life* (London, 1984), pp. 109–110.

6 ראו: הרב י' שצ'יפנסקי, "שלום הגליל ושלום עכשיו", **אור המזרח** ל"א ג (ניסן תשמ"ג), עמ' 195-197.

7 ראו: Jakobovits, *If Only My People*, pp. 109–110.

8 שם.

9 ע' ביגמן, "נפתלי בנט וכפר קאנא: הסיפור האמתי", אתר **מידה**, 5 בינואר 2015 https://mida.org.il/2015/01/05/נפתלי-בנט-וכפר-קאנא-הסיפור-האמתי/ (אוחזר בתאריך 16/2/25); L. Berman, “Bennett Defends Actions During 1996 Lebanon Operation,” *Times of Israel*, January 5, 2015.

10 ראו: Marcus, *Israel’s Long War with Hezbollah*, p. 145.

11 ראו: US Captain D. R. Williams, “A Most Painful Lesson: The 1996 Shelling of Qana, Why It Matters Today,” April 22, 2016, https://www.army.mil/article/166556/a_most_painful_lesson_the_1996_shelling_of_qana_why_it_matters_today (אוחזר בתאריך 16/2/25).

12 מכתב מאת מזכ"ל האו"ם אל מועצת הביטחון, 7 במאי 1996.

13 ראו: *Independent*, April 18, 1996.

14 תורגם מ־Marcus, *Israel's Long War with Hezbollah*, pp. 146–147.

15 ראו: "Qana Wrong — Top Rabbi," *Jewish Chronicle*, May 3, 1996; ראו גם: הרב מ' ברויאר, "קידוש השם כתוכן של חיים", **דף קשר** 738 (א' שבט תש"ס), וכן רייכנר, **באמונתו**, עמ' 236.

16 ראו: Parks, "The Protection of Civilians from Air Warfare".

17 ראו: N. Boustany, "Bombs Killed Victims as They Slept," *Washington Post*, February 14, 1991, p. 1.

18 ראו: R. Fisk, *The Great War for Civilization* (Sydney, NSW, 2005), p. 627.

19 ראו: R. D. Kaplan, *Warrior Politics: Why Leadership Demands a Pagan Ethos* (New York, 2002), p. 125. ההדגשה במקור.

20 ראו: B. S. Lambeth, *Air Operations in Israel's War Against Hezbollah: Learning from Lebanon and Getting It Right in Gaza* (Santa Monica, CA, 2011), pp. 167–174.

21 ראו: G. Hoffman, "Delay in Screening Kana Footage Causes PR Disaster," *Jerusalem Post*, July 30, 2006.

22 הראל וישכרוף, **קורי עכביש**, עמ' 337. ראו גם: עמ' 325–320.

23 ראו: O. F. Kittrie, "A War Crime at Qana?," *Wall Street Journal*, August 5, 2006.

מחשבות לסיום על עתיד המוסר הלוט בערפל

1 ראו: Marcus, *Israel's Long War with Hezbollah*, p. 147.

2 Jim Garamone, "ISIL Knows It Will Lose, Already Shifting Strategy, Obama Says at Pentagon," *DOD News*, August 4, 2016.

3 ראו: A. Khan, "The Human Toll of American's Air Wars," *New York Times Magazine*, December 19, 2021.

4 ראו: Lieutenant Colonel J. Cherry, K. Tinkler, and M. Schmitt, "Avoiding Collateral Damage on the Battlefield," *Just Security*, February 11, p. 202.

5 ראו: M. Boot, *War Made New* (New York, 2006), Kindle edition, location 287.

6 ראו: P. W. Singer, "The Ethics of Killer Applications: Why Is It So Hard to Talk About Morality When It Comes to New Military Technology?," *Journal of Military Ethics* 9:4 (2010), pp. 299–312.

7 ראו: K. Lee, "The Third Revolution in Warfare," *The Atlantic*, September 11, 2021; M. Hirsch, "How AI Will Revolutionize Warfare," *Foreign Policy*, April 11, 2023.